Jana Mangold
McLuhans Tricksterrede

Communicatio
Kultur – Text – Medium

Herausgegeben von
Jürgen Fohrmann und Brigitte Weingart

Band 47

Jana Mangold

McLuhans Tricksterrede

Archäologie einer Medientheorie

DE GRUYTER

Gedruckt mit der freundlichen Unterstützung des ProPostDoc-Programms des Forschungszentrums Historische Geisteswissenschaften an der Johann Wolfgang Goethe-Universität Frankfurt am Main.

Eine an der Philosophischen Fakultät der Universität Erfurt angenommene Dissertation.

ISBN 978-3-11-070901-8
e-ISBN (PDF) 978-3-11-055864-7
e-ISBN (EPUB) 978-3-11-055700-8
ISSN 0941-1704

Library of Congress Control Number: 2018935078

Bibliografische Information der Deutschen Nationalbibliothek
Die Deutsche Nationalbibliothek verzeichnet diese Publikation in der Deutschen Nationalbibliografie; detaillierte bibliografische Daten sind im Internet über http://dnb.dnb.de abrufbar.

© 2020 Walter de Gruyter GmbH, Berlin/Boston
Dieser Band ist text- und seitenidentisch mit der 2018 erschienenen gebundenen Ausgabe.
Einbandabbildung: Timm Rautert, New York, 1969
Satz: Dörlemann Satz, Lemförde
Druck und Bindung: CPI books GmbH, Leck

www.degruyter.com

Inhaltsverzeichnis

Quirky Language
Einleitung in eine Auseinandersetzung mit ›McLuhan‹ —— 1

I **Tricksterrede** —— 11

1 Das verkehrte Plagiat —— 11

2 Tricksterrede —— 17

3 Tricksters Galaxie: Die Besonderheiten des Buchs
   The Gutenberg Galaxy (1962) —— 22

4 Tricksters Zungen: Die Vielstimmigkeit in
   The Gutenberg Galaxy —— 36

5 Tricksters Fluch: Das Kippmoment in
   The Gutenberg Galaxy —— 53

II **Gerichtsrede** —— 63

1 Gerichthalten im Aufsatz
   »Poetic vs. Rhetorical Exegesis« (1944) —— 65
   1.1   Proömium, Fallschilderung, Beginn der Beweisführung —— 67
   1.2   Excessus: Der ›dramatische‹ Bezug in der Geschichte —— 71

2 Vorverhandlungen in *The Place of Thomas Nashe in the Learning of His Time*
   (Dissertationsschrift, 1943) —— 74
   2.1   Kriegsberichterstattung: Der Kampf zwischen Grammatik,
         Dialektik und Rhetorik —— 76
   2.2   Historiographie des Kriegs zwischen Grammatik, Dialektik und
         Rhetorik —— 85

3 Zurück zur Beweisführung im Aufsatz
   »Poetic vs. Rhetorical Exegesis« (1944) —— 96
   3.1   Noch ein Exzess: Grammatik vs. Rhetorik —— 97
   3.2   Noch ein Zeuge: Kenneth Burkes Literaturauslegungen —— 103
   3.3   Schlusswort für F. R. Leavis und gegen I. A. Richards —— 108

4   Das Urteil des Aufsatzes »Poetic vs. Rhetorical Exegesis«: Poetik und Grammatik vor Rhetorik —— **109**

III Beratungsrede —— 115

1   Die forensische Tradition der Aufsätze von 1946 bis 1949 —— **119**
    1.1   Die ›Bedeutung‹ der Dichtung: Literaturkritischer Kontext der ersten Hälfte des 20. Jahrhunderts —— **119**
    1.2   Die forensische Tradition: Abstammungslinien in der Literaturkritik —— **125**
    1.3   Metapher vs. Rhetorik: Sprachliche Verfasstheit und ›Wesen‹ der Dichtung —— **132**
    1.4   Reine Poesie: Dichtungstheorie bei T. S. Eliot, John Crowe Ransom, Cleanth Brooks und Herbert Marshall McLuhan —— **139**
    1.5   Die Vorschrift des *decorum* gegen die Zügellosigkeit der Figuren —— **146**
    1.6   Dichtung ist nicht Kommunikation —— **155**

2   Sophistik: Die Beratung im Buch *The Mechanical Bride* (1951) —— **165**
    2.1   Literaturkritische und ethnologische Anleihen —— **167**
    2.2   Sophistische Anlage und programmatische Einleitung des Buchs —— **179**
    2.3   Ausstellungsstück 1: Verbrechen zahlt nicht —— **190**
    2.4   Virtue or vice?: Über die unentscheidbare Frage nach Stiltugend und Stilfehler —— **198**
    2.5   Ausstellungsstücke 2 und 3: Ersatzteile einer mechanischen Braut —— **206**
    2.6   Verdoppeln, missverstehen: Zur Epistemologie der Wiederholung in der Rede —— **217**
    2.7   Ausstellungsstück 4: Ersetze ›Tod‹ durch ›Leben‹ —— **225**

3   Exkurs: I. A. Richards' Lehrpraktiken und das parodistische Verfahren —— **232**
    3.1   Der experimentelle Kurs »Practical Criticism, Prose« —— **238**
    3.2   Experiment 1: Der Geltungsbereich der Metapher —— **242**
    3.3   Experiment 2: Metaphern übersetzen *(Basic English)* —— **248**
    3.4   »Inevitably in practice«: Erkenntnis durch Praxis —— **253**
    3.5   Parodie —— **258**

4   Übernahmen: Kommunikation, Ethnolinguistik und ›rhetorische Exegese‹ in Aufsätzen von 1952 bis 1957 —— **262**
    4.1   Innis' Kommunikationsgeschichte und Giedions Geschichtsschreibung —— **264**
    4.2   Mit stilistischem Interesse gegen funktionalistische Kommunikationsauffassungen —— **269**
    4.3   Übertragung 1953: Ethnolinguistik —— **280**
    4.4   Ausrutscher: Etymologie, *pun* und Kommunikationsforschung —— **286**
    4.5   Der Forschungsrahmen ›Kultur- und Kommunikation‹ und die Zeitschrift *Explorations* —— **293**
    4.6   Übersetzung 1953: Einheit und Differenz (*Explorations* 1) —— **298**
    4.7   Die verändernde Magie der Medien (*Explorations* 2) —— **305**
    4.8   Übersetzung 1955: Metapher und Chiasmus (*Explorations* 4) —— **309**
    4.9   Elektronenröhre und Metapher (*Explorations* 5) —— **316**
    4.10 Übersetzung 1957: Explizitheit der Sprache (*Explorations* 7) —— **328**
    4.11 Die Sprache der Kommunikationsmedien erforschen —— **332**

IV   Lobrede —— **337**

1   Steigern: »The medium is the message« —— **344**

2   Amplifikationen des Menschen: Die Körperextensionsthese —— **357**

3   Medienkunde: Der *Report on Project in Understanding New Media* (1960) —— **366**
    3.1   Zirkel: Sprachen, Medien, Mythen (»Myth and Mass Media«, 1959) —— **367**
    3.2   Projekt und Bericht zur Medienkunde —— **376**
    3.3   Das Sinnbild des Chiasmus im *Report* —— **382**
    3.4   Die Sprengung des Chiasmus im *Report* —— **390**
    3.5   Medieninhalte auf der Straße: Die Medieninhaltsthese —— **393**
    3.6   Kategoriensprung —— **400**

4 Zur Theorie des Medialen: *Understanding Media* (1964) —— **402**
   4.1   Parallelismus —— **405**
   4.2   Parallelitäten des Verkehrs —— **413**
   4.3   Der Transport der Metapher —— **420**

***All media are active metaphors* – Schlusswort —— 433**

Literaturverzeichnis —— 443

Abbildungsverzeichnis —— 465

Sachregister —— 467

Dank —— 473

Quirky Language
Einleitung in eine Auseinandersetzung mit ›McLuhan‹

Anlässlich des nahenden 25-jährigen Jubiläums von *Understanding Media* schreibt William R. Lindley 1988 im *Canadian Journal of Communication* von einem »McLuhan problem for communication scholars«.[1] Es bestehe darin, dass McLuhan ein Englischprofessor war, dessen Hauptbuch mehr literarische Gelehrsamkeit zeige als System. Hinzu komme noch seine Faszination für »quirky language«.[2] Sein Gelehrtentum sei ihm schlicht in die Quere geraten, insofern die Mischung aus literarischem Zitat und Medienspekulationen von den Kommunikationswissenschaftlern als irrelevant für ihre Forschungen empfunden worden sei. »Yet some of the world's best scholars are difficult reading. Ultimately the ideas count [...].«[3] Lindley verweist auf die 1988 aktuellen Entwicklungen in Bildung, Politik, Journalismus und Unterhaltungsindustrie, die den Voraussagen McLuhans entsprächen. Und er drückt abschließend die Hoffnung aus, dass jene, die die Methodologie verstehen lernten, einige von McLuhans Konzepten weiterführen könnten. Insbesondere die Öffnung der McLuhan-Akten im Nationalarchiv Kanadas veranlasst Lindley zu diesem Optimismus, denn nun könnten das Werk erforscht und einzelne Themen für die systematische Bearbeitung extrahiert werden.[4]

Lindleys Einschätzungen und Hoffnungen sind typisch für die Auseinandersetzung mit ›McLuhan‹, jenem Werk und jener historischen Person, die in den 1950er und 1960er Jahren maßgeblich daran beteiligt war, die Fragen der bestehenden Kommunikationsforschung in eine Problematik der Medien zu wenden. ›McLuhan‹ hat in einer unsystematisch anmutenden Weise und unter dem Einsatz literarischen Wissens einen neuen wissenschaftlichen Gegenstand hervorgebracht, der mit der Bezeichnung ›Medien‹ einerseits an das Gegenstandsgebiet der Massenmedien in der Kommunikationsforschung anschließt, andererseits in seiner ›schrulligen‹ Zurichtung weit über das beobachtbare Objekt der technischen Kommunikationsmittel zur Übertragung von Botschaften hinausgeht.

Die Nachfolger in dem, was nach ›McLuhan‹ *Media and Communications Studies* (im deutschsprachigen Raum explizit ›Medienwissenschaft‹) geworden ist, schwanken zwischen Faszination und Ablehnung gegenüber dem Stückwerk

---

1 Lindley: Understanding Media. Toward an Anniversary, S. 99.
2 Vgl. Lindley: Understanding Media, S. 99.
3 Lindley: Understanding Media, S. 100.
4 Vgl. Lindley: Understanding Media, S. 100.

https://doi.org/10.1515/9783110558647-001

an Zitaten, Vergleichen und Argumentationsansätzen, das sich selbst Medienwissenschaft *(media study)* nennt. Die Faszination besteht teils, wie bei Lindley, darin, dass dieser unsystematische Vorstoß zum Medium so treffsicher technische und historische Entwicklungen in Worte gefasst hat, teils darin, dass das Medium hier bereits in so vielschichtiger Weise der Betrachtung unterzogen worden ist. Die Ablehnung besteht darin, dass diese Vielschichtigkeit ganz bestimmte wissenschaftliche und gar ethische Regeln und Grenzen nicht einhält. Obwohl *Understanding Media* ein kanonischer und begründender Text der Medienwissenschaft ist, ist er zugleich zu wenig medienwissenschaftlich und zu viel anderes.[5]

Lindleys Optimismus, durch eine Untersuchung des Nachlasses diesem Zwiespalt ein Verständnis der Methode und eine Systematisierung der brauchbaren Konzepte entgegensetzen zu können, muss allerdings zerstreut werden. Er geht von der – gerade auch nach ›McLuhan‹ – medientheoretisch unhaltbaren Vorannahme aus, dass am Ende nur die Ideen zählten, und von der positivistischen Grundhaltung, dass sich das System ›hinter‹ den existierenden, verworren wirkenden Veröffentlichungen bei genügend großer Datenlage auffinden und formulieren lassen müsse. Durch die Hoffnung, im Nachlass entsprechend fündig zu werden, deutet Lindley an, dass er das System für die publizierten Schriften letztlich im Autor Herbert Marshall McLuhan (1911–1980) vermutet. Notizen aus seiner Feder, Listen seiner Lektüren, Gedanken in seinen Briefen erwecken den Eindruck, dass ergänzbar ist, was in den Schriften offen bleibt, dass an anderer, vielleicht unveröffentlichter Stelle erklärt ist, was der Autor sich dabei gedacht hat.

Die Hoffnung Lindleys ist auch pragmatisch nicht einzulösen, angesichts von 228 Kisten Nachlass der *McLuhan Fonds* der *Library and Archives Canada*. Die Kisten bergen bis zu 50 Hefter mit unterschiedlich vielen Notizen, Manuskripten, Zeitungsausschnitten, Briefen, Lektüreexzerpten etc. oder noch weitere, kleinere Kisten mit einer Unmenge an karteikartengroßen Zetteln mit unterschiedlichsten Informationen von Worterklärungen bis Lektürenotizen. Hieraus ein System zu ermitteln, würde zunächst die Wiederholung all der darin vermerkten Bildung – in jeglichem Sinne einer Aus-, Um-, Heraus- aber auch all der Einbildung – erfordern, im Zuge derer der systematische Zugriff wiederum verloren gehen müsste, und dem unheimlichen Projekt eines Wieder-Lebens dieses im Nachlass zurückgelassenen Lebens Platz machen.[6]

---

5 Vgl. dazu z. B. die Interviews mit Medienwissenschaftlerinnen und -wissenschaftlern zum Einfluss ›McLuhans‹ auf ihre Arbeiten auf der dem Band: Kerckhove/Leeker/Schmidt (Hg.): McLuhan neu lesen, beigelegten CD.

6 Natürlich lässt sich hier auch pragmatisch handeln: Die Systemkonstruktion stützt sich dann auf eine Auswahl an Manuskripten, Erklärungen in Briefen und auf Notizzetteln, um dabei ihr ganz eigenes System zu konstruieren. So geschehen in den umfassenden Biographien und eini-

Angesichts von allein 70 der 280 *McLuhan Fonds*-Kisten im kanadischen Nationalarchiv überkam mich jedenfalls im Mai 2010 der Eindruck, dass das damals von mir angestrebte Rekonstruktionsprojekt der Medientheoriebildung McLuhans aus den Archivalien ein unmögliches Unterfangen ist. Kurz zuvor, im Herbst 2009 musste ich mir schon eingestehen, dass ich die Theorie McLuhans einfach nicht verstand. Das heißt, als studierte Medienwissenschaftlerin hatte ich zwar längst verstanden, was es bedeutet, das Medium als die Botschaft zu nehmen oder anzuerkennen, dass Medien immer nur auf Medien aufbauen. Wenn ich aber versuchte, diese Theoreme am Ort ihres Erscheinens, in den Texten McLuhans der 1960er Jahre zu verfolgen und auf ihre historische Möglichkeit zu befragen, dann trat mir an diesem Ort so viel mehr entgegen als die Begründung dieser Theoreme und so viel weniger an Verweisen auf Herkunft und Referenzen oder auch nur an durchgehender Argumentation. Ein halbes Jahr später, im Archiv, gesellte sich dann noch der Eindruck hinzu, dass hier auch ganz praktisch mit historischer Arbeit nicht viel herauszuholen wäre, zumindest nicht im Zeitrahmen eines Dissertationsstipendiums.

Für meine Frage nach der Wissensgeschichte der Medientheorie namens ›McLuhan‹ bot mir schließlich die umgekehrte Herangehensweise einen Ausgang aus dem historiographischen Dilemma: Es galt nicht, vom Archivmaterial oder der historischen Person aus eine Entwicklung der Theorie der Medien zu verfolgen, sondern ausgehend von den Texten McLuhans das Archiv gewissermaßen erst zu ermitteln. Hierzu ermutigten mich einige Gespräche mit Literatur- und Medienwissenschaftlerinnen und -wissenschaftlern, in denen Fragen diskutiert wurden wie: Möglicherweise sind die Erklärungen für die Theoriebildung im Falle ›McLuhan‹ gar nicht in den festzumachenden Aussagen oder den festgehaltenen Referenzen in Büchern, Aufsätzen, Briefen auszumachen, sondern vielmehr in den sich solchen dingfestmachenden Lektürebewegungen stets schon widersetzenden Schreib- und Darstellungsweisen dieser Theorie zu suchen? Vielleicht ist ›McLuhan‹ bei aller Eingängigkeit seiner medientheoretischen Slogans so schwer zu verstehen, weil er – auch historisch gesehen – gar kein Medientheoretiker war, sondern vielmehr als Diskursivitätsbegründer der Medienwissenschaft fungiert?[7]

---

gen sehr informierten Studien zum Werk McLuhans. Vgl. Marchand: Marshall McLuhan; Gordon: Marshall McLuhan; Marchessault: Marshall McLuhan; Willmott: McLuhan, or Modernism in Reverse; Cavell: McLuhan in Space.

7 Für Ermutigungen zu und Unterstützung bei Überlegungen dieser Art habe ich insb. Bettine Menke zu danken. Thomas Glaser und Judith Penning waren unter den Literaturwissenschaftlerinnen und -wissenschaftlern weitere große Hilfesteller. Unter den Medienwissenschaftlerinnen und -wissenschaftlern war Bernhard Siegert ein wichtiger Anstoßgeber. Anmerkungen von Fried-

Anstatt der konventionellen Herangehensweise an ›McLuhan‹, wie sie Lindley vorschlägt, schien es zum 50-jährigen Jubiläum von *Understanding Media* an der Zeit, gerade das zum Ausgangspunkt der Untersuchung zu machen, was dem Autor und seinen Rezipienten immer wieder in die Quere gekommen war: das literarische Wissen und – vor allem – die *quirky language*. Von einem medientheoretischen Standpunkt aus, sind es ja gerade nicht ›die Ideen, die zählen‹, sondern es zählt das, was widerständig bleibt in der Vermittlung von Botschaften. Es gilt dann, das, was dazwischen kommt, auf seine eigentümlichen ›systembildenden‹ Funktionen hin zu befragen.

Aus diesem Grund widmet sich meine Forschungsarbeit fast ausschließlich den unter dem Autornamen ›McLuhan‹ veröffentlichten Texten und sie verzichtet nahezu vollständig auf den Rückgriff auf Begründungen des Autors und biographische Dokumente. Aufgrund eines wissensgeschichtlichen Zugriffs frönt die Studie des ›glücklichen Positivismus‹, wie ihn Michel Foucault vorgeschlagen hat, und orientiert sich an den Positivitäten des Diskurses,[8] der sich in diesen Texten etabliert. Zu diesen Positivitäten zählt die *quirky language* und das literarische und literaturwissenschaftliche Wissen. Tatsächlich fehlt in den vorhandenen, auch wissensgeschichtlich orientierten Studien zu ›McLuhan‹ und zur Medientheoriebildung McLuhans die Aufmerksamkeit für die Sprache als Medium der Theoriebildung. Es wird zwar immer wieder darauf verwiesen, dass ›McLuhan‹ ein gewiefter Rhetoriker war, dass an dieser oder jener Stelle Metaphern oder andere rhetorische Mittel verwendet wurden, aber es wird nie die Frage nach dem epistemologischen Einsatz der *quirky language* gestellt. McLuhans Texte unterliegen einer ähnlich selbstverständlichen Lektüre wie sie Samuel Weber für die Texte Sigmund Freuds festgestellt hat: »Was sich dabei von selbst zu verstehen scheint, ist, daß die [...] Texte einen Sinn haben, der sich von seiner textuellen Artikulation ablösen läßt, nachdem man dieses Sinnes habhaft geworden ist.«[9] Ein vom Text losgelöster Sinn lässt sich mit verschiedenen Referenzen vereinbaren, auch in anderen Texten wiederfinden und durch biographische Dokumente unterschiedlichster Zeiten verbürgen.[10] Doch so wie Weber für die Texte Freuds davon ausgeht, dass die Gesetze des Unbewussten auch noch die Formulierung dieses Unbewussten betreffen, dass auch der Text Produktionsgesetzen der Verschiebung und Verstellung ausgesetzt ist, so gehe ich im Folgenden davon aus, dass

---

rich Balke waren sehr hilfreich. Ganz besonders förderten die Diskussionen mit Ulrike Hanstein und Anika Höppner diese Betrachtungsweise.

[8] Vgl. Foucault: Archäologie des Wissens, S. 182 f.
[9] Weber: Freud-Legende, S. xi.
[10] Vgl. z. B. Willmott: McLuhan, or Modernism in Reverse, S. 26; Theall: The Virtual McLuhan, S. 51–66; Sprenger: Medien des Immediaten, S. 358 f.

ein Text, der die Lehre von der Botschaft, die das Medium selbst sei, hervorbringt, von eben diesem Lehrsatz betroffen ist. Anstelle nach den Botschaften zu fragen – etwa mit Lindley – ist nach dem Medium und seinen Funktionsgesetzen zu fragen, welches die Begründung einer Wissenschaft von den Medien leisten soll.

Auch unter diesem Blickwinkel erscheint die Figur des Diskursivitätsbegründers nach Foucault als geeignete Rahmung für eine Annäherung an ›McLuhan‹. Der Diskursivitätsbegründer schafft »die Möglichkeit und die Bildungsgesetze für andere Texte«.[11] Dieser Ermöglichungsakt ist aber nicht Teil des durch ihn Ermöglichten. Er bleibt seinen nachfolgenden Transformationen und dem Bezugsrahmen, der von ihm begründeten Diskursivität gegenüber heterogen.[12] Laut Foucault wird jene Diskursstelle »als Loch, als Abwesenheit, als Lücke« erfahren,[13] weswegen man immer wieder an diesen Anfang zurückkehren muss für ein »ewiges Spiel« des Wiedererkennens, Hineinlesens, Verwerfens und ›In-den-Griff-Bekommens‹.[14] Eine bestimmte Anzahl von Sätzen und Aussagen zu isolieren, zwischen begründenden und abgeleiteten Begriffen und Theorien zu unterscheiden, nicht zutreffende Aussagen »für ›prähistorisch‹, also einem anderen Diskursivitätstyp zugehörig« zu erklären,[15] all das kann für die Arbeit an der Begründung der Diskursivität der ›Medien‹ nach ›McLuhan‹ festgestellt werden.[16] Und es kommt ein weiterer Punkt hinzu, nämlich die Veränderlichkeit des begründeten theoretischen Feldes, sobald ein bis dato unbekannter Text des Diskursivitätsbegründers auftaucht. Die Wiederentdeckung und Veröffentlichung der Dissertationsschrift McLuhans aus dem Jahre 1943 lässt sich in diesem Zusammenhang anführen.

In einer Rezension über ›McLuhan‹-Studien anlässlich des 100-jährigen Geburtstags des Autors, die diesen als Diskursivitätsbegründer in Erwägung zieht, weist Sven Grampp darauf hin, dass die Veröffentlichung und Auslegung der Dissertationsschrift den (vor allem deutschsprachigen) Zuschnitt der Medienwissenschaft nach ›McLuhan‹ hinterfragt.[17] Nach Grampp nämlich bringen Studien, die sich auf McLuhans Dissertation beziehen, die grammatische Dimension des Werks ›McLuhan‹ heraus und ihre Verfasser sind ›Grammatisierer‹ McLuhans.[18]

---

11 Foucault: Was ist ein Autor?, S. 24.
12 Vgl. Foucault: Was ist ein Autor?, S. 25 f.
13 Foucault: Was ist ein Autor?, S. 28
14 Foucault: Was ist ein Autor?, S. 26–28.
15 Foucault: Was ist ein Autor?, S. 26.
16 Vgl. z. B. Mersch: Marshall McLuhan, S. 105–107; Leschke: Einführung in die Medientheorie, S. 245; Faulstich: Einführung in die Medienwissenschaft, S. 22; Marchessault: Media Studies as Interdisciplinary Exploration; Sprenger: Medien des Immediaten, S. 333–459.
17 Vgl. Grampp: Hundert Jahre McLuhan, S. 183–187.
18 Grampp macht zwei ›Grammatisierer‹ aus: W. Terrence Gordon und John Durham Peters, vgl. Gordon: McLuhan. A Guide for the Perplexed; Peters: McLuhans grammatische Theologie.

Die antike (!) Grammatik als Methode, Kunst und Disziplin der Interpretation ist demnach das zugrundeliegende Modell der Schriften und Erkenntnisse McLuhans. Grampp schlussfolgert unter Rückgriff auf die antiken Weltvorstellungen der Grammatik, dass ›McLuhan‹ schlussendlich wenig mit Mediendifferenzen, Materialität der Medien und medialen Apriories, »also genau den Phänomenen und Erkenntnisweisen, die mit Bezug auf McLuhan für die Eigenständigkeit des Faches seit den 1980er Jahren reklamiert werden«, am Hut gehabt haben könne und lässt offen, ob er sich dieser Perspektivierung anschließen würde.[19]

Mit meiner Studie schließe ich einerseits an die ›Grammatisierer‹ an, insofern meines Erachtens die Dissertationsschrift McLuhans tatsächlich das theoretische Feld der Diskursivität der ›Medien‹ und vor allem das Feld der Wissensgewinnung in den Schriften McLuhans ausweitet und redefiniert, und zwar in Hinsicht auf von der Sprache ausgehende Fragen der Erkenntnis der Welt. Andererseits setzt sich meine Untersuchung von den ›grammatisierenden‹ Zusammenfassungen von ›McLuhan‹ ab, da sie die von den ›Grammatisierern‹ hervorgehobene persönliche Inanspruchnahme des grammatischen Ansatzes durch McLuhan nicht ernster nimmt als andere Positivitäten in dessen Publikationen. Die Dissertationsschrift ist meines Erachtens weniger eine Verpflichtung auf ein grammatisches Programm als vor allem eine Auseinandersetzung mit einer sprachtheoretisch unterlegten Literaturwissenschaft der entsprechenden Zeit. Die Auseinandersetzung stellt die Frage nach dem historischen Ort des Wissens von ›Medien‹, wie es sich in den Schriften McLuhans artikuliert, noch einmal neu. Zu dieser Auseinandersetzung mit den literaturwissenschaftlichen Theorien, Methoden und Topoi seiner Zeit gehört auch die bemängelte *quirky language* des medienwissenschaftlichen Klassikers *Understanding Media*, wie ich im Verlauf meiner Untersuchung unter anderem nachweisen werde. Tatsächlich lässt es sich von der gewitzten Sprache der Texte McLuhans zu einer aufschlussreichen, weil anders als bisher vertretenen, historischen Rekonstruktion der mit diesen Texten vorgenommenen Medientheoriebildung kommen.

Mir war es für die Bearbeitung der Wissensgeschichte der Medientheorie namens ›McLuhan‹ wichtig, eng am Text zu bleiben und die textuelle Artikulation der sich ausbildenden Theorie der Medien in den Schriften McLuhans zur Grundlage der Forschungsarbeit zu nehmen. In den vielen, teils sehr informierten Studien zu und Auseinandersetzungen mit den Schriften McLuhans ist das ein Desiderat. Kaum je finden sich ganze Textpassagen zitiert, konkrete rhetorische

---

[19] Grampp: Hundert Jahre McLuhan, S. 187.

Figuren untersucht oder Argumentationsverläufe nachgezeichnet.[20] Bei der eingehenden Betrachtung der sprachlichen Realisierung der Thesen, historischen Argumente oder anderen Beweisformen zeigt sich, dass McLuhans grammatischer Ansatz viel stärker von Diskussionen und Neuerungen auf dem Wissensgebiet der Rhetorik untersetzt ist, als es der Autor selbst erkennt und behauptet und als es die Texte auf der Aussageebene vertreten. Die Fragen und das Wissen einer zu Beginn des zwanzigsten Jahrhunderts erneuerten rhetorischen Bewegung in der Sprach- und Literaturtheorie kommen vielmehr auf der Ebene der Textverfahren zur Anwendung. Hier verschaffen sich erkenntnistheoretische Fragen Geltung, die in der historisch spezifischen Auseinandersetzung mit der rhetorischen Bearbeitung der Unwägbarkeiten der Sprache insbesondere im Bereich der Redefiguren, eines wichtigen Teils der *quirky language* also, diskutiert werden. Das Einsetzen solcher Figuren ist immer auch schon eine Arbeit mit und an den erkenntnistheoretischen Implikationen dieser Figuren. Die von mir umrissene Wissensgeschichte erzählt daher nicht von Vorläufern und Nachfolgern, von Einflüssen oder prägenden Konzepten. Sie beobachtet vielmehr die *quirky language* und sucht sie historisch zu kontextualisieren.

Dies hat drei Konsequenzen für meine Studie: Erstens eine Konzentration auf die literaturwissenschaftliche Wissensgeschichte der Texte McLuhans. Sie kommt zustande durch das Einbeziehen der bisher selten betrachteten Dissertationsschrift, die literaturgeschichtliche Fragen bearbeitet und das Augenmerk der wissensgeschichtlichen Betrachtung der Texte McLuhans auf die Themen, Diskussionen und Umbrüche im literaturwissenschaftlichen Diskurs lenkt. Meine Studie konzentriert sich daher auf ein Textkorpus ›McLuhan‹, das einen Zeitraum von grob 20 Jahren umfasst, bei der 1943 eingereichten Dissertationsschrift McLuhans einsetzt und mit der monographischen Inauguration des neuen wissenschaftlichen Untersuchungsobjekts ›Medien‹ im Buch *Understanding Media* 1964 endet. Hierbei werden auch zahlreiche, der deutschsprachigen ›McLuhan‹-Rezeption bislang unbekannt gebliebene frühe Aufsätze einbezogen, die nach der adäquaten Auslegung von Literatur fragen und sich mit Theorie und Methode der Literaturwissenschaft befassen.[21]

---

20 Eine Ausnahme ist die deutschsprachige Einführung zu ›McLuhan‹ von Grampp: Marshall McLuhan. Sie verfolgt die textuellen Merkmale jedoch nicht hinsichtlich ihrer wissensbildenden Funktion.
21 Das Übersehen der literaturwissenschaftlichen Aufsätze McLuhans im deutschsprachigen Raum überrascht umso mehr, als eine von 1969 stammende Anthologie der Aufsätze zur Literatur bereits 1974 ins Deutsche übersetzt wurde, vgl. McLuhan: Die innere Landschaft. Unter den aktuellen deutschsprachigen ›McLuhan‹-Forschern widmet sich vor allem Bernhard Dotzler auch diesen frühen Schriften. Vgl. Dotzler: »Cambridge Was a Shock«.

Eine zweite Konsequenz für meine Studie ergibt sich aus der *quirky language*, die ich als vom Autor nur teilweise gedeckte Instanz verfolge. Die Frage gilt den Interventionen, die die Darstellungsweise gegenüber dem Dargestellten vollführt und die die üblichen Leseweisen von Theoremen, Slogans und Schlagworten McLuhans und noch deren Historisierung umlenken. Hierfür ist mir die Figur des Tricksters eine hilfreiche Konstruktion zur Unterscheidung und Beschreibung der Interaktion verschiedener Textebenen und daraus hervorgehender systematischer Resultate. Das erste Kapitel meines Buchs widmet sich daher der *Tricksterrede*. Hier stelle ich das Konzept des Tricksters für meine Forschungen vor, zusammen mit Beispielen und einer ersten Auswertung der Tricksterstrategien für das Projekt *The Gutenberg Galaxy*.

Dritte und letzte Konsequenz meines Untersuchungsansatzes ist, die historische Entwicklung der Medientheorie mit dem Namen ›McLuhan‹ nicht als Vorgeschichte der Medienwissenschaft zu sehen, sondern als Randgeschichte oder späte Ausformung von Theoretisierungsbemühungen im Umfeld des *Linguistic Turn*, also grundlegender philosophischer Reflexionen zu Sprache, Welt und Erkenntnis. Mit der Beachtung der literaturwissenschaftlichen Anschlüsse McLuhans an das Feld eines *Linguistic Turn* wird die technikphilosophische wie -geschichtliche oder kulturtheoretische wie -geschichtliche Vereinnahmungen der Theoriebildung namens ›McLuhan‹ durchbrochen. ›Medien‹ ist meinen Forschungen im Textkorpus ›McLuhan‹ nach kein Begriff, mit dem Fragen der Technikphilosophie fortgesetzt oder die Geschichte aus technischer Perspektive geschrieben werden kann. Medientheorie nach ›McLuhan‹ ist vielmehr ein weiterer Schauplatz in der Geschichte der Sprachphilosophie. Wie ich in meiner Untersuchung zeige, werden unter dem Schlagwort ›Medien‹ Probleme des Wissens von der Sprache und Schwierigkeiten einer Theoriebildung dieses Wissens verhandelt, die noch an ihrem angestammten Ort der Sprachphilosophie ungelöst geblieben sind. Die Verschiebung bzw. Übernahme dieser sprachphilosophischen Probleme in den Zuständigkeitsbereich der Medientheorie löst die Fragen nach dem Was und Wie der Sprache nicht – sie werden jedoch in produktiver Weise immer wieder vorgeführt.

Meine Untersuchung versteht ›Medien‹ daher als Effekt von Verhandlungen zwischen Grammatik und Rhetorik, die ich im untersuchten Textkorpus ausmache. Die antiken propädeutischen Disziplinen gehören zu den ältesten Formen der Beobachtung von und des Nachdenkens über Sprache. Und gerade in ihren antiken Ausformungen stellen beide Disziplinen eine Arbeit an der grundlegenden Ambiguität der Sprache dar, die sich insbesondere in den Redefiguren von *quirky language* manifestiert und sich als unlösbares Problem einer aussagen- und referenzlogischen Philosophie immer wieder ins Spiel bringt. Diese Problematik wird Teil der Konzeptualisierung von ›Medien‹ nach ›McLuhan‹.

Meine Studie gliedert sich in vier größere Kapitel. Das erste Kapitel stellt, wie erwähnt, das Vorgehen der *quirky language* anhand einer Untersuchung von *The Gutenberg Galaxy* (1962) vor. Kapitel II und Kapitel III kontextualisieren die Schriften der 1940er und 1950er Jahre mit Signatur McLuhans im literaturwissenschaftlichen und kommunikationswissenschaftlichen Diskurs der Zeit und erörtern Positionierungen und Abgrenzungen der Texte McLuhans innerhalb dieser Diskursfelder. Kapitel II nimmt dabei einen Aufsatz von 1944 genauer in den Blick, der als Positionspapier McLuhans gegenüber der zeitgenössischen Literaturwissenschaft gelten kann und den ich hier in seiner Eigenart als *Gerichtsrede* vorstelle (II.1, II.3, II.4). Die Unterscheidungen und das Urteil der Gerichtsrede verfolge ich auch im wiederentdeckten Text der Dissertation (II.2). Im ausführlichsten, dritten Kapitel verfolge ich sodann, inwiefern das Urteil und die Zuordnungen in den Texten McLuhans der 1940er Jahre zunächst thematisch weitergeführt werden (III.1), dann auf der Ebene sprachlicher Darstellung mit *The Mechanical Bride* (1951) wechseln und sich gegenseitig beraten (III.2). Das Kapitel III stelle ich daher als *Beratungsrede* im Textkorpus ›McLuhan‹ vor, bei der ich auch die verurteilte Partei der Gerichtsrede zu Wort kommen lasse (III.3) und aufzeige, inwiefern methodisch und auf der Ebene der sprachlichen Darstellung das verurteilte Wissen in das Textkorpus Eingang erhält. Mit einer Betrachtung der frühen, explizit um eine Diskussion und Theoretisierung der Kommunikationsmedien bemühten Schriften McLuhans in den 1950er Jahren zeige ich schließlich in Kapitel III (konkreter: III.4), dass die Konzeptualisierung der ›Medien‹ von diesem Wissen der sprachtheoretisch orientierten Literaturwissenschaft affiziert ist. Im letzten Kapitel des Buchs schließlich wird die von Lindley bemerkte *quirky language* in *Understanding Media* (1964) einer Untersuchung unterzogen (IV.1, IV.2, IV.4) und mit dem vermeintlichen Vorläufer des *Report on Project in Understanding New Media* (1960) abgeglichen (IV.3). *Understanding Media* erscheint als Feier der Möglichkeiten der Sprache, die einer Feier der ›Medien‹ zuarbeitet und vom Trickster mit einer entsprechenden *Lobrede* bedacht wird.

I Tricksterrede

1 Das verkehrte Plagiat

> We feel happier when *it* is visible; then it's oriented in a way we understand. For in our workaday world, space is conceived in terms of that which separates visible objects. [...] I do not believe that all cultures think this way. In one preliterate culture of which I have heard, the binding power of oral tradition is so strong that the eye is subservient to the ear. In the beginning was the Word, an auditory word, not the visual one of literate man. Idols are unknown; instead, deities are depicted by dancers who *speak* and *sing*.[1]
> »Acoustic Space«, D. C. Williams (1955)

> We feel happier when *it* is visible; then it's oriented in a way we understand. For, in our workaday world, space is conceived in terms of that which separates visible objects. [...] Not all cultures think this way. In many preliterate cultures the binding power of oral tradition is so strong that the eye is subservient to the ear. In the beginning was the Word: a spoken word, not the visual one of literate man. Among the Eskimo there is not silent sculpture. Idols are unknown; instead, deities are masked dancers who *speak* and *sing*.[2]
> »Acoustic Space«, Edmund Carpenter and Marshall McLuhan (1960)

Anfang des Jahres 1955 erscheint in der vierten Ausgabe der Zeitschrift *Explorations. Studies in Culture and Communication* der Artikel »Acoustic Space« von D. Carleton Williams. 1960 wird der Artikel wieder abgedruckt in einer Anthologie derselben Zeitschrift, die über einen Zeitraum von sieben Jahren (1953–1959) erschienen war. Der wiederabgedruckte Artikel trägt denselben Titel, ist aber mit den Namen zweier anderer Autoren überschrieben: Edmund Carpenter und Marshall McLuhan.

Im Wiederabdruck sind einige kleinere Formulierungen verändert worden. Ein, zwei Absätze wurden gestrichen und durch ein paar neue Sätze ersetzt. Die Stoßrichtung der Erstveröffentlichung und sogar der Wortlaut sind ansonsten im Ganzen erhalten geblieben: Die Entdeckung oder Beschreibung des akustischen Raums.[3]

---

1 Williams: Acoustic Space.
2 Carpenter/McLuhan: Acoustic Space.
3 Demnach sei davon auszugehen, dass es verschiedene Raumkonzepte gibt. Geläufigerweise regiere eine visuelle, perspektivische Raumauffassung. Raum sei dann das, was die sichtbaren Objekte voneinander trenne. Daneben sei ein anderer Raum vorstellbar und vor allen Dingen auch nachweisbar – in verschiedenen Experimenten oder in der Raumauffassung anderer Kulturen – der akustische Raum. Er habe keine Grenzen (abgesehen von oberer und unterer Hör-Schwelle), keinen Fluchtpunkt, sei unverzerrt, egal wo sich der Hörende befinde oder wie er stehe. Er sei ungegenständlich bzw. unbegrifflich *(nonrepresentational)* und insofern eng an das

Ein halbes Jahr vor der Erstveröffentlichung von »Acoustic Space« erscheint in der dritten Ausgabe der Zeitschrift *Explorations*, herausgegeben vom interdisziplinären Forschungsseminar »Culture and Communications« an der University of Toronto,[4] der Bericht über Aufbau, Durchführung und Ausgang eines »Experiment in Communication« von D. Carleton Williams. 1960 wird der Artikel wiederabgetippt für einen *Report on Project in Understanding New Media*, den die *National Association of Educational Broadcasters* der USA in Auftrag gegeben hatte. Er trägt einen anderen Titel: »Mass Media and Learning – An Experiment«, und keine gesondert ausgewiesene Signatur. Er firmiert lediglich als Teil des Gesamtberichts unter dem Namen H. Marshall McLuhan.[5]

Im Wiederabdruck sind bis auf den Titel keinerlei Formulierungen verändert worden; weder Buchstaben noch Satzzeichen sind ausgetauscht worden. Der Wortlaut ist im Ganzen erhalten geblieben: ein Bericht über die Einrichtung, Ausführung und Auswertung eines Experiments zur Medienwirkung.

Am Anfang meiner Untersuchung der Texte mit dem Namen ›McLuhan‹ stehen Texte, die nicht durch diesen Namen autorisiert worden sind und dennoch einmal Texte dieses Namens werden sollten. Mit der doppelten Signatur etwa von »Acoustic Space« steht unter anderem die Urheberschaft und wissenschaftliche Einführung eines der zentralen Konzepte für ein Denken der Medien nach McLuhan auf dem Spiel. Es steht damit auch die Reputation des Wissenschaftlers und Professors McLuhan auf dem Spiel. Jedoch regt sich nirgends in der Forschungsliteratur über diesen Professor und seine Schriften Unbehagen ob dieser Fälle von Signaturenaustausch, und nicht einmal unter den historischen Protagonisten scheint es Unmut bezüglich dieser Text- und Signaturenkonstellation gegeben zu haben. Im Gegenteil, anstelle einer hier zu vermutenden Plagiatserzählung finden sich immer nur Berichte über das tatsächliche Eigentum des Textes »Acoustic Space« als Eigentum McLuhans bzw. Carpenters und McLuhans. So berichtet McLuhans erster Biograph, Philip Marchand, dass Williams im Herbst 1954 einen Text zum Thema an der University of Toronto vorgestellt habe, der bereits McLuhans Hand-

---

emotionale Leben geknüpft. Vgl. Williams: Acoustic Space, sowie Carpenter/McLuhan: Acoustic Space.

4 Die Forschungsgruppe bestand von 1953 bis 1955 an der University of Toronto und wurde in diesem Zeitraum von der *Ford Foundation* gefördert. Beteiligte Wissenschaftler: Edmund Carpenter (Ethnologie), Tom Easterbrook (Ökonomie), Marshall McLuhan (Literaturwissenschaft), Jaqueline Tyrwhitt (Stadtplanung) und D. Carleton Williams (Psychologie). Zu den historischen Umständen vgl. Gordon: Marshall McLuhan, S. 159–165; Marchand: Marshall McLuhan, S. 172–185. Vgl. auch Kap. III.4.3 in diesem Band.

5 Vgl. Williams: Experiment in Communication (1954), und McLuhan: Report on Project in Understanding New Media, Part III: Materials Developed by the Project, S. 141–150.

schrift getragen habe. Williams sei dabei gewissermaßen als McLuhans Sprachrohr aufgetreten.⁶ Und Carpenter erklärt rückblickend die Verhältnisse im Forschungsseminar »Culture and Communications«, aus dem die beiden eingangs erwähnten Texte bzw. alle vier Texte hervorgegangen sind:

> Carl [Williams] provided the first breakthrough. He used the phrase »auditory space« [...] [;] the phrase was electrifying. Marshall changed it into »acoustic space« and quoted Symbolist poetry. Jackie [Tyrwhitt] mentioned the Indian city Fatehpur Sikri. Tom [Easterbrook] saw parallels in medieval Europe. I talked about Eskimos. [...] Carl sent a paper on »auditory space« to *Explorations*, minus all seminar dialog. So Marshall & I put it in. A mistake. Two articles, one on the mechanics of auditory space, the other on acoustic »patterning,« might have been more diplomatic. But we needed some input from Carl, and clearly it wouldn't come without help.⁷

Mit anderen Worten: Bereits die Erstveröffentlichung von »Acoustic Space« war überhaupt kein Text von Williams, sondern immer schon ein Text vielstimmigen Ursprungs. Carpenter und McLuhan haben lediglich die Niederschrift eines Gesprächs zwischen Williams, Tom Easterbrook, Jacqueline Tyrwhitt, Carpenter und McLuhan selbst übernommen. Den so entstandenen Text haben sie am Ende durch irgendeinen Namen autorisieren lassen. Dabei war die Wahl des Namens nach Angaben Carpenters sehr deutlich in der historischen forschungspolitischen Situation begründet. In einer Zeit, in der die Sozialwissenschaften *(social sciences)* sich nach den Naturwissenschaften *(physical sciences)* ausrichteten, hatten auch das vordergründig geisteswissenschaftlich *(humanistic)* arbeitende Forschungsteam an der University of Toronto und sein Publikationsorgan *Explorations* ein Interesse, den ›Objektivitäts‹-Ansprüchen der harten Wissenschaften nachzukommen – vor allem ein finanzielles Interesse. Williams stand als Psychologe mit seinem Namen für diese ›objektive‹ Wissenschaft ein.⁸

---

6 Vgl. Marchand: Marshall McLuhan, S. 180: »Im November 1954 verlas Carl Williams im Seminar ein außergewöhnlich weitreichendes Papier mit dem Titel ›Der akustische Raum‹. Der Text trug deutlich McLuhans Handschrift und erschien im Februar darauf in *Explorations*. (Später wurde er leicht überarbeitet in einer Anthologie von *Explorations*-Artikeln unter McLuhans und Carpenters Namen wiederabgedruckt.) Darin erklärte Williams – als Sprachrohr von McLuhan –, daß unsere Vorstellung von Raum fast ausschließlich visuell sei.«
7 Carpenter: That Not-So-Silent Sea (2001), S. 241.
8 Vgl. Carpenter: That Not-So-Silent Sea, S. 240 f.: »The seminar started with great enthusiasm [...]. I proposed a journal. [...] The result was a humanistic journal, appearing at a time when social sciences modeled themselves after physical sciences, complete with claims of ›objectivity,‹ in the manner of *Time* reporters. [...] Carl Williams [...] sought to refine psychology to an objective science. It was for this reason he was invited to the group. We felt we needed his bias to balance ours, and also to get Ford funding.«

Die Forschungsliteratur jedenfalls hat die doppelten Signaturen kaum erwähnt.[9] Vielmehr scheinen die Erklärungen der Zeitzeugen zur historischen Ausgangslage sie etwa in der Rekonstruktion der Konzeptgenese des ›akustischen Raums‹ bestätigt zu haben:[10] Trotz der etwas unübersichtlichen Gemengelage von Konzept, Diskussion, Texten und Signaturen lassen sich das Konzept und der Text zum akustischen Raum als Konzept und Text von McLuhan ausweisen. McLuhan hat demnach am meisten aus der Diskussion dieses anderen Raums herausgeholt und ihn sogar zur Grundlage seines Mediendenkens gemacht.[11] So argumentiert etwa der Medienwissenschaftler Richard Cavell, dass der Raum, und insbesondere seine Fassung als akustischer Raum, die einzige konsistente konzeptionelle Kategorie in McLuhans Werk und Denken sei, die Zugang zu den ansonsten vielgestaltig, und unübersichtlich daherkommenden Schriften verschaffe.[12]

Meinem Ansatz zufolge weist der Text- und Signaturentransfer zwischen 1954 und 1960 hingegen in eine andere Richtung. Er stellt die Frage, wie die Texte mit dem Namen ›McLuhan‹ zu lesen sind. Sind es Texte, die einem Autor McLuhan zuzuweisen sind? Lassen sich aus ihnen demnach bestimmte Entwicklungen eines Denkens und eine gewisse Kontinuität konstruieren? Meiner Ansicht nach irritiert die Mehrfachsignatur eines zentralen Textes wie »Acoustic Space« für den Fall ›McLuhan‹ das Funktionieren der Autorfunktion, zu der nach Michel Foucault unter anderem die Rückverfolgung eines Textes und seiner Konzepte auf einen Autor als Eigentümer des Textes sowie die Projektion eines »Vernunftwesen[s]« hinter dem Text gehörten.[13]

Die beiden vorgestellten Akte der Signierung ein und desselben Textes partizipieren zunächst an dieser Autorfunktion. Mit der geliehenen Autorisierung durch Williams kommen die Herausgeber der Zeitschrift *Explorations* den (Eigentums-)Ansprüchen des wissenschaftspolitischen Systems nach. In der rückblickenden Schilderung zur Textentstehung und zur institutionellen Situation deutet alles darauf hin, dass der Text wenig mit dem signierenden Autor zu tun hat. Die Autorisierung durch Williams' Namen ist ein Zugeständnis an institutionelle Anforderungen. Mit der Re-Appropriation des Textes durch die Signatur Car-

---

9 Tatsächlich ist Marchands Biographie der einzige Text, der offen ausspricht, dass der Aufsatz »Acoustic Space« zweimal mit verschiedenen Namen erschienen ist. Vgl. Anm. 5.
10 Vgl. Marchand: Marshall McLuhan, S. 180, und Gordons Aufnahme von ›acoustic space‹ in der Abteilung »McLuhan's Legacy« in Gordon: Marshall McLuhan, S. 305–307. Vgl. Marchessault: Marshall McLuhan, S. 86, 91, 93; Cavell: McLuhan in Space, S. 21; Willmott: McLuhan, or Modernism in Reverse, S. 120.
11 Vgl. v. a. Marchessault: Marshall McLuhan, S. 86, 91 u. 93.
12 Vgl. Cavell: McLuhan in Space, S. xiii u. 21.
13 Vgl. Foucault: Was ist ein Autor?, S. 18 u. 20.

penters und McLuhans 1960 nutzen die beiden Unterzeichner die Autorfunktion erneut aus. Carpenter und McLuhan eignen sich an, was bei seiner Entstehung niemandem so recht gehörte und lediglich durch eine erste Signatur zugewiesen worden war. Durch die Umschrift der Unterschrift sowie einige kleinere Anpassungen im Verweisungssystem des Textes auf seinen Autor soll die erste Eigentumszuweisung zurückgenommen und umgelenkt werden.[14] Dies aber kollidiert mit der Eigentumsvorschrift der Autorfunktion selbst, welche besagt, dass ein Text (zu verschiedenen Zeiten) nicht verschiedene Autoren haben kann. Die Re-Appropriation gerät daher zum Plagiat.

Die implizite Lesart der Mehrfachsignatur des Textes »Acoustic Space« durch die Sekundärliteratur scheint indessen zu sein, dass erst die zweite Signatur die wahren Eigentumsverhältnisse bezüglich des Textes angibt. Bereits in seiner druckfertigen Form von 1955 war der Text gar kein Text von Carleton Williams gewesen. Er war immer schon der Text des Autorenduos Carpenter/McLuhan. Nach dieser Auffassung kann die Kontinuität von Denken und Werk McLuhans sichergestellt werden, wie etwa in der Rekonstruktionsarbeit Cavells. Doch auch mit dieser Lesart noch kommt es zum Plagiat. Der Plagiator ist nunmehr Williams selbst. Damit ist das Plagiat von 1960 eigentlich 1955 ein Plagiat. Das Original (1955) ist ein Plagiat und das Plagiat (1960) ist das Original. Man hätte es hier demnach mit dem besonderen Fall des *plagiat par anticipation* zu tun, wie es Pierre Bayard für eine Neubegründung der Literaturgeschichte vorgestellt hat: eine Form des Plagiats, bei dem Schriftsteller bei ihren zukünftigen Kollegen, aus Werken späteren Datums also, abkupfern.[15] Doch von Plagiat, weder im antizipierenden noch im klassischen Sinne, ist in der Sekundärliteratur nirgends die Rede. Williams' Einsatz bei diesem möglichen vorweggenommenen Plagiat

---

14 Ein paar kleinere Änderungen in der »Reihe von Zeichen, die auf den Autor verweisen« (Foucault: Was ist ein Autor?, S. 22) sind vorgenommen worden, um den Wechsel von einem Autor zum Autorenduo zu ermöglichen. Wie sich in den eingangs angeführten Auszügen nachvollziehen lässt, ist etwa die vage Selbstaussage des ›Ichs‹ (1955: »I do not believe that all cultures think this way. In one preliterate culture of which I have heard, the binding power of oral tradition is so strong [...].«) in eine kulturanthropologische Allgemeinaussage überführt worden (1960: »Not all cultures think this way. In many preliterate cultures the binding power of oral tradition is so strong [...].«). Nicht mehr nur ein ›Ich‹ kann nicht glauben, dass alle Kulturen so denken, sondern ganz allgemein denken nun nicht alle Kulturen so. Nicht mehr nur ›eine‹ präliterale Kultur, die vom Hörensagen bekannt ist, stützt sich auf die bindende Kraft der oralen Tradition, sondern ›viele‹ präliterale Kulturen. Konkret werden nun die ›Eskimo‹ angesprochen. Gottheiten werden nicht mehr durch sprechende und singende Tänzer ›dargestellt‹, sondern sie ›sind maskierte, sprechende und singende Tänzer‹. In der späteren Veröffentlichung ist überdies ›am Anfang‹ nicht mehr ein ›hörbares Wort‹, sondern ein ›gesprochenes‹ zu vernehmen.
15 Vgl. Bayard: Le Plagiat par anticipation, u. a. S. 14.

erscheint ja auch nach Carpenters Erzählung sehr gering. Allerdings könnte es sich bei dieser Angelegenheit auch um etwas handeln, das möglicherweise besser mit dem Begriff *reverse plagiarism* bezeichnet ist, welchen die Biographen Michail Bachtins (1895–1975) für den Fall der Textveröffentlichung eines Autors (oder wie hier: zweier Autoren) unter dem Namen eines anderen, lebenden Autors eingesetzt haben.[16] Im Falle Bachtins wie im Falle Carpenters/McLuhans können bestimmte historische, politische und finanzielle Umstände für dieses Unterlaufen bei gleichzeitiger Ausnutzung der Autorfunktion im verkehrten Plagiat aufgefunden werden.[17] Im Falle Bachtins jedoch lässt sich zudem ein intrinsischer Zusammenhang mit den Themen seiner Schriften feststellen. Der Theoretiker der Dialogizität und der Masken des Karnevals in der Literatur mag seine Freude an der Herausgabe seiner Thesen in einer Form gehabt haben, deren theoretische Bearbeitung zugleich Anliegen dieser Schriften ist.[18] Denn ein verkehrtes Plagiat, über das es unabhängig von den mündlichen Berichten mehr oder weniger verlässlicher Zeugen keine schriftlichen Belege mehr gibt, lässt die späteren Interpretatoren mit der steten Mahnung zurück, dass die abschließende Antwort auf die Frage nach der Autorschaft nicht gegeben werden kann.[19]

Wenn die Fälle Williams-(Carpenter)-McLuhan auch nicht zugleich Fälle der Begründung eines Konzepts über die grundlegende Mehrstimmigkeit von Texten wie bei Bachtin sind, so zeigen sie doch ein Spiel mit der Autorfunktion an. Ein Spiel, das den Autor McLuhan nicht so funktionieren lässt, dass er alle Funktionen des Autors erfüllen könnte. Es verunsichert die Zuschreibung von Texten und Konzepten an diesen Autor und öffnet die Texte namens ›McLuhan‹ für Lesarten jenseits von Konsistenz und Kontinuität.

Carpenter erinnert in seinem Rückblick daran, dass McLuhan am besten in der Konversation gewesen sei. Bücher zu schreiben, war hingegen eher ein Problem für diesen Wissenschaftler. *The Gutenberg Galaxy* (1962) sei sein bestes und letztes Buch gewesen, konstatiert Carpenter. *Understanding Media* (1964) sei bereits von Carpenters eigenen Eingriffen verwässert. Und alles, was danach kam, sei Kollaborationswerk gewesen, »all hash«.[20] So wie sich Texte finden lassen,

---

[16] Clark/Holquist: Mikhail Bakhtin, S. 150: »This [...] is so rare in the West that there is no term for the situation, unless it be reverse plagiarism.«
[17] Vgl. Clark/Holquist: Mikhail Bakhtin, S. 150 f.
[18] Vgl. Clark/Holquist: Mikhail Bakhtin, S. 151, 157 f. u. 169.
[19] Vgl. Clark/Holquist: Mikhail Bakhtin, S. 148. In der Sekundärliteratur weist nur Darroch auf Bachtin'sche Verhältnisse im Forschungsseminar hin (Darroch: »Interdisciplinary Vocabularies at the University of Toronto's *Culture and Communications* Seminar, 1953–1955«, S. 15), ohne jedoch Konsequenzen für die Theoriebildung McLuhans daraus zu ziehen.
[20] Vgl. Carpenter: That Not-So-Silent Sea, S. 253 f., Zitat S. 254.

die McLuhan (und Carpenter) in eines anderen Namen geschrieben haben, so lassen sich anderer Leute Texte, wie den Bericht zum ›Medienexperiment‹, unter McLuhans Namen finden. Carpenter fügt noch hinzu, dass »Fashion is the Medium« (1968), ein McLuhan-Artikel in *Harper's Bazaar*, wiederum von ihm selbst und nicht von McLuhan geschrieben worden sei: »It [...] appeared under Marshall's name. Three years later it appeared as a book, *They Became What They Beheld*, under my name.«[21]

2 Tricksterrede

Es erscheint aufgrund der vielfältigen Formen des verkehrten Plagiats unter den Texten mit dem Namen ›McLuhan‹ für eine Untersuchung dieses Textkorpus sinnvoll, das Beispiel der umgedrehten Plagiate Bachtins als Orientierung zu nutzen – insbesondere für eine Untersuchung, die sich der Bestimmung der Bedingung der Möglichkeit von Medientheorie in diesen Texten widmet. Anstatt einen Autor und ein Werk die Genese der zur Untersuchung stehenden theoretischen Kategorien absichern zu lassen, sind vielmehr die Texte selbst als Strategien eines sich begründenden Diskurses über ›Medien‹ in Augenschein zu nehmen. Die theoretischen Ansätze und Konzepte sind dann nicht unabhängig von ihrer textuellen Artikulation zu verstehen.[22] Vielmehr ist davon auszugehen, dass die Texte und Textverfahren entscheidenden Anteil an der Hervorbringung der Theorie oder zumindest der Diskursivität der ›Medien‹ haben. Für die Beschreibung dieses Zusammenhangs im Textkorpus ›McLuhan‹ möchte ich die Kategorie der Tricksterrede einführen. Die Tricksterrede stört das reibungslose Funktionieren der Autorfunktion. Der Trickster sorgt für Irritationen im Verhältnis von Text und Autor und erhebt Betrügereien, wie solche in den Fällen Williams-(Carpenter)-McLuhan, zum Prinzip.

Der Trickster ist der unklassifizierbare Held und Anti-Held der mythischen, märchenhaften oder anekdotischen Erzählungen nordamerikanischer Ureinwohner.[23] Er ist ein gemeiner Betrüger, der andere Leute schädigt und bestiehlt. Nicht selten allerdings übertölpelt er sich selbst, während er doch versucht, anderen eins auszuwischen. Er verkörpert das Paradox des betrogenen Betrügers oder des

---

21 Carpenter: That Not-So-Silent Sea, S. 258.
22 In diesem Vorgehen sowie in dieser Formulierung schließe ich mich dem Ansatz Samuel Webers an, der unter dieser Voraussetzung die psychoanalytische Theorie Sigmund Freuds untersucht hat. Vgl. Weber: Freud-Legende, S. xi.
23 Vgl. Geider: Art. Trickster, Sp. 913–924. Der Trickster ist über Nordamerika hinaus auch weltweit in verschiedenen Erzählungen lokalisiert worden (Sp. 915).

Räubers, der zugleich ein Heilbringender ist. So ist er gleichermaßen ein Kulturheroe, der Wohltaten bringt und die Schwachen beschützt. Er vereint Gegensätze. Seine Geschichten sind voller Wortwitz, Ironie und Groteske; er macht überraschende Wandlungen durch, bricht Tabus, provoziert die bestehende Ordnung.[24] Für Sozialanthropologen zeigt der Trickster die Grenzen der Gesellschaft auf, in der man sich von ihm erzählt, indem er sie überschreitet und damit alle überrascht. Er gilt seinen abendländischen Interpretatoren deshalb als Personifizierung des Zwischenraums. Er bildet das notwendige Zwischenstück zur Vermittlung zweier Gegensätze.[25] Als europäische Trickerfigur betrachtet man etwa auch Hermes,[26] der Vermittler zwischen den Göttern und den Menschen, der hündische Dieb und verschlagene Schalk – und der Schutzgott der Medienwissenschaft, welcher der einhegenden Hermeneutik entgegentritt.[27]

Das Passgenaue an den Betrügereien des Tricksters für die Fälle Williams-(Carpenter)-McLuhan bilden die Momente der Verkehrung, die die Trickster-Definition des Literatur- und Medienwissenschaftlers Erhard Schüttpelz' erfasst: »Trickreichtum und Ausgetrickstwerden in aktiver, passiver und reflexiver (sich selbst austricksender) Hinsicht.«[28] Demnach legt nicht lediglich der Trickster Trickreichtum an den Tag, sondern der Trickreichtum ereilt zuweilen auch den Trickster, und zwar selbst dann noch, wenn dieser den Coup selbst geplant hat. Im Text- und Signaturentransfer zwischen 1955 und 1960 ist es jene Reflexivität, die die Zuschreibung des Eigentums verunmöglicht: Carpenter und McLuhan tricksen durch die Entwendung und Umschreibung des Textes »Acoustic Space« nicht nur aktiv Williams und dessen lautere Absichten der Präsentation eines psychologischen Konzepts aus. Sie werden ebenso passiv ausgetrickst von Williams' Signatur, die sie beim Wechsel zur eigenen Signatur 1960 gleichsam des Betrugs bezichtigt. Im Austricksen Williams', den Carpenter und McLuhan freimütig den

---

24 Vgl. Geider: Art. Trickster, Sp. 913–915, sowie Lemma »Trickster« in Garry u. a. (Hg.): Archetypes and Motifs in Folklore and Literature, S. 472–480.
25 Vgl. Koepping: Trickster, Schelm, Pikaro, S. 199. Vgl. auch Levi-Strauss: Vier Winnebago-Mythen. Zu Claude Levi-Strauss' Theoriebildung und Trickster sowie für eine Überführung der Auffassung vom Gegensätze vereinenden Schelm in einen Experten für Übergänge vgl. Schüttpelz: Der Trickster, S. 213–215 u. 221–223.
26 Vgl. Lemma »Trickster« in Garry u. a. (Hg.): Archetypes and Motifs in Folklore and Literature, S. 477.
27 Vgl. den Einsatz der Hermes-Figur in den philosophische Schriften Michel Serres' zur Erfassung der Eigenschaften vermittelnder Zwischenstücke: Serres: Hermes (1968–1980), 5 Bde, und ders.: Die fünf Sinne, S. 44–59. Zur Herausforderung der Hermeneutik durch Hermes vgl. Hörisch: Wut des Verstehens, S. 13, 16 f., 20, 36 u. ö.
28 Schüttpelz: Der Trickster, S. 212.

zuerst veröffentlichten Text unterzeichnen lassen, tricksen sie sich schließlich wiederum – reflexiv – selbst aus.

Die Figur des Tricksters hat auch der ehemalige Schüler und spätere Kritiker McLuhans, Donald F. Theall, für seine Studie *The Virtual McLuhan* (2001) aufgegriffen, vermutlich inspiriert von Carpenter, dem Ethnologen und Komplizen im Wort- und Ideen-›Klau‹.[29] Demnach sei es McLuhans wahre Gabe gewesen, sich unterschiedlichstes Material, das er anderswo gestohlen hatte, anzueignen und in der Neuanordnung in etwas anderes zu überführen.[30] In diesem Verfahren und Selbstverständnis gleicht McLuhan laut Theall den Dichtern der antiken Tradition der gelehrten Satire seit Menippos von Gadara, womit erneut eine Parallele zu den Arbeiten Bachtins zu ziehen wäre. Wie die Satiriker habe McLuhan das Abweichende im Bekannten und wohl Eingeordneten in seinen Neuauflagen vielfach vergrößert ausgestellt und damit das Publikum schockiert. McLuhan habe die Maske des Tricksters bewusst angelegt, um seine multidisziplinäre Ausrichtung ausleben zu können, sein eigenes Unbehagen an den technischen Wandlungen der modernen Lebenswelt produktiv zu wenden und schließlich um Aufmerksamkeit auf sich zu ziehen und mit seinen Lesern zu spielen.[31]

Doch Theall übersieht in seiner Darstellung McLuhans als Trickster,[32] dass man sich die Maske des Tricksters nicht aussuchen kann. Trickster stößt einem

---

29 Carpenters Restrospektive ist als Anhang der Studie Donald Thealls erschienen. Darin findet sich folgende Bemerkung: »Critics called Marshall this or that, then responded to their own labels. But no label fit. If he reminded me of anyone (and he didn't), it would have been a 19th century tinker, at some crossroads in rural America [...]. [...] Rainmaker, sorcerer, *trickster*, juggler, poet, punster, magician, scientist. It was no accident he teamed up with an ethnologist. The main difference between us was that he'd long ago crossed over to the other side. What I studied, he lived. [...] I didn't need to go to the Arctic to find an informant from another world.« Carpenter: That Not-So-Silent Sea, S. 247f. (Hervorhebung J. M.).
30 Vgl. Theall: The Virtual Marshall McLuhan, S. 44, vgl. die Kap. »The Techno-Prophet as Poet and Trickster« (S. 38–50) und »McLuhan as Trickster. The Poetry of Cliché« (S. 138–152) (allerdings reichen die Erklärungen zum Begriff des Tricksters sowie die Erläuterungen mithilfe des Begriffs nicht über S. 44f. hinaus.). Vgl. auch eine frühe deutschsprachige Auseinandersetzung mit McLuhan, worin dieser als Tricks vorführender Clown oder Schamane eingeschätzt wird – dessen Tricks selbstverständlich vom Kommentator entlarvt werden – Heißenbüttel: Das Medium ist die Masche (1968).
31 Vgl. Theall: The Virtual Marshall McLuhan, S. 45 u. 196 zu Bachtin und der Maske des Satirikers.
32 Dabei lässt sich die Analogisierung zwischen dem Trickster und McLuhan weiter treiben als nur bis zum Betrüger, der anderer Leute Texte in seine eigenen ummünzt. Wie der Trickster ließe sich McLuhan auch als Kulturheroe darstellen, in diesem Falle als einer, der maßgeblich an der Grundlegung und Ausarbeitung einer neuen Wissenschaftsdisziplin beteiligt ist. Als einer der ersten, der ›Medien‹ als wissenschaftlichen Untersuchungsgegenstand einsetzt, überschreitet

zu. Für meine Untersuchung bietet der Trickster daher weniger das geeignete Bild für eine Beschreibung McLuhans als vielmehr die Kategorie zur Annäherung an die Texte mit dem Namen ›McLuhan‹. Denn der Trickster ist vor allen Späßen und Auftritten als ambivalente Figur vor allem eine Erzählweise, wie die Literaturwissenschaftlerin Anne Doueihi gezeigt hat. Der Trickreichtum des Tricksters liegt in den Tricksterzählungen selbst und nicht in den Tricks, von denen die Trickstergeschichten erzählen.[33] Folgt man nämlich, wie die herkömmlichen Lektüren westlicher Gelehrter, allein den Geschichten über den Trickster, ist man schon auf den Trick hereingefallen.[34] In ihrer literaturwissenschaftlichen Analyse des Wak'djunk'aga-Tricksterzyklus der Winnebago führt Doueihi hingegen vor, dass es sich um rhetorische Bewegungen der Erzählungen handelt, die die Rezipienten zunächst austricksen, indem sie ihnen den Eindruck einer Geschichte vermitteln. Die Zuhörenden oder Leser würden dabei dazu gebracht, Fragen zu beantworten, die die Erzählung mit ihren Ambiguitäten und Verunsicherungen zwar stellt, selbst aber in keiner Weise beantwortet.[35] Unter Rückgriff auf die literaturtheoretische Unterscheidung zwischen *histoire* und *récit* (Geschichte und Erzählweise) einer Erzählung, demonstriert Doueihi, dass die erzählte Geschichte in den Tricksterzählungen ständig von der Erzählweise unterlaufen wird. Während die *histoire* die Handlungen und Ereignisse bezeichnet, die eine Geschichte unabhängig von ihren narrativen Manifestationen wiedergibt, umfasst das *récit* die diskursive Darbietung bzw. die spezielle Weise der Narration der Ereignisse.[36] Wer der *histoire* folgt, ohne das *récit* zu beachten, folgt einer vereindeutigenden Lektüre von Handlungsabläufen.[37]

McLuhan dabei notgedrungen Disziplinengrenzen, so wie der Trickster die gesellschaftlichen Grenzen überschreitet. Wo der Trickster die Tabus der Gesellschaft bricht, provoziert McLuhan mit seinen trickstermäßig unfassbar widersprüchlichen, witzigen bis albernen Statements die Normen der etablierten Wissenschaftswelt.

33 Vgl. Doueihi: Trickster. On Inhabiting the Space Between Discourse and Story (1984).
34 Vgl. Doueihi: Trickster, S. 298.
35 Vgl. Doueihi: Trickster, S. 300 f.
36 Vgl. Doueihi: Trickster, S. 284. Doueihi bezieht sich auf die englische Unterscheidung zwischen *story* und *discourse* bei Jonathan Culler, welcher sie von der französischen Erzähltheorie Gérard Genettes *(histoire/récit)* übernimmt. Genettes Theorie unterscheidet eigentlich drei Ebenen der Erzählung (in der Unterscheidung von Erzählen *[narration]*, Erzähltem *[histoire]* und Erzählung *[récit]*). Doueihi folgt jedoch Culler (der wiederum der Auffassung Mieke Bals folgt) in der Behauptung, Genette würde nur zwei Kategorien wirklich auseinanderhalten. Vgl. ebd., S. 284, sowie Culler: The Pursuit of Signs, S. 169 f. In meinem Text komme ich immer wieder auf diese Unterscheidung zurück und bediene mich dabei der französischen Fachtermini: *histoire/ récit*.
37 Vgl. Doueihi: Trickster, S. 297.

In den Trickstererzählungen der Winnebago findet Doueihi mithilfe dieser Unterscheidung anstelle der *histoire* über eine widersprüchliche Figur viele Erzählstimmen im *récit*. Das heißt, nicht der Trickster ist der Widerspruch in Person, sondern die Erzählung, ihr sprachlicher Aufbau, widerspricht sich. Bei genauer Lektüre bleibt es einfach undeutlich, an welcher Stelle es die Rezipienten jeweils mit der Beschreibung des Geschehens oder mit einem Gedankengang des Tricksters selbst oder mit einer Aussage vom Trickster zu tun haben. Die unterschiedlichen Perspektiven und unterschiedlichen Stimmen lassen sich dabei noch nicht einmal über Satzstrukturen bestimmen. Im Gegenteil: Streckenweise verstellt die Erzählung sich sogar.[38] Aus diesem Grund erscheint der Trickster in Doueihis Untersuchung eher als jene Redeweise, die sich nicht für eine Perspektive entscheiden kann.[39] Der referentielle Wert der Erzählung bricht zusammen und unterminiert die Geschichte. Aufgrund fast nicht wahrnehmbarer Sprünge zwischen der Wiedergabe von Fakten und der Wiedergabe von Interpretationen des Tricksters, liest sich die Erzählung wie eine Geschichte, während sie sich für Doueihi gleichzeitig als semiotisches Spiel zu erkennen gibt. Ein Spiel, bei dem der referentielle Wert der Sprache ständig mit dem rhetorischen konkurriert, das semiotische Spiel der Signifikanten das Signifikat immerzu verändert.[40]

Wenn der Trickster redet, brechen daher auch nach Schüttpelz die gewohnten Zuschreibungen und Unterscheidungen zusammen, und die Verhaltensweisen des Tricksters wirken widersprüchlich oder dumm. Der Trickster spricht dann nicht über sich, obwohl er über sich spricht; er ist dann nicht gemeint, obwohl er sich gemeint fühlt und entsprechend – also unverhältnismäßig – reagiert. Hört man dem Trickster zu, hat man es nach Schüttpelz daher auch mit einer fremden Fremderfahrung zu tun.[41]

Doueihi schlussfolgert, dass die Eigenschaften, die traditionell der Tricksterfigur zugesprochen werden, Eigenschaften der Sprache der Geschichte selbst sind. Widersprüchlichkeit, Komplexität, Täuschung und Trickreichtum sind sprachliche Charakteristika der Erzählung. Dabei wird der referentielle Wert der Sprache vom semiotischen Spiel der Signifikanten infrage gestellt. Der Trickster feiert derart die Macht der Signifikation selbst, die Möglichkeit, zu bedeuten und

---

38 Vgl. Doueihi: Trickster, S. 302–306, insb. S. 304: »These voices do not [...] strictly correspond to sentences or even whole phrases. Rather, like a story told by a group of people at once, the voices break out, interrupting each other, one completing a phrase begun by the other, but each with a distinctly different point of view on ›what happened‹.«
39 Vgl. Doueihi: Trickster, S. 306.
40 Vgl. Doueihi: Trickster.
41 Vgl. Kap. »Wak'djunk'aga 1900/1915« in Schüttpelz: Die Moderne im Spiegel des Primitiven, S. 63–104, insb. S. 102 f.

bedeutungsvoll zu sein.⁴² Hierbei ist weniger entscheidend, *was* bedeutet wird, als *dass* bedeutet wird.

Die Texte mit dem Namen ›McLuhan‹ zeichnen sich meinen Lektüren zufolge durch eben solches Spiel der und mit den Signifikanten aus wie die Trickstererzählungen. In ihnen öffnet sich der Raum zwischen *histoire* und *récit*, referentiellem und rhetorischem Sprachwert, wie ich im Folgenden belege. Entscheidend an dieser Trickstergeschichte ist, dass sie die Diskursivität der ›Medien‹ hervorbringt. In einer Untersuchung der Textstrategien ist daher eine Untersuchung des solchermaßen hergestellten Medienbegriffs impliziert. In den nachfolgenden Kapiteln werde ich entsprechend einzelne Tricksterepisoden[43] des Textkorpus ›McLuhan‹ vorstellen und deren Auswirkungen für einen Begriff der ›Medien‹ in diesen Texten herausarbeiten. In einem ersten Schritt möchte ich indessen zunächst die These von der Tricksterrede anhand einiger Ausschnitte aus *The Gutenberg Galaxy* plausibilisieren. Hier nämlich treten Textverfahren in den Vordergrund, die die herkömmlichen vereinheitlichenden Lesarten des Textes von vornherein verunsichern.

3 Tricksters Galaxie: Die Besonderheiten des Buchs *The Gutenberg Galaxy* (1962)

The Gutenberg Galaxy ist ein vielstimmiges Buch, das sich selbst die Aufgabe gestellt hat, ein historisches Geschehen aus unterschiedlichsten Perspektiven zu beleuchten. Dabei verzichtet es auf eine chronologische bzw. lineare Erzählung der historischen Entwicklungen. Es stellt die historische Gemengelage vielmehr auch als Gemenge aus. Hierfür macht es Anleihen bei älteren Formen der Wissensgewinnung und Wissensvermittlung, wie Exzerpt und Glosse, die zugleich Themen dieses Buchs über Literatur, Bildung und Wissenschaft vor und nach Johannes Gutenbergs Entwicklung der Druckerpresse sind.

Die herkömmliche chronologische Erzählung oder die Vorstellungen einer linearen Entwicklungskette werden in diesem Buch als selbst historische Formen vorgestellt, die im Zusammenhang mit bestimmten materiellen, technologischen und strukturellen Bedingungen der Kommunikation und des Wissens entstehen und vergehen. So sei die gewöhnliche Geschichtsschreibung einer von der Schrift

---

42 Vgl. Doueihi: Trickster, S. 308f.
43 Vgl. Schüttpelz' Bemerkung zur episodischen Daseinsform des Tricksters in Schüttpelz: Der Trickster, S. 216: »Eine Tricksterfigur ist reichhaltiger als der Trickster, denn ›Trickster‹ ist eher ein Beiname als ein Typus. Eine Tricksterepisode kann reichhaltiger sein als jeder Vergleich von Episoden, und oft ist eine Tricksterfigur nur in Episoden überliefert.«

eingegebenen und vom Buchdruck umgesetzten Linearität und Vereindeutigung geschuldet.⁴⁴ Dies ist eine der zentralen Thesen des Buchs, und sie läuft auf die allgemeine Auffassung hinaus, dass Wissen, Gesellschaftsstrukturen sowie die menschliche Erfahrung von Welt maßgeblich durch konkrete Kommunikationstechnologien und deren Weisen der Strukturierung von Denken und Welt bestimmt sind.⁴⁵ Insofern schließt das Buch an Vorarbeiten des Wirtschaftshistorikers Harold A. Innis' (1894–1952) an, der in *Empire and Communications* (1950) die materiellen Eigenschaften bestimmter Kommunikationsmedien mit historischen Imperien, ihren Strukturen und Entwicklungen in Zusammenhang brachte. Den Anschluss an diese geschichtlichen Forschungen stellt in *The Gutenberg Galaxy* nicht zuletzt auch eine Bemerkung auf Seite 50 her, wonach das Buch eine erklärende Fußnote zum Werk Innis' sei.⁴⁶ Unter anderem jene legendäre Unterwerfungsgeste der Medientheoriegeschichte hat dazu geführt, *The Gutenberg Galaxy* als Entwurf »einer Medientheorie der Menschheitsgeschichte«⁴⁷ zu lesen. Demnach ließe sich Weltgeschichte nun in vier Epochen mit einem jeweiligen Leitmedium einteilen: Phase eins der mündlichen Kommunikation in Stammesgesellschaften unter der Ägide des Sinnesorgans Ohr; Phase zwei der mündlich-schriftlichen Kommunikation in der mittelalterlichen Gesellschaft unter Ineinandergreifen der Sinne von Auge und Ohr; Phase drei der drucktechnisch gestützten Kommunikation der modernen individualisierten Gesellschaft unter der Ägide des Sehsinns und schließlich Phase vier der elektronischen Medien und der re-

---

44 Vgl. McLuhan: The Gutenberg Galaxy, unpag. (S. 56)–61, 135 u. unpag. (S. 200–202). Die von mir hier gewählte Form des Literaturnachweises geht auf die Eigenart der ersten University of Toronto Press-Ausgaben von *The Gutenberg Galaxy* zurück, in der die geraden Seitenzahlen fehlen. Hierauf komme ich in meiner Analyse von Aufbau und Seitenarrangements des Buchs noch ausdrücklich zu sprechen.
45 Vgl. Cavells Auffassung und Emphase über *The Gutenberg Galaxy* als Vorläufer von Michel Foucaults epochalem Buch *Die Ordnung der Dinge* (1966). Beide Bücher verbinde vor allem die Idee der *Episteme*, die Bedingungen der Wissensproduktion in einer bestimmten Zeit. Die These der *Gutenberg Galaxy* ginge aber noch über Foucaults Bestimmungen hinaus, insofern sie Fragen der Mediation betreffe, die aus heutiger Sicht in Foucaults Arbeiten fehlen. Vgl. Cavell: Vorwort, S. ix u. x.
46 Vgl. McLuhan: The Gutenberg Galaxy, unpag. (S. 50): »In short, Harold Innis was the first person to hit upon the process of change as implicit in the forms of media technology. The present book is a footnote of explanation to his work.« Diese Einschätzung wird in Abwandlung noch einmal wiederholt auf unpag. (S. 216): »The present volume to this point might be regarded as a gloss on a single text of Harold Innis: ›The effect of the discovery of printing was evident in the savage religious wars of the sixteenth and seventeenth centuries. Application of power to communication industries hastened the consolidation of vernaculars, the rise of nationalism, revolution, and new outbreaks of savagery in the twentieth century.‹«
47 Behrens: Galaxy Quest, S. 6.

tribalisierten Gemeinschaft unter Rückkehr des Ohres als bestimmendes Sinnesorgan.[48]

Insofern die vierte Phase der Weltgeschichte angebrochen sei, hält *The Gutenberg Galaxy* die vom vorherigen Zeitalter der Typographie beeinflussten linearen Geschichtsdarstellungen für überholt. Es schlägt daher für seine Herangehensweise die Betrachtung eines Feldes, wie es die neuere Physik im Zuge der Elektrizitätsforschung erschlossen habe, oder die Darstellung als Zusammensetzung eines Mosaiks vor. Das Mosaikbild, bestehend aus unzähligen Einzelheiten und Belegstellen, biete das einzige praktische Mittel, kausale Abläufe *(causal operations)* in der Geschichte offenzulegen. »Thus the galaxy or constellation of events upon which the present study concentrates is itself a mosaic of perpetually interacting forms that have undergone kaleidoscopic transformation [...].«[49]

So stellt das Buch eine Spannung aus zwischen geschichtlicher Abhandlung und einer Darstellungsweise, die nicht einem Entwicklungsmodell, sondern eher einem Modell von Transformationen und Umbrüchen folgt.[50] Es ist die Spannung zwischen *histoire* und *récit*, die jede gute Tricksterzählung ausmacht. Im Falle von *The Gutenberg Galaxy* ist sie von besonderer Beschaffenheit. Denn wenn der dynamische Gegenstand der Galaxie sich in der galaktischen Dynamik seiner Beschreibung fortsetzt, gehen Darzustellendes und Darstellung ineinander über. Dies hat zur Folge, dass die Trennung von Beobachtung und Gegenstand unterlaufen wird, und der Trickster jeden Versuch, das Projekt *The Gutenberg Galaxy* einer (ver)einheitlichen(den) Beschreibung zuzuführen, mit einer Verwandlung ins Gegenteil quittiert. Jedes Faktum in *The Gutenberg Galaxy* kann schon eine Interpretation sein und jede Interpretation immer auch auf ein Faktum führen; dies auch insbesondere deshalb, da des Tricksters Quellen wiederum ausnahmslos die Worte und Texte anderer Autoren sind. Die paradoxe Konstellation von Fakten und Interpretationen überträgt sich auch auf die Aussagen, die sich über das Buch treffen lassen: *The Gutenberg Galaxy* ist eben keine geschichtliche Ab-

---

48 Vgl. Behrens: Galaxy Quest, S. 6.
49 Wie es ein eigenartig zwischen Inhaltsverzeichnis und Prolog des Buchs schwebender, kurzer Text zu verstehen gibt. Vgl. McLuhan: The Gutenberg Galaxy, unpag. (vor »Prologue«).
50 Judith Stamps vertritt die These, dass in McLuhans frühen Arbeiten bis hin zu *The Gutenberg Galaxy* eine Spannung in der Kombination statischer und historischer Ansatzpunkte auszumachen ist. Sie identifiziert die statischen Grundlagen mit thomistischen erkenntnistheoretischen Konzepten, die McLuhan aus der mittelalterlichen Philosophie des Thomas von Aquin übernehme, und die historischen Ansatzpunkte mit den gestaltpsychologischen Forschungen zur Historizität von Wahrnehmung, etwa in Ernst H. Gombrichs Abhandlung *Art and Illusion* (1959). Vgl. Stamps: Unthinking Modernity, S. 101–110, 124 u. 141. Diese Spannung geht jedoch nicht auf in der hier im Folgenden vorgeschlagenen zwischen *histoire* und *récit* von *The Gutenberg Galaxy*. Stamps verortet die Spannung vorrangig auf konzeptueller Ebene.

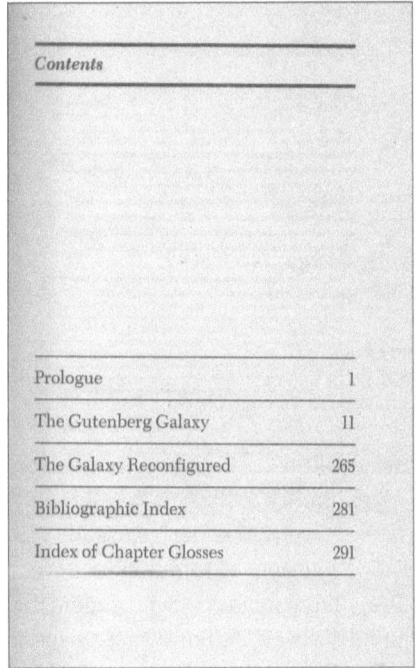

Abb. 1: Das Inhaltsverzeichnis von *The Gutenberg Galaxy*, University of Toronto Press 1962, unpag.

handlung und doch kann es als geschichtliche Abhandlung gelten. *The Gutenberg Galaxy* ist nur eine Fußnote und doch ist es sehr viel mehr als eine Fußnote. Das Buch gibt sich wie eine mittelalterliche Glossensammlung und doch ist es keine Glossensammlung aus dem Mittelalter. Es hat jede Menge neuartiger Thesen zu bieten und doch sind diese Thesen nicht neu, wie das Buch in seiner ganzen Anlage zu verstehen zu geben bemüht ist.

Die Unentscheidbarkeiten zwischen Fakt und Interpretation, letztlich zwischen Referenz und Zeichenspiel, beginnen dabei schon mit dem Aufbau des Buchs und lassen sich insbesondere anhand der Erstausgabe vom Verlag der University of Toronto aufzeigen. Schon beim Inhaltsverzeichnis stellt sich nämlich die Frage, ob es lediglich als Zeichen einer Gliederung fungiert oder ob es doch den Inhalt des Buchs und dessen Aufbau wiedergibt. Denn die Gliederung der grob 300 Seiten durch dieses Inhaltsverzeichnis umfasst gerade einmal schlappe drei Punkte: »Prologue«, »The Gutenberg Galaxy« und »The Galaxy Reconfigured«.[51] (Vgl. Abb. 1.) »The Gutenberg Galaxy« bildet 252 Seiten und macht damit den

---

[51] Dies ist nicht ganz korrekt. Das Inhaltsverzeichnis umfasst insgesamt fünf Punkte, wobei die letzten beiden Punkte »Bibliographic Index« und »Index of Chapter Glosses« Teile des Anhangs

> *The Gutenberg Galaxy* develops a mosaic or field approach to its problems. Such a mosaic image of numerous data and quotations in evidence offers the only practical means of revealing causal operations in history.
>
> The alternative procedure would be to offer a series of views of fixed relationships in pictorial space. Thus the galaxy or constellation of events upon which the present study concentrates is itself a mosaic of perpetually interacting forms that have undergone kaleidoscopic transformation—particularly in our own time.
>
> With reference to the current transformation, the reader may find the end of the book, "The Galaxy Reconfigured," the best prologue.

Abb. 2: Der Kurztext zwischen Inhaltsverzeichnis und Prolog von *The Gutenberg Galaxy*, University of Toronto Press 1962, unpag.

Hauptteil des Buchs aus, zu dessen genauerer inhaltlicher Bestimmung das Verzeichnis nichts beizutragen hat. In einem eigentümlich zwischen dem Inhaltsverzeichnis und »Prologue« hängenden Kurztext – welcher je nach Ausgabe von *The Gutenberg Galaxy* lediglich ein paar Zeilen (University of Toronto Press 1962) oder eine ganze Seite (University of Toronto Press 1968) umfasst – wird zudem der letzte Teil des Buchs, »The Galaxy Reconfigured«, als erster Teil vorgeschlagen: »[T]he reader may find the end of the book, ›The Galaxy Reconfigured,‹ the best prologue.«[52] Der kurze Text zwischen Inhaltsverzeichnis und »Prologue« macht mit dem Hinweis, den ich weiter oben bereits zitiert habe, nämlich dass es sich hier um ein Feld oder ein Mosaik – und damit gar nicht um ein Buch? – handelt, deutlich, warum ein Inhaltsverzeichnis hier unerheblich ist bzw. gar nicht anders ausfallen kann als in der Form (oder: Nichtform), in der es da steht: Was die Leser vor sich haben, ist das Feld einer Galaxie. Wer wollte bestimmen, was da an erster und was an letzter Stelle zu stehen hat? Der Kurztext steht dabei nicht nur im wörtlichen Sinne zwischen Inhaltsverzeichnis und »Prologue«. Er erhält auch einen Stellenwert zwischen ihnen: eine Inhaltsangabe nach der Inhaltsangabe und ein Prolog noch vor dem »Prologue«. (Vgl. Abb. 2.)

---

und damit nicht mehr der Abhandlung angeben. Ich komme an späterer Stelle noch auf den »Index of Chapter Glosses« zurück.

52 Vgl. McLuhan: The Gutenberg Galaxy (1962), unpag. (vor dem Prolog). Im ganzen Satz: »With reference to the current transformation, the reader may find the end of the book, ›The Galaxy Reconfigured,‹ the best prologue.« 1968 klingt das so: »The last section of the book, ›The Galaxy Reconfigured,‹ deals with the clash of electric and mechanical, or print, technologies, and the reader may find it the best prologue.« McLuhan: The Gutenberg Galaxy (1968), unpag. (vor dem Prolog).

Angesichts der galaktischen Unternehmung, bei der die Bildung, die Formen und die Auswirkungen des Buchdrucks als Galaxie in ihrer Entstehung und Transformation beobachtet werden soll und die sich auf den folgenden Seiten in einer Fülle von Belegstellen quer durch alle Wissensgebiete entfaltet, erscheinen die beiden Formen von Inhaltsverzeichnis und nachgeschobener Inhaltsangabe im Kurztext wie ein Zugeständnis an das neuzeitliche Medium des gedruckten Buchs. *The Gutenberg Galaxy* macht Inhaltsangaben als Konvention des Buchwesens kenntlich, indem es sie aufgreift, die Form wahrt, und den ›Sinn‹ der Form doch nicht erfüllt. Ähnlich ist wohl die ›halbherzige‹ Seitennummerierung des Buchs aufzufassen. Denn die Seitenzählung der linken Seiten im Buch fehlt gänzlich. (Vgl. Abb. 3.) Der nummerisch und buchdruckertechnisch gestützte Zugriff auf Textstellen mittels Seitenzahlen wird somit erschwert.

Allerdings kann die Bezifferung der linken Seiten leicht aus der Zahlenfolge anhand der ungeraden Zahlen auf den rechten Buchseiten ermittelt werden. Die Referenzfunktion der Seitenzahlen in jedem Buch bleibt gewahrt. Oder wahrt *The Gutenberg Galaxy* mit der Nummerierung nur der rechten Seiten lediglich den Anschein? Besteht eine Zahlenfolge nicht ohnehin aus Zeichen ohne Inhalt, die nicht mehr als die Reihung selbst anzeigen? Was sollte auch das Abzählen von Buchseiten, wenn man sich in einer Galaxie aufhält? In einer Galaxie orientiert es sich schließlich besser an den Sternen – und darauf wird zurückzukommen sein.

Innerhalb dieses kurzen Einblicks in gerade einmal sieben Seiten des Buchs hat der Trickster schon alle gewohnten Zuordnungen aufgelöst bzw. sie als Konventionen kenntlich gemacht und dabei ihre Referenzfunktion infrage gestellt. Der Literatur- und Kulturwissenschaftler Raymond Williams hat das bezüglich der Aussagen des Textes einmal auf die Formulierung gebracht, dass das Buch sich selbst zunichte machen müsste, wenn es funktioniert.[53] So weit muss man aber gar nicht gehen; es genügt, dass das Buch sich selbst stellenweise zwischen Referenz und Zeichen aufhebt, indem es sich nicht für eines entscheiden kann. Der Einwand Williams', dass jedoch auch dieses Buch an den linearen Abfolgecharakter aller Bücher gebunden bleibe, lässt sich nicht durchgehend bestätigen. Zwar schreitet das Buch trotz aller Dementi grob chronologisch von den frühesten oralen Kulturen über das Manuskript- und Gutenberg-Zeitalter bis zum elektrischen Zeitalter vom Anfang über die Mitte zum Ende fort.[54] Jedoch wird diese Linie oder Reihung im Einzelnen immer wieder unterbrochen, etwa wenn der

---

53 Vgl. Williams: Paradoxically, If the Book Works It to Some Extent Annihilates Itself, S. 217. Und gleich darauf erklärt Williams, dass es das allerdings nicht tue, weil es erstens an den linearen Abfolgecharakter des gedruckten Buchs gebunden bleibe, »however discounted«, und zweitens auf gedruckte Autoritäten zurückgreifen müsse.
54 Vgl. Stamps: Unthinking Modernity, S. 124.

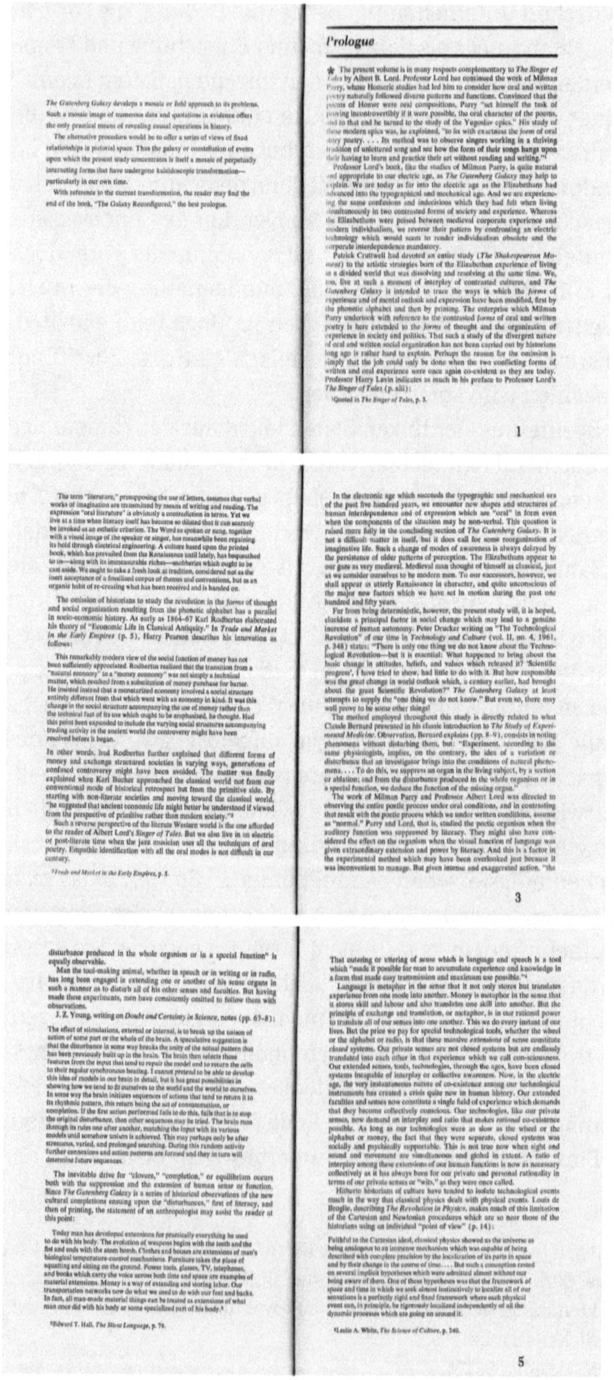

Abb. 3: Seitenfolge aus *The Gutenberg Galaxy*, University of Toronto Press 1962, S. 1–5.

> knowledge of good and evil, but that they had other beginnings, which man
> aspired to know; to the end to make a total defection from God and to
> depend wholly upon himself.
>
> ## Bacon's Adam is a medieval mystic and Milton's a trade union organizer.
>
> ✷ Before the Fall the purpose of work was just for experience or "experi-
> ment," "not for necessity," "nor matter of labour for the use." Strangely,
> although Bacon is quite explicit and repetitive in his derivation of the

Abb. 4: Beispiel für einen den Fließtext unterteilenden Merksatz aus *The Gutenberg Galaxy*, University of Toronto Press 1962, S. 188.

Hauptteil »The Gutenberg Galaxy« nicht bei den oralen Kulturen beginnt, sondern mit einem Shakespeare-Kommentar. Oder wenn die oralen Kulturen in den zeitgenössischen ethnographischen Berichten in *The Gutenberg Galaxy* zunächst einmal orale Kulturen um 1960 beschreiben und nicht den Anfang der Menschheit. Oder wenn ein Zitat des Physikers Werner Heisenberg die Betrachtung des antiken Menschen mit den neueren Bestrebungen in der Physik kurzschließt.[55]

Unterbrechungen von chronologischen Abfolgen oder der Argumentation sowie Neueinsätze bilden auch die beiden typographischen wie syntaktischen Gestaltungselemente in *The Gutenberg Galaxy*. Zunächst unterteilen markige Merksätze den Hauptteil »The Gutenberg Galaxy«: »Bacon's Adam is a medieval mystic and Milton's a trade union organizer.« »The printing press was at first mistaken for an engine of immortality by everybody except Shakespeare.« »Typographic man can express but is helpless to read the configurations of print technology.«[56] (Vgl. Abb. 4.) Sie übernehmen nicht die Funktion von Zwischenüberschriften, die gemeinhin die langen Buchstaben- und Argumentationsabfolgen in Büchern gliedern, so dass der Aufbau des Textes ersichtlich würde und geeignete Textstellen direkt aufgefunden werden könnten. Die vor allem typographisch den Text unterteilenden Merksätze von *The Gutenberg Galaxy* bieten nur teilweise eine Zusammenfassung des nachfolgenden Textabschnitts (und somit auch nur teilweise eine Verständnis- und Suchhilfe zur Bewältigung des Gesamttextes), auch wenn der »Index of Chapter Glosses« im Anhang des Buchs suggeriert, es handele sich bei dieser Liste von Merksätzen um eine Liste von Kapitelüberschriften. Teilweise bieten diese ›Sentenzen‹ auch einfach nur eine prägnantere Formulierung eines oder einiger weniger nachfolgend begegnender Sätze. Wie im Fall »Only a frac-

---

55 Vgl. McLuhan: The Gutenberg Galaxy, S. 11–17, unpag. (S. 18)–23, unpag. (S. 36)–39 u. S. 29 f.
56 McLuhan: The Gutenberg Galaxy, unpag. (S. 188, 202 u. 216).

tion of the history of literacy has been typographic«.[57] Der anschließende Textabschnitt enthält lediglich zwei ähnlich lautende Sätze,[58] offeriert ansonsten aber hauptsächlich eine Joyce-Auslegung.

In den meisten Fällen haben die Merksätze aphoristischen Charakter und sind insofern ›Absonderungen‹ (gr.: *aphorízein*), Unterbrecher einer zusammenhängenden Darstellung. Sie unterbrechen die Abfolge des Buchs, etwa wenn die Sentenz »The medieval book trade was a second-hand trade even as with the dealing today in *old masters*«,[59] wiederum nicht das Nachstehende zusammenfasst, sondern sich stattdessen erst 70 Seiten später als Versatzstück aus einem Zitat eines Historikers erweist: »The trade in books throughout the Middle Ages, it need scarcely be stressed, was largely a second-hand business [...].«[60] Die typographisch aus dem Text herausgehobenen Merksätze unterbrechen damit den Verlauf der unmittelbar umliegenden Argumentation, verknüpfen aber zugleich weit auseinanderliegende Teile des Buchs und dabei auch verschiedene Wissensgebiete. Zum Erscheinen der deutschen Neuauflage 1995 hat ein Rezensent einem damit einhergehenden Begehren des Textes, das er als sein eigenes interpretiert, Ausdruck verliehen: »Zu schade, daß McLuhan kein Hypertext zur Verfügung stand: Unausgesetzt verspürt man beim Lesen Lust, einzelne Begriffe anzuklicken, um anderswo im Text wieder aufzutauchen.«[61]

Der Aphorismus wird in einem kurzen Abriss über Aphorismen und Sentenzen in *The Gutenberg Galaxy* selbst als »a knowledge broken«[62] oder mit dem Schlagwort »disjointed sentences«[63] charakterisiert. Beim Aphorismus seien die

---

57 McLuhan: The Gutenberg Galaxy, unpag. (S. 74).
58 Vgl. McLuhan: The Gutenberg Galaxy: »From the fifth century B.C. to the fifteenth century A.D. the book was a scribal product. Only one third of the history of the book in the Western world has been typographic.«
59 McLuhan: The Gutenberg Galaxy, unpag. (S. 134).
60 Curt Buhler: The Fifteenth Century Book, S. 33, zit. nach McLuhan: The Gutenberg Galaxy, unpag. (S. 208).
61 Randow: Die meta-orale Weltgemeinde, S. 10. Und das Begehren führt an dieser Stelle noch weiter: »Heutzutage ist vieles auf CD-ROMs zu finden, was nicht dorthin gehört, das meiste davon gehört sogar nirgendwohin, aber die ›Gutenberg Galaxis‹ sollte wirklich und wahrhaftig elektrisch ediert werden. Und noch schöner wäre es, wenn der Leser der ›Gutenberg Galaxis‹ per Textsystem die Möglichkeit hätte, an ihr mitzuschreiben [...].« Wie sich zeigen wird, wiederholt Gero von Randow hier nur ein Begehren, dass der Text selbst stets und ständig ausstellt: nicht als Text eines Autors gelesen zu werden, sondern als ein sich selbst fremd werdender Text. Im Folgenden werde ich darauf eingehen.
62 Francis Bacon: The Advancement of Learning, S. 142, zit. nach McLuhan: The Gutenberg Galaxy, unpag. (S. 102).
63 Stanley F. Bonner: Roman Declamation, S. 65, zit. nach McLuhan: The Gutenberg Galaxy, S. 103.

Abb. 5: Asterisk aus *The Gutenberg Galaxy*, University of Toronto Press 1962.

ganzen ausladenden Illustrationen, die Wiedergabe von Beispielen, das Herumgerede über Verbindungen und Ordnungen sowie Beschreibungen der Praxis abgeschnitten, heißt es dort in den Worten aus Francis Bacons *The Advancement of Learning* (1605). Stattdessen erfordere der Aphorismus ein hohes Maß an Beobachtung, habe eine Verbindung zur Aktion (im Gegensatz zum Konsens) und rege zur weiteren Begutachtung des Problems an.[64] Er sei der scharfen Analyse verpflichtet und nicht wie die ›Methode‹ bloße Überredungskunst. Als ›unverbundene Sätze‹ bieten die typographisch hervorgehobenen Aphorismen der *Gutenberg Galaxy* jenes Repertoire an Merksätzen, das nach Angabe des Buchs schon die mündliche Thesenverteidigung des Spätmittelalters erforderte. Sie helfen dem Gedächtnis auf die Sprünge und erfreuen in ihrer figurativen Form das Denken.[65] Man sollte jedoch nicht von ihnen verlangen, dass sie Tricksters Galaxie strukturieren.

Im Weiteren bildet das typographische Element des Asterisks ein Gestaltungsmerkmal in *The Gutenberg Galaxy*. (Vgl. Abb. 5.) Das Buch folgt einem oder vielen Sternen (anstelle einer linearen Abfolge, wie etwa Seitenzahlen sie unterstreichen würden): »Prologue * The present volume [...]. The Gutenberg Galaxy * When King Lear proposes [...] * *King Lear* is a kind of elaborate case history [...] * Shakespeare seems to have missed due recognition for [...] * J. C. Carothers writing in *Psychiatry* (November, 1959) [...].«[66]

Jeder Abschnitt des Textes beginnt mit dem Annotationszeichen des ›Sternchens‹ (gr.: *asteriskos*), welches in heutigen und zumal wissenschaftlichen Publikationen fast vollständig durch die die Anmerkungen zählende Ziffer ersetzt wurde. Früher einmal wurde ein Sternchen im Text gesetzt und unterhalb des Textes wurde eine Anmerkung zu dieser Stelle im Text ergänzt. In der antiken Handschriftenüberlieferung Zeichen für eine Lücke im Ausgangstext wurde das Sternchen im Mittelalter zum spezifischen Verbindungselement von Textstelle

---

[64] Vgl. Francis Bacon: The Advancement of Learning, zit. nach McLuhan: The Gutenberg Galaxy, unpag. (S. 102).

[65] Zu diesen (historischen) Verwendungsweisen und Eigenschaften vgl. den Abschnitt zum Aphorismus in McLuhan: The Gutenberg Galaxy, unpag. (S. 102–104). Vgl. die Verbindung von Aphorismus, Scholastik und Senecanismus im Merksatz: »Scholasticism, like Senecanism, was directly related to the oral traditions of aphoristic learning«, McLuhan: The Gutenberg Galaxy, unpag. (S. 102).

[66] McLuhan: The Gutenberg Galaxy, S. 1–unpag. (S. 18).

und Randbemerkung.⁶⁷ Im Asterisk treffen sich die Auslassung und der Verweis. Er ist das perfekte Zeichen des Tricksters, der stetig zwischen Zeichen für ein Nichts und Referenz oszilliert.⁶⁸ So könnte das Sternchen am Beginn jedes einzelnen Textabschnitts von *The Gutenberg Galaxy* zunächst einmal einfach ein kleines Schmuckelement, ähnlich der Initiale der frühen Buchgestaltung, sein. Es könnte aber auch auf den Anmerkungscharakter hinweisen, den *The Gutenberg Galaxy* nicht nur mit dieser typographischen Markierung ausstellt. Das Buch behauptet ja auch, eine Fußnote zum Werk Innis' zu sein. Doch auch dies lässt sich nicht durchgängig über *The Gutenberg Galaxy* aussagen; denn wo etwa ist der Text, auf den sich ein zufällig aufgeschlagener Abschnitt wie »* As we stand on the frontiers between the manuscript and the typographical worlds [...]«⁶⁹ bezieht? An dieser Stelle scheint es sogar, dass das Sternchen sich einfach auf dieselbe Stelle in genau diesem Buch, das vor einem liegt, bezieht. ›Wir‹ stehen auf Seite 129 an der Grenze zwischen Manuskript- und typographischer Welt, die *The Gutenberg Galaxy* selbst vorschlägt und selbst zieht, ungefähr um die Seite 129 herum.

Der Asterisk wird zum Zeichen für den Selbstbezug. All die 107 Sternchen des Buchs beziehen sich auf die 107 Sternchen, die das Buch zu bieten hat. Man kann von einem zum nächsten springen und wird sich immer noch im (korrekten) Bezug befinden. Aber beim Bezug von Sternen auf Sterne geht der Text verloren: »Das Werk besteht aus 107 Fußnoten zu einem nicht vorhandenen Text«,⁷⁰ schreibt Cavell im neuesten Vorwort zum mehr als 50 Jahre alten Buch McLuhans. Die Ergänzung, der Kommentar, der jedem Asterisk nachfolgt, setzt sich in *The Gutenberg Galaxy* an die Stelle des mithilfe des Asterisks zu erläuternden Textes. Aber mit Sicherheit lässt sich auch das nicht über *The Gutenberg Galaxy* behaupten. Die oben aufgeführten Beispiele der Anmerkungen nach den ersten Stern-

---

67 Vgl. Klein/Grund: Die Geschichte der Auslassungspunkte, S. 27 f. Demnach ist der Asterisk das Zeichen für syntaktische Auslassungen in der antiken Handschriftenüberlieferung, Textkritik und christlichen Bibelüberlieferung sowie -exegese: »Im Laufe des Mittelalters scheint sich sein Anwendungsbereich dann nicht mehr auf die Kennzeichnung von Auslassungen beschränkt zu haben. Als sog. signe de renvoi hatte er unter anderem die Funktion, einen spezifischen Textabschnitt mit den dazugehörigen Marginalien zu verbinden.«
68 Vgl. Stockhammer: Grammatik, S. 415 u. 421.
69 McLuhan: The Gutenberg Galaxy, S. 129.
70 Cavell: Vorwort, S. x. Cavells Satz geht weiter und bietet einen Erklärungsversuch, wie dieser abhanden gekommene Text zu verstehen ist: »Das Werk besteht aus 107 Fußnoten zu einem nicht vorhandenen Text – das heißt dem BUCH selbst – und surft [...] auf diese Weise durch die Jahrtausende.« Diese Antwort auf die Frage nach dem fehlenden Text bleibt ihre Antwort allerdings schuldig. Was ist mit dem BUCH in Großbuchstaben gemeint? Die Bibel? Das Buch McLuhans selbst? Oder DAS Buch als abstrakte Einheit, die *The Gutenberg Galaxy* als solche sichtbar macht?

chen auf den ersten 20 Seiten des Buchs sind jeweils mit deutlichen Verweisen auf Referenztexte verknüpft. Es geht in diesen Abschnitten um Auseinandersetzungen mit dem Stück *König Lear* oder mit J. C. Carothers' Artikel über ›kulturelle Unterschiede und das geschriebene Wort‹. Indem diese Texte nach dem Annotationszeichen ihren Auftritt erhalten, sind sie vom betrachteten Text, von der Gegenstandsebene (der sich die Annotation widmet), auf die Ebene der Betrachtung (der Annotation selbst) gerutscht. Sind sie damit Auslegungshilfen zu ihrem eigenen Text oder doch zu einem gänzlich fehlenden?

Mit dem Asterisk zeigt sich das Verfahren der Glossierung an. In der antiken und mittelalterlichen Praxis folgt dem Asterisk eine Erklärung des im Bezugstext durch ihn markierten, unklaren Worts. Ein veraltetes, dialektales oder fremdes Wort wird mit einer aktuellen Entsprechung versehen.[71] Ein klassischer Text wird hierüber für eine andere Zeit und einen anderen Kontext lesbar gehalten. Die Überlieferung der Autoritäten soll auf diese Weise abgesichert werden;[72] erst durch die Übersetzung einzelner Wörter bzw. die Bereitstellung eines Synonyms, bald jedoch auch in erklärenden Sätzen und irgendwann in ganzen diskursiven Abhandlungen, bei denen der Übergang zum Kommentar fließend ist.[73] Die Glosse kann aber auch wiederum einen Verweis auf parallele Textstellen an anderer Stelle enthalten und somit ihre Leser »instandsetzen, sich vom polierten Argument zu denjenigen Texten zurückzuarbeiten, aus denen es entwickelt wurde und worauf es beruht«.[74]

In *The Gutenberg Galaxy* finden sich all diese Funktionen eines älteren Textüberlieferungs- und Wissensbildungsverfahrens versammelt, angeführt vom Asterisk. Die einzelnen Textabschnitte in *The Gutenberg Galaxy* bieten der Glosse gemäß Worterklärungen, parallele Textstellen, die entweder selbst einen Zusammenhang verdeutlichen oder wiederum von der Glosse kommentiert werden, sowie Paraphrasen und eigene Argumente. Nur sind all diese Formen der frühen Textwissenschaft nicht im Seiten- oder Fußnotenbereich eingesetzt, sondern sie nehmen den Haupttext des Buchs ein. Sie sind in diesem Sinne und entsprechend der Deklaration der *Gutenberg Galaxy*, selbst lediglich eine Fußnote, eine Ergänzung oder ein Zusatz zu sein, leitend für die Form der Wissensgewinnung und -vermittlung dieses Buchs.

Dass die Glosse keineswegs lediglich als Anhängsel zu bestehenden Texten aufgefasst werden sollte und in Antike und Mittelalter auch nicht als solches auf-

---

[71] Vgl. Rohmer: Art. Glosse (HWRh, Bd. 3), Sp. 1009 f.
[72] Vgl. Most: Preface, S. x u. xii. Vgl. auch Vismann: Benjamin als Kommentator, S. 348–350, zur Überlieferung per Glosse in der juristischen Tradition.
[73] Vgl. Kipf: »Pluto ist als vil als Lucifer«, S. 38; Vgl. Rohmer: Art. Glosse (HWRh, Bd. 3), Sp. 1009 f.
[74] Grafton: Die tragischen Ursprünge der deutschen Fußnote, S. 42.

gefasst wurde, zeigt Isidor von Sevillas Glossenkompendium zur Erklärung der Welt: das *Etymologiarum sive originum libri XX* (kurz: *Etymologiæ*, um 600). Diese Enzyklopädie des Mittelalters hatte es sich zur Aufgabe gemacht, alles verfügbare Wissen der Antike in das Mittelalter zu überführen. Sie bietet eine Kombination aus erklärungsbedürftigen Wörtern (die Lemmata) und hinzugefügter Erläuterung oder historischer Betrachtung aus den verfügbaren Quellen der großen Gelehrten oder eine Erläuterung mithilfe etymologischer Verfahren.[75] Nach dem Philologen John Henderson hat man es hier mit der ›intratextuellen Produktion und Vernetzung der Welt aus und in Worten‹ zu tun.[76] Die *Etymologiæ* des Isidor von Sevilla entwerfen die Welt aus der Kompilation von Aussagen über die Welt oder über die Wörter für Bestandteile der Welt. Ganz ähnlich entwirft *The Gutenberg Galaxy* die Geschichte der Welt und noch die Geschichtsschreibung dieser Geschichte in einem Universum an Zitaten aus unterschiedlichsten Wissensbereichen. Es verbleibt damit im Reich der Textwissenschaft und der Wissenspraktiken der Annotation, wo Texte auf Texte und Wörter auf Wörter bezogen werden. Dabei verwandelt es sich den alten Praktiken der Textüberlieferung an, deren Implikationen für das Verständnis von Wissen, Text und Autorschaft mit transportiert werden.

In der Beschreibung dieses überkommenen handschriftlichen Buch- und Bildungswesens, das Teil der historischen Darstellung in *The Gutenberg Galaxy* ist, verweist *The Gutenberg Galaxy* daher immer auch auf seine eigenen Voraussetzungen. Zu diesen Voraussetzungen zählen Formen des exzessiven Abschreibens, des Kopierens und des Plagiats sowie eine grundsätzliche Ambiguität bezüglich des Ursprungs oder des Urhebers eines vermittelten Wissens. Über diese Verhältnisse geben die zahlreichen und ausführlich zu Wort kommenden Bildungs-, Schrift- und Buchhistoriker in *The Gutenberg Galaxy* Auskunft: Demnach bestand der Wissenserwerb in Antike und Mittelalter in der genauen Kenntnis der Autoritäten und erfolgte über das Abschreiben ganzer Bücher, worin Texterschließungs-, Herausgeber- und Verlegertätigkeiten verbunden waren.[77] In der Neuanordnung des Materials sowie in der Glossierung von Texten für den mündlichen Vortrag

---

[75] Vgl. Rohmer: Art. Glosse (HWRh, Bd. 3), Sp. 1009, sowie Kindermann: Isidor von Sevilla (560–636 n. Chr.), insb. S. 271, 279 u. 282 f.

[76] Vgl. Henderson: The Medieval World of Isidore of Seville, S. 9.

[77] Vgl. die Sentenz »The medieval student had to be paleographer, editor, and publisher of the authors he read«, McLuhan: The Gutenberg Galaxy, S. 95, sowie u. a. die Ausführungen aus Henry J. Chaytors *From Script to Print* (1945) ebd., unpag. (S. 86)–89 u. unpag. (S. 92)–93. Als verspäteter Kommentar zu den verkehrten Plagiatsfällen zwischen 1954 und 1960 kann auch Chaytors Beschreibung des mittelalterlichen Buch- und Bildungswesens gelesen werden (zit. nach McLuhan: The Gutenberg Galaxy, S. 87): »To copy and circulate another man's book might be regarded as a meritorious action in the age of manuscript; in the age of print, such action results in law suits and damages.«

entstand das Wissen von Neuem und dabei auch ein neues Wissen.[78] Zitation, Nachweis und Signierung von Texten und Textauszügen waren im Handschriften-Zeitalter in Referenztexten wie in Kommentaren hochgradig ungenau.[79]

In seinen recht genau nachgewiesenen Zitaten und Belegstellen kommt *The Gutenberg Galaxy* jedoch auch den Anforderungen der neuzeitlichen Buchgelehrsamkeit und seiner Exzerpt- und Kompilationspraxis nach. Die übernommenen Textpassagen sind typographisch (durch Anführungszeichen oder Blockzitat) abgesetzt und zumeist mit einer Bemerkung oder mit einer Fußnote versehen, die den entsprechenden Referenztext ausweist.[80] Im Zusammenspiel mit den fehlenden Seitenzahlen und dem Mangel an einem ›echten‹ Index, der konkrete Informationen zu einem Thema an einer bestimmten Stelle des Buchs abrufbar hielte, unterläuft *The Gutenberg Galaxy* allerdings die seit dem Buchdruck eingeübten Weisen des Stellenzugriffs. Die Exzerpte erscheinen im Rahmen dieser Buchgestaltung gar unordentlich arrangiert und stürzen die Leser eher in ein Gewimmel der Autoritäten und Belege, als dass sie sie einer von außen (noch vor der Textlektüre, mittels Inhaltsverzeichnis oder Index) nachvollziehbaren Ordnung zuführen. Die Exzerpierkunst, die eine Wissens- und Schreibpraxis der Neuzeit ist, wird hier, um ihre Ordnungs- und Auffindefunktion beraubt, vorgeführt.[81]

The Gutenberg Galaxy ist somit in buchstäblicher Weise eingelassen in ein System des Schreiben-Lesens, das die aktive Aneignung vorhandener Texte im Abschreiben und Anordnen betreibt.[82] Hierbei affizieren sich die Texte gegenseitig, etwa wenn *The Gutenberg Galaxy* einerseits versucht, die Texte der Historiker

---

78 Vgl. hierzu die Erläuterungen aus Istvan Hajnals *L'Enseignement de l'écriture aux universités médiévales* (1954) insb. in McLuhan: The Gutenberg Galaxy, S. 97, sowie die Hinweise aus Beryl Smalleys *The Study of the Bible in the Middle Ages* (1941) in McLuhan: The Gutenberg Galaxy, S. 105–109, insb. S. 109.
79 Vgl. hierzu die Erläuterungen aus Ernst Philipp Goldschmidts *Medieval Texts and Their First Appearance in Print* (1943) z. B. im Textabschnitt mit der Sentenz: »Scribal culture could have neither authors nor publics such as were created by typography«, McLuhan: The Gutenberg Galaxy, unpag. (S. 130)–133.
80 Vgl. z. B. McLuhan: The Gutenberg Galaxy, unpag. (S. 84)–85, sowie den »Bibliographic Index« (S. 281–289).
81 Vgl. te Heesen: Der Zeitungsausschnitt, S. 25–28, sowie zur Vorführung dieser Praxis im Zitieren dieser Praxis bei Jean Paul Menke: Ein-Fälle aus ›Exzerpten‹, insb. S. 294–296.
82 Vgl. das Konzept des Schreiben-Lesens, mit dem Julia Kristeva in der zweiten Hälfte der 1960er Jahre die Texttheorie erneuert hat. Kristeva: Zu einer Semiologie der Paragramme, S. 171: »Das Verb ›lesen‹ hatte in der Antike eine Bedeutung, die es verlohnt, erinnert und für das Verständnis der literarischen Praxis fruchtbar gemacht zu werden. ›Lesen‹ hieß auch ›sammeln‹, ›pflücken‹, ›erspähen‹, ›aufspüren‹, ›greifen‹, ›stehlen‹. ›Lesen‹ weist also auf eine aggressive Teilnahme, auf eine aktive Teilnahme des anderen hin. ›Schreiben‹ wäre demnach ein zur Produktion zur Tätigkeit gewordenes ›Lesen‹: Schreiben-Lesen (écriture-lecture).«

als Beleg für seine sehr spezielle These der Oralität anzueignen,[83] und diese Texte andererseits im Gegenzug den Horizont und die Implikationen der Übernahme dieser Praktiken für *The Gutenberg Galaxy* neu umreißen. Die unterschiedlichen Perspektiven und Stimmen überlagern sich aufgrund der Anleihen bei den traditionellen Formen der Textüberlieferung in *The Gutenberg Galaxy* und führen das, was in der neueren Texttheorie der zweiten Hälfte der 1960er Jahre konzeptualisiert werden wird – die Vielstimmigkeit des Textes und die einhergehende Infragestellung des Autorkonzepts –, zu Beginn der 1960er Jahre schon einmal in der Praxis vor. Julia Kristevas berühmte Worte bei der Einführung des Begriffs der Intertextualität lesen sich daher als adäquate Beschreibung für *The Gutenberg Galaxy*: »[J]eder Text baut sich als Mosaik von Zitaten auf, jeder Text ist Absorption und Transformation eines anderen Textes«[84] bzw. mehrerer anderer Texte.

4 Tricksters Zungen: Die Vielstimmigkeit in *The Gutenberg Galaxy*

The Gutenberg Galaxy ist verschiedentlich als Heteroglossia, als mittelalterliche Summe des verfügbaren Wissens oder als Werk eines mittelalterlichen Glossators beschrieben worden.[85] Doch ist es in dieser Eigenart kaum ernst genommen worden, das heißt, es ist in seiner Versammlung verschiedenen Wissens und verschiedener Stimmen als stete Subversion einer Stimme, eines Autors oder einer *histoire* nicht wahrgenommen worden. Dabei ist die Glossentechnik zuallererst und ihrer Etymologie nach (gr.: *glossa*) eine Zungentechnik. Indem sie die verschiedenen Zungen zum Sprechen bringt, lässt sie zugleich das Sprechen mit verschiedenen Zungen zu. Historisch ist die Glosse indessen an die Schrift und an eine textuelle Ordnung gebunden. Die sprechenden Zungen sind hier daher immer (ab-)geschriebene Wörter und Textpassagen, die auch typographisch abgesetzt sind und den Annotationskonventionen folgen, die auf die Buchdruckerkunst und deren Einsetzung eines Wissens vom Text und seinem Autor zurückgehen. In der Masse der versammelten Exzerpte, Auslegungen und historischen

---

83 McLuhans Quellen, Chaytor und Hajnal etwa, setzen sich tatsächlich mit einem von der Mündlichkeit angeleiteten Bücherhandwerk und Bildungswesen auseinander, jedoch konzeptualisieren sie die historischen Formen der Mündlichkeit nicht im Sinne einer mediengeschichtlichen, anthropologischen Phase.
84 Kristeva: Bachtin, das Wort, der Dialog und der Roman, S. 348.
85 Vgl. Marchessault: Marshall McLuhan, S. 110; Alvarez: The Effect Is of a Lively, Ingenious, but Infinitely Perverse *Summa* by Some Medieval Logician, S. 212; Williams: Paradoxically, If the Book Works It to some Extent Annihilates Itself, S. 217.

bzw. literarischen Belege wird die »Verpflichtung auf auktoriale Rede«,[86] die mit der neuzeitlichen buchtechnisch gestützten Zitierpraxis einsetzt, allerdings zurückgenommen. In der exzessiven Glossenpraxis von *The Gutenberg Galaxy* öffnet sich der Text für Text- und Sprachauffassungen jenseits der neuzeitlichen Vorstellung von Wort und Rede als monologisch. Es geht dabei um eine Öffnung der (vereindeutigenden) Referenzfunktion der Sprache hin auf eine Unendlichkeit des Bedeuteten im Sinne des Tricksters.[87]

Die Öffnung der Sprache aufs Unendliche oder ihre Reduktion auf eine Funktion hin werden in *The Gutenberg Galaxy* zudem als historische Ereignisse im Zusammenhang mit den verschiedenen Wissens- und Kommunikationsmitteln thematisiert. Die gesprochene Sprache, die noch alle möglichen Sinne – im Doppelsinn von somatischem und semantischem Sinn – biete und vermittle, erfahre durch die Erfindung des phonetischen Alphabets eine erste Auftrennung in semantische Bedeutung *(semantic meaning)* und visuellen Kode *(visual code)*.[88] In der alphabetischen Schrift werde im Unterschied zu piktographischen, ideographischen oder hieroglyphischen Schreibweisen ein bedeutungsloses Zeichen mit einem bedeutungslosen Klang verbunden, und daraus sei das Format und die Bedeutung des westlichen Menschen gemacht.[89] Gegenmodelle zur alphabetischen Schriftform liefern in *The Gutenberg Galaxy* dann mathematische Gleichungen und rhetorische Figuren. Diese hätten keinen (festgelegten, monologischen) Inhalt, sondern seien Strukturen, die eigene Welten hervorriefen. Hyperbel, Ironie, Litotes, Vergleich oder Paronomasie seien Geisteshaltungen *(postures of the mind)*,[90] die offenbar nicht einfach auf einen Referenten verweisen. Nach McLuhans Ansicht sind die Formen der sogenannten ›Manuskript-Kultur‹, also jener geschichtlichen Phase des abendländischen Menschen, in der die Schrift noch rein handschriftlich und eingebettet in vielerlei mündliche Zusammenhänge und Praktiken vorherrschte, noch wesentlich stärker mit der Möglichkeit vieler Bedeutungen im Text verbunden. Die mittelalterliche Schriftexegese

---

[86] Menke: Zitation/performativ, S. 591.
[87] Vgl. hierzu nochmals Kristeva: Zu einer Semiologie der Paragramme, worin die Neukonzeptualisierung des Textverständnisses unter Rückgriff auf die antiken Formen des Lesens und Schreibens und im Hinblick auf die Unendlichkeit der poetischen Sprache erscheint. Vgl. Anm. 82 in diesem Kap.
[88] Vgl. McLuhan: The Gutenberg Galaxy, S. 27.
[89] Vgl. McLuhan: The Gutenberg Galaxy, S. 27 u. unpag. (S. 50): »By the meaningless sign linked to the meaningless sound we have built the shape and meaning of Western man.«
[90] Vgl. McLuhan: The Gutenberg Galaxy, unpag. (S. 46)–47.

verstehe unter dem Literalsinn noch alle möglichen Ebenen der Bedeutung von Schrift, insbesondere der Heiligen Schrift.[91]

Mit der Anverwandlung des Textes *The Gutenberg Galaxy* an die mittelalterlichen Formen der Wissensvermittlung in und durch die Glosse wäre einem Begehren des Tricksters nach allen möglichen Bedeutungsebenen der Sprache und der Texte nachgegeben. Die Vermischung verschiedener Perspektiven, die vielstimmige Rede und die Schwierigkeit, sie auseinanderzuhalten, sind Eigenschaften der Tricksterrede. Sie zeigen sich in der Aufnahme und Nachahmung der alten Verfahren des nachgeordneten Sprechens mit und zwischen bestehenden Texten und Wörtern in *The Gutenberg Galaxy*.

Zunächst sind hierfür die Textpassagen in Kommentarform aufschlussreich. Mit dem Kommentar schleicht sich der Trickster in einen bestehenden Diskurs ein. Kommentierend huldigt er dem autoritären Wort – denn als Vorlage für einen Kommentar gerät jeder Text zu einer Autorität[92] – und geht doch über die Autorität hinweg. In *The Gutenberg Galaxy* gibt es den Zug zum Ausstellen der Nachrangigkeit und des Sekundären, der jedem Kommentar anhaftet, insofern er zunächst als zeitlich und strukturell nachgeordnet gilt.[93] Und doch übernimmt jeder Kommentar in seiner Nachfolge zugleich die Führung, in Formen der Be- oder Entgrenzung des Vorgängertextes, indem er sich ihm anlagert und ihn überwuchert.[94] Traditionell lassen sich mit dem Kommentar Formulierungen, Verweise oder schwierige Stellen eines Ausgangstextes wegerklären bzw. einer bestehenden Ordnung einpassen.[95]

The Gutenberg Galaxy nutzt den Kommentar zur wechselseitigen Autorisierung des vertretenen Wissensuniversums. Einerseits nimmt es die Autorität der zitierten Texte in Anspruch für sein eigenes Projekt der Erläuterung einer Gu-

---

91 Vgl. McLuhan: The Gutenberg Galaxy, unpag. (S. 106)–107 u. unpag. (S. 110)–111.
92 Vgl. Most: Preface, S. x f.; Vismann: Benjamin als Kommentator, S. 347.
93 Vgl. Roloff: Zur Geschichte des editorischen Kommentars, S. 4; Most: Preface, S. vii.
94 Vgl. Foucault: Die Ordnung des Diskurses, S. 17–20. Foucault geht es darum, den Kommentar als ein den Diskurs begrenzendes und kontrollierendes Verfahren vorzustellen. Dem ist ausdrücklich hinzuzufügen, dass die Kontrolle ebenso in einer Erweiterung oder Verschiebung des Diskurses bestehen kann.
95 Vgl. hierzu insb. die Geschichte der Literaturkritik, die mit der Homer-Kritik und den allegorischen Auslegungsmethoden beginnt, in denen Hans-Gert Roloff Frühformen des editorischen Kommentars sieht (vgl. Roloff: Zur Geschichte des editorischen Kommentars, S. 4). Im *Neuen Pauly* heißt es über die Allegorese: »Auf den auszulegenden Text wird ein zweites, prinzipiell beliebiges System bezogen, etwa eine philosophische oder theologische Dogmatik.« Schwer verständliche oder anstößige Textstellen konnten in den bereits in der mündlichen Tradition immer an den Vortrag angeschlossenen Erklärungen der Epen mit einem neuen bzw. passenden Sinn versehen werden. Vgl. Walde: Art. Allegorese, Sp. 519 f., Zitat Sp. 519; Jaumann: Critica, S. 47 f.

tenberg-Galaxie – hier ist an die teils emphatischen Verweise auf Referenztexte von Größen wie Innis oder Karl R. Popper zu erinnern[96] –, andererseits werden diese Autoritäten erst zu Autoritäten in der Sache der *Gutenberg Galaxy* durch das Verfahren der Glossierung,[97] der Aneignung der autoritären Stimme im Sinne der *Gutenberg Galaxy* – wobei im Zuge dieser Praxis auch solche Texte den autoritären Status erlangen, der ihnen anderweitig (noch) gar nicht zugesprochen wurde.[98] Dies beginnt bereits bei den ersten drei Textabschnitten des Hauptteils »The Gutenberg Galaxy«. Sie lassen sogleich eine der großen Autoritäten der Literaturgeschichte sprechen, und zwar im Sinne der Errichtung der Galaxie Gutenbergs aus Zitaten. Demnach habe William Shakespeare in seinen späteren Stücken und insbesondere in *König Lear* eine äußerste Hellsichtigkeit hinsichtlich der von *The Gutenberg Galaxy* aufzuweisenden Veränderung der Sinnes- und Gesellschaftsverhältnisse durch Medientechniken bewiesen.[99] In der Manier eines philologischen Kommentars bietet *The Gutenberg Galaxy* Wortauslegungen und Sacherklärungen zum ersten Aufzug von *König Lear*.[100] Lears ›dunklerer Vorsatz‹ *(darker purpose)* und die Verwendung der Landkarte in: »Meantime we shall express our darker purpose. / Give me the map there. Know we have divided / In three our kingdom«,[101] stünden gleichermaßen für den historischen Umbruch der Sichtweisen zu Raum und Macht, die einen wesentlichen Wechsel in der menschlichen Wahrnehmung *(human awareness)* markierten. Der ›dunkle Vorsatz‹ sei machiavellischer Fachjargon für die Erneuerung der Macht- und Organisationsmuster; die Landkarte bringe mit ihrer neuen Art des Sehens das Hauptthema des Stücks hervor:[102] Die Trennung des Sehsinns von den anderen Sinnen bzw. die ›Entäußerung‹ *(stripping)* der menschlichen Sinne.[103] Die Einsichten Shakespeares in diesen Zusammenhang seien so reich gesät, dass es schwer falle, überhaupt irgendwelche Verse auszuwählen.[104] Doch McLuhan wählt unumwunden

---

96 Vgl. McLuhan: The Gutenberg Galaxy, unpag. (S. 50 u. 216) u. S. 7.
97 Vgl. Menke: Text-Oberfläche, S. 132–134.
98 Vgl. z. B. das Zitat aus einer unveröffentlichten Magisterarbeit eines unbekannten John H. Harrington oder der Beleg, den ein ›Pop-Literat‹ wie Jacques Barzun liefern soll in McLuhan: The Gutenberg Galaxy, S. 109 u. unpag. (S. 32).
99 Vgl. McLuhan: The Gutenberg Galaxy, S. 11, unpag. (S. 12) u. 13.
100 Zu den beiden Formen der Kommentarpraxis (Wortauslegung und Sacherklärung) vgl. Roloff: Zur Geschichte des editorischen Kommentars, S. 6–9.
101 William Shakespeare: King Lear, I.i, zit. nach McLuhan: The Gutenberg Galaxy, S. 11.
102 Vgl. McLuhan: The Gutenberg Galaxy, S. 11.
103 Vgl. McLuhan: The Gutenberg Galaxy, S. 13. Die Übersetzung des ›stripping‹ durch ›Entäußerung‹ entnehme ich der deutschen Übersetzung: McLuhan: Die Gutenberg-Galaxis (1968), S. 20.
104 Explizit bezieht sich der Kommentar hier übrigens nur auf die Einsichten zu »social and personal consequences of denudation and stripping of attributes and functions for the sake of speed,

die Eröffnungsworte der beiden ältesten Töchter Lears aus, um seine Auslegung zu untermauern.

In Shakespeares Stück verlangt der etwas eitle, alternde König seinen Töchtern einen Liebesbeweis ab. Sie sollen um die Wette das Ausmaß ihrer Liebe zum Vater beschwören, bevor dieser das Land unter ihnen aufteilen will. Goneril, die Älteste, behauptet, den König mehr zu lieben als ›Augenlicht, Luft und Freiheit‹ *(eyesight, space and liberty)*. Und Regan, die Zweitgeborene, schwört für die Liebe zum Vater der ›Sinne reichstem Umkreis‹ *(the most precious square of sense)* ab.[105] McLuhans Kommentar führt Regans etwas unklare Wendung vom Sinnenumkreis auf die scholastischen Auffassungen von einer Ratio *(ratio)* und einem Wechselspiel aller Sinne als grundlegende Bedingungen der Vernunft *(rationality)* zurück. Mit dem Aufbrechen des Sinnenkreises sei demnach die Isolierung oder Verstärkung eines Sinnes von den anderen gemeint, mit der entsprechenden Unvernunft *(irrationality)* und Kollision zwischen Geist *(wits)*, Personen *(persons)* und Funktionen *(functions)*, die das mit sich führe.[106]

Hier findet letztendlich nichts anderes statt als die Errichtung einer (neuen) Signifikantenkette über einer existierenden Signifikantenkette, nämlich jener Shakespeares. Der Literaturwissenschaftler Jürgen Fohrmann hat dieses Vorgehen als das formale Verfahren des Kommentars identifiziert.[107] Im Re-Arrangement der bestehenden Signifikantenkette in der Signifikantenkette des Kommentars werde eine Signifikatfunktion zugewiesen, wobei eben dieses Signifikat wiederum nur in den Signifikanten des Kommentars besteht. Die Signifikanten werden so eingerichtet, dass sie wie Synonyme eines Signifikats erscheinen. *The*

---

precision, and increased power« (McLuhan: The Gutenberg Galaxy, unpag. [S. 12]), also eher auf Einsichten zu den gesellschaftlichen Verhältnissen und Umwälzungen. Die anschließenden Belege, die ich nun oben wiedergebe, beziehen sich allerdings auf die Frage der Sinnesverhältnisse. Das aufgebrochene Sinnesverhältnis führe zur Kollision von Geist *(wits)*, Personen und Funktionen, womit der Kreis zu Shakespeares Einsichten in soziale Verhältnisse wieder geschlossen wird: »This breaking of the ratios among wits (or senses) and persons and functions is the theme of the later Shakespeare« (S. 13).

105 Die Übersetzungen der Shakespeare-Worte entstammen: McLuhan: Die Gutenberg-Galaxis, S. 20 f.

106 Vgl. McLuhan: The Gutenberg Galaxy, S. 13. In dieser Auffassung erweitert McLuhan die Thesen über die Vereinzelung des Individuums und die gespaltene Persönlichkeit der Elisabethaner, welche Patrick Cruttwell in seiner Studie *The Shakespearean Moment* vorgestellt hat. Danach kann *König Lear* als direkter poetischer Ausdruck gesellschaftlicher Spannungen und Veränderungen der elisabethanischen Epoche eingestuft werden. Vgl. Cruttwell: The Shakespearean Moment and Its Place in the Poetry of the 17th Century, insb. S. 1 f., 12–14, 21–28 u. 113. Cruttwell erscheint als Referenz von *The Gutenberg Galaxy* im Prolog, vgl. McLuhan: The Gutenberg Galaxy, S. 1.

107 Vgl. Fohrmann: Der Kommentar als diskursive Einheit der Wissenschaft, S. 250 f.

Gutenberg Galaxy ordnet den Reden der Lear-Töchter von »eyesight« und »square of sense« seine Signifikanten der »isolation of visual sense« und »sense ratio« zu und unterstellt damit ein gemeinsames Signifikat.[108] Ein Signifikat, das letztlich nur der Kommentar beschreiben kann, schließlich hat er ab dem Prolog die Signifikanten fest in der Hand.

Im Fortgang der *Gutenberg Galaxy* werden immer weitere Signifikantenketten aus den unterschiedlichsten Wissensbereichen in dieser vom Literaturkommentar abstammenden Weise integriert. Ethnologische Aufsätze und ethnographische Berichte werden ebenso eingefügt wie Abhandlungen über Philosophie-, Kunst- oder Bildungsgeschichte;[109] literarische Referenztexte sind so gut wie historische Quellen und geschichtswissenschaftliche Abhandlungen sind wie literarische Vorlagen nutzbar. All diese Quellen werden unabhängig von der Art der Aussage, die sie zu treffen vermögen – über die Welt, über Text- und Bildquellen, über einen geschichtlichen Verlauf –, als Aussageformen für die oder innerhalb der Galaxie, in der diese Lektüren zusammenkommen, verwendet. Damit gerät ein Stück wie *König Lear* ebenso zum Beleg für die *histoire*, die der Trickster bzw. die Leser hier konstruieren, wie J.C. Carothers' Aufsatz über den kulturellen Faktor der Lese- und Schreibfähigkeit in unterschiedlichen Denk- und Gesellschaftsformen. So lässt sich eine *histoire* von Formen, Verständnis und Erfassung der Welt in je medienspezifischer Weise aus der Kompilation der Signifikantenketten herauslesen.

Doch neben diesen Formen des Kommentars und damit des eingrenzenden, umlenkenden Neulesens und Zulesengebens der überlieferten Texte gibt es in *The Gutenberg Galaxy* eben auch die Form des unkommentierten oder ausufernden Zitats, wie im Fall der Wiedergabe eines Literaturkommentars fremder Herkunft. Im Abschnitt unterhalb des Merksatzes »Only a fraction of the history of literacy has been typographic« münden, wie bereits erwähnt, die anfänglichen Erläuterungen in einen Kommentar zu Texten von James Joyce. Nach einer Besprechung zum Typus Leopold Blooms in Joyces *Ulysses* gibt McLuhan unvermittelt bzw. unverbunden – quasi nach Maßgabe des Aphorismus – ein ausführliches Zitat aus James S. Athertons *The Books at the Wake* (1960), einem mehr oder minder konventionellen Literaturkommentar Athertons zu dem sehr unkonventionellen Buch

---

108 McLuhan: The Gutenberg Galaxy, S. 13 u. 11.
109 Vgl. die Exzerpte aus Carothers: Culture, Psychiatry, and the Written Word (1959), S. 307–320, sowie aus John Wilson: Film Literacy in Africa, S. 7–14 (in: Canadian Communications 1 (1961), H. 4; diese Quelle konnte ich nicht überprüfen, sie war nirgends aufzufinden), sowie Anleihen bei Auszügen aus Bertrand Russels *History of Western Philosophy* (1945), Ernst H. Gombrichs *Art and Illusion* (1960) oder Henri-Irénée Marrous Studie *Saint Augustine et la fin de la culture antique* (1938).

Finnegans Wake von Joyce. Darin geht er den literarischen Anspielungen dieses Romans nach, führt also frei nach dem Prinzip der Glosse den literarischen Text auf Quellen zurück.[110] *The Gutenberg Galaxy* greift nun aus diesem Kommentar eine Erläuterung für sein Zitatenuniversum heraus, die zum einen unumwunden *Finnegans Wake* zu einer Geschichte der Schrift erklärt: »Amongst other things *Finnegans Wake* is a history of writing«,[111] und zum anderen einige der *puns*, für die dieser Text berühmt ist, auf verständliche Begriffe zurückzuführen sucht.[112] *The Gutenberg Galaxy* inkorporiert die Einschätzung Athertons zu *Finnegans Wake* als Geschichte der Schrift dann ohne weitere Erläuterungen zu den zitierten Erläuterungen dieses Kommentars. Anstelle von Auslegungen zu Athertons Auslegungen finden sich in *The Gutenberg Galaxy* an dieser Stelle ›Ausführungen‹ zu *Wake*-Zitaten, die bei Atherton wiedergegeben, aber nicht näher betrachtet wurden: »Gutenmorg with his cromagnon charter« und »the masons«.[113] *The Gutenberg Galaxy* schreibt Athertons Kommentar einfach weiter. Es gibt keine Erläuterungen zu Athertons Begriffsverwendungen oder zum historischen Wissen, das aus seinen Zeilen spräche. Stattdessen werden die dort zitierten *Wake*-Stellen einfach aufgenommen und weiter ausgelegt. Die kommentierenden Signifikantenketten beider Schriften, Athertons *The Books at the Wake* und McLuhans *The Gutenberg Galaxy*, gehen ineinander über. Man macht gemeinsame Sache.

Daraufhin zieht McLuhan in dieser Textpassage immer mehr *Wake*-Stellen heran für immer mehr Auslegungen nach *Galaxy*-Signifikanten: So erschaffe die

---

110 Vgl. die hermeneutischen Ausgangsbemerkungen in Atherton: The Books at the Wake, insb. S. 18, 20 u. 23. Atherton geht davon aus, dass Joyces eigene Erklärungen zu seinem Buch die einzige mögliche Grundlage für eine Interpretation bilden, und wenn diese Erklärungen selbstwidersprüchlich seien, so müsse eben eine Interpretation gefunden werden, die die Widersprüche auflöse (vgl. S. 18). Hierzu seien auch die literarischen Vorlagen Joyces heranzuziehen (vgl. S. 19).
111 Atherton: The Books at the Wake, zit. nach McLuhan: The Gutenberg Galaxy, S. 75.
112 Vgl. McLuhan: The Gutenberg Galaxy, S. 75.
113 »›Gutenmorg with his cromagnon charter‹ expounds by mythic gloss the fact that writing meant the emergence of the caveman or sacral man from the audile world of simultaneous resonance into the profane world of daylight. The reference to the masons is to the world of the bricklayer as a type of speech itself.« McLuhan: The Gutenberg Galaxy, S. 75. Hierin zeigt sich, nebenbei bemerkt, nochmals die Möglichkeit der Aneignung einer Autorität im Sinne des Kommentars. Es wird einfach behauptet, dass die Joyce'sche Formulierung das Auftauchen des Höhlen- oder sakralen Menschen aus der auditiven Resonanzwelt in die profane Welt des Tageslichts durch Schrift bedeute. Allerdings fehlt vollkommen die Erläuterung, inwiefern dies aus den Joyce-Worten hervorgeht, beispielsweise, dass mit ›Gutenmorg‹ hier Gutenberg gemeint sein könnte oder die ›cromagnon charter‹ auf den paläontologischen Begriff des Cro-Magnon-Menschen zurückgehen könnte. Hier wird gerade nicht die jahrhundertealte Funktion der Glosse als Erklärung des Undeutlichen oder der Erhaltung einer ›ursprünglichen Bedeutung‹ in Anschlag gebracht, vielmehr bedarf diese Wortauslegung McLuhans selbst noch einmal der Auslegung.

zweite Seite in *Finnegans Wake* ein Mosaik oder ein Achilles-Schild aller Themen und Weisen der menschlichen Rede und Kommunikation. Und das Joyce'sche »collideorscope« sei ein Mittel der Selbstbewusstheit und der Korrektur für kulturell verzerrte Tendenzen. Es stehe für die kolloidale Mischung aller Komponenten der menschlichen Technologie; »deor« zeige das Orale oder Sakrale an und »scope« stehe natürlich für das Visuelle oder Profane.[114]

Jedoch hat der Kommentar die Signifikanten hier nicht vollständig unter Kontrolle, wie sich zeigt als ausgerechnet der Titel von *Finnegans Wake* als Hinweis auf die Gefahr des Abdriftens des Wachzustands des menschlichen Fortschritts in die Nacht des auditiven Menschen ausgegeben wird: »As his title indicates, he saw that the wake of human progress can disappear again into the night of sacral or auditory man.«[115] Der Titel von *Finnegans Wake* ist selbst schon Auslegungssache, da er grammatisch nicht eindeutig ist. Einerseits an das irische Trinklied »Finnegan's Wake«, also die Totenwache für Finnegan anschließend, eröffnet es andererseits eine ganze Bandbreite an möglichen Deutungen, ›zwischen einem Prädikat und einem Subjekt‹, wie es ein anderer Text namens ›McLuhan‹ formuliert.[116] Dem Kommentar bleibt hier entsprechend nichts anderes übrig, als die Unentschiedenheit seiner Belegstelle zu übernehmen: »The Finn cycle of tribal institutions can return in the electric age, but if again, then let's make it a wake or awake or both.«[117] In der schriftlichen Aufreihung der Leseweisen von ›wake‹ geschieht die Wortauslegung bei gleichzeitigem Einzug derselben in der Unentschiedenheit des ›or‹, und noch deutlicher des ›or both‹. Hier geht der fortgesetzte *Wake*-Kommentar in das Joyce'sche Spiel mit den Signifikanten über. Es ist unklar, ob der Kommentar hier noch beobachtet und auslegt oder schon dichtet.

In dieser Passage von *The Gutenberg Galaxy*, die auf den ersten Blick jedenfalls nichts mit dem typographisch herausgehobenen Merksatz über die kurze Spanne des typographischen Buchs in der langen Geschichte der Schrift zu tun zu haben scheint, verselbständigt sich die Glossentechnik. Das dargebotene Atherton-Exzerpt liefert keinen Beleg für die Argumentation des *Galaxy*-Kommentars, vielmehr übernimmt es selbst den *Galaxy*-Kommentar und bringt diesen im Weiteren dazu, immer weitere *Wake*-Zitate in den eigenen Text einzuspeisen bis hin zur Übernahme der Redeweise von *Finnegans Wake*. Hier übernehmen gewissermaßen zwei Mal die Zungen, die der Kommentar in seiner Textkompilation vorführt und auszulegen verspricht, die Rede der *Gutenberg Galaxy*; erst Atherton,

---

114 Vgl. McLuhan: The Gutenberg Galaxy, S. 75.
115 McLuhan: The Gutenberg Galaxy, S. 75.
116 Vgl. McLuhan: Radio and TV vs. the ABCED-Minded (1955), S. 16. Vgl. dazu Kap. III.4.9 in diesem Band.
117 McLuhan: The Gutenberg Galaxy, S. 75.

dann Joyce. Neben der kommentargemäßen Reverenz an die (dichtende) Autorität, die sich in der fortgesetzten Joyce-Zitation und -Auslegung zeigt, zeigt sich hier ein Zitieren um des Zitats willen, eine Art Wille zur fremden Zunge, die im behandelten Gegenstand, in *Finnegans Wake*, gedoppelt ist. Denn ohne Zweifel ist Joyces *Finnegans Wake* eine Auseinandersetzung zum Unterschied von Rede und Schrift oder vielmehr: *Finnegans Wake* ist das Resultat einer steten Grenzübertretung von Rede in der Schrift und Schrift in der Rede, der permanente Einfall von Dialekt, Fremdwort und Lautierung. Weder ist es ein Buch in englischer Sprache, in lateinischer oder deutscher noch ein Buch irischen Dialekts; es ist ein Buch all dessen zugleich, ein Buch der vielen, im Text einander übertönenden Zungen.

Das Sprechen bzw. Kommentieren mit fremder Zunge, und zumal mit der mehrzüngigen Rede der Joyce-Texte, kommt in *The Gutenberg Galaxy* immer wieder zur Anwendung. Bei der Auseinandersetzung mit dem Carothers-Artikel über kulturelle Unterschiede in Afrika und Westeuropa aufgrund des Unterschieds vom gesprochenen und dem geschriebenen Wort etwa kommentiert McLuhan ein Zitat eines Afrikaners über die ›Macht der Worte‹ mit Joyces Hilfe: »It is a matter of ›rite words in rote order‹, as Joyce put it.«[118] Dieser Wille auch zur Kombination der fremden Zungen und zum Zurücktreten hinter das zitierte Wort gipfelt schließlich im hinteren Teil des Buchs in einem Begehren des Textes, ein anderer möge das Buch zuende schreiben: »At this point it would be a joy to have a de Tocqueville to take over the writing of *The Gutenberg Galaxy* [...].«[119]

Die Zungentechnik zwischen aneignendem Kommentar und Hingabe oder Überantwortung an das Zitat, wie sie sich für *The Gutenberg Galaxy* nachweisen lassen, führt unterschiedlichste Stimmen und Perspektiven in die Betrachtung ein, so dass der Erzählstrang immer wieder umgelenkt wird oder in der Vielstimmigkeit aufgespalten wird.[120] Trickster ist die Steigerung dieser Zungentechnik. Er versammelt viele Stimmen, die sich auch noch gegenseitig ins Wort fallen und

---

118 McLuhan: The Gutenberg Galaxy, S. 19.
119 McLuhan: The Gutenberg Galaxy, unpag. (S. 220).
120 *The Gutenberg Galaxy* liefert nicht nur ein Beispiel für einen vielstimmigen Text, es reflektiert das Phänomen der Vielstimmigkeit ausgehend von Betrachtungen zur musikalischen Notation auch als literaturgeschichtliches Phänomen. Die Vielstimmigkeit wird als Herausforderung an literarische Konventionen, die mit dem Buchdruck erst einsetzen, vorgestellt. Anstelle der linearen Erzählung und der Erzählerperspektive, die vom Buchdruck gefördert wird, bieten die polyphonen Texte das komplexe Spiel verschiedener Qualitäten in der Sprache dar. (Vgl. u. a. den Merksatz »The oral polyphony of the prose of Nashe offends against lineal and literary decorum« in McLuhan: The Gutenberg Galaxy, S. 201, sowie die anschließenden Textpassagen S. 201–unpag. [S. 206].) So seien das Chaucer-›Ich‹ (Geoffrey Chaucer, ca. 1343–1400) oder die Literatur der Elisabethaner noch in der Lage gewesen, zwischen einer Vielzahl von Rollen zu wechseln und das Spiel mit der Sprache auf verschiedenen Ebenen zu verfolgen.

die eindeutige Aussage ins Abseits drängen. Besonders einprägsam zeigt sich dies in *The Gutenberg Galaxy* im Durcheinandersprechen verschiedenster Zungen bei der Darbietung von Rabelais' *Gargantua und Pantagruel* (sechzehntes Jahrhundert) als ›authentischen Mythos oder Präfiguration des ganzen Komplexes der Gutenberg-Technologie‹.

Rabelais' Text findet mit den Worten in die Galaxie der Zitate Eingang, dass jeder, der sich mit der Gutenberg-Frage beschäftige, alsbald auf Gargantuas Brief an seinen Sohn Pantagurel stoßen würde.[121] Der Brief sei ein Lobpreis auf die Typographie.[122] Wie Shakespeares späte Stücke dient Rabelais' Parodie auf die Traditionen des Ritterromans in *The Gutenberg Galaxy* als Wissensquelle für eine historische Umbruchzeit, in der die gewohnten Verhältnisse in Bildung und Wissenschaft durch eine neue Medientechnologie verändert wurden. Gargantuas Brief spricht explizit über das bequeme Studieren und das so zahlreich zugängliche Wissen seit der Erfindung der Druckerpresse. Selbst Straßenräuber, Henker und »the very rubbish of the people« seien seit dem Buchdruck gelehrter als irgendein Doktor oder Prediger es noch vor Kurzem gewesen seien.[123] Gargantua zeigt sich beeindruckt von der Wiederbelebung der alten Wissenschaften und der Wiederherstellung der gelehrten Sprachen, der Welt voller wissender Menschen und den großen Bibliotheken.

The Gutenberg Galaxy fasst Rabelais' Mythos als Mythos über die Demokratisierung des Wissens auf.[124] Doch die Argumentation dafür wird immer wieder durch umständliche Zusätze und Erklärungen im Text unterbrochen, erweitert oder in andere Gefilde getrieben, so dass der Abschnitt zu Rabelais, der beim Ausweis als Mythos über die Gutenberg-Transformation beginnt, bei Fragen der Darstellung des Romans selbst endet.

Zunächst wird die These vom Überfluss der Wissenschaften und der Bildung dank der Druckerpresse von einem Überschuss an Hinleitung und Erläuterung begleitet. Ein Textauszug aus Sigfried Giedions *Mechanization Takes Command* (1948) zur späteren Phase der Mechanisierung soll leichter einsichtig machen, worüber Rabelais in der früheren Phase der Mechanisierung in Aufregung versetzt wurde. Bei Giedion geht es um die Demokratisierung von Luxusartikeln durch industrielle Fertigung, und *The Gutenberg Galaxy* führt entsprechend für Rabelais aus: »Rabelais is concerned with the democratization of knowledge by the abun-

---

[121] Vgl. McLuhan: The Gutenberg Galaxy, unpag. (S. 146).
[122] Vgl. McLuhan: The Gutenberg Galaxy, S. 147.
[123] François Rabelais: Pantagruel, Kap. 8, zit. nach McLuhan: The Gutenberg Galaxy, S. 147 f., Zitat unpag. (S. 148).
[124] Vgl. McLuhan: The Gutenberg Galaxy, S. 147.

dance of wines from the printing press.«¹²⁵ Der Überfluss aus der Druckerpresse wird hier von einem sozusagen ›weinseligen‹ Überschuss begleitet. Er gibt Anlass zu einem etymologisch argumentierenden Zusatz: »For the press is named from the technology it borrowed from the wine-press.«¹²⁶

Die Erläuterungen zu Gargantuas Brief werden außerdem gerahmt von einer Gegenüberstellung von mündlichem und gedrucktem Mythos. Ein Mythos, das hatte McLuhan ganz zu Anfang geklärt, sei die prägnante Vorhersage über teils mehrere Jahrhunderte dauernde gesellschaftliche Prozesse.¹²⁷ Im Kadmos-Mythos, der ein mündlicher Mythos sei, finde sich daher eine konzise und präzise Vorhersage über die Einführung der phonetischen Schrift in Griechenland.¹²⁸ Demgegenüber erscheint Rabelais' Roman nun als ein dem Printmedium gemäßes, wortreiches Massenunterhaltungsprodukt, das jedoch eine akkurate Vision des bevorstehenden Gigantismus und Konsumparadieses gewesen sei. Nur wenig später in diesem Textabschnitt wird allerdings die Behauptung über den Kadmos-Mythos als Mythos über die Schrifteinführung wieder eingezogen. Stattdessen stelle Rabelais nun wirklich einen Mythos des Buchdrucks vor: »If there is any doubt whether the Cadmus myth uses ›dragon's teeth‹ as an allusion to the technology of hieroglyph, there need be none at all about Rabelais's insistence on *pantagruelion* as the symbol and image of printing from movable types.«¹²⁹ Während die Zuordnung von ›Drachenzähnen‹ und Buchstaben des Alphabets durchaus zweifelhaft sein kann, lässt Rabelais also an der Auslegung von seinem Mythos als Symbol und Bild für den Buchdruck mit beweglichen Typen keinen Zweifel. Gleichwohl wird mit dieser ›*If*‹-Konstruktion nicht nur zugestanden, dass es Zweifel an der Zuschreibung von Buchstaben und Drachenzähnen geben könnte, sondern auch die Festlegung von Rabelais' Parodie auf einen Mythos für den Buchdruck wird ins Fragwürdige gezogen. Dies umso mehr, als auch für Rabelais' Mythos ein bestimmtes Element der Geschichte als Symbol für ein Element

---

125 McLuhan: The Gutenberg Galaxy, S. 147.
126 McLuhan: The Gutenberg Galaxy, S. 147.
127 McLuhan schließt damit vermutlich an Giambattista Vicos Überlegungen zum Mythos an. Nach Vico sind Mythen Verdichtungen von Geschichte und Lebensgefühl und symbolische Projizierungen generationenübergreifender Ideale und Bedürfnisse, die selbst wiederum für historische Entwicklungen prägend sind. Vgl. Cristofolini: Vico et l'histoire, S. 87.
128 Vgl. McLuhan: The Gutenberg Galaxy, S. 25 u. unpag. (S. 146)–S. 147. An der früheren Stelle im Buch heißt es auch, dass der Mythos vom Aussäen der Drachenzähne durch König Kadmos, welcher das phonetische Alphabet in Griechenland eingeführt habe, und das Herausspringen eines bewaffneten Heeres aus der Saat, erst mit den Arbeiten Innis' vollständig zugänglich geworden sei (vgl. S. 25).
129 McLuhan: The Gutenberg Galaxy, S. 147.

der Drucktechnologie vorgestellt wird. Und die Angelegenheit erscheint noch fragwürdiger in den nachfolgenden Erklärungen, die in allerlei Gefilde abheben, auf den Druck mit beweglichen Lettern jedoch nicht zurückkommen:

> If there is any doubt whether the Cadmus myth uses ›dragon's teeth‹ as an allusion to the technology of hieroglyph, there need be none at all about Rabelais's insistence on *pantagruelion* as the symbol and image of printing from movable types. For this is the name of the hemp plant from which rope was made. From the teasing and shredding and weaving of this plant there came the lineal cords and bonds of greatest social enterprise.[130]

Statt Ausführungen dazu zu geben, inwiefern ›Pantagruelion‹ für den Buchdruck steht, geht der Rabelais-Kommentar wieder der Zungentechnik nach. Er beruft sich auf den literarischen Namen des Pantagruelion, ein Kraut, das nach dem zweiten Protagonisten in *Gargantua und Pantagruel* benannt ist. Der Kommentar erläutert, welche Pflanzenart und welche Verwendungsweise sich dahinter verbirgt: Pantagruelion ist Hanf, Hanf ist Seil, Hanfbearbeitung führt zu linearen Kordeln und Bändern der größten sozialen Unternehmungen. Der Kommentar bleibt dabei dunkel hinsichtlich der Behauptung, inwiefern das Pantagruelion für den Buchdruck mit beweglichen Typen stehen kann. Zwar könnten die linearen Kordeln und Bänder auf das textile (und somit zweidimensionale) Gewebe des *textus* und den historischen Zusammenhang von Textilien, Papier und Text verweisen,[131] inwiefern dies aber auch größte soziale Unternehmungen impliziert, bleibt unausgeführt. In diesen wenigen Worten ist nicht auszumachen, ob die linearen Kordeln und Bänder wörtlich (referentiell) zu nehmen sind, wie es aus der Wortauslegung folgen würde, oder ob die linearen Kordeln und Bänder übertragen zu verstehen sind, in der Art also, in der die Übertragung der Buchdrucktechnik auf andere Lebensbereiche in *The Gutenberg Galaxy* permanent vorgestellt wird: Strukturmerkmale der Buchdrucktechnik wie Linearität, Standardisierung und Massenproduktion erscheinen an anderer Stelle in der Welt von Neuem.[132]

Eine Seite später hilft ein anderer Rabelais-Kommentar aus Albert Guérards *The Life and Death of an Ideal* (1957) ein wenig weiter. Mehr denn als Kommentar zu Rabelais erscheint dieser in diesem Textabschnitt als Kommentar zur Rabelais-Auslegung durch McLuhan. Guérard klärt darüber auf, dass das ›gebenedeite Kraut‹[133] Pantagruelion bei Rabelais am Ende des *Dritten Buchs* mit »quaint

---

130 McLuhan: The Gutenberg Galaxy, S. 147.
131 Vgl. hierzu Kuchenbuch/Kleine: ›Textus im Mittelalter‹.
132 Vgl. McLuhan: The Gutenberg Galaxy, z. B. unpag. (S. 124)–127, unpag. (S. 206)–211 u. S. 275 f.
133 Vgl. die Ausführungen in den Kap. 49–52 in der deutschen Ausgabe des *Dritten Buchs* von *Gargantua und Pantagruel*: Rabelais: Drittes Buch, S. 767–784.

erudition, practical knowledge and poetic enthusiasm« beschrieben ist.[134] Auch Guérard deutet Pantagruelion wörtlich als Hanfpflanze und symbolisch, und zwar als Symbol für menschlichen Eifer. Die ›größten sozialen Unternehmungen‹ erhalten schließlich anhand einiger ausführlicher Rabelais-Zitate im Guérard-Exzerpt eine Auslegung als die großen Entdeckungsreisen zu Rabelais' eigener Zeit, welche dieser mit noch größerer Prahlerei und Prophezeiung gekrönt habe.[135] Hier kommt es zu eigenartigen Verkehrungen von Ausgangstexten und Kommentartexten. McLuhans Kommentar zu Rabelais bleibt dunkel und Guérards Erläuterungen zu Rabelais lesen sich als Auslegungen zu McLuhans Kommentar, welche letztlich mithilfe der Zitate aus Rabelais' Text selbst erfolgen.

Guérards Zitation des Rabelais-Textes bietet auch noch eine Möglichkeit die Rede vom Mythos des bevorstehenden Gigantismus in *The Gutenberg Galaxy* auszulegen. Denn Guérard zitiert auch den Schrecken der olympischen Götter angesichts der irrwitzigen Seefahrten und Entdeckungen der Menschheit aus Rabelais' Parodie. Die Götter befürchten, dass dereinst Pantagruels Kinder noch ein anderes Kraut ausfindig machen werden, mit dem sie sich gewiss ins Himmelreich und damit zu Gottgleichheit aufschwingen werden.[136] Im Text von *The Gutenberg Galaxy* wiederum bleiben die Erklärungen für den Gigantismus ansonsten ähnlich dunkel wie jene zum Pantagruelion als Symbol für Buchdruck mit beweglichen Lettern: »And Rabelais had a vision of the entire ›world in Pantagruels mouth,‹ which is quite literally the idea of giganticism that issues from mere additive association of homogeneous parts.«[137] In dieser Anmerkung reden sich Rabelais' Ausgangstext, *Gutenberg Galaxy*-Kommentar und wiederum ein zweiter Kommentar ins Wort. Denn die Vision einer ganzen Welt in Pantagruels Mund ist wörtlich eine Vision in Rabelais' *Pantagruel*-Buch und sie ist wörtlich eine Vorstellung des Gigantismus. Schließlich ist Rabelais' *Gargantua und Pantagruel* (unter anderem) die Geschichte zweier Riesen, deren Erzähler Alcofribas im 32. Kapitel des *Pantagruel*-Buchs eine ganze Welt im Mund des Riesen Pantagruel entdeckt. In der Kommentierung verschmilzt zugleich die ganz wörtliche Vision des Gigantismus im Roman über die Riesen mit der wörtlichen Vorstellung des Gigantismus, wie er aus der bloßen additiven Verbindung homogener Teile hervorgehe. Letzteres, jene Aneinanderreihung gleichartiger Elemente ist eine wesentliche Eigenschaft und Wirkungsweise der Buchdruck-Technologie in *The Gutenberg*

---

134 Albert Guérard: The Life and Death of an Ideal, zit. nach McLuhan: The Gutenberg Galaxy, unpag. (S. 148).
135 Vgl. McLuhan: The Gutenberg Galaxy, unpag. (S. 148).
136 Vgl. Albert Guérard: The Life and Death of an Ideal, zit. nach McLuhan: The Gutenberg Galaxy, unpag. (S. 148), sowie Rabelais: Drittes Buch, S. 778 f.
137 McLuhan: The Gutenberg Galaxy, S. 149.

Galaxy,¹³⁸ so dass die ›Welt in Pantagruels Mund‹ hier gerade nicht wörtlich als die Welt im Mund eines Riesen zu verstehen ist, sondern eher als Ausdruck für die gigantische Unternehmung, die Rabelais' Roman aufgrund der Druckertechnologie überhaupt anstellen kann. Die buchstäbliche Riesenhaftigkeit im Roman wird zur buchstäblichen Riesenhaftigkeit des Romans als drucktechnisch realisiertes Erzeugnis – was nicht wörtlich, sondern eher übertragen zu verstehen ist. Aber die ›Welt in Pantagruels Mund‹ ist nochmals anders zu verstehen, sobald sich die Anführungszeichen dieser Wendung im Text McLuhans als Zeichen für ein Zitat erweisen. Dies tun sie zwei Seiten später, wenn sie sich als Titel einer Abhandlung aus Erich Auerbachs *Mimesis* (1946) zu erkennen geben:

> The Rabelais vision of new means and patterns of human interdependence was a vista of power through applied knowledge. The price of conquering the new world of gigantic dimensions was simply to enter Pantagruel's mouth. Erich Auerbach devotes the eleventh chapter of *Mimesis: The Representation of Reality in Western Literature* to »The World in Pantagruel's Mouth.«¹³⁹

In dieser Formulierung wird die Entdeckung neuer Welten, der ganze neuzeitliche Aufbruch, zu einer Frage der Darstellungsweise. Es ist schwer auszumachen, worüber der Text im ersten Satz eigentlich spricht, wenn man beim dritten Satz angelangt ist. Zunächst erscheint es, als spreche der erste Satz die Veränderungen an, die das angewandte Wissen von der Druckerpresse, die Mechanisierung und die Übertragung der Mechanisierung auf alle möglichen Bereiche mit sich bringen. Doch mit dem ›Eintritt in Pantagruels Mund‹ gerät alles ins Wanken. Damit nämlich wird Rabelais' *Gargantua und Pantagruel* von der Ebene der Betrachtung als Wissensquelle über einen historischen Umbruch auf die Ebene der Betrachtung als spezifische, literarisch-historische Äußerung gehoben. Plötzlich geht es um die Weisen der Darstellung, um das »[D]urcheinanderspielen« der »verschiedenen Schauplätze, verschiedenen Erlebnismotive und verschiedenen Stilbezirke«, darum, dass es sich bei Rabelais' Darstellung um das »Prinzip des Durcheinanderwirbelns der Kategorien des Geschehens, des Erlebens, der Wissensbezirke, der Proportionen und der Stile« handelt.¹⁴⁰

Auerbach bezieht sich unter anderem auf die Mischung selbstverständlicher und absurder Behauptungen, komischer Zitate aus dem römischen Recht und den Glossatoren in einer Episode in Rabelais' Roman: »[E]s ist ein Feuerwerk von Witz,

---

138 Vgl. McLuhan: The Gutenberg Galaxy, z. B. unpag. (S. 139, 164–176) u. S. 173.
139 McLuhan: The Gutenberg Galaxy, S. 149.
140 Auerbach: Die Welt in Pantagruels Mund, S. 256 u. 259, für die englische Übersetzung vgl. die Zitation bei McLuhan: The Gutenberg Galaxy, S. 149.

juristischer und menschlicher Erfahrung, von Zeitsatire und Sittengeschichte, eine Erziehung zum Lachen, zum raschen Wechsel des Standpunkts, zum Reichtum der Betrachtungsweise.«[141] In *The Gutenberg Galaxy* führt das zu folgender Zusammenfassung:

> Again, Rabelais is like a medieval glossator of the Roman law in supporting his absurd opinions with a welter of learning which manifests »rapid shifts between a multiplicity of viewpoints«. That is to say, Rabelais is a scholastic in his mosaic procedures, consciously juxtaposing this ancient farrago with the new individual single-point-of-view-technology of print.[142]

Rabelais' Darstellungsweise wird als jene der mittelalterlichen Glossatoren aufgefasst, als Mosaik-Vorgehensweise. Und diese Vorgehensweise, die sich *The Gutenberg Galaxy* ja ebenfalls auf die Fahnen bzw. in den Kurztext zwischen Inhaltsverzeichnis und Prolog geschrieben hat, bricht bemerkenswerterweise auch sogleich im Text McLuhans hervor, noch während dieser den Sachverhalt für Rabelais auseinanderzusetzen sucht:

> That is to say, Rabelais is a scholastic in his mosaic procedures, consciously juxtaposing this ancient farrago with the new individual single-point-of-view technology of print. *Like the poet John Skelton at the same time in England, of whom C. S. Lewis writes, »Skelton has ceased to be a man and become a mob,« Rabelais is a collective rout of oral schoolmen and glossators suddenly debouched into a visual world newly set up on individualist and nationalist lines.*[143]

Noch während McLuhan das Einbrechen der Glossatoren für Rabelais' Text beschreibt, bricht sich ein eben solcher glossatorischer Zusatz in seiner eigenen Beschreibung Bahn: Wer auch immer John Skelton war, was eine Autorität wie C. S. Lewis über ihn schreibt, lässt sich auch noch in das Mosaik von *The Gutenberg Galaxy* einbauen. Solcherlei Abschweifungen, Erweiterungen und meist nicht ausgeführte Einschübe lassen sich allgemein für diesen Textabschnitt zu Rabelais beobachten: Abschnitte aus der Handwerks- und Designgeschichte, Mythosforschung und Literaturauslegung, Vergleiche und etymologische Ansätze wechseln einander ab, reißen das (mögliche) Argument über die Demokratisierung des Wissens durch Buchdruck, wie es sich schon in der Literatur Rabelais' finde, auseinander und in alle möglichen Richtungen. Dies wird unterstützt durch die tricksterhafte Verschränkung der Perspektiven in einem Satz (wie im Fall des ›wörtlichen Gigantismus‹ der ›Welt in Pantagruels Mund‹), zwischen zwei oder

---

[141] Auerbach: Die Welt in Pantagruels Mund, S. 261.
[142] McLuhan: The Gutenberg Galaxy, S. 149.
[143] McLuhan: The Gutenberg Galaxy, S. 149 (Hervorhebungen J. M.)

drei Sätzen (wie im Fall der Passage um den ›Eintritt in Pantagruels Mund‹) bzw. im gesamten Textabschnitt, welcher mit der Demokratisierung des Wissens durch den Buchdruck in Gargantuas Brief beginnt, dann aber bei der Frage (Auerbachs) der Darstellung der Wirklichkeit bei Rabelais endet. Der gesamte Textabschnitt wird vom Stilmittel des Anakoluth dominiert; ein Stilmittel, bei dem der syntaktische Aufbau eines Satzes – oder, wie hier, auch eines ganzen Textabschnitts – Erwartungen weckt, die der Satz dann nicht erfüllt, da er vielmehr in anderer Weise fortfährt. Es ist ein Trickster-Stilmittel par excellence, da es die Überlagerung verschiedener Perspektiven oder Stimmen zum Prinzip hat. Das Anakoluth eignet sich im Besonderen als Verfahren, um eine Lüge aufrechtzuerhalten.[144] Und so kann man misstrauisch werden, ob nicht auch der Trickster hier einfach nur aufrechtzuerhalten versucht, was nicht unbedingt der Wahrheit entspricht.

The Gutenberg Galaxy hebt anhand der Betrachtung der Darstellungsweise bei Rabelais im Weiteren auf seine eigene Anlage zur Untersuchung geschichtlicher Zusammenhänge ab, die, wie bereits gesehen, aufgrund des Eintritts in ein neues technologisches Zeitalter nur in Mosaikform oder nach der Anlage eines Feldes vonstattengehen könne. Es erscheint insofern folgerichtig, dass der Text an dieser Stelle auch auf die Metapher der Galaxie zurückkommt und am Ende des ersten Textabschnitts zu Rabelais die Struktur von Kultur und Geschichte mit astronomischen und physikalischen Beschreibungskategorien verbindet:

> It is just the incongruity of these two worlds as they mix and mingle in the very language of Rabelais that gives us a special feeling of his relevance for us, who also live ambivalently in divided and distinguished cultures. Two cultures or technologies can, like astronomical galaxies, pass through one another without collision; but not without change of configuration. In modern physics there is, similarly, the concept of ›interface‹ or the meeting and metamorphosis of two structures. Such ›interficiality‹ is the very key to the Renaissance as to our twentieth century.[145]

Diese strukturelle Auffassung der Kultur und verschiedener Epochen als sich gegenseitig neu anordnend und sogar verwandelnd erscheint hier wohlgemerkt in einem Zusammenhang mit der Betrachtung der sprachlichen Darstellungsweise Rabelais'. Rabelais ist nicht nur wegen dem Aufeinandertreffen zweier Kulturen in der Zeit und der Aussagen über die anschließenden Veränderungen interessant. Rabelais ist interessant, weil er zugleich ein Modell der sprachlichen Darstellung dessen anbietet. »[I]n the very language of Rabelais« läge die Relevanz für ›uns‹,

---

[144] Vgl. die Beschreibung des Anakoluths anhand der Analyse der Lügengeschichten Albertines in Marcel Prousts *Recherche*, wiedergegeben bei de Man: The Concept of Irony, S. 178.
[145] McLuhan: The Gutenberg Galaxy, S. 149.

behauptet McLuhan, und zwar insofern in dieser Sprache das Aufeinandertreffen zweier inkongruenter Welten vorgenommen werde.[146] Denn auch ›wir‹ lebten zwiegespalten in geteilten und unterschiedenen Kulturen.

Indem *The Gutenberg Galaxy* sich sowohl in der Darstellungsweise als auch im Dargestellten seinem Untersuchungsobjekt angleicht und diese Angleichung als Konsequenz einer strukturell gleichartigen Situation des Schreibens von *Gargantua und Pantagruel* und von *The Gutenberg Galaxy* hervorkehrt, macht es auch sich selbst noch zum Objekt der Beobachtungen, die es zum gleichartigen Objekt Rabelais' anstellt. Damit werden Auerbachs Aussagen über die dargestellte Wirklichkeit bei Rabelais auch zu Aussagen über die dargestellte Wirklichkeit bei McLuhan: Rabelais' Motive und die Stilmischung stehen Auerbach zufolge den spätmittelalterlichen Formen der Darstellung in nichts nach, allerdings wichen sie von der ständischen, geographischen, kosmologischen, religiösen oder moralischen Rahmung des Mittelalters ab. Während im Mittelalter jeweils nur ein Aspekt in die große Mischung einging, habe es Rabelais auf die Aufhebung der Rahmung und die Irritation gewohnter Betrachtungsweisen abgesehen.[147] Ein solches Aufrütteln der gewohnten Sichtweisen strebt auch *The Gutenberg Galaxy* an mittels seines Mosaiks, des Handwerks des Glossators sowie der Vielfalt der angeführten Exzerpte, die ebenfalls durch keine Aussage- oder Stilregelung gerahmt sind. Damit aber tritt die galaktische Unternehmung von *The Gutenberg Galaxy* wie jene gigantische von *Gargantua und Pantagruel* selbst in Pantagruels Mund ein; das heißt in eine Mischung der Kategorien, der Ebenen von Geschehen, Erleben und verschiedenen Wissensbereichen sowie in den steten Wechsel der Betrachtungsart. Auerbach identifiziert insbesondere diese besondere Art der Zusammensetzung der verschiedenen Themen und Stile als satirischen Effekt in Rabelais' Roman, so dass eben dieselben Techniken der Darstellung in *The Gutenberg Galaxy* nun als satirisches Programm lesbar werden.[148]

Die Zungentechnik, das heißt, das Schreiben mit anderer Leute Texten führt dazu, dass sich die angeführten Zungen ständig gegenseitig und sogar dem Text von *The Gutenberg Galaxy* selbst ins Wort fallen. Plötzlich sagt er anderes.

---

146 McLuhan: The Gutenberg Galaxy, S. 149.
147 Auerbach: Die Welt in Pantagruels Mund, S. 262 f.
148 Vgl. Auerbach: Die Welt in Pantagruels Mund, S. 265: »Rabelais' Stil ist eben doch nicht nur gesteigertes Mittelalter. Wenn er, wie ein spätmittelalterlicher Prediger, formlos aufgehäufte Gelehrsamkeit mit grober Volkstümlichkeit mischt, so hat die Gelehrsamkeit nicht mehr die Funktion, eine dogmatische oder moralische Lehre durch Autorität zu stützen, sondern dient dem grotesken Spiel, welches das jeweils Vorgebrachte entweder absurd und widersinnig erscheinen läßt, oder doch zum mindesten den Grad von Ernst, mit dem es gemeint ist, in Frage stellt.« Auch in diesen Eigenschaften erscheint *The Gutenberg Galaxy* als vorauseilende Darbietung der

5 Tricksters Fluch: Das Kippmoment in *The Gutenberg Galaxy*

Beim gegenseitigen Ins-Wort-Fallen der verschiedenen Zungen des Tricksters kommt es zum reflexiven Trick. Im Ähnlichwerden von Untersuchungsobjekt und Untersuchung wenden sich nun alle weiteren Äußerungen zu und auch von Rabelais auf den Text *The Gutenberg Galaxy* zurück. Geradezu unheimliche Effekte zeitigt dies im zweiten, sogleich folgenden Textabschnitt zu Rabelais,[149] in dem sogar die Zunge Rabelais' auf den Kommentartext zurückwirkt. Während McLuhan noch versucht, die ›unanständigen erdigen Effekte‹ in Rabelais' Schriften auf die Objektebene seiner Untersuchung zu ziehen, wonach sie die Körperlichkeit, das Auditiv-Taktile mittelalterlicher Gelehrsamkeit wie gotischer Architektur spiegelten, mischt sich Rabelais bzw. die Zunge Alcofribas', des Erzählers des *Gargantua und Pantagruel*, in die Erläuterung ein:

> It is in this tactile and audile, and ever so unliterary, mode that Rabelais gets his naughty »earthy« effects. Like James Joyce, another master of medieval tactile mosaic, Rabelais expected the public to devote its life to study of his work. »I intend each and every reader to lay aside his business, to abandon his trade, to relinquish his profession and to concentrate wholly upon my work.«[150]

Von einer Betrachtung der taktilen und auditiven Werte der Schriften Rabelais' kommt der Kommentar zwischen zwei Sätzen zurück auf die (gemeinsame) Machart des Mosaiks und zur Herausforderung, die dies für die Leser bedeutet. Mit den hier zitierten Worten aus dem »Vorspruch« des *Pantagruel*-Buchs wird der adäquate Umgang mit einer solchen Art Text vorgestellt. Das Lesen eines

---

Grundlagen des erneuerten Textbegriffs bei Kristeva. Kristeva bezieht sich in ihren theoretischen Neuerungen auf die menippeische Satire, die bereits bei Bachtin, von dessen Dialog-Begriff sie ausgeht, thematisiert wird. Die Zusammensetzung der unterschiedlichsten Elemente und Stile sind demnach von struktureller und weniger von thematischer Bedeutung: »Sie zerstören die epische und tragische Einheitlichkeit des Menschen sowie dessen Glauben an Identität und Ursache [...]. Gleichzeitig zeigen sie sich auch als eine Exploration von Sprache [...]. Als umfassende Gattung baut sich die Menippea als Mosaik von Zitaten auf.« Kristeva: Bachtin, das Wort, der Dialog und der Roman, S. 367.
149 Vgl. McLuhan: The Gutenberg Galaxy, S. 149 f. Der Abschnitt ist mit der Sentenz »The celebrated earthy tactility of Rabelais is a massive backwash of receding manuscript culture« überschrieben.
150 McLuhan: The Gutenberg Galaxy, unpag. (S. 150), beide Hinweise im Text McLuhans sind nicht durch einen direkten Literaturverweis belegt. Das Zitat findet sich jedoch in Rabelais' *Pantagruel*-Buch im »Vorspruch«. Der Hinweis zu Joyce findet sich bei Atherton unter folgendem Wortlaut: »[I]ndeed Joyce claimed that he expected his readers to devote their lives to his book.« Atherton: The Books at the Wake, S. 11.

solchen Werks erfordert im Grunde genommen die lebenslange Auseinandersetzung mit dem Text. Die Ansprache Alcofribas' spielt hier vermutlich auf die eifrige Kommentarpraxis der Gelehrten an.[151] Dabei werden entsprechend dem Verfahren der Glosse einzelne Textstellen durch das Heranziehen von Vergleichstexten sowie durch bestimmte etymologische Verfahren ausgelegt, wobei der Ausgangstext einerseits immer weiteren Text (Parallelstellen etc.) erforderlich macht und andererseits immer mehr Text (Anmerkung, Kommentar etc.) erzeugt.[152] Und ein solches Eintauchen in das Textuniversum zwischen der Textvorlage und ihren Ausgangs- und Vergleichstexten, in die Wortverwendungen und Verknüpfungsleistungen verlangt *The Gutenberg Galaxy* seinen eigenen Lesern ab. Allein der soeben betrachtete Textabschnitt zu Rabelais als Mythos der Gutenberg-Frage erforderte, um sich einigermaßen darin zurechtzufinden, zumindest die parallele Lektüre (von mindestens drei) der (insgesamt fünf) Bücher *Gargantua und Pantagruel*, sinnvollerweise aber auch das Heranziehen von Giedions siebenhundertseitigem Werk zur Mechanisierungsgeschichte, Guérards Band zu Frankreich im klassischen Zeitalter und Auerbachs Rabelais-Lektüre.[153] Anstatt einer Übersicht über den betreffenden Textabschnitt in *The Gutenberg Galaxy* ergibt dieses Verfahren jedoch immer weiteren Text, der die Ausgangstexte mit vorstellt, Verweisstellen mit bedenkt, Verbindungen herstellt oder verwirft und dabei immer weiter auslegt. Dieses Verfahren kommt an kein Ende und Alcofribas' Worte über das Aufgeben des Tagesgeschäfts für die Lektüre des *Pantagurel* geraten zum Fluch für jede Verfasserin einer Qualifikationsschrift über die Texte McLuhans: *The Gutenberg Galaxy* zu lesen, ist vielleicht wirklich eine Lebensaufgabe und nicht mit der Pragmatik, eine Doktorarbeit zu verfassen, vereinbar.

---

[151] Und er geht darüber noch hinaus, wenn er im »Vorspruch«, der nach der Aufforderung, seinen Beruf an den Nagel zu hängen, mit der Vision, dass man das Buch »am Ende gar auswendig wüßte«, fortfährt. Vgl. Rabelais: Zweites Buch, S. 305. Damit rückt er die Auseinandersetzung mit dem Text in die Tradition der Bibelexegese, die in der mittelalterlichen *meditatio* und *ruminatio* zum allgegenwärtigen Gemurmel in den Klöstern führte. Zu diesen Techniken des genüsslichen Lesens und Auslegens sowie der Lebensführung vgl. Illich: Im Weinberg des Textes, S. 55–65, sowie Moser: Buchgestützte Subjektivität, S. 8

[152] Vgl. zu Rabelais' Beanspruchung der Leser im Sinne eines mehrfachen Schriftsinns den »Vorspruch« zum Gargantua-Buch, in dem es heißt: »Und den Fall gesetzt, ihr fändet im buchstäblichen Sinn darin Dinge, die ergötzlich und unterhaltsam genug wären und dem Titel entsprächen, so dürft ihr's nicht dabei bewenden lassen, wie beim Gesang der Sirenen, sondern sollt in einem höheren Sinn auslegen, was ihr vielleicht bloß scherzweise und aus Übermut gesagt glaubtet.« Rabelais: Erstes Buch, S. 11.

[153] Hinzufügen wären zu diesen Vergleichstexten noch Francis Bacons *The Advancement of Learning* (1605), Parallelstellen in *The Gutenberg Galaxy* selbst sowie Robert Burtons *Anatomy of Melancholy* (1621).

Dieses Textverständnis und jene Verfahren zur Bemächtigung von Texten geraten in der speziellen Umsetzung in *The Gutenberg Galaxy* letztlich jedoch auch zum Fluch des Tricksters – und dies natürlich mindestens in doppelter Hinsicht. Indem der auslegende Text sich dem Referenztext angleicht, wendet sich der Referenztext auf den *Gutenberg Galaxy*-Text zurück. Was der Referenztext über sich sagt, gilt auch für den nachahmenden Text, wie soeben ausgeführt. Aber was der fremde Text über sich sagt, ist mit fremder Zunge gesprochen und redet insofern potentiell auch einem möglichen Anliegen von *The Gutenberg Galaxy* ins Wort. Wenn nämlich Alcofribas am Ende seines »Vorspruchs« einen bitterlichen Fluch über seine Leser spricht und *The Gutenberg Galaxy* diesen hier wiederaufführt – und sei es auch nur, um ihn als »taktile Tracht Prügel«[154] auf der Ebene der Objektbeschreibung einzuordnen – so ist der Fluch nicht nur gleichsam vom Trickster gesprochen und damit an dessen eigene Leser gerichtet, sondern dieser Fluch gilt auch reflexiv für den Trickster selbst und wendet sich auf *The Gutenberg Galaxy* zurück:

> And therefore, to make an end of this Prologue, even as I give my selfe to an hundred Pannier-fulls of faire devils, body and soul, tripes and guts, in case that I lie so much as one single word in this History, after the like manner St. Anthonies fire burn you, Mahoom's disease whirle you, the squinance with a stitch in your side and the Wolfe in your stomack trusse you, the bloody Flux seize upon you, the curst sharp inflammations of wilde fire, as slender and thin as Cowes haire, strengthened with quick silver, enter into your Fundament, and like those of Sodom and Gomorrha, may you fall into sulphur, fire and bottomless pits in case you do not firmly beleeve all that I shall relate unto you in this present Chronicle.[155]

Der Erzähler des *Pantagruel* will verdammt sein, wenn auch nur ein einziges Wort in dieser Geschichte gelogen ist und seinen Lesern soll alles, was an Greueltaten erdenklich ist, widerfahren, wenn sie dieses Wort nicht getreulich glauben. In der Anhäufung der hyperbolischen Strafandrohungen gegen sich selbst sowie gegen seine Leser jedoch wird dieser »Vorspruch« über die Glaubwürdigkeit und den Wahrheitsgehalt des Geschilderten im Moment seiner Formulierung auch schon unglaubwürdig. Alcofribas spricht mit doppelter Zunge, so dass eben jenes, das treu zu glauben sein soll, die Chronik selbst, im Moment der Beschwörung seiner Wahrheit in seiner Unwahrheit hervortritt. Unterstützt wird dieses Vexierbild über den wahren Ursprung dieser Chronik in der englischen Übersetzung von dem mehrdeutigen ›as‹ als Adverb oder als Konjunktion in der zweiten Zeile: »[I]n case that I lie so much as one single word in this History«, kann wie in der deutschen Fassung bestreiten, dass ›auch nur ein einziges Wort‹ gelogen sei,

---

154 McLuhan: The Gutenberg Galaxy, unpag. (S. 150).
155 Rabelais: Pantagruel, zit. nach McLuhan: The Gutenberg Galaxy, unpag. (S. 150).

oder auch heißen, dass der Erzähler ›so sehr lügt *wie* ein einziges Wort in der Geschichte‹. Dieses Wort, das nicht lügt und doch lügt, das also zwei entgegengesetzte Dinge zugleich sagt, spricht in der Übernahme durch den Trickster seinen Fluch nicht nur über die Leser des *Gargantua und Pantagruel*, sondern auch über die Leser von *The Gutenberg Galaxy*, welches ja ein gleichartiges Textereignis sein soll. Doch Alcofribas' Fluch ist auch ein Fluch über Trickster, der im Reden mit der fremden Zunge des Alcofribas auch noch dessen allegorisches Andersreden mit übernimmt. Die Ironie der zitierten Rede, die das eine sagt und das andere meint, wendet sich auf des Tricksters eigenen Coup zurück. Denn wenn der Trickster Alcofribas in der unglaubwürdigen Aufhäufung von Strafen für sich sprechen lässt, bezichtigt er sich selbst wiederum der Lügen, von denen Alcofribas sagt, dass sie nicht geschrieben stünden. In der ›sehr wahrhaftigen Chronik‹ des Rabelais[156] hat der Trickster eine Vorlage seiner eigenen Chronik identifiziert, die in ihrer gleichermaßen schrecken- und lachenerregenden Doppelbödigkeit nun auf *The Gutenberg Galaxy* selbst zurückwirkt. Die Chronik des Marshall McLuhan ist damit letztendlich genauso wenig wie jene Rabelais' auf einen historischen Gehalt festzulegen. Alcofribas' Fluch ist der Fluch des Tricksters, der, selbst wenn er Wahres spricht, schon auch Unwahres verbreitet oder anderes meint oder mit fremder Zunge spricht.

Ein Echo dieser Rückwendung des satirischen Referenztextes auf die Ernsthaftigkeit des Kommentartextes *The Gutenberg Galaxy* findet sich schließlich in der Auseinandersetzung mit Alexander Popes *The Dunciad* (1728/1729), welche den glorreichen Abschluss des Hauptteils »The Gutenberg Galaxy« bildet. *The Dunciad*, eine Satire über die Dummheiten und Beschränkungen der Gelehrsamkeit, gilt hier ebenfalls als Mythos der Gutenberg-Transformation[157] und dient als Beleg für die begrenzte Bildungsauffassung seit dem Buchdruck.[158] Mit einem Auszug aus einem Brief Popes an seinen Freund Jonathan Swift kommt der sati-

---

156 Vgl. den französischen Titel der ersten von Rabelais selbst edierten zweibändigen Ausgabe seiner *Gargantua-* und *Pantagruel*-Bücher von 1542: *Grands annales ou chroniques très véritables des gestes merveilleux du grand Gargantua et Pantagruel son fils, roi des Dipsodes, enchroniqués par feu Maistre Alcofribas, abstracteur de quinte essence.* (Titelschreibung nach Pinkernell: Namen, Titel und Daten der französischen Literatur. Teil I: 842 bis ca. 1800, http://www.gert-pinkernell.de/romanistikstudium/Internet1.htm [09. 07. 2013].)
157 Vgl. die Rede von ganzen vier großangelegten Mythen zum Gutenberg-Zeitalter im Textabschnitt zu Rabelais. Neben *Gargantua* und *The Dunciad* treten hier noch Cervantes *Don Quichotte* (1605/1615) sowie Joyces *Finnegans Wake* (1939) auf. Jeder dieser Mythen hätte einen eigenen Kommentarband zur Verbindung mit der Welt des Typendrucks verdient, aber *The Gutenberg Galaxy* begnügt sich mit der Aussicht, jedem von ihnen wenigstens etwas Aufmerksamkeit auf den folgenden Seiten zu schenken. Vgl. McLuhan: The Gutenberg Galaxy, S. 147.
158 Vgl. McLuhan: The Gutenberg Galaxy, S. 255–263.

rische Impetus, mit dem auch Pope seinen Mythos angelegt hat, zum Vorschein. Darin heißt es nämlich, dass die Neuauflage des *Dunciad* von 1729 mit allem Pomp der Buchgelehrsamkeit von Vorreden, Belegstellen, Indices und Anmerkungen aller Art erscheinen soll, und Pope bittet seinen Freund um ein paar solcher Anmerkungen. Er solle sie nach Belieben vornehmen, »whether dry raillery, upon the style and way of commenting of trivial critics; or humorous, upon the authors in the poem; or historical, of persons, places, times; or explanatory; or collecting the parallel passages of the ancients«.[159] In den Worten Aubrey Williams', eines Pope-Kommentators, erscheint schließlich im Text von *The Gutenberg Galaxy*, was vor solch satirischem Hintergrund auf dem Spiel steht: »[T]he new material attached to the poem has never been adequately defined [...] due, I think, to the assumptions most critics and editors have made: that the notes are to be taken at the level of history [...].«[160] Man sollte sich hüten, Anmerkungen, die auf das Stimmengewirr der Glossentechnik zurückgehen, allein auf der Ebene historischer Bemerkungen anzunehmen. Sie können auch Anmerkungen ›nach Belieben‹ sein und somit auf einen anderen Sinn als den historischen bezogen werden.[161]

Dies ist der Fluch Tricksters, der die referentielle Bedeutungsebene der Vielfalt des Sinns und der Möglichkeit unendlicher Bedeutsamkeit überlässt, wie Doueihi es aus den Eigenschaften der Tricksterzählungen erschlossen hat. Sie empfiehlt für die Tricksterzählungen der Winnebago, um nicht auf deren Trick der Vorspiegelung einer einheitlichen Geschichte hereinzufallen, das stete Wiederlesen und entsprechende Revidieren der vorherigen Lesart.[162] Eine Neufassung von *The Gutenberg Galaxy* als Trickster muss daher ebenso eine Revision der bisherigen Lesart als Mediengeschichte, und als Mediengeschichte im Sinne Innis' zumal, zumindest einkalkulieren. Und ist man erst einmal durch das Ernst-

---

159 Pope, zit. nach Williams: Pope's Dunciad, S. 60, zit. nach McLuhan: The Gutenberg Galaxy, unpag (S. 260).
160 Williams: Pope's Dunciad, S. 60, zit. nach McLuhan: The Gutenberg Galaxy, unpag. (S. 260).
161 Auch in dieser Eigenschaft drängen sich die Bezüge zwischen der Schreibweise in *The Gutenberg Galaxy* und der Texttheorie Kristevas auf, vor allem wenn Kristeva auf die historischen Vorlagen in der menippeischen Satire zu sprechen kommt: »Sie befreit die Rede vom historischen Zwang, was eine absolute Kühnheit der philosophischen Intervention und Einbildungskraft mit sich bringt. [...] [Das Wort] macht sich frei von präjudizierten ›Werten‹. Ohne Laster und Tugend zu unterscheiden und ohne sich von ihnen zu unterscheiden [...]. Man läßt die akademischen Probleme außer acht, um die ›letzten‹ Probleme der Existenz zu besprechen. Die Menippea führt die befreite Sprache zu einem philosophischen Universalismus.« »Die Autoren von polyphonen Romanen scheinen die Strukturen selbst des offiziellen, auf der formalen Logik beruhenden Denkens zu verwerfen.« Kristeva: Bachtin, das Wort, der Dialog und der Roman, S. 366 f. u. 370.
162 Vgl. Doueihi: Trickster, S. 301.

nehmen der Zungentechnik in *The Gutenberg Galaxy* für die Verwandlungen des Tricksters sensibilisiert, drängt sich die Rücknahme der gewöhnlichen Lesart des Buchs als Mediengeschichte à la Innis geradezu auf.

Es genügt hierfür schon, nur die Eingangssätze des »Prologue« wieder zu lesen. Denn noch bevor *The Gutenberg Galaxy* seiner Bescheidenheitsgeste von Seite 50 zufolge eine erklärende Fußnote zum historischen Werk Innis' ist, ist es seinem Eröffnungssatz nach eine Ergänzung zu Albert B. Lords (1912–1991) Studie *The Singer of Tales* (1960): »The present volume is in many respects complementary to *The Singer of Tales* by Albert B. Lord.«[163] Mit dem Verweis auf Lords Studie über mündlich verfasste und tradierte Epen stellt McLuhan *The Gutenberg Galaxy* erst einmal nicht in den Zusammenhang einer Geschichtstheorie der Kommunikationsmedien nach Innis, vielmehr bezieht er sich damit zunächst auf eine literaturtheoretische Unterscheidung, wie der zweite Satz des Prologs ausführt: »Professor Lord has continued the work of Milman Parry [1902–1935], whose Homeric studies had led him to consider how oral and written poetry naturally followed diverse patterns and functions.«[164] Mündliche und schriftliche Literatur folgen je unterschiedlichen Mustern und Funktionen und treten damit in ihrer je eigenen medialen Verfasstheit hervor.

Schüttpelz hat gezeigt, dass Medienwissenschaft in den 1950er Jahren in Absetzung von der kommunikationswissenschaftlichen Orientierung am Gemeinsamen der Kommunikationstechniken in unterschiedlichsten Zusammenhängen (psychologisch, sozial, technisch, biologisch usw.) entsteht, insofern sie Mediendifferenzen voraussetzt. Im nordamerikanischen Raum entwickelte sie sich aus Ansätzen der Oralitätsforschung und ihr Modell der Mediendifferenz ist die Oralitäts-/Literalitäts-Dichotomie.[165] Diese Einschätzung lässt sich anhand der Eingangssätze von *The Gutenberg Galaxy* bestätigen. Die Referenz auf Parry und Lord bildet neben den von Schüttpelz identifizierten Beiträgen aus der Oralitätsforschung zwischen 1920 und 1960 einen weiteren Eckpunkt in dieser Wissensgeschichte.

Auch mit Albert Lord und Milman Parry gelangt man zur Einsicht in die Differenz medialer Formen, die die notwendige Voraussetzung für den Vorstoß zu ›Medien‹ als wissenschaftlichem Objekt bildet. Die beiden Harvard-Philologen hatten bei ihren Feldforschungen über die mündlichen Epen auf dem Balkan in den 1930er Jahren Muster und Funktionen der mündlichen Dichtung herausgearbeitet, die in unüberbrückbare Differenz zur geläufigen, an der Schrift und

---

163 McLuhan: The Gutenberg Galaxy, S. 1.
164 McLuhan: The Gutenberg Galaxy, S. 1.
165 Vgl. Schüttpelz: »Get the message through«, insb. S. 69–72.

dem Autor ausgerichteten Literaturauffassung traten.¹⁶⁶ Zudem ging es Lord und Parry neben der exakten Beschreibung der mündlich-erzählenden Dichtung, wie sie auf dem Balkan Anfang des zwanzigsten Jahrhunderts zu finden war, auch um eine Rückprojektion ihrer Ergebnisse in die Literaturgeschichte. Ihre Feldforschungen sollten der Verifizierung der ›Mündlichen Theorie‹ über die homerischen Epen dienen. Sie sollten die Entstehung und die Form der antiken Epen aus den Praktiken des Dichtens und Singens unabhängig von schriftlichen Fixierungen erklären.¹⁶⁷ In ganz ähnlicher Weise projiziert nun *The Gutenberg Galaxy* als Ergänzungsband zu Lords Buch den Unterschied mündlicher und schriftlicher Formen in die historische Zeit und konstruiert daraus eine Geschichte des literalen Systems: Ein Zeitalter der Oralität setzt sich deutlich von einem Zeitalter des Buchdrucks bzw. des Typographie-Handwerks ab. Mediengeschichte beginnt – notfalls auch ohne Innis.¹⁶⁸

Vor diesem Hintergrund sowie aufgrund der gesamten Anlage von *The Gutenberg Galaxy* werden die Eingangssätze des »Prologue« gar dem *incipit* handschriftlicher Gelehrtenabhandlungen vergleichbar. Insofern würden sie Auskunft geben über die ›eigentliche‹ Tradition, in welche die Schrift sich selbst einordnet.¹⁶⁹ Allerdings gerät mit diesen Eröffnungsworten und ihrer Geste der Nach-

---

166 In der mündlichen Ependichtung erkennen sie Absagen an Vorstellungen von Originalität und Erfindungsgeist, von wahrheitsgetreuer Überlieferung als buchstäblicher Überlieferung oder von Sprache als Zusammensetzung von Worten. Vgl. Lord: Der Sänger erzählt, S. 77, 81, 57 u. 51.
167 Vgl. McLuhan: The Gutenberg Galaxy, S. 1, sowie Lord: Der Sänger erzählt, S. 21 f. u. 33 f.
168 Oder neben Innis. Bei erneuter Lektüre von *Empire and Communications* (1950) und *The Bias of Communication* (1951) fällt der stete Bezug auf die mündliche Tradition gegenüber einer Betonung der Schriftlichkeit als grundlegende Unterscheidung in diesen Texten auf. Vgl. auch die Hinweise bei Cavell: McLuhan in Space, insb. S. 18.
169 Vgl. Illich: Im Weinberg des Textes, S. 16: »Ein *incipit* [...] ist wie ein Akkord. Mit der Wahl eines bestimmten *incipit* kann der Autor darstellen, in welche Tradition er sein Werk einordnen möchte [...] [,] kann er darlegen, was ihn zum Schreiben bewegt.« Mit ihrem Bezug auf *The Singer of Tales* bieten die Eingangssätze von *The Gutenberg Galaxy* insofern ein prominentes Beispiel für Schüttpelz' These, dass die frühe Medientheorie von einer oral-literarischen Konzeption der Literatur mitbestimmt war. Schüttpelz zeigt in *Die Moderne im Spiegel des Primitiven*, inwiefern der Literaturbegriff sowie die Literaturwissenschaft zwischen 1870 und 1960 im Spannungsfeld von Mündlichkeit und Schriftlichkeit – befeuert insbesondere durch ethnologische Forschung und Literatur – herausgefordert wird, ihre Kategorien nach schriftlichem Literaturverständnis aufzugeben. Die Herausforderungen der Mündlichkeit an die schriftliche Literatur und ein schriftlich geprägtes Literaturverständnis gehen um 1960 über in die Frage nach der jeweiligen medialen Verfasstheit mündlicher und schriftlicher Literatur. Medientheorie übernimmt daher die Fragen zu Oralität und Literalität aus dem von Schüttpelz beobachteten, ethnoliterarischen Entwurf einer weltweiten Literaturwissenschaft und schafft diesen in der Konzentration auf die Differenz zugleich ab. Vgl. Schüttpelz: Die Moderne im Spiegel des Primitiven, insb. S. 368 f.

folge und der Ergänzung zu bereits Bestehendem vor allem die medientheoriegeschichtlich bedeutsame Geste der Unterwerfung unter das Werk Innis' von Beginn des Textes *The Gutenberg Galaxy* an zu einer Wiederholungsgeste. Der Rückbezug auf Innis' Geschichtsprojekt in der eigentümlichen Stilisierung des daran anschließenden Buchs *The Gutenberg Galaxy* zur Fußnote ist damit in eine Wiederholungskette verwickelt. Zum einen pflegte schon Innis seine Forschungsergebnisse mittels eines solchen ›Bescheidenheitstopos der Fußnote‹ einzuführen.[170] Zum anderen wiederholt die Behauptung in *The Gutenberg Galaxy*, eine Innis-Fußnote geschrieben zu haben, nur andere schon zuvor vorgetragene Vermerke der Ergänzung oder Nachfolge in *The Gutenberg Galaxy*. Allein im Verlauf des Prologs wird der Trickster mindestens zwei weitere Bücher vorstellen, zu denen *The Gutenberg Galaxy* eine Erweiterung ist oder in Nachfolge tritt: »*The Gutenberg Galaxy* is a prolonged meditation on that theme of J. Z. Young«,[171] oder: »There is a recent work that seems to me to release me from the onus of mere eccentricity and novelty in the present study. It is *The Open Society and Its Enemies* by Karl R. Popper [...].«[172] Die allgegenwärtige Geste der Nachfolge kommt einer Wiederholungsgeste gleich und wirkt daher auch zurück auf den Einsatz eines vermeintlichen *incipit*, das somit ins Leere läuft.

Der Trickster lässt solchermaßen seine Leser immer wieder in den Grenzbereich zwischen Referenz und Zeichenspiel eintreten. Natürlich kann *The Gutenberg Galaxy* als Buch in der Nachfolge Innis' aufgenommen werden, auch lässt sich wissensgeschichtlich die behauptete Erweiterung zu Lords literaturwissenschaftlichen Fragestellungen sehr plausibel untermauern. Doch dann ist *The Gutenberg Galaxy* auch wiederum ein Sammelsurium unterschiedlichster Versatzstücke aus unterschiedlichsten Wissensbereichen, und ist gerade nicht festzulegen auf eine (oder zwei) Position(en) oder gar Tradition(en), aus denen es sich speiste. Am ehesten festlegen lässt es sich noch auf eine Tradition seiner Machart, die, wie gesehen, ins Satirische reicht, die den Sinn der Texte und der Wörter nicht allein einer Referenz überlässt, sondern ihn vielmehr kompiliert, überschreibt, überhöht oder unterläuft. Dies zeigt sich noch einmal deutlich in der Textbewegung, von welcher die Referenz auf Popper ergriffen wird.

---

[170] Vgl. Innis: The Press, S. 4: »I am aware that I am only presenting a footnote on the work of Graham Wallas [...]«, sowie ders.: The Bias of Communication, S. 33: »The appearance of a wide range of cultural phenomena at different periods in the history of Western civilization has been described by Professor A. L. Kroeber in Configurations of Cultural Growth [...]. I do not propose to do more than add a footnote to these comments [...].«
[171] McLuhan: The Gutenberg Galaxy, unpag. (S. 6).
[172] McLuhan: The Gutenberg Galaxy, S. 7.

Popper wird im »Prologue«, wie gesehen, mit der Hoffnung angeführt, er möge die ›Bürde der Exzentrizität und der Neuheit‹ von McLuhan nehmen. Schließlich habe sich schon sein Werk mit der Detribalisierung in der antiken Welt und der Retribalisierung in der modernen Welt auseinandergesetzt. Ein Textauszug von einer ganzen Seitenlänge wird zitiert, denn dieser beginne mit dem Wechselspiel von Kulturen durch Handel und ende mit der Auflösung des Stammesstaats, wie sie für *The Gutenberg Galaxy* relevant seien.[173] Doch bei all dem formuliert der »Prologue« auch explizit, dass Poppers Studie gerade nicht über die Dynamiken der technisch erweiterten Sinne des Menschen als Faktoren im Öffnen und Abschließen von Gesellschaften schreibe.[174] Auch wenn McLuhan behauptet, die offene Gesellschaft sei durch die Lese- und Schreibfähigkeit vermittels des phonetischen Alphabets hervorgerufen,[175] Popper behauptet dies an keiner Stelle. Plötzlich entleert sich diese Referenz zum bloßen Zeichen. Es ist nur noch die Geste der Referenz, und weniger der Gehalt des so Herangezogenen, die zählt. Diese Geste wiederum erhält ihre Bedeutung in der Anlage des gesamten Buchs *The Gutenberg Galaxy* als Kompilation verschiedener Autoritäten, deren Arbeiten es sich anschließt und deren Arbeiten es zugleich in seiner Machart, in seinen Verfahren der Darstellung und Verknüpfung umdeutet oder sogar negiert.

Trickster feiert die Signifikation. Das, was ein Text oder ein Wort eben noch bedeutete, das heißt referentiell beschrieb, kann im nächsten Augenblick schon nicht mehr von Bedeutung sein bzw. in ganz anderem Sinne fortgeführt werden. Das bereits antike Verfahren der Textüberlieferung, welches *The Gutenberg Galaxy* in Versatzstücken nachahmt, scheint Tricksters Strategie immer schon geahnt zu haben, wenn es selbst die Bedeutung eines autoritären Textes der jeweiligen Glossierung überließ und die jeweilige Glosse wiederum verschiedenen, früheren Deutungen bereitwillig einen Platz einräumte.[176] In der Glosse überlagern sich die verschiedenen Stimmen von Ausgangstext, Vergleichstexten, bestehenden Kommentaren und aktueller Glossierung. Es ist ein Textverfahren, das sich immer

---

173 Vgl. McLuhan: The Gutenberg Galaxy, unpag. (S. 8).
174 Vgl. McLuhan: The Gutenberg Galaxy, S. 7 f.: »Karl Popper devotes the first part of his large study to the detribalization of ancient Greece and the reaction to it. But neither in ancient Greece nor in the modern world does he give any consideration to the dynamics of our technologically extended senses as factors either in the opening or closing of societies.«
175 Vgl. McLuhan: The Gutenberg Galaxy, S. 7: »For the ›open society‹ was effected by phonetic literacy, as will shortly appear, and is now threatened with eradication by electric media, as will be discussed in the conclusion of this study.«
176 Zum ›Weiterwuchern‹ des Kommentars und einem ›in alle Richtung ausstreuenden Gespräch‹ im unbegrenzten Reden über einen Text, das ein ›Rauschen‹ zu einem Urtext erzeugt vgl. Krajewski/Vismann: Kommentar, Code und Kodifikation, S. 6 f., sowie Vismann: Benjamin als Kommentator, S. 348 f.

schon dem Andersreden verschrieben hat.[177] Darin tut der Text es den Redefiguren gleich, die laut *The Gutenberg Galaxy* den vereinheitlichenden, reduktionistischen Sprachauffassungen seit der alphabetischen Schrift und ihrer Verstärkung im Buchdruck entgegentreten. Sie seien Geisteshaltungen, Strukturen, die eine eigene Welt erzeugen, heißt es;[178] sie verweisen nicht, gewissermaßen auf ›rhetorischen Umwegen‹, auf einen eigentlichen, referentiellen Wert.

In *The Gutenberg Galaxy* treten das immer wieder anders redende Glossenverfahren sowie die immer wieder anders redenden rhetorischen Figuren, wie aufgewiesen, in vielfacher Verschränkung in den Vordergrund. Es ist eine schöne Trickstergeschichte, die, ganz der Einschätzung Doueihis gemäß, wenn sie überhaupt von etwas erzählt, vor allem vom Unterschied und der Unentscheidbarkeit zwischen *histoire* und *récit*, referentiellem und rhetorischem Sprachwert sowie letztlich zwischen Signifikat und Signifikant erzählt.[179] Dabei löst sich nicht einfach die Bezeichnungsfunktion der Sprache in das freie Spiel der Zeichen auf, sondern zwischen *histoire* und *récit* werden Fragen nach den Prinzipien des Bezeichnens selbst gestellt. Es ist eine der großen philosophischen Fragen zu Beginn des zwanzigsten Jahrhunderts, die sich in Tricksterzählungen formuliert findet, nämlich die Frage nach der Funktionsweise der Sprache selbst. In den folgenden Analysen weiterer Trickstepisoden des Textkorpus ›McLuhan‹ lassen sich daher auch Verhandlungen zwischen und gar über Grammatik und Rhetorik ausmachen, Verhandlungen zu den althergebrachten Disziplinen des Nachdenkens über Sprache und ihren weit zurückreichenden Versuchen der Systematisierung von und der Erkenntnis über Sprache.

---

177 Vgl. Menke: Zitierfähigkeit. Zitieren als Exzitation, S. 157 f., über die »antike[ ] grammatische[ ] Auslegungspraxis der paganen Texte und [...] patristischer Bibeldeutung«, die die »mögliche Nicht-Einstimmigkeit« der Texte oder deren Widersprüchlichkeiten in »geregelter Mehrstimmigkeit« auffing mit der Zitationsformel »*ex persona alicuius* loqui, *aus dieser Person spricht ein anderer*«. Vgl. McLuhan: The Gutenberg Galaxy, S. 135, zum Verschwinden der Mehrstimmigkeit in den unterschiedlichen Handschriften mit dem Buchdruck.
178 Vgl. nochmals McLuhan: The Gutenberg Galaxy, unpag. (S. 46)–47.
179 Vgl. Doueihi: Trickster, S. 308.

II Gerichtsrede

1944 hält der Trickster Gericht. Im Aufsatz »Poetic vs. Rhetorical Exegesis. The Case for Leavis against Richards and Empson« lässt er die bekanntesten Vertreter der angloamerikanischen Literaturkritik am Ende des Zweiten Weltkriegs gegeneinander antreten und verwickelt sie in einen Legitimationskampf. Thema der Streitigkeiten, die hier zum Rechtsstreit stilisiert werden, ist die legitime Auslegungspraxis. Poetische Exegese steht gegen rhetorische Exegese. Namentlich soll die Verhandlung für F. R. (Frank Raymond) Leavis (1895–1978) und gegen I. A. (Ivor Armstrong) Richards (1893–1979) sowie William Empson (1906–1984) geführt werden. Die Verhandlung thematisiert dabei auch die Disziplinen der Grammatik und der Rhetorik bzw. die Verhandlung um die Auslegungsweisen von Leavis und Richards läuft auf eine Verhandlung und ein Urteil über Grammatik und Rhetorik hinaus.

Mit Leavis, Richards und Empson sind die schillerndsten Figuren der neueren literaturwissenschaftlichen Bewegung an der University of Cambridge in England während der ersten Hälfte des zwanzigsten Jahrhunderts angesprochen. Alle drei bemühten sich um eine wissenschaftliche Auseinandersetzung mit Literatur, die ihr Wissen aus genauen Textlektüren *(close reading)* und nicht aus Philosophie, Philologie oder Geschichte bezieht.[1] Gegen Mitte des zwanzigsten Jahrhunderts machte dieser »Wandel in Theorie und Praxis der englischen Kritik«,[2] nach seinem Überschwappen auf den amerikanischen Kontinent, als ›New Criticism‹ Schule.[3] Der Kanadier Herbert Marshall McLuhan, Autor des hier zur Untersuchung stehenden Zeitschriftenartikels über ›poetische‹ und ›rhetorische Exegese‹, hat während eines Studienaufenthalts in Cambridge (1934–1936), selbst bei Leavis und Richards studiert. 1943 hat er zudem den Doktorgrad der University of Cambridge für seine Dissertation über englische Literaturgeschichte verliehen bekommen.[4] Als angehender Assistenzprofessor in den USA verfasst er 1944 den Aufsatz zugunsten der poetischen Auslegung von Leavis und in Abgrenzung zur rhetorischen Literaturkritik, die Richards und Empson seiner Meinung nach betreiben.

---

1 Vgl. u. a. Willey: Cambridge English, 1919–1964, insb. S. 21–30.
2 Wellek: Geschichte der Literaturkritik 1750–1950, Bd. 4.1, S. 177.
3 Die Namensgebung geht auf John Crowe Ransoms Studie einiger Literaturkritiker seiner Zeit, nämlich I. A. Richards zusammen mit William Empson, T. S. Eliot und Yvor Winters, zurück. Vgl. Ransom: The New Criticism (1941). Ransom, der selbst den *new critics* zugeordnet wird, gibt in seinem Aufsatz »Criticism, Inc.« (1937) eine gute Einführung zur Kritik und zu den Forderungen des *New Criticism*.
4 Zum biographischen Hintergrund vgl. Marchand: Marshall McLuhan, S. 41–96, und Gordon: Marshall McLuhan, S. 15–66.

Der performative Effekt des Aufsatzes »Poetic vs. Rhetorical Exegesis« ist eine Gerichtsverhandlung zwischen den gegeneinander aufgestellten Parteien. Titel und Plädoyercharakter des Textes reihen ihn in die traditionelle rhetorische Redeordnung der Gerichtsrede ein. Und als solche, fiktive Gerichtsrede ist der Aufsatz umso aufschlussreicher für die Frage nach den literaturwissenschaftlichen Bedingungen der Möglichkeit von Medientheorie im Textkorpus ›McLuhan‹. Schließlich bezieht der Text Position für eine bestimmte Richtung der neueren englischen Literaturkritik.

Gegenüber kaum differenzierenden Behauptungen in der Forschungsliteratur, McLuhan verdanke sein Verständnis für und über Medien schlichtweg dem neuen, am Kunstwerk und seinen formalen Ausprägungen interessierten literaturwissenschaftlichen Ansatz des *New Criticism*,[5] möchte ich über die eingehende Betrachtung des Aufsatzes von 1944 einige Differenzen ins Spiel bringen, die die unterstellte ideengeschichtliche Kontinuität zwischen der formal-literaturkritischen Auffassung und der Medien-Betrachtung bei McLuhan aufbrechen. Denn weder war der *New Criticism* eine einheitliche Bewegung, mit einem einheitlichen methodischen oder inhaltlichen Programm,[6] noch ist davon auszugehen, dass sich eine kontinuierliche Linie von diesen literaturwissenschaftlichen Anfangsgründen der Texte McLuhans bis zu den medientheoretischen Postulaten von *Understanding Media* ziehen lässt. Die Frage muss vielmehr lauten, über welche Wege und in welchen Formen literaturwissenschaftliches Wissen Eingang in McLuhans Texte zur Begründung von Medientheorie gefunden hat. In seiner Performanz als Gerichtsrede jedenfalls irritiert der Text »Poetic vs. Rhetorical Exegesis« die mehr oder weniger anerkannte Gleichsetzung von formaler Literaturbetrachtung und Aufmerksamkeit für das Medium der Überlieferung – wobei vorausgesetzt wird, dass Medium gleich Form ist[7] – der ideengeschichtlichen Untersuchungen zu McLuhans Arbeiten. Die Gerichtsrede wendet sich vielmehr explizit gegen rhetorische, formal interessierte Textbetrachtungen und spricht dabei das Urteil gegen das Medium. Unterdessen entpuppt sich die Verhandlung auch als Austragungsort der jahrhundertealten Spannungen zwischen grammati-

---

5 Vgl. z. B. Gordon: McLuhan. A Guide for the Perplexed, S. 16–28, oder Marchessault: Marshall McLuhan, S. 17–34.
6 Für René Wellek bezieht sich die Sammelbezeichnung ›New Criticism‹ auf eine aus vielfältigen individuellen Positionen bestehende Bewegung, deren Gemeinsamkeit v. a. in der kritischen Reaktion auf die bis dato vorherrschende amerikanische Literaturkritik bestehe. Vgl. Wellek: Geschichte der Literaturkritik 1750–1950, Bd. 4.1, S. 505, sowie Graff: Professing Literature, S. 145–147. Nach Schulte-Middelich hat es die Schule des *New Criticism* nie gegeben, vgl. Schulte-Middelich: Der New Criticism, insb. S. 19 f.
7 Vgl. etwa Marchessault: Marshall McLuhan, S. 4.

scher Sprach- und Literaturauffassung und rhetorischen Herangehensweisen an Sprache und Dichtung.

1 Gerichthalten im Aufsatz »Poetic vs. Rhetorical Exegesis« (1944)

Während der Titel des Aufsatzes »Poetic vs. Rhetorical Exegesis. The Case for Leavis against Richards and Empson« sich bereits als Richterspruch geriert – in Sachen poetischer *vs.* rhetorische Auslegungsweise wird der Fall *für* Leavis und *gegen* Richards und Empson entschieden –, bleibt der Text uneindeutig hinsichtlich seiner Einordnung als Gerichtsrede: Gibt der Text einfach eine Einschätzung über verschiedene Lager der zeitgenössischen Literaturkritik oder fungiert er als Verteidigungsschrift oder gar als Anklageerhebung, die auch vor einem Gericht stattfinden könnten? Fest steht jedenfalls, dass der Text in seiner Performanz Eigenschaften des Gerichthaltens ausstellt.

Gerichthalten umfasst nach Auffassung der Kultur- und Rechtswissenschaftlerin Cornelia Vismann zweierlei. Neben der Entscheidung und dem Urteil, mit dem der Streit beigelegt werden soll, bringt es die Streitsache, die sich so, anders oder auch gar nicht zugetragen haben mag, allererst hervor. Vismann spricht von einer theatralen Wiederaufführung vor Gericht, welche die Tat in die Ordnung der gerichtlichen Darstellbarkeit und damit Entscheidbarkeit überführt.[8] Das performative Wiederaufführen nutzt auch der Trickster mit dem Text »Poetic vs. Rhetorical Exegesis«. Hier wird überhaupt erst zur (dem Gericht angemessenen) Sprache gebracht, worüber verhandelt werden soll.[9] Das heißt, dass das, was vielleicht gar kein rechter Streitfall war, vor Gericht zu einem Rechtsstreit mit spezifisch agonaler Struktur wird.[10] Was vielleicht kein rechter Streitfall war – und wie könnte die Uneinigkeit über verschiedene literaturwissenschaftliche Auslegungsweisen in einen ernsthaften Rechtsstreit münden?[11] – wird zu einem Kampf um Legitimität in einer Sache, die es nur vor Gericht in diesem Zuschnitt überhaupt geben kann.

---

[8] Vgl. das Kap. »Die unhintergehbare theatrale Dimension des Gerichts« in Vismann: Medien der Rechtsprechung, S. 19–39.
[9] Vgl. Vismann: Medien der Rechtsprechung, S. 19–39. Zur gleichsam sprachphilosophischen Problematik des Gerichthaltens vgl. Lyotard: Der Widerstreit, insb. S. 9 f. u. 20 f.
[10] Vgl. das Kap. »Die Herkunft der Entscheidungssituation aus dem Agon« in Vismann: Medien der Rechtsprechung, S. 72–84.
[11] Diese Frage wird sich als rhetorische erweisen. Wie ich im Folgenden zeigen werde, ist die Geschichte der Literaturkritik voll von Anklagen und Verteidigungen und gar Mordfällen.

Das heißt jedoch nicht, dass das aufgeführte Gerichtsszenario des Tricksters in »Poetic vs. Rhetorical Exegesis« ganz abwegig wäre. Historisch ist ein Konflikt zwischen Leavis und Richards sowie zwischen Leavis und Empson durchaus bezeugt. So hat Leavis nach anfänglicher Begeisterung für die Ansätze Richards', Literaturkritik zu einer Disziplin mit eigenen Prinzipien zu erheben und das Literaturauslegen von konventionellen Bewertungen zu befreien, allem Anschein nach Abstand gesucht. Er sah seine Ansprüche an Literaturkritik in den szientifisch daherkommenden und zunächst psychologisch argumentierenden Arbeiten Richards' nicht mehr vertreten. Gegen die neueren, technisch interessierten Literaturstudien verpflichtete Leavis sich auf eine Literaturkritik, die ihre Maßstäbe und Einsichten immer nur am konkreten Einzelfall ausrichten sollte.[12] 1935 veröffentlichte Leavis in der von ihm mit »combative and influential stamp«[13] herausgegebenen Zeitschrift *Scrutiny* eine vernichtende Rezension zu Richards' *Coleridge on Imagination* (1934), in der explizit dessen Zugriff auf Dichtung *(the ways of applying intelligence to poetry)* angeprangert wurde. Der Vorwurf lautete auf Philosophie anstelle von Kritik, auf Unverständlichkeit, auf Übersehen literaturgeschichtlicher Konventionen für die ›großen Fragen‹ und auf Mangel an Dichtungsanalysen.[14] Nach der Einschätzung des (hier selbst mit angeklagten) Empson zeigte sich Richards von einer ganzen Serie attackierender Artikel in *Scrutiny* indessen kaum gestört.[15] Die Rechtmäßigkeitsverhandlungen, die der Text »Poetic vs. Rhetorical Exegesis« vorlegt, blieben zwischen den historischen Kontrahenten also aus.

Vor diesem historischen Hintergrund lässt sich der Text durchaus als Gerichtsrede lesen und als solche auch genauer einordnen: Die Anklageerhebung war durch Leavis' Attacken bereits erfolgt. Nun tritt der Verteidiger der Anklage aufs Forum, einer seiner ehemaligen (Austausch-)Studenten, ein Kanadier: McLuhan.

---

12 Vgl. Bell: F. R. Leavis, S. 404 u. 417 (auf S. 418 führt Bell McLuhans Gerichtsrede über poetische und rhetorische Exegese als Beispiel für die Anerkennung von Leavis' holistischer Dichtungsauffassung an), sowie das Kap. »F. R. Leavis und die Scrutiny Gruppe. Der spätere Leavis« in Wellek: Geschichte der Literaturkritik 1750–1950, Bd. 4.1, S. 283–312, insb. S. 289 f. u. 292.
13 Bell: F. R. Leavis, S. 391.
14 Vgl. Leavis: Dr. Richards, Bentham and Coleridge (1935), insb. S. 382, 384, 385, 395, 398 u. 400. Die fehlenden konkreten Dichtungsanalysen bemängelt auch Wellek im Kap. »I. A. Richards (1893–1979)« in Wellek: Geschichte der Literaturkritik 1750–1950, Bd. 4.1, S. 263–282, S. 281.
15 Vgl. Empson: The Hammer's Ring (1973), S. 74 (zu Leavis) u. 77 (zu Richards' Haltung).

1.1 Proömium, Fallschilderung, Beginn der Beweisführung

Die Gerichtsrede des Anklageverteidigers McLuhan überzeugt allerdings nicht gerade durch rhetorisches Geschick und stilvolle Finten. Sie gibt sich viel eher überlegt, fast logisch argumentierend, wenn sie recht unberührt Argumente für und wider beide Streitparteien ausführt. Immerhin, vor dem selbst installierten Gericht lenkt der Anwalt die Aufmerksamkeit zunächst einmal auf die Tragweite der zur Verhandlung stehenden Gegnerschaft von Kritikern, Methoden und Ergebnissen. Denn nichts weniger als der Fortgang der literaturkritischen Bemühungen auf dem amerikanischen Kontinent steht auf dem Spiel, wie das Proömium mit dem Verweis auf Redensarten von vor zehn Jahren deutlich zu machen versucht:

> It was said ten years ago that American critics once alerted to the new movements in English criticism would probably bog down in the rhetorical exegesis of Richards and Empson, rather than adapt it, as F. R. Leavis did, as a means in a critical journey to the full act of plenary critical judgment.[16]

Die zur Entscheidung zu bringende Verhandlungssache hat also Auswirkungen auf die amerikanische Literaturkritik, insofern diese entweder in der rhetorischen Auslegungstechnik von Richards und Empson steckenbleiben kann oder jene Mittel in die kritische Unternehmung eines umfassenden kritischen Urteils aufnehmen und anpassen kann, wie Leavis es vorgemacht habe. Der Trugschluss in Bezug auf die ›rhetorische Exegese‹ besteht laut McLuhan in der Annahme, die hervorragenden Mittel Richards' und Empsons zur Beobachtung und Beschreibung dessen, »what is going on in a poem«, seien bereits Bewertungstechniken *(technique of evaluation)*.[17] Die anstehende Beurteilung betrifft daher nicht die Fähigkeit der Kritiker selbst, sondern die Frage, inwiefern ihre Mittel zur Bewertung von Gedichten hinreichen.

In der knappen Schilderung des daraus resultierenden Problems oder – bleiben wir vor Gericht – des Falls wird dieser Leitgedanke betont und in seinem Ausmaß vorgeführt: Tatsächlich hätten weder Richards noch Empson Gedichte erfolgreich bewerten können.[18] Zu ihrer Ehrenrettung wird allerdings darauf hingewiesen, dass dies auch gar nicht ihr Ziel gewesen sei. Problematisch – ›peinlich‹, ›beschämend‹ *(embarrassed)* – sei vielmehr eben das, was auf amerikanischer Seite daraus gemacht werde: »the method of critical judgment«.[19] Der amerika-

---

16 McLuhan: Poetic vs. Rhetorical Exegesis, S. 266.
17 Vgl. McLuhan: Poetic vs. Rhetorical Exegesis, S. 266.
18 Vgl. McLuhan: Poetic vs. Rhetorical Exegesis, S. 266.
19 McLuhan: Poetic vs. Rhetorical Exegesis, S. 266.

nische Literaturkritiker Kenneth Burke (1897–1993) dient hier als das schlechte Beispiel für das ›Versacken‹ in der rhetorischen Analyse. Burkes Analysemittel seien unabhängig vom Literaturgenre, nach Belieben sogar auf Abzählreime oder Schlagzeilen anwendbar.[20] Alles in allem erscheint die rhetorische Methode dem Anklageverteidiger hier zu begrenzt, als dass sie den Wert von irgendetwas beurteilen könnte: »Within the limits of their method neither Richards nor Empson can say why the nursery rhyme is superior in value as a human product.«[21]

Das Problem ist also gesetzt, der Fall geschildert. Nun geht es an die Beweisführung. Auch hierbei ist der Ton des Anwalts der Anklage weder besonders rau noch besonders geschickt. Stellenweise rutscht die Rede in den ausgleichenden Ton einer Urteilsbegründung ab, etwa wenn Richards und Empson ebenso ihre Verteidigung in diesem Gerichtsszenario erhalten. Schließlich müsse ihr Verdienst der Wiederentdeckung der funktionalen rhetorischen Beziehungen in Sprache und Prosa anerkannt werden. Nicht nur hätten sie die kartesianische Verachtung von Metapher und Rhetorik in all ihren Formen zurückgenommen, sondern vor allem auch die Kunst wieder der respektablen Betrachtung zugeführt.[22] Ginge es in dieser Verhandlung also um die Anerkennung funktionaler Sprachaspekte für die Literaturkritik, so stünde die Rechtschaffenheit von Richards und Empson offenbar außer Frage. Das zur Disposition gestellte Problem betrifft jedoch das ›plenary critical judgment‹, und eben dieses – das war ja in der Eröffnung dieser Gerichtsrede (her-)vorgebracht worden – erscheint nicht möglich durch rhetorische Auslegungen.

Sozusagen logisch und von den Sachen ausgehend führt McLuhan eine grundlegende Unterscheidung an: Rhetorik oder Prosa wiesen wesentlich externe Relationen auf, während ein Gedicht nicht vorrangig äußerlich orientiert sei.

> A rhetorical work is for the sake of producing action. A poetic work is an action produced for the sake of contemplation. This is an irreducible functional distinction between rhetoric and poetic which it is the business of the critic to manifest point by point in judging the particular work.[23]

Aus diesem Grund reichten die rhetorischen Studien nicht hin für eine adäquate Dichtungsbetrachtung. Und der Anklageverteidiger spitzt die eingangs formu-

---

20 Vgl. McLuhan: Poetic vs. Rhetorical Exegesis, S. 266.
21 Vgl. McLuhan: Poetic vs. Rhetorical Exegesis, S. 267.
22 Vgl. McLuhan: Poetic vs. Rhetorical Exegesis, S. 267 f. u. 276, dort auch weitere ›Zugeständnisse‹ an die gegnerische Partei.
23 McLuhan: Poetic vs. Rhetorical Exegesis, S. 268.

lierte Problemstellung nochmals zu: Sie würden noch nicht einmal Auskunft darüber geben können, ob eine bestimmte Arbeit *(work)* überhaupt ein Gedicht und ob es ein bedeutendes oder ein unbedeutendes sei.[24]

Ein erster Zeuge wird für die Sache des poetischen Urteils aufgerufen. Kein geringerer als T. S. Eliot (1888–1965) soll hier im Streit um die richtige neue Kritik ein Wort mitzureden haben. Eliots »epochemachender Essay ›Tradition and the Individual Talent‹«[25] (1919) liefert die Stichworte. Für die kritische Bestimmung der Dichtung gehe es nicht um ›Größe‹ oder Intensität von Emotionen, sondern um die Intensität des künstlerischen Prozesses.[26] Gerade darüber aber gäben Richards, Empson und Burke keinen Aufschluss, hebt McLuhan hervor. Weder kümmere sich Empson in seiner Betrachtung von *Alice in Wonderland* um die »unifying vision« oder die »dramatic integrity« des literarischen Werks noch biete Burke in seiner Analyse der Werke von Clifford Odets (1906–1963) oder Samuel Taylor Coleridge (1772–1834) eine Bewertungsgrundlage für Bedeutungen, die die Autoren den interagierenden Komponenten in der Dichtung mehr oder weniger gelingend abrängen: »[Burke] offers some shrewd psychological insights [...] without indicating whether the work is internally organized, whether it really hangs together at all.«[27] Mehr noch, die scharfsinnigen Analysen führten zur Ausarbeitung endloser Beschreibungen, zu ganzen psychologischen und politischen Abhandlungen, allerdings »without ever reaching the point of critical evaluation«, hält der Anklageverteidiger für die Gegenseite fest.[28]

Demgegenüber steht nun die wesentlich ›poetische Exegese‹ Leavis', welche in Anlehnung an Eliots Auffassung von Dichtung als ›dramatischer Aktion‹[29] die interne Struktur und die Vermittlung verschiedenster Elemente und Ebenen eines Gedichts zur einheitlichen Wirkung des Kunstwerks beurteilt. Die Integration von Thema, Sprache und Rhythmus gilt als ›dramatisch‹.[30] Der Verteidiger führt die Haltung und Fähigkeit seines Mandanten ins Feld. Während die Rhetoriker nämlich dazu neigten, Leavis zu ignorieren, habe er sie nie ignoriert und könne

---

24 Vgl. McLuhan: Poetic vs. Rhetorical Exegesis, S. 268, sowie Leavis' eigene Worte: »The study of a literary text about which the student cannot say, or isn't concerned to be able to say, as a matter of first-hand perception and judgment [...] why it should be worth study is a self-stultifying occupation.« Leavis: Literary Studies (1943), S. 68.
25 Ludwig: Tradition und Innovation in der Literaturtheorie des Modernismus, S. 319.
26 Vgl. Eliot: Tradition and the Individual Talent, zit. nach McLuhan: Poetic vs. Rhetorical Exegesis, S. 269.
27 McLuhan: Poetic vs. Rhetorical Exegesis, S. 269.
28 McLuhan: Poetic vs. Rhetorical Exegesis, S. 271.
29 Vgl. die Ausführungen bei Graff: Literature against Itself, S. 138 f.
30 Ich übernehme hier und im Folgenden diese Bezeichnung aus dem Text McLuhans.

so geschickt wie nur irgendwer psychologische Erklärungen zu Symbolgruppen *(cluster-symbol)* ausmachen. Der Verteidiger versucht, für den Kläger einzunehmen, indem er dessen »ready hospitality« gegenüber Richards und Empson unterstreicht.[31] Leavis gestehe ihnen das vorgängige Training für die ›poetische Exegese‹ zu. Seine Methode indes ergebe sich aus Eliots kritischem Ansatz, wie die Vernehmung des Klägers selbst in Form einiger Auszüge seines *How to Teach Reading* (1932) aufzeigt.[32]

Eliot hat in »Tradition and the Individual Talent« ein Programm formuliert, das Literaturgeschichte und -kritik ins Verhältnis setzt: »No poet, no artist of any art, has his complete meaning alone. [...] You cannot value him alone; you must set him, for contrast and comparison, among the dead. I mean this as a principle of aesthetic, not merely historical, criticism.«[33] Die historische Literaturkritik muss demnach ästhetische Aussagen generieren. Eliot wendet sich damit gegen die überkommene Literaturwissenschaft, die rein historische Forschungen für Literaturkritik hält, während sie über das Kunstwerk nichts auszusagen weiß.[34] Er hingegen erhebt die historische Betrachtung zu einem ästhetischen Prinzip. Denn mit jedem neuen Werk werde die bestehende Ordnung der Kunstwerke verändert; die Beziehungen, Proportionen und Werte jedes Werks werden im Verhältnis zum Ganzen neu angepasst *(readjusted)*.[35] Und genau diesen Prozess wiederum habe Leavis, folgt man seinem Verteidiger McLuhan, in seinen Betrachtungen einzelner Dichter und Gedichte für die vorherrschende Ordnung traditioneller englischer Dichtung dargelegt. Mehr noch, er habe auf diese Weise jene Einsicht für die allgemeine Erkenntnis und Erfahrung intelligenter Leser zugänglich gemacht. Das kritische Urteil repräsentiere die Erweiterung und Verbesserung *(refinement)* des Empfindungsvermögens *(sensibility)* als Modus der kritischen Aktivität und der

---

31 Vgl. McLuhan: Poetic vs. Rhetorical Exegesis, S. 270.
32 Vgl. McLuhan: Poetic vs. Rhetorical Exegesis, S. 273–275.
33 Eliot: Tradition and the Individual Talent, S. 15.
34 Eliots ästhetischer Anspruch wurde allerdings vom Zeitgenossen Ransom infrage gestellt, vgl. das Kap. »T. S. Eliot. The Historical Critic« in Ransom: *The New Criticism*, S. 133–208, S. 141: »[T]he judgment that a poetic practice is in accord with [tradition], or not in accord with [tradition], remains a historical judgment; it is not a critical judgment.« Gegen Ransoms Einschätzung vgl. wiederum das Kap. »T. S. Eliot (1888–1965)« in Wellek: Geschichte der Literaturkritik 1750–1950, Bd. 4.1, S. 213–262, S. 238. Vgl. auch Kap. III.1 in diesem Band.
35 Vgl. McLuhan: Poetic vs. Rhetorical Exegesis, S. 272, wo dieser Zusammenhang in Eliots Worten aus »Tradition and the Individual Talent« zitiert wird: »[A]fter the supervention of novelty, the whole existing order must be, if ever so slightly, altered; and so the relations, proportions, values of each work of art toward the whole are readjusted; and this is conformity between the old and the new.«

unterscheidenden *(discriminatory)* Lektüre und Reaktion *(response)*, welche doch die Kritikerkunst ausmachten und über deren Vor-Recht hier entschieden werden soll.[36]

1.2 Excessus: Der ›dramatische‹ Bezug in der Geschichte

McLuhan lässt sich in der Darbietung dieses Zusammenhangs zu einem kurzen Exkurs, zur Aus- und Weiterführung dieser Ideen in eigenen Worten, hinreißen. Eliots Aussage über die Veränderungen der Literaturgeschichte mit jedem neuen Kunstwerk impliziert demzufolge die Betrachtung der gesamten europäischen Literatur als ein einziges Theaterstück mit eigenem dramatischen Prinzip:

> Genuinely new work is thus like a new development in a play. It tells us something about the preceding events of the play which we could not have seen before, and it alters the relations and tensions between the events which have already occured. At the same time the new event must be seen as inherent in the earlier dramatic movement.[37]

Eliots radikale Konzeption einer ›simultanen‹ oder ›idealen‹ Ordnung der Literaturgeschichte,[38] wird im *excessus*[39] des Anklageverteidigers selbst zur drama-

---

[36] Vgl. McLuhan: Poetic vs. Rhetorical Exegesis, S. 272 f. Damit sind auch die entscheidenden Parameter der Literaturkritik nach Leavis aus späterer Sicht angesprochen. Für Wellek etwa bot Leavis den ersten Versuch, die Geschichte der englischen Dichtung aus der Perspektive des zwanzigsten Jahrhunderts neu zu schreiben. Sein Anspruch an die Kritik sei gewesen, Intelligenz und Einfühlungsvermögen zu trainieren, die Sensitivität und die Genauigkeit der Reaktionen zu kultivieren. Vgl. das Kap. »F. R. Leavis und die Scrutiny Gruppe. Der spätere Leavis« in Wellek: Geschichte der Literaturkritik 1750–1950, Bd. 4.1, S. 286 u. 290.
[37] McLuhan: Poetic vs. Rhetorical Exegesis, S. 272.
[38] Vgl. McLuhan: Poetic vs. Rhetorical Exegesis, S. 273: »All poetry, past and present, as forming a simultaneous order [...] [, t]he perception of the traditional in modern poetry is thus an inevitable feature of enjoying the contemporaneity of past poetry.« Vgl. Eliot: Tradition an the Individual Talent, S. 15: »[W]hat happens when a new work of art is created is something that happens simultaneous to all the works of art which preceded it. The existing monuments form an ideal order among themselves, which is modified by the introduction of the new (the really new) work of art among them.« Vgl. auch Eliot: The Function of Criticism (1923), S. 23: »I thought of literature then [...] not as a collection of the writings of individuals, but as ›organic wholes‹, as systems in relation to which, and only in relation to which, individual works of literary art, and the works of individual artists, have their siginificance.« Vgl. den Kommentar und die historische Einordnung von Schwartz: Eliot's Ghosts, S. 17 f.
[39] Vgl. Quintilianus: Institutionis Oratoriae. Ausbildung des Redners, Bd. 1, III.9.1 (S. 384/385): Exkurs *(excessus)* als zusätzlicher Teil der Gerichtsrede, und IV.3 (S. 488/489–494/495): Der Exkurs.

tischen Konstellation stilisiert. Der Fortgang der Literaturgeschichte sei wie der Fortgang eines Theaterstücks. Ein neues Ereignis gebe Auskunft über die vorhergehenden Ereignisse des Stücks in einer Weise, in der die früheren Ereignisse zuvor nicht ersichtlich waren. Dabei veränderten sich die Relationen und Spannungen zwischen den bereits stattgefundenen Ereignissen. Und zugleich gebe sich das neue Ereignis als der früheren dramatischen Bewegung inhärent zu erkennen.

Eliots relationale und damit ahistorische Auffassung von Literaturgeschichte erscheint mit diesem Exkurs nicht nur als den historischen Entwicklungserzählungen über Literatur entgegengesetzt. Vielmehr wird in dieser Zusammenführung mit der Anordnung in einem Theaterstück auch die traditionelle Konzeption des Dramatischen aus den Angeln gehoben. Zwar lässt sich das Wesentliche des Dramas durchaus im »reine[n] Bezug« ausmachen[40] – zunächst im engeren Sinne des zwischenmenschlichen Bezugs der Akteure aufeinander, im weiteren Sinne dann auch als Bezug, der sich zwischen den zwischenmenschlichen Konstellationen im Verlauf der Handlung permanent aufbaut –, und das Dramatische würde insofern als relationales Modell für die hier formulierte Geschichtsauffassung Pate stehen können. Jedoch gilt das dramatische Geschehen unter Rückbezug auf Aristoteles' Tragödiendefinition von jeher als vor allem »geschlossene und ganze Handlung«.[41] Das Drama gilt als Mimesis von handelnden Personen. Dabei geht die dramatische Bewegung linear vom Anfang über die Mitte zum Ende des Stücks hindurch. Der Anfang kann vermittelt durch den Mittelteil auf das Ende wirken. Offene Enden, bei denen jede weitere Entwicklung das Stück und seine Einsätze noch einmal neu ausrichtet, sind nicht vorgesehen.[42] Letzteres entspricht indessen der literaturgeschichtlichen Konzeption Eliots, wenn sie erst einmal von einem übereifrigen Advokaten[43] mit der Anordnung und dem Verlauf eines Theaterstücks gleichgesetzt wird. Während die aristotelische dramatische Bewegung sich auf handelnde *personae* bezieht und teleologisch ihrem Ende entgegenstrebt, ist sie in Eliots vermeintlicher »dramatic vision of history«[44] eine, die verschiedene Positionen zuordnet, Verschiebungen im Verlauf denkt und die vor allem vom jeweiligen Ende her ständig umgelenkt werden kann.[45]

---

40 Szondi: Theorie des modernen Dramas, S. 15.
41 Vgl. Aristoteles: Poetik, 7 (S. 25); ebenso: Szondi: Theorie des modernen Dramas, S. 15.
42 Vgl. Aristoteles: Poetik, 7 (S. 25).
43 Zur Auffassung des Exkurses als Befriedigung des Geltungsbedürfnisses des Redners vor Gericht vgl. Quintilianus: Institutionis Oratoriae. Ausbildung des Redners, Bd. 1, IV.3.2 (S. 488/489).
44 McLuhan: Poetic vs. Rhetorical Exegesis, S. 272.
45 Vgl. Eliot: Tradition and the Individual Talent, S. 16.

Die ›*dramatic unity*‹, welche McLuhan zur Beachtung in jeglichem kritischen Urteil über Dichtung für unabdingbar hält, erweist sich bezogen auf die Geschichte der Dichtung als kontingent. Man muss den Punkt, der alles andere ausrichtet, erst zu fassen kriegen, und jener Punkt ist ein anderer je nach dem Zeitpunkt des Zugriffs auf die historisch gewachsene Konstellation. So jedenfalls hat es auch der Kläger in diesem Verfahren bereits 1936, in der Einleitung seines Buchs *Revaluation* selbst hervorgehoben: Gegenwärtige Dichtung muss nach Leavis von einem eindeutigen Standpunkt aus berücksichtigt werden. Und dieser Standpunkt beziehe sich so sehr auf das Gegenwärtige wie auf die Vergangenheit. Dabei versuche der Kritiker, die gegenwärtige Dichtung als zeitgenössisches Leben der Tradition zu sehen. Da die Tradition für den Kritiker in einer bestimmten Zeit lebendig sei *(alive in so far as it is alive for us)*, könne jede Rechenschaft über (bei Leavis immer: englische) Dichtung gar nicht anders als vom klaren Standpunkt eines in der Gegenwart Lebenden aus gegeben werden.[46] Für den Anklageverteidiger McLuhan wird mit dieser Einschätzung die Dichtung insgesamt, »as forming a simultaneous order«,[47] der Kontemplation und der Erweiterung und Ordnung des Empfindungsvermögens *(sensibility)* zugänglich. Das jeweils Zeitgenössische oder Traditionelle in altehrwürdiger oder moderner Dichtung sei aber eben weder das Rhetorische, noch das Psychologische oder Politische; es wohne vielmehr dem unausweichlich dramatischen Charakter der Gedichte inne.[48]

Gedichte sind nach McLuhans Darlegung ›dramatisch‹, insofern sie Handlungen seien, die zur Kontemplation aufforderten. In der Kontemplation gilt es mit Eliot und Leavis die verschiedenen Komponenten des Gedichts zu erkennen, wie sie sich gegenseitig hervorriefen, beeinflussten und herausforderten und wie sie schließlich im Kunstwerk zu einem Ganzen zusammengeführt würden, das eine Einheit der Erfahrung ermögliche.[49] Die poetische Methode untersucht daher eine sogenannte ›dramatische‹ Struktur poetischer Texte und erkennt darin die Grundlage für den jeweiligen Wert des Gedichts. Strukturelle Zwänge, Interaktionen und Fusionen bringen in dieser Auffassung die dramatische Integrität der Dichtung hervor und machen sie demgemäß als bedeutend oder unbedeutend bewertbar.

Darüber hinaus – im *excessus* – erweist sich die Literaturgeschichte selbst als der dramatischen Struktur ergeben. Sie ist dank Eliots relationaler Auffassung von Literatur »als jenseits der Zeit stehend«[50] selber in die Zwänge des ›Zwi-

---

46 Vgl. Leavis: Revaluation (1936), S. 1 f.
47 McLuhan: Poetic vs. Rhetorical Exegesis, S. 273.
48 Vgl. McLuhan: Poetic vs. Rhetorical Exegesis, S. 273.
49 Vgl. zu McLuhans Poetik in den 1940er Jahren Kap. III.1 in diesem Band.
50 Wellek: Geschichte der Literaturkritik 1750–1950, Bd. 4.1, S. 238.

schen‹, in die Sphäre des dramatischen Bezugs, des gegenseitigen aufeinander Einwirkens in einem Theaterstück geraten.[51] Literaturgeschichte ist demnach keine kumulative oder kontinuierliche Entwicklung im herkömmlichen Sinne, Literaturgeschichte vollzieht sich vielmehr zwischen Antagonisten und in der Opposition verschiedener Methoden. Und diese agonale Anordnung wiederum hat die Dichtung und die Literaturgeschichte mit der Aufstellung der Literaturkritiker vor dem Gericht des Tricksters gemeinsam.[52] Wo könnten solche ›dramatischen‹ Konstellationen auch besser zur Sprache gebracht werden als vor Gericht?

2 Vorverhandlungen in *The Place of Thomas Nashe in the Learning of His Time* (Dissertationsschrift, 1943)

Eine solche Wettstreit-Situation in der Literaturgeschichte hat Leavis' Verteidiger McLuhan auch schon in den Jahren zuvor – quasi noch als Referendar der Literaturkritik – beim Verfassen seiner Qualifikationsschrift *The Place of Thomas Nashe in the Learning of His Time* (1943) beobachtet.[53] Der darin behandelte Renaissance-Autor Thomas Nashe (1567–ca. 1601) schrieb einen Großteil seiner Pamphlete und Essays in der wetteifernden Auseinandersetzung mit seinem Konkurrenten Gabriel Harvey (1545–1630). Schon in den Produktionsbedingungen dieser Literatur – und damit in dem, was Literaturgeschichte geworden ist – ist die agonale Konstellation also angelegt. Hier werden ähnliche Rechtmäßigkeitskämpfe bezüglich des Zugriffs auf Literatur ausgefochten wie in der Gerichtsverhandlung zur Literaturkritik Leavis' gegenüber den Analyseinstrumenten Richards' und Empsons.

Für die Dichtung und Literaturkritik des elisabethanischen Zeitalters insgesamt muss indessen kein Tribunal veranstaltet werden, hier sitzen die Akteure bereits selbst zu Gericht. Anklage und Verteidigung übernehmen die Pamphlete

---

51 Vgl. Szondi: Theorie des modernen Dramas, S. 14 f.
52 Zu den wechselseitigen Anleihen von (sportlichem) Wettkampf, Aufführung und Entscheidung zwischen Stadionlauf *(dromos)* und Theaterstück *(drama)* (beides Ableitungen vom Verb *dran* als ›handeln/entscheiden‹) als Grundanordnung der Rechtsprechung vgl. das Kap. »Die Herkunft der Entscheidungssituation aus dem Agon« in Vismann: Medien der Rechtsprechung, S. 76–78. Literaturgeschichtlich sind die Überschneidungen auch in der Vereinnahmung des Theaters als Zentrum des öffentlichen Lebens durch den Gerichtshof im vierten Jahrhundert v. Chr. zu erkennen. Die großen Redner übernehmen die Aufgabe der großen Tragiker. Vgl. Rötzer: Traditionalität und Modernität in der europäischen Literatur, S. 12.
53 Vgl. Herbert Marshall McLuhan: The Place of Thomas Nashe in the Learning of his Time, PhD dissertation 1943, publiziert als: McLuhan: The Classical Trivium. The Place of Thomas Nashe in the Learning of his Time (2006).

der historischen Schriftgelehrten eigenhändig. Auch ihnen geht es um Fragen der Legitimität und sie treten als scharfe Richter über Literatur auf.[54] Diese Schriften sind Apologien, sie oszillieren zwischen Gerichts- und Lob- bzw. Schmährede und stehen damit in der Tradition der Rednerwettstreits.[55] Die Renaissance-Traktate sind losgelöst von ihrem agonalen Kontext gar nicht zu verstehen, wie auch McLuhan für die Einschätzung der Nashe-Schriften gegenüber der seinerzeit aktuellen Nashe-Forschung betont:

> I shall show that the Harvey-Nashe quarrel is fully understandable in terms of much the same issues that pitted Reuchlin, Erasmus, Agrippa, More, Rabelais, Aretino, and Von Hutten against the bulk of their scholastic contemporaries. [...] Since, in recent years, few have understood the precise nature of the quarrels between Erasmus and the Schoolmen, it is small wonder that the Harvey-Nashe quarrel has remained unsolved.[56]

In der Einleitung zu seiner Dissertationsschrift behauptet McLuhan sogar, ein neues Kapitel in der Nashe-Forschung aufzuschlagen, wenn er (ganz im Ansinnen Eliots) diesen Autor in seiner Tradition zu betrachten gedenkt. Gerade Nashes konventionelle Pose, die rhetorischen Techniken und die gewollte Künstlichkeit, die im Zusammenhang mit patristischer und mittelalterlicher Schwulst *(euphuism)* zu sehen seien, müsse als künstlerische Grundanschauung *(assumption)* (an-)erkannt und dürfe nicht als schlichtweg konservativ übergangen werden.[57] Nashes rhetorische Mustergültigkeit stehe in einer Bildungstradition: »The problem of understanding Thomas Nashe is the same problem as that of discovering the main educational traditions [...].«[58]

Mit der Entdeckung der Hauptströmungen der Bildungsgeschichte lässt sich das undurchschaubare Problem der Nashe-Forschung, der Kampf zwischen Harvey und Nashe, für McLuhan endlich lösen.[59] Die elisabethanischen Antagonisten gerinnen in der Dissertationsschrift daher zu fast tragischen Figuren in

---

54 Vgl. das Selbst- und Fremdbeschreibungsvokabular der elisabethanischen Literatur und ihrer Kritik im Kap. »Introduction« in Smith (Hg.): Elizabethan Critical Essays (1904), Bd. 1, S. xi–xcii, u. xiv f. Auch McLuhan griff für die Darlegung einiger dichtungstheoretischer Positionen der elisabethanischen Literatur auf diese Ausgabe zurück, vgl. McLuhan: The Classical Trivium, S. 211 u. 236.
55 Vgl. Traninger: Techniken des Agon, insb. S. 633 u. 645. Hier wird die agonale Grundstruktur, in die sich die Pamphlete stellen, der Tradition der Lob- und Schmähreden zugeschrieben. Für die untersuchten Schriften Thomas Nashes stellt McLuhan ebenfalls dieses rhetorische Erbe fest. Vgl. McLuhan: The Classical Trivium, u. a. S. 237 f.
56 McLuhan: The Classical Trivium, S. 209.
57 Vgl. McLuhan: The Classical Trivium, S. 4.
58 McLuhan: The Classical Trivium, S. 6.
59 Vgl. McLuhan: The Classical Trivium, S. 209.

einem viel größeren Drama, das sich in der Literatur- und Kulturgeschichte abspielt. Sie spielen sozusagen kleinere Rollen in einem viel größeren Kräftemessen der Disziplinen des Triviums, im Konkurrenzkampf der drei sprachbezogenen, propädeutischen Künste der Grammatik, Dialektik und Rhetorik, die den Kern des antiken und mittelalterlichen Bildungssystems bildeten.[60]

2.1 Kriegsberichterstattung: Der Kampf zwischen Grammatik, Dialektik und Rhetorik

McLuhans Doktorarbeit legt nichts weniger als eine Geschichte des Triviums zur Einordnung der Schriften Nashes vor. *The Place of Thomas Nashe* entdeckt eine historische Rivalität zwischen Grammatik, Dialektik und Rhetorik, die durch die Jahrhunderte auf die Literaturgeschichte wirkt. Die Dissertationsschrift ist daher einerseits nach den historischen Bildungsepochen von Antike (bis zum fünften Jahrhundert n. Chr.), Mittelalter (vom fünften bis zum zwölften Jahrhundert) und Spätmittelalter mit Renaissance-Humanismus (vom zwölften Jahrhundert bis Anfang des sechzehnten Jahrhunderts) strukturiert und andererseits in jeder Epoche nach den Künsten des Triviums unterteilt. Erst der letzte große Teil der Arbeit ist Thomas Nashe (sechzehntes Jahrhundert) gewidmet und ebenfalls durch Grammatik, Dialektik und Rhetorik gegliedert.[61]

Für McLuhan stellt sich die Geschichte des Triviums hauptsächlich als eine Geschichte von Aufstieg *(ascendancy)* und Fall *(decadence)* dar. Dies kehrt er schon bei der Untersuchung der Dialektik in der Antike hervor. Auf die Dramaturgie der restlichen Teile der Arbeit vorausweisend, erscheint der Streit zwischen Dialektik und Rhetorik als Teil einer Geschichte der Rivalität zwischen allen drei Künsten.[62] In dieser Auseinandersetzung bietet die alte Grammatik – die von der

---

[60] Vgl. Christes: Art. Artes liberales, und McLuhans Quelle zum Thema: Marrou: Augustinus und das Ende der antiken Bildung, S. 183f.
[61] McLuhan hantiert jedoch weder mit der Unterteilung der Mittelalterepochen noch mit der konkreten Angabe von Jahrhunderten in seiner Gliederung. Stattdessen sind die Epochen der Arbeit durch die Namen großer Autoritäten angegeben. Dies kann als Hinweis auf die vornehmlich grammatische Herangehensweise der *enarratio* (in diesem Fall eine *enarratio hominum litteratorum*) dieser Arbeit angesehen werden. Vgl. das Inhaltsverzeichnis in McLuhan: The Classical Trivium:
Kapitel 1: The Trivium until St. Augustine, A. Grammar, B. Dialectics, C. Rhetoric;
Kapitel 2: The Trivium from St. Augustine to Abelard, A. Grammar, B. Dialectics, C. Rhetoric;
Kapitel 3: The Trivium from Abelard to Erasmus, A. Grammar, B. Dialectics, C. Rhetoric;
Kapitel 4: Thomas Nashe, A. Grammar, B. Dialectics, C. Rhetoric.
[62] Vgl. McLuhan: The Classical Trivium, S. 42.

uns geläufigen zu unterscheiden ist – zunächst die vorrangige wissenschaftliche und später theologische Methode. Mit dem Aufleben *(revival)* der Dialektik im elften und zwölften Jahrhundert allerdings wird der ungebrochene Aufstieg *(uninterrupted ascendancy)* der Grammatik aufgehalten. Darauf folgt der Niedergang *(decadence)* der dialektischen bzw. scholastischen Theologie im vierzehnten und fünfzehnten Jahrhundert, durch den sowohl Grammatiker als auch Rhetoriker wieder vorpreschen konnten und schließlich in Werk und Einfluss von Erasmus (1466–1536) triumphieren.[63] So jedenfalls lautet die Grobzusammenfassung des großen von *The Place of Thomas Nashe* herausgearbeiteten Kriegsdramas der Literatur- und Kulturgeschichte im Abschnitt zur Dialektik in der Antike. Der agonale Bezug dieses Dramas ist ein kriegerischer Bezug zwischen allen drei Künsten. Es gibt Angriffe, Zerstörung und Verwüstung, aber auch Wiederaufbau und siegreiches Emporkommen aus der Unterjochung.

The Place of Thomas Nashe präsentiert sich somit als eine Art großangelegte Kriegsberichterstattung zum solchermaßen ausgemachten abendländischen Drama der Bildungsgeschichte. Durch Antike, Mittelalter und Renaissance hindurch zeichnet McLuhan die Frontstellungen und Positionen der drei Künste nach, die ich im Folgenden gerafft wiedergebe: Der anfänglich unbehelligte Siegeszug der antiken Grammatik verdankt sich demnach dem Zusammenfall von Sprachdisziplin und Wissenschaft im alten Abendland. Die Lehre vom Logos verband die Ordnung der Sprache mit der Ordnung der Natur. Die Mittel der Wissensproduktion waren maßgeblich sprachliche Verfahren, wie Etymologie und Allegorese, mit denen man homerischen Epen und volkstümlichen Mythologien Einsichten über die Welt entnahm.[64] Die allegorische Auslegungspraxis setzte sich in den etymologischen Studien der professionellen Grammatiker Griechenlands und Roms fort, wurde in der grammatischen Exegese Philons von Alexandria (20 v. Chr.– 54 n. Chr.) auf das Alte Testament angewendet und bildete alsbald das Handwerkszeug des frühchristlichen Bibelstudiums.[65] Damit ist für McLuhan eine Linie, eine

---

63 Vgl. McLuhan: The Classical Trivium, S. 42
64 McLuhan: The Classical Trivium, S. 20. S. 18–20 zum Zusammenhang von Homer- und Mythenallegorese mit stoischer Philosophie und Kosmologie. Referenztexte McLuhans sind: E. Vernon Arnolds Studie *Roman Stoicism* (1911), John Edwin Sandys' *A History of Classical Scholarship from the Sixth Century B.C. To the End of the Middle Ages* (1903), Emile Bréhiers *Les idées philosophiques et réligieuses de Philon d'Alexandrie* (1925) oder Henri-Irénée Marrous *Augustinus und das Ende der antiken Bildung* (1938). Nach McLuhan stehen noch Platons *Timaios*, die Naturgeschichte bei Plinius dem Älteren oder auch der Platonismus von Augustinus in dieser Tradition (S. 21 f.).
65 McLuhan: The Classical Trivium, S. 18–28. Zum geschichtlichen Abriss vgl. auch Joosen/Waszink: Art. Allegorese, insb. Sp. 284–287, sowie Jaumann: Critica, S. 47–67. McLuhan bezieht sich in der Kontinuität der allegorischen Wissensproduktion u. a. auf die griechischen und römischen

Tradition, von der vorsokratischen Götterallegorese über die antiken Grammatikstudien zur patristischen Theologie aufgezeigt. Doch die »›classroom‹ grammar« der antiken Welt reicht nach McLuhan noch weiter. Sie ist bis in die nordamerikanischen Universitäten der 1940er Jahre wirksam und gleicht für McLuhan in der Verwendung semantischer, etymologischer und praktischer Textkritik letztlich noch der Literaturforschung und -kritik seiner eigenen Zeit.[66]

Die antike Rhetorik steht in McLuhans literaturgeschichtlichen Forschungen mit der antiken Grammatik in engem Zusammenhang. Ihr oblag demnach die ›sprechende Dimension des Logos‹, der mit ›*ratio atque oratio*‹ ins Lateinische übersetzt worden war.[67] Der gelehrte Redner – hier ist natürlich Ciceros Ideal des *doctus orator* angesprochen – lenkte mittels einer soliden Ausbildung in den Sprachdisziplinen und den enzyklopädischen Künsten, ergänzt durch das politische Training der Gerichtshof-Praxis die Geschicke der Gemeinschaft.[68] McLuhan führt daher die englischsprachige Unterscheidung von *oratory* und *rhetoric* ein, die im Deutschen vielleicht durch ein ›n‹ angezeigt werden könnte: Rednerkunst gegenüber Redekunst. Redekunst bestünde demnach in der alleinigen Anwendung rhetorischer Regeln und Elemente; sie nähme den ganzheitlichen

---

Grammatiker Kleanthes, Chrysippos, Krates aus Mallos, Annaeus Cornutus, Macrobius und Varro. Er zitiert zum Beleg die vier Stufen des etymologischen Umgangs mit dem (unbekannten) Wort nach Varro: *quo populus estiam venit* (wohin sogar das Volk gelange), *quemadmodum quodque poeta finxerit verbum, quod confinxerit, quod declinarit* (die Arten und Weisen der Dichterworte), *communis consuetudo* (der allgemeinen Gewohnheit bzw. im Einklang mit der hellenistischen Sprachtheorie über Analogienbildung) und *ibi est aditus et initia regis*, was die von McLuhan zitierte Loeb-Ausgabe als ›Heiligtum‹ und das ›Wissen der hohen Priester‹ übersetzt, vgl. Varro: De lingua Latina, V.7–8, zit. nach McLuhan: The Classical Trivium, S. 27). Vgl. auch Dahlmann: Varro und die hellenistische Sprachtheorie, S. 26 u. Anm. 3.

66 Vgl. den Hinweis zur Traditionslinie bis zu Alfred Korzybski und zur Chicago School of Encyclopedists in McLuhan: The Classical Trivium, S. 27, sowie ebd., S. 29 f. Vgl. S. 30: »Concerning the general character of grammar schooling [in der römischen Antike], there is a great variety of consonant evidence which shows that it corresponds to a simultaneous application of disciplines which today are associated with literary research and criticism. Etymology and semantics, the study of figures of speech, of thought, and emotion, prosody, textual criticism, historical *explication de texte*, and practical criticism were all brought into play in a word by word, line by line reading of the poets.« Traditionell bestand die antike Grammatik aus zwei Teilen, von denen einer die Schreib- und Lesekunst einübte (*recte loquendi scientia*, das Wissen von der richtigen Rede) und der andere die Auslegung der Dichter (*poetarum enarratio*) unternahm. Dem entsprechen heute in etwa die Sprachwissenschaft und die Literaturwissenschaft. Vgl. Lausberg: Handbuch der literarischen Rhetorik, §§16–31. Gegen diese allzu einfache Kontinuierung zwischen den antiken *Artes* und den zeitgenössischen Wissenschaften wendet sich im Hinblick auf die Figurentheorie Schüttpelz: Figuren der Rede, S. 22 f. Vgl. auch Stockhammer: Grammatik, insb. S. 33–37
67 McLuhan: The Classical Trivium, S. 63 f. u. 65 f.
68 Vgl. McLuhan: The Classical Trivium, S. 65 f.

Ansatz einer enzyklopädischen Bildung nicht ernst und erreichte nicht das Ideal der ciceronianischen Eloquenz.[69] Augustinus' (354–430) *De doctrina christiana* steht für die von McLuhan beobachtete antike grammatisch-rhetorische Eintracht in Wissensbildung und -vermittlung. Zuerst trage die Grammatik Bedeutungen und Wissensbestände zusammen, dann übernehme die Rhetorik die Bekanntmachung jenes Wissens.[70]

In der Kunst des Auffindens von Argumenten und des Abwägens verschiedener Standpunkte überschneiden sich schließlich Rhetorik und Dialektik an ihren abendländischen Anfängen. In Ermangelung einer Geschichte einer sich selbst bewussten Dialektik in der Antike[71] bleibt für McLuhan zunächst nur, einen Krieg zwischen Dialektikern und Rhetorikern *(war between the dialecticians and rhetoricians)* festzustellen.[72] Der Krieg beginne, sobald die Sophisten die Dialektik ihrer Überredungskunst unterzuordnen versuchten, und dann setze er sich über viele historische Auseinandersetzungen bis zu Nashe und Harvey fort.[73]

> The war between these literary camps is basically the opposition between dialectics and rhetoric to control the modes of literary composition; and the ramifications of this opposition stretch into the realms of ethics and politics, both in antiquity and in the Renaissance. For example, the ethical, political, and stylistic opposition between Machiavelli and Castiglione, between Harvey and Nashe, are at bottom, and on the surface, owing to a reconstitution of ancient rivalries between dialectics and rhetoric.[74]

Die Kriegsberichterstattung zur Verortung der Schriften Nashes kann damit ihren Lauf nehmen. McLuhan stellt für das Mittelalter zunächst das Weiterwirken der grammatisch-rhetorischen Eintracht fest. Die mittelalterliche Literatur gründe in der grammatischen Kunst, ihre Charakterdarstellungen und Beschreibungsmittel in der Rednerkunst.[75] Ebenso sei eine lebendige Rhetorik im Recht durch eine florierende Grammatik im Rechtsstudium ergänzt.[76] Die ununterbrochene

---

69 Vgl. McLuhan: The Classical Trivium, S. 68. McLuhan verweist hier auf Ciceros Kritik an den Rhetorik-Lehrern (De Oratore I, xxiii–xxxvi).
70 Vgl. McLuhan: The Classical Trivium, S. 73.
71 Vgl. McLuhan: The Classical Trivium, S. 39.
72 McLuhan: The Classical Trivium, S. 42.
73 Namentlich werden die Auseinandersetzungen zwischen attischem und asianischem Stil, zwischen Senecanern und Ciceronianern genannt. Vgl. McLuhan: The Classical Trivium, S. 42. Zu den Bezeichnungen und den historischen Standpunkten vgl. einführend Rötzer: Traditionalität und Modernität in der europäischen Literatur, S. 12–15 u. 20–24, sowie Robert: Die Ciceronianismus-Debatte.
74 McLuhan: The Classical Trivium, S. 42.
75 Vgl. McLuhan: The Classical Trivium, S. 91–95 u. 111–116.
76 McLuhan: The Classical Trivium, S. 122.

Tradition der Grammatik werde durch ihre Methode, die Exegeseweise, abgesichert.[77]

Doch noch im Mittelalter wird die Kontinuität des grammatischen Zugriffs auf Geschriebenes wie auf Welt durch dialektische Übergriffe beeinträchtigt.[78] Der Logik-Unterricht habe bis zum zwölften Jahrhundert allmählich expandiert. Die Topik nach Cicero sei dabei der aristotelischen Topik zu- und derart der dialektischen ›Argumentation‹ untergeordnet worden.[79] Mit dieser Unterordnung der Rhetorik gelingt der Dialektik in den Augen McLuhans auch der erste Schlag gegen die Grammatik:[80] In den großen theologischen Kontroversen über Eucharistie und Vorsehung ergänzte sodann die Dialektik zunehmend das grammatische Vorgehen.[81]

Mit dem zwölften Jahrhundert artet die Fehde in kriegerische Auseinandersetzungen um das Privileg, die exklusive Dienerin der Theologie zu sein, aus.[82] Wo die Grammatiker die Autoritäten zu Wort kommen ließen, ging es den Dialektikern McLuhans Forschungen zufolge um eine Hierarchisierung der Autoritäten im Namen einer einheitlichen christlichen Doktrin. Sie identifizierten gleiche Konzepte in verschiedenen Texten und wiesen Verschiedenheit in anscheinend übereinstimmenden Texten auf.[83] So konnte sich nach McLuhan die Theologie als wissenschaftliche Disziplin ausbilden: in Anwendung der Dialektik auf die Bibel.[84]

---

[77] Vgl. McLuhan: The Classical Trivium, S. 91 f., so dass McLuhan schließlich Leavis' Programm der ›Revaluation‹ für die Renaissance auf der Grundlage der herausgearbeiteten grammatischen Traditionslinie fordern kann (vgl. McLuhan: The Classical Trivium, S. 147).
[78] Vgl. McLuhan: The Classical Trivium, S. 103–107.
[79] Vgl. McLuhan: The Classical Trivium, S. 105. Vgl. hierzu auch Conley: Rhetoric in the European Tradition, S. 78–80.
[80] Vgl. McLuhan: The Classical Trivium, S. 107.
[81] Vgl. McLuhan: The Classical Trivium, S. 105 f. Zu diesem Abriss sowie zum Wortlaut bei McLuhan vgl. die ausführlichen Darstellungen von McKeon: Renaissance and Method in Philosophy, S. 50 f. u. 67–70. Der gesamte Abschnitt zur Dialektik im Mittelalter wird mit Hinweis auf McKeons Aufsatz über Rhetorik im Mittelalter eingefasst (S. 103).
[82] Vgl. McLuhan: The Classical Trivium, S. 169.
[83] Vgl. McLuhan: The Classical Trivium, S. 172–174. Zu dieser Argumentation lassen sich Vorlagen bei McKeon: Renaissance and Method in Philosophy, S. 69 f. u. 109 f., teils im Wortlaut finden.
[84] Vgl. McLuhan: The Classical Trivium, S. 172. Dies lässt sich zudem mit einem institutionengeschichtlichen wie epistemologischen Hintergrund versehen, den Jos Decorte beschreibt. Demnach ist der Ort dieser wissenschaftlichen Theologie die Universität, an der die Scholastik gelehrte und lehrhafte Disputation weitab von den existentiellen Suchbewegungen an den Kathedralenschulen einübt. Vgl. Decorte: Eine kurze Geschichte der mittelalterlichen Philosophie, S. 151–154, insb. S. 152. Vgl. dies im Zusammenhang mit Erasmus bei McLuhan: The Classical Trivium, S. 161.

Sobald die Dialektik jedoch im Zuge der spätmittelalterlichen Scholastik, also der an den Universitäten gelehrten, formalen Untersuchungs- und Argumentationsmethode, auf die anderen Künste übergreift, kommt es für McLuhan gewissermaßen zu pervertierten Formen der Disziplinen. So führe die Lösung grammatischer Probleme mit dialektischem Instrumentarium in spekulative Gefilde, zur *Grammatica speculativa*. Diese suche nach einem rationalen Geist, der sich in der Sprache ausdrücke, und ziehe alle Sprachen in dieser einen Funktion zusammen.[85] Kleinteilige Spekulationen über Wortarten und ontologische Kategorien zeichnen die *Grammatica speculativa* aus, nicht aber ein enzyklopädischer Zugriff auf Sprache und Dichtung. Sprachstudien dieser Art sieht McLuhan an ›vorderster Front‹ der Linguistik seiner Tage verwirklicht. In der dazugehörigen Fußnote erscheint der 1944 vor Gericht gestellte Richards als spekulativer Grammatiker.[86]

Auf dem Weg zum Humanismus verschieben sich die Fronten im Gefecht um den rechten Bildungsweg nochmals.[87] Die neue Frontstellung der Rhetoriker gegen die Grammatiker hat jedoch Folgen, die sich bis hin zum Gerichtsverfahren um die legitime Literaturkritik zwischen Richards/Empson und Leavis/McLuhan von 1944 zeigen. Nun nämlich werde eine »rhetorical exegesis« etabliert, zu der vor allem die Calvinisten im Gefolge Petrus Ramus' (1515–1572) Zuflucht genommen hätten.[88] Dabei hätten sie figürliche Ausdrücke der Bibel als Überzeugungsmittel des Heiligen Geistes aufgefasst. Die ›rhetorische Exegese‹ führe nun die

---

85 Vgl. McLuhan: The Classical Trivium, S. 181 f., unter Bezug auf Louis John Paetows Studie *The Arts Course at Medieval Universities with Special Reference to Grammar and Rhetoric* (1910). Für eine wesentlich enthusiastischere Auffassung über die sprachtheoretischen Leistungen der *Grammatica speculativa* vgl. Barthes: Die alte Rhetorik, S. 40 f. In den logischen Bemühungen der mittelalterlichen Grammatiker (»Logiker der Sprache«) erkennt Barthes Antizipationen des Strukturalismus. Hier beginne die Sprache nicht beim Wort *(dictio)*, sondern bei den Relationen *(Modi significandi)*.
86 Vgl. McLuhan: The Classical Trivium, S. 182 f., Anm. 43, in der McLuhan eine Geschichte der *Grammatica speculativa* anhand der Fußnoten von Horne Tookes *Diversion of Purley* (1829) konstruiert, von Thomas von Erfurt über Bacon zu Condillac. Mit J. W. Donaldson (*The New Cratylus*, 1850) sei es nicht schwer, die Geschichte bis Ogden und Richards fortzusetzen. C. K. Ogden und Richards hatten 1923 ihre Abhandlung *The Meaning of Meaning* herausgebracht und waren in den 1940er Jahren dabei, das von Ogden entwickelte *Basic English*, ein vereinfachtes Englisch, als internationale Verständigungssprache in aller Welt anzubieten. Vgl. Kap. III.3.3 in diesem Band.
87 Vgl. McLuhan: The Classical Trivium, S. 190.
88 McLuhan: The Classical Trivium, S. 190. An Ramus wurde übrigens einer der Morde in der Geschichte des literarischen Gelehrtentums verübt, auf die ich zu Anfang am Rande (vgl. Anm. 11 in diesem Kap.) hingewiesen habe. Eine Bande Mörder wurde in der Bartholomäusnacht von Ramus' erbittertem Feind Jacques Charpentier angeheuert, die den Gelehrten angeblich zuerst aus dem Fenster warf, dann durch die Straßen Paris zerrte und schließlich an der Seine köpfte. Vgl. McLuhans Quelle Miller: The New England Mind (1939), Bd. 1, S. 116 f.

Wörter und Wendungen zunächst auf ihren intentionalen Kern, auf ihre einfache Aussage zurück, welcher sich dann die dialektische Beweisführung annehmen könne.[89] Damit rückt die Rhetorik auf die Seite der Dialektik oder lässt sich von dieser vereinnahmen. McLuhan unterstreicht, Ramus habe die Einheit der Künste aufgebrochen und die ersten beiden Teile der Rhetorik *(inventio, dispositio)* der Logik übertragen, so dass der Rhetorik nur noch die Rolle der Kosmetik geblieben sei.[90] Die Dialektik selbst wiederum hat nichts mehr mit dem gemeinsamen Feld der beiden Disziplinen am Beginn ihrer Geschichte zu tun. Statt Kunst der *controversia*, der abwägenden Argumentation zweier Streitparteien, oder des gescheiten Auffindens aller Seiten eines Arguments, ist Dialektik nun eine schematische Anordnung logischer Termini, die für das logische Argument, losgelöst von einem enzyklopädischen Bildungsansatz, von Kontexten und Gesprächssituationen, abzuarbeiten ist.[91]

Die Unvereinbarkeit dieser rhetorischen Dialektik mit der grammatischen Position zeigt sich dann vor allem im Nashe-Harvey-Zwist, um dessen Erklärung willen die Bildungskriegsberichterstattung durch die Jahrhunderte ja überhaupt nur angestellt worden war. Nashe kämpft hier auf der Seite der ›Alten‹, jener Partei, der es um die Sache der reformierten grammatischen Theologie nach Erasmus mit dem ciceronischen und christlichen Ideal der Eloquenz und der ungeteilten Künste gegangen sei.[92] Im Gegensatz zur Unterstellung eines einzigen Grundgedankens einer Äußerung oder eines Textes hätten die Grammatiker traditionell verschiedene Interpretationsebenen beachtet und den Sinn der Heiligen Schrift für prinzipiell unerschöpflich gehalten.[93] So auch Roger Ascham (ca. 1515–1568) aus dem Lager Nashes, dessen *Scholemaster* (1568/1570) McLuhan zitiert. Man habe immer, und durchaus korrekt, angenommen, dass Ascham im *Scholemaster* vor den Puritanern warnt. Aber: »More precisely, he is warning that the Puritans or Calvinists who use rhetoric instead of grammar as the mode of

---

89 Vgl. McLuhan: The Classical Trivium, S. 190.
90 Vgl. McLuhan: The Classical Trivium, S. 214.
91 Zur *controversia* vgl. Conley: Rhetoric in the European Tradition, S. 30–46 u. 109–124. Zu Ramus' Dialektik vgl. McLuhans Quelle Miller: The New England Mind, Bd. 1, S. 111–153. Vgl. auch eine Zusammenfassung über die Annäherungs- und Abgrenzungsbewegungen zwischen Rhetorik und Dialektik vom heutigen Standpunkt aus bei Traninger: Techniken des Agon, insb. S. 653–663.
92 Trutzburg dieser Partei sei das St. John's College in Cambridge gewesen, mit dem Lehrer von Eduard VI. und Elisabeth I., Roger Ascham, sowie mit den Literaten John Lyly und Robert Greene. Vgl. McLuhan: The Classical Trivium, S. 213 u. 210. Der grammatischen Theologie werden zudem die Akteure John Colet, Heinrich Cornelius Agrippa und François Rabelais zugeordnet. Zu den Protagonisten der gegnerischen Partei vgl. S. 210.
93 McLuhan: The Classical Trivium, S. 190.

exegesis, in order to get rid of all figures of speech in Scripture, will bring Religion and learning to grief.«[94] Genau diese Präzisierung ist McLuhan hier wichtig. Die bestehende Sekundärliteratur habe die sehr enge Verknüpfung des Streits mit den konfligierenden Ansprüchen der Künste des Triviums im sechzehnten Jahrhundert bisher nicht erkannt.[95] Die Uneindeutigkeiten, denen sich die Forschung angesichts der Streitigkeiten ausgesetzt gesehen hätte, erscheinen derweil über die unterschiedlichen (grammatischen, dialektischen und rhetorischen) Mittel der Schriftinterpretation im sechzehnten Jahrhundert auflösbar und seien nicht auf hilflose Spekulationen über bloß persönlichen Zwist, vage »religious differences« oder Feindschaft zwischen den Mäzenen angewiesen.[96]

Diesen Kniff, der unübersichtlichen historischen Gemengelage über die historischen, verwendeten Exegesemethoden beizukommen, hat sich McLuhan, neben einigen zentralen historischen Thesen seiner Arbeit, bei dem Philosophen Richard McKeon (1900–1985) abgeschaut. In McKeons ausführlicher Abhandlung »Renaissance and Method in Philosophy« (1935) heißt es, dass die Methoden der historischen Protagonisten einen sicheren Indikator im Gewirr der Begriffe, Aussagen und Bedeutungswechsel in der Geschichte abgeben.[97] So hätten Petrus Abaelard (1079–1142) im Mittelalter und Erasmus in der Renaissance die gleichen Texte in unterschiedlicher Weise gelesen. Beide verfügten *(possessed)* mit verschiedenen Exegesemethoden über Texte und vor allem über die Bibel, und das heiße: »[T]o change the manner of reading Aristotle, Vergil, Moses and Paul is to change one's conception of God, nature, man, morals and religion.«[98] Diese methodische Herangehensweise an die Renaissance zeigt den epistemologischen Einsatz auf, der mit Lektüretechniken ins Spiel kommt und der solchermaßen für die unüberbrückbaren Differenzen auch im Streit zwischen Nashe und Harvey einstehen kann. Über die Methoden kommt McKeon von den historischen Mehrdeutigkeiten schließlich zu einer philosophischen Kontroverse.[99]

Mit McKeons Blick auf die Methoden steuert McLuhan die einzelnen Stationen seiner Dissertation an und erklärt zum Abschluss noch die Streitereien zwischen Nashe und Harvey: Nashes Pamphlete seien der Kritik der Exegesemethoden nach

---

94 McLuhan: The Classical Trivium, S. 215.
95 Vgl. McLuhan: The Classical Trivium, S. 210 u. 212. McLuhan bezieht sich auf: Ronald B. McKerrows *The Works of Thomas Nashe* (1904–1910) und Hardin Craigs *The Enchanted Glass. The Elizabethan Mind in Literature* (1936).
96 Vgl. diese (und weitere) Angriffspunkte gegenüber den Darlegungen Ronald B. McKerrows in McLuhan: The Classical Trivium, S. 210 u. 212.
97 Vgl. McKeon: Renaissance and Method in Philosophy, S. 47 f.
98 McKeon: Renaissance and Method in Philosophy, S. 47.
99 Vgl. McKeon: Renaissance and Method in Philosophy, S. 113.

Ascham verpflichtet gewesen.[100] Sie riefen die patristische Einheit von Dichtung, Eloquenz und Theologie auf. Die Frage des Stils sei dabei eine Frage der Theologie geworden[101] und die Dichtung letztlich in der antiken Konzeption einer »polysemous natural theology« verstanden worden.[102] Mit Nashes *Parnassus*-Stücken sei die Rivalität zwischen Grammatik und Dialektik in eine neue – sozusagen theologische – Phase eingetreten.[103]

Auch bei diesem Streit ist man daher besser damit beraten, nicht die konfessionellen Positionen zu verfolgen, sondern, wie von McKeon vorgeschlagen, die Exegesemethoden. Es geht für McLuhan bei dieser ›Kirchenkontroverse‹ immer auch um eminent literaturgeschichtliche Prägungen. Entgegen anderer Auffassungen von der vornehmlich religiösen Stoßrichtung der Dissertation,[104] möchte ich hier hervorheben, dass das vorrangige Problem in *The Place of Thomas Nashe* die literatur- und sprachwissenschaftliche Methodik ist, die sich mit theologischen Positionen mal verbindet, mal von diesen absteht:

> Nashe was, thus, a fully enlightened protagonist in an ancient quarrel whose origins we have carefully noted in the time of Abelard and John of Salisbury. It was not a quarrel between Catholic and Protestant, but a *dispute about methods of exegesis* in theology and preaching, concerning which some Catholics and Protestants held patristic views and some held to scholastic positions.[105]

---

100 McLuhan: The Classical Trivium, S. 213. In einem systematischen Durchgang durch die Pamphlete Nashes zeigt McLuhan (S. 216–221), inwiefern die patristische Sicht hier gegen die calvinistischen oder puritanischen Angriffe auf Dichtung und Schriftexegese steht.
101 McLuhan hat (unter Rückgriff auf Ergebnisse aus McKeon: Renaissance and Method in Philosophy, S. 72–75 u. 92–95) bereits für Erasmus den Zusammenhang von Stil und Theologie aufgezeigt. Die grammatischen Methoden seien von Erasmus für die Reform der Theologie eingesetzt worden. Dies entspreche einer theologischen Wende der Grammatik. Vgl. McLuhan: The Classical Trivium, S. 164–166.
102 Vgl. McLuhan: The Classical Trivium, S. 222.
103 Vgl. McLuhan: The Classical Trivium, S. 217.
104 Eric McLuhan etwa stellt die Forschungen zur Dissertation als Vorbereitung der persönlichen Konversion seines Vaters dar, vgl. E. McLuhan: Introduction. Vgl. auch Peters: McLuhans grammatische Theologie, wonach die Dissertation die Begründung eines Programms abgibt, dem McLuhan »den Rest seines Lebens mehr oder weniger treu [...] bleiben wird« (S.62): »[...] es erhellt [...] sein Sprachverständnis und seine Vorstellungen von Medienanalyse, sein systematisches Vermischen von Logik und Analogie, seine Unterdrückung dialektischen Denkens und seine Vorliebe für statische Metaphern« (S. 63). Peters erweitert damit bestehende Verortungen des Denkens McLuhans in religiösen Zusammenhängen (vgl. z. B. Kroker: Technology and the Canadian Mind, S. 62) um die grammatische Methode.
105 McLuhan: The Classical Trivium, S. 226 (Hervorhebung J. M.).

2.2 Historiographie des Kriegs zwischen Grammatik, Dialektik und Rhetorik

Viel eher als die religiöse Grundlegung des medientheoretischen Programms McLuhans findet sich in der Dissertationsschrift eine Auseinandersetzung mit literatur- und sprachwissenschaftlicher Methodik und der Versuch, wie McKeon über die Methoden einen Zugang zur Geschichte zu erhalten. Damit aber verschiebt sich die Problematik dieser Schrift, vom bisher in der Sekundärliteratur vorgeschlagenen religiösen Zusammenhang der Konzeption und Analyse von Sprache und Medien bei McLuhan, auf die Ebene der Geschichtsschreibung:[106] Wie schreibt man – wie schreibt der Trickster – die Literaturgeschichte zu Thomas Nashes eigenwilliger Dichtung im Lichte jahrhundertealter Disziplinen und ihrer spezifischen Methodologien?

Die Antwort der Dissertation McLuhans auf diese Frage ist unentschieden bzw. in der Unentschiedenheit der Dissertation über die Art der Geschichtsschreibung dieses Stücks Literaturgeschichte liegt die Antwort auf die Frage nach dem Schreiben dieser Geschichte. *The Place of Thomas Nashe* oszilliert zwischen Modellen kontinuierlicher Entwicklungsgeschichte und diskontinuierlichen historiographischen Verfahren. Wie in jeder guten Trickster-Erzählung klaffen hierbei *histoire* und *récit* auseinander. Der Handlungsverlauf der Geschichte bietet eine andere Lesart als die besondere Erzählweise der Ereignisse.[107]

Die *histoire* gibt eben jene Kriegsberichterstattung in *The Place of Thomas Nashe* ab, die der Erklärung von Nashes Literatur dienen soll: Ein jahrhundertealter Kampf auf dem Schauplatz der Bildungsgeschichte ist verantwortlich für bestimmte Literaturkämpfe in der elisabethanischen Zeit. Und im Gefolge der Kampfeinheiten bildet sich eine »uninterrupted tradition«[108] der Grammatik bzw. der grammatischen Methode aus. Sie gilt es in den Kriegswirren nicht aus den Augen zu verlieren. Zu Hilfe eilt dieser Erzählung unter anderem der mittelalterliche Topos der *translatio studii*. Dieser habe schon im Mittelalter die Fakten der Wissens- und Methodenvermittlung von der Antike durch das Mittelalter hin-

---

106 Peters erkennt die »Historiografie europäischer Bildungsgeschichte« in der Dissertationsschrift McLuhans und auch, dass es dabei um »Modalitäten der Analyse, der Interpretation und der Konzeption von Platon bis Nashe« geht (Peters: McLuhans grammatische Theologie, S. 62). Allerdings heben die Schlüsse, die Peters daraus zieht, auf den Nachweis eines theologischen Programms ab, dem McLuhan noch mit seinen Texten über die Frage der Medien folge. Meinen Analysen zufolge werden diese Schlüsse dem textlichen Programm der späteren Schriften McLuhans jedoch nicht gerecht. Vgl. insb. Kap. IV in diesem Band.
107 Vgl. hierzu meine Ausführungen zum Trickster als Erzählverfahren zwischen *histoire* und *récit* (nach Anne Doueihi) in Kap. I.2 in diesem Band.
108 Vgl. McLuhan: The Classical Trivium, S. 27.

durch trefflich formuliert, heißt es am Anfang des Abschnitts zum Mittelalter.[109] Und in einem resümierenden Satz auf den letzten Seiten von *The Place of Thomas Nashe* taucht der Topos als erklärendes Element dieser Erzählung auf: »In applying some basic facts concerning the trivium and the patristic motivations of the *translatio studii* to Thomas Nashe, we have seen that the supposedly nonexistent vistas and sanctions are the primary features of his work.«[110]

McLuhan macht hier auf die Leistung des Konzepts der *translatio studii* aufmerksam: Es kann noch vermeintlich nichtexistente Perspektiven und Beweggründe in wesentliche Eigenschaften verwandeln; es kann wesentliche Eigenschaften überhaupt herstellen, indem es Kontinuität konstruiert. Die Translationsvorstellung diente in der Geschichte der Historiographie stets zur Zusammenführung auseinanderliegender Orte, Zeiten, Akteure und Ereignisse auf einer thematischen Kette. Bei dem der *translatio studii* historisch vorausgehenden Konzept der *translatio imperii* wurden wechselnde Herrscher und Herrschaftsverhältnisse auf einer postulierten Kette beständiger Macht, die sich von Ort zu Ort durch die Zeiten zieht, aneinander gereiht.[111] Die *translatio studii* gewährleistete derweil die Vorstellung vom Erhalt eines Wissensbestandes über Länder- und Sprachgrenzen hinweg mittels identischer materieller Träger. So ließ sich erklären, dass und wie das Wissen von Griechenland nach Rom und weiter wanderte[112] und zugleich ließ sich der einhergehende Wissensanspruch autoritativ verbürgen und legitimieren.[113]

In seiner *histoire* zu Nashe spekuliert McLuhan in vollkommener *translatio*-Manier über die Versendung antiker Grammatikbücher von Rom nach England und von England zurück nach Frankreich.[114] Unter dem Eindruck der Studien des Historikers Etienne Gilson zur mittelalterlichen Bildung qualifiziert McLuhan die mittelalterliche Literatur *de translatione studii* als einzige authentische Beschreibung des Bücher- und Bildungstransports in »terse formulae [sic]«, welche das Fach Mittelaltergeschichte selbst nicht aufgegriffen habe.[115] Und in einer Fußnote

---

109 Vgl. McLuhan: The Classical Trivium, S. 88.
110 McLuhan: The Classical Trivium, S. 252.
111 Goez: Translatio Imperii, S. 3 u. 8. In frühchristlichen Auffassungen verbindet sich diese Vorstellung mit der Vorsehung. Vgl. Krämer: Translatio Imperii et Studii, S. 14 u. 21–27.
112 So habe es eine Übergabe der ›griechischen Blätter‹ an die Römer gegeben, aber auch bei der Beisetzung der Gebeine des Dionysios Areopagita nahe Paris sei das Wissen mitgewandert und habe die Athenische Schule nach Paris überliefert, ins mittelalterliche Zentrum des Studiums. Vgl. Krämer: Translatio Imperii et Studii, S. 38; Jeauneau: Translatio studii, S. 29 f.
113 Vgl. Krämer: Translatio Imperii et Studii, S. 14.
114 Vgl. McLuhan: The Classical Trivium, S. 82–86.
115 McLuhan: The Classical Trivium, S. 88. Vgl. Etienne Gilson: De translatione studii, unveröffentlichter Vortrag, zit. nach Jeauneau: Translatio studii, S. 3.

zeigt sich in diesem Zusammenhang gerade das Interesse für – oder die Verführung durch – das Angebot einer Kontinuitätserzählung durch die *translatio*:

> Some years after having begun a systematic study of the origins of development of the trivium, I had the good fortune to see a report of some lectures of Professor Gilson [...] on the *continuity* of classical studies in the Middle Ages. [...] These lectures [...] are of the greatest interest. Although they are not primarily concerned with the trivium, they are full of the most stimulating and helpful insights into the tangled subjects of grammar and dialectics, and have helped to clarify several points by which I had long been puzzled.[116]

In ähnlicher Weise werden die vielen abendländischen Gelehrten-, Literaten- und Theologenquerelen in die *histoire* des großen Kriegs in *The Place of Thomas Nashe* eingespeist. Die Opposition von ›antik‹ und ›modern‹ wird all diesen kleineren und größeren Streitereien zugrunde gelegt: Attizisten gegen Asianer, Ciceronianer gegen Senecaner, *antiqui* gegen *moderni* in der mittelalterlichen Theologie, italienische Humanisten gegen französische Scholastiker wie schließlich die *Querelle des Anciens et des Modernes* des französischen Klassizismus eint die Kampfaufstellung nach ›alt‹ und ›neu‹. Die daraus hervorgehende »agonale[ ] Kulturkonstitution«[117] bietet sich als Verkettungsmittel der ganz unterschiedlichen Kämpfe durch die Zeiten hindurch und mit den Streitparteien des Triviums an. Vorlagen zu solchen Entwicklungs- und Vereinheitlichungsgeschichten lassen sich in einigen historischen Pamphleten und in der Geschichtswissenschaft finden. In besonders knapper und expliziter Form dürfte für die Dissertation McLuhans unter anderem Louis Paetows (1880–1928) Einführung zur englischen Übersetzung der provencalischen, parodistischen Ballade *La bataille des sept arts* von Henri d'Andeli (dreizehntes Jahrhundert) vorbildlich gewesen sein.[118] Paetow beginnt mit dem Verweis auf sämtliche ›Bücherkämpfe‹, wie derartige Streitereien im englischen Sprachraum in Anlehnung an Jonathan Swifts beißende Satire *The*

---

116 McLuhan: The Classical Trivium, S. 81, Anm. 5 (Hervorhebung J. M.). McLuhan bezieht sich auf dasselbe Material, das Edouard Jeauneau 1995 für die Etienne-Gilson-Vorlesungen bearbeitet hat (vgl. Jeauneau: Translatio studii).

117 Disselkamp: Parameter der Antiqui-Moderni-Thematik in der Frühen Neuzeit, S. 160. Disselkamp (S. 159 f.) stellt deutlich heraus, dass über den dramatischen Bezug zwischen den Streitparteien hinaus kein Zusammenhang, keine kontinuierlichen Traditionslinien, kein bestimmendes Thema, noch nicht einmal ein beständiges Problem oder eine durchgängige Fragestellung zwischen all diesen Streits festzustellen ist. Unter Berücksichtigung dieser Problematik beschreibt Hans Rötzer die einzelnen historischen Querelen in ihrer jeweiligen Besonderheit und ihrer jeweils unterschiedlichen Auffassung von ›alt‹ und ›neu‹, vgl. Rötzer: Traditionalität und Modernität in der Europäischen Literatur.

118 Paetow (Hg.): The Battle of the Seven Arts, zit. bei McLuhan: The Classical Trivium, S. 136, Anm. 14, u. S. 138 f.

Battle of the Books (1704) heißen.[119] Auch für Paetow stehen die diversen historischen Auseinandersetzungen in Literatur und Bildung, wie noch die Kontroverse zwischen Oxford und Paris zur Zeit seiner Studie (1914), in einer deutlichen historischen Fortsetzungsreihe, die wiederum den Rahmen für die Betrachtung des parodistischen Gedichts d'Andelis abgibt.

The Place of Thomas Nashe spannt ebenfalls das Schlagwort vom ›Bücherkampf‹ sowie die unterschiedlichsten literarischen Querelen für eine kontinuierliche *histoire* zu Thomas Nashe ein; etwa wenn die *Querelle* des achtzehnten Jahrhunderts als »*revival, or continuation* of the quarrel which Cicero waged with the philosophers, and which the medieval dialecticians waged against the grammarians«[120] firmiert oder wenn Erasmus, Johannes Reuchlin (1455–1522) und Heinrich Cornelius Agrippa (1486–1535) der alten Theologie zugerechnet werden, zu der sich schließlich auch Nashe gesellt – allesamt grammatische Exegeten.[121] Problematisch wird diese *histoire* immer dann, wenn sich die große Kontinuitätslinie der Kämpfer in viele kleine Untergruppierungen aufzulösen droht. Mitunter ist dann die eindeutige Zuordnung von ›alt‹ und ›neu‹ zu historischer Einzelquerele und zu den Triviumsparteien nicht mehr möglich, wie etwa im Fall der Scholastiker. Hier kommt es zu überkreuzten Dopplungen der Kennzeichnungen für die beteiligten Parteien, »which have confounded the unwary«.[122] Der vorsichtige McLuhan behält dagegen die vermeintlichen Kontinuitäten der Kampfesparteien im Blick: In Bezug auf die Universalienlehre seien die Scholastiker Thomas von Aquin (ca. 1225–1274), Johannes Duns Scotus (ca. 1266–1308) und deren Anhänger der *Via antiqua* gefolgt, während die Scholastiker um Wilhelm von Ockham (1285–1349) der *Via moderna* nachgingen. Die realistische Position Thomas' und Scotus' sei demnach als traditionell, die nominalistische Ockhams als neuartig gesehen worden. In Bezug auf die verwendete Logik allerdings verkehren sich die Verhältnisse: Thomisten und Scotisten bedienten sich der ›Neuen Logik‹ (bestehend aus den erst im dreizehnten Jahrhundert wiederhergestellten Teilen von Aristoteles' *Organon*) und die Nominalisten bedienten sich der ›Alten Logik‹ (der

---

[119] Vgl. das Kap. »Introduction« in Paetow (Hg.): The Battle of the Seven Arts, S. 5. Paetows eindrückliche Reihe der Schlachten um ›alt‹ und ›neu‹ reicht vom sechsten Jahrhundert über das zwölfte, dreizehnte und fünfzehnte Jahrhundert bis zum siebzehnten und achtzehnten Jahrhundert und in seine Tage. Jonathan Swifts Satire, die unter *The Battle of the Books* gehandelt wird, trägt den ausführlichen Titel: »A Full and True Account of the Battle Fought Last Friday Between the Ancient and the Modern Books in Saint James's Library«, vgl. Swift: A Tale of a Tub and Other Satires, S. 143.

[120] McLuhan: The Classical Trivium, S. 68 (Hervorhebung J. M.).

[121] Vgl. McLuhan: The Classical Trivium, S. 146 u. 210.

[122] McLuhan: The Classical Trivium, S. 177.

mittelalterlichen Übersetzungen lediglich der ersten beiden Bücher des *Organon* und der Kommentare des Boethius).[123]

In »Renaissance and Method in Philosophy« ist McKeon, der Stichwort- und Thesenlieferant für McLuhans Dissertation, von genau diesen Problemen der gleichen und zugleich verschiedenen Bezeichnungen in der Geschichte (wie in der Geschichtsschreibung dieser Geschichte) ausgegangen. Für McKeon führt die Frage nach Renaissance und Methode direkt zu historiographischen und philosophiegeschichtlichen wie auch geschichtsphilosophischen und philosophischen Problemstellungen. Denn der Historiker übersehe Probleme des Sprachwandels, die Inkongruenz des Sprachwandels mit dem Wechsel von Doktrinen und benutze Begriffe, deren Bedeutungen modern aufgeladen seien.[124] So könne je nach (meist unreflektiertem philosophischen) Standpunkt des Historikers die Entwicklungsgeschichte der Ideen unterschiedlich wiedergegeben werden und führe zumeist nur zur Binsenweisheit der Möglichkeit widersprüchlicher Interpretationen.[125] McKeons Ausweg ist, wie erwähnt, der Umweg über die Methoden. Der methodische Zugriff auf Literatur zu bestimmten Zeiten gibt Aufschluss über die philosophischen Positionen hinter dem Zugriff, ohne sich in dem Dilemma des Sprach- und Historiographiewandels zu verlieren.

Im Verfolgen dieses Ansatzes gelangt die Dissertation McLuhans zu den differenzierten Überblicken über den Standpunkt einzelner Autoren und über einzelne Epochen. Und sie gelangt mit McKeons Herangehensweise sogar zu den paradoxen Verhältnissen, die sich zwischen den Methoden und den Bezeichnungen der Disziplinen sowie zwischen den Disziplinen untereinander im Geschichtsüberblick ausbilden. Denn eingebunden in die Geschichte bieten Grammatik, Dialektik und Rhetorik kein einheitliches Bild klar unterschiedener Kampfesparteien, wie es die satirischen Gedichte vielleicht glauben machen könnten. Vielmehr ist mit McKeon anzuerkennen, dass die Veränderungen im Verhältnis der Künste untereinander vom Spätmittelalter zur Renaissance jene selbst wiederum verändert haben: »The change in relation of the three arts, particularly of grammar and dialectic, to one another, has the curious result of transforming the natures of the arts [...].«[126] Die Betrachtungen mit McKeon weisen immer wieder auf eine Schere, die sich zwischen historischen und ahistorischen Bezeichnungen sowie zwischen historischen und ahistorischen Positionen öffnet. Für McKeon führt die Frage nach den Renaissancen daher direkt zum Hinterfragen der »nature of

---

123 Vgl. McLuhan: The Classical Trivium.
124 Vgl. McKeon: Renaissance and Method in Philosophy, S. 39–41.
125 Vgl. McKeon: Renaissance and Method in Philosophy, S. 43 u. 113.
126 Vgl. McKeon: Renaissance and Method in Philosophy, S. 82.

history, or of verbal expression in general«, die in den großen Fragen nach historischer Wahrheit und schließlich philosophischer Wahrheit enden.[127] Für McLuhan hingegen führen diese allgemeinen historiographischen Probleme eher zur Proliferation von Geschichte. Immer und immer wieder entdeckt er dieselbe Konstellation der sich gegenseitig bekämpfenden drei Sprachkünste in den historischen Kampfessituationen. Dabei invertiert er McKeons »trick of restating a historical sequence of views in terms simply of the ideas they expressed and in thus translating history into a philosophical debate«.[128]

McKeon hat anhand der Methodologien einen Weg in die paradoxen Konstellationen von Bezeichnungen, Positionen und konträren historiographischen Interpretationen gebahnt, mit denen er bei philosophischen Positionen ankommt, die dann wiederum philosophisch bewertet werden können. Er überführt eine diachrone Reihe in einen synchronen Bezug und landet bei einer simultanen Anordnung – eine Art Echo der simultanen Ordnung, die Eliot in der Geschichte der Kunstwerke sucht, um die Kunst ästhetisch bewerten bzw. kritisieren zu können. McLuhan übernimmt aus der simultanen Anordnung McKeons die Positionsmarken von Grammatik, Dialektik und Rhetorik und projiziert sie zurück in die Geschichte. Hierbei wird die von McKeon konstatierte und von McLuhan aufgenommene historische Diskontinuität im Wesen der Künste selbst überspielt durch die Kontinuität der Kampfhandlungen zwischen den Positionen, durch den ›dramatischen‹ Bezug der Künste aufeinander. Die synchrone Kampfaufstellung bei McKeon bietet die Vorlage für die diachrone *histoire*, welcher die Dissertation McLuhans folgt.[129] So werden etwa die kleinteiligen Unterscheidungen, die sich mit McKeons Ansatz treffen lassen, zum Beispiel im Falle der einmal differenzierten Positionenverteilung unter den Scholastikern, direkt zurückgeschickt in die Verkettung der Geschichte: »When discussing the grammarians *vs.* the dialecticians, however, the entire group of Schoolmen are *moderni theologi*. The ancients are the patrists. This latter is the basic alignment for the sixteenth and seventeenth

---

127 McKeon: Renaissance and Method in Philosophy, S. 49.
128 McKeon: Renaissance and Method in Philosophy, S. 113.
129 McLuhan glaubt sich damit in vollkommenem Einklang mit McKeon, wie es eine Fußnote formuliert: »McKeon, a pupil of Gilson, is the only person besides Gilson who seems to be aware of the necessity of writing the history of medieval and Renaissance culture in terms of the rivalry among the trivial arts.« McLuhan: The Classical Trivium, S. 103, Anm. 1. Vgl. auch Barthes' Beobachtung des ›diachronen Zusammenspiels des Triviums‹ im Mittelalter, das in Richtung der Historisierung der disziplinären Positionen bei McLuhan weist. Bei Barthes fehlt jedoch das Kriegerische: »[D]enn wir haben ja in diesem diachronischen Wettlauf deutlich genug gesehen, daß die Rhetorik immer im strukturalen Zusammenspiel mit ihren Nachbarinnen zu lesen ist (Grammatik, Logik, Poetik, Philosophie): nicht jeder Teil an sich ist historisch von Belang, sondern der Zusammenhang des Systems.« Vgl. Barthes: Die alte Rhetorik, S. 36–44, Zitat S. 48.

centuries.«[130] Nach aller Aufspaltung bleibt immer noch die eine Basis-Linie von der patristischen Theologie bis zum sechzehnten und siebzehnten Jahrhundert: die Linie der grammatischen Exegeten.[131]

Die paradoxen Konstellationen von historischen Begebenheiten, ihren historiographischen Verbrämungen und ihrer Hin- und Herübersetzung zwischen diachronen Ereignissen und synchronen strategischen Positionen hat Auswirkungen auf das *récit* der Dissertationsschrift McLuhans. Auf der Ebene der Textkonstruktion tritt der Trickster auf und hält die historiographischen Aporien einfach aus, wie zum Beispiel zwischen den folgenden beiden Sätzen: »There is no space in which to designate the numerous ninth century humanists, since the problem of indicating mere continuity is one which requires a good many words. But the *Vita Caroli* of Einhard has long been recognized as a worthy imitation of Suetonius *Vita Augusti*.«[132] Entweder braucht es viel zu viele Worte, um eine einfache Kontinuität kenntlich zu machen, oder es braucht, wie im zweiten Satz, nur zwei Begriffe: ›*Vita Augusti*‹ und ›*Vita Caroli*‹. Dabei führt der Trickster zwei Modelle der Geschichtsschreibung im Text mit: die *histoire* der bloßen Kontinuität neben einer *histoire*, die sich über zwei Begriffe konstruieren lässt, also auf diskontinuierliche Montage setzt. Beide stehen hier in ihrer Unmöglichkeit, zu historischer Wahrheit vorzustoßen, nebeneinander. Der Kontinuitätsansatz führt in die Aporie des nicht ausreichenden Raums und der Unmöglichkeit einer vollkommenen Beschreibung aller historischen Faktoren und Verläufe in »a good many words«.[133] Der diskontinuierliche Ansatz führt zwei Epochen über ein Gleiches zusammen und suggeriert so eine Kontinuität, wie hier über den Gegenstand der *Vitae*. Im Text McLuhans ist dabei die historiographische Operation – des Einschreibens eines Lebens in die Tradition großer Leben schon bei den Vitenschreibern – nicht von der rhetorischen Operation zu trennen, die durch das Homonym ›Vita‹ die Gleichartigkeit der bezeichneten Gegenstände unterstreicht und die Gleichheit der damit bezeichneten Epochen konstruiert. Tatsächlich führt das *récit* dieser Literaturgeschichte immer wieder historische Epochen über Denominationen von

---

130 McLuhan: The Classical Trivium, S. 177.
131 Und mithilfe dieser Basis-Reihe kann McLuhan die Zusammenhänge bis in die Neuzeit herstellen. So wundere ihn die Schwierigkeit einiger Autoren nicht, Erasmus und Bacon mit den Modernen zu versöhnen; sie seien ja schließlich Alte gewesen (vgl. McLuhan: The Classical Trivium, S. 146).
132 McLuhan: The Classical Trivium, S. 93.
133 Vgl. hierzu auch das ›logische Extrem‹ der Historiographie in McKeon: Renaissance and Method in Philosophy, S. 41 f., sowie die literarische Auseinandersetzung mit der Aporie der vollkommenen Wiederholung bei Jorge Luis Borges »Pierre Menard: Autor des Quichotte«, vgl. dazu Balke: Possessive Mimesis.

Akteuren und Schriften zusammen: »The *Metalogicus* [des Johannes von Salisbury (ca. 1115–1180)] is thus the principal defence of the Ciceronian ideal before the time of Petrarch.«[134] Oder: »And this *Philosophia Secundum Deum* [des Rupert von Deutz (ca. 1070–1129)] always contained in Scripture is what Erasmus calls *Philosophia Christi*. This is the true patristic tradition [...].«[135] Aber auch die Beobachtung der Methodologien dienen der Kontinuierung unterschiedlicher Zeiten: »The first sort [des Asianismus], represented by Hegesias, was characterized by short sentences, and its devices of word order and assonance were of the kind we know from *Euphues*. It passed into the rhymed sermons of St. Hilary and St. Augustine.«[136] Schließlich lässt sich solchermaßen sogar geschichtlich Unmögliches konstruieren:

> With regard to grammar, it is clear that one main line of defense that the Middle Ages understood antiquity would be the evidence [...] that the allegorical modes of interpretation and symbolization which we associate mainly with medieval literature were *continuously*, and intensely [...] cultivated from early Greek times. The exclusive devotion to these modes in the Middle Ages is clearly the result of focussing the art of grammar on Scripture. But the fact remains that Chrysippus or Varro or Pliny or Donatus would have found nothing in the literary modes of the Middle Ages with which they were not familiar.[137]

Wenn Chrysippos, Varro, Plinius oder Donatus im Mittelalter gelebt hätten, hätten sie in den literarischen Modi dieser Zeit nichts finden können, das ihnen nicht vertraut gewesen wäre. Mit anderen Worten: Die doppelte Verneinung macht Chrysippos, Varro, Plinius oder Donatus mit der ihnen völlig unbekannten mittelalterlichen Literatur vertraut, die sie hierdurch als die ihre, die antike Literatur bezeugen, womit die ganze Konstruktion zum ›Fakt‹ wird, und »the fact remains«.

Hinsichtlich der historischen Wahrheit sind sowohl Kontinuitätsphantasien als auch die rhetorisch-historiographische Verschaltung diskontinuierlicher Epochen fraglich. Am Ende ist jedoch die Geschichtskonstruktion mithilfe solcher synchronisierender Verfahren (die sich in ihrer Versprachlichung immer auch als rhetorische Operationen erweisen) vielleicht der einzige Weg zur Wahrheit der Geschichte. Dies wäre ja die These McKeons, der der historischen Wahrheit mithilfe der Synchronisierung historischer Positionen ein Stück näher kommen will. Anstatt alles in kumulativer Entwicklung begreifen zu müssen, lassen sich über

---

134 McLuhan: The Classical Trivium, S. 149.
135 McLuhan: The Classical Trivium, S. 139 f.
136 McLuhan: The Classical Trivium, S. 238. McLuhan schließt sich hier den Darstellungen James Marshall Campbells zu *The Influence of the Second Sophistic on the Style of the Sermons of St. Basil the Great* (1922) an.
137 McLuhan: The Classical Trivium, S. 91 (Hervorhebung J. M.).

das Zusammenziehen des geschichtlichen Verlaufs in eine simultane Anordnung mögliche Verläufe einfach unterstellen. Dabei erhellen sie mit Eliot sogar Probleme, die ohne die gewaltsame Verkettung disparater Orte, Zeiten und Akteure nicht zu erhellen sind, so (historisch) problematisch die Verkettung selbst wiederum auch bleibt. Mit einem Mal wird deutlich, inwiefern auch die Kontinuitätskonstruktion schlechthin, die *translatio studii*, in der Geschichte wie in der Geschichtsschreibung immer schon jenes Programm verfolgte.[138] Historische Kontinuität muss in geschichtlichen Abhandlungen dauernd durch Sprünge zwischen den Zeiten überhaupt erst einmal hergestellt werden.

Die Einleitung zu *The Place of Thomas Nashe* gibt über dieses sprunghafte Vorgehen als Verfahren der eigenen Geschichtskonstruktion offen Auskunft:

> A note of explanation concerning the present form of this study is necessary. The historical discussion is frequently interrupted by excursions into the sixteenth and seventeenth centuries. Usually these anticipations have been put into notes and sometimes these notes are of considerable length.[139]

Der Trickster bürdet dem Kampf in der *histoire* einen weiteren Kampf auf der Ebene des *récit* auf. Hier streiten nicht Grammatik, Dialektik und Rhetorik um Vorherrschaft, sondern historische Entwicklungsmodelle mit Verfahren diskontinuierlicher Geschichtsdarstellung, wie der Nachsatz zu diesen Einleitungsworten bezüglich der Form der Studie unterstreicht: »Certainly, if I have the good fortune to get this work published I should wish these excursions and notes to be banished to their chronological position at the end of the study.«[140]

Das glückliche Schicksal, eine chronologische Abhandlung zu publizieren, sollte McLuhan allerdings verwehrt bleiben. Die hier angekündigte Überarbeitung der Dissertationsschrift ist nie in dem Maße erfolgt, dass sie veröffentlicht worden wäre. Erst 2006, posthum, ist das Typoskript der 1943 in Cambridge, England, eingereichten und anerkannten *PhD dissertation* ohne weitere Umstellungen,

---

[138] Rita Copeland hat in ihrer Untersuchung zur Übersetzungspraxis im Mittelalter gezeigt, inwiefern die Praxis der *translatio studii* bei aller Vorstellung von Kontinuität immer schon wie ein »disjunctive act of translation itself« funktionierte. Dies zeigt sich besonders deutlich, sobald der Gelehrtendiskurs vom Lateinischen in die Landessprachen überwechselte: »[A]s the vernacular takes over the discourse of official culture, it works to expose what had been the ideological fictions of that culture: it exposes the myth of historical continuity by embodying the inevitability of historical difference. It illuminates the discontinuity that had always been there.« Copeland: Rhetoric, Hermeneutics and Translation in the Middle Ages, S. 106.
[139] McLuhan: The Classical Trivium, S. 8.
[140] McLuhan: The Classical Trivium, S. 8.

Überarbeitungen oder Ergänzungen veröffentlicht worden.[141] Ich möchte die These vertreten, dass diese Überarbeitung auch gar nicht möglich war, weil jede Chronologisierung das Evidenzverfahren der diskontinuierlichen Kontinuitätskonstruktion, das der Arbeit zugrunde liegt, durchkreuzen muss. Der Trickster hat das im Text auch längst festgehalten, wenn er drei Gründe für die diskontinuierliche Form der Arbeit angibt: Die derzeitige Position der Exkurse in der historischen Darlegung sei »owing first to my desire to make manifest the validity of the historical approach by immediate focussing of antiquity and the Middle Ages onto the later Renaissance«.[142] Die Gültigkeit dieses historischen Ansatzes manifestiert sich erst im unmittelbaren Ausrichten von Antike und Mittelalter auf die spätere Renaissance. »A second reason is that by dealing with various aspects of the Renaissance while elucidating their ancient origins, it has been possible to proceed directly from Erasmus to Nashe without gathering together the entire implications of the study after reaching the sixteenth century stage.«[143] Solchermaßen lässt es sich direkt von Erasmus auf Nashe schließen ohne lange Umwege über »a good many words« sozusagen.

Das Verfahren ist also klar. Es wird in den Fußnoten – aber auch deutlich genug im Haupttext, wie weiter oben vorgeführt – das jeweils behandelte Zeitalter auf ein späteres oder früheres ausgerichtet. Es wird verbunden, verkettet, verklebt. Schon ist aus vielen kleinen, historischen Einzelheiten eine Linie erstellt, die als Chronologie selbst aber gar nicht aufgezeichnet ist und auch nicht aufzeichenbar ist. Und so spiegelt sich schließlich die Unmöglichkeit der glücklichen Schicksalswendung zur chronologischen Darstellung dieser Literaturgeschichte in den stets schon vorherrschenden Unterbrechungen, die die Arbeit in den Wirren des Zweiten Weltkriegs selbst bedrohen. Denn: Drittens,

> [n]ot less important has been the imminent possibility of being interrupted in the course of writing down these matters, by a special opportunity to engage in wartime activity. Had I been so interrupted I hoped that some of the bearings of the study on the understanding of the Renaissance would have been perceived, no matter how early the matter was broken off.[144]

---

141 Vgl. die Notiz des Herausgebers W. Terrence Gordon über die posthume Publikation von *The Place of Thomas Nashe in the Learning of his Time*: Nur typographische und orthographische Fehler wurden berichtigt sowie einige Zitate nach der Überprüfung ihrer Quellen. Einige unbeabsichtigt ausgelassene Passagen aus dem Manuskript wurden zudem für die Druckfassung wieder aufgenommen. Vgl. McLuhan: The Classical Trivium, unpag.
142 McLuhan: The Classical Trivium, S. 8.
143 McLuhan: The Classical Trivium, S. 8.
144 McLuhan: The Classical Trivium, S. 8.

Die Chronologie eines jahrhundertealten Bildungskriegs, ja Kulturkampfs, wird durch die jederzeit gegebene Möglichkeit einer aktuellen Kriegszeitverwicklung des Chronisten bedrängt, so dass die auch 1943 im Konjunktiv verbleibende Störung beim Beenden der Arbeit dennoch eher zum Abbruch als zum Abschluss führt: »And so, I interrupt what I hope to be able to conclude another day.«[145]

Tatsächlich verschärft sich zum Ende der Nashe-Studie hin das Platz- und Zeitproblem des (verhinderten) Chronisten so sehr, dass er sich auch noch außerstande sieht, die literaturkritische Arbeit zu Nashe zu leisten. Aufgrund von Platzmangel verzichtet er auf die »continuous *explication de texte*«, die die rhetorische Textgestaltung Nashes doch eigentlich erfordere.[146] Das geht so weit, dass die kontinuierliche Textanalyse einer, an die mittelalterlichen Bibelkonkordanzen erinnernden, Präsentationsweise von Textstellen weicht: »I shall *list* some of these. First, praise: 1.6.15–32; 25–30; 211.34–215.34 [...].«[147] Oder:

> I can do no less than offer a group list [...]: 1.9.24;11.21–28 ff.; 16.13–21; 20.18–22; 22.1–4; 24.6–7; 26.5–14; 27.33–36; 30.10–16; 31.10–14; 32.27–36; 33.18–34.26; 41.7; 184.2 ff.; 241.3–8; 241.30–33; 276.34 ff.; 278.27–30; 282.20–23 ff.; 307.26–27 ff.; 327.15–30; 354.5–31; 355–356; 357.15–19; 362.2–5; 370.17–25; 373.24 ff.; 376.9–11 ff.; 377.32–37; 377.17–23; 379.19–23; 380.1–12; 382.28–32; 382.28–32; 385.25–29; [...].[148]

Die Erstellung von Listen war schon die Aufgabe der heidnisch-antiken Chronisten, welche der *translatio imperii* zuarbeiteten.[149] Die wahre, vollständig kontinuierliche Darlegung lag derweil auch damals schon in den Lücken, die sich zwischen den einzelnen Listenposten aufgetan hatten.

In Bezug auf die Geschichte der ›Bücherkämpfe‹, welche von *The Place of Thomas Nashe* als kontinuierliche *histoire* ausgegeben wird, schreibt McKeon knapp ein viertel Jahrhundert später: »When they are placed in a series of changing circumstances and applications, the battles of the ancients and the moderns seem puzzling and pointless, and to have no significant relation to each other

---

145 McLuhan: The Classical Trivium, S. 252.
146 Vgl. McLuhan: The Classical Trivium, S. 245: »A subject of this sort is difficult to discuss except in relation to a continuous *explication de texte*, and there is no space left for that.« Bei dieser Sache geht es um die Abstimmung von Figuren und Stilebenen bei Nashe, um das breite Spektrum des rhetorischen *decorum*. Oder auf der vorletzten Seite der Studie (S. 252): »Since this study must come to an end somewhere, there can be little discussion allowed to Nashe's frequent use of figures of words, though it is a matter of interest and importance.« Es folgen noch drei kurze Absätze zur Paronomasie und zur Anapher.
147 McLuhan: The Classical Trivium, S. 249 (Hervorhebung J. M.).
148 McLuhan: The Classical Trivium, S. 251. Die Doppelseite S. 250 f. ist fast vollständig von dieser Art der Stellenangaben eingenommen.
149 Vgl. Goez: Translatio Imperii, S. 20.

or to the circumstances and problems of their times.«[150] Als *histoire* ergibt die Serie der ›Bücherkämpfe‹ überhaupt keinen Sinn, denn ihnen fehlt ein aussagekräftiger Zusammenhang unabhängig von der Verwendung gleicher Begriffe und der Einteilung in gleichartig benannte Streitparteien. Gerade die Bezeichnungen täuschen ja den Historiker wie den Philosophen.[151] Für eine Literaturgeschichtsschreibung allerdings, die historisch unterschiedene Literatur wie in einem Theaterstück aufeinander einwirken sieht, setzt die Bücherkampfreihe den entscheidenden Punkt: Sie überspielt die Kontingenz des diachronen Bezugs zwischen historischen (künstlerischen) Ereignissen mit der Insistenz eines stets schon vorherrschenden synchronen Bezugs zwischen Akteuren und Ereignissen. Dabei ist nicht entscheidend, ob der Bezug immer der gleiche ist oder zwischen den immer gleichen Streitenden um die immer gleiche Sache besteht, sondern entscheidend ist lediglich der Bezug an sich.

3 Zurück zur Beweisführung im Aufsatz »Poetic vs. Rhetorical Exegesis« (1944)

Die Vorverhandlungen haben es gezeigt: Die Literaturgeschichte wimmelt geradezu von Kampfaufstellungen und Gefechten um den richtigen Umgang mit Literatur. Der Krieg der Literaten in der Geschichte mündet mit der Gerichtsrede von 1944 in den Rechtsstreit der Literaturkritiker. Der Agon auf den Schlachtfeldern der Bildungsgeschichte bildet ebenso den Agon im Gerichtssaal der Literaturkritik. Was die historischen Betrachtungen des Tricksters ergeben haben, der permanente Disput um Exegesemethoden, lässt sich in der Gerichtsverhandlung ebenfalls in Stellung bringen. Die Kampfparteien um die sprachbezogenen Künste der Antike und des Mittelalters erhalten auch in der Gerichtsrede, in einem weiteren Exkurs des Anklageverteidigers McLuhan, ihren Auftritt. Die spezifischen Ansätze und die Kampfaufstellungen von Grammatik, Dialektik und Rhetorik erscheinen daher ebenso in der zeitgenössischen Legitimitätsbefragung literaturkritischer Methoden. Die Verhandlung um die bessere Auslegungsmethode führt damit zusätzlich zu sprachphilosophischen Fragen nach Möglichkeiten und Grenzen der Erkenntnis. Dieser Punkt ist in der ›McLuhan‹-Forschung bisher – aufgrund der verspäteten Publikation der Dissertationsschrift McLuhans – kaum beachtet worden und soll im Folgenden anhand der Hinweise in der Gerichtsrede genauer herausgestellt werden.

---

150 McKeon: The Battle of the Books, S. 219.
151 Vgl. McKeon: The Battle of the Books, S. 218 f.

3.1 Noch ein Exzess: Grammatik vs. Rhetorik

In einem weiteren *excessus* der Gerichtsrede bringt McLuhan die Unterscheidung von grammatischen und rhetorischen Modi des Wissens in den Streitfall zwischen Leavis und Richards und Empson ein. Auch der vermeintliche Rechtsfall zwischen den eminenten Literaturkritikern der 1940er Jahre ist ein Konflikt der unterschiedlichen Exegesemethoden, wie jener Exkurs gleich zu Beginn der Gerichtsrede, zwischen knapper Fallschilderung und ausführlicher Beweisführung, vorschlägt:

> Just as Korzybski offers us a correlation of knowledge by an extension of the modes of grammar (and in this respect belongs to an ancient tradition headed by Cratylus and carried on by Pliny, Philo-Judaeus, Origen, St. Bonaventura, and the later alchemists) so Mr. Richards, whose *Meaning of Meaning* is a treatise of speculative grammar of curiosly scholastic stamp, offers us a method for interpreting and manipulating our lives by an extension of the devices of rhetoric. In this respect Mr. Richards is a true nominalist son of Ockham, Agricola, and Ramus; and it is no accident that Harvard has welcomed this distinguished schoolman.[152]

In diesem Exzess kommt Einiges zusammen: nicht nur die gesamte Literaturgeschichte, wie sie die Kriegsberichterstattung von *The Place of Thomas Nashe* als Kampfaufstellung inszeniert hat, sondern auch die Überlagerung der literaturkritischen Unterscheidung der Anklageverteidigung – *poetic vs. rhetorical* – mit den Kampfparteien des Triviums. Der Trickster mischt sich mit seinem Verfahren ein, das über das Aneinanderreihen von Namen eine historische Linie herstellt und verschiedene Positionen in verschiedenen Linien gegeneinander antreten lässt. Dabei zeigt sich, dass die hiesige Gegenüberstellung von Poetik und Rhetorik nicht der spätestens seit dem achtzehnten Jahrhundert etablierten Scheidung beider Disziplinen gleichkommt. Sie orientiert sich nicht an einem Gegensatz von poetischer Originalität und regelhafter, schematischer oder sogar verfälschender Rhetorik.[153] Vielmehr geht McLuhans Gerichtsrede offensichtlich davon aus, dass es sich hier in jedem Falle um zwei Verfahrensweisen im Sinne von Techniken (bzw. von *artes*, den antiken Künsten) handelt, die einander unvereinbar gegenübertreten. Den »modes of grammar« nach Alfred Korzybski (1879–1950) stehen die »devices of rhetoric« der angeklagten Partei mit dem Namen Richards vor diesem Gericht entgegen.

Korzybski, ein polnischstämmiger Mathematiker und Ingenieur, hat in den 1930er Jahren in den USA mit der Theorie einer Allgemeinen Semantik aufgewar-

---

[152] McLuhan: Poetic vs. Rhetorical Exegesis, S. 267.
[153] Vgl. Lachmann: Rhetorik. Alte und neue Disziplin, S. 26f.

tet und diese *General Semantics* darüber hinaus auch als Institut in Chicago etabliert.[154] Ähnlich wie in den alten Lehren vom Logos geht es bei Korzybski um die Verbindung zwischen Sprache und Welt. Ausgehend von empirischen Tests zum Zusammenhang von Umwelt und ›semantischen Reaktionen‹ des menschlichen Organismus sowie von der Annahme einer unangepassten, fehlerhaften Sprache gegenüber der Umwelt seit Aristoteles strebt *General Semantics* eine neue, adäquate Terminologie an. Die Struktur dieser soll den in der Natur vorgefundenen Strukturen entsprechen.[155]

Laut McLuhan gehört Korzybski zu jener alten Tradition, welche Kratylos, der athenische Grammatiker in Platons gleichnamigem Dialog, formuliert. Der Exkurs vor Gericht erwähnt diesen Zusammenhang lediglich in Klammern und gibt keine weiteren Erläuterungen dazu. *The Place of Thomas Nashe* dagegen war nur ein Jahr zuvor diesbezüglich expliziter: Für Kratylos nämlich stehen die Worte mit den von ihnen bezeichneten Dingen in einem notwendigen und vor allem wahren Verhältnis.[156] Diese Lehre von den Namen *(doctrine of names)* ist für McLuhan eine Lehre von den Wesen *(doctrine of essence)*.[157] Platon selbst habe sich gegenüber dieser Lehre unentschlossen verhalten, während Aristoteles mit seiner *Analytica posteriora* eine nichtgrammatische wissenschaftliche Methode eingeführt habe. Letztere hat nach McLuhan zumindest bis zur Renaissance insgesamt nur wenig ausrichten können. Die grammatische, etymologische und allegorische, Exegese sei ja immer wieder als grundlegende Methode der Wissenschaften sowie der Theologie bemüht worden. Erst René Descartes (1596–1650) habe dieses Vorgehen durch eine mathematisch begründete Wissenschaft ersetzt. Der Trickster entdeckt jedoch in *The Place of Thomas Nashe* die grammatische Tradition als zumindest gültige Wissenschaftsform in den anthropologischen und psychologischen Vorgehensweisen der Gegenwart der nordamerikanischen 1940er Jahre wieder. Als Beweis für diese Behauptung dient eben Korzybskis *Science and Sanity* (1933) »which makes claims for linguistic study (grammar in the old sense) which extend far beyond the modest position of Cratylus«.[158] Neben dieser ›Grammatik

---

154 Vgl. das Kap. »The General Semantics Theory« in Fogarty: Roots for a New Rhetoric, S. 88–115, S. 89.
155 Vgl. Korzybski: Science an Sanity. Non-Aristotelian Systems and General Semantics (1933), S. 29, 63 f., 130 u. 436, zit. nach Fogarty: Roots for a New Rhetoric, S. 94 u. 98.
156 Vgl. das Zitat der berühmten Kratylos-Stelle (438c) bei McLuhan: The Classical Trivium, S. 15, sowie Erläuterungen dieser sogenannten *Physei*-These Kratylos' bei Bertram: Sprachphilosophie zur Einführung, S. 37 f.
157 McLuhan: The Classical Trivium, S. 16.
158 McLuhan: The Classical Trivium, S. 17. Die Sprachstudien Krozybskis gehen vor allem in ihren empirischen Tests über Kratylos' bescheidenere Position hinaus. In Experimenten an einfacheren tierischen Organismen und Nervenfasern höherer Tiere untermauert Korzybski seine

im alten Sinne‹ erscheint in *The Place of Thomas Nashe* noch eine seit Descartes' Mathematisierung auf Angelegenheiten der Formenlehre und Syntax reduzierte Grammatik. Sie entspricht in etwa dem heutigen, landläufigen Verständnis von Grammatik. Und diese reduzierte Grammatik wiederum habe ihr Schicksal der Bedeutungslosigkeit auch auf die antike Grammatik ausgestrahlt, so dass die antike Kunst keine weitere Beachtung mehr finden konnte.[159]

Im Exzess der Gerichtsrede, welcher mit Korzybski eingeleitet wird, geht es also nicht mehr einfach nur um die rechte Literaturkritik. Hier wird, wie in der Literaturgeschichte zu Nashe, die Frage nach der Literatur mit Fragen nach der Bildungsgeschichte und den an ihr anlagernden epistemologischen Problemen verbunden. Mit Kratylos sowie mit dem kurz darauf genannten Ockham bezieht sich der Exkurs auf sprachphilosophische Fragen nach dem Verhältnis von Wörtern und Welt. Der Unterscheidung von Grammatik ›im alten Sinne‹ und Grammatik im kartesianischen Sinne, wie sie sich in *The Place of Thomas Nashe* findet, gesellt sich hier die Unterscheidung von Korzybskis Grammatik und spekulativer Grammatik hinzu: »Just as Korzybski offers [...] so Mr. Richards, whose *Meaning of Meaning* is a treatise of speculative grammar of curiously scholastic stamp, offers [...].«

Spekulative Grammatik, auch das hat *The Place of Thomas Nashe* ein Jahr zuvor zu zeigen versucht, gilt als korrumpierte Grammatik aufgrund der aristotelischen nichtgrammatischen Wissenschaftsmethode. Sie geht den Zuordnungen des Tricksters zufolge dialektisch vor. Und ein solches Vorgehen wird auch Richards unterstellt, wenn dieser schon in *The Place of Thomas Nashe* einen Platz in einer Fußnote zur *Grammatica speculativa* erhält.[160] Die Ausschweifung zu Beginn der Gerichtsrede stellt nun Richards' zusammen mit Charles Kay Ogden entwickelte Abhandlung *The Meaning of Meaning*, also wiederum eine zeichen- und sprachtheoretische anstelle einer literaturkritischen Studie Richards', in diesen Zusammenhang. Der Gerichtsrede gilt jene Studie allerdings als methodische Vorlage für die Interpretation und Handhabung des Lebens mit erweiterten Rhetorikmitteln, »a method for interpreting and manipulating our lives by an extension of the devices of rhetoric«. Laut Gerichtsrede wird die spekulative Grammatik also rhetorisch betrieben.

These vom elektro-kollidalen Aufbau des Organismus, der mit elektro-kollidalen Stimuli von Körper und Umwelt reagiere. Jedes Energiepotential rührt an diesen Strukturen, so dass auch die linguistischen Symbole direkten Einfluss auf den Körper gewinnen. Vgl. Korzybski: Science and Sanity, S. 120–130, zit. nach Fogarty: Roots for a New Rhetoric, S. 92 f.
159 Vgl. McLuhan: The Classical Trivium, S. 18.
160 Vgl. McLuhan: The Classical Trivium, S. 182 f., Anm. 43.

Die Erweiterung der Rhetorikmittel ist im Gerichtsexkurs wiederum durch die Namen Rudolf Agricola (1444–1485) und Ramus näher bestimmt. Beide humanistischen Gelehrten führten mit ihren Reformierungsbemühungen bezüglich der Sprachkünste des Triviums im fünfzehnten und sechzehnten Jahrhundert einen historischen Umbruch der Rhetorik herbei. Während Agricola der formalistisch vorgehenden, scholastischen Dialektik wieder die breitere Argumentations- und Gemeinplatzlehre der rhetorischen *inventio* zukommen ließ und damit eine Dialektik, die im Herzen Rhetorik war, bildete, konsolidierte Ramus eine solchermaßen um ihre Argumentationslehre beraubte, auf Formulierungslehre *(elocutio)* und Vortragstheorie *(pronuntiatio)* zurückgestutzte Rhetorik.[161] *The Place of Thomas Nashe* hat diese reduzierte Rhetorik im Gefolge Ramus' als Handlangerin der Dialektik vorgestellt. ›Rhetorische Exegese‹, wie die Methoden von Richards und Empson schon mit dem Titel (oder Urteilsspruch?) der Gerichtsrede McLuhans genannt werden, zeichnet sich demnach durch die Reduktion sprachlicher Figuren auf einen Literalsinn aus, welcher wiederum mit dialektischem Instrumentarium bearbeitet werden kann.[162] Die Richards unterstellte rhetorische Interpretation und Manipulation des Lebens würde demzufolge der Abkopplung der Sprache von der Welt gleichkommen, insofern sie alles Sprachliche auf lediglich logische Strukturen zurückführte. Über die »devices of rhetoric« wird die hier angeklagte Seite der Literaturkritik einer sprachphilosophischen Tradition, die sich von der Grammatik ›im alten Sinne‹ abgekehrt hat, verbunden. Sie ist weder Grammatik im alten noch Grammatik im heutigen Sinne. Sie ist spekulative Grammatik oder ›rhetorische Exegese‹, welche sich den Texten McLuhans zufolge mit der Vereinnahmung der Grammatik wie der Rhetorik durch die Dialektik ausbilden. Die Angeklagten im Gerichtsverfahren 1944 betreiben ihre Studien in der Nachfolge dieses bildungsgeschichtlichen und epistemologischen Umbruchs.

Diese kulturhistorische und zugleich sprachphilosophische Einordnung Richards' wird durch den Nachsatz im Exkurs der Gerichtsrede noch verstärkt und zugleich verwirrt, sobald Richards als »true nominalist son of Ockham« bezeich-

---

161 Zu den Revolutionen in der Rhetorik, die Rudolf Agricola und Ramus zugerechnet werden, vgl. Conley: Rhetoric in the European Tradition, S. 125–133. Zur Absetzung der Humanisten gegenüber den scholastischen Vorgehensweisen und Auffassungen vgl. auch Sloane: Rhetorical Education and Two-Sided Argument, S. 167 f. Zur Verkürzung der Rhetorik bei Ramus vgl. McLuhan: The Classical Trivium, S. 214, sowie Knape: Petrus Ramus Anti-Quintilian (1549), S. 239.
162 Vgl. McLuhan: The Classical Trivium, S. 190. Traninger erklärt aus heutiger Perspektive, dass im Zuge dieser ramistischen Rhetorik- und Dialektikumstellung die Logik zum Instrument der Textanalyse geriet. Texte wurden nicht mehr auf ihre komplexe Struktur, sondern auf den einen zugrundeliegenden Syllogismus hin analysiert. Die Dialektik sei so als gedankliches Gerüst in den Untergrund der untersuchten Texte gerutscht. Vgl. Traninger: Techniken des Agons, S. 661 f.

net wird. Ockham wandte sich gegen die realistische Auffassung von Sprache, wie sie bei Platon und Aristoteles in verschiedenen Ausprägungen vorherrschte und das Mittelalter bestimmte. Als Begründer des Nominalismus war Ockham von der Nichtexistenz universeller Begriffe überzeugt. Demnach können Art- und Gattungsbezeichnungen keine ontologischen Wahrheiten wiedergeben, sondern lediglich logische.[163] Das Verhältnis der Wörter zu den von ihnen bezeichneten Dingen ist daher nicht als notwendiges anzusehen. Als ›wahrer Sohn Ockhams‹ stünde Richards also gegen ein Sprachverständnis, wie es sich bei Platons Kratylos nachlesen lässt. Und Hinweise auf eine nominalistische Einstellung lassen sich in Ogdens und Richards' *The Meaning of Meaning* tatsächlich ausreichend finden.[164]

So plausibel die Zuordnung Richards zum Nominalismus also erscheinen mag,[165] so fragwürdig gibt sie sich doch zugleich in der Mixtur an Bezeichnungen, die die Abschweifung des Tricksters während der Gerichtsrede auf den Angeklagten niedergehen lässt: »a treatise of speculative grammar«, »of curiously scholastic stamp«, »extension of the devices of rhetoric«, »true nominalist son of Ockham, Agricola, and Ramus«, »Harvard«, »distinguished schoolman«. Dies alles sind Zuschreibungen, die einerseits Verbindungen zur Bildungsgeschichte herstellen können, andererseits aber als Zuschreibungen überhaupt kenntlich werden und in sich zusammenbrechen, da die mit ihnen bezeichneten philosophischen Positionen widersprüchlich sind. So sind *Grammatica speculativa* und Ockham zwar gleichermaßen der Scholastik zuzuordnen, jedoch schließt das ihre Entgegensetzung innerhalb der scholastischen Tradition nicht aus. In Wahrheit vertraten die ›spekulierenden Grammatiker‹ nämlich eine realistische Sprachauffassung, die Ockham scharf kritisierte.[166] Diese Grammatik spiegelte

---

163 In Ermangelung weiterführender Erläuterungen McLuhans zum Hintergrund seiner Verbindung von Richards und Ockham vgl. Decorte: Eine kurze Geschichte der mittelalterlichen Philosophie, S. 102 f., 106 u. 280 f., zur Realismus-Nominalismus-Debatte im Mittelalter.
164 Vgl. bspw. die Paraphrase von Ockhams berühmtem Rasiermesser, wonach Seiende nicht ohne Notwendigkeit vermehrt werden dürfen, also nicht aufgrund des Bestehens allgemeiner Begriffe (vgl. Decorte: Eine kurze Geschichte der mittelalterlichen Philosophie, S. 280) in Ogden/Richards: The Meaning of Meaning, S. 94: »the peopling of the universe with spurious entities, the mistaking of symbolic machinery for referents«. Auch ist wohl die unterbrochene Basis des semiotischen Dreiecks nach Ogden und Richards durchaus nominalistisch lesbar: Die Beziehung des Zeichens zum Referenten ist demnach keine notwendige, sondern immer eine »imputed relation« (vgl. die Abb., S. 11).
165 Neben den Bezügen auf die nominalistische Position in *The Meaning of Meaning* selbst, ist auch im zeitgenössischen amerikanischen literaturtheoretischen Diskurs die nominalistische Einordnung der Arbeiten Richards gängig. Vgl. Ransom: The New Criticism, S. 5.
166 Vgl. Kobusch: Grammatica Speculativa (12.–14. Jahrhundert), S. 92, Decorte: Eine kleine

Welt und Sprache,[167] allerdings eher in der Tradition Aristoteles' und nicht Platons.[168] Danach drücken die Formen der Sprache Formen des Seins aus, da die Seinsweisen *(Modi essendi)* eine Entsprechung in den Erkenntnisweisen *(Modi intelligendi)* haben, die wiederum die Basis für die *Modi significandi* (Bezeichnungs- oder Bedeutungsweisen), denen die spekulierenden Grammatiker nachgehen, abgeben.[169] Mit Ockhams nominalistischem Ansatz ist das nicht vereinbar. Agricola und Ramus wiederum nehmen eher eine Reduktion als eine Erweiterung der Rhetorikmittel vor, während sie in Haltung und Darstellung eine radikale Abkehr von der scholastischen Tradition in Methodik und Philosophie vollziehen und insofern im Kontrast zu Ockham stehen.[170] Harvard indessen, wohin Richards 1944 berufen wurde, gilt seit den 1936 vorgelegten Forschungen des Neuengland-Historikers Perry Miller als diejenige Institution, die das ramistische Denk- und Trivium-System dem *New England Mind* implementierte.[171] McLuhan drückt schon in *The Place of Thomas Nashe* in einer Fußnote seine Faszination für die Thesen Millers aus. Hier unterstellt McLuhan bereits, dass der angebliche »empirical spirit« der neuenglischen Ideengeschichte »is not unrelated to Ockham«.[172] Miller jedoch erwähnt Ockham an keiner Stelle seiner Studie. Im Gegenteil, Miller unterstreicht in seiner ausführlichen Beschreibung des ramistischen Einsatzes dessen Abwendung von der Scholastik.[173] Harvard beherbergt so gesehen keine noch so ›ausgezeichneten Schulmänner‹ spätmittelalterlichen Schlags.

Die Verbindung von Agricola, Ramus und Harvard mit Ockham und Scholastik mit Erweiterung der Rhetorik oder spekulativer Grammatik lässt sich von den

---

Geschichte der mittelalterlichen Philosophie, S. 281 f., sowie Bertram: Sprachphilosophie zur Einführung, S. 20 f.
167 Vgl. Decorte: Eine kleine Geschichte der mittelalterlichen Philosophie, S. 282.
168 Vgl. Bertram: Sprachphilosophie zur Einführung, S. 19–21.
169 Vgl. Kobusch: Grammatica Speculativa, S. 82 u. 90. In *The Place of Thomas Nashe* hatte McLuhan bei seiner Auseinandersetzung mit der antiken Grammatik selbst darauf hingewiesen, dass die vollständigsten Abhandlungen über eine universale Sprache, die auf universaler Erkenntnis beruhe, in den spekulativen Grammatiken des Mittelalters zu finden seien. Vgl. McLuhan: The Classical Trivium, S. 27. Sie setzen die stoische Kontinuitätsauffassung von Sprache und Welt fort, brechen aber die platonische Tradition durch aristotelische Spekulationsgrundlagen.
170 Vgl. Sloane: Rhetorical Education and Two-Sided Argument, S. 167 f., Traninger: Techniken des Agons, S. 657 f., sowie die Quelle McLuhans zu Ramus: Miller: The New England Mind, Bd. 1, S. 123 u. 134.
171 Vgl. Millers Darlegungen vor allem der Dialektik bei Ramus sowie deren Einfluss auf Harvard in Miller: The New England Mind, Bd. 1, S. 123–141.
172 McLuhan: The Classical Trivium, S. 184, Anm. 46.
173 Vgl. Miller: The New England Mind, Bd. 1, S. 123.

jeweiligen historischen Positionen aus nicht leicht knüpfen. Abermals scheinen hier die Aporien von historisch-zeitgenössischer Einschätzung, philosophischer Position und historiographischer Bearbeitung auf.[174] Was McKeon zur Geschichte der ›Bücherkämpfe‹ und deren Lehren für die Gegenwart aussagte, nämlich dass sie in einer Reihe sich wandelnder Umstände und Anwendungsgebiete sinnlos und ohne signifikante Verbindung zueinander oder zu den Umständen und Problemen ihrer Zeit erscheinen,[175] lässt sich hier ebenso über die illustre Versammlung des Tricksters in der Gerichtsrede sagen, die munter Scholastiker, Humanisten, neuenglische Institutionen und mittelalterliche Sprachphilosophie ineinander mischt. Die mit diesen Bezeichnungen verbundenen Positionen haben keinen signifikanten Zusammenhang. Doch ist das Entscheidende an den historischen Positionen auch in der Gerichtsverhandlung – wie schon in der Literaturgeschichte – für den Trickster nicht, dass sie tatsächlich ein und derselben Tradition angehören, sondern dass sie als Gegenpositionen zu einer weiteren Partei fungieren. Sie bestärken eine agonale Anordnung oder stellen sie ganz und gar her.

3.2 Noch ein Zeuge: Kenneth Burkes Literaturauslegungen

Während der Beweisführung in Sachen poetischer gegen rhetorische Auslegungspraxis wird die ›rhetorische Exegese‹ im Nachgang des Exkurses zu den sprachphilosophischen Grundlagen der Bildungsgeschichte vor allem mit Analysen von Textstrategien identifiziert. Laut Leavis' Verteidiger McLuhan hat es die ›rhetorische Exegese‹ auf die »›strategy‹ employed by a writer in bringing to bear the available means of persuasion« abgesehen.[176] Damit führt der rhetorisch interessierte Ansatz der Literaturkritik einerseits zurück in die antiken Anfangsgründe der Rednerkunst mit ihrem regelgeleiteten Überzeugungsanspruch,[177] andererseits lässt er sich der ramistischen Textexegese anschließen, die nach den Grundaussagen von Texten sucht. Für die Anklageverteidigung im Gerichtsfall 1944 erscheint es daher völlig klar, dass die rhetorischen Textstrategien Auskunft über

---

174 So wäre etwa auch der Einordnung der grammatischen Bemühungen Korzybskis in die platonisch-realistische Tradition Korzybskis eigene Gegenwehr gegen den ›Verbalnebel mittelalterlicher Begriffe‹ wie Nominalismus und Realismus vorzuhalten. Vgl. das Vorwort zur zweiten Auflage von *Science and Sanity* 1941 in Korzybski: Science and Sanity, S. xxxvi.
175 Vgl. McKeon: The Battle of the Books, S. 219.
176 McLuhan: Poetic vs. Rhetorical Exegesis, S. 271.
177 Vgl. z. B. das Kap. »Reden, weil wir handeln müssen (Sophisten; kaíros)« in Müller: Decorum, S. 14–47, S. 14.

ihre Ausgangssituation geben, jedoch keinen Beitrag zu einer wirklich kritischen Bewertung nach Eliot oder Leavis zu leisten vermögen.

In der dazugehörigen, einzigen Fußnote der Gerichtsrede stellt der Anwalt von Leavis den Unterschied zwischen Dichtung und Rhetorik sowohl für die literarischen Formen als auch für die jeweiligen kritischen Betrachtungen nochmals heraus. Unter Rückgriff auf die anfängliche Generalthese, dass Gedichte Handlungen seien, ergibt sich für das poetische Urteil von Gedichten, dass die Qualität des Gedichts immer auch die Qualität einer Handlung umfasse und somit indirekt ein moralisches Urteil zulasse.[178] Dabei gehe es nicht darum, ob und welche Moral ein Gedicht vertrete. Dies sei vielmehr der Bereich rhetorischer oder ›didaktischer Dichtung‹, welche keinesfalls poetisch, sondern rhetorisch organisiert sei. »Thus poetry cannot be organized without ethical vision but poetry can never, as such, perform the rhetorical task of inculcating morality.«[179] Und dann stellt McLuhan klar, dass diese als so unüberbrückbar gezeichneten Differenzen auf einem wissensgeschichtlichen Unterschied beruhen. Denn die neue Kritik habe ihre Techniken der Literaturbetrachtung von der Psychologie und Ethnologie übernommen *(transferred)*. Dabei habe sie verloren gegangene Einsichten über viele Sprachfunktionen wiederhergestellt und die Wahrnehmung von Dichtung durch Studien zu Sprachsymbolen, Sprache als Geste und phatischer Kommunion in Stammesgemeinschaften weitgehend vertieft.[180] Aber Psychologen wie Anthropologen sähen die Sprachfunktionen lediglich als individuelle bzw. kollektive Strategien in feindlichen Umgebungen und hätten zu keinem Zeitpunkt eine Bewertungsintention *(intention of evaluation)*.

Mit Schlagworten wie »functions of language«, »language symbols [...] in neurosis and dreams« und »language as gesture and phatic communion« spricht McLuhan eine Wende in der Literaturtheorie an,[181] die durch Umbrüche auf sprachwissenschaftlichem und zeichentheoretischem Gebiet Anfang des zwanzigsten Jahrhunderts eingeleitet wurde. Die Rede von den Sprachfunktionen bezieht sich auf die Kommunikationssituation, in welcher Sprache und Zeichen immer schon mehrere Funktionen zugleich in unterschiedlichem Ausmaß ausfüh-

---

178 Weiter oben im Text hat der Verteidiger von Leavis bereits darauf hingewiesen, dass als Nebenprodukt der Bewertung *(evaluing)* einzelner Gedichte nach Leavis ein qualitatives politisches Urteil *(judgment)* gefällt werde. Da Gedichte Handlungen seien, würden sie als Index für die moralische Qualität der Zeit, die sie hervorgebracht hat, dienen. Vgl. McLuhan: Poetic vs. Rhetorical Exegesis, S. 271. Damit allerdings ist auch die poetische Kritik nicht allzu weit vom Interesse an der Situation, die eine bestimmte Textstrategie hervorbringt, entfernt.
179 McLuhan: Poetic vs. Rhetorical Exegesis, S. 271, Anm 1.
180 So die Aufzählung in McLuhan: Poetic vs. Rhetorical Exegesis, S. 271 f., Anm 1.
181 McLuhan: Poetic vs. Rhetorical Exegesis, S. 271 f., Anm 1.

ren. Ogden und Richards haben in *The Meaning of Meaning* ihre Bedeutungstheorie der Zeichen in einem solchen Zusammenhang entwickelt. Sie drängen darauf, dass der Kontext für jegliche Bedeutung oder Zeichenfunktion unerlässlich ist.[182]

Auch die ›phatische Kommunion‹ findet sich in *The Meaning of Meaning*, allerdings in einem der Supplemente des Buchs, das von dem in den 1920er Jahren Furore machenden Ethnographen Bronislaw Malinowski (1884–1942) verfasst wurde. Malinowski hat eine der ersten, vollständig auf teilnehmender Beobachtung im Feld beruhenden, ethnographischen Beschreibungen indigener Stämme verfasst. Für *The Meaning of Meaning* steuerte er einige linguistische Beobachtungen aus seinen ethnographischen Forschungen bei: »The Problem of Meaning in Primitive Language«.[183] Sie erscheinen gleichsam wie ein Beweis der theoretischen Bemühungen Ogdens und Richards' direkt ›aus dem Feld‹, denn auch für den Ethnographen erwies sich jede Äußerung, die Bedeutung jedes Worts als »essentially bound up with the context of situation«.[184] Nach der Betrachtung von Äußerungen, die in Handlungen eingebettet sind, sowie von Erzählungen, die ebenfalls weniger referentielle Funktionen der Sprache verfolgen, als vielmehr soziale oder emotive Funktionen übernehmen, beschreibt Malinowski einen weiteren Typ sprachlichen Gebrauchs, und zwar den eines »flow of language, purposeless expressions of preference or aversion, accounts of irrelevant happenings, comments on what is perfectly obvious«.[185] Er ist, wie er schreibt, versucht, diesen Sprachtypus ›phatische Kommunion‹ zu nennen – und schreibt dies sogleich nieder.[186] Mit weitreichenden Folgen für die Geschichte der Kommunikationstheorie und das Wissen von Medien. Denn der Sprachwissenschaftler Roman Jakobson (1896–1982) wird in den 1950er Jahren dieses Wissen von der Sprache mit dem Wissen der mathematischen Informationstheorie kurzschließen, und dabei die ›phatische Funktion‹ der Sprache an der Stelle des gestörten Kanals des Kommunikationsmodells Claude Shannons (1916–2001) einsetzen. Ein Schritt, wie er unerlässlich war, um zu einer Theorie oder auch Philosophie des Medialen vorzustoßen, wie sie etwa Michel Serres vertritt.[187]

---

182 Vgl. Ogden/Richards: The Meaning of Meaning, z. B. S. 52–59. Vgl. auch Kap. III.3.2 in diesem Band.
183 Vgl. Malinowski: The Problem of Meaning in Primitive Language, S. 296–336.
184 Malinowski: The Problem of Meaning in Primitive Language, S. 311, vgl. auch S. 306.
185 Malinowski: The Problem of Meaning in Primitive Language, S. 314.
186 Vgl. Malinowski: The Problem of Meaning in Primitive Language, S. 315.
187 Vgl. zur Wissensgeschichte des mathematischen Kommunikationsmodells, des Sprachfunktionenmodells nach Roman Jakobson und Michel Serres' Triade der Kommunikation die beiden Aufsätze Schüttpelz: Eine Ikonographie der Störung, und Siegert: Die Geburt der Literatur aus dem Rauschen der Kanäle.

Doch diese Wissensgeschichte der Medientheorie ist nicht die Geschichte eines Wissens von Medien, wie sie die Texte mit dem Namen McLuhan nachzeichnen lassen. Allerdings berühren sich beide Geschichten stellenweise, wie hier in dieser Fußnote der Gerichtsrede McLuhans. Wie gesagt, ginge es in der Gerichtsverhandlung von 1944 um Fragen funktionaler Sprachaspekte für die Aufgabe der Literaturkritik, so gäbe es gar keinen Rechtsfall. Die Leistungen Richards' und Empsons in dieser Hinsicht erscheinen dem Anwalt des Klägers offenbar unbenommen, worauf auch die Fußnote noch einmal hinweist: »greatly deepened our perceptions in reading poetry«.[188] Aber es geht McLuhan gerade nicht um diese Wendung in der Sprach- und Literaturtheorie, die als Hinwendung zum Medium, wie es die heutige Medienwissenschaft untersucht, gelten kann.[189]

Explizit ausgesprochen – ja ausgeschlossen – wird eine sich solchermaßen andeutende Aufmerksamkeit für das Medium für die Frage der rechtmäßigen Literaturkritik 1944 bei der Vernehmung des Zeugen Kenneth Burke. Burke wird als »able rhetorical exegetist in the Empson line« vorgestellt, was natürlich heißt, dass er ›auf Richards-Linie‹ steht. In *The Philosophy of Literary Form* (1941) geht Burke davon aus, dass kritische und dichterische Werke immer Antworten auf eine Situation sind. Er hält sie daher für strategische oder stilisierte Antworten.[190] Er entwirft das Konzept der ›symbolischen Handlung‹ *(symbolic action)*, wonach auch Dichtung oder Sprachgebrauch als symbolische Handlung aufzufassen sind. Ein Gedicht etwa fasst eine Situation in Worte, und je nach Wortwahl und Struktur, je nach Auswahl von Situationscharakteristika wird die Situation in einer bestimmten Weise ›vergrößert‹ *(sized up)* und mit einer Haltung zur Situation versehen. Burke bezieht sich mit der Haltung *(attitude)* explizit auf Richards' Parameter der Literaturinterpretation[191] und möchte diese auf ganz körperliche, psychosomatische Verhältnisse des Autors ausdehnen.[192] Als Voraussetzung für die Lesbarkeit oder Erkennbarkeit symbolischer Handlungen führt Burke übrigens gleich zu Beginn Korzybskis »levels of generalization« an, die im Wesen der Sprache lägen und das menschliche Denken für alle gleich machten.[193]

---

[188] McLuhan: Poetic vs. Rhetorical Exegesis, S. 271 f., Anm 1.
[189] Vgl. Schüttpelz: Eine Ikonographie der Störung; Siegert: Die Geburt der Literatur aus dem Rauschen der Kanäle.
[190] Vgl. Burke: The Philosophy of Literary Form, S. 1.
[191] Vgl. Burke: The Philosophy of Literary Form, S. 9.
[192] Burke griff für seine Auseinandersetzung mit Literatur vielfältig auf Freuds psychoanalytische Lektüren zurück. Informationen aus dem Leben und den Lebensverhältnissen des Dichters sind seiner Ansicht nach für die Dichtungsanalyse unbedingt mit einzubeziehen. Vgl. Burke: The Philosophy of Literary Form, S. 23 u. 73.
[193] Burke: The Philosophy of Literary Form, S. 2.

Der Anwalt von Leavis, der doch Korzybskis Methoden als Gegenmodell zu Richards' Methoden aufstellt und Burke über Empson gemeinsam mit Richards auf der Seite der Angeklagten sieht, scheint diesen Hinweis überlesen zu haben. Jedenfalls lehnt er Burkes Ansatz aufgrund der soeben beschriebenen strategischen und situationsorientierten Ausrichtung der Exegese ab. Aber Burke macht es ihm dabei nicht leicht. Denn neben dem Hinweis auf Korzybski vertritt Burke eine dezidiert ›dramatische‹ Auffassung von symbolischer Handlung und damit von Literatur. Der Verteidiger der Anklage gibt das auch offen zu und zitiert Worte aus Burkes methodologischem Kapitel:

> However, in *The Philosophy of Literary Form* Mr. Burke [...] appears for a moment to emerge as a critic of poetry: »We should watch for the dramatic alignment: what is *vs.* what. As per Odets': violin *vs.* prizefight. Or in Hitler's *Mein Kampf*: where we found the discordant principle of parliament ... placed in dramatic or dialectic opposition to the one voice of Hitler.«[194]

Burke hat Odets' *Golden Boy* analysiert und festgestellt, dass es auf zwei entgegengesetzten Prinzipien aufbaut, dem Gegensatz von Violine und Boxkampf, in welchen der »total dramatic agon« auflösbar sei.[195] Im Anschluss an die Bemerkungen zur Methodologie behauptet Burke sogar die Theorie des Dramas als allgemeine Perspektive seiner Analysemethode.[196] McLuhan kann darüber als Anwalt der ›poetischen Exegese‹ dennoch großzügig hinweggehen, denn Burke erachtet zugleich die strategische Analyse für grundlegend. Leavis' Verteidiger erkennt sofort, dass Burke seine Erkenntnis über die wesentlich ›dramatische‹ Struktur der Dichtung nicht einlöst: Bei der Betrachtung eines Eliot-Stücks biete Burke anstelle der poetischen Beurteilung lediglich ein rhetorisches Beispiel. So heißt es bei Burke: »We should watch for ›critical points‹ within the work, as well as at beginnings and endings. ... There is such a moment in *Murder in the Cathedral*, where the *medium* shifts from verse to prose ...«[197] Und McLuhan kommentiert: »Again he selects a rhetorical feature for isolated comment without heeding the dramatic unity, if any.«[198] Die Betrachtung des Mediums, in diesem Fall die metrische Form der Dichtung, ist McLuhan zufolge die Betrachtung einer rhetorischen Eigenschaft und nicht mehr. Burke isoliere hier lediglich das rhetorische Merkmal

---

[194] McLuhan: Poetic vs. Rhetorical Exegesis, S. 269, Zitat = Burke: Philosophy of Literary Form, S. 69.
[195] Burke: Philosophy of Literary Form, S. 33–35, Zitat S. 33.
[196] Vgl. Burke: The Philosophy of Literary Form, S. 103.
[197] Burke: Philosophy of Literary Form, S. 78, zit. nach McLuhan: Poetic vs. Rhetorical Exegesis, S. 270 (Hervorhebung J. M.).
[198] McLuhan: Poetic vs. Rhetorical Exegesis, S. 270.

des Wechsels von Vers zu Prosa ohne die Fragen von dramatischer Einheit zu beherzigen, also ohne die poetische Qualität des ›dramatischen‹ Hervorgehens der Metaphorik *(imagery)* aus früheren Passagen und das Vorausweisen derselben auf weitere Entwicklungen zu beurteilen.[199]

Das Medium wird hier der Seite der rhetorischen Auslegungspraxis zugeordnet. Wer, wie Burke, bei aller Liebe für das ›Drama‹ der Dichtung nach dem Medium der Dichtung schaut, vollführt keine ›poetische Exegese‹, sondern eine ›rhetorische‹ und wird mit ihr verurteilt.

3.3 Schlusswort für F. R. Leavis und gegen I. A. Richards

Daher bleibt es dabei: »[T]he method of Leavis has superior relevance [...].«[200] Das Schlusswort der Gerichtsrede ist klar in seinem Urteil, auch wenn es gleichzeitig seltsam versöhnlich anmutet und die Leistungen *(great service)* der Gegner anerkennend nennt.[201] Das Schlusswort verzichtet auf die traditionell gegebene Möglichkeit, noch einmal »alle Schleusen der Beredsamkeit zu öffnen«, wie es bei Quintilian heißt,[202] und suggeriert damit, dass es hier gar nicht um Emotion, Überredung, um den letzten Versuch, den Richter und die Anhörenden auf die eigene Seite zu ziehen, geht. Wenn der Gegner eine Persönlichkeit sei, der man Achtung schulde, ist eine solche ruhige Form des Schlussworts schon in der antiken Lehrpraxis der Gerichtsrede vorgesehen.[203] Und Richards und Empson sind schließlich nicht irgendwer in der Garde angloamerikanischer Literaturkritiker.

Doch ist auch nach dieser Verteidigungsrede für Leavis und nach dem versöhnlichen Schlusswort in der Gerichtsrede 1944 immer noch mit dem Trickster zu rechnen. Er könnte dem Verteidiger der Anklage immer auch den Richtertalar übergeworfen haben und das, was angeblich zur Entscheidung steht, einfach schon entschieden haben. Und zwar durch die Titelgebung, welche die Problematik des gesamten Aufsatzes immer schon als abgehandelten Rechtsfall in die Register der Bibliographien, Inidices und Inhaltsverzeichnisse eingehen lassen wird: »*for* Leavis and *against* Richards and Empson«.

---

199 Vgl. diese Art der Bestimmung ›poetischer Exegese‹ anhand eines Beispiels von Leavis in McLuhan: Poetic vs. Rhetorical Exegesis, S. 275.
200 McLuhan: Poetic vs. Rhetorical Exegesis, S. 276.
201 Vgl. McLuhan: Poetic vs. Rhetorical Exegesis, S. 276.
202 Quintilianus: Institutionis Oratoriae. Ausbildung des Redners, Bd. 1, VI.1.51 (S. 695).
203 Vgl. Quintilianus: Institutionis Oratoriae. Ausbildung des Redners, Bd. 1, VI.1.50 (S. 695).

Schlussendlich steht Leavis also einfach drüber *(superior)*. Nach McLuhan strebt er nicht lediglich Erkenntnisse über die Funktionsweise eines Gedichts an, sondern immer auch über die Funktion der Dichtung selbst. Für sich genommen funktioniere ein Gedicht nun einmal ›dramatisch‹ und nicht strategisch oder persuasiv. Es diene der Kontemplation und zur Erweiterung und Verbesserung moralischer Wahrnehmung. Dichtung nach Leavis sei die Bildung und Nährung der Affekte. Demgegenüber erscheint Richards' und Empsons Methode pragmatisch im schnödesten Sinne. Damit bleibe man auf halber Strecke der anstrengenden kritischen Unternehmung stecken.[204]

Durch diesen recht sachlichen Abschluss der Gerichtsrede tritt umso deutlicher die ›dramatische‹ Situation der inszenierten Verhandlung selbst zutage. Der Abschluss mag ruhig und ausgeglichen wirken, die Beweisführung war streng und in ihrer Aufstellung vor Gericht überhaupt dazu angelegt, die Emotionen aufzupeitschen.

4 Das Urteil des Aufsatzes »Poetic vs. Rhetorical Exegesis«: Poetik und Grammatik vor Rhetorik

Somit führt die Betrachtung der Gerichtsrede des Tricksters dahin zurück, wo sie eingesetzt hat: zur theatralen und agonalen Situation des Gerichthaltens. Als performativer Effekt des Textes »Poetic vs. Rhetorical Exegesis« erweist sich neben dem angedeuteten Gerichtsszenario auch die Entscheidung über die solchermaßen gerichtlich verhandelten Positionen.

Während der Verhandlung und der Vorverhandlungen sind sehr viele historische und zeitgenössische Akteure vorgeführt und als gegnerische Parteien im immer gleichen Streit um poetische oder rhetorische Methoden in Dichtungsproduktion wie -rezeption einander gegenübergestellt worden. Eine grundsätzlich agonale Struktur eint die vorgestellten dramatischen, kriegerischen und juristischen Szenarien. Mittels des Agon sind einerseits Antagonisten und andererseits Abstammungslinien konstruierbar, und zwar über die Grenzen der Bildungs- und Literaturgeschichte, des Bereichs der Dichtung selbst und der kritischen Untersuchung dieser Dichtung hinweg. So legt es die Gerichtsrede im Anschluss an die Vorverhandlung jedenfalls nahe: Der Unterscheidung von ›poetischer‹ und ›rhetorischer Exegese‹, die in der Beweisführung auf die Unterscheidung von poetischen und rhetorischen Werken zurückgeführt wird, geht die Unterscheidung des Exkurses über grammatische und rhetorische Modi des Wissens noch voraus.

---

[204] Vgl. McLuhan: Poetic vs. Rhetorical Exegesis, S. 276.

Mit dem Exkurs wird Richards' Literaturkritik den rhetorischen Auffassungen von Sprache in der Nachfolge Ockhams und Ramus' zugeordnet, also einer Auffassung von Sprache, in der Welt und Worte nicht zur Deckung kommen. Und mit der Vernehmung des Zeugen Burke wird die Betrachtung des Mediums der Dichtung der rhetorischen Kunst, der rhetorischen Kritik und der als rhetorisch aufgefassten Sprachphilosophie jenseits realistischer Sprachauffassungen zugeschlagen und vor allem abgelehnt. Demgegenüber steht mit dem richtenden Titel der Gerichtsrede die rechtmäßige poetische Literaturkritik Leavis', welche den poetischen Prozess und damit das Wesen jedes Gedichts (als Gedicht) zu bewerten und auch (als gutes oder schlechtes Gedicht) zu beurteilen vermag. Aufgrund der agonalen Grundanordnung des Gerichts, das mit der Gerichtsrede des Tricksters eingesetzt wird, gerät auch diese poetische Kritik in ein Abstammungsverhältnis mit einer sprachphilosophischen Position. Es ist die Position der Grammatik ›im alten Sinne‹, auch wenn dies nirgends ausgesprochen wird und auch wenn es vielleicht nicht beabsichtigt ist. Aus dieser Folge von Gegenüberstellungen und Abstammungen ergibt sich nun das Urteil, das *judgment*, das der Anklageverteidiger die ganze Zeit von allen Kritikern verlangt:

> Poetik = Grammatik, und das ist gut (für die Kritik, für die Wissenschaft, für die Welt),
>
> Rhetorik = Medium, und das ist, wenn nicht schlecht, so doch wenigstens belanglos für das kritische Urteil, behauptet die Gerichtsrede.

Die fiktive Gerichtsrede und die literaturgeschichtliche Dissertationsschrift reihen somit das Textkorpus ›McLuhan‹ Mitte der 1940er Jahre nicht ohne Weiteres in den literaturwissenschaftlichen Formalismus jener Jahre ein. Vielmehr führen diese frühen Texte mit Namen ›McLuhan‹ in die weitläufigen Gefilde der Auseinandersetzung mit dem Wesen und der Funktionsweise der Sprache. McLuhan verfolgt in diesen Texten keinen formalästhetischen oder materialorientierten Ansatz, wie er mit den späteren technik- und kulturgeschichtlichen Schriften leichter in Übereinkunft zu bringen wäre. Stattdessen partizipieren diese frühen Texte an der Bearbeitung des erkenntnistheoretischen Problems der Sprache selbst, welches in der ersten Hälfte des zwanzigsten Jahrhunderts in Philosophie, Linguistik und Literaturwissenschaft Konjunktur hat.[205]

Mit dem Urteil der Gerichtsrede wird ein formalistischer Ansatz in der Literaturwissenschaft abgelehnt und mit ihm ›das Medium‹, wie es eine ›rhetorische Exegese‹ nach Aussage des Textes »Poetic vs. Rhetorical Exegesis« untersucht.

---

[205] Vgl. den Umriss der Problematik für die Philosophie bei Rorty: Introduction. Metaphilosophical Difficulties of Linguistic Philosophy, welche 1967 mit dem gleichnamigen Band als *Linguistic Turn* bekannt wurde.

Die medialen Eigenarten von Literatur interessieren McLuhan 1944 kaum. Der literaturwissenschaftlichen Auseinandersetzung, der sich McLuhan verschreibt bzw. die McLuhan schreibt, geht es weniger um die Formen der Übermittlung, als vielmehr um Genealogien. Und die Erforschung der Genealogien schlägt den Weg in die weitläufigen Gefilde der Kulturgeschichte des Studiums der Sprache ein. Hierbei werden Grammatik und Rhetorik, als älteste Formen der Beobachtung von und des Nachdenkens über Sprache,[206] in spezifischer Weise definiert und als grundlegende Kategorien für die Untersuchung und Darlegung eingeführt. Demnach ist die Grammatik ›im alten Sinne‹ eine an den poetischen Formen der Sprache und an den Abweichungen vom gängigen Sprachgebrauch interessierte Auslegungstechnik, die die Dichtung und Etymologie als Wissen der Sprache selbst einbezieht.[207] Die Rhetorik indessen, wie sie McLuhan hier Richards und Empson unterstellt, entspricht einer auf Strategien und Zwecke ausgerichteten, funktionalen Auffassung von der Sprache. Ihr entgehen die von McLuhan als ›poetisch‹ ausgewiesenen Dimensionen der Sprache mit ihren vielfältigen Sinneffekten ebenso wie die Möglichkeit, die Einheit dieser Vielfalt im Wort und in der Sprache (mithin im Sinne des antiken Logos) zu erfassen. Diese Rhetorik ist als Auslegungspraxis auf das Auffinden eindeutiger Aussagen spezialisiert.[208]

McLuhans Texte von 1943 und 1944 nehmen damit eine Einteilung der Sprachkünste vor, die aus heutiger Sicht recht ungewöhnlich erscheint, da sie die anerkannten Zuständigkeitsbereiche von Grammatik und Rhetorik quasi vertauscht. Es ist gerade die Rhetorik, die in ihrer Figurenlehre die (auch poetischen) Abweichungen vom gängigen Sprachgebrauch und die vielfältigen Sinneffekte sprachlicher Formen kultiviert und systematisiert, während die Grammatik in engerer Beziehung zur Logik steht und wie diese, korrekte Aussageformen zu beschreiben und zu sichern sucht.[209] Dass der Austausch der Zuständigkeitsbereiche dennoch – vor allem vor dem von McLuhan ausgeführten historischen Horizont – möglich ist, hat mit einem grundsätzlich ungelösten Problem der Theorie und Philosophie der Sprache zu tun, welches sich gerade im Bereich der poetischen Sprachverwendung bzw. der rhetorischen Sprachfiguren manifestiert. Denn es gibt keine Theorie der Sprachfiguren, die in befriedigender Weise Herkunft und

---

[206] Vgl. Borsche: Sprachphilosophische Überlegungen zu einer Geschichte der Sprachphilosophie, S. 8 f. Vgl. auch die Darlegungen bei Barthes: Die alte Rhetorik, S. 16 f., und im Anschluss an diese Überlegungen die Darstellung bei Lachmann: Rhetorik. Alte und neue Disziplin, S. 22–24.
[207] Vgl. McLuhan: The Classical Trivium, S. 15–36; Ax: Quadripertita Ratio; Stockhammer: Grammatik, S. 33–98.
[208] Vgl. hierzu auch Kap. III.1.3 in diesem Band.
[209] Vgl. etwa de Man: Widerstand gegen die Theorie, S. 96–98; Groddeck: Reden über Rhetorik, S. 88.

Funktionsweise figürlicher Rede erklären könnte. Jede Theorie der Sprache bleibt, da die Sprache nicht ohne ihre Figuren zu haben ist, somit bis auf Weiteres unabgeschlossen.[210] Historisch ist dieses Problem durch die zweiseitige Bearbeitung der Figuren, einmal von der Seite der grammatischen Dichterauslegung und einmal von der Seite der rhetorischen Systematisierung und Anwendung der Figuren der Rede her, gewissermaßen immer schon anerkannt gewesen.[211] Zumindest in der Antike ist die Grammatik deswegen ebenso zuständig in der Figurenfrage wie die Rhetorik. Die historische doppelte Bearbeitung der Figuren der Rede verweist auf das prinzipielle Problem sprachlicher Signifikation, das vor allem im Bereich der rhetorischen Figuren virulent wird: die Ununterscheidbarkeit zwischen grammatikalisch-referentieller Bedeutung und rhetorisch-figurativer Bedeutung in der sprachlichen Form.[212]

Wie im ersten Kapitel meiner Untersuchung dargelegt, bildet die Ununterscheidbarkeit das Hoheitsgebiet des Tricksters. Er nutzt die Ununterscheidbarkeit, um uns alle reinzulegen, und führt sie insofern immer wieder vor, auch wenn er dabei regelmäßig auf sich selbst hereinfallen muss. Und so könnte es sein, dass sich der Trickster mit der Vertauschung der Zuständigkeiten der Grammatik und Rhetorik zur Beschreibung von Positionen im zwanzigsten Jahrhundert in der Gerichtsrede vor allem selbst reinlegt. Die Rhetorik Richards' und Empsons nämlich geht ebenso wie die antike Grammatik und Rhetorik immer schon von den Ambiguitäten der Sprache aus, etwa in den Figuren, und sucht sie für die Literatur, die Interpretation von Literatur und sogar für die Verständigung im Alltagsleben fruchtbar zu machen.[213] Mit ihrem Rückgriff auf das figurenbezogene Wissen der Rhetorik lösen sich Richards und Empson im zwanzigsten Jahrhundert von der funktionalistischen, vereindeutigenden Auffassung der Sprache in den Rhetoriken nach Ramus und auch des achtzehnten und neunzehnten Jahrhunderts ab. Besonders Richards geht es dabei – ebenso wie dem antiken grammatischen Projekt – darum, ein Wissen der Sprache (über sich) selbst zu eruieren, wofür er allerdings nicht auf das antike Rahmenkonzept eines Welt und Sprache einenden Logos zurückgreift.[214]

---

210 Vgl. hierzu Schüttpelz: Figuren der Rede.
211 Vgl. Schenkeveld: Figures and Tropes.
212 Vgl. de Man: Semiologie und Rhetorik, S. 47–50.
213 Vgl. Empson: Seven Types of Ambiguity (1930); Richards: The Philosophy of Rhetoric (1936); Richards: Interpretation in Teaching (ca. 1937).
214 Zu Richards' Auseinandersetzung mit Vorgehen und Zielen der Grammatik vgl. Richards: Interpretation in Teaching, S. 240, 265 u. 277, weitere Ausführungen dazu in Kap. III.3 in diesem Band.

Meine These ist nun, dass sich McLuhans und Richards' Texte am selben sprach- und erkenntnistheoretischen Problem abarbeiten: wie Bedeutung durch Sprache sowie Erkenntnis durch und über Sprache zustande kommen bzw. möglich sind. In McLuhans Texten geschieht dies eher am Rande der historischen und systematischen Beschäftigung mit Literatur und Kultur, während es in Richards' Texten eine der zentralen Fragen bildet. Für die Untersuchung der literaturwissenschaftlichen Bedingungen der Möglichkeit der Medientheorie McLuhans ist gerade dieser sprach- und erkenntnisphilosophische Rand unerlässlich, wie ich im Weiteren zeigen möchte. Der Trickster muss dafür allerdings sein Urteil von 1944 revidieren – oder tricksterhaft vergessen. Richards' Rhetorik muss in ihrer figurentheoretischen Erkenntnissuche Aufnahme in die Texte McLuhans finden und ›das Medium‹ muss zur untersuchungswürdigen Größe in der Auseinandersetzung mit Literatur und Kulturgeschichte werden. Nach dem Gericht muss daher eine Beratung stattfinden, in der über die Mittel der Auslegung neu verhandelt werden kann.

III Beratungsrede

1943, im Jahr des Abschlusses der Dissertation *The Place of Thomas Nashe in the Learning of His Time*, erscheint ein Aufsatz mit der Signatur McLuhans über ästhetische Muster bei John Keats (1795–1821). Der Aufsatz schließt mit dem Hinweis auf die Totalität der Erfahrung *(total view of his experience)* in den Oden Keats' und mit den Worten: »The Odes have no message. They are actions.«[1] Dem ist eine formale Analyse jeder der acht Strophen der »Ode an die Nachtigall« (1819) vorausgegangen, in welcher die dichte Organisation *(intense organization)* des Gedichts, seine Bewegungen von Sinn und Rhythmus, die dramatische Realisierung der paradoxen Themen von Schönheit und Vergänglichkeit, Leben und Tod herausgestellt werden. Demnach bilde die Spannung zwischen dem schönen Lied *(beautiful song)* und dem harschen und brutalen Vorgehen *(harsh and brutal persecution)* der strengen Organisation[2] die dramatische Kraft des Gedichts. »The ›meaning‹ of this poem is only to be apprehended in terms of this complex structure and the reverberation and interaction of its delicately modulated themes.«[3]

Diese Bemerkungen über die fehlende Botschaft der Gedichte und über eine Bedeutung, von der nur noch in Anführungsstrichen geschrieben werden kann, klingen verdächtig nach McLuhans Thesen über Medien. Sein wohl berühmtester Ausspruch lautet, dass das Medium selbst die Botschaft sei, dass also nicht irgendeine Nachricht, irgendein Inhalt in der medialen Vermittlung ausschlaggebend sei, wenn man über Medien nachdenken will. Die Bedeutung der Medien liege vielmehr in der konkreten Struktur oder Anordnung, die sie in ein bestehendes Gefüge einbringen.[4] Die Ähnlichkeit, ja geradezu die Identität des Wortlauts dieser Aussagen zu Medien mit dem Wortlaut der Aussagen über Keats' Dichtung hat die Entwicklungsgeschichte nahegelegt, nach der McLuhans Medientheorie direkt aus den Ideen und Konzepten der Literaturkritik seiner Zeit hervorgeht.

Entstehungsgeschichten der Medientheorie McLuhans mit Blick auf literaturkritische Vorläufer sind insbesondere im englischsprachigen Raum verfasst worden. Der Zusammenhang wird in den formalistischen Dichtungsanalysen des *New Criticism* in Nordamerika gesehen, die von textuellen Merkmalen und nicht von Aussagen und Bedeutungen des Dichters ausgehen. Oder man verweist auf McLuhans zweites Literaturstudium in Cambridge, England, und den dort ein-

---

1 McLuhan: Aesthetic Pattern in Keats' Odes, S. 113.
2 Ich weiche hier von der deutschen Übersetzung als »Paradoxon in diesem schönen Gesang, der aus einer schneidenden und brutalen Qual entstanden ist« (McLuhan: Die innere Landschaft, S. 131) ab.
3 McLuhan: Aesthetic Pattern in Keats' Odes, S. 111.
4 Vgl. McLuhan: Understanding Media, S. 7–9 u. ö.

studierten *Practical Criticism* nach I. A. Richards und F. R. Leavis.[5] Hierbei wird über die genealogische Reihenbildung McLuhans seit der Dissertation und die Unterscheidung sowie Einordnung von Dichtung und Literaturkritik als grammatische oder rhetorische Herangehensweisen hinweggegangen.[6] Stattdessen wird Richards als willkommenes Vorbild McLuhans gehandelt,[7] da dieser schon in den 1920er Jahren Kunstwerke als Kommunikationsformen aufgefasst und untersucht habe sowie eine situationsbezogene pragmatische Analyse von Literatur angeregt habe.[8] Die Rhetorik gilt den ›McLuhan‹-Exegeten in diesem Zusammenhang als performanzgeleitetes Instrumentarium, das eine Wirkung innerhalb einer Gesamtsituation durch genaue Beobachtung und kritisches Urteil sowohl zu analysieren als auch herbeizuführen erlaubt. Die von McLuhan unterschiedenen grammatischen und rhetorischen Herangehensweisen an Literatur erscheinen als einträchtige ›Taskforce‹ im Dienste genauer Analysen und kritischer Bewertung.[9] Sie seien letztlich voneinander abhängige und aufeinander aufbauende Programme der Literaturkritik, deren sich McLuhan je nach Interesse und Gegenstandsgebiet bewusst bedient habe.[10]

Aus der Perspektive der späteren Arbeiten McLuhans über Kommunikationssituationen und -formen erscheint diese Einflussgeschichte nur allzu eingängig. Aus wissensgeschichtlicher Perspektive erscheint die Auseinandersetzung mit und die Aufnahme der Rhetorik als wissensbildende Strategie in den Schriften McLuhans jedoch keinesfalls so eindeutig, wie es die Kommentatorinnen und Kommentatoren zu verstehen geben. Viel eher erscheint die Lage in den Texten

---

[5] Vgl. prominent bei Gordon: McLuhan. A Guide for the Perplexed, S. 1–28; ders.: Marshall McLuhan, S. 48 f. u. 332–334. Vgl. auch Willmott: McLuhan, or Modernism in Reverse, S. 3–30, Marchessault: Marshall McLuhan, S. 17–34. Neu dazu vgl. Staines: Herbert Marshall McLuhan. Before The Mechanical Bride, sowie Dotzler: »Cambridge Was a Shock«.
[6] Gordon nimmt den Gerichtstext gar nicht wahr, in Eric McLuhans Darstellung erscheinen Grammatik und Rhetorik wie ein und dasselbe (vgl. E. McLuhan: Marshall McLuhan's Theory of Communication: The Yegg, S. 38) und bei Willmott sind die Disziplinen von Grammatik und Rhetorik durch die Kategorien der Ethik und der Pragmatik ersetzt (vgl. Willmott: McLuhan, or Modernism in Reverse, S. 23). Einzig Marchessault hat den Entscheidungsaspekt der gerichtlichen Konstellation des Aufsatzes »Poetic vs. Rhetorical Exegesis« ernst genommen. Ihr entgeht allerdings der sprachphilosophische Einsatz der Unterscheidung (vgl. Marchessault: Marshall McLuhan, S. 27).
[7] Gordon spricht Richards den mächtigsten und anhaltendsten Einfluss auf das Werk ›McLuhan‹ zu. Keine andere Einflussquelle sei so frühzeitig in der Karriere McLuhans aufgetreten und so anhaltend wirksam gewesen. Vgl. Gordon: McLuhan. A Guide for the Perplexed, S. 20 u. 23.
[8] Vgl. Marchessault: Marshall McLuhan, S. 19 u. 20, sowie Willmott: McLuhan, or Modernism in Reverse, S. 23 f.
[9] Vgl. E. McLuhan: Marshall McLuhan's Theory of Communication: The Yegg, S. 33 u. 38.
[10] Vgl. Willmott: McLuhan, or Modernism in Reverse, S. 23 f.

namens ›McLuhan‹ in den 1940er und 1950er Jahren unentschieden. Nach anfänglicher Durchführung der in der Gerichtsrede favorisierten Kritik nach T. S. Eliot und Leavis wird das Verhältnis zu den (rhetorischen) Methoden und Zielen Richards' im Laufe der Zeit im Textkorpus neu ausgehandelt. Dies führt tatsächlich so weit, dass eine Übernahme des Wissens der Sprach- und Literaturtheorie Richards' vermerkt werden kann. Allerdings erfolgt diese Übernahme in anderer Weise und auf einer anderen Ebene als bisher in der Sekundärliteratur angenommen wurde. Das hat einerseits mit der Polyfunktionalität und historischen Variabilität dessen, was jeweils unter ›Rhetorik‹ erfasst wird,[11] selbst zu tun. Und es hat andererseits mit den tricksterhaften Ansätzen der Texte namens ›McLuhan‹ zu tun. In diesem Teil meiner Untersuchung wird es daher darum gehen, die Literaturkritik der Texte McLuhans der 1940er und 1950er Jahre genauer vorzustellen und zu kontextualisieren. Es ist zudem ein differenzierter Blick auf Einsatz und Art der Rhetorik Richards' zu richten und vor diesem Hintergrund schließlich die Frage nach dem Einzug der Medien in das Textkorpus ›McLuhan‹ zu stellen.

Für eine solche Untersuchung erscheint es mir übereilt, McLuhan eine bewusste Entscheidung für ein Untersuchungsobjekt namens ›Medien‹, das bereits als Einheit aufgefasst werden könnte, zuzugestehen und darüber hinaus auch eine Entscheidung für ein entsprechendes Analyseprogramm nach Richards kausal damit zu verknüpfen.[12] Zunächst einmal muss die wissenshistorische Gemengelage stärker differenziert werden, um das konkrete Verhältnis literaturwissenschaftlicher Strömungen, einer historisch zu bestimmenden Rhetorik und sich formierender Aussagemöglichkeiten über Medien darzulegen. Die Texte mit der Signatur McLuhans werden daher als konkrete Aussageformen in einem diskursiven Feld der angloamerikanischen Literaturwissenschaft im zweiten Vierteljahrhundert des zwanzigsten Jahrhunderts beleuchtet sowie, im Anschluss daran, auch als konkrete Textereignisse innerhalb einer ubiquitären Kommunikationsforschung. Es geht darum, genauer einzusehen, welche Formen der Aussage in den 1940er und 1950er Jahren überhaupt zur Verfügung stehen und welche die Schriften McLuhans aufgreifen, wiederholen und konturieren. Dabei finden Neuverhandlungen der in der Gerichtsrede gestellten und entschiedenen Fragen statt.

---

[11] Vgl. Barthes: Die alte Rhetorik, S. 17 f.; Lachmann: Rhetorik. Alte und neue Disziplin, S. 21 f.
[12] Vgl. z. B. Willmott: McLuhan, or Modernism in Reverse, S. 23 f. Willmott erklärt, dass Richards' Pragmatik (deren Grundlage eine rhetorische, situationsbezogene Analyse bilde) die Funktion des Formalismus in McLuhans kritischer Praxis präfiguriere. Ab den 1950er Jahren verpflichte sich McLuhan wesentlich der pragmatischen und rhetorischen Dichtungsanalyse, die McLuhan vom modernen zum postmodernen Kritiker werden lasse. Immer stärkeres Interesse gelte dabei dem Medium als formaler Bedingung der Bedeutung einer Situation.

Passend zur Vorlage der Gerichtsrede von 1944 möchte ich die hier nun anstehende historische Untersuchung der diskursiven Formation mithilfe des rhetorischen Genres der Beratungsrede fassen. Dies erscheint mir auch daher sinnvoll, da laut der antiken Lehre der Rhetorik mit dieser Redegattung ausdrücklich nicht ein konkretes Ziel besprochen wird, sondern vor allem die Weisen und Wege im Umgang mit einem bestimmten Sachverhalt: »beraten wird aber nicht über das Ziel selbst, sondern über die Mittel, die zum Ziel führen«, lautet die entsprechende Akzentuierung bei Aristoteles.[13] Es geht dieser Redegattung gerade um die Beratschlagung über Nutzen und Nutzlosigkeit bestimmter Mittel,[14] so dass die Betrachtung der Redeweisen unter diesem Blickwinkel besonders dafür geeignet ist, die Frage der Exegesemethoden im Kreis der Literaturwissenschaftler zwischen 1940 und 1960 zu verfolgen. Mit der Perspektive der Beratungsrede gehe ich davon aus, dass in Bezug auf die Frage der adäquaten Analyse und Interpretation von Literatur sowie von anderen kulturellen Artefakten eine Situation der Unentschiedenheit in den Texten mit Namen ›McLuhan‹ vorherrscht, die sich in einer fortgesetzten Beratung manifestiert.

Das Genre der Beratungsrede erfasst in diesem Teil meiner Untersuchung daher nicht einen oder mehrere Texte McLuhans, die explizit be- oder abratenden Charakter haben – so wie die Gerichtsrede einen konkreten, sich verteidigend-plädoyerhaft gebenden Text bezeichnen sollte und wie die Lobrede im letzten Teil der Arbeit wiederum konkrete Texte zur Feier der ›Medien‹ in den Mittelpunkt rückt. Der Begriff der Beratungsrede wird hier vielmehr ausgedehnt auf das Erproben und Abwägen unterschiedlicher Mittel der Exegese im Textkorpus ›McLuhan‹ und dem diskursiven Feld der Literaturkritik in den 1940er und 1950er Jahren. Das Hauptinteresse gilt der Beratung mit der vormals verurteilten Partei einer ›rhetorischen Exegese‹, die sich quer durch das Textkorpus selbst zuträgt, und zwar insbesondere auf der Ebene der sprachlichen Darstellungs- und Verfahrensweisen der Texte. Neben der diskursiven Formation der Literaturkritik – und im letzten Teil der Beratungsrede auch der zeitgenössischen Kommunikationswissenschaft – ist also weiterhin der Trickster im Blick zu behalten. Meinen Untersuchungen zufolge vollzieht sich die Beratung auf der Textebene der unzähligen Publikationen unter dem Namen ›McLuhan‹ in den 1940er und 1950er Jahren in der Auseinandersetzung mit den Möglichkeiten sprachlicher Verfahren und sprachlicher Signifikation. Die Rede von fehlenden Botschaften etwa in der Dichtung Keats' ist damit noch nicht die Rede von der Botschaft des Mediums. Und der ›Einfluss‹ Richards' muss damit kein programmatischer sein.

---

13 Aristoteles: Rhetorik, I.6, 1362a (S. 29).
14 Vgl. Lausberg: Handbuch der literarischen Rhetorik, § 61 f. (S. 53–55).

Zunächst wird die Beratungsrede in der Rede von der ›forensischen Tradition‹ insbesondere in den 1940er Jahren im Textkorpus ›McLuhan‹ thematisch. Hier ist eine bestimmte Ausformung der Rhetorik bereits zugelassen für Dichtung und kritische Beurteilung (Kap. III.1). Sie ist eingefasst in eine spezifische Poetik der nordamerikanischen Literaturwissenschaft. Die Veröffentlichung *The Mechanical Bride* von 1951 weist strukturelle Merkmale der Beratung auf und lässt in ihren Darlegungen den sprachphilosophisch ungelösten Widerstreit der Möglichkeiten und der Begrenzung figurativer Wendungen für ihre Analysen fruchtbar werden (Kap. III.2). Hierbei fallen Textmerkmale ins Auge, die sich der ›rhetorischen Exegese‹ Richards' verdanken, welche in einem Exkurs zur hier konturierten Beratungsrede in ihrer historischen Formation – und damit in Absetzung zu der vom Trickster in der Gerichtsrede vorgelegten Fassung – vorgestellt wird (Kap. III.3). Im letzten Teil dieser Beratungsrede wird der Blick vor dem aufgefächerten literaturwissenschaftlichen Hintergrund erweitert auf den historischen Kontext der Kommunikationswissenschaft in Nordamerika um 1950, um die einsetzende Beschäftigung der Texte McLuhans mit der Frage der Kommunikationsmedien zu kontextualisieren und in ihrer Spezifität – sowohl sprachlich als auch konzeptuell – vorzustellen (Kap. III.4).

1 Die forensische Tradition der Aufsätze von 1946 bis 1949

1.1 Die ›Bedeutung‹ der Dichtung: Literaturkritischer Kontext der ersten Hälfte des 20. Jahrhunderts

Die Frage nach der ›Bedeutung‹ eines Gedichts, wie McLuhan sie in seiner Keats-Analyse anspricht, muss in der angloamerikanischen Literaturkritik um 1945 in Anführungszeichen gesetzt werden. Es ist dies die hohe bzw. am Ende des zweiten Weltkriegs bereits im Abklingen befindliche Zeit des Modernismus, einer literarischen Epoche, in der Texte in Umlauf kommen, die mit der Frage nach der Bedeutung Schluss machen. Diese Texte sind mit den üblichen sprachtheoretischen und literarischen Annahmen nicht zu handhaben. Ihre Bedeutung zerstreut sich in der Kompilation unterschiedlicher Stimmen, historischer Textfragmente, zeitgenössischer Schlagworte, Versatzstücken aus Werbung und populärer Unterhaltung sowie in Sprachspielen.[15] Anstatt einer lyrischen oder Erzählstimme finden sich nun viele Stimmen, teils durchgehalten, teils in Bruchstücken in Lyrik und Prosa. Anstatt einer Moral, eines Spannungsbogens oder einheitlicher Figuren

---

15 Vgl. u. a. Schlaeger: Einleitung, S. 17.

gibt es keine Botschaften, offene Enden und sprachliche Experimente. Als Inbegriff dieser neuen Dichtung gilt T. S. Eliots »The Waste Land« (1922), jenes Gedicht, das der Zerrüttetheit einer ganzen Generation nach dem Ersten Weltkrieg Ausdruck verlieh mittels vieler Zitate, wilder Montage, zeitlicher Sprünge und anderer Finessen, die die Bedeutung, die Eindeutigkeit des Geschehens oder der Perspektive aushebeln. Neben Eliot stehen Autorinnen und Autoren wie Gertrude Stein (1874–1946), Ezra Pound (1885–1972) oder James Joyce für die modernistische Revolution in der englischsprachigen Dichtung.[16] Aber es war Eliot, der die Erneuerung der Literaturkritik, die aus dem literaturtheoretischen Anspruch der modernistischen Poesie resultierte, in seinen kritischen Essays forderte und mit grundlegenden Maßstäben sowie überhaupt erst einmal mit einer kritischen Sprache versah.[17]

Im Zuge einer Verkettung der Umstände und Persönlichkeiten beherrschten Eliots literaturkritische Annahmen eine ganze Gruppe von Kritikern, welche wiederum insbesondere in Nordamerika die Akademien jener Zeit beherrschten.[18] Eliots Einsätze für die Literaturkritik stehen gewissermaßen wie Axiome am Anfang der verschiedenen Ausprägungen des *New Criticism*. Die literaturwissenschaftlichen Aufsätze McLuhans kommentieren diese Zusammenhänge stellenweise; etwa wenn es in der Gerichtsrede von 1944 heißt, Eliots frühe Kritiken seien ein Nebenprodukt seiner Arbeit als poetischer Handwerker *(craftsman)*,[19] oder wenn es in einem Aufsatz über Eliots historische Schicklichkeit 1949 heißt: »It was, of course, the new poetry that produced the new criticism.«[20] Aus heutiger Sicht erscheinen die kritischen Essays Eliots (um 1920) sogar als geschickter Schachzug im Vorfeld der öffentlichen Aufnahme seiner eigenen Gedichte. Der Kultur- und Literaturwissenschaftler Brett Neilson etwa stellt den wegweisenden

---

16 Vgl. Ickstadt: Die amerikanische Moderne, insb. S. 241, 232 u. 236.
17 Vgl. Ickstadt: Die amerikanische Moderne, S. 239. Ickstadt sieht Eliots Leistung für die kritische Praxis immer im Zusammenhang mit jener Ezra Pounds; gemeinsam hätten sie die Standards für die Kritik der modernistischen Literatur etabliert. Pound allerdings sei eher polemisch und programmatisch aufgetreten, während Eliot als akademisch gebildeter Literat auftrat und eine »Akademisierung der Moderne im theoretischen Diskurs der *New Critics*« (S. 239) vorbereitete. McLuhan hat der kritischen Leistung Eliots und Pounds in seinen Aufsätzen und Rezensionen in den 1940er und 1950er Jahren gleichermaßen Respekt gezollt. Zur Unterschiedlichkeit der kritischen Stile hat er einen eigenen Aufsatz mit dem Titel »Pound's Critical Prose« (1950) verfasst. Gerade um 1950 erweisen sich die Schriften McLuhans als gutes Beispiel für die Aufnahme der poetischen wie kritischen Arbeit der amerikanischen Exilmodernisten in den akademischen Diskurs Nordamerikas.
18 Vgl. McDonald: Eliot and the New Critics, insb. S. 411 f.
19 Vgl. McLuhan: Poetic vs. Rhetorical Exegesis, S. 275.
20 Vgl. McLuhan: Mr. Eliot's Historical Decorum, S. 10.

Aufsatz »Tradition and the Individual Talent« als Pendant in Prosa zum Gedicht »The Waste Land« vor.[21]

Die literaturwissenschaftlichen Aufsätze McLuhans der 1940er und 1950er Jahre zeigen sich, wie es die Gerichtsrede proklamiert, dem kritischen Programm Eliots und in dessen Nachfolge der ›poetisch-grammatischen Exegese‹ von F. R. Leavis verpflichtet. Literaturkritische Annahmen und Forderungen aus Eliots Essay »Tradition and the Individual Talent« erweisen sich als Grundpfeiler der über weite Gegenstandsbereiche reichenden literaturkritischen Auseinandersetzungen McLuhans in diesen Jahren. In jenem Aufsatz verfolgt Eliot neben dem Entwurf einer radikal erneuerten Literaturgeschichte, die zugleich Literaturkritik ist (»I mean this as a principle of aesthetic, not merely historical, criticism«[22]), die Frage nach dem Ort des einzelnen Talents. Wie kann in einer sich stetig in Bewegung befindlichen, sich ständig restrukturierenden Literaturgeschichte der Künstler gedacht werden? Er kann nur als entpersönlichte Figur in diese Geschichte eingehen: »The progress of an artist is a continual self-sacrifice, a continual extinction of personality. There remains to define this process of depersonalization and its relation to the sense of tradition.«[23] Eliot stellt die Forderung auf, dass die Kritik nicht auf den Dichter, sondern auf die Dichtung ausgerichtet sein muss. Eine Forderung, der McLuhan mit seinem Aufsatz über Keats' Oden nachkommt. Dieser Text distanziert sich nämlich ab der ersten Zeile von der biographischen Auslegung der Oden als Selbstausdruck *(self-expression)* des Dichters.[24] Gerade den Ausdruck persönlicher Erfahrungen, Emotionen und Lebensereignisse hält Eliot für das Kennzeichen des unreifen Dichters. Der reife Dichter überkommt seine Erlebnisse in einer Dichtung, die neue Verbindungen zwischen unzähligen Gefühlen, Phrasen und Bildern schafft.[25] Die Bedeutung verschiedener Gedichte lässt sich in dieser Konzeption nicht mehr durch das Erleben oder die Intention ihrer Dichter absichern, vielmehr fächert sich die Bedeutung in ein komplexes Sinngebilde auf, für dessen Erhellung und Rahmung die Kritik unerlässlich wird.[26]

Ein Aufsatz über »Edgar Poe's Tradition« aus dem Jahr der Gerichtsrede (1944), gezeichnet von McLuhan, behandelt das von Eliot angesprochene Verhältnis von Depersonalisierung und Traditionssinn für den Dichter Edgar Allan Poe. Die Untersuchung beginnt mit deutlichen Anleihen bei Eliots Traditions-

---

21 Vgl. Neilson: At the Frontiers of Metaphysics, S. 203.
22 Eliot: Tradition and the Individual Talent, S. 15.
23 Eliot: Tradition and the Individual Talent, S. 17.
24 Vgl. McLuhan: Aesthetic Pattern in Keats' Odes, S. 99.
25 Vgl. Eliot: Tradition and the Individual Talent, S. 18 f.
26 Vgl. Schlaeger: Einleitung, S. 17.

Aufsatz: »That is to say, Poe felt his time, but none the less wrote with a sense of the past in his bones. He objectified the pathetic cleavages and pressures of the age in a wholly unprovincial way.«[27] Das Schreiben mit der Vergangenheit in den Knochen und mit einem klaren Gefühl für die eigene Zeit ist eine Forderung, die Eliot fast im selben Wortlaut aufgestellt hat.[28] Auch die von McLuhan hier hervorgehobene Objektivierung der Probleme des eigenen Zeitalters bei Poe geht auf Eliots kritisches Programm zurück. Denn nach Eliot führt die Depersonalisierung des Dichters geradezu zu einer objektiven Bearbeitung lebensweltlicher Ereignisse und persönlicher Gefühle. Darin nähere sich die Kunst sogar den Bedingungen der Wissenschaft an.[29]

Eliot stellt eine »suggestive analogy« auf, jene berühmte vom depersonalisierten Dichter als Katalysator:[30] Zwei Gase gehen beim Hinzutreten des Katalysators eine neue Verbindung ein. Sauerstoff und Schwefeldioxid setzen sich unter Anwesenheit von Platin zu Schwefelsäure zusammen: »This combination takes place only if the platinum is present; nevertheless the newly formed acid contains no trace of platinum, and the platinum itself is apparently unaffected: has remained inert, neutral, and unchanged. The mind of the poet is the shred of platinum.«[31] Mit anderen Worten, der Dichter ist »a [...] finely perfected medium«, »a particular medium, which is only a medium and not a personality, in which impressions and experiences combine in peculiar and unexpected ways«.[32] – Wenn McLuhan in den 1940er Jahren an das Medium denkt, dann an das personale Medium des Dichters,[33] das nach der Analogie der physikalischen Chemie vorgestellt

---

27 McLuhan: Edgar Poe's Tradition, S. 24.
28 Vgl. Eliot: Tradition and the Individual Talent, S. 14: »[T]he historical sense compels a man to write not merely with his own generation in his bones, but with a feeling that the whole of the literature of Europe from Homer and within it the whole of the literature of his own country has a simultaneous existence and composes a simultaneous order.«
29 Eliot: Tradition and the Individual Talent, S. 17.
30 Vgl. Eliot: Tradition and the Individual Talent, S. 20 u. 17, Zitat S. 17.
31 Eliot: Tradition and the Individual Talent, S. 18. Mit dem Verweis auf die platininduzierte Katalyse bezieht sich Eliot auf dramatische Ereignisse des Ersten Weltkriegs, welche Markus Krajewski ausführlich dargelegt hat. Krajewski zeigt, dass dem Entdecker der Katalyse zuteil wird, was Eliot für den Dichter und den dichterischen Prozess als unerlässlich angibt: »Wilhelm Ostwald wirkt [...] als Wegbereiter oder Katalysator der Entwicklung einer ›großen Sache‹ – ohne in ihr mittelfristig noch vorzukommen. Die Katalyse löscht den Namen ihres Meisters einfach aus.« Vgl. Krajewski: Restlosigkeit, S. 66 f. u. 219–227, Zitat S. 226 f.
32 Eliot: Tradition and the Individual Talent, S. 18 u. 20.
33 Schon im Aufsatz »Aesthetic Pattern in Keats' Odes« ist die Rede von »reading Keats through the media of his successors« (McLuhan: Aesthetic Pattern in Keats' Odes (1943), S. 113), was im Übrigen zu einer Fehllektüre der Oden geführt haben soll. Weiterhin finden sich Ausdrücke wie »hostile medium of Plato« (in: McLuhan: The Southern Quality (1947), S. 367), die Aufzählung

wird.³⁴ Dieses Medium hat die Kraft zu verändern, Bestehendes zu Erneuern, aber es tut dies, indem es hinzutritt, als eine Art Durchlaufstation, die im Gesamtprozess der Literaturgeschichte in ihrer Eigenart nicht weiter in Betracht gezogen werden muss, die im Gegenteil sogar außen vor bleiben muss in kritischen Betrachtungen.

In seinem Aufsatz »Hamlet and His Problems« (1920) setzt sich die von Eliot mithilfe der Analogie aus der physikalischen Chemie beschworene Objektivität des Dichters dann im »objective correlative« fort, das dieser zur Verdeutlichung einer Emotion auffindet. Ein objektives Korrelat biete die Formel für das Hervorrufen einer Emotion beim Leser. In der Kunst nämlich könne Emotion nur über ein solches Korrelat, also »a set of objects, a situation, a chain of events which shall be the formula of that *particular* emotion«, ausgedrückt werden.³⁵ Und genau dies vermochte wiederum Poe für den Ausdruck seiner Zeit laut McLuhan zu leisten. Mit einiger Sicherheit habe er Fakten, Symbole, Bilder und Ideen als Vehikel seiner Empfindungen herausgegriffen.³⁶ Poes Schreiben, welches sich in diesen Formulierungen McLuhans als unpersönliches Dichten im Sinne Eliots zu erkennen gibt, sei von einer unmittelbaren Tauglichkeit *(fitness)* und Relevanz *(relevance)* für die Probleme seiner Zeit gewesen. Er habe eine unfehlbare, ästhetische Leistungsfähigkeit gezeigt, die noch den Menschen und den Schriftsteller als integrales Ganzes erscheinen ließe.³⁷

Es ist mit Hinweis auf den Poe-Aufsatz McLuhans Zugehörigkeit zum *New Criticism*, wie er in den kritischen Zeitschriften und an den Universitäten Nordamerikas betrieben wurde, durch den Literaturwissenschaftler Glenn Willmott bestritten worden. Die nordamerikanische Ausprägung der neuen kritischen Ansätze entspricht einer Art Zuspitzung der Thesen Eliots über die Dichtung.

---

der Modi »from the shaman to the medium and the poet«, die sich in der Dichtung Eliots fänden (in: McLuhan: Mr. Eliot's Historical Decorum (1949), S. 13) oder die Rede vom »type of the poet and the faithful medium of the voices of the external world« (in: McLuhan: Tennyson and Picturesque Poetry, S. 149). Einzig in »The New York Wits« erscheint das Medium ähnlich wie in der Gerichtsrede als das sprachliche »medium for expressing« (McLuhan: The New York Wits, S. 20), wo es auch der Seite einer »pretentious rhetoric« (S. 18) zugeordnet wird.

34 Mit Erhard Schüttpelz lässt sich in dieser Zusammenführung des personalen Mediums mit den physikalisch-chemischen Vorgängen der Katalyse noch die »gemeinsame Zurichtung der Medien« durch die Mediumismus-Debatten des späten neunzehnten Jahrhunderts erkennen: die »Betonung der passiven Rezeptivität und Ichfremdheit der mediumistischen Abläufe«. Schüttpelz: Mediumismus und moderne Medien, S. 136.

35 Vgl. Eliot: Hamlet and His Problems, S. 100.

36 Vgl. McLuhan: Edgar Poe's Tradition, S. 24 f.

37 Vgl. McLuhan: Edgar Poe's Tradition, S. 24.

Dessen »Impersonal theory of poetry«[38] hat in den USA zu einer geradezu dogmatischen Abkehr von jeglicher Betrachtung der Lebensverhältnisse oder der Persönlichkeit des Dichters geführt. An die Stelle solcher Betrachtungen ist nach Willmotts Einschätzung eine neue Form des Ästhetizismus gerückt, bestehend in der sehr formalen Analyse von Dichtungsstruktur, Figuren und Nuancen in der poetischen Rede, die in den Texten McLuhans nur eine marginale Rolle einnehme. Die formale Analyse im bereits angeführten Aufsatz »Aesthetic Pattern in Keats' Odes« bildet für Willmott daher eine Ausnahme von der Regel, für die Aufsätze wie »Edgar Poe's Tradition« stehen: nämlich dass McLuhan die historischen Autoren und ihr jeweiliges Publikum viel lieber unter dem Blickwinkel der Sozial-, Ökonomie-, Technik- und politischen Geschichte betrachtet hätte.[39]

Diese Einschätzung geht meiner Ansicht nach viel zu sehr von den Thesen und Themengebieten der späteren Schriften McLuhans aus, als dass sie ohne Weiteres durch die diskursive Formation der literaturkritischen Schriften der 1940er Jahre bestätigt werden kann. Zwar fallen noch in den einleitenden Absätzen des Beispielaufsatzes »Edgar Poe's Tradition« neben dem deutlichen Anknüpfen an Eliots Depersonalisierungsthese die Verweise auf die Person des Dichters auf: Nicht nur »Poe's work« und »Poe's writing«, sondern »everything about Poe (including his strikingly symbolic private life)« werden als streng relevant angesichts der Probleme seiner Zeit ausgewiesen. McLuhan behauptet sogar: »He uttered himself.«[40] Doch anstatt darin McLuhans Interesse für die historischen Autorenpersönlichkeiten – welches es durchaus gegeben haben mag – bestätigt zu sehen, möchte ich auf die sprachlich-konzeptuelle Fassung dieser Passagen hinweisen. Schlagworte wie ›relevant‹, ›integral‹ oder ›esthetic efficiency‹ entsprechen Aus-

---

[38] Eliot: Tradition and the Individual Talent, S. 18

[39] Vgl. Willmott: McLuhan, or Modernism in Reverse, S. 24–30. Für Willmott treten die beiden erwähnten Aufsätze in ihrer Ausrichtung auseinander. Mit meiner Untersuchung möchte ich hingegen zeigen, dass es ein recht einheitliches, an Eliot orientiertes kritisches Programm in beiden Aufsätzen gibt. Gerade in »Edgar Poe's Tradition« wird die tatsächlich fehlende Textanalyse – nicht einmal ein einziger Werktitel Poes wird angegeben – durch einen vielfältigen Anschluss an die diskursive Formation der amerikanischen *new critics* aufgefangen. Es ist angesichts dieser diskursiven Formation kein Wunder, dass McLuhan, wie Willmott schreibt, sich selbst für einen neuen Kritiker hielt (S. 30). Mein Eindruck ist, dass Willmott zu stark von den späteren, medien- und kulturtheoretisch ausgerichteten Texten McLuhans auf die Aussagen der früheren Texte zurückschließt. Als Beweis seiner These, dass McLuhan sich deutlich von den amerikanischen *new critics* distanzierte, führt er Äußerungen aus McLuhans persönlicher Korrespondenz der 1970er Jahre an (vgl. S. 26 u. 28).

[40] McLuhan: Edgar Poe's Tradition, S. 24.

sageweisen der neuen Kritik, wie sie insbesondere in den USA in den 1940er Jahren auftreten. Das Manifest der amerikanischen kritischen Erneuerung, »The Intentional Fallacy« von William K. Wimsatt (1907–1975) und Monroe C. Beardsley (1915–1985), fasst 1946 zusammen, inwiefern die hier angeführten Schlagworte aus McLuhans Poe-Aufsatz gerade nicht verrechenbar sind mit den ›Passwörtern‹ einer intentionalen, auf den Autor bedachten Schule:

> It would be convenient if the passwords of the intentional school, ›sincerity,‹ ›fidelity,‹ ›spontaneity,‹ ›authenticity,‹ ›genuineness,‹ ›originality,‹ could be equated with terms such as ›integrity,‹ ›relevance,‹ ›unity,‹ ›function,‹ ›maturity,‹ ›subtlety,‹ ›adequacy,‹ and other more precise terms of evaluation – in short, if ›expression‹ always meant aesthetic achievement. But this is not so.[41]

1.2 Die forensische Tradition: Abstammungslinien in der Literaturkritik

Die Relevanz des Privatlebens des Dichters Poe liegt in McLuhans »Edgar Poe's Tradition« im deutlichen Bezug zu dessen ästhetischen Errungenschaften und damit vollkommen im diskursiven Feld des *New Criticism* ausgehend von Eliot und weitergeführt in den Ansprüchen der amerikanischen Literaturkritik. Wenn McLuhan von Poe behauptet, »he uttered himself«, so mündet dies nicht in eine Betrachtung der Dichterpersönlichkeit. Die Selbstäußerungen werden vielmehr als ›*achievement*‹ aufgefasst, dem das Selbst im Sinne Eliots bereits geopfert *(self-sacrifice)* ist. Denn Poes Errungenschaften sollen nach McLuhan im Licht einer literarischen Tradition beleuchtet werden: »I propose here to suggest how Poe's achievements are to be understood in the light of a great tradition of life and letters which he derived from the South of his day.«[42]

Aus dieser Perspektive kann McLuhan »a major Poe problem« lösen, nämlich Poes Vertiefung in Symbole und Situationen des Horrors und der Entfremdung. Poe habe eine »uncompromising integrity« entwickelt, »with which he dealt with his local American experience«. Diese Erfahrung war die des gespaltenen Menschen und der gespaltenen Zivilisation, der stete Kontakt mit dem »terrible pathos of his time«.[43] Über den historischen Ansatz lässt sich die Suche der amerikanischen *new critics* nach Integralität, wie sie hier noch für die Person des Dichters

---

[41] Wimsatt/Beardsley: The Intentional Fallacy, S. 9.
[42] McLuhan: Edgar Poe's Tradition, S. 25.
[43] McLuhan: Edgar Poe's Tradition, S. 31.

beschrieben ist, mit der Rücknahme des künstlerischen Selbstausdrucks vereinbaren.[44]

McLuhan bringt sein in der Dissertation entwickeltes historisches Wissen für die Bestimmung der Kunst Poes in seinen Aufsatz ein. Poes Errungenschaften sollen gemäß einer Lebensführungs- und literarischen Tradition verstanden werden. Grammatik, Dialektik und Rhetorik erhalten ihren Auftritt. Der jahrhundertealte Streit zwischen Grammatik und Dialektik über die Vorherrschaft in der Theologie ist demnach auch in Amerika tief verankert, und zwar erstmals in genauer geographischer Aufteilung. Im Norden der USA finde sich die dialektische Tradition, im Süden jedoch die Tradition von Grammatik und Rhetorik:

> [T]he most important intellectual fact about America – the fact that, geographically separated for the first time in their age-old struggle, there exist, profoundly entrenched in this country, the two radically opposed intellectual traditions [Grammatik und Dialektik] which have been warring since Socrates turned dialectics against the rhetoric of his Sophist teachers. Socrates turned from rhetoric to dialectics, from forensics to speculation and definition, raising the issue which pitted Plato and Aristotle against their formidable rival Isocrates, and which pitted the forensic Cicero against Carneades and the stoics. The same quarrel as to whether grammar and rhetoric, on the one hand, or dialectics, on the other, should have precedence in organizing the hierarchy of knowledge, is the key to an understanding of the Renaissance from the twelfth to the seventeenth centuries. Just when the quarrel, both within the Catholic Church and outside it, was reaching its term, representatives of both parties in the quarrel migrated to America. The schoolmen went to New England, the quasi humanist gentry to Virginia.[45]

Der Krieg, den die Dissertationsschrift McLuhans so ausführlich beschrieben hat, geht also weiter. Diesmal auf dem amerikanischen Kontinent und in einer Zeit jenseits der Renaissance. Poe soll seine »great tradition of life and letters« aus Virginia – wo er 1826/27 für ein Jahr erfolglos studierte – bezogen haben. Diese Tradition ist laut McLuhan am einfachsten mit dem ›ciceronianischen Ideal‹ bezeichnet. Zu ihm führen »careful drill in the poets followed by a program of encyclopedic scope directed to the forensic end of political power«.[46] Das ›Forensische‹ übernimmt in diesem Text die Funktion der Rednerkunst *(oratory)* in der

---

[44] Der historische Ansatz ist entgegen mancher Auffassungen weder bei Eliot noch bei den amerikanischen neuen Kritikern ausgeschlossen, wie meine Ausführungen zu Eliots Kritik für die Gerichtsrede gezeigt haben. Vgl. auch Eliot: Hamlet and His Problems, S. 96. Gegen die behauptete ahistorische Dichtungsanalyse argumentieren Ransom: The New Criticism, S. 141, sowie Pfeiffer: Sprachtheorie, Wissenschaftstheorie und das Problem der Textinterpretation, S. 22 u. 126.
[45] McLuhan: Edgar Poe's Tradition, S. 27 f.
[46] McLuhan: Edgar Poe's Tradition, S. 25 f.

Dissertation. Es steht für eine Gelehrtentradition, in der die grammatische Grundbildung über die Dichter und die zu ihrer Auslegung notwendige Allgemeinbildung mit der Eloquenz der rhetorischen Ausbildung zusammengehören. Rhetorik ist hier nicht geistloses Regelwerk, sondern ruht auf grammatischen Exegesemethoden und grammatischer Sprachauffassung auf.

Im Aufsatz über Poes Tradition ist die Rednerkunst mit der Betonung des Forensischen zudem deutlich dem politischen Aushandlungsprozess auf dem Forum unterstellt.[47] Die Beratung zum Zwecke des Wohlergehens der Gemeinschaft (»a political good«[48]) wird damit hier und in einigen weiteren Aufsätzen der 1940er Jahre thematisch. Mit dem Emblem einer ›forensischen Tradition‹[49] bezieht sich McLuhan auf die politische Rhetorik des Aristoteles. Sie bietet eine Anleitung zum (antiken) Menschsein, dessen Wesen einerseits in der Sprachfähigkeit (Logizität) und andererseits in der Politizität liegt.[50] Aristoteles' rhetorisches Paradigma der Beratungsrede verbindet beide Wesenszüge und setzt die Möglichkeiten des Menschen ins Werk durch einen vernünftigen Prozess des Abwägens aller Meinungen und des hohen Anspruchs an die Plausibilität der Argumente aller an der Beratung Beteiligten. Das Forensische betrifft daher immer schon eine Verbindung von Sprache, Gemeinschaft und gutem Leben, also auch ethische Fragen.[51] Und genau darin liegt auch die gesellschaftliche Relevanz der Literatur einer forensischen Tradition für McLuhan. Diese Literatur steht mitten in der Gemeinschaft und reflektiert das Zusammenleben der jeweiligen Zeit.

Im Gegensatz dazu stehen Bildung und Literatur des Nordens in der Tradition des Sokrates. In Harvard werde in der Disziplin der Dialektik ausgebildet und die Methode der Logik gelehrt. Das Fach Rhetorik werde hingegen mit der Maßgabe unterrichtet, dass es die Heilige Schrift von den vermeintlich kosmetischen Tropen zu befreien erlaube, so dass anschließend mithilfe der dialekti-

---

47 Zum Wort ›forensisch‹ vgl. den Gebrauch bei Cicero: Orator. Der Redner, 11.37 (S. 42, 43): »a forensi contentione«, »die Auseinandersetzung auf dem Forum«. Vgl. auch s. v. ›forensisch‹, in: Deutsches Fremdwörterbuch, Bd. 5, S. 1009–1010. In neuerem Sprachgebrauch wird ›forensisch‹ oft nur noch mit der Gerichtsrede und der Kriminalistik in Verbindung gebracht. Im antiken Sprachgebrauch, an den McLuhan hier anschließt, jedoch bezieht sich das Adjektiv auf das Forum als Ort der öffentlichen Diskussion.
48 McLuhan: Edgar Poe's Tradition, S. 26.
49 Vgl. McLuhan: Edgar Poe's Tradition, S. 30.
50 Ich beziehe mich hier auf die Ausführungen Josef Kopperschmidts über eine Theorie der politischen Rhetorik, die die Rhetorik Aristoteles' vorstelle. Vgl. Kopperschmidt: Rhetorik als Medium der politischen Deliberation: z. B. Aristoteles, insb. S. 79 u. 83.
51 Vgl. Kopperschmidt: Rhetorik als Medium der politischen Deliberation: z. B. Aristoteles, insb. S. 81.

schen Dichotomien nach Ramus ans Werk gegangen werden könne.[52] Es ist dies die Rhetorik nach dem großen bildungsgeschichtlichen und epistemologischen Umbruch in der rhetorischen Tradition, den die Dissertation aufgespürt und beschrieben hat. Diese Rhetorik hat die Gerichtsrede den Arbeiten Richards' und Empsons unterstellt und sie als der guten Poesie wie der guten Literaturkritik untauglich abqualifiziert.

Die entgegengesetzten Traditionen des nördlichen und des südlichen Teils der Vereinigten Staaten von Amerika bringen nach McLuhan denn auch entgegengesetzte Menschen und entgegengesetzte Typen des Schreibens hervor. Der scholastische Künstler des Nordens vertrete ein autokratisches Ethos und habe kein Sozialleben. Poe dagegen habe die Abhängigkeit seines künstlerischen Schaffens von der Gesellschaft begriffen. Er nutzte (gewissermaßen frei nach Eliot) Kleidung, Verhalten *(manners)*, Lektüren, Möbel und Wissenschaft seiner Gesellschaft als Grundlage für seine Prosa.[53]

McLuhan bringt hier die literaturkritischen Grundannahmen Eliots mit seinen literaturgeschichtlichen Traditionsauffassungen aus der Dissertation und mit der Form der Beratung zusammen. Aber mehr noch, im Lichte der von ihm aufgespürten »deep-lying cultural dichotomy«,[54] kann McLuhan ähnlich wie in seiner Gerichtsrede auch hier noch das zeitgenössische literaturkritische Vorgehen beleuchten. Auch Eliots literaturkritische Konzeptualisierung von Tradition und Depersonalisierung erscheint damit als Reaktion auf seine Herkunft und Jugendjahre inmitten der Auffassungen der nördlichen Staaten der USA:

> Brought up amidst this social nudity and pedagogical earnestness [von Neuengland], T. S. Eliot confronted the situation directly in »Tradition and the Individual Talent«. Here it was that he exploded the heresy of ›self-expression‹, of ›message‹, and of artistic isolation and futility, which had found such congenial soil in New England.[55]

Nach McLuhans »Tradition and the Individual Talent«-Auslegung kann der Künstler nur, sich beratend, in der Gesellschaft und damit auch nur in der Geschichte gute Dichtung hervorbringen. In diesem Prozess tritt die Persönlichkeit und der Inhalt der Dichtung hinter den literarischen und kulturgeschichtlichen Traditionen zurück.

Dass Literatur und Lebensführung keinen Gegensatz darstellen und in dieser Verbindung nicht notwendig ein Rückfall in die Erklärungsweisen der alten in-

---

52 Vgl. McLuhan: Edgar Poe's Tradition, S. 28.
53 Vgl. McLuhan: Edgar Poe's Tradition, S. 29 f.
54 McLuhan: Edgar Poe's Tradition, S. 31.
55 McLuhan: Edgar Poe's Tradition, S. 30.

tentionalen Schule stattfindet, führt der Aufsatz »The Southern Quality« aus. Dieser Aufsatz, ebenfalls unter dem Namen McLuhans 1947 erschienen, eifert den Thesen zu Poes Tradition im großen Stile nach.[56] Sämtliche Literaten des Südens und ihre Werke werden nun unter dem Rückbezug auf die gesellschaftlich-kulturelle Kluft zwischen dem Norden und dem Süden der USA und natürlich in einem »wider historical frame« erklärt.[57] Der literaturgeschichtliche Ansatz der Dissertation dient einmal mehr der literaturwissenschaftlichen Erkenntnis. McLuhan möchte die Aufmerksamkeit von den einzelnen Autoren weg und auf »the nature of that civilized tradition in which they all share« hinlenken.[58] Den historischen Sinn, den McLuhan hier wieder ganz im Befolgen der literaturkritischen Kriterien Eliots den Werken der Autoren der Südstaaten entnimmt,[59] beweist er damit in seiner Kritik der ›südlichen Qualität‹ auch selbst. Er schreibt von einer Pfahlwurzel *(taproot)* des Südens im klassischen Humanismus sowie in der ciceronianischen *humanitas* und Eloquenz. Der Süden sei fähig gewesen, seine eigene forensische Tradition des ciceronianischen Humanismus zu fühlen und scharfzustellen *(to feel and to focus its own forensic tradition of Ciceronian humanism).* Es ist also wiederum der Bezug auf die forensische Tradition, die es McLuhan erlaubt, den Süden historisch wie systematisch vom Norden abzugrenzen. Dem Gegenspieler in den nördlichen Staaten fehle nämlich jeglicher historischer Sinn. Unfähig, seine Wurzeln in der Dialektik zu erkennen, sei der Geist Neuenglands noch in John Dewey (1859–1959) vertreten.[60] Dieser Geist habe mit der Anwendung der ramistischen, rationalistischen nominalistischen Exegesemethoden alle Probleme zu logischen Problemen erklärt und damit die Heilige Schrift, aber auch die Ontologie und jede Möglichkeit der Metaphysik zerstört.[61]

---

56 Vgl. McLuhan: The Southern Quality, S. 357. Der ›große Stil‹ des Aufsatzes wird nicht unwesentlich von dem weltpolitischen Einsatz vorgelegt, mit dem der Text beginnt: »There is a sense in which at least literary and artistic discussion may benefit from the advent of the atom-bomb.« Der Text schließt ebenso an die Überlegungen von Depersonalisierung und Tradition an. Denn die Bombe hätte in riesigen Himmelsbuchstaben die Abdankung jeglichen persönlichen und individuellen Charakters von der politischen und ökonomischen Bühne ausbuchstabiert.
57 McLuhan: The Southern Quality, S. 364.
58 McLuhan: The Southern Quality, S. 381. Zur Rückführung der Ideologie des gesamten Werks McLuhans auf die Bewegung der *Southern Agrarians* ›hinter‹ diesem Essay vgl. Miller: Marshall McLuhan, S. 34–55.
59 McLuhan bezieht sich auf Allen Tates (1899–1979) »Aeneas in Washington« (1936) und James Branch Cabells (1879–1958) *Jurgen* (1919), vgl. McLuhan: The Southern Quality, S. 365 f.
60 Vgl. mit Bezug auf Perry Millers Studie *The New England Mind* in McLuhan: The Southern Quality, S. 366.
61 Vgl. McLuhan: The Southern Quality, S. 367.

Es folgen wieder die einschlägigen Namen und Stationen zur Darlegung der seit der Dissertation eingeübten Geschichte eines Kulturkampfs, diesmal jedoch nicht als Kräftemessen zwischen den Sprachkünsten der Antike, sondern zwischen patristischer und scholastischer Theologie. Wobei McLuhan nicht zum ersten Mal betont, dass die Parteien nicht mit der Protestantismus/Katholizismus-Unterscheidung übereinstimmten.[62] Neu ist hier die Erklärung der literarischen Einordnung aus den Auseinandersetzungen in der anglikanischen Kirche unter Elisabeth I. Die patristische Partei habe sie gewonnen und die Ausbildung der englischen *public school* zur elitären, forensischen Ausbildung werden lassen.[63] Sie bilde den britischen Hintergrund für die aristokratische Lebensführung im Süden der USA und verankere die Voraussetzungen der reifen Dichtung nach Eliot bereits in der Gesellschaft. Anstelle eines *ethos* des freien Willens (oder auch: »empty and aimless wills«)[64] trete im Süden ein sozialer Kode. Ein System von Formalitäten verleihe dem menschlichen Benehmen *(manners)* und Handeln *(action)* einen unpersönlichen Charakter.[65] Eliots objektives Korrelat wird in dieser Gesellschaft gewissermaßen immer schon gelebt. Die südliche Qualität – »the power of symbol-making«[66] – ist bereits eine literarische. Daher erscheint McLuhan die Frage nach dem Süden durch Antworten auf die Frage nach der Literatur des Südens zu beantworten zu sein.[67]

Die Sache des Südens ist für McLuhan allerdings nicht an die Geographie gebunden, sondern eben an die Verbindung von Lebensführung und Literatur, wie sie die Bildungsgeschichte als forensische Tradition aufweist. Diesen Zusammenhang führt ein Aufsatz mit der Signatur McLuhans von 1946 aus, in dem er die erarbeiteten literarischen Traditionslinien auf einen zeitgenössischen Bildungsstreit in Amerika anwendet. »An Ancient Quarrel in Modern America« behandelt einen in den 1940er Jahren an der University of Chicago hochkochenden Bildungsstreit. Für McLuhan hat der damalige Präsident der Universität, Robert Maynard Hutchins (1899–1977), ein enzyklopädisches Programm einer Grundausbildung in den Künsten und Wissenschaften *(arts and sciences)* zur Schaffung von Bürgern *(the making of the citizen)* vorgelegt, mit Nachdruck auf den »special skills« in

---

62 Vgl. McLuhan: The Southern Quality, S. 368. Vgl. McLuhan: Edgar Poe's Tradition, S. 27.
63 McLuhan: The Southern Quality, S. 368.
64 McLuhan: The Southern Quality, S. 359f.
65 Vgl. McLuhan: The Southern Quality, S. 369f.
66 McLuhan: The Southern Quality, S. 371.
67 Vgl. McLuhan: The Southern Quality, S. 372: »An answer to the question about the value of traditional Southern life and education could [...] to some extent be based on a scrutiny of present-day letters in the South. [...] For the historian's question – what the South was – is included in the question: what is Southern literature today?«

den Künsten des Lesens und Schreibens. Hutchins' Opponenten, die »progressive educationalists, positivists, or experimentalists«, namentlich John Dewey und Alexander Meiklejohn (1872–1964), hingegen hielten wissenschaftliches Wissen und Methode für die Grundlage allen sozialen und politischen Lebens. Da Hutchins demgegenüber laut McLuhan vom Staat als Zusammenschluss autonomer Personen ausgeht, erscheint er in diesem Aufsatz sogleich als Vertreter des ciceronianischen Bildungsideals.[68] Das kritische Prinzip der Literaturbetrachtung und -beurteilung bietet somit auch das Erkenntnisprinzip für zeitgenössische Bildungs- und Kulturdebatten: »Viewed as an episode in a dispute which began in ancient Athens, the present quarrel over the Chicago program becomes [...] more intelligible.«[69] McLuhan erklärt sich den aktuellen Disput mit dem alten Streit zwischen Grammatikern und Rhetorikern auf der einen Seite und Dialektikern auf der anderen. Wenn auch die Gegner Hutchins' nicht mit der Position der antiken Dialektiker gleichzusetzen seien, so stünden sie doch in einer Abstammungslinie *(are lineally descended)* mit diesen.[70]

Wieder finden sich die wichtigsten Stationen des Disputs aus der Dissertationsschrift vermerkt, nun in Kombination mit der These aus »Edgar Poe's Tradition«, dass die kulturelle Spaltung zwischen dem Norden und dem Süden der USA den jahrhundertealten Streit spiegele. Harvard – im Norden – sei eine kleine Sorbonne, die Bildung im Süden dagegen sei bis heute »[h]umanistic, legalistic, forensic«, wie der Fall des »eminent Kentuckian« Hutchins belege.[71] Wenn im Gegensatz zu Technologie, Naturwissenschaften *(physical sciences)* oder hochspezialisierten Disziplinen wie Logik von »humanities« die Rede sei, so sei gemeint, was schon Cicero mit ›humanitas‹ meinte, nämlich humanitäre sowie humanistische Ziele.[72] Das Ideal der *humanitas* sei der perfekte Redner *(complete orator)*, ein idealer Philosoph, Herrscher *(ruler)* und Bürger *(citizen)*. Ein solcher Redner, der in der grammatischen Kunst verankert sei, wird über jedes Thema einfach besser sprechen können als der Entdecker einer Sache oder der Spezialist selbst.[73] McLuhan verweist diesbezüglich auf Augustinus' christliches Bildungsprogramm und Marrous Studie dazu, die schon in der Dissertation seine These der Eintracht von Grammatik und Rhetorik in der Antike stützten.

---

68 Vgl. McLuhan: An Ancient Quarrel in Modern America, S. 224 f., Zitat S. 224.
69 McLuhan: An Ancient Quarrel in Modern America, S. 224.
70 Vgl. McLuhan: An Ancient Quarrel in Modern America, S. 225: »My explanation of the modern quarrel is in terms of the old quarrel between the grammarians and the rhetoricians on one hand and the dialecticians on the other hand.«
71 McLuhan: An Ancient Quarrel in Modern America, S. 226.
72 Vgl. Stroh: Der Ursprung des Humanitätsdenkens in der römischen Antike, S. 12.
73 Vgl. McLuhan: An Ancient Quarrel in Modern America, S. 228.

In diesen Darstellungen der forensischen Tradition der amerikanischen Literatur des Südens sowie des Bildungsprogramms Hutchins' ist die Unterscheidung von Grammatik und Rhetorik, die die Gerichtsrede vorgelegt hat, zurückgenommen. Die Rhetorik wird in ihrer Ausprägung als Rednerkunst *(oratory)*, die zunächst eine historische Ausprägung ist, in das kritische Programm zurückgeholt. Sie ist damit eine Rhetorik, die von zwei Seiten her gerahmt wird. Auf der Seite des Wissens und der Themen beruft sie sich auf die grammatische Wissenschaft und Wissenschaftspraxis der Antike, wie das Beispiel Augustinus' verdeutlicht. Auf der Seite der Adressaten, der gesellschaftlichen Relevanz, wird sie von der forensischen Tradition mit ihrem Anspruch der *humanitas* eingefasst, wie der Rückbezug auf Cicero und sein Rednerideal aus *De oratore* beweist. Die *humanitas* betrifft neben dem Bildungsideal der *humanities* auch den Bereich der *urbanitas*, das heißt der urbanen Umgangsformen auf dem Forum.[74] Die rhetorischen Modi stehen daher nicht im Dienste vermeintlich leerer dialektischer Kunst, sondern beziehen sich auf die politische Gemeinschaft der Bürger, die zugleich ihre Voraussetzung und ihr Ziel ist. In dieser Ordnung lässt die Rhetorik also einerseits die Sprache und den Schriftsinn in der Vielfalt der – nach McLuhan – grammatischen Deutungsmöglichkeiten bestehen (und reduziert die Sprache nicht auf einfache Aussagen). Zugleich versieht sie andererseits der Bezug auf die forensische Tradition mit einem deutlichen, gesellschaftlich-politischen Referenzrahmen. Dieser Rahmen begrenzt die Rhetorik auch hinsichtlich ihres Vermögens, abgekoppelt von den Dingen, mit McLuhans Begrifflichkeiten quasi in nominalistischer Tradition, ins freie Spiel mit Worten und Wendungen überzuwechseln. Damit entgeht diese Rednerkunst auch dem bereits im Altertum (prominent von Platon und Aristoteles) vorgetragenen Vorwurf der Täuschung, dem Verdacht ganz und gar referenzlos Rede um der Rede willen zu produzieren.

1.3 Metapher vs. Rhetorik: Sprachliche Verfasstheit und ›Wesen‹ der Dichtung

Bezeichnenderweise verliert sich um den Jahrzehntwechsel in die 1950er Jahre in den Texten mit dem Namen ›McLuhan‹ der explizite Bezug auf die forensische Tradition sowie die Unterlegung der literarischen Untersuchungsobjekte mit der Geschichte des Kulturkampfs zwischen den Disziplinen des Triviums. Anstelle dessen tritt, beginnend mit dem Aufsatz »Mr. Eliot's Historical Decorum« von 1949, die geradezu enthusiastische Beschreibung der literarischen Verfahren des Symbolismus, und zwar im Gegensatz zu den als ›rhetorisch‹ bezeichneten Ver-

---

[74] Vgl. Stroh: Der Ursprung des Humanitätsdenkens in der römischen Antike, S. 11 f.

fahren des Romans und der direkten Aussage. Die Rhetorik erscheint entsprechend dem Ausgang der Gerichtsrede wieder als kümmerliche Gegenspielerin der poetischen Kunst und in dieser gewissermaßen ›unwürdigen‹ Form läuft sie auch schon einige Zeit neben der forensischen Tradition als weiterer Strang der Rhetorik durch die Texte der 1940er Jahre.[75] Die Einschätzung der poetischen Mittel schließt um 1950 demgegenüber deutlich an eine diskursive Formation an, die die Aussagen des nordamerikanischen *New Criticism* bestimmt und die Begründung der Dichtung aus der Dichtung selbst heraus erlauben soll. In diesem Diskurs sollen Wesen und Wirkung der Poesie aus spezifisch poetischen Zusammenhängen erklärt und nicht auf äußere Faktoren oder Ursachen zurückgeführt werden. Dabei wird der rhetorischen Figur[76] allerdings ein besonderer Platz in der Theorie der Dichtung eingeräumt. Sie bildet gewissermaßen das emanzipatorische Potential der Dichtung, die sich aus ihrer Verstrickung mit philosophischen und moralischen Annahmen der Romantik befreit. Zugleich reicht das neue Vertrauen in die poetische Kraft des Figurativen in dieser Neuausrichtung der Literaturkritik offenbar nicht hin, die Dichtung in ihrer Besonderheit zu bestimmen. Sie wird in den Schriften der amerikanischen neuen Kritiker daher mit Eigenschaften ausgestattet, die sie von allen anderen Formen des sprachlichen Ausdrucks abheben sollen.

Der bereits erwähnte Text »Mr. Eliot's Historical Decorum« verhandelt diese Problematik 1949 als Problem der Unterscheidung zwischen Rhetorik und ›reiner

---

[75] Vgl. etwa die abwertenden Verweise in McLuhans Analyse von Ernest Henleys (1849–1903) Gedicht »Invictus«, das einem rhetorischen Credo verpflichtet sei: »Verse of this sort has no internal organization. It doesn't hang together by a poetic action, which always manifests itself in the interaction of the language and metaphors, but simply by an external appeal to audience assumptions« (vgl. McLuhan: Henley's »Invictus« [1944], S. 22). In »The New York Wits« (1945) erscheint die Rhetorik der Literaten des *New Yorker* als eine aufgeblähte. Sie gleiche den Kunstgriffen der Werbefachleute, »who provide an opulent setting for a bad whisky« (McLuhan: The New York Wits, S. 28). Im Vorwort zum Buch *Paradox in Chesterton*, das McLuhans Schüler und der spätere, anerkannte Literaturwissenschaftler Hugh Kenner verfasst hat, entzieht McLuhan G. K. Chesterton jegliches Anrecht auf den Titel als Poet. Seine Texte seien viel zu sehr von einer Rhetorik der großen (viktorianischen) Gesten beherrscht, die Schriften seien journalistisch und sogar pubertär (McLuhan: Introduction, S. xix–xxi).
[76] Hier und im Folgenden bezeichne ich mit dem Begriff der ›rhetorischen Figur‹ sowohl die Tropen als auch die Figuren, nach denen die Formen des Redeschmucks in der traditionellen Rhetorik klassifiziert werden. Die begriffliche Unterscheidung von Tropen und Figuren, womit v. a. der ›Einzelwortschmuck‹ vom ›Schmuck in Wortverbindungen‹ unterschieden werden soll, wird im englischen Sprachgebrauch nicht durchgehend gepflegt. Die mir vorliegenden Texte bedienen sich hauptsächlich des Begriffs ›figure‹, um den Redeschmuck zu adressieren. Darüber hinaus ist der Unterschied, welchen die systematischen Bemühungen der klassischen Rhetorik behaupten, keinesfalls gesichert. Vgl. Groddeck: Reden über Rhetorik, S. 106.

Poesie‹. Der Text führt vor, wie sich die poetische Angelegenheit klar vom rhetorischen Vorgehen trennen lässt, trotz oder gerade wegen des Rückbezugs auf die Funktion der rhetorischen Figur in der Dichtung. Entsprechend dem Diskurs des *New Criticism*, wie er auf dem amerikanischen Kontinent gepflegt wird, propagiert der Aufsatz »Mr. Eliot's Historical Decorum« die Anerkennung einer grundsätzlich sprachlichen Handhabung und in diesem Sinne technischen Verfasstheit der Dichtung bei gleichzeitigem Festhalten oder Wiedereinsetzen eines spezifischen Wesensmerkmals, das über die Sprachlichkeit hinausführt. In der Betrachtung der symbolistischen Dichtung tritt genau diese doppelte Grundlegung des Poetischen hervor. Im Gegensatz zum herkömmlichen Roman nämlich, der sich als Experiment des Lebens unter kontrollierten Bedingungen, im Hinblick auf kausale Ketten also, begreife, stellt die symbolistische Dichtung hier ein ganz und gar anderes Projekt vor. Sie verfolge die analogische Methode des Nebeneinanderstellens *(analogical method of juxtaposition)*, wenn sie ihre Episoden Seite an Seite reiht oder auf Entfernung arrangiert, und damit erreiche sie ein »maximal excitement of analogical intelligibility«, ein Verstehen anderer Art also.[77] Wichtig ist für den Symbolismus nach McLuhan, dass er keine kausalen Erklärungen abliefert, nicht historisch oder rationalistisch für seine Erscheinungen argumentiert. Das poetische Symbol tritt der allgemeinen Aussage in seinem Potential bzw. seiner Fähigkeit zu Epiphanie und Unmittelbarkeit gegenüber, die aus dem unmittelbaren Nebeneinander erwachsen:[78] »›Symbol‹ means to ›throw together,‹ to juxtapose without copula. [...] So that you cannot have a general notion of a symbolist poem any more that you can reduce a metaphor to some other kind of statement.«[79] McLuhan nutzt hier die Metapher, um die Eigenart des symbolistischen Gedichts zu erfassen. In ihm wie in der Metapher werden die Dinge ohne die logischen Konjunktionen der Kopula zusammengeschmissen, und so lasse sich das symbolistische Gedicht wie die Metapher nicht auf eine Aussageform zurückführen.

Die Erläuterung der analogischen Methode führt direkt in den Bereich der rhetorischen Figuren *(metaphor)* und dabei sogleich über ihn hinaus, in den Bereich des Seins *(existence)*: »Metaphor is analogy of inequalities, an exact juxtaposition in a state of tension of two situations and requiring high intelligence to bring it off. Each situation usually includes a great multiplicity and diversity of existence.«[80] Diese Metapherndefinition sieht die Analogie am Grund der Metapher. Sie ent-

---

[77] McLuhan: Mr. Eliot's Historical Decorum, S. 9.
[78] Vgl. McLuhan: Mr. Eliot's Historical Decorum, S. 9.
[79] McLuhan: Mr. Eliot's Historical Decorum, S. 9 f.
[80] McLuhan: Mr. Eliot's Historical Decorum, S. 10.

spricht damit vollkommen dem abendländischen Wissen von der Übertragungsfigur seit Aristoteles, das, mit dem Literaturwissenschaftler Wolfram Groddeck gesprochen, die Metapher als gedankliche Operation ausweist und nicht lediglich als ›gekürzten Vergleich‹, in dem die Dinge über ihre Ähnlichkeit zusammengeführt würden.[81] Das von McLuhan hier formulierte Metaphernmodell setzt dabei gerade auf die Möglichkeit, Ungleiches *(inequalities)* zusammenzuführen und in Spannung zu versetzen.

Mit dieser Akzentuierung der Metapher – als jenes sprachliche Gebilde, das nicht auf eine allgemeine Aussage reduziert werden kann, sowie als Analogie von Ungleichheiten – bewegt sich der Text McLuhans deutlich im vom amerikanischen *New Criticism* abgesteckten diskursiven Feld für eine erneuerte Dichtungstheorie. In der Qualität der Vereinigung ungleicher und gar konträrer Dinge oder Eigenschaften kam der Metapher eine wesentliche Rolle in der Legitimierungsstrategie der neuen Dichter und Literaturwissenschaftler auf dem amerikanischen Kontinent in der ersten Hälfte des zwanzigsten Jahrhunderts zu. Mithilfe dieses Metaphernkonzepts kehrte etwa einer der führenden Vertreter dieser Bewegung, Cleanth Brooks (1906–1994), einerseits das spezifisch Poetische an der Dichtung und andererseits das Neue an der Kritik hervor. Schon Ende der 1930er Jahre erklärte Brooks, dass die Fragen, welche die moderne Dichtung aufwerfe, hauptsächlich Fragen der Metaphorik oder Bildlichkeit *(imagery)* seien.[82] In der Konzeption vom Gebrauch der Metapher *(conception of the use of metaphor)* unterschieden sich die modernistischen Dichter und neuen Kritiker von ihren Vorgängern des achtzehnten und neunzehnten Jahrhunderts.[83] So kühne Vergleiche, wie beispielsweise der von Abendhimmel und anästhesiertem Patienten auf der Pritsche in T. S. Eliots »Prufrock«-Gedicht (1915),[84] ließen sich nach den früheren klassizistischen *(neoclassic)* und romantischen Auffassungen gar nicht als poetische Formen erfassen, da sie weder schön seien noch vom Erhabenen kündeten. In geradezu diskursanalytischer Manier zeigt Brooks im Aufsatz »Metaphor and the Tradition«, inwiefern die seiner Meinung nach überkommene Poetik einerseits von intrinsisch poetischen Dingen ausgeht, die in ihrer Schönheit und Erhabenheit der Dichtung erst zu ihrem poetischen Anspruch verhelfen, und andererseits das intellektuelle Vorgehen in der Komposition der Gedichte in

---

81 Vgl. Groddeck: Reden über Rhetorik, S. 256–258.
82 Vgl. Brooks: Metaphor and the Tradition, S. 3.
83 Vgl. Brooks: Metaphor and the Tradition, S. 11.
84 Vgl. den Verweis auf die entsprechenden Anfangsverse von Eliots »The Love Song of J. Alfred Prufrock« (1915): »[...] the evening is spread out against the sky / Like a patient etherized upon a table [...]«, in: Brooks: Metaphor and the Tradition, S. 3 f.

Abrede stellt.[85] Für diese Fehleinschätzung der sprachlichen Figur macht Brooks unter anderem die zentrale Unterscheidung zwischen *fancy* und *imagination* in der romantischen Poetik verantwortlich, in welcher mit *fancy* das Spielerische und Fantastische abgewertet und das ewig Gültige sowie das Erhabene, dem die *imagination* gewidmet sei, aufgewertet werde.[86] Unter *fancy* finden sich demnach all die sprachlichen Merkmale, die die neuen Kritiker zu schätzen gewillt sind, die nach ihrer Ansicht aber nicht von den Romantikern als Kern der Poesie anerkannt gewesen seien: die erfindungsreiche und exakte Sprachfigur, die Gegenüberstellung *(juxtaposition)* und Versöhnung weit auseinanderliegender oder inkompatibler Dinge.[87] Für Brooks geht mit der *fancy/imagination*-Unterscheidung eine Verkennung des Poetischen einher, welches doch in »the essentially functional character of all metaphor« liege. »We cannot remove the comparisons from [the] poems, as we might remove ornaments or illustrations attached to a statement, without demolishing the poems. The comparison *is* the poem in a structural sense.«[88]

Brooks unternimmt hier eine Kehrtwendung von der Auffassung der Metaphern und Vergleiche poetischer Rede als lediglich verschönernde oder dekorierende Elemente des Gedichts. Mit der Struktur der Gedichte begibt sich Brooks auf die Ebene der Komposition und der Sprache, um der Dichtung näherzukommen. In seinem kritischen Essay »The Language of Paradox« (1942), der gerade zwei Jahre vor McLuhans Artikel zu »Mr. Eliot's Historical Decorum« in einer berühmt gewordenen Sammlung kritischer Essays von Brooks wiederabgedruckt worden

---

85 Vgl. Brooks: Metaphor and the Tradition, S. 3–10.
86 Vgl. Brooks: Metaphor and the Tradition, S. 5.
87 Vgl. Brooks: Metaphor and the Tradition, S. 6.
88 Brooks: Metaphor and the Tradition, S. 15. Insofern ist nach Brooks die modernistische Dichtung nicht in der Tradition der ihr gewissermaßen unmittelbar vorausgehenden Poesie und Kritik zu sehen, sondern im Zusammenhang mit einer viel älteren Dichtung, jener des frühen siebzehnten Jahrhunderts, die die Klassizisten und Romantiker als ›metaphysische Dichtung‹ abqualifiziert haben (vgl. S. 10 f.). Brooks bezieht sich damit auf das Traditionskonzept Eliots und führt so weiter aus, was dieser in einem Essay über »The Metaphysical Poets« (1921) angedeutet hat: eine Genealogie von den dichterischen Errungenschaften der metaphysischen Poeten zur modernistischen Dichtung. Für Brooks ist dieses Abstammungsverhältnis durch die gemeinsame intellektuelle Anstrengung der einfallsreichen Redefiguren bestimmt, durch die Verarbeitung prosaischer oder auch hässlicher Materialien und die Kontrastierung unvereinbarer Dinge, also die Aufwertung dessen, was vormals unter ›*fancy*‹ lief. Auch Eliot feiert die poetischen Verfahren der metaphysischen Dichter: die Ausarbeitung von Redefiguren auf Strophen- oder Gedichtlänge und deren Gegenteil in rapiden Assoziationen, in kurzen Wörtern und plötzlichen Gegensätzen (vgl. Eliot: The Metaphysical Poets, S. 60). Er lobt die analytischen Fähigkeiten dieser Dichter, die das in seine Bestandteile aufgelöste Material zu jeweils neuer Einheit zusammengesetzt hätten (vgl. S. 63) – also ganz im Sinne einer unpersönlichen Dichtungstheorie vorgingen.

war, mahnt er die Akzeptanz figürlicher Rede als »serious rhetorical device« an und entwickelt eine Theorie der Dichtung als eine Theorie der poetischen Sprache.[89] Darin erscheinen die ›paradoxen Situationen‹, das ›analogische Vorgehen‹ der Metapher und das ›Nebeneinander‹, welche auch McLuhans Argumentation zum Symbolismus antreiben, als Eigenschaften der Dichtung, die der Sprache des Dichters selbst entsprängen. Demzufolge ist es die spezifische Benutzung der Sprache – etwa wenn Konnotationen wie Denotationen verwendet werden –, die notwendig zu Paradoxien führt.[90] Brooks schließt an Eliot und dessen Einschätzung der poetischen Sprache an, wenn er dessen Worte: »that perpetually slight alteration of language, words perpetually juxtaposed in new and sudden combinations«, zitiert.[91] Der Dichter könne diese sprachlichen Bewegungen nicht aus dem Gedicht heraushalten, er könne sie allerdings ausrichten und kontrollieren (directed and controlled). Alle subtileren Emotionszustände müssten durch die Metapher bzw. die Analogie ausgedrückt werden, erklärt Brooks synonymisch, ohne Analogie und Metapher voneinander zu unterscheiden. Allerdings lägen Metaphern nie auf derselben Ebene. Sie würden aufgrund eines »continual tilting of planes« notwendig überlappen und in Diskrepanz geraten. Auch der direkteste und einfachste Poet werde so in Paradoxien gezwungen.[92] Dieses Vorgehen steht auch für Brooks im Gegensatz zur direkten oder wissenschaftlichen Aussage. Ohne den Charakter des Paradoxons würden sich demnach die Angelegenheiten des Gedichts in ›Fakten‹ biologischer, soziologischer oder ökonomischer Art auflösen.[93]

McLuhans Text »Mr. Eliot's Historical Decorum« spiegelt diese Einschätzung der Metapher und ihrer Funktion am Grund der Poesie. Allerdings bedeutet dies hier nicht – wie auch bei Brooks nirgends explizit –, dass die Dichtung über die rhetorische Figur mit der Rhetorik im Bunde stünde. Im Gegenteil, die Metapher und ihr analogisches Vorgehen erscheinen hier im Gegensatz zum Rhetorischen. McLuhan verweist auf die »new critics« und die »utmost precision in observation and language«, der es zum Verständnis von Metaphern bedürfe und die er offensichtlich nicht in der Rhetorik gegeben sieht.[94] Um einer Metapher wie William

---

89 Brooks: The Language of Paradox, S. 10.
90 Vgl. Brooks: The Language of Paradox, S. 4 f. u. 8.
91 T. S. Eliot, zit. nach Brooks: The Language of Paradox, S. 8.
92 Vgl. Brooks: The Language of Paradox, S. 8 f., Zitat S. 9. Brooks bezieht sich hier mit der Notwendigkeit der Metapher für den Ausdruck subtiler Emotionen auf I. A. Richards.
93 Vgl. Brooks: The Language of Paradox, S. 16.
94 McLuhan: Mr. Eliot's Historical Decorum, S. 10. Vgl. hierzu auch die Ausführungen Altieris bezüglich des Unterschieds von Poetik und Rhetorik für die Modernisten (Altieri: Rhetoric and Poetics). Hierbei wird deutlich, dass sich die modernistische Dichtung und ihre Kritiker vor

Wordsworths (1770–1850) ›Veilchen am bemoosten Stein‹ nachzugehen, bedürfe es einer »exploration« der »complex situational analogy«, wie McLuhan zeigt.[95] Auch Brooks schreibt in seiner Auseinandersetzung mit der dichterischen Sprache von einem »process of exploration«, der auf beiden Seiten des Gedichts stattfinde. Der Erforschungsprozess sei für die Lektüre ebenso wie für die Herstellung des Gedichts durch den Dichter wesentlich.[96] Für Wordsworth allerdings kann McLuhan den Forschungsprozess nicht durchweg bestätigen: »The long tracts of dullness in Wordsworth are, in the main, rhetorical attempts to state directly what can only be given for analogical contemplation.«[97]

In dieser Gegenüberstellung setzt McLuhan ähnlich wie in der Dissertationsschrift die Rhetorik in Beziehung zur direkten Feststellung – demnach diente die Rhetorik ja seit Ramus der Bereinigung der Aussagen vom ablenkenden Redeschmuck – und setzt sie dem analogischen Vorgehen entgegen – welches in der Dissertation als Methode der alten Grammatik beschrieben wurde.[98] An dieser Stelle von »Mr. Eliot's Historical Decorum« übernehmen die Ausführungen indessen auch das große Thema der amerikanischen Kritiker, das in Brooks' Kampfschrift »The Heresy of Paraphrase« (1947) einen provokanten Titel gefunden hat: die vehemente Ablehnung jeglicher Auffassung von der Dichtung als lediglich abweichende – schönere oder umständlichere – Formulierung einer anderweitig auch direkt zu treffenden Aussage. Demzufolge können Gedichte nicht paraphrasiert werden; und Gedichte doch zu paraphrasieren, bedeutet eben Häresie zu

---

allem an einer Persuasionsrhetorik abarbeiten, also an Zuhörerorientierung, Manipulation und der Auffassung von der Sprache als Instrument. Den Bereich der *elocutio*, des (schmückenden) Sprachgebrauchs, rechnen sie offenbar – wie ihre Vorgänger – automatisch der Poesie zu. Zu den historischen Zusammenhängen der Zuordnung der rhetorischen *elocutio* zur Poesie vgl. Takács: T. S. Eliot and the Language of Poetry, S. 64.

95 Vgl. McLuhan: Mr. Eliot's Historical Decorum, S. 10. Nach McLuhan sind zunächst das Verhältnis des Veilchens zu anderen Blumen und das des moosüberzogenen Steins zu anderen Steinen zu betrachten; sodann alle Eigenschaften des Veilchens in seiner Unterscheidung von anderen Blumen sowie die Zartheit und Besonderheit, wenn die Blume halb versteckt und von einem bemoosten Stein geschützt stehe. Auf der nächsten Analogie-Ebene wäre Lucy, das Mädchen, dem die Metapher gilt, mit einzubeziehen: Lucy sei im Verhältnis zu anderen Mädchen wie das Veilchen zu anderen Blumen, und wie das Veilchen zum Stein steht, so stehe Lucy zur Natur und zur Gesellschaft. Sie ist seltene, wilde Anmut und schüchterne Impulsivität im Zustand schöner Ausgeglichenheit *(nice balance)*. Sie würde auch uns aufstören in unserer gewöhnlichen Erfahrung der konventionellen Gesellschaft wie ein einsames Veilchen es tue, wo man es am wenigsten erwarte. Doch all dies, so McLuhan, sei lediglich der Anfang der Erkundung der komplexen situativen Analogie dieser Metapher.
96 Vgl. Brooks: What Does Poetry Communicate?, S. 68 f.
97 Vgl. McLuhan: Mr. Eliot's Historical Decorum, S. 10.
98 Vgl. McLuhan: The Classical Trivium, S. 190, 20 u. 24.

begehen. Es bedeutet, die Gedichte als etwas anderes zu nehmen, als sie eigentlich sind.[99] Was Gedichte eigentlich sind, ist nach Brooks wesentlich durch die Sprache des Paradoxalen bestimmt, das stete Umschlagen der Ebenen, die Konnotationen, die auf Denotationen treffen und mit ihnen interagieren. Poesie ist in diesem Sinne wesentlich Indirektheit, und darin ist sie für die *new critics* grundlegend verschieden von allen anderen Formen des sprachlichen Ausdrucks, der Kommunikation oder des Diskurses.[100]

1.4 Reine Poesie: Dichtungstheorie bei T. S. Eliot, John Crowe Ransom, Cleanth Brooks und Herbert Marshall McLuhan

Brooks' »method of indirection«,[101] die die Dichtung wesentlich von gewöhnlichen Formen des Sprachgebrauchs unterscheidet, erscheint im Text »Mr. Eliot's Historical Decorum« als Eigenart der Analogie und der Metapher bzw. der Analogie in der Metapher. Die Metapher sei eine intellektuelle Figur *(so intellectual a figure)*, hält McLuhan im Weiteren fest. Und darin ist sie geradezu ›antirhetorisch‹, also nicht in eine einfache Aussage überführbar, nicht der persuasionsrhetorischen Zweckorientierung unterworfen. Die Metapher hat nicht etwas *über* etwas zu sagen. Sie hat es laut McLuhan mit Situationen und daher mit Relationen zu tun.[102] Hier trifft sich die Unterscheidung McLuhans mit dem Unterschied in der Beschreibung der Metapher bei Aristoteles je nach Hoheitsgebiet der sprachlichen Künste. In der *Rhetorik* des Aristoteles nämlich erscheint die Metapher als ›abgekürzter Vergleich‹ unter Auslassung »eines (erklärenden) Wortes«.[103] In der *Poetik* allerdings stellt die Metapher eine ›Dreisatzaufgabe‹: »Unter einer Analogie verstehe ich eine Beziehung, in der sich die zweite Größe zur ersten ähnlich verhält wie die vierte zur dritten. Dann verwendet der Dichter statt der zweiten

---

99 Vgl. Brooks: The Heresy of Paraphrase.
100 Vgl. Brooks: The Language of Paradox, S. 9, ders.: What Does Poetry Communicate?, S. 71, ders.: The Heresy of Paraphrase, insb. S. 184 f. u. 191. Zur Hervorhebung des Unterschieds der poetischen Kommunikation von anderen Kommunikationsformen vgl. den Lehrbuchklassiker des amerikanischen *New Criticism:* Brooks/Warren: Understanding Poetry, S. 7. Vgl. auch Ransom: The New Criticism, insb. S. xi f. u. 279–281.
101 Brooks: What Does Poetry Communicate?, S. 71.
102 Vgl. McLuhan: Mr. Eliot's Historical Decorum, S. 11. McLuhan bezieht sich hier auf die Literatur James Joyces und T. S. Eliots, welche »seldom [...] anything *about* anything« sage. Sogar die Aussagen *(statements)* dieser Literatur seien viel eher situative Analogien *(situational analogies)* als einfache Feststellungen.
103 Aristoteles: Rhetorik, III.4, 1407a (S. 162).

Größe die vierte und statt der vierten die zweite [...].«[104] In diesem Sinne vergleicht die Analogie nicht einfach Dinge, sondern Verhältnisse zwischen Dingen. Darin besteht ihr intellektueller Anspruch, der bei McLuhan als ›intellektuelle Wahrnehmung‹ hervorgehoben wird.

Die Analogie vergleicht im Text McLuhans weniger, als dass sie einen Wahrnehmungsstrom erzeugt: »Analogy institutes tension, polarity, a flow of intellectual perception set up among two sets of particulars.«[105] Daher sei die Schönheit des ›Veilchens am bemoosten Stein‹ ganz gewiss nicht bildlich *(pictorial)* zu verstehen oder sei dies nur zufällig. Sie bestehe eigentlich in den intrikaten Proportionen, die zwischen dem Veilchen und der somit bezeichneten Angebeteten Wordsworths bestünden, die aber auch zwischen Veilchen, Stein, Gesellschaft und dem Denken *(the mind)* bestünden. Diese Proportionen zwischen den Bestandteilen der in der Metapher verarbeiteten Analogie seien mangelhaft an konzeptueller Klarheit. Es reicht hier eben nicht aus, einfach ein ›rhetorisches‹, erklärendes ›wie‹ einzufügen, um der Aussage näher zu kommen, wie McLuhan in seiner ›Exploration‹ der Veilchen-Metapher kurz zuvor schon deutlich gemacht hat. Dafür aber seien die Proportionen reich an ontologischer Strahlung *(ontological radiance)*. Sie führen der intellektuellen Wahrnehmung also nicht nur ein sprachliches Verfahren vor, sondern laut McLuhan letztlich das Mysterium des Seins zu.[106]

Das heißt, in ihrer Eigenschaft als intellektuelle Figur, als spezifisch poetische Denkbewegung, führt die Analogie aus dem Bereich der rhetorischen Wortübertragung heraus in den Bereich der Poetik bzw. noch weiter in den Bereich der Ontologie. In der symbolistischen Dichtung erscheint nach McLuhan das Mysterium des Seins sozusagen zwischen den nebeneinandergesetzten Einzelheiten der Analogie. Der intellektuelle Strom, den die Analogie erzeuge, entspricht gewissermaßen den ›Strömungsverhältnissen‹ (oder Proportionen) zwischen den

---

104 Aristoteles: Poetik, 21 (S. 68). Als Beispiele gibt Aristoteles an: »So verhält sich z. B. eine Schale ähnlich zu Dionysos wie ein Schild zu Ares; der Dichter nennt also die Schale ›Schild des Dionysos‹ und den Schild ›Schale des Ares‹. Oder: das Alter verhält sich zum Leben, wie der Abend zum Tag, der Dichter nennt also den Abend ›Alter des Tages‹, oder, wie Empedokles, das Alter ›Abend des Lebens‹ oder ›Sonnenuntergang des Lebens‹.« Für die hier besprochenen Unterscheidungen und Grenzziehungen erscheint es von Bedeutung, dass diese Definition der Metapher in dieser Ausführlichkeit der *Poetik* Aristoteles' entstammt. Während in der *Rhetorik* dasselbe Beispiel angeführt wird, aber, wie gesehen, im Zusammenhang mit dem ›abgekürzten Vergleich‹. Darauf hat insbesondere Groddeck hingewiesen. Von ihm stammt auch der Ausweis der »Metapher nach der Analogie« als »Dreisatzaufgabe«. Groddeck: Reden über Rhetorik, S. 256–258, Zitate S. 257.
105 McLuhan: Mr. Eliot's Historical Decorum, S. 11.
106 Vgl. McLuhan: Mr. Eliot's Historical Decorum, S. 11.

Einzelheiten (dem Seienden) selbst und damit letztlich dem Sein. In dieser Konzeption der Analogie ist die Differenz zwischen Sprache und Welt gelöscht. In der sprachlichen Formulierung der Analogie erscheint die Welt als solche. Die wesentliche Indirektheit des poetischen Sprachgebrauchs führt demgemäß zu einer viel wesentlicheren Direktheit als die ›rhetorische‹ direkte Aussage: zu ›Epiphanien‹ und Unmittelbarkeit.[107]

Der unterstellte ontologische Einsatz der Dichtung ist ein Element der diskursiven Formation, die die Aussagen der neuen amerikanischen Literaturkritik ausrichtet. John Crowe Ransom (1888–1974), der mit seinem Buch *The New Criticism* (1941) den neuen kritischen Unternehmungen ihren Namen verlieh, bringt die neue Kritik der strukturellen Eigenschaften der Dichtung mit einem ontologischen Unterschied dieser Strukturen in Zusammenhang, der sie definiere. Die veranschlagte ontologische Eigenart der poetischen Strukturen rettet dabei die Dichtung sowie ihre neue Kritik in einen exklusiven Bereich jenseits der Wissenschaft und der Prosa-Rede *(prose discourse)*, der dennoch als objektiv gilt, da er von den Objekten ausgeht.[108] Dichtung erscheint Ransom als revolutionäre Abweichung von der konventionellen logischen Rede *(logical discourse)* und braucht seiner Ansicht nach eine gewagte Bezeichnung: »I suggest that the differentia of poetry is an ontological one. It treats an order of existence, a grade of objectivity, which cannot be treated in scientific discourse.«[109] Der poetischen Sprache wird somit das Potential zugesprochen, sich grundlegend, ontologisch, von den Formen der Beschreibung der Wissenschaften zu unterscheiden. Die Dichtung intendiere »to recover the denser and more refractory original world which we know loosely through our perceptions and memories. [...] [I]t is a kind of knowledge which is radically or ontologically distinct.«[110] Die ästhetische Rede der Dichtung erreicht nach Ransom ein objektives Wissen, das über den Bereich der sprachlichen Darstellung hinausreicht in den Bereich der Ontologie. Dabei verkörperten die konstituierenden Zeichen der Dichtung Objekte in ihrer Ganzheit *(whole objects)*, denn sie seien von der Art des Ikons. Das ikonische Zeichen erfasse grundsätzlich eine Einzelheit *(a particular)*, die jede Definition überschreite und widersetze sich solchermaßen den üblichen syntaktischen und semantischen Dimensionen eines Diskurses.[111] Auch für Ransom kann das Kunstwerk daher niemals in der

---

107 Vgl. McLuhan: Mr. Eliot's Historical Decorum, S. 9 u. 14.
108 Vgl. Ransom: The New Criticism, insb. S. xi f. u. 279 f.
109 Vgl. Ransom: The New Criticism, S. 280 f., Zitat S. 281.
110 Ransom: The New Criticism, S. 277–336 (Kap.: Wanted: An Ontological Critic), S. 281.
111 Vgl. Ransom: The New Criticism, S. 285–293. Ransom greift das Ikon aus den Schriften des Semiotikers Charles W. Morris (1901–1979) auf, weist aber mehrmals darauf hin, dass Morris nicht die ganze Konsequenz aus einer zeichentheoretischen Unterscheidung des Ikons gezogen habe.

Paraphrase eines Themas oder eines Arguments von einfachem Wert aufgehen.[112] Der (Referenz-)Bereich der Dichtung ist die ganze, der einfachen Aussage widerständige Welt.

Dass Dichtung etwas mit der Ordnung des Seins und der Erfahrung der Welt zu tun hat oder vielmehr genau dies ist, wird auch von Brooks vertreten. In seinem Pamphlet »The Heresy of Paraphrase« beschreibt er das von Ransom herausgearbeitete Unterscheidungsmerkmal der Poesie als Aufgabe des Dichters:

> It is not enough for the poet to analyse his experience as the scientist does, breaking it up into parts. His task is finally to unify experience. He must return to us the unity of the experience itself as man knows it in his own experience. The poem if it be a true poem is a simulacrum of reality – in this sense, at least, it is an ›imitation‹ – by *being* an experience rather than any mere statement about experience or any mere abstraction from experience.[113]

Die Arbeit des Dichters besteht für Brooks also darin, die Erfahrung des Menschen dem Menschen als Einheit zurückzugeben. Diese Arbeit an der Einheit macht das Gedicht zu einem Simulakrum der Realität, zu einem Zeichen demnach, das der Realität selbst ähnlich ist. Die diskursive Formation des *New Criticism* fasst die Dichtung als Verkörperung, als Sich-Angleichen an die Verhältnisse in der Welt auf, als ein erneutes Hervorbringen dieser dichten und widerspenstigen Welt mit den Mitteln der Sprache. Für Ransom wie für Brooks besteht darin der verfertigende Charakter der Poetik, an deren Abstammung von der griechischen *poiesis* beide amerikanischen Kritiker erinnern.[114]

In diesem Sinne hat schon Eliot das Verhältnis von Welt und Dichtung gefasst. Unter den sogenannten ›metaphysischen Dichtern‹ des frühen siebzehnten Jahrhunderts, deren gewagte Sprachfiguren und vielfältige Materialien er – wie auch Brooks – als Vorläufer der modernistischen Dichtung betrachtet, erkennt er einen »struggle toward unification of sensibility«.[115] Die metaphysischen Dichter seien intellektuelle Dichter gewesen (im Gegensatz zu bloß reflektierenden Dichtern), denen ein Gedanke gleich eine Erfahrung gewesen sei, die wiederum das Emp-

---

Dies übernimmt nun Ransom. Vgl. die Eingangsnotiz zum Buch *The Verbal Icon* des neuen Kritikers William K. Wimsatt. Wimsatt macht im Sinne Ransoms darauf aufmerksam, dass ›Ikon‹ ein Begriff der zeitgenössischen Semiotiker sei, der verbale Zeichen bezeichne, »which somehow share[] the properties of, or resemble[], the objects which it denotes« (»A Note on the Title of this Book« in Wimsatt: The Verbal Icon, unpag.).

112 Vgl. Ransom: The New Criticism, S. 293.
113 Brooks: The Heresy of Paraphrase, S. 194.
114 Vgl. Ransom: The New Criticism, S. 283; Brooks Metaphor and the Tradition, S. 11 f., sowie ders.: What Does Poetry Communicate?, S. 69.
115 Eliot: The Metaphysical Poets, S. 65.

findungsvermögen verändert habe. Für Eliot leitet sich daraus, ähnlich wie für Brooks, die Arbeit des Dichters ab:

> When a poet's mind is perfectly equipped for its work, it is constantly amalgamating disparate experience: the ordinary man's experience is chaotic, irregular, fragmentary. The latter falls in love, or reads Spinoza, and these two experiences have nothing to do with each other, or with the noise of the typewriter or the smell of cooking; in the mind of the poet these experiences are always forming new wholes.[116]

Die Erfahrung des gewöhnlichen Menschen ist chaotisch und fragmentarisch. Ein poetischer Geist aber vermag die vereinzelten Erfahrungen in neue Ganzheiten zu überführen. Damit wird neben den von allen hier angesprochenen neuen Kritikern beobachteten und aufgewerteten sprachlichen Verfahren der Dichtung immer auch unterstellt bzw. aufgebürdet, über das sprachliche Material hinauszugehen und solch große Konzepte wie Einheit oder Ganzheit einzulösen.

Für Brooks liegt in der Zusammenführungs- und Vereinheitlichungsarbeit gerade der Zusammenhang der poetischen Sprache mit dem Wesen der Dichtung. Denn was auf der Ebene der poetischen Sprache wahr sei, gelte auch für »the larger wholes of poetry«:[117] Ungleiches oder Unvereinbares wird in Einheiten zusammengeführt. Die Sprache des Dichters, das Paradox, sei schließlich nichts anderes als »the assertion of the union of opposites«.[118] Brooks verweist in seiner Argumentation auf Eliots Formulierung einer ›Verrenkung der Sprache bis zur Bedeutung‹ *(dislocating language into meaning)* aus dessen Text »The Metaphysical Poets« (1921), welcher die poetische Leistung in einen Zusammenhang mit der zeitgeschichtlichen Lage rückt:

> Our civilization comprehends great variety and complexity, and this variety and complexity, playing upon a refined sensibility, must produce various and complex results. The poet must become more and more comprehensive, more allusive, more indirect, in order to force, to dislocate if necessary, language into meaning.[119]

In den Aussagen Eliots und der amerikanischen neuen Kritiker zeichnet sich eine diskursive Formation ab, nach der Sprache, Welt *(world/existence)*, Denken *(mind/intellect)* und Empfindung *(sensibility)* oder Erfahrung *(experience)* in den Ganzheiten *(wholes)* der Dichtung aufgehen. Die poetische Sprache zeichnet sich

---

116 Eliot: The Metaphysical Poets, S. 64.
117 Brooks: The Heresy of Paraphrase, S. 192.
118 Brooks: The Heresy of Paraphrase, S. 194.
119 Eliot: The Metaphysical Poets, S. 65.

durch Indirektheit *(indirection)* und Uneindeutigkeit *(out of definitive uses)*[120] aus, die aber zugleich eine unmittelbarere Erfahrung der Welt oder des Seins ermöglicht.[121] Damit erscheint als Regel der Aussagen dieses Diskurses, die Welt als fragmentiert und komplex auszuweisen und die logische, wissenschaftliche oder schlicht in Prosa gehaltene Rede über diese Welt als reduktionistisch einzuschätzen. Die Indirektheit der Sprache der Dichtung führt indessen zur Erfahrung der Welt und des Seins oder bringt zumindest eine einheitliche Erfahrung hervor. Das neue Interesse für die sprachlichen Operationen und rhetorischen Finessen ist eine Funktion der Bestimmung des Wesens der Dichtung, welche über die Sprachlichkeit hinausführt. Solcherart wird der Dichtung ein ontologisches Projekt unterstellt, selbst wenn deren Analyse immer wieder auf schlicht sprachliche Gegebenheiten und Denkwürdigkeiten hinausläuft.

Dies lässt sich auch in den weiteren Darstellungen des Textes »Mr. Eliot's Historical Decorum« verfolgen. Das dichterische Vorgehen erscheint hier in seinen technischen Grundlagen, wenn McLuhan die Literaturgeschichte heranzieht und drei ›künstlerische Entdeckungen technischer Art‹ des neunzehnten Jahrhunderts in seiner Diskussion der symbolistischen Dichtung vorstellt.[122] Diese Entdeckungen sichern technisch eine Gesamtwirkung und ästhetische Einheit des literarischen Werks ab und ermöglichen dabei nach Auffassung des Kritikers McLuhan Formen höherer Wahrnehmung und metaphysische Erkenntnis des Seins. Als erste Entdeckung gilt ihm die Vorherrschaft des Effekts, welche Edgar Allan Poe ausgenutzt habe. Poe forderte in seiner »Philosophy of Composition« (1846), alle Kompositionsschritte und -elemente einem einzigen Effekt *(single effect)* unterzuordnen. Ausgehend von dem einen, zu erzielenden Effekt muss der Dichter demnach rückwärts vorgehen und alles nicht diesem Effekt Zuträgliche eliminieren, wie McLuhan kommentiert. Damit habe Poe eine »utmost esthetic unity« und »maximum intensity« erreicht,[123] um deren Sicherstellung es, wie gesehen, den neuen Literaturkritikern in den USA für ihre Dichtungstheorie zu

---

120 Ransom: The New Criticism, S. 286.
121 In der Frage der Erfahrung der Welt ›da draußen‹ oder einer anderen, ›neuen‹ oder ›höheren‹ Welt scheint Eliot in den referierten Texten unentschieden zu sein. Seine Auffassung von einer wiederhergestellten Erfahrung durch Dichtung scheint den Abstand zur vorhandenen Welt zu wahren in den stets als ›neu‹ oder ›anders‹ bezeichneten künstlerischen Umsetzungen oder Zusammensetzungen dieser Erfahrung. Vgl. den weiter oben zitierten Textabschnitt aus Eliot: The Metaphysical Poets, S. 64, sowie ders.: Tradition and the Individual Talent, S. 21: »The business of the poet is not to find new emotions, but to use the ordinary ones and, in working them up into poetry, to express feelings which are not in actual emotions at all.«
122 McLuhan: Mr. Eliot's Historical Decorum, S. 12.
123 McLuhan: Mr. Eliot's Historical Decorum, S. 11.

tun ist.[124] Als Konsequenz aus der ersten künstlerischen Entdeckung folgt eine zweite, die wiederum der Begründer des französischen Symbolismus, Stéphane Mallarmé (1842–1898), erkannt habe: die Unpersönlichkeit der Dichtung. In einer Dichtung der Effekte *(poetry of effects)* habe sich der Dichter selbst ausgelöscht, sobald er die romanartige und pseudorationalistische Ursachenverknüpfung und Erklärung zwischen den Teilen des Gedichts aufgegeben habe. So hätte sich die Dichtung »at last« von Rhetorik und Roman frei machen können, betont McLuhan erneut.[125] Und schließlich erscheint als dritte Neuerung in der Kunst die Hinwendung zum Banalen *(the commonplace)*. Alles, die banalsten Figuren der Schundliteratur, die Tageszeitung, das gesamte Sein *(all existence)* kann der Erlangung des einen Effekts dienen,[126] denn es geht dieser neuen Kunstrichtung gerade nicht um bestimmte, intrinsisch poetische Themen oder Dinge.

Mit diesen künstlerischen Entdeckungen sind die Prämissen der neuen Dichtung und Kritik gewissermaßen historisch gedeckt. Wie die neuen Kritiker besteht McLuhan hier auf explizit technische Grundlagen der Dichtung. Alles ist demnach einem Effekt untergeordnet, der den Einsatz des Autors im romantischen Sinne eines individuellen, empfindsam-intuitiven Erfinders infrage stellt[127] und der die romantische Auffassung von spezifisch poetischen, und das heißt besonders schönen und erhabenen, Gegenständen aufhebt. McLuhan verortet den Grund der Dichtung daher folgendermaßen: »Insofar as a *rationale* of poetry was needed it is to be found naturally in the analogical drama of the very action of the intellect itself *in making poetry*.«[128] Die ›Rechenschaft‹ der Dichtung *(rationale of poetry)* –

---

124 Vgl. hierzu auch Klarer: Literaturgeschichte der USA, S. 56. Klarer weist explizit auf die Affinität zwischen Poes Thesen zur künstlerischen Komposition und den Prämissen des *New Criticism* hin.
125 Vgl. McLuhan: Mr. Eliot's Historical Decorum, S. 12f., Zitat S. 13.
126 Vgl. McLuhan: Mr. Eliot's Historical Decorum, S. 14.
127 In diesem Punkt zeigt sich der Text nicht nur von den neuen kritischen Manifesten wie »The Intentional Fallacy« (Wimsatt/Beardsley 1947) angeleitet, sondern auch von der Darstellung der analogischen Vorgehensweise bei Paul Valéry (1871–1945). McLuhan verweist während seiner Beschreibung der Innovationen Poes explizit auf Valérys Text »Einführung in die Methode des Leonardo da Vinci« (1894) (McLuhan: Mr. Eliot's Historical Decorum, S. 12). Valéry stellt in seiner Auseinandersetzung mit da Vinci das Analogisieren als »Drama« »[i]m Inneren« vor, bei dem nicht die großen Künstler selbst, sondern die »geistige[n] Bildvorstellungen« die Akteure sind. Unter Verweis auf Poes Wirkungsansatz schreibt Valéry: »Das Kunstwerk wird so zu einer Maschine, dazu bestimmt, die individuellen Formtalente dieser [Künstler-]Geister anzuregen und zu kombinieren«, und er unterstreicht mehrfach, dass ihm nicht an der Betrachtung des Menschen da Vinci gelegen ist, sondern an der »Einzelstruktur einer geistigen Existenz«. Vgl. Valéry: Einführung in die Methode des Leonardo da Vinci, S. 13f., 60 u. 11.
128 McLuhan: Mr. Eliot's Historical Decorum, S. 13.

im Sinne einer Begründung, aber auch einer kühlen, poetischen Berechnung – liegt in der ›Tätigkeit des Intellekts selbst‹. Die Behauptung weist gerade nicht auf den Dichter und dessen Erfindungsreichtum zurück, sondern auf das analogische Vorgehen, also die Verfahrensweise des Intellekts, der dabei immer schon dichtet (*in making poetry*).

Dem analogischen Vorgehen des dichtenden Geistes gliedert McLuhan sogleich auch noch »[a] precisely similar situation in metaphysics« an.[129] Mit einem voraussetzungsreichen Zitat aus Jacques Maritains (1882–1973) *Existence and the Existent* (1948) kommt er auf das analogische Verstehen zurück. Der urteilende Geist gehe demnach über die einfache Wahrnehmung (*simple apprehension*) der Substanzen (*essences*) hinaus und gelange zur Objektivierung des Seins im höheren und analogischen Sinne.[130] Auf diesen Zusammenhang mit der Erkenntnis des Seins besteht McLuhan in seiner nachfolgenden Definition ›reiner Dichtung‹: »To make an existential drama from the analogical activities of the mind in making (and reading) poetry, that is what is meant by ›pure poetry.‹«[131] ›Reine Dichtung‹ ist demnach etwas mehr noch als Dichtung. Sie ist ein aus Dichtung hergestelltes Drama, eine Art Aufführung des Seins selbst, und damit ist sie wohl unterschieden von der bei McLuhan abgewerteten Rhetorik.

1.5 Die Vorschrift des *decorum* gegen die Zügellosigkeit der Figuren

Entsprechend der künstlerischen Neuerungen seit dem neunzehnten Jahrhundert schließt die konstatierte Reinheit der Dichtung für McLuhan keineswegs, wie noch in den kritischen Behauptungen im achtzehnten und neunzehnten Jahrhundert, das Alltägliche, das Banale oder die Allgemeinplätze aus: »But ›purity‹ implies no exclusion of the commonplace.«[132] In jener Dichtung der Effekte (*poetry of effects*) machen nicht mehr die besonders erhabenen und erhebenden Gegenstände, Themen oder Ansichten das poetische Werk aus, sondern der Verbund von »single effect« und »esthetic unity«.[133]

---

129 McLuhan: Mr. Eliot's Historical Decorum, S. 13.
130 Vgl. Jacques Maritain: Existence and the Existent, zit. nach McLuhan: Mr. Eliot's Historical Decorum, S. 13.
131 McLuhan: Mr. Eliot's Historical Decorum, S. 13.
132 McLuhan: Mr. Eliot's Historical Decorum, S. 13.
133 McLuhan: Mr. Eliot's Historical Decorum, S. 12. Der technisch und rational zu erzielende Effekt ist an eine Einheit des dichterischen Werks zurückgebunden: »And a story or poem to produce a *single effect*, to have the utmost esthetic unity, must also be written backwards.«

Unter den neuen Kritikern ist die ästhetische Einheit ein wesentliches Kriterium für die Bewertung der neuen Dichtung mit ihren oftmals so wenig erhebenden Figuren, Vergleichen und Materialien. Brooks formuliert die Frage, die zur Rechtfertigung der verwendeten und mithin obskuren Figuren beantwortet werden muss, folgendermaßen: »Does it contribute to the total effect or not?«[134] Die Dichtung führt daher ihren eigenen Bewertungsmaßstab schon mit sich in der gelungenen Abstimmung des einzelnen sprachlichen oder strukturellen Elements auf die Gesamtwirkung des Gedichts. McLuhan fasst diesen Zusammenhang in seinem Aufsatz »Mr. Eliot's Historical Decorum« schließlich unter Rückgriff auf die rhetorische Kategorie des *decorum*: »Only the essential business of poetry has been shifted from the decorum of subjects and materials to the precise analogical manipulation of the same.«[135] Das Geschäft der Dichtung wurde von den angemessenen Themen und Materialien demnach umgestellt auf eine präzise analogische Manipulation von Thema und Material, nach der auch Brooks fragt.

Vom lateinischen *decor* abstammend bedeutet *decorum* soviel wie das Schmückende, das Geziemende, das Angemessene oder auch das Anständige. In den antiken Lehrbüchern der Redekunst bezeichnet das *decorum* (auch: *aptum*) die Angemessenheit von Redegegenstand und Redeform, von Thema und Stil.[136] In dieser Frage beanspruchte auch die klassische Poetik die Kompetenzen des *decorum*, die nach Auffassung der Literaturwissenschaftlerin Renate Lachmann in einem Reservoir »fertige[r] Lösungen« bei der Auswahl und Zusammenstellung von Argumenten, Stilen und Redeschmuck für eine Rede bzw. für einen Text bestanden und bis ins achtzehnte Jahrhundert hinein Geltung besaßen.[137] So galt etwa, dass für Themen aus dem häuslichen Bereich ein niederer Stil, ohne große Ausschmückungen und rhetorische Finessen anzuwenden war, während für die

---

134 Brooks: Metaphor and the Tradition, S. 15.
135 McLuhan: Mr. Eliot's Historical Decorum, S. 13.
136 Über die Angemessenheit von Thema und Stil hinaus beschreibt das *decorum* das harmonische Zusammenspiel von Redner, Publikum, Gegenstand und Sprache im Ganzen. Vgl. Rutherford/Mildner: Art. Decorum (HWRh, Bd. 2), Sp. 423. An antiken Lehrbüchern vgl. exemplarisch: Quintilianus: Institutionis Oratoriae. Ausbildung des Redners, Bd. 2, XI.1 (S. 545–585): Die passende Form der Rede; Cicero: Orator. Der Redner, 21–22 (S. 65–71). Eine Übersicht und Diskussion des *decorum*-Konzepts in den zentralen antiken Quellen gibt Müller: Decorum.
137 Vgl. Lachmann: Rhetorik. Alte und neue Disziplin, S. 25f., Zitat S. 26. Lachmann weist darauf hin, dass Rhetorik und Poetik in ihrer Geschichte immer wieder inhaltliche und funktionale Berührungspunkte aufweisen, bis hin zum Zusammenfallen der Disziplinen. Insbesondere für das Konzept des *decorum* stellt sie eine Partizipation beider Disziplinen fest. Vgl. auch Steinhauer: Die rhetorische Regulierung, S. 174: »Decorum meint im Kontext einer historisch geprägten Rhetorik ein Ordnungsmuster, dessen Funktion in der Festlegung, Lösung und Verschiebung von Referenzen liegt.«

»Majestät des römischen Volkes«, wie es klassisch bei Cicero heißt, »große Worte und grundsätzliche Gedanken«, also ein hoher Stil, anzuwenden war.[138]

Mit dem *decorum* ist die Relation zwischen sprachlichem Ausdruck und Gegenstand der Rede, aber auch zur konkreten Situation, über die und in der gesprochen wird, aufgerufen – und zwar die *rechte* Relation. Das *decorum* ist ein Experte der anständigen Verbindung. Es umfasst das Wissen über die nach den Konventionen einer Gruppe möglichen Relationen, über die zulässigen Referenzstrukturen von Sprache, Lebenswelt und Gemeinschaft.[139] Und darin ist es verbindlich, normativ und sogar justiziabel, wie der Medien-, Kunst- und Rechtswissenschaftler Fabian Steinhauer herausstellt.[140] In diesem Sinne und in seiner historischen Ausprägung ist das *decorum* elementarer Bestandteil der ›forensischen Tradition‹, die das Reden und Handeln auf die Belange einer Gemeinschaft ausrichtet. Über das *decorum* sind die sprachlichen oder poetischen Ausdrucksformen vor allem mit ästhetischen und moralischen Entscheidungen der Gruppe, die sie anwendet, verbunden. Als Bewertungssystem poetischer Ausdrucksformen verweist das *decorum* somit außerhalb der sprachlichen Sphäre.[141]

McLuhan weist mit seiner Verwendung des Begriffs ›*decorum*‹ im weiter oben angeführten Zitat auf diese außerpoetische Regulierung des Poetischen hin. Er spielt offenbar auf die von Brooks in den Äußerungen der Romantiker aufgespürte Auffassung von intrinsisch der Poesie angemessenen Gegenständen an. Die Absolutsetzung von schönen und erhabenen Gegenständen, die im Sinne des romantischen *decorum* das Gedicht erst zum Gedicht werden lassen, erscheint ihm überholt. Anstelle dessen tritt nun die präzise Handhabung von Thema und Material als intrinsisch poetisches Verfahren in der symbolistischen Kunst. Eben dies bezeichnet McLuhan als das ›historische *decorum*‹ des ›Mr. Eliot‹, auf das der Titel des hier besprochenen Aufsatzes längst warten ließ. Nach dem Ende des romantischen *decorum* spezifisch poetischer Gegenstände wird damit ein neues *decorum* eingesetzt, eine neue Verknüpfungsanweisung für Thema, Stil und Redeschmuck. Hierbei tritt die schon von Brooks geltend gemachte Abstimmung der

---

138 Vgl. Auerbach: Sermo Humilis, S. 30, Zitate: Cicero: Orator. Der Redner, 21.72 (S. 67), vgl. auch 28.102 (S. 89).
139 Zum Wissen über Referenzmöglichkeiten, den Aufbau von Referenzstrukturen sowie die Gestaltung der Übergänge zwischen Text und Welt, Rede und Situation, Rhetorik, Recht, Moral und Politik vgl. Steinhauer: Die rhetorische Regulierung, S. 176 f. Zur Abhängigkeit der Zuordnungsmöglichkeiten, die das *decorum* vorgibt, von ästhetischen und moralischen Entscheidungen einer kulturellen Gemeinschaft vgl. Lachmann: Rhetorik und kultureller Kontext, insb. S. 173 f.
140 Vgl. Steinhauer: Die rhetorische Regulierung, S. 176.
141 Vgl. Lachmann: Einleitung: Die Rhetorik und ihre Konzeptualisierung, S. 16 f.; dies.: Rhetorik. Alte und neue Disziplin, S. 25 f.

einzelnen sprachlichen Elemente und der vielfältigen, zur Verfügung stehenden Materialien auf die Gesamtwirkung des Werks in den Vordergrund. McLuhans Beispiel ist James Joyces *Ulysses* (1922), und zwar in Eliots eigener Auffassung und Formulierung, die er zitiert:

> Mr. Eliot saw this clearly when confronted with *Ulysses* [...] [:] »In using the myth, in manipulating a continuous parallel between contemporaneity and antiquity, Mr. Joyce is pursuing a method which others must pursue after him. [...] Instead of narrative method we may now use mythical method. It is, I seriously believe, a step toward making the modern world possible for art ...«[142]

Joyce hat in seinem einflussreichen, den modernen Roman begründenden Buch die Darstellung eines Tags im Leben des Protagonisten Leopold Bloom an die Struktur, Motive und Symbole der *Odyssee* angelehnt.[143] Die daraus resultierende ›kontinuierliche Parallele‹ zwischen Gegenwart und Antike in inhaltlicher, stilistischer wie symbolischer Hinsicht hat für Eliot größte Bedeutung als neue Methode,[144] der er den Rang einer unhintergehbaren poetischen Neuerung gibt. Diese Methode erst, die Eliot ebenso wie McLuhan vom narrativen Vorgehen des herkömmlichen Romans absetzt, mache die moderne Welt für die Kunst möglich. Auch für Eliot erscheinen daher nicht die Themen und verwendeten Materialien an sich entscheidend für die Frage der Kunst, sondern die Handhabung derselben; und es scheint die Handhabung zu sein, der spezifisch poetische Zugriff, welcher die Angemessenheit der Themen für die neue Dichtung und Kritik regelt.[145]

---

142 T. S. Eliot: Ulysses, Order, and Myth, zit. nach McLuhan: Mr. Eliot's Historical Decorum, S. 14 f.
143 Zur Anlage des *Ulysses* mögen die von Frank Budgen verzeichneten Erläuterungen Joyces selbst einen guten Einblick geben: »I am now writing a book [...] based on the wanderings of Ulysses. The Odyssey, that is to say, serves me as ground plan. Only my time is recent time and all my hero's wanderings take no more than eighteen hours.« James Joyce zit. nach Budgen: James Joyce and the Making of Ulysses, S. 15. McLuhan kannte das Buch Budgens und zitierte es in seinen Aufsätzen gelegentlich (vgl. u. a. McLuhan: The Aesthetic Moment in Landscape Poetry, S. 158). Aus diesem Grund nehme ich diese Beschreibung des Buchprojekts *Ulysses* hier auf. Sie zeigt, in welcher Art und Weise man um 1950 über dieses Buch sprechen konnte.
144 Vgl. Eliot: Ulysses, Order, and Myth, S. 175.
145 Eliots *Ulysses*-Rezension setzt sich von Anfang an mit der Frage der Angemessenheit auseinander: »Among all the criticisms I have seen of the book, I have seen nothing [...] which seemed to me to appreciate the significance of the method employed – the parallel to the *Odyssey*, and the use of *appropriate* styles and symbols« (Eliot: Ulysses, Order, and Myth, S. 175, 2. Hervorhebung J. M.). Auch Eliot geht es in seiner Rezension gewissermaßen um eine Neueinstellung des *decorum* für die Bewertung der neuen Literatur, wenn er schreibt, dass sich ihm nicht die Frage nach dem ›Was‹ guter Literatur stelle, sondern nach dem ›Wie‹. Eliot verwendet nicht den Fachbegriff des *decorum*, sondern das Ideal des ›Klassizismus‹ als Bewertungsmaßstab. Der Klassizismus ist

Das für die Dichtung konstatierte neue *decorum* im Text McLuhans verweist auch auf die diskursiven Anstrengungen der amerikanischen Literaturkritiker der 1940er Jahre, in denen das Technische, das Ausgeklügelte und das Herstellungsmäßige der Dichtung zusammen mit der poetischen Analogie und der metaphorischen Verknüpfung in den Vordergrund gerückt werden. In der Konzentration auf die sprachliche Verfertigung der poetischen Gegenstände weist diese Poetik diesseits der angemessenen Gegenstände letztlich auf die eigengesetzliche Dimension der Sprache am Grund der Dichtung. Auch die angloamerikanische Literaturwissenschaft wird nur eine Dekade nach »Mr. Eliot's Historical Decorum« jene Sprachlichkeit, der die russischen Formalisten bereits seit den 1920er Jahren nachgingen, zum Kriterium für die Dichtung erheben.[146] Die Dichtung der Effekte *(poetry of effects)*, die schon McLuhan in seinem Aufsatz zu beschreiben sucht, wird sich als eine Dichtung der Effekte der sprachlichen Operationen erweisen.

Solange die poetischen Techniken und sprachlichen Formen allerdings, wie in »Mr. Eliot's Historical Decorum«, unter der Kategorie des *decorum* gefasst werden, erscheinen sie als Teil der ästhetischen und moralischen Entscheidungen einer Gruppe. Und dies ist es, was der Text »Mr. Eliot's Historical Decorum« schließlich zu erkennen gibt: Das ›historische *decorum*‹ ist nur vorderhand eine Bezeichnung für die Angemessenheit der Dichtung Eliots in diesem Text, zugleich

---

keine Epochenbezeichnung, sondern »[i]t is a goal to which all good literature strives, so far as it is good, according to the possibilities of its place and time« (S. 176). Damit steht Eliots Rezension im Einklang mit McLuhans Ansatz in »Mr. Eliot's Historical Decorum« oder vielmehr: Eliot gibt diesen Ansatz bereits vor.

146 Wegweisend hierfür war in der angloamerikanischen Literaturwissenschaft die Stil-Konferenz »Style in Language«, welche das *Social Science Research Council's Committee on Linguistics and Psychology* 1958 in Bloomington ausrichtete. Diese Konferenz brachte unter der Ägide der Sprachwissenschaft *literary critics*, Linguisten, Psychologen und Kulturanthropologen zum Thema ›Stil‹ zusammen (vgl. Kap. »Foreword« und »Introduction« in Sebeok (Hg.): Style in Language, S. v–vi u. S. 1–5, S. v u. 1). Roman Jakobson (1896–1982) stellte hier sein Funktionenmodell der Sprache einem breiten englischsprachigen Publikum vor. Dieses Funktionenmodell beherbergte bereits seit Jakobsons Engagement im Kreis der russischen Formalisten und der Prager Linguisten in den 1920er und 1930er Jahren die sogenannte poetische Funktion der Sprache (vgl. Siegert: Die Geburt der Literatur aus dem Rauschen der Kanäle, S. 10). Sie geht von einer Selbstbezüglichkeit der sprachlichen Elemente in der Dichtung aus. Jakobson führte sein Funktionenmodell der Sprache darüber hinaus mit dem Kommunikationsmodell der mathematischen Kommunikationstheorie zusammen. Dabei ergibt sich für ihn, dass die poetische Sprache als Kommunikationsereignis nur graduell von anderen Formen der Kommunikation unterschieden ist (vgl. Jakobson: Closing Statement: Linguistics and Poetics, insb. S. 353 u. 356 f.). Bei den *new critics* Nordamerikas jedoch herrschte in den 1940er Jahren, wie gesehen, die Auffassung vor, dass der poetischen Sprache ein Wesensunterschied gegenüber anderen sprachlichen Kommunikationsformen eignet.

gibt es die Formationsregel des neuen kritischen Diskurses selbst an, und das heißt die impliziten Entscheidungen und den entsprechenden Bewertungsmaßstab in einer Gruppe von Kritikern. Die Dichtung der Effekte *(poetry of effects)*, von der McLuhan schreibt, ist hier nicht einfach den Effekten der Dichtung – als Effekte der grundlegenden sprachlichen Operationen im Gedicht – gleichzusetzen. Unter der Bezeichnung ›decorum‹ erweist sich die Dichtung vielmehr als Effekt einer eingehaltenen, rechten Relation.

›Decorum‹ ist der passende Fachausdruck für die von Eliot veranschlagte und von McLuhan zitierte Abstimmung der poetischen Form auf die zeitgenössische Lebenswelt. McLuhan nutzt in seinem Aufsatz »Mr. Eliot's Historical Decorum« den Fachbegriff der klassischen Rhetorik und Poetik, um Eliots Dichtung ein ›historisches *decorum*‹ zu attestieren; ein *decorum* also, das insbesondere den Bezug zur Zeitgeschichte betont. Der Aufsatz McLuhans endet mit einigen Bemerkungen zu Eliots Poesie seit dem Gedicht »Ash Wednesday« (1930). Dieses Gedicht stellt in der poetischen Verknüpfung von Anspielung auf Bibelstellen, Dante-Zitaten, katholischer Liturgie mit Lancelot Andrewes-Predigten die großen Fragen nach dem Verhältnis von irdischem Sein und religiöser Erlösung und dabei auch nach dem Verhältnis von Welt und Wort.[147] McLuhan kommentiert das poetische Vorgehen als Arbeit einer ›enzyklopädischen Vereinigung‹ und stellt einen Zusammenhang mit (der gängigen Einschätzung) der zeitgeschichtlichen Lage her:

> This work of encyclopedic unification was the unavoidable task imposed on the modern artist in an age of great knowledge and rapid dissolution. [...] Anything less than heroic fortitude and supreme vision would in our circumstances have been for poet and philosopher alike a bathetic breach of historical decorum.[148]

Es ist ein Zeitalter größten Wissens und rasanter Auflösung, in dem Eliot die immense Arbeit einer enzyklopädischen Vereinigung unternimmt. Das ›historische *decorum*‹ Eliots ist laut dem letzten Satz die Anmessung der Dichtung an die historische Zeit, womit die zeitgenössischen Umstände, mit der sich die neue Dichtung und Kritik konfrontiert sieht, gemeint sind. Das heißt, der Maßstab dieses *decorum* ist nicht lediglich das künstlerische Werk selbst, die poetische Technik oder die präzise Manipulation. Der Maßstab ist die historische Zeit, die Geschichte. Die gesamte Lebenswelt bietet somit sowohl das vielfältige und uneingeschränkte Material der neuen Dichtung als auch den Maßstab dieser Dichtung und ihrer Kritik.

---

147 Vgl. Wicht: Art. Ash Wednesday, S. 182 f.; Williamson: A Reader's Guide to T. S. Eliot, S. 168–185.
148 McLuhan: Mr. Eliot's Historical Decorum, S. 15.

Für die Dichter und Kritiker der modernistischen Literatur ist die Welt aus den Fugen geraten, aber die Dichtung kann sie über die Verfahren der poetischen Sprache zusammenfügen, wie der Einblick in den Diskurs der amerikanischen *new critics* bereits gezeigt hat. Laut Eliot hat zum Beispiel Joyce mit der parallelen Handhabung von Antike und Gegenwart eine Form in einer Zeit gefunden, der schon alle Form abhanden gekommen ist: »It [Joyces Methode] is simply a way of controlling, of ordering, of giving a shape and a significance to the immense panorama of futility and anarchy which is contemporary history.«[149] In der Kontrolle, der Ordnung, der Form- und Bedeutungsgebung der Dichtung wird die Nutzlosigkeit und Anarchie der Zeitgeschichte aufgefangen. Für Eliot ist die Frage nicht mehr, wie noch im klassischen *decorum*, was als tugend- und was als lasterhaft zu bewerten und entsprechend der Dichtung zuzuführen oder fernzuhalten ist. Die Frage ist eher, ob sich Tugend- wie Lasterhaftes in eine Ordnung bringen lassen.[150] Darin bestätigt sich der Befund der Literatur- und Kulturwissenschaftlerin Aleida Assmann über die Dekonstruktion überkommener Dichotomien bei Eliot. Assmann zeigt, dass Eliot in seinen kritischen Texten althergebrachte Unterscheidungen wie Tradition und Innovation oder wie hier jene von Tugend und Laster durchstreicht, während seine eigenen Schriften sich zugleich um neue Polaritäten, wie die von Anarchie und Ordnung oder Fragment und Ganzem, ansiedeln.[151]

Ordnung und Ganzes sind in diesem Diskurs allerdings weniger formale als semantische Bestimmungen, die dem sprachlichen Ausdruck der Dichtung weniger abgelesen als an diesen herangetragen werden. Darauf lassen die Bemerkungen von Brooks über schlechte Dichtung schließen. Kann nämlich ein Gedicht die Ordnung nicht herstellen und damit die Einheit der Erfahrung, welche nach Ansicht der amerikanischen *new critics* einzig die Dichtung hervorzubringen vermag, nicht gewährleisten, dann ist das einfach schlechte Dichtung nach Brooks.[152] Aus dieser Perspektive ist das poetische Bewertungskriterium der

---

149 Eliot: Ulysses, Order, and Myth, S. 177.
150 Vgl. Eliot: Ulysses, Order, and Myth, S. 177: »[I]n creation you are responsible for what you can do with material which you must simply accept. [...] – not virtues to be enlarged or vices to be diminished. The question, then, about Mr. Joyce, is: how much living material does he deal with, and how does he deal with it [...].«
151 Vgl. Assmann: Exorcizing the demon of chronology, S. 22 f. Assmann erinnert an die Kriegserfahrung und den Zerfall von Sinn und Zusammenhang, der auch Eliot in eine persönliche Krise getrieben habe. Konzepte von Ordnung, Muster und Ganzheit seien daher Teil eines Prozesses der Wiederherstellung.
152 Vgl. Brooks: What Does Poetry Communicate?, S. 70: »Some modern poetry is difficult because it is bad – the total experience remains chaotic and incoherent because the poet could not master his material and give it a form.«

Dichtung, der Gesamteffekt – »does it contribute to the total effect [...]?« –, der laut Brooks durch die Abstimmung des einzelnen Elements auf die Gesamtheit, »the relation of each item to the whole context«, entsteht,[153] eine Vorschrift des *decorum*. Der Maßstab der Relation von Teil und Ganzem ist nicht das sprachliche Element oder die poetische Verknüpfung, er ist eine Ganzheit, in der die Form des Gedichts als Ganzes aufgehen muss. Die *rechte* Relation des *decorum* ist daher nicht einfach nur ein Kriterium der Dichtung, sie ist zugleich eine Formationsregel des Diskurses des amerikanischen *New Criticism* zur Hervorbringung seines Gegenstands ›Dichtung‹.

Wie sehr die neue Konzentration auf die methodischen und sprachlichen Aspekte der Dichtung von einer semantisch gedachten Ganzheit, die sich in der ganzen Form des Gedichts verbirgt, gestützt wird, zeigt sich an der Stelle, an der Brooks in »The Heresy of Paraphrase« eine Präzisierung des Strukturbegriffs vornimmt:

> But though it is in terms of structure that we must describe poetry, the term ›structure‹ is certainly not altogether satisfactory as a term. One means by it something far more internal than the metrical pattern, say, or than the sequence of images. The structure meant is certainly not ›form‹ in the conventional sense in which we think of form as a kind of envelope which ›contains‹ the ›content‹. [...] The structure meant is a structure of meanings, evaluations, and interpretations; and the principle of unity which informs it seems to be one of balancing and harmonizing connotations, attitudes, and meanings. [...] It is a positive unity [...]; it represents [...] an achieved harmony.[154]

Die Struktur der Dichtung ist demzufolge nicht das metrische Muster, nicht die Form, von der man oft als Hülle eines Inhalts denkt. Die Struktur ist eine semantische Struktur, der ein Prinzip der Einheit unterliegt, deren Telos die Harmonie ist. Ein Gedicht, das die harmonische Einheit nicht herzustellen vermag, muss demnach als schlecht gelten, wenn nicht gar als unmoralisch. *Decorum*-gemäß genügt es dann nicht den ästhetischen und moralischen Erwartungen der Gruppe der neuen Kritiker. Es hält dann nicht die *rechte* Relation vom einzelnen Element zum Ganzen des Gedichts ein. Im Diskurs der Dichter und Kritiker der modernistischen Literatur führt die Feststellung fragmentierter Erfahrungen – wie bei Eliot – und die Analyse sprachlicher Inkongruenz – wie bei Brooks – immer wieder zur (Vorschrift einer) Einheit. Stets ist die Relation zwischen einzelnem Teil und ganzheitlichem Gedicht bzw. einheitlicher Erfahrung Gegenstand der Bewertung. Das Wesen der Dichtung soll in einer resultierenden Einheit bestehen. Insofern beschreibt das ›historische *decorum*‹ in McLuhans Aufsatz die metho-

---

153 Brooks: The Heresy of Paraphrase, S. 189.
154 Brooks: The Heresy of Paraphrase, S. 178 f.

dische Abstimmung der poetischen Einzelheit auf ein kohärentes Ganzes und zugleich gibt es die gleichlautende Regel des Diskurses des *New Criticism* über Dichtung an.

Was beim solchermaßen gefassten Verhältnis von Teil und Ganzem auf dem Spiel steht, zeigt sich schließlich bei Ransom. Hier geraten die ausgeklügelten Vergleiche, die Metaphern und Figuren der modernistischen Dichtung zum Problem. Ransoms Gleichgewichtsmodell der poetischen Sprache sieht Metrik und Wortwahl sich gegenseitig austarieren.[155] In der formell verstandenen poetischen Struktur entsteht aufgrund des Aufeinander-Einwirkens von metrischer Form und sprachlichem Element die ganz eigene »final meaning« eines Gedichts,[156] die über jegliche logisch-narrative Bedeutung hinausgeht und, wie bereits weiter oben ausgeführt, einen ontologischen Anspruch erheben soll. Diesem Modell von Dichtung als wiederum *rechter* Relation von sprachlicher Einzelheit und hier metrischer Form stellt sich ein Problem, sobald das Formelle der Metrik ausfällt, wie Ransom ausgerechnet anhand der modernistischen Dichtung feststellen muss:

> But what should the ontological critic say about the moderns? [...] [T]hey find the old practice trite, and ontologically inadequate for them [...] and therefore work by taking liberties with the old practice, and irregularize and de-systematize it [...].[157]

Sobald die modernen Dichter die metrische Form vernachlässigen, bleiben nur noch die erfindungsreichen Figuren und ein noch nicht dagewesener Grad an Unbestimmtheit der Bedeutungen, eine Zügellosigkeit im Bereich der Figuren zurück: »the intractable energy of the images«.[158] Die ›Bilder‹, die Vergleiche und Wortfiguren, werden ohne die formell-metrische Fassung unverfolgbar, und so erscheint auch dieser vordergründig formal-technisch interessierten Poetik das Schreckbild einer von der Wahrheit und ihrer logischen Verknüpfung abweichenden rhetorischen Figur. Ein Beweis dessen liegt für Ransom im Modus der Ellipse:

---

[155] Dieses Gleichgewicht beschreibt Ransom als einen Frieden, der aus dem Kampf zwischen Argument und Metrik hervorgehe. Ransom: The New Criticism, S. 295. Auch Brooks geht von einem Konfliktmodell und von einem zu erzielenden Kräftegleichgewicht aus, um die Eigenart der Dichtung zu verdeutlichen. Er bedient sich der Analogie des Dramas: Wie das Drama bestünde auch das Gedicht vor allem in einer Handlung, sei »something ›acted out‹« und eine Art Verrechnung *(working out)* verschiedener Spannungen, die aus der Gegebenheit der Konflikte hervorgingen. Gedichte erreichten ihre Einheit entsprechend durch einen dramatischen und nicht logischen Prozess. Vgl. Brooks: The Heresy of Paraphrase, S. 186–189.
[156] Vgl. Ransom: The New Criticism, S. 299 f., Zitat S. 299.
[157] Ransom: The New Criticism, S. 331 ff.
[158] Vgl. Ransom: The New Criticism, S. 334 f., Zitat S. 335.

> the crowding of the images together without the terms for their logical relations; but also, as we think in view of the honesty of the work, their crowding together without the logical relations themselves. The effect is an ontological density which proves itself by logical obscurity.[159]

Der Energieüberschuss der metrisch nicht zurückgebundenen Figuren *(images)*, die ohne logische Termini und damit ohne logische Beziehung zusammengepfercht werden, zerstört die veranschlagte Wahrheit oder Ernsthaftigkeit des Werks.[160] Die Wirkung ist für Ransom dann zwar immer noch ›ontologisch‹, führt aber ins Obskure.

In Ransoms Poetik zeigt sich damit die verunsichernde oder entsichernde Kraft der rhetorischen Figuren, der Vergleiche und Metaphern, die Brooks und McLuhan als Techniken der Epiphanie oder Erfahrungseinheit des ›wahren Gedichts‹ feiern. Tatsächlich muss die von Ransom beobachtete »intractable energy« der sprachlichen Wendungen die von der Diskursregel der neuen Kritiker gesetzte Einheit der Erfahrung von Welt oder Sein bzw. die gesuchte Wahrheit oder Ehrlichkeit des Gedichts unterlaufen. Die unberechenbaren Wege der Sprache sprengen jedes Denken der Einheit. Sie lassen sich letztlich nur über ein *decorum* eindämmen, über Vorschriften und Setzungen, die einen (den Konventionen einer Gemeinschaft) angemessenen und vermeintlich kontrollierten Einsatz der rhetorischen Figuren regeln.[161] Als Hilfsmittel der Poetik ermöglicht das *decorum* im konkreten historischen Kontext – dies zeigen Text und Begriffswahl in »Mr. Eliot's Historical Decorum« – somit die Unterscheidung einer ›reinen Poesie‹ von einer (reinen) Rhetorik der Figuren (und damit nicht nur von einer zweckorientierten Rhetorik des guten und klaren Redens).

1.6 Dichtung ist nicht Kommunikation

Entgegen Ransoms Warnung vor einer obskuren und unehrlichen Dichtung durch unverfolgbare rhetorische Figuren, stellen die Texte mit dem Namen ›McLuhan‹ um 1950 die modernistischen Techniken als Durchbruch zur Wahrheit aus. Der von Ransom befürchtete Mangel an logischen Termini und ihren logischen Ver-

---

159 Ransom: The New Criticism, S. 335.
160 Ganz so wie das Spielerische von *fancy* das ewig Gültige der *imagination* für die Romantiker aufs Spiel gesetzt hat. Vgl. Brooks: Metaphor and the Tradition, S. 5–11.
161 Zur historischen Funktion des *decorum* vgl. Hambsch: Art. Virtutes-/Vitia-Lehre (HWRh, Bd. 9), insb. Sp. 1144.

knüpfungen wird von McLuhan als Zugang zum Sein bejaht.¹⁶² Der fehlenden »copula which connects enunciations and conceptions in rationalistic discourse« tritt eine »copula of existential reality« in McLuhans Einschätzung entgegen: »It dispenses entirely with syntax and rhetoric and leaves the reader naked to the diversity of existence.«¹⁶³ McLuhan traut der Dichtung zu, in ihrer indirekten Sprachlichkeit, wie sie von den neuen Kritikern beschrieben wird, über die sprachliche Grundlage hinauszuführen und auf die Intelligibilität in den Dingen, auf das Sein zu stoßen.¹⁶⁴

McLuhans Texte verweisen um 1950 für die indirekte Sprache der Poesie oder ihre ›diskontinuierlichen‹ Techniken immer wieder auf die Form der Analogie. Im ›Zusammenwerfen‹ ohne Kopula, das das analogische Vorgehen laut McLuhan ausmacht, würden demnach Welt und Sein zugänglich.¹⁶⁵ Die Techniken der modernen Dichtung bedeuten laut McLuhan ganz und gar die ›Wiedergeburt der metaphysischen Dichtung‹,¹⁶⁶ welche als Eigenname für die poetische Strömung des frühen siebzehnten Jahrhunderts ja bereits die hier gefeierten Verfahren der scharfen Gegenüberstellung und einfallsreichen Vergleiche umschreibt. Doch der Wiedergeburt dieser Dichtung bescheinigt McLuhan auch handfeste metaphysische Implikationen, bis hin zur Erkenntnis des Seins.¹⁶⁷

Die Texte McLuhans zeigen keine Angst vor der Zügellosigkeit der sprachlichen Wendungen, die letztlich auch das analogische Vorgehen prägt. Die Technik der Analogie der modernistischen Dichtung wird entsprechend der ›poetischen Exegese‹, die die Gerichtsrede favorisiert hat, in eine Traditionslinie gestellt. In einer Rezension zu neuesten Studien über T. S. Eliot aus dem Jahr 1950 reicht die Linie von Eliot zu den metaphysischen Dichtern und von dort weiter zurück bis zur vorchristlichen Lehre des Logos.¹⁶⁸ Wie in der Dissertationsschrift

---

162 Vgl. McLuhan: Book Review *(T. S. Eliot)* (1950), S. 44; ders.: Book Review *(Poetry and Opinion, Examination of Ezra Pound and Letters of Pound)* (1951), insb. S. 201; ders.: Tennyson and Picturesque Poetry (1951); ders.: Aesthetic Moment in Landscape Poetry (1952).
163 McLuhan: Pound's Critical Prose, S. 80 u. 81.
164 Vgl. McLuhan: Book Review *(T. S. Eliot)*, S. 45, sowie ders.: Pound's Critical Prose, S. 81.
165 Zur beobachteten Diskontinuität, die die beschriebenen Techniken pflegen, vgl. z. B. McLuhan: John Dos Passos: Technique vs. Sensibility (1951); ders.: Joyce, Aquinas, and the Poetic Process (1951); ders.: Aesthetic Moment in Landscape Poetry (1952), S. 159.
166 Vgl. McLuhan: Book Review *(T. S. Eliot)*, S. 44.
167 Vgl. McLuhan: Book Review *(T. S. Eliot)*, S. 44.
168 Wie in der Dissertationsschrift erarbeitet und in der Gerichtsrede befürwortet, wird die Tradition der Grammatik ›im alten Sinne‹ in den Abstammungslinien der literaturkritischen Auseinandersetzungen um 1950 implizit mitgeführt, jedoch nicht namentlich genannt. Zwei Texte, die etwas früher erschienen sind, gehen konkreter auf den Zusammenhang von Analogie (als poetischer Technik) und grammatischer Tradition ein: McLuhans Vorwort in Kenners Buch *Paradox*

die religiösen Machtkämpfe mit literaturgeschichtlichen und sprachphilosophischen Methodendiskussionen zusammengeführt und zugleich von ihnen unterschieden werden, so wird hier in der Beratungsrede das Verhältnis von Vorgehensweise und metaphysischem Einsatz diskutiert. So heißt es in der Rezension, dass das Wort (*the Word*) für Mallarmé etwa keine theologischen Obertöne mitgeführt habe. Mallarmé sei nicht in der spekulativen Annäherung, sondern einfach in der praktischen Angelegenheit der Poetik (*a practical matter of poetics*) auf die vorchristliche Lehre vom Logos zurückgekommen: »It was the poetic experience of his time that reconstituted this doctrine and not the other way around.«[169] Es geht hier also darum, die theologischen Verbindungen oder die metaphysischen Einsichten aus der sprachlichen bzw. poetischen Praxis herzuleiten, auf der ›Ebene einer uneingeschränkten ästhetischen Funktion‹[170] zu untersuchen und die Lektüre des Logos als ›ästhetische Aufgabe‹[171] zu nehmen. Und dennoch unterstellen die Texte McLuhans um 1950 entsprechend des *decorum* des *New Criticism* den poetischen, sprachlichen Techniken eine rechte Relation zum Sein, seiner Erkenntnis und zu einer entsprechenden Einheitserfahrung.

Die Einfassung der rhetorischen Wendungen der Sprache und der poetischen Techniken in einen behaupteten Zugang zu anhaltenden Wahrheiten der Existenz hat auch der Literatur- und Medienwissenschaftler Karl Ludwig Pfeiffer in seiner Untersuchung des *New Criticism* bemerkt. Pfeiffer attestiert den *new critics* einen uneingestandenen Idealismus, letztlich ein Zurückgehen auf die Logos-Philosophie der Griechen.[172] Nach dieser Auffassung ist die Sprache lediglich ein

---

in Chesterton (1948) und McLuhans Hopkins-Lektüre »The Analogical Mirrors« (1944). Im Vorwort zu Kenner heißt es, dass antike Schriftauslegung, christliche Offenbarung und Symbolismus in der Geschichte eine Verbindung eingegangen seien. Jahrhundertelang hätten die westlichen Kosmologien der äußeren Welt eine innere abgelesen, egal ob in stoischer oder epikureischer Tradition, nach Art des göttlichen Logos oder des Zusammentreffens von Atomen. »The result was that for a very long time the outer world was seen as a net-work of analogies which richly exemplified and sustained the psychological and moral structure of man's inner world. Both inner and outer worlds were mirrors in which to contemplate the Divine Wisdom« (McLuhan: Introduction, S. xii f.). Von den analogischen Spiegeln und Spiegelungen handelt auch die Auseinandersetzung mit Gerard Manley Hopkins (1844–1889). Als katholischer Analogiker habe Hopkins die äußere Natur wie eine Bibelstelle angesehen. So sei ihm der Wechsel zwischen der Ordnung der Natur und der moralischen und intellektuellen Ordnung möglich gewesen. Für McLuhan liegt die »poetic excellence« Hopkins' jedoch nicht in der »doctrinal affinity«. Erst die künstlerische Organisation der rhetorischen, semantischen und strukturellen Merkmale ermögliche die integrierte Wahrnehmung der Dichtung (vgl. McLuhan: The Analogical Mirrors, S. 68 f. u. 72 f.).
169 McLuhan: Book Review *(T. S. Eliot)*, S. 45.
170 McLuhan: Book Review *(T. S. Eliot)*, S. 45.
171 Vgl. McLuhan: Mr. Eliot's Historical Decorum, S. 9.
172 Pfeiffer: Sprachtheorie, Wissenschaftstheorie und das Problem der Textinterpretation, S. 85.

Instrument der »unsprachlich und intuitiv erkennbaren Bedeutungsentitäten«.[173] Dies hat für Pfeiffer Auswirkungen noch auf das kritische Vorgehen selbst: Dieses fußt auf einer »transzendentale[n] Fassung des Kommunikationsprozesses« mit den studierten Texten:[174]

> Zwar behandeln die *new critics* literarische Texte als spannungsreiche, von Mehrdeutigkeiten, Ironie und Paradoxa durchwirkte Gefüge. Doch sie glauben sich, transzendentaldirekte Kommunikation stillschweigend voraussetzend, imstande, die Bedeutung dessen, was dasteht, im unvermittelten Zugriff des *close reading* zu erschließen.[175]

So wie sich die amerikanischen *new critics* der Bedeutung von Texten nähern, setzen sie nach Pfeiffer einen universalen Geist voraus, der dem Verstehen zugrunde gelegt wird. Die Vorstellung einer Teilhabe individueller Geister an der Substanz eines Universalgeistes ermögliche für sie erst die Kommunikation.[176] Anstelle pragmatischer und kommunikationstheoretisch gestützter Analysen tritt daher nach Pfeiffer in den Texten des *New Criticism* ein »Mechanismus zwanghafter Sinnkonstruktion«.[177] Die neuen Kritiker hätten damit in der ersten Hälfte des zwanzigsten Jahrhunderts den Anschluss an die sprach- und erkenntnistheoretischen Einsichten des Pragmatismus und der Kommunikationstheorie schlichtweg verpasst.[178]

Diese Einschätzung der Fassung des Kommunikationsprozesses lässt sich für die Aufsätze McLuhans um 1950 bestätigen. In »Mr. Eliot's Historical Decorum« wird neben dem ›Buch der Welt‹ und dem ›ausstrahlenden Buchstaben‹ der Logos-Tradition auch noch die Einheit von Dichter und Leser unterstellt:

---

[173] S. J. Schmidt: Bedeutung und Begriff (1969), zit. nach Pfeiffer: Sprachtheorie, Wissenschaftstheorie und das Problem der Textinterpretation, S. 85.
[174] Pfeiffer: Sprachtheorie, Wissenschaftstheorie und das Problem der Textinterpretation, S. 58.
[175] Pfeiffer: Sprachtheorie, Wissenschaftstheorie und das Problem der Textinterpretation, S. 59.
[176] Vgl. Pfeiffer: Sprachtheorie, Wissenschaftstheorie und das Problem der Textinterpretation, S. 59. Pfeiffer bezieht sich für diese Einschätzung auf Beschreibungen des Sprachphilosophen Wilbur Marshall Urban (1873–1952). Urban schreibt von der Partizipation vieler individueller Geister *(finite minds)* an der Substanz eines universellen Geistes *(allembracing mind)*. Urbans Auffassungen zum Wesen der Sprache und insbesondere der poetischen finden sich auch in Brooks' »The Heresy of Paraphrase« und können insofern als epistemologische Grundlage der neuen Kritik gelten.
[177] Pfeiffer: Sprachtheorie, Wissenschaftstheorie und das Problem der Textinterpretation, S. 130.
[178] Vgl. Pfeiffer: Sprachtheorie, Wissenschaftstheorie und das Problem der Textinterpretation, S. 130.

> In a word, the symbolists in discovering the technique of rigorous effect also closed the gap between the writer, the poem, and the reader. All are henceforth involved in a common action, language itself becomes the material of the plot and the movements of the mind become, in a figure, the phases of the action.[179]

Wenn die Sprache selbst zum Material der Handlung wird, fallen alle Vermittlungsinstanzen im poetischen Prozess aus. Redegegenstand und Rede fallen in eins, die Redesituation geht in der Gemeinschaft der beteiligten Akteure auf und die Bewegungen des Geistes selbst werden zu den Stadien der Handlung. – Verräterisch in dieser Sprach- und Dichtungskonzeption ist der Einschub »in a figure«. Es bedarf der übertragenen Redeweise, um von der gemeinsamen und gleichen Handlung überhaupt sprechen zu können.

Pfeiffer belegt mit seiner Studie über die amerikanischen *new critics* das, was die Untersuchung der diskursiven Formation der Texte zur neuen Kritik und insbesondere des Textes »Mr. Eliot's Historical Decorum« ergeben hat: Der *New Criticism* ist weit davon entfernt lediglich formale Analysen der Poesie vorzunehmen. Trotz der Verkündung eines ›objektiven‹ und ›kognitiven‹ Zugangs zur Literatur gewährt er der Dichtung einen ontologischen Status, durch den sie intersubjektiv erfassbar sein und noch das Sein zugänglich machen soll.[180] Hinsichtlich einer Medientheoriegeschichte ausgehend von den vermeintlich formalen Analysen des *New Criticism* lässt sich die von den Texten McLuhans um 1950 vertretene Auffassung von der Dichtung daher nicht recht instrumentalisieren. In dieser Konzeption der Dichtung ist die Sprache mit ihrer Form identisch, die Trennung von Sprache und Gegenstand ist in der Erfahrung dieser Form gleichfalls aufgehoben.[181] Der Sprachkanal zwischen Autor und Publikum gilt außerdem als gemeinschaftliche Handlung und gemeinsame Bewegung des Geistes. Das Medium (der Sprache) kann in solch einer Konstellation nicht als selbständige Instanz hervortreten. Es gibt sich in diesen Ausführungen viel eher ein Modell von Unmittelbarkeit zu erkennen, wie es schon recht früh und derzeit auch wieder in der ›McLuhan‹-Rezeption erkannt und analysiert bzw. historisiert wurde.

---

[179] Pfeiffer: Sprachtheorie, Wissenschaftstheorie und das Problem der Textinterpretation, S. 130.
[180] Vgl. Pfeiffer: Sprachtheorie, Wissenschaftstheorie und das Problem der Textinterpretation, S. 21–23.
[181] Die sprachphilosophische Vorlage dessen findet sich in Urbans *Language and Reality* (1939), welches Brooks mit folgenden Worten zitiert: »The general principle of the inseparabilty of intuition and expression holds with special force for the aesthetic intuition. Here it means that form and content, or content and medium, are inseparable. The artist does not first intuit his object and then find the appropriate medium. It is rather in and through his medium that he intuits the object.« Vgl. Brooks: The Heresy of Paraphrase, S. 182 f.

Dass sich die in den literaturkritischen Texten mit dem Namen ›McLuhan‹ vertretene Auffassung von der Einheit der Menschen, die sich in der Dichtung sowohl ausdrückt als auch herstellt, in den explizit der Beschreibung und theoretischen Bestimmung der Medien dienenden Texten mit der Signatur McLuhans fortsetzt,[182] zählt zu den Paradoxa der Medientheoriegeschichte und der Geschichte der Medienwissenschaft. Dieses Paradox besteht darin, dass eine solchermaßen vom Ideal der Einheit und Unmittelbarkeit ausgehende Theorieentwicklung über Kommunikationsmedien das zentrale Axiom der Medientheorie selbst übergehen muss: die Ausgangsthese, dass sämtliche Prozesse der Übertragung und Zusammenführung über Raum und Zeit hinweg immer schon (technisch) vermittelt und niemals unmittelbar sind. Sämtliche Vorstellungen und Modellierungen des Kommunikationsprozesses als unmittelbare Teilnahme oder unmittelbares Verstehen tilgen[183] die unhintergehbare Trennung der an der Kommunikation beteiligten Instanzen, welche die mathematische Beschreibung der Kommunikation und ihrer technischen Voraussetzungen vorgelegt hat. Diese kommunikationstheoretische Erkenntnis, die aus der Kriegszeitenforschung zum störungsfreien Transport von Nachrichten in den 1940er Jahren hervorgegangen ist, ist die wissenschaftsgeschichtliche und epistemologische Voraussetzung von Medientheorie.[184] Denn nur wo die Kommunizierenden getrennt sind und die Kommunikation der Störung ausgesetzt ist, tritt die Spezifität der Medien (anstelle etwa der Nachrichten, die sie übermitteln) ins Blickfeld.[185]

Die Theoriearbeit in den Texten namens ›McLuhan‹ jedoch setzt sich ab den 1950er Jahren zunehmend mit der Spezifität der Medien auseinander, während dennoch Modelle der Unmittelbarkeit der Kommunikation angesprochen und eingesetzt werden. Die älteren und neueren Untersuchungen zur Unmittelbarkeitsauffassung bei McLuhan haben dies auf eine katholische Epistemologie des Autors McLuhan und/oder auf ein grundlegendes Missverstehen der technischen und epistemologischen Voraussetzungen der elektrischen und elektronischen Kommunikationsmedien zurückgeführt.[186] Dabei ist diesen späteren,

---

182 Vgl. z. B. McLuhan: Understanding Media, S. 67 u. 81.
183 Vgl. zum Begriff der Tilgung Sprenger: Medien des Immediaten, insb. S. 16 f.
184 Vgl. Schüttpelz: Eine Ikonographie der Störung, insb. S. 259–263.
185 Vgl. Serres: Der platonische Dialog und die intersubjektive Genese der Abstraktion, der frz. Titel des Aufsatzes von 1966 ist sprechender: »Le troisième homme ou le tiers exclu«. Vgl. auch ders.: Der Parasit.
186 Vgl. das Kap. »Technological Humanism. The Processed World of Marshall McLuhan« in Kroker: Technology and the Canadian Mind. Innis/McLuhan/Grant, insb. S. 62–71; Kerckhove: Exkurs: Marshall McLuhans Glaube an die Kirche; Peters: McLuhans grammatische Theologie, insb. S. 69. Vgl. Hörl: Die heiligen Kanäle, insb. S. 13–23; Sprenger: Medien des Immediaten; Grampp: Marshall McLuhan, S. 59–64.

institutionell verorteten, philosophisch, kommunikationstechnisch und physikalisch informierten Kommentatoren der heutigen (zumeist deutschsprachigen) Medienwissenschaft ein gewisses Unbehagen an der historischen Tatsache der Einheitsauffassungen in den Texten McLuhans anzumerken. Sie gilt als Relikt eines historischen Diskurses, als historisches Phantasma oder logische Aporie, deren man sich in der Historisierung der eigenen Wissenschaft zu entledigen versucht.[187] Der Mangel an kommunikationstheoretischen Erkenntnissen und an Verständnis für deren technische Voraussetzungen, wie ihn sowohl die Historiker der Medientheorie dem Autor McLuhan als auch der Literaturwissenschaftler Pfeiffer den neuen Kritikern anlasten, stellt sich aus der wissensgeschichtlichen Perspektive auf die Literaturtheorie der 1940er Jahre anders dar. Im umrissenen diskursiven Feld der amerikanischen Literaturwissenschaft, in dem sich die Texte McLuhans um 1950 verorten lassen, ist das Fehlen kommunikationstheoretischen Wissens nicht einfach einem »Nicht-Verstehen«[188] gleichzusetzen. Vielmehr erscheint der Verzicht und geradezu eine Weigerung, Literatur und Dichtung in Begrifflichkeiten der Kommunikation zu erfassen, als bewusster Einsatz dieses Diskurses. Poesie soll gerade nicht Kommunikation sein und nicht einer möglichen kommunikationstheoretischen Erklärungsweise zugeführt werden.

Entsprechend gestehen McLuhans Texte der 1940er Jahre das nach Pfeiffer Uneingestandene der nordamerikanischen Literaturwissenschaft dieser Tage offen ein. Explizite Erläuterungen zur Logos-Auffassung der Sprache sowie die teils impliziten Bezüge auf die antike und christliche Tradition der Grammatik legen das Vertrauen auf einen transzendentalen Kommunikationsprozess offen. McLuhans Texte zeigen, inwiefern die antike Logos-Philosophie und noch die zeitgenössischen metaphysischen Erkundungen des Seins einen wichtigen Be-

---

187 Vgl. insb. Hörl: Die heiligen Kanäle, S. 22, der in einigen Referenztexten und Redeformen McLuhans über magische oder heilige Formen der Fernübertragung eine »Ausgeburt eines Unverständnisses den neuen Tatsachen der Kommunikation gegenüber« sieht, oder: Sprenger: Medien des Immediaten, S. 10: »Ein Medium kann nicht unmittelbar oder immediat sein, weil es sonst die Elemente der Relation, zwischen denen es auf jeweils spezifische Weise vermittelt [...] in ein unvermitteltes Verhältnis brächte [...]. Die historischen Praktiken, Techniken, Diskurse und Phantasmen dieser Aufhebung oder Tilgung, die Bedingungen ihres Erscheinens wie die Aporien, die sie tief im metaphysischen Haushalt des Abendlandes verwurzeln und die nur historisch, nicht aber logisch aufgelöst werden können, sind Thema dieses Buches *[Medien des Immediaten]*.« In Anlehnung an Schüttpelz' Befund der Fehleinschätzung gegenwärtiger Medienwissenschaftlerinnen und -wissenschaftler über die historischen Mediumismus-Debatten ließe sich sagen, dass die heutige Medienwissenschaft unter Umständen einem Unvermögen erliegt, an die früheren Diskurse anschließen zu können. Vgl. Schüttpelz: Mediumismus und moderne Medien, insb. S. 129 u. 140.
188 Vgl. Hörl: Die heiligen Kanäle, S. 18.

zugspunkt in der diskursiven Formation der neuen Kritiker bilden, während diese Formation die Unmittelbarkeit in den Texten McLuhans historisch noch einmal anders als etwa in ›phantasmatischen Diskursen der Elektrizität‹ situiert. Die neue literaturkritische Bewegung der ersten Hälfte des zwanzigsten Jahrhunderts bildete in den USA sich im Zuge einer Kulturkritik aus, welche Leben, Haltung und Literatur der Südstaaten gegen den hegemonialen Liberalismus und die technokratische Grundhaltung hielt, die die Nordstaaten angeblich pflegten.[189] Dieser Kritik bot sich der Bezug auf einen ›katholischen Humanismus‹, vertreten etwa durch den katholischen Konvertiten Maritain, als Gegenmodell zu einem vor allem kapitalistischen und zweckrationalen Freiheitsanspruch der Nordstaaten an.[190] Die historisch-philosophische Anlehnung an die römisch-katholische Konfession galt einigen Kritikern dieser Bewegung als willkommene Provokation des puritanischen Nordens.[191] Aufgrund dieser historischen Lage bietet die amerikanische Literaturkritik der 1940er Jahre eine wissensgeschichtliche Konstellation, in der poetische, kulturkritische, metaphysische und religiöse Aussagen Hand in Hand gehen – eine Konstellation, die sich unter anderem im Text »Mr. Eliot's Historical Decorum« und dessen Verweisen auf Maritain, aber auch an der Verarbeitung thomistischer Philosophie und Theologie in den Schriften McLuhans beobachten lässt. Die Rede von der ›Einheit‹, von ›Epiphanie‹ oder ›Seinserfahrung‹

---

[189] Vgl. Weimann: ›New Criticism‹ und die Entwicklung bürgerlicher Literaturwissenschaft, S. 81 u. 84.

[190] Vgl. den Band *I'll Take My Stand. The South and the Agrarian Tradition. By Twelve Southerners* von 1930, der Weimann als Gründungsdokument des amerikanischen *New Criticism* gilt (vgl. Weimann: ›New Criticism‹ und die Entwicklung bürgerlicher Literaturwissenschaft, S. 84). In diesem Band wird der Humanismus als Kultur des Handelns, Denkens und Fühlens vorgestellt, welche in einem agrarischen Leben wurzelt, das hier dem industriell ausgerichteten Leben der Nordstaaten gegenüber steht (vgl. »Introduction: A Statement of Principles« in I'll Take My Stand, S. xix–xxix, S. xxvi u. xix). Unter den Initiatoren und Teilnehmern des Bandes finden sich zahlreiche Literaturkritiker, die den *New Criticism* der USA in den literaturkritischen Zeitschriften und an den Universitäten vertraten, allen voran John Crowe Ransom und Allen Tate. Zur Beziehung zwischen der traditionalistischen, agrarischen Bewegung einiger Südstaatler der USA, der *Southern Critics*, mit den späteren Ausformungen des *New Criticism* vgl. Karanikas: Tillers of a Myth, insb. Kap. X: The New Criticism, S. 189–210. S. 198–200 beschäftigen sich eingehend mit den ideologischen und begrifflichen Überträgen zwischen Gesellschaftskritik und literarisch-formaler Kritik. Zum Einfluss Maritains vgl. u. a. dessen Rolle für Leben und Werk Allen Tates in Huff: Allen Tate and the Catholic Revival.

[191] Vgl. hierzu Huff: Allen Tate and the Catholic Revival, S. 57–59. Laut entsprechender historischer Untersuchungen zum *Catholic Revival* bzw. zur *Catholic Renascence* insbesondere im angloamerikanischen Sprachraum ist der Rückgriff auf katholische Glaubensmodelle immer im Zusammenhang mit einer Kulturkritik am modernen, fragmentierten, materialistischen, individualistischen Leben zu sehen. Vgl. u. a. Allitt: Catholic Converts.

ist im Diskurs der amerikanischen Literaturwissenschaft jener Zeit eine mögliche und anerkannte Redeweise. Sie ist dabei nicht notwendigerweise eine Rede über das christliche Mysterium, sondern das christliche Einheitsmysterium dient dem Versuch, das Poetische gegenüber anderen Formen sprachlicher Äußerung zu konturieren.

Der Kritik am transzendentalen Kommunikationsmodell der *new critics* und McLuhans, das so wenig mit Kommunikation und so viel mit Kommunion zu tun habe, ist entgegenzuhalten, dass sich das neue kritische Programm in den USA gerade in Opposition zu offensichtlich bereits stattfindenden Bestrebungen, die Angelegenheiten der Literaturkritik in Begrifflichkeiten der Kommunikation übersetzen zu wollen, formiert. Die Frage der Kommunikation erscheint dem *New Criticism* als Problem und nicht als Lösung,[192] wie der Essay »What Does Poetry Communicate?« von Brooks darlegt. Demzufolge ist die Frage danach, was Dichtung kommuniziere, einfach eine schlecht gestellte Frage. Denn selbst wenn man beantworten könne, welches das Thema eines Gedichts sei, so sei damit noch längst nicht beantwortet, inwiefern das Thema vom Dichter ernsthaft oder unernst behandelt werde oder in welchem Kontext es stehe.[193] Die Untersuchung eines Gedichts liefere daher kaum je einzelne Ideen, sondern führe nur »further and further into the poem«.[194] Die konventionellen Kommunikationstheorien geben für Brooks keine geeignete Lösung »to our problem of meanings«.[195] Sie stellten eben die Frage nach der einfachen Aussage oder einer notwendig abstrakten Paraphrase, die verfehlen müsse, was das subtile Vehikel des Gedichts wirklich mitteile *(convey)*.[196] »In fact, if we are to speak exactly, the poem itself is the *only* medium that communicates the particular ›what‹ that is communicated.«[197] Für Brooks gilt es daher, erst noch eine Kommunikationstheorie auszuarbeiten, die die Dichtung zu beschreiben erlaubt. Mit den herkömmlichen Theorien jedenfalls ließe sich nicht erfassen, was ältere Auffassungen des Dichters als ›*poietes*‹ und ›Macher‹ begriffen hätten: »He explores, consolidates, and ›forms‹ the total

---

192 Vgl. hierzu das neue kritische Schlagwort von einer ›*fallacy of communication*‹, die Tate bereits 1938 sowohl in der Dichtung als auch in der Kritik bemerkt (vgl. Tate: Tension in Poetry, S. 103 f.). Karanikas fasst diesen ›Trugschluss der Kommunikation‹ folgendermaßen zusammen »It was a fallacy of the poet to use his poem as a vehicle for ideas and public emotions which could, perhaps, be better carried by a scientific or some other prose discourse« (Karanikas: Tillers of a Myth, S. 204).
193 Vgl. Brooks: What Does Poetry Communicate?, S. 62 f.
194 Brooks: What Does Poetry Communicate?, S. 68.
195 Brooks: What Does Poetry Communicate?, S. 69. Vgl. auch Brooks/Warren: Understanding Poetry, S. 7.
196 Vgl. Brooks: What Does Poetry Communicate?, S. 67.
197 Brooks: What Does Poetry Communicate?, S. 69.

experience that is the poem.«[198] Diese Erfahrung könne man nur teilen, nicht aber vollständig kommunizieren.[199] Während die herkömmliche Kommunikationstheorie dem Dichter aufbürde, die Nachricht ›rüberzubringen‹, gebe der moderne Dichter die Verantwortung an den Leser zurück, versetze ihn in Alarmbereitschaft

> for shifts of tone, for ironic statement, for suggestion rather than direct statement. He [der Leser] must be prepared to accept a method of indirection [...] – the use of symbol rather than abstraction, of suggestion rather than explicit pronouncement, of metaphor rather than direct statement.[200]

In ihrem Bemühen, Literatur und Dichtung von allen anderen Formen der Kommunikation abzusetzen und vor jeglicher *redescription* in Begrifflichkeiten der Kommunikationstheorie in Schutz zu nehmen, setzen die neuen Kritiker auf die Kraft der rhetorischen Figuren. Mittels der Figuren schießt jedes (gute) Gedicht über die Abstraktion, Explizitheit und Direktheit der funktionalistisch verstandenen Kommunikation hinaus. Nach Auffassung der neuen Kritiker und McLuhans in den 1940er Jahren führen die Figuren in den Bereich einer gemeinsamen bzw. einer Einheitserfahrung. Dieses Vertrauen in eine Einheit, die das Gedicht als Ganzes, als »total experience«, zu geben imstande sein soll, ist allerdings durch die von Ransom auch als zügellos verdächtigten Figuren kaum aufrechtzuerhalten. Die sprachlichen Figuren kommunizieren letztlich, wie das Gedicht, nichts anderes als sich selbst und damit vor allem die grundlegende Ambiguität jeder sprachlichen Wendung. Sie für Einheitserfahrungen und Erkenntnis des Seins einzuspannen, heißt ihre Kraft durch die Setzung solcher Konzepte der Dichtung einzuhegen. Ransom hatte indessen ganz recht mit seiner Sorge um das Ausheben jeder Logik in den ungezügelten Figuren. Sie hebeln jedoch auch jeglichen ontologischen Anspruch, den man an sie stellen könnte, – ob nun in oder außerhalb eines Gedichts – aus. Letztlich bedarf es zur Absetzung von den zeitgenössischen, funktionalistischen Auffassungen von Kommunikation um 1950 keines Logos und keiner Ontologie. Die rhetorische Figur widersetzt sich schon von selbst den einfachen Aussagen und den einfachen Zuschreibungen von Kommunikationsmodellen. In der Wissensgeschichte der Medientheorie mit dem Namen ›McLuhan‹ erweist sich um 1950 die auf den Logos abhebende und ontologische Setzung der Dichtung und ihrer Sprache jedoch gerade als historische Voraussetzung der Mög-

---

198 Brooks: What Does Poetry Communicate?, S. 69
199 Vgl. Brooks: What Does Poetry Communicate?, S. 69 f. Brooks traut I. A. Richards die Neufassung einer Kommunikationstheorie der Dichtung zu.
200 Brooks: What Does Poetry Communicate?, S. 70 f.

lichkeit medientheoretischer Aussagen in den Texten McLuhans.[201] Diese Texte werden in den anschließenden Jahren (fast) keiner Annahme der akademischen Kommunikationstheorie folgen. Sie werden sich zunächst auf die Sprachauffassung des Logos beziehen, und damit weiterhin ›poetisch-grammatische Exegese‹ betreiben, zunehmend aber die nur schwer verfolgbaren Figuren gegen einfache Kommunikationsauffassungen setzen.[202] Die Mittel der ›rhetorischen Exegese‹ werden daher bereits ab 1951 in das Textkorpus ›McLuhan‹ Einzug halten: mit den Darstellungsweisen der Monographie *The Mechanical Bride*.

2 Sophistik: Die Beratung im Buch *The Mechanical Bride* (1951)

Nach einem anstrengenden, mehrjährigen Erstellungsprozess erscheint 1951 die erste Monographie mit der Signatur McLuhans: *The Mechanical Bride. Folklore of Industrrial Man*.[203] Der Band setzt die von mir für die Texte McLuhans in den 1940er und 1950er Jahren veranschlagte Beratungsrede in spezifischer Weise um. In seiner gesamten Anlage gleicht er meines Erachtens einem sophistischen Rednerwettstreit. Insofern geht mit *The Mechanical Bride* die Beratungsrede auch strukturell in die Texte McLuhans ein.

In jedem seiner 59 Abschnitte wetteifert das Buch mit den gängigen Texten der nordamerikanischen Kulturindustrie der 1940er Jahre, also mit dem, was Werbeanzeigen, Zeitungsausschnitte, Filmplakate, Comics und so weiter zu lesen und zu verstehen geben. In jedem einzelnen Abschnitt nimmt sich *The Mechanical Bride* eine Anzeige oder einen Zeitungsausschnitt vor, um diese auf ihre gesellschaftlichen, ökonomischen und künstlerischen Implikationen hin zu befragen. Dabei decken die Anzeigen vielfältige Themengebiete von mehr oder minder großer gesellschaftlicher Relevanz ab. Sie reichen von Auto- und Maschinen-

---

201 Dieses Untersuchungsergebnis lässt sich auch mit den Forschungsergebnissen Schüttpelz' untermauern, der in seinem Umriss der Entstehungsgeschichte zeigt, inwiefern die Begründung der Medientheorie in Toronto in dezidierter Absetzung von den Forschungen und Forschungsfragen der Kommunikationswissenschaft stattfindet. Schüttpelz verortet den Beginn der nordamerikanischen Medientheorie in der Oralitätsforschung, welche den ethnologischen und ethnoliterarischen Diskursen zwischen 1920 und 1960 angehört. Die Texte McLuhans greifen, vorbereitet durch ihr Herkommen aus dem Diskurs des amerikanischen *New Criticism*, zunehmend auf diese Forschungen zurück. Vgl. die Randbemerkung Schüttpelz' über die »Gegenentwürfe[ ] an den Rändern der Kommunikationsforschung«, die »Gegenentwürfe von Philologen« gewesen seien (Schüttpelz: »Get the message through«, S. 61, Anm. 29).
202 Vgl. insb. Kap. III.4 in diesem Band.
203 Vgl. Marchand: Marshall McLuhan, S. 159–163.

werbung, über Mode- und Toilettenartikel sowie Ratgeberpamphlete, Lobby-Texte großer Industriezweige bis hin zu einer Anzeige für Metallgruften. Dazwischen finden sich Analysen zu Erzählmustern in diversen Comics oder zu Adressierungsverfahren von Boulevardmagazinen.

Indem sich die gesamte Monographie den Erzeugnissen und Text- wie Bildereignissen der Werbebranche und Unterhaltungsindustrie widmet, gibt sich *The Mechanical Bride* auch als Vorläufer der wissenschaftlichen Kulturanalyse britischer Prägung. Die *British Cultural Studies* nehmen Ende der 1950er Jahre erstmals im akademischen Umfeld populärkulturelle Formate als Untersuchungsgegenstände ernst. Mit der Begründung des berühmten *Birmingham Centre for Contemporary Cultural Studies* 1964 erhält dieser Ansatz eine curriculare und institutionalisierte Form und widmet sich den Wirkungen sowie Nutzungs- und Umnutzungsbedingungen kulturindustrieller Erzeugnisse. *The Mechanical Bride* propagiert eine solche Wahrnehmung und Auseinandersetzung mit den populären Unterhaltungs- und Kulturformaten im akademischen Rahmen schon 1951. Nicht mehr Literaturkritik und noch nicht Medienwissenschaft gilt dieses Buch McLuhans als kritische Betrachtung der Medienwelt und der Massenkommunikation vor dem Beginn der Medientheorie.[204] Es ist eine der ersten monographischen Studien zu den ›Schundformaten‹ der Nachkriegszeit, die das kritische Bewusstsein für die Lebensverhältnisse und Vorstellungen vom Leben, die sich in diesen Produkten spiegeln, zu schulen gedenkt.[205] Mit diesem kulturkritischen Ansatz sowie dem aufklärerischen Impetus lässt sich das Buch in direkte Abstammung zum literaturkritischen Bildungsprojekt F. R. Leavis' setzen, welches ein Verstehen der Literatur als ganzheitlichen Ausdruck von Kultur propagiert und Literaturkritik zum ausgesuchten Ort einer Kulturkritik werden lässt.[206] Unter Leavis wird der Unterricht in englischer Literatur gleichermaßen zur Betrachtung aktueller Phänomene der Massenkultur, die die Schüler vor allem zur kritischen Rezeption anleiten soll. Darin wurde Leavis' Literaturkritik zum Vorläufer der *Cultural Studies*, wenn auch noch mit einem deutlich normativen Zugriff auf die Gegenstände und Texte der Populärkultur.[207]

The Mechanical Bride lässt sich vor diesem Hintergrund als früher Ansatz einer kulturkritischen Exegese der Massenkultur positionieren. Inzwischen konnte Erhard Schüttpelz aber zeigen, dass die Lektüren der Ausschnitte der Mas-

---

[204] Zur Wahrnehmung von *The Mechanical Bride* als Vorläufer der *Cultural Studies* sowie als Medienwissenschaft *avant la lettre* vgl. Marchessault: Marshall McLuhan, S. 31 f.; Stamps: Unthinking Modernity, S. 110, und Marchand: Marshall McLuhan, S. 159 u. 162.
[205] Vgl. das »Preface« in McLuhan: The Mechanical Bride, S. v–vi.
[206] Vgl. Bell: F. R. Leavis, S. 390.
[207] Vgl. Lutter/Reisenleitner: Cultural Studies, S. 18–22; Moebius: Cultural Studies, S. 13 f.

senkommunikation in *The Mechanical Bride* sich ebenso gut in das diskursive Feld der amerikanischen Kulturanthropologie und ihrer Inlandsforschungen während der und im Anschluss an die Kriegsjahre einreihen. Massenkommunikation wird hier ›monistisch‹ aufgefasst,[208] als etwas, dem man nicht entgehen kann, ähnlich wie man seinen kulturellen Grundlagen als Mitglied einer kulturell distinkten Gemeinschaft nicht entgehen kann. Sie wirken auf die Erfahrungen und Einstellungen jedes Einzelnen ein und können darin keinem Drahtzieher, keinem souveränen Individuum, keiner Klasse oder Institution zugeordnet werden.[209]

Im Rückblick auf die literaturkritischen Gründe der kulturwissenschaftlichen Erkundung von Populärkultur zeigt sich die von Schüttpelz veranschlagte Orientierung der Massenkulturexegese an den Annahmen und Vorgehensweisen der nordamerikanischen Kulturanthropologie in *The Mechanical Bride* auch schon in den einschlägigen Texten der britischen Literaturkritik der frühen 1930er Jahre. Wendet man sich davon ausgehend noch einmal mit Blick auf die literaturwissenschaftlichen Methoden dem Buch *The Mechanical Bride* und seinen vermeintlichen Vorbildern und Nachfahren zu, so wird indessen deutlich, inwiefern das kulturwissenschaftliche oder gar kulturanthropologische Projekt des Buchs immer auch als eine Beratung über die Methoden der Exegese zu lesen ist. Meiner Ansicht nach hat die Konzentration auf die kulturwissenschaftlichen Aspekte in den bisherigen Untersuchungen zu *The Mechanical Bride* den überwiegend literatur- und sprachtheoretischen Einsatz, der den Darstellungspraktiken des Bandes innewohnt, außer Acht gelassen.

2.1 Literaturkritische und ethnologische Anleihen

Tatsächlich war bereits in den Kursen zum *Practical Criticism* an der *Cambridge English School* immer wieder auf die Notwendigkeit der Betrachtung kommerzieller Kulturprodukte hingewiesen worden. I. A. Richards hat schon 1924 in seiner literaturtheoretischen Abhandlung *Principles of Literary Criticism* darauf bestanden, dass es angebracht sei, auch die schlechte Kunst *(bad art)* und ihre Wirkungen in Augenschein zu nehmen. Er zählt »such things as ›best-sellers‹ (compare *Tarzan* with *She*), magazine verses, mantelpiece pottery, Academy pictures, Music Hall songs, County Council buildings, War Memorials ...« auf.[210] Richards stellt

---

208 Vgl. Schüttpelz: Die ältesten in den neuesten Medien.
209 Vgl. Schüttpelz: Die ältesten in den neuesten Medien, S. 39–41 (zur »Anonymen Kommunikation«). Vgl. auch Schüttpelz: Nachrichten von Nirgendwo (1951).
210 Richards: Principles of Literary Criticism, S. 36.

in dieser Abhandlung eine psychologische Literaturtheorie auf, nach der literarische oder poetische Texte eine Auswirkung auf das psychologische und vor allem psychophysiologische Gleichgewicht ihrer Leser haben und damit direkt auf den Menschen einwirken.[211] Mit diesem Ansatz stellt er zugleich den Wert der Literatur für den Menschen und die Notwendigkeit ihrer wissenschaftlichen – und das heißt für Richards in den 1920er Jahren noch: auf den empirisch vorgehenden Disziplinen aufruhenden – Erforschung für das Verständnis von Mensch und Welt heraus. Und aus diesem Grund muss eben auch die ›Schundliteratur‹ einbezogen werden:

> At present bad literature, bad art, the cinema, etc., are an influence of the first importance in fixing immature and actually inapplicable attitudes to most things. [...] The quite common opinion that the arts have after all very little effect upon the community shows only that too little attention is being paid to the effects of bad art.[212]

Richards spricht hier eine Einladung zur ernsthaften Auseinandersetzung mit den ›Schlechtigkeiten‹ von Literatur, Kunst und Kino aus. Sie wird zu Beginn der 1930er Jahre in Cambridge publikumswirksam vor allem von ›den Leavises‹ angenommen. Das Ehepaar Queenie Dorothy Leavis (1906–1981) und F. R. Leavis wartet unter anderem mit zwei in ihrer Machart recht unterschiedlichen Publikationen auf, die in Richtung einer aus dem Fach Englisch kommenden Kultur- und Sozialwissenschaft weisen: *Fiction and the Reading Public* (1932) und *Culture and Environment* (1933).[213] *Culture and Environment*, ein Lehrbuch für Englischlehrer, das sich den Phänomenen der Kulturindustrie zuwendet, gilt gemeinhin als ein Ideengeber, wenn nicht gar Vorläufer zu McLuhans *The Mechanical Bride*.[214]

Fiction and the Reading Public geht auf Q. D. Leavis' Doktorarbeit zurück, welche Richards betreute. Im Vorwort des Buchs, das sich einer Untersuchung von *fiction* im Unterschied zu *literature* verschreibt,[215] verweist Q. D. Leavis auf Richards' Andeutungen zur Notwendigkeit einer solchen Studie: Alle Bestseller der Kunst seien aufgrund ihrer Beispielhaftigkeit für die Entwicklung von Einstellungen ihrer Rezipienten der Untersuchungen würdig. Denn: »No theory of criticism is satisfactory which is not able to explain their wide appeal and to give clear

---

211 Zu dieser Einschätzung vgl. das Kap. »I. A. Richards. The Psychological Critic. And William Empson, his pupil« des Zeitgenossen Ransom: The New Criticism, S. 3–131, und aus späterer Perspektive Hartman: The Dream of Communication, insb. S. 155 u. 167 f.
212 Richards: Principles of Literary Criticism, S. 202 f.
213 Vgl. Robertson: The Leavises on Fiction; Thompson (Hg.): The Leavises.
214 Vgl. Marchand: Marshall McLuhan, S. 159; Stamps: Unthinking Modernity, S. 110.
215 Vgl. Leavis: Fiction and the Reading Public, S. 13, vgl. auch S. 20–22.

reasons why those who disdain them are not necessarily snobs.«[216] Im Folgenden besteht Q. D. Leavis immer wieder darauf, dass die Buch- und Druckindustrie dieser Zeit an der Standardisierung des Geschmacks für Literatur arbeitet. Als wohl eines der ersten Bücher der britischen Literaturkritik nimmt sich *Fiction and the Reading Public* weniger die literarischen Werke selbst vor als erstmals die ökonomischen und psychosozialen Aspekte des Buchwesens mit Kapiteln über den Buchmarkt, die journalistischen Mittelsmänner oder Betrachtungen zu Autoren- und Lesergruppen von *fiction*. Die Massenware und ihre Vertreter »serve to stabilize a certain attitude, confirm certain prejudices«.[217]

Q. D. Leavis beschreibt ihre Methode dabei

> as »anthropological«. It consisted in examining all the material that seemed to bear on this question in an unbiased but inquisitive frame of mind and concentrating on registering shifts of taste and changes in the cultural background, allowing such conclusions as I arrived at simply by comparison and contrast and analysis.[218]

Ihr geht es also darum, das Faktum *fiction* in der ihr gegenwärtigen Zeit zunächst einmal in seinen Bestandteilen darzulegen und die in der Literaturkritik übliche Bewertung oder »discussion of values« erst am Ende der Darlegung vorzunehmen. Eben dies erscheint ihr als ein dritter Weg zwischen der Arbeit des Kritikers und der des Gelehrten (womit sie literaturhistorische Überblickswerke anspricht) in der Literaturwissenschaft.[219]

Q. D. Leavis greift damit auf jüngste, zu Beginn des zwanzigsten Jahrhunderts entwickelte Standards der Ethnologie *(anthropology)* und Soziologie zurück. So findet sich beispielsweise ein Verweis auf die große Referenzstudie über den amerikanischen Durchschnittsbürger *Middletown. A Study in Modern American Culture* (1929) von Robert Staughton Lynd (1892–1970) und Helen Merell Lynd (1896–1982).[220] Die Lynds beziehen sich auf Vorgehensweisen der Kultur- und Sozialanthropologie ihrer Tage und versuchen, das zeitgenössische Leben einer amerikanischen Gemeinde darzustellen, so wie Ethnologen fremde Gemeinschaften darstellen.[221] In ihrer Studie nutzen sie statistische Erhebungen ebenso wie

---

216 Richards: Principles of Literary Criticism, S. 203, zit. nach Leavis: Fiction and the Reading Public, S. 14.
217 Vgl. Leavis: Fiction and the Reading Public, S. 32, 44, 54, Zitat S. 54.
218 Leavis: Fiction and the Reading Public, S. 14.
219 Vgl. Leavis: Fiction and the Reading Public, S. 13 f., Zitat S. 14.
220 Vgl. Leavis: Fiction and the Reading Public, S. 57.
221 Vgl. Wissler: Foreword, sowie R. S. und H. M. Lynd: Introduction (in: R. S. und H. M. Lynd: Middletown. A Study in American Culture [1929], S. v–vii, sowie S. 3–17). Zur Übertragung der ethnologischen Perspektive auf die eigene Gesellschaft vgl. S. 5: »To many of us who might be

literarische Zitate über das amerikanische Leben. Sie orientieren sich an Kategorien der Sozialorganisation, die von William Halse Rivers Rivers (1864–1922) aufgestellt wurden, um ein Gesamtbild der kulturellen Aktivitäten der beobachteten Amerikaner zu erstellen. *Middletown* ist damit eine der ersten ausführlichen Studien zur Inlandsforschung, welche die amerikanische Kulturanthropologie in den 1940er Jahren im Dienste der Feindaufklärung der amerikanischen Regierung noch viel umfassender betreiben wird.²²² Insbesondere im Kapitel »Using Leisure« reflektiert die Studie den »Zusammenhang von Sozialisation und Massenkommunikation«,²²³ welchen Richards längst literaturtheoretisch angenommen hatte.

Auch in F. R. Leavis' *Culture and Environment* erscheinen Richards' Bemerkungen und *Middletown* als Referenztexte. In diesem Band, der für den Schul-, Universitäts- und Erwachsenenbildungsgebrauch gedacht ist, empfiehlt Leavis zusammen mit seinem Ko-Autor Denys Thompson (1907–1988) dem Englischlehrer die Untersuchung der neuesten »counter-influences – films, newspapers, advertising – indeed the whole world outside the classroom«.²²⁴ Hierfür schlagen sie »field-work« vor der Haustür vor, die die jeweiligen Schüler selbst ausführen könnten, in »observing and collecting types of advertisement, look for and note the effects of advertising on themselves and their friends. They will find these not merely in buying habits, but also in speech, gesture and ideas.«²²⁵

Tatsächlich hofften die Leavises und ihre Anhänger, mit den *English Studies* in Cambridge ein »centre for the cultural self-examination« etablieren zu können.²²⁶

---

quite willing to discuss dispassionately the quaintly patterned ways of behaving that make up the customs of uncivilized peoples, it is distinctly distasteful to turn with equal candor to the life of which we are a local ornament. Yet nothing can be more enlightening than to gain precisely that degree of objectivity and perspective with which we view ›savage‹ peoples. [...] [T]he very trial may yield a degree of detachment indispensable for clearer vision.«

222 Zur gegenseitigen Befruchtung von Ethnologie und Massenkommunikationsforschung in Amerika um 1950 vgl. Schüttpelz: Die ältesten in den neuesten Medien. Die Studie *Middletown* fällt nicht in den Untersuchungszeitraum von Schüttpelz. Sie kann meines Erachtens gleichwohl als eine Art Auftakt der wissenschaftshistorischen Strömung, die Schüttpelz untersucht, in Betracht gezogen werden. Vgl. Lynd: Middletown, S. 5 (s. Zitat Anm. 221 zuvor).

223 Schüttpelz: Die ältesten in den neuesten Medien, S. 42.

224 Vgl. Leavis/Thompson: Culture and Environment, S. vii u. 1, Zitat S. 1.

225 Leavis/Thompson: Culture and Environment, S. 18.

226 Bell: F. R. Leavis, S. 390. Die vornehmlich nach Leavis vorgehende Literaturkritik in Cambridge sammelte sich im sogenannten *Scrutiny*-Kreis. *Scrutiny* war eine 1932 unter Federführung Leavis' gegründete Zeitschrift, deren Manifest die Ausweitung der Literaturkritik auf »extra-literary activities«, d. h. »modern affairs« bzw. »the movement of modern civilization« als Programm festhält. Dafür beruft sich das Manifest u. a. auf »the ›anthropological‹ approach to contemporary civilization exemplified by *Middletown*«. The Editors: Scrutiny: A Manifesto (1932), Zitate S. 2 u. 3.

Ausgehend vom Wissen der Literatur strebten auch sie eine Art ethnologischer Inlandsanalyse oder soziologischer Eigenerkundung an. Literatur bietet demnach einen Zugang zur Beschreibung und Erklärung der gegenwärtigen Gesellschaft sowie der gesellschaftlichen Veränderungen.[227] Laut Leavis und Thompson muss die literarische Tradition in Zeiten des rapiden Wandels die Aufrechterhaltung der Kontinuität übernehmen und den kritischen Blick auf Veränderungen ermöglichen. Hierbei ist die literarische Bildung selbst schon »to a great extent a substitute«.[228] Denn sie ersetzt die lebendige Kultur, welche in den Wirren des gesellschaftlichen Wandels verloren gegangen sein soll:

> What we have lost is the organic community with the living culture it embodied. Folk-songs, folk-dances, Cotswold cottages and handicraft products are signs and expressions of something more: an art of life, a way of living, ordered and patterned, involving social arts, codes of intercourse and a responsive adjustment growing out of immemorial experience to the natural environment and the rhythm of the year.[229]

Hier treffen sich Nostalgie und Sozialutopie einer organischen Gemeinschaft mit Auffassungen von Kultur, die die ethnologische Forschung seit dem letzten Drittel des neunzehnten Jahrhunderts entworfen hat.[230] Kulturelle Aktivitäten und Artefakte gelten als Ausdruck einer Lebensweise, die bestimmten Mustern, gesellschaftlichen Vorschriften und Umweltbedingungen folgt, welche sich untersuchen und beschreiben lassen.

Culture and Environment, das Lehrbuch für Lehrer, stellt eine Auffassung der Bildung als Bildung zur Umwelt- und Gesellschaftsreflexion seinen kulturindustriellen Beispielen voran. Bildung *(education)* müsse die Bewusstheit *(awareness)* für das Ineinanderwirken von Gesellschaftsentwicklung, Kultur und Umwelt schulen. Es ginge um die Bewusstwerdung der unmittelbaren physischen und intellektuellen Umgebung *(environment)*, »the ways in which it tends to affect taste, habit, preconception, attitude to life and quality of living«. Der Bürger dürfe nicht der unbewussten Formung durch das *environment* überlassen wer-

---

227 Vgl. Lepenies: Verborgene Soziologie, insb. S. 216–222.
228 Leavis/Thompson: Culture and Environment, S. 1.
229 Leavis/Thompson: Culture and Environment, S. 1 f.
230 Zu denken ist hier an das Begründungswerk der englischen Ethnologie *Primitive Culture* (1871) des Briten Edward B. Tylor mit seiner berühmt gewordenen Definition der Kultur im ersten Satz des zweibändigen Werks: »Cultur oder Civilisation im weitesten ethnographischen Sinne ist jener Inbegriff von Wissen, Glauben, Kunst, Moral, Gesetz, Sitte und allen übrigen Fähigkeiten und Gewohnheiten, welche der Mensch als Glied der Gesellschaft sich angeeignet hat.« Tylor: Die Anfänge der Cultur, Bd. 1, S. 1. Des Weiteren sind die für die amerikanische Ethnologie maßgeblichen methodisch-theoretischen Ansätze Franz Boas' in Betracht zu ziehen. Vgl. die Textsammlung Boas: Race, Language and Culture (1940).

den.²³¹ Der Ansatz der praktischen Kritik von Prosa und Poesie aus Cambridge soll erweitert werden um die Analyse von Werbeanzeigen, den Vergleich von Passagen journalistischer und populärer Fiktion sowie die Diskussion kultureller und sozialer Voraussetzungen der großen literarischen und dramatischen Werke bis hin zur Erhellung dessen, was eine Nationalkultur sei.²³²

Leavis und Thompson stellen ihr Bildungsprojekt letztlich in die Tradition des neunzehnten Jahrhunderts. Sie nehmen eine Formulierung des berühmten englischen Literaturkritikers und Schulinspektors Matthew Arnold (1822–1888) auf,²³³ der die Poesie aus einem ›Instinkt der Selbsterhaltung‹ hervorgehen sah. Poesie wird in diesem Zusammenhang als eine vollkommene Sprache verstanden, die die Welt für uns interpretiere und die eine Art Anleitung zum Leben und zur Charakterformung sowie eine Handlungsorientierung biete.²³⁴ Der Soziologe Wolf Lepenies hat diesen Ansatz der Literaturkritik als »Lesens- und Lebenslehre« bezeichnet.²³⁵ Für ihn liegt darin die verhinderte Entwicklung der britischen Soziologie als akademischer Disziplin begründet. Indem die englische Literaturkritik die Etablierung der Soziologie erfolgreich bis nach dem Zweiten Weltkrieg bekämpft habe, sei der Literatur und ihrer Kritik das Erklärungsprivileg der gesellschaftlichen Veränderungen zugekommen. Zugleich verberge sich dadurch aber auch eine Soziologie in dieser Literaturkritik.²³⁶

Die Anleihen und Orientierungen an soziologischen Fragestellungen und ethnologischen Forschungsansätzen der Leavises finden sich schließlich auch 1951 in McLuhans *The Mechanical Bride*. Darin erscheint das Buch als Nachfolger der verborgenen Soziologie der Literaturkritik. *The Mechanical Bride* steht mit seinen steten Referenzen auf aktuelle Texte der amerikanischen Kulturanthropologie zugleich jedoch in unmittelbarer Nachbarschaft zur amerikanischen ethnologischen Erforschung der eigenen Bevölkerung und ihrer Massenkommunikationswege in den Kriegs- und Nachkriegsjahren.²³⁷ Insbesondere in der Reflexion

---

231 Vgl. Leavis/Thompson: Culture and Environment, S. 4 f., Zitat S. 4 f.
232 Vgl. Leavis/Thompson: Culture and Environment, S. 6.
233 Vgl. Leavis/Thompson: Culture and Environment, S. 2–4.
234 Vgl. Lepenies: Verborgene Soziologie, S. 191–121.
235 Lepenies: Verborgene Soziologie, S. 217.
236 Vgl. Lepenies: Verborgene Soziologie, insb. S. 187 f., 217 f. u. 234–236. Lepenies stellt Q. D. und F. R. Leavis als einflussreiche Vertreter der spezifisch literarisch-soziokulturellen Ausrichtung der Literaturkritik im zwanzigsten Jahrhundert in England vor.
237 Vgl. hierzu die bereits erwähnte Forschung Schüttpelz', der den entscheidenden Einsatz der Ethnologie für die Herausbildung der spezifisch nordamerikanischen Medienforschung nachgewiesen hat, Schüttpelz: Die ältesten in den neuesten Medien, wo insb. *The Mechanical Bride* innerhalb dieses historischen diskursiven Feldes eingeordnet wird, sowie ders.: »Get the message through«.

seiner eigenen Beobachtungs- und Schlussverfahren bezieht sich McLuhan hier immer wieder auf die Untersuchungsstrategien der amerikanischen Ethnologen. So geht es ihm darum, anhand der einzelnen Ausschnitte aus der populären Massenkommunikation wie der Ethnologe Gesetze der untersuchten Gesellschaft abzuleiten. Er erkennt kulturelle Regelmäßigkeiten *(cultural regularities)* und wiederkehrende Muster *(same patterns recur)* in und zwischen den verschiedenen Beispielen aus Unterhaltung und Werbung.[238] Wie der Ethnologe, aber auch wie der Psychologe, spürt er Übereinstimmungen und Verbindungen nicht logischer, sondern analogischer Art *(not just logically, but analogically, connected)* zwischen unterschiedlichsten Fakten auf.[239] Damit geht *The Mechanical Bride* bereits über das Programm der Leavises hinaus.

Bei Q. D. und F. R. Leavis ging es weniger darum, aus dem vorliegenden Material psychosoziale Aussagen über die Gesellschaft abzuleiten, als vielmehr darum, die Inkongruenz von literarischem Anspruch und sozioökonomischen Verhältnissen darzulegen. Q. D. Leavis' Studie *Fiction and the Reading Public* verbleibt auf der Ebene von Produzenten- und Konsumentenaussagen, um davon ausgehend Vertriebstechniken sowie Erschließung und Nutzung literarischer Texte zu beurteilen. In *Culture and Environment* von Leavis und Thompson stellt sich der Unterschied zu *The Mechanical Bride* noch deutlicher dar. Während *The Mechanical Bride* eine Werbeanalyse nach der anderen vorlegt, erscheinen in *Culture and Environment* die wenigen Analysen von Werbetextbeispielen im ersten Kapitel geradezu wie eine Ausrede, um den Band noch mit dem *Practical Criticism* von Cambridge in Verbindung bringen zu können. Auf eine – recht krude – Klassifizierung der Adressierungstypen von Werbeanzeigen, die das erste Kapitel vorlegt, folgen unumwunden eher allgemeine Betrachtungen zu Massenproduktion, Fortschritt und Lebensstandard, Tradition und organischer Gemeinschaft. *Culture and Environment* geht also recht schnell von den konkreten Analysen zu einer Betrachtung des Menschen- und Gesellschaftsbilds über, das mit den Werbetexten verbunden sei.[240] Allerdings legt der Band darin weniger eine Gesellschaftsanalyse vor,

---

238 »[T]he student of popular culture [...] develops the same sort of eye for morphological conformities as the folklorist and anthropologist do for the migration of symbols and situations. When the same patterns recur, these observers are alerted to the possibilities of similar underlying dynamics.« McLuhan: The Mechanical Bride, S. 96 Sp. 2, vgl. S. 58, 65 u. 96, sowie das »Preface«.
239 McLuhan: The Mechanical Bride, S. 50 Sp 2.
240 Vgl. Leavis/Thompson: Culture and Environment. Leavis' Lehrbuch für Lehrer ist einigermaßen unübersichtlich. Ich teile Stamps' Einschätzung einer akademischen Standardschreibweise des Bandes nicht (vgl. Stamps: Unthinking Modernity, S. 110). Zwischen lockeren Kommentaren, Auszügen aus Anleitungstexten der Werbeindustrie, aber auch aus *Fiction and the Reading Public* und weiterhin aus literarischen Texten erscheint immer wieder in Großbuchstaben »EXAMPLE:«. Es schließen sich daran aber unterschiedliche Arten von Beispielen an. Mal sind es Fragen, die

als dass er die Lektüre recht nostalgischer Abhandlungen und Beschwörungen einer ›organischen Gemeinschaft‹ vornimmt. Darauf hat schon 1958 Raymond Williams, ein ehemaliger Schüler Leavis' und eine der herausragenden Begründerfiguren der *British Cultural Studies*, aufmerksam gemacht. Der soziokulturelle Ansatz Leavis' laufe letztlich auf ein elitäres und hegemoniales Modell von Kultur hinaus. Im steten Rückbezug auf die literarische Tradition, und zwar die Tradition der ›richtigen‹ Literatur, habe Leavis doch nur die kleine Gemeinschaft literarisch Gelehrter im Blick gehabt.[241] Für das gesellschaftskritische Projekt der britischen kulturwissenschaftlichen Studien zur Populärkultur erscheint Leavis mit seiner Literaturkritik daher als zu überwindender Vorläufer.

McLuhans Umgang mit dem vorgefundenen Material ist indessen viel weniger an bestehenden sozialkritischen Theorien bzw. Utopien interessiert. Stattdessen dient der Bezug auf die ethnologischen Forschungen der amerikanischen Kulturanthropologie in *The Mechanical Bride* der Rechtfertigung der eigenen Vorgehensweise. Dies lässt sich am Beispiel der Überlegungen zum *Nielsen Audimeter*, einem Radioeinschaltquotenmessgerät aus den 1940er Jahren, zeigen.[242] McLuhan stellt Übereinstimmungen, einen ›Gleichklang‹ *(to chime with)* zwischen dem Einschaltquotenregistrierer, den Abhörapparaturen politischer Spionage und dem Privatdetektiv fest. Das Audimeter habe es auf dieselbe Form der »*inside* story« abgesehen, wie die Röntgenphotographie, der Boudoir Journalismus und sogar die kubistische Malerei: »[T]he spectator is placed in the middle of the picture.«[243]

Englischlehrer im Englischunterricht ihren Schülern direkt stellen können, mal sind es Textauszüge, deren Zuordnung zur literarischen Gattung, zum Genre des Anleitungstextes der Werbeindustrie selbst oder zur gesellschaftskritischen Untersuchung nur schwierig auszumachen ist. In den letzten fünf Kapiteln gibt es gar keine *Example*-Rubrik mehr, dafür setzt eine exzessiv zitierende Betrachtung eines früheren Zeitalters mit seiner anderen Gesellschaftsorganisation ein. Der Anhang des Bandes besteht aus 93 weiteren Beispielen, d. h. Fragen und Untersuchungsvorschlägen für den Englischunterricht, z. B. Nr. 38: »Compare *Tarzan* with *She*«, also jenes Beispiel, das schon Richards in *Principles of Literary Criticism* vorschlägt.
241 Vgl. das Kap. »F. R. Leavis« in Williams: Culture and Society, S. 252–264.
242 Vgl. den Abschnitt »Market Research« in McLuhan: The Mechanical Bride, S. 48–50. Die Abbildungen (S. 49), zu denen keine Quelle angegeben wird, stammen vermutlich aus einem Artikel von Arthur C. Nielsen namens »New Facts about Radio Research« von 1946. Über die dort offengelegten totalitären Techniken amerikanischer Marktforschung gibt ein Aufsatz mit Signatur McLuhans bereits 1947 Auskunft, McLuhan: American Advertising, insb. S. 16f.
243 McLuhan: The Mechanical Bride, S. 48 Sp. 2 u. S. 50 Sp. 1. McLuhan führt die Radiomarktforschungstechnik von Anfang an mit kulturgeschichtlichen Formen der Feindausspähung eng. Vgl. die gewitzten Eingangsfragen zum Abschnitt »Market Research«: »How about a little old wooden horse to work for *us* in your home? All we want, folks, is the cube root of your special neurosis. For your greater listening freedom, see? Don't look now, but I hear somebody hooking this gadget to an electronic brain – for the good of mankind, of course.«

McLuhan kommentiert dieses Aufsuchen von Übereinstimmungen in weit auseinanderliegenden Phänomenbereichen und bringt dabei auch noch einen Verweis auf die Monaden Leibniz' unter:

> Of course, there is no logical connection between Leibnitzian [sic] monads, modern intercellular photography, and Winchell's inside stories.[244] That is to say, there is no abstract and necessary conjunction between such groups of facts. [...] But they certainly belong in the same world. Put side by side, they throw a good deal of light on each other.[245]

Die nach wissenschaftlichen Kriterien der Neuzeit logische, das heißt abstrahierte und notwendige Verbindung fehlt den von McLuhan zusammengestellten Phänomenen. Aber ihnen ist die gleichzeitige Existenz in der gleichen Welt eigen, wie der Text unterstreicht. Da McLuhan im Weiteren auf Margaret Meads (1901–1978) Erläuterungen der ethnologischen Beobachtungstechniken in ihrem 1949 erschienenen Buch *Male and Female* verweist, fällt es nicht schwer, das zeitgenössische wissenschaftliche Paradigma dieses Zusammenhangs auszumachen. Mead erläutert es folgendermaßen:

> [A]nthropologists learn by doing field-work, to think of many things together that most students of human behaviour are not accustomed to thinking of together. This way of thinking, which refers a whole series of apparently disparate acts – the way a child is fed, a house-post carved, a prayer recited, a poem composed, or a deer stalked – to one whole, which is the way of life of a people, this is a habit of mind that we carry over into work we do in our own cultures too.[246]

Mead schreibt in *Male and Female* auch über die Regelmäßigkeiten *(regularities)*, die unter vielen Aspekten des menschlichen Verhaltens in einer Gesellschaft *(society)* auftreten und die es der Kulturanthropologin erlauben, eine ganze Kultur zu verstehen.[247] McLuhan erkennt in diesem ethnologischen Ansatz Forschungen entlang eines Postulats der ›organischen Gemeinschaft‹ wieder,[248] welches

---

244 Mit »Winchell inside stories« sind die Klatschnachrichten des Journalisten und Radioreporters Walter Winchell (1897–1972) angesprochen. Winchell brachte Insidergeschichten aus Politik, Unterhaltungsbranche und Unterwelt in seinen Radioshows, die er mit den Worten »Good evening Mr. and Mrs. America« einleitete. McLuhan nimmt an verschiedenen Stellen von *The Mechanical Bride* Bezug auf Winchell (S. 10, 18 u. 50), der Abschnitt »The Sage of Waldorf Towers« (S. 18–19) setzt sich ausführlicher mit dem Stil Winchells auseinander. Vgl. auch Höltschl/Reuß/Böhler/Baltes: Anmerkungen zu den Texten (in: McLuhan: Die mechanische Braut, S. 206–232), S. 208.
245 McLuhan: The Mechanical Bride, S. 50 Sp. 1.
246 Mead: Male and Female, S. 24.
247 Vgl. Mead: Male and Female, S. 25, 39 u. 43f.
248 Vgl. McLuhan: The Mechanical Bride, S. 65 Sp. 1: »As an anthropologist, Margaret Mead works on the postulate of the organic unity or ›cultural regularity‹ of societies.«

bei Leavis noch normativ gesetzt wurde und letztlich nur in die Vergangenheit verwies. Somit wird es McLuhan möglich, auch all die unterschiedlichen Phänomene der Populärkultur einer Erklärung und vor allem einer Einheit zuzuführen, wie es das Vorwort zu *The Mechanical Bride* unterstreicht:

> But amid the diversity of our inventions and abstract techniques of production and distribution there will be found a great degree of cohesion and unity. [...] The unity is not imposed upon this diversity, since any other selection of exhibits would reveal the same dynamic pattern.[249]

Entscheidend an der Anlehnung an die ethnologischen Vorgehensweisen ist einerseits der Rückbezug vieler Einzelheiten auf eine Ganzheit (*whole* bei Mead) oder Einheit (*unity* bei McLuhan). So kann McLuhan an das Vorgehen bzw. an die Diskursregel in Bezug auf die Betrachtung von Literatur der nordamerikanischen neuen Kritiker anschließen. Andererseits gerät damit eine spezifische Beobachtungs- und Untersuchungssituation zum Modell von *The Mechanical Bride*, bei der der Beobachter und das Beobachtete sich in ein und derselben Lage befinden. Die berühmt gewordene Analogie, die im »Preface« von *The Mechanical Bride* die angewendete Analysemethode mit den Beobachtungen von Edgar Poes Matrosen im Maelström gleichsetzt, bietet dementsprechend eine literarische Formulierung der ethnologischen Beobachtersituation im Feld: der teilnehmenden Beobachtung. Der Matrose in Poes Erzählung »Hinab in den Maelström« (1841) beobachtet die Dynamiken und Strömungen des Meeresstrudels, denen er nach einem Schiffbruch ausgesetzt ist, um ihnen zu entkommen. Er führt damit das vor, was McLuhan in seiner Betrachtung des Strudels der Kulturindustrie und ihrer Äußerungsformen auszuführen gedenkt – »his rational detachment as a spectator of his own situation«[250] – und worüber Mead bezüglich der ethnologischen Methode in anschaulichen Bildern schreibt.[251]

In der einleitenden Darlegung zur Vorgehensweise in *The Mechancial Bride* tritt dabei die zirkuläre Konstellation der teilnehmenden Beobachtung in der

---

249 McLuhan: The Mechanical Bride, S. v Sp. 2.
250 McLuhan: The Mechanical Bride, S. v Sp. 1f., Zitat Sp. 2.
251 Nach Mead muss die Ethnologin stets geplant vorgehen und ihre eigene Wahl einem einzigen Zweck unterordnen: dem Zweck eine Kultur zu verstehen. Etwa wenn sie in ihren Armen den schlaffen Körper eines ertrunkenen Kindes halte und gegen alle Hoffnung die Reanimation des Kindes versuche, sei sie immer noch verpflichtet, das Verhalten der Kindesmutter zu beobachten, die sich einen hölzernen Klöppel gegen den Kopf schlage. Die eigenen Gefühle, Wünsche und Reaktionen müssten der Aufgabe, zu schauen, zu hören, aufzuschreiben und zu verstehen, untergeordnet werden. Vgl. Mead: Male and Female, S. 35–45.

eigenen Kultur zutage. Denn die Mittel der Beobachtung sind dann auch die Mittel des Beobachteten:

> Why not use the new commercial education[252] as a means to enlighten its intended prey? [...] As this method was followed, »A Descent Into The Maelstrom« by Edgar Poe kept coming to mind. Poe's sailor saved himself by studying the action of the whirlpool and by co-operating with it.[253]

Anstelle einer voreingenommenen Haltung gegenüber dem kommerziellen Material und seiner Überzeugungstechniken wird eine Zusammenarbeit mit diesem Material vorgeschlagen. Insofern erscheint aber die Analogie von Poes Matrosen im Vorwort zu *The Mechanical Bride* nicht nur als Ausdruck der angestrebten distanzierten Beobachtung und rationalen Erkenntnis inmitten eines katastrophalen Geschehens.[254] Der Meeresstrudel gibt vor allem auch ein eindrucksvolles Bild der Zirkularität ab, die sich zwischen den Mitteln der Beobachtung und den Mitteln des Beobachteten im Band McLuhans ausbildet, wie es der Text sofort unterstreicht:

> The present book likewise makes few attempts to attack the very considerable currents and pressures set up around us today by the mechanical agencies of the press, radio, movies, and advertising. It does attempt to set the reader at the center of the revolving picture created by these affairs where he may observe the action that is in progress and in which everybody is involved.[255]

Mit diesen Bemerkungen kommt McLuhan von aller Nähe zur zeitgenössischen Kulturanthropologie wieder auf sein angestammtes Gebiet der Literatur- und Kunstkritik zurück. Nicht nur bildet von Anfang an Poes Matrose einen ausgemachten literarischen Referenzpunkt im Vorwort von *The Mechanical Bride*, sondern auch der Hinweis auf den Leser im Mittelpunkt eines rotierenden Bilds ist einem kunstkritischen Kontext geschuldet. Mit diesem Hinweis schließt McLuhan nämlich an die neueren kunsthistorischen Studien des Schweizers Sigfried Giedion (1888–1968) an, welche dieser in den 1940er Jahren dem amerikanischen Publikum vorgelegt hat. Giedion weitet in seinen architektur- und technikhistorischen Studien *Space, Time, and Architecture* (1941) und *Mechanization Takes*

---

252 So bezeichnet McLuhan das vorgelegte Werbematerial im Anschluss an Lewis: The Art of Being Ruled, S. 110–112.
253 McLuhan: The Mechanical Bride, S. v Sp. 1.
254 Vgl. zu dieser affirmativen Lesart Gordon: McLuhan. A Guide for the Perplexed, S. 1 f., sowie Jeffrey: The Heat and the Light, S. 11 u. 15.
255 McLuhan: The Mechanical Bride, S. v Sp. 1.

Command (1948) die Methoden der Kunstkritik auf alltägliche Objekte und Aktivitäten in der Geschichte aus.²⁵⁶ Nicht nur britische Kulturwissenschaftler, Ethnologen und Soziologen nehmen sich der einfachsten und vielfältigsten Gegenstände in ihrer Wechselwirkung an, auch die historisch vorgehende Kunstbetrachtung ist hier zuständig. Giedion selbst übernimmt eine solche Auffassung wiederum direkt von den Avantgardekünstlern des frühen zwanzigsten Jahrhunderts, wie er in seiner methodischen Einleitung zu *Space, Time, and Architecture* schreibt. Denn diese Künstler hätten die anonymen und die banalsten Objekte zum Gegenstand ihrer Betrachtung gemacht. Dabei stellt Giedion sein dynamisches Modell der geschichtlichen Betrachtung vor und verweist für diese Auffassung auf die Formulierung der Maler der Moderne: »[L]o *spettatore nel centro del quadro*. The observer must be placed in the middle of the painting, not at some isolated observation point outside.«²⁵⁷

Aus den angesprochenen Verweisen im Vorwort zu *The Mechanical Bride* ergibt sich, dass Betrachter moderner Kunstwerke, die neueren Historiker der Kunst, die ethnologischen Beobachter und die Leser der *Mechanical Bride* ihre besondere Beobachterposition gemeinsam haben. Und sie teilen diese Position noch mit der Vorgehensweise der Kultur- und Werbeindustrie um 1950, wie anhand des *Nielsen Audimeter* deutlich geworden ist. Denn das Einschaltquotengerät, der investigative Journalismus und neuere Bildgebungsverfahren streben laut McLuhan ja ebenfalls genau den Beobachtungspunkt der modernen Malerei an: »[T]he spectator is placed in the middle of the picture.« Dass McLuhan nun in seiner Fassung des Beobachterstandorts in der Einleitung zu *The Mechanical Bride* das zu Betrachtende mit der Maelström-Analogie ins Rotieren versetzt, übertrifft allerdings die Aussagen sowohl der ethnologischen als auch der kunsthistorischen Referenzen von *The Mechanical Bride*. Mit dem rotierenden Bild tritt eine Zirkularität in die vordergründig kulturwissenschaftlich orientierte Untersuchung des Bandes ein, die sich nicht mehr durch seine angegebenen Quellen der *Cambridge English Studies*, der amerikanischen Inlandsethnologie oder der deutschsprachigen Kunst- und Kulturgeschichte auffangen lässt. Diese Zirkularität verweist viel

---

256 Vgl. zu dieser Einschätzung eine Rezension mit der Signatur McLuhans aus dem Jahr 1949: McLuhan: Encyclopedic Unities (Book Review), S. 599–602. Erstmals wird Giedion in einer Rezension aus dem Jahre 1947 erwähnt; vgl. McLuhan: Inside Blake and Hollywood, S. 713. Darroch hat in verschiedenen Aufsätzen den historischen Austausch von Giedion und McLuhan, der schon 1939 begonnen haben soll, verfolgt; z. B. Darroch: Giedion and Explorations, S. 64; ders.: Interdisciplinary Vocabularies at the University of Toronto's *Culture and Communications Seminar, 1953–1955*, S. 6 f.
257 Giedion: Space, Time, and Architecture, S. 5 f.

eher auf spezifisch literatur- und sprachtheoretische Fragestellungen, die der Band *The Mechanical Bride* gar nicht explizit diskutiert, die er aber in seiner Herangehensweise an die populärkulturellen Untersuchungsgegenstände, in seiner Form und in seinen Darstellungspraktiken zu bedenken gibt.

2.2 Sophistische Anlage und programmatische Einleitung des Buchs

Die Lust an der Zirkularität, an der rotierenden Qualität der Masse an kommerziell verbreiteten Texten und Bildern in *The Mechanical Bride* zeigt sich immer wieder in der zirkulären Anlage der Studie selbst. Der eigenwillige Übergang des Beobachteten in die Beobachtung in Form der aufgegriffenen Mittel der Beobachtung ist bereits an früherer Stelle dieser Studie als Tricksterverfahren vorgestellt worden.[258] In *The Mechanical Bride* lässt sich dieses Verfahren konkreter noch als sophistisches Verfahren ausweisen. Denn dieser Band ist von Anfang an darauf ausgelegt, die bestehenden Reden und Darstellungstechniken der Werbe- und Kulturindustrie mit den Mitteln dieser Reden und Darstellungstechniken zu schlagen. Das Unterscheidungsmerkmal von *The Mechanical Bride* zur früheren Publikation *Culture and Environment* und den späteren *British Cultural Studies* liegt nicht in den betrachteten Gegenständen, den aufgegriffenen Themen und Referenzen oder den moralisch-ethischen Untertönen und Urteilen. Der Unterschied besteht vielmehr in der Weise des Herangehens an die neuen populärkulturellen Untersuchungsobjekte und in der Form dieser Auseinandersetzung mit den Gegenständen. Wie zu Beginn dieses Kapitels erwähnt, möchte ich den Blick für die sophistische Vorgehensweise des Buchs *The Mechanical Bride* öffnen.

Wenn ich hier die anachronistische Identifizierung des Textes *The Mechanical Bride* mit einem sophistischen Rednerwettstreit, wie er in der Antike stattfand, wage, so deshalb weil die strukturelle Gleichartigkeit dieses Buchs mit allem, was man von den antiken Redekämpfen weiß, nicht zu übersehen ist, sobald man sich den Textverfahren zuwendet. In seinem Aufbau stellt sich das Buch in die – geradezu forensische – Tradition der beratenden Reden der Antike. Das heißt, der Text tritt als eine Rede auf dem Forum auf, die sich an ein größeres allgemeines Publikum wendet und die auf eine vorher demselben Publikum gehaltene Rede reagiert. Die Beratung der rhetorischen Tradition wendet sich immer an Dritte und findet nicht direkt mit dem Vorredner statt.[259] Auf *The Mechanical Bride* übertragen heißt dies, dass es Beratungsreden über die verschiedenen vorgestell-

---

[258] Vgl. Kap. I in diesem Band.
[259] Vgl. Lausberg: Handbuch der literarischen Rhetorik, §§ 59–60 (S. 52 f.).

ten Werbeanzeigen und Unterhaltungsprodukte einem bereits einmal angesprochenen Publikum anbietet. Die Art der angebotenen Reden allerdings trägt hier die stärker wetteifernden Züge der sophistischen Streitrede auf der griechischen Agora des fünften Jahrhunderts als den Charakter der ciceronianischen ›Auseinandersetzung auf dem römischen Forum‹.[260] Bei diesem Umgang mit der Rede und mit bestehenden Meinungen ist gewissermaßen alles erlaubt, um den Gegner durch die Gegenrede ›niederzuwerfen‹.[261] Es ist eine Eristik, eine ›auf Streit aus seiende Kunst‹, die das Agonale im Schlagabtausch hervorhebt.[262] In dieser Kunst gilt es, die Situation noch einmal anders darzustellen, als sie für gewöhnlich aufgefasst wird, und die Rede der Vorgänger durch die nächste Rede zu schlagen.

Eben dieses angriffslustige und wortreiche Gebaren stellt das Grundmuster in *The Mechanical Bride*. Das Buch setzt in jedem seiner 59 Abschnitte zunächst einmal auf die Methode des gekonnten Widerspruchs, die gewissermaßen am Anfang jeder sophistischen Auseinandersetzung steht.[263] Das lässt sich schon an den vier bis fünf eristischen Fragen oder Bemerkungen zu Beginn jedes Abschnitts in *The Mechanical Bride* feststellen, die die einzelne vorgestellte Rede oder das einzelne bildliche Motiv aus den kommerziellen Unterhaltungsformaten spitzfindig herausfordern. Auf eine Photographie (vgl. Abb. 6) des *Life*-Magazins von 1948 zum ›Great Ideas‹-Projekt von Robert Maynard Hutchins und Mortimer J. Adler (1902–2001) etwa lautet die Entgegnung:

> One hundred and two ideas a minute? It's only 1951.
> […]
> War a great idea but not Peace?[264]

Auf dem Bild ist eine eher steife Versammlung von Studierenden zusammen mit den Projektinitiatoren der ›großen Ideen‹ und einer Zettelkastensammlung zu

---

260 Vgl. Groddeck: Reden über Rhetorik, S. 22 f. u. 46. Die Sophistik des fünften Jahrhunderts vor unserer Zeitrechnung lässt sich als allumfassende und praktische Phase der Redekunst im Altertum beschreiben. Durch ihre Reden auf dem Marktplatz und ihre Unterweisungen in der Redekunst bieten die Sophisten eine erste Auseinandersetzung mit der Rhetorik noch vor ihrer systematischen Erforschung. Vgl. Taureck: Die Sophisten zur Einführung, S. 113.
261 Zum grundsätzlich agonalen Charakter der sophistischen Reden sowie zur Entlehnung mancher ihrer Begrifflichkeiten aus dem semantischen Feld des Ringersports vgl. Buchheim: Zur Eigenart des sophistischen Logos, insb. S. 5 u. 16.
262 Vgl. Groddeck: Reden über Rhetorik, S. 46, Buchheim: Zur Eigenart des sophistischen Logos, insb. S. 4–19, und das Kap. »Reden, weil wir handeln müssen. Die sophistische Auffassung des *kairós*« in Müller: Decorum, S. 14–47, S. 16.
263 Vgl. Buchheim: Zur Eigenart des sophistischen Logos, S. 3; Müller: Decorum, S. 16.
264 McLuhan: The Mechanical Bride, S. 43 Sp. 1 (Abschnitt: The Great Books, S. 43–45).

Sophistik: Die Beratung im Buch *The Mechanical Bride* — 181

Abb. 6: Abbildung zum Abschnitt »Great Ideas« aus *The Mechanical Bride* (1951), S. 44 f.

sehen. In jedem Zettelkasten steckt ein großer Wimpel mit einer Nummer und einem Begriff, von ›A‹ wie ›*Angel*‹ (Nr. 1) bis ›W‹ wie ›*Will*‹ (Nr. 100). Tatsächlich scheint die Idee des Friedens der Aufstellung auf dem Bild nach keine große zu sein, hat sie doch im Gegensatz zur Idee des Kriegs (Zettelkasten 98: *war*) keinen Kasten und keinen Wimpel erhalten. Der Textkommentar des Abschnitts in *The Mechanical Bride* weist zudem auf die Bestattungsatmosphäre *(mortician-like)* hin, die das Photo verbreitet, und auf die Ironie, dass sich hier eher ein Begräbnis als eine Feier *(to bury and not to praise)* der ›großen Ideen‹ abzuspielen scheint. Die Zettelkästen erhalten in dieser Atmosphäre vielmehr die Funktion von Särgen *(coffin-like filing boxes)* als von Hilfsmitteln der intellektuellen Arbeit, als die sie beworben wurden.[265]

In dieser Art und Weise überführt *The Mechanical Bride* wie beim sophistischen Rednerwettstreit die Vorgängerrede ihrer sprachlichen und gedanklichen Schwächen. Der Abschnitt zum ›Great Ideas‹-Projekt widmet sich neben der bildlichen Darstellung im *Life*-Magazin auch den Verlautbarungen und Annahmen einiger Bildungsinstitutionen in den USA. Hierfür nutzt das Buch die Mittel der Sprach- und Argumentationsanalyse und hinterfragt die bestehenden textlichen und bildlichen Materialien kommerzieller Meinungsbildung im sprachlichen

---

[265] Vgl. McLuhan: The Mechanical Bride, S. 43 Sp. 2.

Schlagabtausch. Hinsichtlich seiner Methodik erscheint mir *The Mechanical Bride* daher dem literatur- und sprachwissenschaftlichen Ansatz verpflichtet.[266]

Auch anhand einiger programmatischer Bemerkungen im »Preface« des Bandes lässt sich der Befund einer sophistischen, einer sprachlich orientierten Herangehensweise an das kulturwissenschaftliche Material belegen. Denn es geht McLuhan hier offenbar nicht darum, »to prove a case«.[267] *The Mechanical Bride* führt keine Gerichtsrede. Die *exhibits*, die Beispielmaterialien aus der Kulturindustrie, sind weniger ›Beweismittel‹ in einem Rechtsfall als vielmehr ›Ausstellungsstücke‹ »to reveal a complex situation«.[268] Darin entspricht dieser Text dem Genre der Beratungsrede, welche ja in ihrer historischen institutionellen wie theoretischen Anlage einen »zugrundeliegende[n] Problemkomplex« in einer unübersichtlichen Situation durch die Darlegung verschiedener Perspektiven in verschiedenen Redebeiträgen kenntlich macht.[269] In die weiteren Ausführungen im »Preface« mischt sich damit auch die sophistische Grundhaltung einer grundsätzlich mehrdeutigen Welt, die sich in den verschiedenen Möglichkeiten des Redens und Argumentierens ausdrückt: »And it is the procedure of the book to use the commentaries on the exhibits merely as a means of releasing some of their intelligible meaning. No effort has been made to exhaust their meaning.«[270] *The Mechanical Bride* stellt sich damit deutlich in die Mitte der Agora, propagiert anstelle der einen Bedeutung die wechselnden Betrachtungen sophistischer Rede. Nicht die diäretische Begriffsanalyse platonisch-sokratischer Beweisführung wird angestrebt,[271] sondern lediglich die Freisetzung von möglichen Bedeutungen oder Bedeutungssplittern, die die Ausstellungsstücke jeweils anbieten.

---

266 Vgl. die Hinweise Müllers zu den Sprach- und Argumentationsanalysen der sophistischen Kunst, Müller: Decorum, S. 171.
267 McLuhan: The Mechanical Bride, S. v Sp. 2.
268 McLuhan: The Mechanical Bride, S. v Sp. 2.
269 Kopperschmidt: Rhetorik als Medium der politischen Deliberation: z. B. Aristoteles, S. 82 f., Zitat S. 83. Unter den Sophisten gab es noch keine Einteilung der Redeformen nach Thematik und Publikum, wie sie die Bestimmung der Rede z. B. als Beratungsrede impliziert und bei Aristoteles formalisiert wurde. Während, wie Kopperschmidt zeigt, bei Aristoteles eine politische Zuversicht auf Kontingenzbewältigung in der Pluralität der Meinungen und damit eine friedliche Selbstaufklärungschance der Gemeinschaft in der Theoretisierung der Beratungsrede enthalten ist, muss für die sophistische Praxis des Redewettstreits festgehalten werden, dass sie in kämpferischer Absicht zur Herrschaftsausübung in einer konkreten Situation eingesetzt wurde. Vgl. Müller: Decorum, S. 14 f.
270 McLuhan: The Mechanical Bride, S. vi Sp. 1.
271 Vgl. zur Diärese als Erkenntnispraxis bei Platon das Kap. »Akribische Begriffsanalyse. Die Diärese als Instrument der Selbsterkenntnis« in Moser: Buchgestützte Subjektivität, S. 103–107.

An der Einsicht in und am Umgang mit den unerschöpflichen Bedeutungen arbeitet zwischen 1920 und 1950 auch die literaturwissenschaftliche Neuausrichtung im englischen Sprachraum. Die grundsätzliche Möglichkeit mehrerer, unterschiedlicher und gar konträrer Bedeutungen einzelner Beispiele, Textpassagen und Wörter wird in den literarkritischen Texten dieser Zeit immer wieder hervorgehoben.[272] Und so hebt auch das Vorwort von *The Mechanical Bride* diesen Umstand hervor, allerdings übertragen auf die Welt der Werbeanzeigen: »Most of the exhibits in this book have been selected because of their typical and familiar quality. They represent a world of social myths or forms and speak a language we both know and do not know.«[273] Mit einer solchen Sprache, die zugleich vertraut und doch unbekannt ist, kennt sich insbesondere der Literaturexeget der ersten Hälfte des zwanzigsten Jahrhunderts aus. Namentlich die sprachtheoretisch unterfütterte Dichtungsauffassung der neuen Kritiker von T. S. Eliot, über Richards und William Empson bis hin zu den Amerikanern wie Cleanth Brooks hat das Misstrauen gegenüber den Wörterbuchbedeutungen der sprachlichen Elemente gesät und zum Leitprinzip der Dichtungsanalyse erhoben. Demnach erfindet der Dichter in der Benutzung der gewöhnlichen Sprache doch eine ganz eigene, eine unbekannte Sprache. Er entstellt sie bis zur Bedeutungshaftigkeit, wie Eliot es so diskursbildend formuliert hat: »to dislocate, if necessary, language into meaning«.[274]

So wie der Dichter seine Leser und Kritiker vor die Aufgabe stellt, diese zugleich bekannte und doch unbekannte Sprache in all ihren Möglichkeiten ernst zu nehmen, so will auch das Unternehmen der mechanischen Braut die Ausstellungsstücke aus Werbung und Unterhaltungsindustrie ausdeuten. *The Mechanical Bride* ist darin ein Auslegungs- und Ausdeutungsprojekt sprach- und literaturtheoretischer Prägung, das seine Diskurszugehörigkeit auch dann noch offenbart, wenn es den Gegenstand seiner Untersuchung gewechselt hat; etwa wenn es die poetischen ›Bilder‹ *(images)* gegen die sichtbaren Bilder der Umwelt *(visual imagery of our environment)* austauscht und in der Untersuchung »bis zur Kennt-

---

[272] Das einschlägige Buch zur Ambivalenz der dichtenden Sprache ist William Empsons *Seven Types of Ambiguity* von 1930. Vgl. außerdem Kap. III.1. in diesem Band.
[273] McLuhan: The Mechanical Bride, S. v Sp. 2.
[274] Eliot: The Metaphysical Poets, S. 65. Vgl. Brooks' Postulate über die Notwendigkeit der Neuerfindung der Sprache durch den Dichter in Brooks: The Language of Paradox, S. 8: »The poet, within limits, has to make up his language as he goes«, oder in ders.: What Does Poetry Communicate?, S. 68: »The poet is exploiting the potentialities of language – indeed, as all poets must do, he is remaking language.« Vgl. schließlich auch Richards' sprachtheoretisches Grundlagenwerk Ogden/Richards: The Meaning of Meaning.

lichkeit entstell[en] will«;²⁷⁵ »This book reverses that process [der Standardisierung des Denkens durch kommerzielle Bildwelten] by providing typical visual imagery of our environment and *dislocating* it *into meaning* by inspection«.²⁷⁶

The Mechanical Bride ist daher bei all seiner Orientierung auf soziokulturelle Angelegenheiten dennoch ein Werk eines *Criticism*, der sich vor allem an literarischen Untersuchungsgegenständen entwickelt hat und auch weiterhin die Fragestellungen der Literaturkritik im Blick behält. Die letzte programmatische Bemerkung des Vorworts ist diesbezüglich noch einmal erhellend. McLuhan bezieht sich hier auf die kulturgeschichtliche Arbeit Jacob Burckhardts (1818–1897). Der Schweizer Burckhardt hat im neunzehnten Jahrhundert die deutschsprachige wissenschaftliche Geschichtsschreibung erneuert durch seinen Blickwechsel weg von den politischen und militärischen Ereignissen der Chroniken einzelner Staaten und Herrscher hin zum Zustand einer Epoche, wie er sich an den kulturellen Artefakten und Aktivitäten derselben ablesen lässt.²⁷⁷ Giedion, wie gesehen, eine der zentralen kunst- und kulturgeschichtlichen Referenzen von *The Mechanical Bride*, schreibt Burckhardts Vorgehen bei der Einführung seiner eigenen Arbeiten für das englischsprachige Publikum einen wegweisenden Status zu. Burckhardt habe bei seiner Entdeckung der Renaissance gezeigt, wie man eine Epoche in ihrer Ganzheit *(entirety)* darstelle. Es sei ihm gelungen, aus lauter Einzelheiten ein Bild des Ganzen *(a picture of the whole)* für seine Leser entstehen zu lassen, und zwar indem er nicht nur Malerei, Skulptur und Architektur, sondern auch die sozialen Institutionen des Alltagslebens behandelt habe.²⁷⁸ Diese Arbeitsweise gleicht also bereits dem Vorgehen des Kulturanthropologen, der eine ›ganze Kultur‹ anhand der Sprache und Kunst sowie anhand der alltäglichen Verrichtungen einer menschlichen Gemeinschaft zu verstehen sucht.²⁷⁹

Das Interesse von *The Mechanical Bride* an der Geschichtsschreibung Burckhardts liegt indessen nicht im kultursoziologischen Ansatz. Das Vorwort hebt vielmehr eine Beobachtung Burckhardts aus dessen Klassiker *Die Kultur der Renaissance in Italien* (1860) hervor, nämlich die des Renaissancestaats als

---

275 So die geniale, den diskursiven Zusammenhang allerdings verwischende, deutsche Übersetzung des englischen Originals. McLuhan: Die mechanische Braut, S. 8 Sp. 2.
276 McLuhan: The Mechanical Bride, S. vi Sp. 1 (Hervorhebung J. M.).
277 Vgl. Ganz: Jacob Burckhardts *Kultur der Renaissance in Italien*, insb. S. 58f. u. 69, sowie Röthlin: Burckhardts Stellung in der Kulturgeschichtsschreibung des 19. Jahrhunderts.
278 Vgl. Giedion: Space, Time, and Architecture, S. 3f.
279 Zur Definition der Kulturanthropologie vgl. auch Mühlmann: Umrisse und Probleme einer Kulturanthropologie, insb. S. 16ff: Demnach untersucht Kulturanthropologie die symbolischen Formen, über die der Mensch in verschiedenen Kulturen mit seiner Umwelt interagiert. Die Kulturformen werden nicht als objektivierte Produkte, sondern als Tätigkeiten in Betracht gezogen.

»Kunstwerk«.[280] Die Auffassung vom Kunstwerk ist für den Literaturkritiker entscheidend, der sich der Alltagswelt und ihren Artefakten zuwendet. Denn wenn der Staat ein Kunstwerk ist, so kann auch der Kritiker seine Methoden auf ihn anwenden, konstatiert das »Vorwort« zu The Mechanical Bride: »Ever since Burckhardt saw that the meaning of Machiavelli's method was to turn the state into a work of art by the rational manipulation of power, it has been an open possibility to apply the method of art analysis to the critical evaluation of society.«[281] Mit Burckhardt lässt sich das organisierte Zusammenleben nicht nur als soziales oder politisches, sondern als ein kunstvolles Konstrukt begreifen. Das Soziale und die Kunst kommen so überein. Wie das Kunstwerk ist auch die Gesellschaft *(society)* etwas Gemachtes, etwas seit der Renaissance kunstvoll Kalkuliertes. Und wie dem Kunstwerk wohnt dem sozialen Miteinander eine entsprechende technische wie ästhetische Dimension inne,[282] für deren Einschätzungen wiederum der Kunstkritiker die wesentlichen Voraussetzungen hat.

Mit Burckhardt ist gewissermaßen das *missing link* zwischen Literaturkritik und Leavis' sozialkritischem Projekt für *The Mechanical Bride* aufgefunden. Doch wird mit Burckhardt auch deutlich, dass McLuhans Inanspruchnahme der Literaturkritik für soziokulturelle Fragen in *The Mechanical Bride* eine andere Ausrichtung hat als die Leavis'. Dem Training der *English Studies* kommt hier nicht einfach die Aufgabe eines nostalgischen Bewahrens einer vergangenen Gesellschaftsform zu, die es kritisch gegen die beobachteten Veränderungen der gegenwärtigen Zeit halten kann. Dem Training der *English Studies* kommt vielmehr die Aufgabe der Kunstkritik zu, den vorgefundenen Verhältnissen mit ihren Mitteln kritisch nachzugehen. Laut *The Mechanical Bride* ist der springende Punkt an Burckhardts historischer Einsicht, dass die westliche Welt, die sich seit dem sechzehnten Jahrhundert der Erhöhung und Konsolidierung der Staatsmacht gewidmet habe, damit zugleich eine künstlerische Einheit der Wirkung *(artistic unity of effect)* entwickelt habe, »which makes artistic criticism of that effect quite feasible«.[283] Insofern ein künstlerischer Effekt zu beurteilen ist, erscheint auch

---

[280] Burckhardts Formulierung vom »Staat als Kunstwerk« übertitelt den ersten Abschnitt seiner klassischen Untersuchung *Die Kultur der Renaissance in Italien* (1860). Burckhardt zeigt sich darin fasziniert von der »berechnete[n]« und »bewußte[n] Schöpfung, als Kunstwerk«, die die italienischen Stadtstaaten im vierzehnten und fünfzehnten Jahrhundert auszeichnet. »Der wunderbare florentinische Geist, scharf räsonierend und künstlerisch schaffend zugleich, gestaltet den politischen Zustand unaufhörlich um und beschreibt und richtet ihn ebenso unaufhörlich.« Burckhardt: Die Kultur der Renaissance in Italien, S. 3 u. 74.
[281] McLuhan: The Mechanical Bride, S. vi Sp. 2.
[282] Vgl. Gossman: Jacob Burckhardt, S. 371 Anm. 126 (dort auch die Formulierung von »Produkten kunstvoller Kalkulation«); Robertson: The State as a Work of Art, insb. S. 3.
[283] McLuhan: The Mechanical Bride, S. vi Sp. 2.

die Kunstkritik für *The Mechanical Bride* als recht angängige *(quite feasible)* Herangehensweise an seine Untersuchungsobjekte. »Art criticism is free to point to the various means employed to get the effect, as well as to decide whether the effect was worth attempting.«[284]

Es geht McLuhan in *The Mechanical Bride* darum, die Mittel und Techniken verschiedener Erzeugnisse der Massenkultur im Hinblick auf die erzielte Wirkung kritisch zu prüfen und schließlich zu bewerten. Das Buch schließt damit an die Fragestellungen der Aufsätze um 1950 an, in denen »the means employed and the effects obtained by an artist« in der Literatur beurteilt werden.[285] Die Bewertungsabsicht und die vorgestellten Bewertungen koppeln die Untersuchung der kulturindustriellen Produkte an das kritische Projekt des nordamerikanischen *New Criticism*, das die Texte mit Signatur McLuhans zu dieser Zeit verfolgen. Mit dem Einsatz des *Criticism* kommt zum sophistisch-spitzfindigen Streitansatz, zur Lust an den zirkulierenden Zeichen und möglichen Bedeutungen des Bandes *The Mechanical Bride* also ein zweiter Ansatz hinzu. Dieser widerspricht dem sophistischen Zug des Textes, insofern er einen Maßstab für die Bewertung anlegen muss. Im Gegensatz zur sich jeweils situativ auf die Vorgängerrede einlassenden sophistischen Streitrede wird der kritische Maßstab den besprochenen Erzeugnissen und Redeweisen von außen beigemessen. Er geht auf ästhetische und moralische Entscheidungen der Kritikerzunft zurück.

Burckhardts Kulturgeschichtsschreibung der Renaissance rühmt die von den Kritikern um McLuhan und von McLuhan selbst in den 1940er Jahren gesuchte Abgestimmtheit der Mittel auf die Wirkung als Prinzip der Kultur und des Lebens der Renaissance.[286] Sie bringt in den Augen des Kulturhistorikers den modernen freien Menschen hervor.[287] Es lässt sich indessen mit dem Philosophen und Kunstwissenschaftler Heiner Mühlmann plausibilisieren, dass die kulturellen und

---

284 McLuhan: The Mechanical Bride, S. vi Sp. 2.
285 Vgl. z. B. McLuhan: John Dos Passos: Technique vs. Sensibility, Zitat S. 62. Hier heißt es auch (S. 56), dass die Kritik die technischen Mittel zur Kenntnis nehmen muss, durch die ein Künstler seine Wirkungen erzielt, will sie nicht bloß die Rezension eines ›Inhalts‹ eines Kunstwerks sein.
286 Diesen Zusammenhang versucht Burckhardt in der Bezeichnung des ›Staats als Kunstwerk‹ zu erfassen, wie es gerade in der englischen Übersetzung seines Klassikers deutlich zum Ausdruck kommt: »The deliberate adaptation of means to end [...] joined to almost absolute power within the limits of the state, produced among the despots both men and modes of life of a peculiar character.« Burckhardt: The Civilization of the Renaissance, übers. von S. G. C. Middlemore (1878).
287 »In Italien zuerst [...] erwacht eine objektive Betrachtung und Behandlung des Staates und der sämtlichen Dinge dieser Welt überhaupt; daneben aber erhebt sich mit voller Macht das Subjektive; der Mensch wird geistiges Individuum und erkennt sich als solches.« Burckhardt: Die Kultur der Renaissance in Italien, S. 131.

künstlerischen Manifestationen der Renaissance, welche Burckhardt so wegweisend für seine Re-Konstruktion der Epoche nutzte, auf ein vormodernes und vor allem rhetorisches System von Kunstregeln zurückgehen. Mühlmann identifiziert das *decorum* der klassischen Rhetorik als »Regeleinstellungssystem«, das die Kunstproduktion anleitet.[288] Diese Regeln der Kunst werden der künstlerischen Produktion letztlich von außerhalb, von den gesellschaftlichen Normen her angemessen. Das *decorum* (auch: *aptum*) reguliert die Ausgestaltung der Rede. Die Auswahl der sprachlichen Mittel *(verba)* zur Darbietung des Redegegenstands *(res)* ist angemessen zu treffen. Insbesondere der Redeschmuck *(ornatus)*, die rhetorischen Figuren sind im rechten Verhältnis zum Thema der Rede anzuwenden.[289] Im klassischen System sind die sprachlichen Mittel daher in drei Stillagen unterteilt: hoch, mittel, niedrig, und von der gesellschaftlichen Ordnung her bestimmt:

> [D]ie Dreiteilung der Stillagen [...] beruht auf der Polarisierung eines hohen und eines niedrigen Stils. Die rhetorischen Ornamente, deren jeweiliger Charakter durch die Epitheta, vor allem durch die beiden entgegengesetzten hoch und niedrig angegeben ist, müssen in einer dem Gegenstand angemessenen Weise verwendet werden. [...] Die sprachliche Polarisierung des hohen und niedrigen Stils empfängt ihre Bestimmung von der entsprechenden Polarisierung einer hohen und niedrigen Sphäre in der Staats- und Rechtsordnung.[290]

---

288 Vgl. Mühlmann: Ästhetische Theorie der Renaissance, insb. S. 12–14 u. 30. Für Mühlmanns Faszination durch das *decorum* als »Regeleinstellungssystem« vgl. dessen spätere Arbeiten: Mühlmann: Die Natur der Kulturen, S. 50–97, sowie ders.: Vorwort, S. 4. Dort (S. 2) auch: »Rhetoriksysteme bieten erhellende Einblicke in die organisatorischen Strukturen der Kulturen, denen sie angehören.« Über Mühlmanns Arbeit vgl. auch Steinhauer: Das rhetorische Ensemble, insb. S. 127–136.
289 Der klangliche und rhythmische Eigenwert der Sprache wird für die Wirkung der Mitteilung eingespannt, und zwar nach Maßgabe der Angemessenheit zwischen sprachlicher Gestaltung und semantischer Ebene der Rede. Vgl. Mühlmann: Ästhetische Theorie der Renaissance, S. 67 f. Nach Mühlmann sind die sprachlichen Mittel in der klassischen Theorie nicht dem semantischen oder referentiellen Bereich der Sprache zuzurechnen, sondern eröffnen eine zweite Ebene der Mitteilung. Die strikte Trennung zwischen semantischer und »ornamentaler Sprachschicht« (S. 68) ist sprachtheoretisch allerdings fragwürdig, auch wenn sie den antiken Lehrbüchern der Rhetorik eingeschrieben ist. Schüttpelz hat nachgewiesen, dass diese Auffassung einer zweiten Ebene der Mitteilung gerade für die Figuren der Rede nicht haltbar ist, da sie auf keinerlei sprachlichen Kriterien beruht. Vgl. Schüttpelz: Figuren der Rede, S. 184–199. Mit Steinhauer ist Mühlmann zugute zu halten, dass dieser die angenommene zweite Mitteilungsebene nicht von der ersten hierarchisch abstuft. Sie existiert einfach neben und im Verbund mit der semantischen Mitteilungsebene. Vgl. Steinhauer: Das rhetorische Ensemble, S. 133 f.
290 Mühlmann: Ästhetische Theorie der Renaissance, S. 69, vgl. S 73–78. Der hohe Stil ist unter den Römern (die die Rubrizierung der Stillagen erst in diesem Maße vorgenommen haben, vgl. Ciceros *Orator*) vom hohen Bereich des Imperiums und der politischen Interaktion bestimmt.

Zu dieser Art der Betrachtung einer »inneren« Angemessenheit von Gegenstand und Stil der Rede gesellt sich in der klassischen Tradition der großen römischen Rhetoren Cicero und Quintilian eine Form der »äußere[n], soziale[n]« Angemessenheit.[291] Mühlmann spricht vom

> komplexen Charakter der vom decorum regierten Totalität [...], der von der Angemessenheit zwischen Redeschmuck und Redegegenstand hinreicht bis zur Angemessenheit des Ortes, der architektonischen Gestaltung des Ortes, der Zeit im Kalender, der politischen Aktivität, dem Rang des Redenden, dem Rang der Zuhörer, dem Kostüm des Redenden usw.[292]

Das *decorum* weitet sich mit seinem Anspruch der Angemessenheit also auf den ganzen Redezusammenhang und damit auch auf die ganze Bandbreite gesellschaftlicher Faktoren aus. Fabian Steinhauer schreibt bezüglich dieser Bewegung an ihrem spezifischen historischen Ort (der von der Antike bis in die Renaissance reicht) von der »rhetorischen Phase europäischer Gesellschaften«.[293] Sie zeichnet sich dadurch aus, dass über ihr *decorum* Material unterschiedlichster Kategorien aufeinander bezogen werden kann: »Im Maßstab dessen, was sich schickt, werden Texte örtlich und zeitlich positionierbar, rhetorische Figuren und auch noch Gesten, Bilder und Architekturen werden auf den Text beziehbar.«[294] Hierdurch werden Äußerungen, Texte, Architekturen usw. übersetzbar.[295] Und die Übersetzbarkeit erfolgt letztlich im Modus des Stils. »Das Reich des *decorum* ist der Stil [...].«[296] Das *decorum* »bedeutet den totalen Repräsentationszwang«. Alles muss hier »im Gewand seines Äußeren zur Erscheinung gelangen«; Rang und Herkunft müssen sich immer schon »ausdrücken«.[297] Und eben dies, die Betrachtung und Bewertung von Stil, bzw. die Rekonstruktion des Stils, machen denn auch Burckhardts Kulturgeschichtsschreibung aus, die von den kunstvoll

---

Dem niederen Bereich gehören das produzierende Geschäft und der häusliche Bereich an. Vgl. Auerbach: Sermo Humilis, S. 29 f.

291 Mühlmann: Ästhetische Theorie der Renaissance, S. 70. Vgl. auch die »innere Stimmigkeit von Texten«, der die »ethische Dimension des Decorum« beigestellt ist bei Rutherford/Mildner: Art. Decorum (HWRh, Bd. 2), Sp. 423.

292 Mühlmann: Ästhetische Theorie der Renaissance, S. 70. Bei Lausberg findet sich folgender Versuch, die Komplexität zusammenzufassen: »Das [...] decorum [...] ist das Aufeinanderpassen aller Bestandteile, die die Rede zusammensetzen oder mit ihr irgendwie in Beziehung stehen [...].« (Lausberg: Handbuch der literarischen Rhetorik, § 258 (S. 144).)

293 Steinhauer: Das rhetorische Ensemble, S. 131.
294 Steinhauer: Das rhetorische Ensemble, S. 132.
295 Steinhauer: Das rhetorische Ensemble, S. 132.
296 Vgl. Steinhauer: Das rhetorische Ensemble, S. 132, Zitat auch S. 132.
297 Mühlmann: Ästhetische Theorie der Renaissance, S. 71.

kalkulierten Artefakten ausgeht. Burckhardts Studie stellt letztlich weniger eine geschichtswissenschaftliche Epoche als eine Stilepoche vor. Sie ist den Übersetzungen und Übersetzbarkeiten des Renaissance-*decorum* verpflichtet, insofern die historischen Untersuchungsobjekte selbst schon einer konkreten Einstellung der Stilregeln auf die gesamtgesellschaftliche Ordnung gehorchen. Buckhardts ›Renaissance‹ ist somit ein »Stilbegriff«; er steht für einen »Stil des Handelns, Lebens und Denkens«.[298]

Insofern *The Mechanical Bride* Burckhardts Studie als Referenz für die kritische Betrachtung der nordamerikanischen Gesellschaft seiner Tage wählt, kann dieser Band ebenso als Stilkritik der vorgefundenen Verhältnisse in Augenschein genommen werden. Wie Burckhardt fragt McLuhan, was sich aus den kunstvollen Artefakten der Werbe- und Kulturindustrie, die er sich besieht, über die Gemeinschaft, in der sie kursieren, ableiten lässt. Diese Ableitung ermöglicht ihm das Register des *decorum*. Mittels des *decorum* lassen sich Textsorten, Rede- und Darstellungsweisen auf Verhältnisse außerhalb der Darstellung beziehen und auch noch bewerten. Während die klassischen Rhetorik-Handbücher im Register des *decorum* vor allem zur Übersetzung von Redegegenstand, Redesituation und Publikum in den angemessenen oder anständigen Stilmodus anleiten, ermöglicht es dieses Register auch, umgekehrt, die Übersetzung aus der Sphäre des Stils heraus in die Redesituation und ihre Gesellschaftsauffassung zurückzuverfolgen.[299]

McLuhan versucht in *The Mechanical Bride* sowohl mit dem sophistischen als auch mit dem *Criticism*-Ansatz von der Art und Weise der Darstellung ausgehend, welche die Werbeanzeigen und Zeitungsausschnitte vorbringen, einen Bezug herzustellen zur Art und Weise der Gesellschaft, die sich in diesen Texten angesprochen findet. Dies möchte ich anhand einiger Auseinandersetzungen des Bandes mit seinen ›Ausstellungsstücken‹ zeigen. In der Analyse zeigt sich indessen, dass die beiden Herangehensweisen, die Sophistik und die *decorum*-geleitete kritische Bewertung, miteinander im Widerstreit stehen.[300] Die sophistische Lust am

---

298 Vgl. Günther: »Der Geist ist ein Wühler«, S. 103, Zitate auch S. 103.
299 Vgl. Mühlmann: Ästhetische Theorie der Renaissance, S. 72: »So führen sich die Gründe des Angemessenen auf die Inhalte der allgemeinen Meinung zurück, auf die Erfahrungen, die die Menschen in ihrer Kommunikation ausgetauscht haben und die ihnen zur Konvention geworden sind. Das aptum ist das Fluidum einer ästhetischen Kommunikation, die Grundlage für ein Leben in der Welt [...].« Zum Doppelcharakter der Rhetorik grundsätzlich, nämlich Anleitung zur Reden- und Textproduktion sowie zur Kunst des Lesens (also zur Rückführung der Reden und Texte auf ihre rhetorischen Muster) zu sein, vgl. Groddeck: Reden über Rhetorik, S. 16.
300 Vgl. allgemein hierzu das (sprach-)philosophische Konzept des Widerstreits bei Lyotard: Der Widerstreit, S. 9: »Im Unterschied zu einem Rechtsstreit wäre ein Widerstreit ein Konfliktfall zwischen (wenigstens) zwei Parteien, der nicht angemessen entschieden werden kann, da eine auf beide Argumentationen anwendbare Urteilsregel fehlt.«

spitzfindigen Widerspruch sowie am virtuosen Einsatz der Sprache konkurriert mit den Fragen zur Angemessenheit zwischen Redeweisen oder Darstellungspraktiken und gesellschaftlichen Verhältnissen. Insofern führt *The Mechanical Bride* die von mir behauptete Beratung über die geeigneten Mittel der Auslegung sowie die Unauflösbarkeit des Widerstreits zwischen den beiden methodischen Einsätzen im Textkorpus ›McLuhan‹ vor. Die von der Gerichtsrede des Textkorpus vorgenommene Entscheidung gegen die rhetorische Analyse Richards' – die im sophistischen Zug des Textes verfolgt wird – und für die ›poetisch-grammatische Exegese‹ Leavis' – die sich im *Criticism*-Ansatz abzeichnet – ist im Widerstreit der angewandten Mittel in *The Mechanical Bride* aufs Spiel gesetzt.

2.3 Ausstellungsstück 1: Verbrechen zahlt nicht

Die Stilkritik des Bandes *The Mechanical Bride* lässt sich insbesondere anhand der Auseinandersetzung mit der Comic-Serie *Crime Does Not Pay* aufzeigen. Diese in den 1940er und 1950er Jahren monatlich erscheinenden Hefte verarbeiteten wahre Kriminalgeschichten und waren so erfolgreich, dass sie den Ärger besorgter Erziehungsberechtigter auf sich zogen. »The Original and Best! All True Crime Stories« und »Dedicated to the Eradication of Crime!«, steht auf dem Cover des 63. Hefts der kanadischen Ausgabe, welches *The Mechanical Bride* als Anschauungsmaterial abbildet. (Vgl. Abb. 7.) Eltern, Schulen und Sozialreformer sahen jedoch das ganze Gegenteil einer Ausrottung von Verbrechen in diesen Groschenheften. Sie empfanden sie als Angriff auf die Moral und insbesondere auf die psychische Gesundheit ihrer Kinder.[301] Während diese Proteste vor allem die moralisch verwerfliche Darstellung von Verbrechen und Gewalt kritisierten, setzt die Stilkritik von *The Mechanical Bride* an anderer Stelle an: beim Titel des Heftchens.[302] Anstatt die übertriebenen und massenhaft dargestellten Gewalttaten und Kriminalverbrechen zu brandmarken, bezieht sich McLuhans Widerrede zu *Crime Does*

---

301 Vgl. Foertsch: American Culture in the 1940s, S. 166. In den 1950er Jahren stellte der Psychologe Fredric Wertham seine Beobachtungen der hohen Korrelation zwischen Comic-Rezeption und früher Gewalttätigkeit im Buch *Seduction of the Innocent* vor. Dies führte Mitte der 1950er Jahre zur eingeschränkten Veröffentlichung und zu einem anhaltenden Geschäftsrückgang für Comics dieser Art. Vgl. auch die Anspielung auf diese Kritikwelle sowie deren verlegerische Konsequenzen in McLuhan: The Mechanical Bride, S. 155.
302 Gleich die erste eristische Frage zu diesem ›Ausstellungsstück‹ nimmt den Heftchentitel auf und wendet ihn spitzfindig um: »Suppose crime did pay?« Nehmen Sie etwa an, Verbrechen zahlte sich aus? (McLuhan: The Mechanical Bride, S. 29 Sp. 1 [Abschnitt: Crime Does Not Pay, S. 29–31].)

Abb. 7: Abbildung zum Abschnitt »Crime Does Not Pay« aus *The Mechanical Bride* (1951), S. 30.

Not Pay sogleich auf die Redeweise des Comics und dessen Ansprache an seine Leser: »›CRIME DOES NOT PAY‹ is as much a maxim of the weasel ethics of a calculated hedonism as ›honesty is the best policy.‹«[303]

Mithilfe einiger Maßgaben der traditionellen Rednerkunst entdeckt McLuhan ein ganz anderes Problem als das der übermäßigen Darstellung von Gewalt und Verbrechen an diesen Heften. Es geht hier um das Problem der Einstellung der Rede auf ihr Publikum bzw. der Einstellung des Publikums durch die Rede. Im Heftchentitel ›Crime Does Not Pay‹ erkennt McLuhan sofort den rhetorischen Einsatz einer Maxime und damit die anbiedernde Bezugnahme dieser Rede auf die allgemeine Meinung. Das Anbringen einer Maxime zu Beginn einer Rede gilt der klassischen Lehre der Rednerkunst als Mittel, um für die sittliche Intention und die Vertrauenswürdigkeit des Redners zu werben. Indem sie sich auf ein gemeinsames Fundament ethischer Grundsätze bezieht, kann die Maxime den

---

[303] McLuhan: The Mechanical Bride, S. 29 Sp. 2.

Redner als der Gesinnung der (zuhörenden/lesenden) Gemeinschaft zugehörig ausweisen.[304] Genau darin aber erkennt die Widerrede McLuhans die Hinterhältigkeit des ausgestellten Stücks Kulturindustrie. Trotz seiner Maxime hat es das Comic-Heft ja einerseits ganz klar auf die ausschweifige Darstellung von Verbrechen abgesehen, »the obsession with a narrow range of themes, their endless stress on violent action and the infliction of suffering and death«.[305] Andererseits aber – und das ist der von *The Mechanical Bride* betonte Zug – stimmt etwas nicht an der angestimmten Redeweise selbst, die sich auf die Gemeinschaft bezogen gibt und doch nur einem hedonistischen Kalkül huldigt.

Diese Unstimmigkeit hebt McLuhan anhand einer ziemlich lachhaften Szene aus einem der Comic-Hefte hervor, in welcher die Heftchenmacher Einspruch gegenüber ihrer Comic-Figur ›Mr. Crime‹ erheben: Die Figur des ›Herrn Verbrechen‹ beschwert sich hier gerade darüber, dass sie es immer nur mit verrückten Verbrechern zu tun habe und nicht ein einziges Mal einen normalen Kriminellen zur Verfügung hätte. Darauf folgt der Einspruch aus dem Herausgeber-Off: »Never, Mr. Crime! Normal people know that Crime Does Not Pay!!«[306] Auch diese Bemerkung nimmt den Titel der Comic-Reihe auf, und McLuhan resümiert dazu: »[T]here is something queer about the twin co-ordinates of this comic-book world.«[307] Das Bezugssystem, die Koordinatenachsen dieser Comic-Welt stehen schief. Diese Redeweise der Comics rahmt das Thema des Verbrechens mit Bezugsgrößen, die die Angelegenheit nach Ansicht McLuhans offenbar verzerren.

Die erste schräg gelagerte Koordinatenachse, der die Stilkritik anhand weiterer Ausschnitte aus der Comic-Rede nachgeht, macht das Verbrechen zu einer Angelegenheit der Wahrscheinlichkeitsrechnung *(the matter of calculating chances and probabilities)* und muss insofern als eher zweifelhafte Grundlage für die tugendhafte Abkehr von der kriminellen Laufbahn *(as a basis for virtuous revulsion from crime)* gewertet werden.[308] Wenn die Comic-Macher von *Crime Does Not Pay* das Aufgebot hunderter Polizisten gegen einen Kriminellen verrechnen – »One hundred police working on a case can make a thousand mistakes before they strike on the right solution, but the criminal, working against these hundred police, cannot afford to make a single error«[309] –, dann spricht das ganz gewiss nicht gegen den Kriminellen. Es spricht viel eher gegen die ältesten abendländischen Regeln der literarischen Kunst und genauer gegen die Affektenlehre der

---

304 Vgl. Aritsoteles: Rhetorik, II.21.16, 1395b10–12.
305 McLuhan: The Mechanical Bride, S. 29 Sp. 2.
306 *Crime Does Not Pay* zit. nach McLuhan: The Mechanical Bride, S. 29 Sp. 2.
307 McLuhan: The Mechanical Bride, S. 29 Sp. 2.
308 Vgl. McLuhan: The Mechanical Bride, S. 29 Sp. 2–S. 31 Sp. 1.
309 *Crime Does Not Pay* zit. nach McLuhan: The Mechanical Bride, S. 31 Sp. 1.

traditionellen Rhetorik.³¹⁰ Hierauf wenigstens verweist der Kommentar McLuhans zum aufgeführten Zitat aus dem Comic-Heft, wenn er den Wagemut des einsamen Kriminellen zusammen mit dem jugendlichen Großmut der Leser gegenüber dieser Wahrscheinlichkeitsrechnung von *Crime Does Not Pay* ins Spiel bringt:

> So far as human daring and courage go, this stacking of the cards is a challenge. And the kids feel it as such. The criminal is the hero because he is fighting against hopeless odds. Against such kind of daredevil there is no use in talking up the mealy-mouthed righteousness of the respectable businessman. Not so far as adolescent generosity is concerned.³¹¹

Die Darstellung der Polizeiübermacht widerspricht völlig dem Heldenprinzip der Literatur, aber vor allem der ethischen Disposition der jungen Leserschaft. Die Leser schlagen sich bei einem solchen Plot auf die Seite des kriminellen Helden, der gegen hoffnungslose Umstände kämpft und darin seinen Mut beweist. Mit dem Wissen um die Affektenlehre der alten Rednerkunst lässt sich das »stacking of the cards«, das ›Aufstapeln‹ der viel besseren Karten der Polizei als eigentlich »abgekartetes Spiel«³¹² der Comic-Macher entschlüsseln und seiner Täuschungsabsicht überführen. Denn schon in der *Rhetorik* des Aristoteles lässt sich nachlesen, dass die Jugend jeder Form der Berechnung misstrauisch gegenübersteht, während sie das Tugendhafte sucht. Die Gefühle der jungen Leute werden durch Mut und offensichtliches Unrecht erregt.³¹³ Der Erfolg der Heftchen hängt also ganz sicher nicht an der steten Vorführung, dass Verbrechen sich einfach nicht lohnt. Die ethische Dimension der Maxime der Comic-Hersteller ist mit der durch die Heftchen angeregten Bewunderung der Jungen für den Ganoven ad absurdum

---

310 Die Affektenlehre gibt Auskunft darüber, mit welchen Mitteln bei den unterschiedlichen Ausgangssituationen und Charakteren der Menschen Gefühle erregt werden können. Sie versammelt ein Wissen über die angenommene ethische Grundhaltung verschiedener Charaktertypen in der Gemeinschaft. Zu den antiken Anfängen und zur romantischen Nutzung der Affektenlehre in Rhetorik und Poetik vgl. Dockhorn: Wordsworth und die rhetorische Tradition in England, insb. S. 13–22. Die Affektenlehre sei die eigentliche Aufgabe und Kunst der Rhetorik seit der Spätantike gewesen, wodurch sie auch zum Kernstück der Poetik geworden sei (vgl. S. 15 f.).
311 McLuhan: The Mechanical Bride, S. 31 Sp. 1.
312 ›Stacking‹ bezeichnet im Englischen das Stapeln, Aufstapeln oder Aufschichten von etwas. Die Wendung ›stacking of cards‹ entspricht in etwa dem ›abgekarteten Spiel‹ im Deutschen; entsprechend führt es die deutsche Übersetzung McLuhan: Die mechanische Braut, S. 47 Sp. 2.
313 Zur antiken Einschätzung der jugendlichen Grundhaltung vgl. die einschlägige Darstellung bei Aristoteles: Rhetorik, II.12.7–II.12.15, 1389a 15–1389b 6 (S. 110 f.), insb. zum Vorrang der Tugend vor jeder Berechnung II.12.12 (1389a 30 f.), zur Gutwilligkeit und Gutgläubigkeit der Jugend II.12.7 (1389a 15) sowie II.12.15 (1389b 5 f.). Über Mut und Furchtlosigkeit vgl. II.12.9 (1389a 25) und zur Handlung im Übermut II.12.15 (1389b 5).

geführt. Das erfolgreiche Geschäftsmodell der Comics ruht auf dem Verbrechen und nicht auf dem wohlfeilen Vorrechnen der Dimensionen des Polizeieinsatzes.

Als zweite schiefstehende Koordinatenachse identifiziert McLuhan die Auffassung der Normalität als ein Kriterium der Tugend. Denn diese Normalität steht mit der zweifelhaften Rechtschaffenheit des Geschäftsmannes im Bunde:

> Of course, it [das Tugendkriterium der Normalität] is just as riddled with ethical nonsense as ›business normalcy‹ is shot through with economic absurdity. The normal (virtuous) man, according to this doctrine, is he who always has a clear idea of the risks involved in asocial behavior. [...] So long as he keeps his appetites in the legally defensible channels, excess is success.[314]

Die normalen Leute, von denen die Heftchen-Rede spricht und die sie zu adressieren sucht, sind in der spezifischen Redeweise der Comics immer schon in ökonomisches und entsprechend asoziales Denken verstrickt. Die angesprochene Normalität ist eine ›Geschäftsnormalität‹, was sich ja gerade auch an der Titel-Maxime des Comics ablesen lässt. Neben der gemeinschaftsstiftenden Funktion wird der Maxime in der klassischen rhetorischen Lehre auch eine argumentative Funktion zugeschrieben. Die Maxime wirkt dann wie eine verkürzte Schlussfolgerung,[315] und die entsprechende Schlussfolgerung von *Crime Does Not Pay* – welche der Text von *The Mechanical Bride* allerdings nicht als solche explizit macht – lässt sich folgendermaßen ausformulieren: Weil Verbrechen sich nicht auszahlt, lassen normale Leute die Finger davon. Zwischen den beiden schiefstehenden Koordinatenachsen von Berechnung und Normalität entpuppt sich die Wendung ›Crime Does Not Pay‹ für McLuhan als wörtlich zu nehmende Rede: Verbrechen bezahlt nicht – ungünstige Voraussetzung, wenn man Geschäfte machen will. Und da nun laut Comic-Text die normalen Leute genau wüssten, dass Verbrechen nicht entlohnt, und also nicht kriminell handelten, kommt McLuhan hier nicht ganz unlogisch zu dem Umkehrschluss, dass die angesprochenen normalen Leute berechnende Geschäftsleute sein müssen. Der geschäftliche Erfolg geht letztlich über das ethische Gebot des Maßhaltens hinweg[316] und rechtfertigt stattdessen den hedonistischen Exzess; »excess« wird »success«. Die Auffassung vom normalen

---

314 McLuhan: The Mechanical Bride, S. 31 Sp. 1.
315 Als Enthymem enthält der gnomische Satz bzw. die Maxime Schlussfolgerung und Begründung bereits in sich. Vgl. Coenen: Art. Maxime (HWRh, Bd. 5), Sp. 1000, sowie Aristoteles: Rhetorik, II.21, 1394a 15–1395b 15 (S. 124–128).
316 Zur Verbindung des rechten Maßes des *decorum* mit dem ethischen Maß der Mitte in der antiken Philosophie vgl. Mühlmann: Ästhetik der Renaissance, S. 63 u. 70 f., sowie Müller: Decorum, S. 78.

Leben, die sich in der Maxime der Comic-Reihe und ihres Programms ausdrückt, erscheint daher in hohem Maße fragwürdig.³¹⁷

Nach den Betrachtungen zur Verhältnismäßigkeit der Comic-Rede wendet sich McLuhan noch den Verhältnissen in der Gesellschaft selbst zu. Auch Verbrechensermittlung und Rechtsprechung außerhalb der Comic-Welt erweisen sich dabei als den Mechanismen von Kaufentscheidung und Marktgeschehen ergeben.³¹⁸ McLuhan bezieht sich in dieser Unterstellung auf das zeitgenössische Versprechen, Gedankenleseapparate konstruieren und gegen jegliche Form der Kriminalität in Stellung bringen zu können.³¹⁹ Ein solcher Enthusiasmus erscheint McLuhan bedenklich, vor allem da sich solche Instrumente der Verbrechensermittlung nicht mehr von den Mitteln der Marktforschung unterscheiden ließen und die Idiotie der Geschäftswelt damit endgültig die gesellschaftliche Domäne übernehmen könnte:

> The means envisaged for this purpose [der Ausrottung des Verbrechens via Gedankenleseapparat] are complex, but the kind of wish for unlimited power over men which evokes such means is moronic. From the point of view of civilized values, it is obvious that, as our powers of crime detection have advanced, the power to define vice or virtue has declined. In the same way, as market research tyranny has developed, the object and ends of human consumption have been blurred. Know-how has obliterated the why, what and when.³²⁰

Mit dem Literaturwissenschaftler Klaus Dockhorn lassen sich die Frageworte ›Warum, Was, Wann‹ als deutlichen Verweis McLuhans auf die rhetorische Tradition der Antike und deren System der Verbrechensbewertung lesen. Diese die Umstände erfragenden ›Signalwörter‹ bilden einen »formelhafte[n] Komplex«,³²¹ welcher direkt aus den großen römischen Traktaten der Rednerkunst entlehnt ist und somit auf den Ort hinweist, von dem aus *The Mechanical Bride* hier die gesellschaftlichen Fragen, die die Comics aufwerfen, angeht. Es ist der ›Standpunkt zivilisierter Werte‹ *(the point of view of civilized values)* der ›forensischen Tradition‹. Denn ›Warum‹, ›Was‹ und ›Wann‹ sind Indikatoren der rhetorischen

---

317 Vgl. McLuhan: The Mechanical Bride, S. 31 Sp. 1.
318 Vgl. McLuhan: The Mechanical Bride, S. 31 Sp. 1.
319 Vgl. die Verweise auf die Forschung und Zukunftsaussichten des Begründers der Parapsychologie Joseph B. Rhine, auf den Hopkins Televoter sowie das »mechanical brain, of the sort developed at the Massachusetts Institute of Technology by Professor Norbert Wiener« in: The Mechanical Bride, S. 31 Sp. 2. Für eine Abbildung sowie die Beschreibung der Funktionsweise des Televoters vgl. Dorrell: Dial M for Measurement.
320 McLuhan: The Mechanical Bride, S. 31 Sp. 2.
321 Vgl. Dockhorn: Wordsworth und die rhetorische Tradition in England, S. 26. Für eine Kritik an Dockhorns »ideengeschichtliche[r] Rhetorik-Apologie« vgl. Till: Tranformationen der Rhetorik, insb. S. 14–32.

Argumentationstechnik auf dem römischen Forum, die der Bestimmung von Laster oder Tugend einer Handlung dienten. Mithilfe dieser Fragen ging die Kunst der Gerichtsrede einem zu beurteilenden Tatgeschehen nach. Es waren das Wo, das Wann und das Wie[322] zusammen mit der Affektdisposition der beteiligten Akteure[323] darzulegen. Hilfsmittel der Rede war das *decorum*, insofern es das allgemeine Wissen über die Affekte in Bezug auf Zeit, Ort und sonstige Umstände hinsichtlich eines zu verwendenden Stils ordnete und solchermaßen die ganze Reihe von Faktoren ins rechte Verhältnis zu setzen vermochte.[324] Der Redestil des Ermittlers bzw. Anwalts hatte sich den vorgefundenen Verhältnissen anzupassen, um auf diese Weise die Wirkung des Delikts auf den (oder die) Richter in angemessene Bahnen zu lenken, man könnte auch sagen: einzustellen.[325] Nach Mühlmann waren die Äußerungsmodi dabei von den »Gegebenheiten der historischen römischen Gesellschaftsorganisation« und den antiken »Grundgedanken der philosophischen Ethik und Politik« vorgegeben.[326] Demnach galt die qualitative Unterscheidung einer Sphäre der politischen Interaktion von einer Sphäre der ökonomischen, also häuslichen, (Re-)Produktion auch für den Redestil. Der hohe Stil war auch nur auf den hohen Bereich des Staats- und Gemeinschaftslebens anzuwenden, während allem Wirtschaftlichen der niedrige Stil zu gelten hatte.

Mit dem ›Standpunkt zivilisierter Werte‹, den McLuhans Text gegen die aktuellen Entwicklungen der Rede- und Verbrechensaufklärungsweisen vorbringt, wird deutlich dass die Stilkritik von *The Mechanical Bride* letztlich auf die Feststellung eines Verlusts hinauslaufen muss: »To put the matter simply, we no longer have a rational basis for defining virtue or vice.«[327] In der Comic-Rede als auch im gesellschaftlichen Vorgehen gegen das Verbrechen fehlt es gewissermaßen am historischen *decorum*, an der Beachtung einer Vorschrift, die Tugend und Laster unterscheidbar hält. Der Standpunkt der zivilisierten Werte entspricht in der Stilkritik von *The Mechanical Bride* den Verhältnissen und Maßgaben, die in den Texten namens ›McLuhan‹ in den 1940er Jahren unter der Bezeichnung ›forensische Tradition‹ die literaturkritischen Maßstäbe bilden. Die forensische Tradition hat die Gemeinschaft der Bürger zur Voraussetzung und zum Ziel. Diese Tradition orientiert sich am *decorum* Ciceros und Quintilians, welches den Stil immer

---

[322] So lautet die traditionelle Reihe der Fragen zum Tathergang, wie sich bei Quintilianus: Institutio Oratoriae. Ausbildung des Redners, Bd. 1, V.10.32 (S. 559) nachlesen lässt. Vgl. auch Dockhorn: Wordsworth und die rhetorische Tradition in England, insb. S. 26 f.
[323] Vgl. Aristoteles: Rhetorik, I.10, 1368b–1369b 30, (S. 48–52).
[324] Vgl. Steinhauer: Die rhetorische Regulierung, S. 176.
[325] Vgl. Mühlmann: Ästhetische Theorie der Renaissance, S. 72 f.
[326] Vgl. Mühlmann: Ästhetische Theorie der Renaissance, S. 73–78, Zitate S. 77.
[327] McLuhan: The Mechanical Bride, S. 31 Sp. 2.

nach der hierarchischen Abstufung der politisch-gesellschaftlichen Sphäre von der privaten produzierenden Sphäre ausrichtet.[328] Mit dem Register dieses historischen *decorum* lässt sich daher nicht nur die literaturkritische Bewertung der Mittel-Wirkungs-Relation erreichen, sondern auch – dies ist ja die Eigenart des Regeleinstellungssystems *decorum* – die Übersetzung stilistischer Maßstäbe in gesellschaftliche vornehmen. Insofern schließt McLuhan hier auch an Leavis' Projekt einer Kulturkritik[329] von der rechten literarischen Tradition aus an.

Der Stil der untersuchten Comic-Rede verhandelt nun, wie McLuhan hier aufgewiesen hat, die ethische Frage des Verbrechens in und an der Gemeinschaft als Angelegenheit der Ökonomie. Dadurch gerät auch die Trennlinie zwischen Tugend und Laster ins Wanken, wie das Resümee zu *Crime Does Not Pay* schließlich ausführt:

> To put the matter simply, we no longer have a rational basis for defining virtue or vice. And the slogan ›Crime does not pay‹ is the expression of moral bankruptcy in more senses than one. It implies that if crime could pay, then the dividing line between virtue and vice would disappear.[330]

Das Problem an der Redeweise von einer nicht lohnenswerten Kriminalität ist der Verlust der traditionellen forensischen Definitionsgrundlage für Tugend und Laster. Einmal im für die antike Rhetorik niederen Bereich der Wirtschaftlichkeit angesiedelt, ist das Verbrechen nicht mehr eindeutig bewertbar; denn wenn es sich dann doch auszahlte, würde seine ethische Lasterhaftigkeit zur ökonomischen Tugend. Das ist die Unanständigkeit des Stils von *Crime Does Not Pay*, welche die Analyse von *The Mechanical Bride* hervorkehrt. In dieser Art zu reden, in dieser Art der Leseradressierung arbeiten die eingesetzten Mittel einer Wirkung zu, die stetig Laster in Tugend und Tugend in Laster verkehrt. So verkehrt sich der

---

328 Demnach zeichnet sich die forensische Tradition durch ihre rhetorische Grundbildung und ihre Orientierung auf die Gemeinschaft aus. Diese Rhetorik ist einerseits durch die ›alte Grammatik‹ in ihren Wissensbeständen und ihrer Sprachauffassung eingehegt und andererseits durch ihre Funktion in der und für die Gemeinschaft. Die entsprechenden Bezugstexte McLuhans sind dabei Ciceros Rednerbücher, welche die Frage der Angemessenheit der Rede und ihrer Stillagen, wie sie Mühlmann für das Renaissance-*decorum* herausgearbeitet hat, diskutieren. Vgl. Kap. III.1.2 in diesem Band.
329 Vgl. Hinweise von Leavis und Thompson über den Zusammenhang von Stil und Lebensweise als Argumentation im Register des *decorum*, Leavis/Thompson: Culture and Environment, S. 53: »[I]mportant are the aspects of style that raise most directly and obviously the question of the effect of Advertising English upon emotional life, ideals and accepted ideas about the ›standard of living.‹«
330 McLuhan: The Mechanical Bride, S. 31 Sp. 2.

Kriminelle in den Held der Geschichte und die Frage des Verbrechens wandelt sich in der Orientierung der normalen Leser darauf, ob sich eine Sache auszahlt oder nicht, in eine Frage des Wirtschaftens. Die vordergründig politisch korrekte Aussage des Heftchentitels verkehrt sich schließlich vollends in eine Lüge, wenn McLuhan die aktuellen Schlagzeilen zitiert:

> [T]here is the fact well known to the public and announced in *Quick* (May 8, 1950) apropos of the Senate investigation into gambling:
> U.S. Crime Does Pay – Millions a Year.[331]

Verbrechen zahlt sich aus. Es wirft Millionen im Jahr ab. Das asoziale Geschäftsdenken der Comic-Maxime verkehrt daher so manches Verbrechen an der Gemeinschaft bzw. am Gemeinschaftsdenken (Laster) in eine durchaus erwünschte Ökonomie (Tugend).[332]

2.4 Virtue or vice?: Über die unentscheidbare Frage nach Stiltugend und Stilfehler

Die in der Comic-Rede beobachteten Verkehrungen ins Gegenteil, dieses Verschwinden des *decorum* mit seiner Grenzziehung zwischen Tugend und Laster, sind allerdings auch Kennzeichen der sophistischen Widerrede. Und sie sind damit auch Charakteristika, die sich mit dem sophistischen Redeanspruch des Bandes *The Mechanical Bride* in dessen kritische Unternehmung selbst eintragen.

Ein sophistischer Redestreit lässt sich nicht mit dem *decorum* der Römer oder der Renaissance-Literaten gewinnen. Jenes *decorum* mit seinem Standpunkt zivilisierter Werte legt nämlich zu viel Wert auf die Maßstäbe außerhalb der Redesituation selbst, auf vermeintlich feststehende und allgemeine (Referenz-)Werte. Der sophistische Redestreit muss aber über die Wirksamkeit der Worte und der sprachlichen Ausgestaltung gewonnen werden. Dies hängt mit dem Grundsatz der antiken Sophistik nach Protagoras (ca. 490–ca. 411 v. Chr.) zusammen, dass es zu jeder Sache stets zwei gegensätzliche Reden gibt, und jede der beiden Reden

---

[331] *Quick*-Schlagzeile vom 8. Mai 1950 zit. nach McLuhan: The Mechanical Bride, S. 31 Sp. 1.
[332] Ausgehend von der *Quick*-Schlagzeile lässt sich allerdings McLuhans Bewertung der Heftchen-Rede hinterfragen. Der Bezug auf die Zahlungsfähigkeit verbrecherischer Handlungen ist kein schräger; er ist vielmehr eine der Geschäftswelt der USA der 1950er Jahre vollkommen angemessene Referenzmöglichkeit. Die Comic-Hefte halten das *decorum* ihrer Zeit ein. Vgl. Steinhauer: Die rhetorische Regulierung, S. 174, der vom *decorum* als »Anpassungseffekt« der kommunikativen Selbstorganisation spricht; vgl. auch S. 183 f.

ist so wahr, wie die jeweils andere.³³³ Darin folgt die sophistische Lehrtradition einem grundsätzlich anderen Verständnis von Sprache *(logos)* als die abendländische Tradition seit Platon und Aristoteles. Ihr Logos funktioniert nicht nach einer referentiellen Semantik, das heißt, das einzelne Wort oder die jeweilige Rede referieren nicht auf eine Wahrheit außerhalb der Sprache, vielmehr ist das Sprechen immer schon wahr. Daher ist der Widerspruch der sophistischen Redepraxis keinesfalls mit dem Widerspruch der platonischen und aristotelischen Logik bzw. der realistischen Sprachauffassung zu verwechseln. Das Angemessene einer Rede entscheidet sich nämlich »nicht durch die Bestätigung seitens der Tatsachen«, sondern in der konkreten Situation des Wettstreits. »Von zwei Waren gilt es das bessere, stärkere, angemessenere zu ermitteln.«³³⁴ Dieses Angemessene ist aber nicht notwendigerweise auch das Anständige im Sinne des *decorum* der rhetorischen Lehrtexte der Antike. Die sophistische Rhetorik hat nämlich kein *decorum*, wie es die kommunikativen Konventionen der römischen und der Renaissance-Zeit aufweisen. Ihr fehlt ganz einfach das ethische und soziohistorisch verankerte Werte-Maß der systematischen Rhetoriken, die erst später niedergeschrieben wurden. Die Sophisten kennen lediglich den *kairós*, jene »als objektiv verstandene Gunst der Stunde«, der die Rückbindung an die Rangfolgen einer Staats- und Gemeinschaftsordnung abgeht. Insofern versuchen die Sophisten über ein »Maß ohne Maß« zu verfügen,³³⁵ dessen Kontrollierbarkeit nicht durch einen der Redesituation äußeren Wert gesichert ist. Daher ist im Wettstreit und im Verfahren des Widerspruchs der Sophisten alles erlaubt.³³⁶ Alles, was irgendwie besser wirkt, stärker überzeugt oder den Rahmenbedingungen angemessener ist, spricht auch schon dem Wahren zu, und es muss besser ausgesprochen sein als beim Gegner.

Und dieses ›Besser als der Gegner‹ stellt McLuhans Text über *Crime Does Not Pay* in der Darstellung der Rede des Gegners selbst aus. In dieser Darstellung zeigt sich der Trickster, wenn eine Form des Redeschmucks ausgenutzt wird, die viel eher den sophistischen Grundsätzen des redenden Übertreffens als den ethischen Grundsätzen des historischen *decorum* zuzurechnen ist. So drückt der kritische Text die Erfolgsformel der Geschäftswelt, welche der angesetzten Referenz des

---

333 Vgl. Protagoras: »Zwei Reden, die einander zuwider laufen, gibt es um jede Sache«, zit. nach Buchheim: Zur Eigenart des sophistischen Logos, S. 3.
334 Buchheim: Zur Eigenart des sophistischen Logos, S. 32–35, Zitate S. 35 u. 34
335 Müller: Decorum, S. 18 u. 22. Müller geht allerdings aufgrund seiner Frage nach Konzepten der Angemessenheit von einer Kontinuität zwischen dem *kairós*-Konzept der Sophisten und dem *decorum* in den griechischen und römischen Texten zur Kunst der Rede aus.
336 Vgl. die Etymologie von *elenchos* (gr.: widerlegen) mit ihrem Bedeutungsfeld des ›Zu-Schanden-Machens‹ oder ›Bloßstellens‹ bei Buchheim: Zur Eigenart des sophistischen Logos, S. 4 f.

historischen *decorum* zuwiderläuft, in der gewitzten Figur eines *homoioteleutons* aus. Die asoziale Maßlosigkeit der Geschäftswelt wird als »excess is success« zusammengefasst. In dieser Wendung wird der persönliche Erfolg *(success)*, der im Übervorteilen der anderen und unter Verzicht auf das ethische Maß und Maßhalten *(excess)* besteht, sowohl in der Aussage als auch in der sprachlichen Formulierung ausdrucksstark vorgebracht. Diese Aussage setzt über die logische Verknüpfung des ›is‹ Exzess und Erfolg gleich. Die sprachliche Formulierung, der Trickster, erreicht die Gleichsetzung indessen über die rhetorische Figur des *homoioteleutons*, über den Gleichklang der Wortenden. ›Excess‹ und ›success‹ laufen am Ende (im *homoioteleuton*) aufs Selbe hinaus: ›-cess/-cess‹. Und genau dieser Trick macht das *homoioteleuton* zur Überredungsfigur mit besonderer Evidenz.[337] Es legt die Identität (die die Aussage in diesem Fall sowieso vorlegt) auch sprachlich, das heißt klanglich und graphisch nahe. Es ist damit eine der wichtigsten Figuren des sophistischen Redeanspruchs, der versucht, sich unmittelbaren Eingang in Ohren und Seelen zu verschaffen; denn wahr ist alles Gesagte, aber obsiegen wird das wirksamer Gesagte.[338]

Im Kontext des untersuchten Textabschnitts in *The Mechnical Bride* übernimmt das *homoioteleuton* eine ironisierende Funktion. Was der Trickster hier formuliert, sagt er und sagt er zugleich auch nicht. Durch das angewandte sprachliche Mittel stellt die Wendung ihre Aussage zugleich infrage. Denn das *homoioteleuton* übertrumpft seine Aussage regelrecht. Das kritisierte Übermaß wird in den rasch aufeinanderfolgenden Zischlauten des »excess is success« geradezu sinnlich wahrnehmbar. Man kann förmlich hören, wie man mit dieser Überredungsformel ebenso übers Ohr gehauen wird wie in der dazugehörigen, analysierten Redesituation der Geschäftswelt. Doch ausgerechnet im Übertrumpfen der Rede des Gegners mittels des *homoioteleuton* bewährt sich nun auch die Streitrede McLuhans. Indem *The Mechanical Bride* sich immer schon auf einen Rednerwettstreit mit den Werbetexten eingelassen hat, muss es die rhetorischen Mittel der Vorlagen selbst mit Mitteln der Rhetorik vorführen. Und in dieser Vorführung erscheint nun »excess is success« als besonders kraftvoller Ausdruck. Der Leitsatz der Gegenseite ist hier einfach besser gesagt als etwa in der etwas bieder daherkommenden Maxime des Comic-Titels. Die Ironie besteht an dieser Stelle also vor allem darin, dass sich McLuhans Trickersterrede letztlich selbst den Auffassungen der Heftchenindustrie angemessen hat, wenn auch nur ironisch.

Am Ende des Textabschnitts zu *Crime Does Not Pay* misst sich die Redeweise des kritischen Textes noch ein weiteres Mal in einer figurativen Wendung der

---

337 Vgl. Groddeck: Reden über Rhetorik, S. 153.
338 Vgl. Buchheim: Zur Eigenart des sophistischen Logos, S. 15.

Gegenseite an. Wenn nämlich am Ende der Stilkritik zum Comic-Heft die Titelmaxime in Bausch und Bogen verabschiedet wird, geschieht dies mithilfe der metaphorischen Wendung vom ›moralischen Bankrott‹: »[T]he slogan ›Crime does not pay‹ is the expression of moral bankruptcy in more senses than one.« Auch hier nimmt die Tricksterrede die Redeweise der kritisierten Geschäftswelt auf und führt ihr das Fehlgehen ihrer Verhaltensweise (die sich im Comic-Slogan ausdrückt) in ihrer eigenen Begrifflichkeit vor. Einen moralischen Fehltritt, den Bereich des Lasters kennt ja diese Geschäftswelt nach Auffassung McLuhans nicht mehr. Einen moralischen ›Bankrott‹ aber wird sie einzuordnen verstehen. Wieder ermöglicht die Wahl des sprachlichen Mittels eine Wirksamkeit der Rede, die die schlappe ökonomische Rede eines sich nicht auszahlenden Verbrechens in den Schatten stellt. Die Abruptheit, die im Klang des ›Bankrott‹ *(bankruptcy)* wie in seinem semantischen Feld des vollständigen Verlusts aller materiellen Güter und Sicherheiten mitgeführt wird, unterstützt dabei noch die hier vertretene Botschaft um die Moral. Denn zu schreiben, der Slogan der Hefte wäre der Ausdruck eines moralischen Fehltritts wirkt auch auf die heutigen Leser nicht halb so hart wie ein moralischer Bankrott.

Der sophistische Redeanspruch der Anlage von *The Mechanical Bride* löst sich also auch auf der Ebene des verwendeten Redeschmucks im Band ein und stellt von da aus die Frage des *decorum* noch einmal neu. Was ist vom sophistischen Standpunkt des Textes aus eigentlich die »rational base for defining virtue or vice«? Die Begründung für Tugend und Laster kann aus dieser Perspektive nicht, wie noch beim historischen *decorum*, außerhalb der Redesituation angesiedelt sein. Sie ist allein im Moment der Rede zu suchen. Und tatsächlich führen die rhetorischen Theorien der Rede bzw. Anleitungen zur Rede auch eine Lehre über Tugenden und Laster der Rede selbst mit sich: die *virtutes-/vitia*-Lehre der klassischen Rhetorik.[339] Sie betrifft die Auswahl der sprachlichen Formulierungen für eine Rede *(elocutio)* und gehört damit natürlich auch zum angestammten Bereich des *decorum*. Unter den *virtutes-/vitia*-Regeln finden sich verschiedene Sprach- und Stilkategorien zusammengestellt, nach denen sich Qualitäten und Fehler des Redeausdrucks ausmachen lassen sollen. Zu den Kategorien zählen die Sprachreinheit *(puritas)*, die Klarheit *(perspicuitas)*, der Redeschmuck *(ornatus)* und die Angemessenheit *(aptum)* selbst.[340] In ihren Wettstreiten hielten die Sophisten denn auch immer wieder Ausschau nach Verstößen gegen solche Gebote

---

339 Vgl. Hambsch: Art. Virtutes-/Vitia-Lehre (HWRh Bd. 9).
340 Vgl. Hambsch: Art. Virtutes-/Vitia-Lehre (HWRh, Bd. 9), Sp. 1143 f. In der langen Geschichte der Stilistik sind noch weitere Kategorien benannt worden, wie etwa die Kürze *(brevitas)* oder die Glaubwürdigkeit (Sp. 1143 f.); vgl. auch Lausberg: Elemente der literarischen Rhetorik, S. 42 (§ 93).

des trefflichen Ausdrucks und überführten ihre Gegner der Redefehler.³⁴¹ Wenn jedes Reden wahres Reden ist, so kann der Gegner auch nur auf der Ebene der Redeweise widerlegt werden. Die Ansammlung der speziellen Kategorien der *virtutes-/vitia*-Lehre allerdings werden die Sophisten hierfür nicht eingesetzt haben, denn sie stammt aus der späteren Zeit der systematischen Rhetoriken.

Die Tugend- und Lasterkategorien der systematischen Rhetorikhandbücher (der Antike und darüber hinaus) aber sind letzten Endes der Ausdruck eines ausgehaltenen Widerspruchs in der stilistischen Behandlung der Sprache selbst. Denn die Gebote der einzelnen Kategorien von *puritas, perspicuitas, ornatus* und *aptum* widersprechen sich teils gegenseitig. Das *homoioteleuton* ›excess is success‹ führt dies beispielhaft vor. Denn wie sein Pendant der gleich klingenden Wortanfänge, das *homoioprophoron* (zum Beispiel in ›virtue or vice‹), ist die Figur des *homoioteleuton* zunächst ein phonetischer Fehler *(vitium)*,³⁴² der die Klarheit der Rede *(perspicuitas)* verletzen kann. In der Aufeinanderfolge der Zischlaute und der Wiederholung des abschließenden ›-cess‹ kann der semantische Unterschied der ähnlich klingenden Worte verloren gehen und stattdessen im ›Nuscheligen‹ enden. Die Zuhörer könnten aber auch meinen, sich verhört zu haben. Zugleich ist jedoch die Verwendung eben dieses Gleichklangs *(ornatus)*, das ›Nuschelige‹ und mit ihm die Gefahr des Verlusts des Unterschieds gerade das Kraftvolle dieses Ausdrucks *(virtus)*. Es geht ja darum, in dieser Redeweise den Unterschied zwischen Erfolg und Exzess zugleich hervorzuheben und zu verwischen. Das schmückend Kraftvolle dieser Rede führt anstelle des ethischen Fehlers nach Maßstäben des historischen *decorum* im Text McLuhans die eigentliche Unentscheidbarkeit der Frage nach Stilfehler oder Stiltugend vor.³⁴³ Auf der Ebene der sprachlichen Gestaltung lässt sich nicht ohne das historische *decorum* entscheiden, ob das *homoioteleuton* hier als Tugend oder Fehler der Rede zu werten ist; so wie sich schon aus stilistischer Sicht niemals eindeutig entscheiden lässt, ob ein *homoioteleuton* ein Sprachfehler oder eine Sprachtugend ist.

Die Gebote der einzelnen Kategorien der *virtutes-/vitia*-Lehre lassen sich ausgehend von ihren Grundkategorien nicht alle mit einem Mal einhalten. Das eine Gebot zu beachten, heißt gegen ein anderes Gebot zu verstoßen. Anhand der Kategorien von *puritas* und *ornatus* lässt sich auch unschwer erkennen, woran dies liegt. *Puritas* hieß je nach Lehr- und Herrschaftsgebiet in den alten Rhetoriken wahlweise auch *Hellenismos* oder *Latinitas*. Es ist dies die Stilqualität der

---

341 Vgl. Müller: Decorum, S. 171, vgl. auch die Hinweise Groddecks zur Sprachanalyse unter den Sophisten und Protagoras' berühmte Sprachkritik über den Beginn der *Ilias*, Groddeck: Reden über Rhetorik, S. 23.
342 Vgl. Groddeck: Reden über Rhetorik, S. 153.
343 Vgl. hierzu den allgemeinen Nachweis von Schüttpelz: Figuren der Rede, S. 42–53.

korrekten und fehlerfreien Benutzung einer Sprache, für welche die Grammatiken der Nationalsprachen die Regeln anzugeben vermögen.[344] Der *ornatus* war indessen von je her der Bereich der systematischen Figurenlehre der Rhetorik. In der *virtutes-/vitia*-Lehre prallen daher das grammatische Sprachverständnis vom richtigen Reden *(ars recte loquendi)* und die rhetorische Sprachauffassung vom guten Reden *(ars bene dicendi)* aufeinander.[345] Auch die *perspicuitas* wäre eher dem Hoheitsbereich der Grammatik zuzuordnen, insofern sie jegliche Formen der *obscuritas*, der dunklen, unverständlichen Redeweise zu unterbinden gebietet, während der *ornatus* gerade das ›Obskure‹ an so mancher sprachlichen Wendung für die rhetorisch versierte Rede auszunutzen anweist, wie es ja am Fall des *homoioteleuton* ›excess is success‹ im Text McLuhans deutlich geworden ist.

Demnach verhandelt ein *homoioteleuton* immer schon die Zuständigkeiten und die Perspektiven von Grammatik und Rhetorik, wie sie seit der Neuzeit aufgefasst werden. Es sind nicht genau dieselben Verhandlungen, die die Gerichtsrede angestrengt hat, da Grammatik und Rhetorik dort in recht spezifischer Weise aufgegriffen wurden.[346] Sie stehen aber mit den Verhandlungen der Gerichtsrede im Textkorpus ›McLuhan‹ über die Problematik der Sprachfehler und -tugenden in Verbindung. Tatsächlich stößt man mit einem *homoioteleuton* oder einem *homoioprophoron* wie ›virtue or vice‹ in der Sprache selbst auf das »Paradox der Identität der Fehler und Figuren«, das sich nicht mit sprachlichen Kriterien auflösen lässt.[347] Letztlich sind alle Sprachfiguren in gewisser Hinsicht – zumeist von einem grammatischen Standpunkt aus – auf eine fehlerhafte Verwendung der Sprache zurückzuführen; während jede grammatisch korrekte Sprachverwendung auch immer schon figürlich gelesen werden kann – von einem dann eher als rhetorisch zu bezeichnenden Standpunkt aus. Die figürlich gelesene Wendung, so grammatikalisch korrekt sie an sich auch sein mag,[348] kann wiederum zu radikalen Missverständnissen führen. Die Widersprüchlichkeit der Gebote der Kategorien der *virtutes-/vitia*-Lehre wie die stets doppelte Les- und Bewertbarkeit der Sprachfiguren sind daher der Ausdruck des zentralen Dilemmas jeglicher Behandlung der Sprache, sei es nun in der praktischen Hinsicht der antiken Sprachkünste des Triviums oder in der theoretischen Hinsicht der Sprachphilosophie des zwanzigsten Jahrhunderts: das Dilemma, Wesen und Funktionsweise der Sprache nie in all ihren Dimensionen beschreiben oder gar erklären zu können, sondern lediglich

---

344 Vgl. Groddeck: Reden über Rhetorik, S. 103.
345 Vgl. Groddeck: Reden über Rhetorik, S. 88 u. 103 f.
346 Vgl. Kap. II in diesem Band.
347 Schüttpelz: Figuren der Rede, S. 52.
348 Für Beispiele und Nachweis dieses sprach- und literaturtheoretischen Grundlagenproblems vgl. Schüttpelz: Figuren der Rede, S. 50–52, sowie de Man: Semiologie und Rhetorik.

entweder zulasten grammatikalischer oder zulasten rhetorischer Aspekte darzulegen und damit auch schon in einer dieser Hinsichten zu verzerren.³⁴⁹

Indem die Sprache immer wieder (auch) anders funktioniert, ist sie auch schon. Ihr Wesen ist, dass sie keine auszumachende, eindeutig beschreibbare (grammatische oder rhetorische) Funktionsweise hat; sie funktioniert einfach, und zwar immer wieder anders. Dieses Dilemma kannten die Sophisten im Übrigen nicht. In ihrer pragmatischen Redelehre und ihrem Konzept eines zwischen semantisch-referentieller und sprachlich-gestalteter Wahrheit nicht unterscheidenden Logos hatten sie es immer schon gelöst bzw. gar nicht erst angetroffen. Auch die systematischen antiken Grammatik- und Rhetoriklehren ließen sich von diesem Dilemma nicht in logische Verzweiflung stürzen, vielmehr stellten sie den Widerspruch immer wieder als Widerspruch aus. Insbesondere die antike Grammatik, die laut der Gerichtsrede im Textkorpus ›McLuhan‹ ja die zu favorisierende Methode für die Literaturkritik bietet, führte in ihren Versuchen, Sprachabweichungsprobleme als Fehler einer »ursprüngliche[n] Regularität« der normalen Sprache zu systematisieren und auch zu erklären,³⁵⁰ immer wieder die Möglichkeit und sogar die Notwendigkeit der (Er-)Kenntnis der Abweichung mit aus. Die wesentlich breitere Anlage der antiken Grammatik als Lehre nicht nur des richtigen Sprachgebrauchs, sondern auch des Sprachgebrauchs der Dichter, ließ die als Fehler deklarierten Typen sprachlicher Wendungen zugleich zu den gesuchten und zu lernenden poetischen Ausdrücken werden, die zur Grundbildung des antiken ›Bildungsbürgers‹ gehörten.³⁵¹ Die antike Rhetorik systematisierte diese vermeintlichen Sprachabweichungen³⁵² von vornherein als Sprachfiguren und machte dabei, und vor allem über ihre *virtutes-/vitia*-Lehre, auf die Möglichkeit der Fehlerqualität in der rhetorischen Sprachqualität aufmerksam. *Virtue or vice?* Das *homoioprophoron* der *virtutes-/vitia*-Lehre selbst – ›vi-/vi-‹ – wusste ja

---

349 Vgl. insb. Schüttpelz: Figuren der Rede, S. 52, wird das Paradox der Identität der Fehler und Figuren auf das Bestehen zweier Normen zurückgeführt: »der grammatischen und der rhetorischen, ihrem Konflikt, und ihrer formalen (d. h. grammatischen) Unauflösbarkeit.« Vgl. S. 53: »[D]er Aufweis der Nicht-Unterscheidung von grammatischem Fehler und rhetorischer Figur, und mit ihm die Darstellung der Beschränkung jeder formal-grammatischen Theorie der Figuren: sie bleibt vor der Rhetorik der Figuren und vor einer Erkenntnis der Figuralität der Figuren stecken [...].«
350 Ax: Quadripertita Ratio, S. 199.
351 Vgl. Ax: Quadripertita Ratio, insb. S. 197–199, 202 u. 205. Vgl. auch Stockhammer: Grammatik, z. B. S. 40 f.; Schenkeveld: Figures and Tropes.
352 Zum Nachweis der Kriterienlosigkeit einer Auffassung von Sprachabweichungen, die notgedrungen von einer Normalsprache und damit von einer Normsprache ausgehen muss, vgl. Schüttpelz: Figuren der Rede, S. 26–41.

von jeher um die Unentscheidbarkeit der Frage, auf die die Tugend-/Laster-Lehre der Rede eine Antwort sein sollte.

In McLuhans Rückbezug auf die antike Grammatik und die antike Rhetorik, zum Beispiel als Rednerkunst der ›forensischen Tradition‹,[353] wird die Spannung zwischen *vitia* und *virtutes* als produktive Spannung für die Literatur und letztlich für die Exegese von Sprache und Welt mitbedacht. Diese Spannung lässt sich nur von Fall zu Fall oder mittels eines historischen Maßstabs eines *decorum* auflösen. Nur nach solchen, von außen angelegten Maßstäben kann eine Entscheidung zwischen zwei grundsätzlich unentschiedenen Lesarten von (Sprach-)Fehler und (Sprach-)Tugend einstweilen getroffen werden.

Die Stillehre der Rhetorik hat letztlich das antike Wissen um die Unentscheidbarkeit von Stilfehler oder Stilqualität bis heute erhalten. Sie wird erst dann zum logischen Dilemma, wenn man ihre Regeln als feste Regeln missversteht und nicht den Umständen des jeweiligen Falls adaptiert. Solches lehrten die Sophisten mit ihrem Konzept des *kairós*, der jeweils nur von Fall zu Fall und von allen möglichen Umständen abhängig zu erreichen und somit letztlich unkontrollierbar war.[354] Die Sophisten lösten die schon mit dem einzelnen sprachlichen Element verbundene Unwissenheit über seine tatsächliche Eigenart *(virtue or vice)* und die daran anschließende Unwissenheit bezüglich des Ausgangs einer Rede über ihren besonderen Wahrheitsbegriff (der auch das Gegenteil noch für wahr hält) und den sportlichen Wettkampf. Das Unentscheidbare wurde noch vor Ort im konkreten Fall von Dritten, den Zuhörern entschieden.

Für den sophistischen Redestreit, den *The Mechanical Bride* anzettelt, lässt sich diese Form der Entscheidung nicht mehr in Anschlag bringen. Dies zeigt die konträre Lesart des Buchs unter seinen Lesern. Die Kommunikations- und Medienwissenschaftlerin Janine Marchessault fasst *The Mechanical Bride* als eine Kulturkritik in der Nachfolge Leavis' auf, die von den Annahmen einer organischen Gemeinschaft und von moralischen Kritikpunkten geleitet sei.[355] Dieser Einschätzung ist aufgrund der vorgestellten *decorum*-geleiteten Lektüren in *The Mechanical Bride* durchaus zuzustimmen. Das ganze Gegenteil dessen behauptet derweil der Literaturwissenschaftler Glenn Willmott, wenn er für *The Mechanical Bride* einen Wechsel McLuhans vom Programm der Modernisten nach Leavis zur pragmatischen und situationsbezogenen Vorgehensweise postuliert, die er als ›postmodern‹ einstuft und die er als Programm von Richards identifiziert.[356]

---

353 Vgl. Kap. III.1.2 in diesem Band.
354 So erkennen auch Steinhauer und Mühlmann ein dynamisches Potential im *decorum*. Vgl. Steinhauer: Die rhetorische Regulierung, S. 183 f.
355 Vgl. Marchessault: Marshall McLuhan, S. 27.
356 Vgl. Willmott: McLuhan, or Modernism in Reverse, S. 19–24. Willmott belegt seine Einschät-

Im sophistischen Ansatz des Bandes der rhetorischen Beobachtung von Rhetorik lässt sich diese Einschätzung nachvollziehen.

Die Unentschiedenheit des Fachpublikums von *The Mechanical Bride* lässt sich letztlich auf die Unentschiedenheit bzw. die fortgesetzte Beratung zurückführen, die der Band in seiner Anlage, seinen Textverfahren und stilistischen Mitteln austrägt. Dabei führt das Buch, wie gesehen, in einzelnen seiner sprachlichen Mittel auf das grundlegende sprach- und erkenntnisphilosophische Problem dessen, wie ein Wissen von der Sprache und letztlich auch ein Wissen von der Welt über die Sprache erreichbar sein soll. In seinen sophistischen Strategien führt *The Mechanical Bride* die Spannung zwischen grammatischer und rhetorischer Lesart nicht nur als produktive Spannung vor, sondern nutzt sie für eine Beschreibung und Kritik der Unterhaltungsformate aus, wie im Folgenden anhand der Darstellungen zur titelgebenden mechanischen Braut gezeigt werden soll.

2.5 Ausstellungsstücke 2 und 3: Ersatzteile einer mechanischen Braut

Eine der Hauptthesen des Buchs *The Mechanical Bride* veranschlagt die von Giedion beobachtete Kommandoübernahme durch Mechanisierung (*Mechanization Takes Command*, 1948) auch für die Auffassung vom Menschen, die sich in einigen Werbeanzeigen mitteilt. Wenn etwa vier Damen in der *Nature's Rival* Hüft- und Büstenhalterwerbung mit klarer Sicht auf ihre Taillen *(the waist line)* hintereinander aufgereiht stehen, während ihre Köpfe und ihre Unterschenkel hinter einer halbdurchlässigen Tülloptik verschwinden, ist die Nähe zur Maschine nach Ansicht McLuhans nicht zu verkennen. (Vgl. Abb. 8.)

Einerseits erinnere diese Darstellung an die Linie der Revuetänzerinnen, andererseits passten auch Handelssprüche der Automobilindustrie wie »Bodies by Fisher« (Karosserien von Fischer) in diesen Zusammenhang. Beides nämlich bestehe auf der engen Verbindung von Blendwerk des Automobils *(motorcar glamour)* mit weiblichem Blendwerk *(feminine glamour)*, und auch der moderne Revuetanz bestehe ja auf seiner Beziehung zur Maschine.[357] Dem ordnet McLuhan im Abschnitt über die »Love-Goddess Assembly Line« die Werbung für das Waschmittel *Ivory Flakes* bei. (Vgl. Abb. 9.) Zu sehen ist die ›Röntgenansicht‹ einer Hälfte einer Frauenfigur, die links mit einem geblümten Kleid bekleidet und rechts nur in

---

zung jedoch nicht anhand von Textanalysen aus *The Mechanical Bride*, sondern geht lediglich von den Themen des Buchs aus.
357 Vgl. McLuhan: The Mechanical Bride (Abschnitt: Love-Goddess Assembly Line, S. 93–97), S. 94 Sp. 1.

Abb. 8: Erste Abbildung zum Abschnitt »Love Goddess Assembly Line« aus *The Mechanical Bride* (1951), S. 94.

ihrer Unterwäsche (einschließlich des Hüfthalters) abgebildet ist. Diese Darstellung lasse sofort an die Methode der Automotor-Präsentation von Versuchsmodellen *(working models)* denken, schreibt McLuhan. Ebenso verhalte es sich mit den »legs ›on a pedestal‹« der *Gotham*-Strumpfwaren-Handelsgesellschaft, die kurz darauf in den Blick genommen wird. In dieser Werbeanzeige ist ein Paar wohlgeformter Beine in glänzenden Strumpfhosen auf einem Podest abgebildet. (Vgl. Abb. 10.) Diese Beine müssten in Verbindung mit »those window displays of car engines on a revolving pedestal«, gesehen werden, »with pistons sliding smoothly while a loudspeaker conveys Strauss waltzes to those on the sidewalk«.[358]

Die Darbietung von Frauenkörperteilen in Unterwäsche-, Waschmittel- oder Strumpfwerbung gleicht der Vorführung von Maschinenteilen. Laut der Auswer-

---

[358] So das Zitat in McLuhan: The Mechanical Bride (Abschnitt: The Mechanical Bride, S. 98–101), S. 98 Sp. 2.

Abb. 9: Zweite Abbildung zum Abschnitt »Love Goddesss Assembly Line« aus *The Mechanical Bride* (1951), S. 95.

tung in *The Mechanical Bride* hat man es hier mit der kulturellen Dynamik von »replaceable parts« zu tun, einer Dynamik der Ersatzteile, der ersetzbaren oder austauschbaren Stücke, die auf den menschlichen und insbesondere auf den weiblichen Körper übergreift.[359] Darum lautet die erste eristische Gegenfrage an die ›Beine auf einem Podest‹ auch: »Noticed any very spare parts lately?« In letzter Zeit irgendwelche ziemlich überflüssigen (Ersatz-)Teile bemerkt? Und weiter: »›The walk,‹ ›the legs‹, ›the body‹, ›the hips‹, ›the look‹, ›the lips.‹ Did she fall off a wall? Call all the king's horses and men.«[360] ›Der Gang‹, ›die Beine‹ und so weiter, wie sie in der Werbung häufig angepriesen werden, werden hier in den Zusammenhang mit dem Kinderreim »Humpty Dumpty« gebracht: Humpty Dumpty

---

359 McLuhan: The Mechanical Bride, S. 98 Sp. 2.
360 McLuhan: The Mechanical Bride, S. 98 Sp. 1.

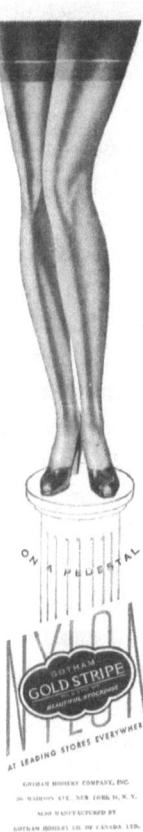

Abb. 10: Abbildung zum Abschnitt »The Mechanical Bride« aus *The Mechanical Bride* (1951), S. 100.

fiel bekanntlich von einer Mauer und auch des Königs Heer konnte ihn nicht mehr zusammensetzen.³⁶¹ Solchermaßen hat ›der Gang‹ plötzlich gar nichts Sinnliches mehr, sondern kommt, wie auch ›die Hüften‹, oder was auch immer gerade beworben wird, in seiner Funktion als perfektioniertes Einzelteil zum Vorschein. Die Werbeslogans heizen dann weniger die Vorstellungswelt der Konsumenten an, als dass sie vor allem ein Ersatzteillager darbieten – das ist das Kennzeichen der titelgebenden mechanischen Braut des Bandes von 1951.

---

361 »Humpty Dumpty sat on a wall, / Humpty Dumpty had a great fall, / All the King's horses and all the King's men, / Couldn't put Humpty together again.« Vgl. den ausführlichen deutschsprachigen *Wikipedia*-Eintrag: »Humpty Dumpty«, http://de.wikipedia.org/wiki/Humpty_Dumpty (28. 01. 2014).

Der Abschnitt »The Mechanical Bride« im gleichnamigen Buch *The Mechanical Bride* stellt nicht etwa das Auto als begehrenswertere oder zuverlässigere Angetraute vor, wie man beim Durchblättern der Werbebeispiele leicht meinen könnte,[362] sondern widmet sich den ›Beinen auf einem Podest‹ der *Gotham*-Strumpfwarenwerbung. Was die Braut mechanisiert, ist nicht, dass sie eigentlich ein Auto ist, sondern es ist jenes Vorgehen, das das Leben laut Giedions umfassender Studie bereits großflächig mechanisiert hat: die Zerlegung eines ganzheitlichen Produkts und seines ganzheitlichen Produktionsprozesses in Einzelteile.

Nach Giedion bestand die erste Phase der Mechanisierung Ende des achtzehnten Jahrhunderts in der Überführung grundlegender Bewegungsmuster der Handarbeit – »pushing, pulling, pressing« – in kontinuierliche, maschinell ausgeführte Bewegungen *(rotation)*.[363] Darauf folgte eine Phase der Mechanisierung in der Herstellung von Objekten *(objects to be mechanically reproduced)* – »stamping, pressing, embossing«. Diese Phase ist mit der Standardisierung der Formen (durch den Einsatz von Prägematritzen) und der Zerlegung des Produktionsprozesses in die Herstellung von Einzelteilen zu Beginn des neunzehnten Jahrhunderts verbunden. Daraus resultiert die Austauschbarkeit der produzierten Teile *(interchangeability of parts)*.[364] Seit Mitte des neunzehnten Jahrhunderts wurde dieses Prinzip der Austauschbarkeit auf immer größere Maschinen angewandt und durch die Möglichkeit des Austauschs auch ohne Fachkräfte gesteigert, wie Giedion mittels eines Katalogs für Landwirtschaftsmaschinen belegt: Der Katalog

> publishes six »diagrams of parts« for [...] mower and Handrake Reaper, each part being illustrated and numbered, so that the farmer need only write for the necessary part by number. From the first, the mechanically minded farmer was accustomed to assemble the machines

---

[362] Über Jahre hielt ich die Verbindung von Autowerbung und Frauenbild für das Hauptresultat der Untersuchungen und vor allem der bebilderten Vorführung in *The Mechanical Bride*. Ich ging davon aus, dass die ›mechanische Braut‹ eine Metapher für das Auto in der industrialisierten Welt abgeben sollte. Bei der erneuten Durchsicht des Bandes musste ich aber feststellen, dass ich damit nur ausgeführt habe, was *The Mechanical Bride* einerseits nachzuweisen und andererseits in der Präsentation selbst umzusetzen sucht: vielfältige Assoziationen, die die Werbung einsetzt, direkt mitzulesen. Vgl. den Abschnitt »Husband's Choice« (in: McLuhan: The Mechanical Bride, S. 82–84) mit der sprechenden Bildunterschrift unter dem neusten Buick-Cabriolet »Ready, Willing – and Waiting«. Vgl. auch den Abschnitt »Understanding America« (in: McLuhan: The Mechanical Bride, S. 113–115) mit zwei gegenübergestellten Bildergeschichten von einem Sultan im Harem und einem Autofahrer an einer Tankstelle. McLuhan fragt spitzfindig: »In the second picture-story the car has been substituted for the sultan? Or for the harem?« (S. 113 Sp. 1).
[363] Giedion: Mechanization Takes Command, S. 47.
[364] Vgl. Giedion: Mechanization Takes Command, S. 48 f.

himself. [...] This catalogue of 1867 gives more space to the representation of interchangeable parts than to the machines themselves.[365]

Das ganzheitlich vorgehende Handwerk wird durch die Zerlegung der Produkte in Einzelteile, die dann von jedermann kombiniert werden können, abgelöst. Giedion stellt in seinem Buch die mechanische Herstellung von Einzelteilen anhand vieler einzelner Produktionsbereiche vor. So gehört die zunehmend mechanische Produktion in elementaren Lebensbereichen wie in der Zubereitung von Brot oder Fleisch zur Phase der Vollmechanisierung. Die Mechanisierung übernimmt damit grundlegende Bereiche der Kultur und zeigt Auswirkungen auf die mentalen Einstellungen in der modernen Zivilisation.[366]

Die *replaceable parts* bilden daher für McLuhan in *The Mechanical Bride* eine ganze kulturelle Dynamik aus, anhand derer sich die entsprechende Mechanisierungshaltung in der Gesellschaft ablesen lasse. Die Hüfthalter- und Waschmittelwerbung ließen demnach »one of the most peculiar features of our world« sehen: das Ineinanderverschmelzen von Sex und Technologie. Hier scheine es eine Neugier zu geben einerseits auf die Erforschung und Vergrößerung des sexuellen Bereichs durch mechanische Technik und andererseits auf die Inbesitznahme von Maschinen in einer sexuell befriedigenden Weise.[367] Florenz Ziegfelds (1869–1932) Musikrevuen zur ›Glorifizierung des amerikanischen Mädchens‹ illustrieren an dieser Stelle die vorgefundene Verschmelzung. Die floralen Choreographien der Tanzrevuen böten zwar das Sexsymbol der sich verführerisch öffnenden und schließenden Blume dar, die Anordnung der Tänzerinnen in der Linie selbst

---

365 Giedion: Mechanization Takes Command, S. 50.
366 Vgl. den Abschnitt »Aspects of Mechanization« in Giedion: Mechanization Takes Command, S. 31–44. Giedion zeigt zunächst, dass die Einstellung, »an inner orientation, an outlook on life« (S. 34), in der Zeit der Zünfte die Mechanisierung der Produktion nicht vorsah (vgl. S. 32). Mit wissenschaftlichen, soziologischen und materiellen Veränderungen allerdings änderten sich auch die Bedingungen für die mechanisierte Produktion (vgl. S. 37). Und schließlich, in der Zeit der Vollmechanisierung zwischen den beiden Weltkriegen dringt die Mechanisierung in die Privatsphäre vor (S. 42f.): »But mechanization implanted itself more deeply. It impinged upon the very center of the human psyche, through all the senses. For the eye and the ear, doors to the emotions, media of mechanical reproduction were invented. The cinema, with its unlimited possibility of reproducing an optical-psychic process, displaces the theater. The eye accomodates itself to two-dimensional representation. The adding of sound and of color aims at an increasing realism. New values are born with the new medium, and a new mode of imagination. Unfortunately, the demand for mass production caused the medium to be used along the path of least resistance, to the debasement of public taste.« Hier findet sich also bereits die Einschätzung von der ›Schaffung neuer Werte durch ein neues Medium‹.
367 McLuhan: The Mechanical Bride, S. 94 Sp. 2.

jedoch gebe den noch viel grundlegenderen Sachverhalt ab. Die Tanzlinie mit ihren glatten und klappenden Vorgängen *(smooth, clicking routines)* ahmt selbst eine Maschine nach: »There is nothing very human about twenty painted dolls rehearsing a series of clockwork taps, kicks and swings.«[368] Es gebe darüber hinaus »some sort of relation« zum Motor abstrakter Finanzen und Technik, der die Leidenschaften des müden Geschäftsmannes bewege, während er bewundernd vor den Revuetänzerinnen sitze.[369]

Die Strumpfhosenwerbung von *Gotham* indessen übertrifft laut McLuhan die Sex-Technologie-Verbindung des ›Liebesgöttinnen-Fließbands‹ noch durch zusätzliche Vorstellungen *(hovering around this pair will usually be found images)* hektischer Geschwindigkeit, Chaos, Gewalt und plötzlichen Todes.[370] Hierbei reihen sich zunächst Frauenbeine wie Automotoren problemlos in die kulturelle Dynamik der ›ersetzbaren Teile‹ ein. Die Beine gleichten losgelösten Teilen einer Gesamtmaschine, und solchermaßen in der Werbung ausgestellt machten sie den einzelnen Frauenkörper zum Industrieprodukt. Die vom Körper unabhängigen Beine ergäben eine abstrakte Auffassung von Sex. Anstelle des sinnlichen Charakters seien die kommerziellen Blendwerke hauptsächlich visueller Natur und regten eher zum wetteifernden Ausstellen an als zur spontanen Sinnlichkeit. Dieses Verhalten werde zur Verpflichtung im industriellen und im Konsumentenwettbewerb. Die Strumpfwarenwerbung zeigt demnach letztlich, dass Frauenbeine denselben Marktmechanismen wie Automotoren unterworfen sind. Sie müssen den unpersönlichen Techniken industrieller Produktion nachkommen und sind nicht Teil einer sich ihrer selbst bewussten Person.[371]

Für den Zusammenhang dieses Komplexes mit dem von Zerstörung und Tod verweist McLuhan auf Wilhelm Reichs (1897–1957) aufsehenerregende These, dass in einer mechanisierten Umwelt Gewalt letztlich nur ein Ersatz für Sex sei. Und McLuhan lanciert eine eigene These zu den vorgefundenen Verhältnissen und Assoziationen: Sadistische Gewalt sei im Grunde genommen ein Versuch, in eine Person nicht nur sexuell, sondern auch metaphysisch einzudringen *(invade)*. Es ginge darum, über die Grenzen des Sex hinauszukommen und einen noch intensiveren Thrill als den des Sex zu erlangen:

---

[368] McLuhan: The Mechanical Bride, S. 94 Sp. 2. McLuhan fügt den Ausspruch des Journalisten und Schriftstellers Ring Lardner (1885–1933) an: »Some like 'em cold.«
[369] Vgl. McLuhan: The Mechanical Bride, S. 94 Sp. 2–S. 96 Sp 1.
[370] Vgl. McLuhan: The Mechanical Bride, S. 98 Sp. 2.
[371] Vgl. McLuhan: The Mechanical Bride, S. 99 Sp. 1 u. 2.

Sensation and sadism are near twins. And for those for whom the sex act has come to seem mechanical and merely the meeting and manipulation of body parts, there often remains a hunger which can be called metaphysical but which is not recognized as such, and which seeks satisfaction in physical danger, or sometimes in torture, suicide or murder.[372]

Während für Reich die regelmäßige Genitalbefriedigung »from the cradle to the grave« den einzigen Ausweg aus dem wiederkehrenden, jahrhundertealten Teufelskreis von patriarchalischer Autorität und mechanischer Dienstbarkeit bildet, findet McLuhan in der Kunst und Literatur tiefergehende Einblicke in den Zustand des Menschen.[373]

McLuhan nimmt sodann Bezug auf die Formulierungen *(phrasing)* der Literatur und Dichtung, welche laut der Aufsätze seines Namens um 1950 nie in einfache Aussagen überführt *(paraphrasing)* werden können. Fritz Leibers (1910–1992) *The Girl with the Hungry Eyes* (1949), der Horror eines synthetischen Menschenroboters in *Frankenstein* oder *Moby Dick* in der Auslegung von D. H. Lawrence (1885–1930) gäben die Situation in ihrer Ganzheit wieder, nämlich als metaphysische Tragödie, während die Psychologie sie lediglich in einen psychologischen Fakt auflöse.[374] Demgegenüber brächten die modernistische Kunst und Literatur noch die Komik dieser Situationen hervor.[375] »The human person who thinks, works, or dreams himself into the role of a machine is as funny an object as the world provides. And, in fact, he can only be freed from this trap by the detaching power of wild laughter.«[376]

Der Verweis auf die sich in die Maschine eindenkende, hineinarbeitende und -träumende Person, die zu wildem Gelächter Anlass gibt, erweckt die Bilder aus Charlie Chaplins (1889–1977) *Modern Times* (1936). Und tatsächlich endet der Abschnitt über die mechanische Braut auch mit einem Absatz über Chaplin. Hierbei spielt das Mensch-Maschine-Verhältnis aus *Modern Times* allerdings eine geringe Rolle. McLuhans Analyse zielt vielmehr auf »poetic associations of linked and contrasting imagery«.[377] Diese werden anhand der Bildmontage im großformatigen Photoreportagen-Magazin *Look* (1937–1971) erläutert. Die editorische Arbeit zeigt sich darin als eine poetische Assoziierung von ganz wörtlich untereinander

---

372 Vgl. McLuhan: The Mechanical Bride, S. 99 Sp. 2–S. 100 Sp. 2, Zitat S. 100 Sp. 2.
373 Vgl. McLuhan: The Mechanical Bride, S. 100 Sp. 2.
374 Vgl. McLuhan: The Mechanical Bride, S. 100 Sp. 2.
375 Vgl. McLuhan: The Mechanical Bride, S. 100 f. Sp 2 f. McLuhans Beispiele sind: Duchamps *Akt, eine Treppe herabsteigend* (1912) »with its resemblance to an artichoke doing a strip tease« (S. 100 Sp. 2), Wyndham Lewis' *The Apes of God*, Picassos *Doll Women* und James Joyces *Finnegans Wake*.
376 McLuhan: The Mechanical Bride, S. 100 Sp. 2.
377 McLuhan: The Mechanical Bride, S. 101 Sp. 1.

verbundenen und zugleich gegenteiligen Bildern: So zeigte das Cover der »Rückschau auf ›Zehn Jahre *Look*«« von 1946 das Bild eines verwundeten, heimkehrenden Mannes flankiert vom Bild eines sich räkelnden Pin-Up und den Worten ›Eine halbe Million Soldaten schrieben wegen ihr‹. Unterhalb des Verwundeten war in »exactly the same posture of surrender as the pin-up girl« das Bild einer nackten Frauenleiche mit Strick um den Hals abgedruckt – ›Russische Guerilla von aufgebrachten Nazis gehenkt‹.[378]

Die in den 1940er Jahren insbesondere im nordamerikanischen *New Criticism* immer wieder untersuchte und immer wieder als spezifisch poetisch postulierte Technik der sich in den Figuren und Metaphern verbindenden Gegensätze erkennt McLuhan auch in den Verkaufstechniken der industriellen Folklore. Über die Montage und das Nebeneinander von Bildern unterschiedlichster Herkunft greifen die Werbeleute und Zeitungsmacher letztlich auf die Erkenntnisweisen der symbolistischen Kunst zurück, wie *The Mechanical Bride* an mehreren Stellen hervorhebt.[379] Den Werbefachleuten gehe es um ein unterschwelliges Herstellen von Verbindungen, die nicht offen ausgesprochen werden können oder sollten und deswegen subtil im Nebeneinander angedeutet seien.[380]

Die Verbindung von Gegensätzen, die auf der Ebene der analysierten Werbeobjekte zu beobachten ist, findet sich entsprechend des sophistischen Redewettstreits von *The Mechanical Bride* schließlich auch im Text von McLuhan, und zwar erneut in der Ausnutzung der Sprachfiguren für die Argumentation. McLuhan wendet sich im letzten Absatz zu den Ersatzteilbeinen der mechanischen Braut den »mysterious links between sex, technology, and death« in Chaplins Filmen zu. Unter Rückgriff auf die psychoanalytisch informierte Studie Parker Tylers (1904–1974) *Chaplin. Last of the Clowns* (1947) bespricht McLuhan die Wendung Chaplins von dem sich nach der Sicherheit der Gebärmutter sehnenden Mannskind hin zum Ladykiller. Chaplins letzter Film, *Monsieur Verdoux* von 1947, hatte das Publikum unangenehm überrascht, weil die tragikomische Hauptfigur der Chaplin-Filme durch die Figur eines mordenden Heiratsschwindlers ersetzt worden war. McLuhan kommentiert: »In *Monsieur Verdoux* he [Chaplin] in a sense exchanges womb for tomb.«[381] Das gedankliche und filmisch umgesetzte Spiel des Austauschs zweier gegensätzlicher Sachverhalte – nämlich der des Lebens-

---

378 McLuhan: The Mechanical Bride, S. 101 Sp. 1.
379 Vgl. z. B. McLuhan: The Mechanical Bride, S. 2–4 (Abschnitt: Front Page) u. S. 85–87 (Abschnitt: The Magic that Changes Mood).
380 Vgl. hierzu insb. die Analyse und Interpretation in McLuhan: The Mechanical Bride, S. 80–82 (Abschnitt: Woman in a Mirror).
381 McLuhan: The Mechanical Bride, S. 101 Sp. 2.

beginns (Gebärmutter) und der des Lebensendes (Grabstätte) – ist in McLuhans Tricksterrede zugleich ein Wortspiel: *womb/tomb*.

Hier zeigt sich *The Mechanical Bride* erneut in seinem sophistischen Zug. Die angesprochene Problematik wird auf der Ebene der sprachlichen Darstellung selbst eindrücklich vorgeführt. Die vertauschten Sachverhalte entsprechen einer Vertauschung von Buchstaben. Das Prinzip der Verbindung entgegengesetzter Phänomene, das McLuhan der Werbe- und Unterhaltungsindustrie unterstellt, zeigt sich hier als poetisches Prinzip im engeren Sinne: als ein auf der Ebene der Sprache (als klangliche oder schriftliche Form) immer schon stattfindender Prozess der Zusammenführung unterschiedlichster Phänomenbereiche im Nebeneinander der Signifikanten und dem Austausch einzelner Buchstaben: »exchanges womb for tomb«. Die sophistische Widerrede erscheint zudem als Echo auf das Sprichwort »from the cradle to the grave«, welches weiter vorne im selben Text schon dasselbe angezeigt hat: Geburt und Tod, Lebensanfang und Lebensende sind nur eine minimale Klangverschiebung voneinander entfernt. Wieder erfüllen *homoioprophoron (cradle/grave)* und *homoioteleuton (womb/tomb)*, also der Gleichklang entweder von Wortanfang oder von Wortende, ihren Dienst der Überzeugung, und darin ist die Darstellung McLuhans letztlich weniger poetisch als vor allem rhetorisch.

Während *homoioprophoron* und *homoioteleuton* gemeinhin auf die Gleichheit des gleich Klingenden drängen, verweisen ›*womb*‹ und ›*tomb*‹ hier in ihrer klanglichen Ähnlichkeit gleichsam auf den semantischen Gegensatz, der sie unterscheidet. Es tritt daher die eher paronomastische Qualität dieses Spiels mit Klang und Bedeutung hervor.[382] Das Kriterium der »beabsichtigten zufälligen Ähnlichkeit der Wortkörper« reicht nach Wolfram Groddeck schon aus, um eine wörtliche Anordnung eines Textes als Paronomasie zu identifizieren.[383] Die Paronomasie gilt als Wiederholungsfigur des ›irgendwie Gleichen‹ in der Wiederholung eines Worts in einem oder in mehreren Sätzen. Dabei wiederholt sich nur ein Teil des Wortkörpers in der mehrfachen Verwendung. Die Paronomasie betont in der Wiedergabe mehrerer ›zufällig ähnlicher‹ Wörter neben der Verwandtschaft der meist noch nicht einmal stammverwandten Wörter ebenso den semantischen Unterschied.[384]

Insofern in der Paronomasie ›*he in a sense exchanges womb for tomb*‹ der minimale Unterschied nur eines Buchstabens den existentiellen Unterschied

---

[382] Zur Verwandtschaft von *homoioteleuton* und Paronomasie vgl. Lausberg: Handbuch der literarischen Rhetorik, § 724 u. 726 (S. 361 f.). Lausberg weist darauf hin, dass letztlich beide Figuren sowohl die Gleichheit als auch den Unterschied der verwendeten Wörter bzw. Teile von Wortkörpern hervorheben.
[383] Groddeck: Reden über Rhetorik, S. 141.
[384] Vgl. Groddeck: Reden über Rhetorik, S. 135 u. 139–141. Vgl. auch Lausberg: Handbuch der literarischen Rhetorik, § 637–639 (S. 322–325).

schlechthin – den Gegensatz von Leben und Tod – zum Vorschein bringt, setzt die rhetorische Figur das, wovon gesprochen wird, schon während gesprochen wird, um. Dabei führt sie hier auch sprachlich das leitende Thema der mechanischen Braut vor: das Prinzip der *replaceable parts*. Nur ein Buchstabe bzw. ein Anlaut unterscheidet das Wort für den Lebensbeginn vom Wort für das Lebensende. In der Sprache zeigt sich, inwiefern die Ersetzung eines einzelnen Teils – hier eines Buchstabens oder eines Lauts – eine neue Bedeutung in das ansonsten gleichbleibende Gebilde – die Buchstabenreihung des Worts oder den Gesamtklang des Worts – einführt. Ersetzt man nur ein Teil, wird aus Lebensanfang Lebensende und aus Frau Tod, wie in Chaplins Filmen.

An dieser paronomastischen Konstruktion im Text von McLuhan lässt sich daher nachvollziehen, was Groddeck für die rhetorische Figur der Paronomasie allgemein festhält: Sie ist eine unter die Schmuckfiguren *(ornatus)* geratene Form des Beweises der Rhetorik. Sie ist ein sprachlich realisiertes Argument und damit ein »genuin sophistisches Element der Figurenlehre«.[385] McLuhans Paronomasie beweist die These von den austauschbaren Teilen, zu denen die Mechanisierung ihre industriell gefertigten Objekte werden lässt, mittels des Austauschs von Buchstaben. Und sie argumentiert für die These, dass sich die Dinge ändern, sobald sie mit den mechanisierten Produktionsweisen in Verbindung kommen, sobald sie als austauschbare Teile funktionieren müssen. McLuhan sinniert in diesem Text auch darüber, was aus den Beinen wird, »[a]bstracted from the body that gives them their ordinary meaning«.[386]

Die Paronomasie und mit ihr auch alle weiteren Wiederholungsfiguren der rhetorischen Lehre weisen stets auf den Bedeutungsunterschied ähnlicher oder sogar gleicher Wörter je nach Anwendung – je nach Stellung in der grammatikalischen Struktur oder auch in der Sinneinheit einer Wendung – hin.[387] Diese Wörter wiederholenden und in der Wiederholung variierenden oder umstellenden rhetorischen Figuren sind daher immer schon Spezialisten für das Aufspüren von Bedeutungsunterschieden. In der Zeit der Sophisten, als die Wörter und ihre Bedeutungen nicht im uns geläufigen Sinne getrennt voneinander aufgefasst wurden, bestand genau darin die schlagende Beweiskraft der figürlichen Rede: Sie brachte den Unterschied zur Rede des Vorredners hervor im Medium der Rede und der Wörter selbst; im Medium der Dinge bzw. anhand der Substanz jedenfalls musste dieser Unterschied gar nicht nachgewiesen werden.[388] Bedient man sich

---

[385] Vgl. Groddeck: Reden über Rhetorik, S. 146 f., Zitat S. 147.
[386] McLuhan: The Mechanical Bride, S. 101 Sp. 1.
[387] Vgl. Groddeck: Reden über Rhetorik, S. 122 u. 126.
[388] Vgl. Buchheim: Zur Eigenart des sophistischen Logos, insb. S. 28–35.

viele Jahrhunderte nach den Sophisten noch ihrer Kunst der Widerrede, muss man sich aus diesem Grund unter Umständen den Vorwurf des Trugschlusses gefallen lassen.[389] Denn in diesen sprachlich-figürlichen Fassungen des Arguments ist aufgrund der fehlenden Unterscheidung zwischen Argument oder logischem Sinnzusammenhang und Ausdruck die in diesem Verfahren aufgewiesene Sinnverschiebung immer auch eine in diesem Verfahren erst hergestellte Sinnverschiebung.[390] Mit einem Wort: Die Ersatzteile der mechanischen Braut gehen aus der Ersetzung von Buchstaben hervor.

2.6 Verdoppeln, missverstehen: Zur Epistemologie der Wiederholung in der Rede

Das Grundverfahren der paronomastischen Konstruktion ist jenes der Wortwiederholung bzw. der Wiederholung von Teilen eines Wortkörpers, anhand welcher die Veränderlichkeit des Sinns des wiederholten Worts wahrnehmbar wird. Dieser Frage nach dem Sinn und vor allem nach den Sinnverschiebungen, die sich mit den kommerziellen Darstellungsweisen von Frauenkörpern abzeichnen, geht McLuhan in den beiden vorgestellten Abschnitten nach, und zwar mithilfe an das paronomastische Prinzip angelehnter sophistischer Argumentationstechniken. Haben die beiden Textabschnitte aus *The Mechanical Bride* nämlich erst einmal ihre kritischen Einwände und Kommentare in der Paronomasie ›womb/tomb‹ und der konstatierten Austauschbarkeit beider darin angesprochener Bereiche gipfeln lassen, erweisen sich weitere Textpassagen der beiden Abschnitte als großes Testgebiet der Sinnverschiebungen, die durch Wiederholungen, identische oder variierte, eintreten können. Damit eifern die Texte einerseits den industriellen Wiederholbarkeiten nach und führen sie andererseits in die Gefilde der ambiguen Bedeutsamkeit, denen die Literaturkritiker um 1950 bereits seit ca. zwei Jahrzehnten in der Dichtung nachgehen.

So beginnt der Text »Love-Goddess Assembly Line« ebenso wie der nachfolgende Abschnitt »The Mechanical Bride« endet: mit einem Spiel der Worte, dessen Funktion für die Auseinandersetzung mit der Werbung für Damenartikel anfänglich unklar bzw. eigentümlich leer bleibt. Man meint es hier mit einem dieser Witzchen McLuhans zu tun zu haben, die die Lektüre der *histoire*, des kon-

---

389 Vgl. hierzu die bereits antike systematische Erarbeitung der sophistischen Trugschlüsse in Aristoteles: Sophistische Widerlegungen, oder die Darlegung (um 1830) durch Schopenhauer: Eristische Dialektik oder Die Kunst, Recht zu behalten in achtunddreißig Kunstgriffen dargestellt.
390 Zur Ambiguität der Worte und ihrer Ausnutzung durch die Wiederholungsfiguren und insb. in der paronomastischen Wendung vgl. Groddeck: Reden über Rhetorik, S. 142f.

tinuierlichen Fortgangs einer Geschichte oder Darlegung, eigentlich eher verwirren als ›aufpeppen‹. Die Textpassage beginnt mit einer *figura etymologica*, der Wiederholung eines Worts in veränderter Wortart,[391] die sich aus dem Referieren der Werbesprüche der Waschmittel- und der Hüfthalteranzeige ergibt: »The Ivory Flakes ad ›What makes a girl a good number?‹ and ›Nature's Rival‹ featuring ›Four-in-one proportioned girdles‹, taken together practically engirdle the globe of the interests of industrial man.«[392]

Die ›Vier-in-einem Proportionsgürtel‹ für die weiblichen Formen (Substantiv: *girdles*) aus der *Ivory Flakes*- und *Nature's Rival*-Werbung umgürten (Verb: *engirdle*) die Interessenwelt des industriellen Mannes. Recht überraschend schließt hieran im Text eine kleine Einlassung zu Henri Bergsons (1859–1941) *élan vital* an, die es dennoch schafft, auf das Thema der Hüfthalter und ihrer umschließenden – gleichsam umgarnenden – Wirkung zurückzukommen. Diese Rückkehr wird mithilfe des Verfahrens des *epanodos* (gr.: Rückweg) erreicht, also durch die symmetrische Verdopplung der verwendeten Wörter in der Wiederholung:[393]

> When Bergson first introduced his philosophy of flux and *élan vital* to Paris, a wit is reported to have said that »Bergson has put a corset around the Absolute.« We expect rather less of philosophy today, since we are content to regard as the Absolute whatever corset and bras embrace.[394]

Während im Paris des *élan vital* also der Witz umging, Bergson habe ein Korsett um das Absolute gelegt, muss McLuhan aufgrund der betrachteten Werbeanzeigen eine andere Haltung zur Philosophie konstatieren, die umgekehrte oder, genau genommen, die Umkehrung des *epanodos*: Insofern wir uns nämlich damit zufrieden gäben, das Absolute als das anzusehen, was von Korsett und BHs umschlossen wird, erwarteten wir heute eher weniger von Philosophie.

Da der Text sich von da aus den Darstellungstechniken von Röntgen- und Interzellularoptik mit ihrem Anstrich der Wissenschaftlichkeit zuwendet, erscheint der Witz, der sich aus der einfachen Vertauschung der behandelten Elemente im zweiten Satz der zitierten Stelle ergibt, seltsam unangebracht, aus dem Zusammenhang gerissen und aus dem Zusammenhang reißend. Tatsächlich jedoch dient der Anfang des »Love-Goddess«-Beitrags einer Auseinandersetzung mit Fällen von Wiederholung. Der Text beginnt nämlich mit dem Hinweis auf die einzige Präsentation gleich zweier Anzeigen nebeneinander im gesamten Band

---

391 Vgl. Groddeck: Reden über Rhetorik, S. 136 f.
392 McLuhan: The Mechanical Bride, S. 93 Sp. 2.
393 Vgl. Groddeck: Reden über Rhetorik, S. 124–126.
394 McLuhan: The Mechanical Bride, S. 93 Sp. 2.

und auf die einhergehende Gefahr einer verringerten Sichtbarkeit *(visibility)* der einzelnen Anzeige bei einem solchen Vorgehen. Die von mir beobachteten Verdopplungen in der sprachlichen Darstellung werden hier also von einer Verdopplung der Illustrationen begleitet. Und die bildlichen und sprachlichen Wiederholungen kommentieren sich nun gegenseitig. Das konstatierte Risiko einer geringeren Sichtbarkeit der Einzelanzeige im Nebeneinander mehrerer Anzeigen wird von den sprachlichen Taktiken der Markierung von Unterschieden in der Wiederholung unterlaufen. Unter Umständen kommt die entscheidende Sichtbarkeit des Werbematerials gerade in der Zusammenstellung zweier Exemplare zustande. Die auf der Ebene der *histoire* des Textes betonte Röntgen- und Interzellularoptik der bildlichen Darstellungen geht geradezu erst aus der Kombination der beiden Bilder hervor (vgl. Abb. 8 u. 9).

Auch der Abschnitt »The Mechanical Bride« bietet in seiner ersten Kolumne einen Scherz-*epanodos* ausgehend von einer umgehenden Redewendung. Die Formulierung schließt an die Problematik der auf einem Podest allein stehenden Beine an: »Some people have heard of ›ideas with legs,‹ but everybody today has been brought up on pictures like these, which would rather appear to be ›legs with ideas.‹«[395] Man hat ja schon von diesen ›Ideen, die Beine kriegen‹ gehört. Ein eher misslicher Umstand. Doch in den 1940ern und 1950ern wachsen alle mit solchen Bildern von Beinen auf, dass wohl eher von ›Beinen mit Ideen‹ die Rede sein müsste. Während »ideas with legs« bereits eine figurative Wendung für das Problem des Ideenklaus oder des Plagiats ist, die Ideen in einer Personifikation Beine gibt, mit denen sie – das Problem zugleich verharmlosend und übertreibend – zum nächsten überlaufen können, sind »legs with ideas« eine Personifikation der Beine, die das Bild der Frau auf das Bild der weiblichen Beine reduzieren. An dieser Stelle des Textes kommt noch einmal deutlich zum Vorschein, was schon der digredierende *epanodos* über das Absolute in BHs leistete: die Erkenntnis, dass dieselben Wörter schon in der einfachsten sprachlichen Bearbeitung ihrer Wiederholung und Umstellung recht unterschiedliche Dinge bezeichnen können. Die Funktion vom Korsett-Witz wie von den ›bebeinten‹ Ideen ist daher nicht allein ihre Witzigkeit, sondern die Darbietung eines Phänomens der Selbstdifferenz. Während nämlich die Philosophie logische Grundsätze entwickelt hat und verfolgt, die auf die Identität des Gleichen (Identischen) und den Unterschied des Verschiedenen bestehen, gelten diese Axiome in der Welt der Wörter offenbar nicht.[396] Dies ist die Welt des Tricksters.

---

[395] McLuhan: The Mechanical Bride, S. 98 Sp. 2.
[396] Vgl. Aristoteles' Satz vom Widerspruch nach Buchheim: Zur Eigenart des sophistischen Logos, S. 1–4 u. 33 f.; vgl. auch Groddeck: Reden über Rhetorik, S. 104.

Dass die ideenreichen Beine nicht lediglich zur witzigen Auflockerung der Textpassage von »The Mechanical Bride« taugen, zeigt sich bei der weiteren, witzigen Ausformulierung der Personifikation. Der komische Effekt, den jede Personifikation zeitigen muss, wenn man sie wörtlich nimmt, wird in immer neuen personifizierenden Wendungen (Beine tun dies ...) unter zusätzlichem Einsatz von Anaphern des Pronomens (sie machen jenes ...) am Beginn jedes neuen Satzes ausbuchstabiert:

> Legs today have been indoctrinated. They are self-conscious. They speak. They have audiences. They are taken on dates. [...] A car plus a well-filled pair of nylons is a recognized formula for both feminine and male success and happiness. Ads like these not only express but also encourage that strange dissociation of sex not only from the human person but even from the unity of the body.[397]

Der letzte Satz des Zitats fängt die emphatische Konstruktion der übertriebenen und übertreibenden Personifikationsreihe zur Selbständigkeit und Selbstbewusstheit von Beinen in einem logisch nachvollziehbaren Argument auf. Das, was bis eben noch ein rhetorisch versierter Einfall der Widerrede zu den Beinen ›auf einem Podest‹ war, lässt sich in die im Bild der *Gotham*-Strumpfwarenwerbung beobachtbare Ablösung des Sex-Appeals der Beine vom Körper und der menschlichen Person übersetzen. Mit anderen Worten: Der Witz der Personifikation war gar kein Witz, sondern bereits das Argument in sprachlich-figurativer Form.[398]

Die Personifikation wie auch die Wiederholungsfiguren sind neben ihrer persuasiven Funktion immer auch poetische Sprachmittel. Sie ermöglichen jenes Anderssagen, das laut amerikanischem *New Criticism* nicht in einfache Aussagen rückübersetzbar ist. Die sophistische Rede trumpft im argumentativen Einsatz der Sprachfiguren mit dem klanglichen und rhythmischen Wert der Sprache auf. So bieten die Bein-Personifikation und ihre Pronomen-Anapher über die Wiederholung eine rhythmische Qualität auf. Diese wird in den Untersuchungen zur Damenartikelwerbung von *The Mechanical Bride* gespiegelt durch die rhythmische Ausnutzung der Komplementärfigur der Anapher: der Epipher. Im Abschnitt »Love-Goddess Assembly Line« rhythmisiert die Wiederholung des Worts

---

[397] McLuhan: The Mechanical Bride, S. 98 Sp. 2–S. 99 Sp. 1.
[398] In den anschließenden beiden Paragraphen des Textes erfolgt der Nachweis der eigentümlichen Personifikation von Beinen als beobachtbares Phänomen in der Welt. So wiesen die selbstbewussten Posen der Mannequins eher auf Wettbewerbsaktivitäten der Schaustellung als auf spontane Sinnlichkeit hin. Das Mädchen gehe und bewege sich wie jemand, der sich selbst als glattes Objekt sehe und nicht als eine Person. Das weibliche Sex-Muster verpflichte die Damen auf eine Auffassung ihrer Körperteile als Machtinstrumente im industriellen wie im Konsumentenwettbewerb. Vgl. McLuhan: The Mechanical Bride, S. 99 Sp. 1.

›*numbers*‹ am Schluss mehrerer aufeinander folgender sprachlicher Einheiten eine Textpassage. Die Epipher zu ›numbers‹ ist dabei bereits ein *polyptoton*, also die flektierte Wiederholung der ›*number*‹ im Waschmittelwerbeslogan zum zweigeteilten Mädchen am Telefon: »What makes a girl a good number?« Und natürlich ist in dieser Textpassage die poetische Rhythmisierung, die sie vorführt auch zugleich Thema des Textes:

> There is intoxication in numbers and also release from personal responsibility. Crowds are intoxicating. Statistics and production charts are part of the dithyrambic poetry of industrial man. Telephone numbers of girls who are good numbers, smooth numbers, hot numbers, slick numbers, Maxfactorized, streamlined, synthetic blondes – these are at once abstract and exciting. Girls become intoxicating »dates« when they are recognizable parts of a vast machine.[399]

Wieder geht es darum, Teil einer Maschine zu sein und damit dem Zeitalter der *full mechanization* nach Giedion zu entsprechen. Das Stromlinienförmige und das Synthetische der Endprodukte industrieller Produktion sind Kennzeichen der Kommandoübernahme der Mechanisierung.[400] Und die stromlinienförmige, der industriellen Verfertigung ausgesetzte Frau macht noch den Mann, der sie ausführt zum gleichermaßen maschinellen Mechanismus, wie der anschließende, alle Register der figurativen Redeweise ziehende Satz mit großem Witz hervorbringt: »To be seen in public with these numbers is a sure sign that you are clicking on all cylinders.«[401]

In der betrachteten Passage arbeiten sich figurative Rede, Wortwiederholungen, Rhythmus und Thema der Rede gegenseitig zu. Es wird deutlich, dass Giedions Mechanisierungswissen hier nur ein kleiner Teil der Argumentation ist. Denn zunächst einmal ist die Passage der Ausdruck jenes Rauschs, den sie zugleich zu beschreiben sucht und der hier viel weniger von den Zahlen und Massen, den Produktionsstatistiken und -diagrammen eingegeben wird als von den Rhythmen der Wortwiederholung und von der ›Fluchtbewegung‹ des Sinns des Worts ›*numbers*‹, je variierter es in den verschiedenen zusammengesetzten *numbers*-Wendungen wiederholt wird.[402] Das ist dithyrambische Poesie, eine ursprünglich zu Ehren

---

[399] McLuhan: The Mechanical Bride, S. 96 Sp. 1. Dieser Rhythmus wiederholt sich nur wenige Zeilen später unter erneutem Hinweis auf die poetische Dimension der Zahlenwerte weiblicher Maße: »Bust 36″, waist 19″, hips 34″, ankle 7″. The poetry of numbers […]« (S. 96 Sp. 2).
[400] Vgl. das Kap. »Streamlining and Full Mechanization« in Giedion: Mechanization Takes Command, S. 607–611.
[401] McLuhan: The Mechanical Bride, S. 96 Sp. 1.
[402] Geht man von der zusammengesetzten Wendung (also Attribut + *numbers*) aus, lässt sich diese Epiphernreihe (dabei liegt die Betrachtung lediglich auf ›*numbers*‹) auch als paronomastische Konstruktion lesen. Zu den »Fluchtbewegungen von widersprüchlichen Bedeutungen«

des Gotts des Rauschs Dionysos entwickelte Chorlyrik, die den Rausch, den sie besingt, immer auch erst hervorruft.

Doch bevor alles nur wieder die Lesart als bloße Wortspielereien allzu angebracht erscheinen lässt, soll noch eine letzte paronomastische Konstruktion der Sinnverschiebung angesichts von Werbung über und für Frauen im Abschnitt »Love-Goddess Assembly Line« ins Auge gefasst werden. Sie erscheint, als die Grundfigur von *The Mechanical Bride* selbst. Es ist die *anaklasis*, die dialogisch realisierte Sinnverschiebung in der Wiederholung oder der Variation eines vorgängigen Wortlauts. Sie bildet das Prinzip schon der eristischen Fragen und Kommentare zu Beginn jedes Abschnitts in *The Mechanical Bride*. Und sie war auch schon bei den aus Redensarten anderes ableitenden *epanodoi* zu Korsett und Beinen mit am Werk. Doch drückt sie sich deutlich – typographisch abgesetzt – an der Stelle von »Love-Goddess Assembly Line« aus, an der McLuhans Text die Arbeit an und mit dem Bedeutungswechsel von Wörtern in einem Frage-Antwort-Spiel inszeniert. Hierfür nimmt McLuhan die rhetorischen Fragen der Werbekampagne zu *Ivory Flakes* wörtlich, das heißt, er sucht sie zu beantworten. »What makes a gal a good number?«, steht über der zweigeteilten Frauengestalt auf der Anzeige (vgl. Abb. 9). Was macht aus einem Mädchen eine gute Nummer? In einer früheren Version der Werbung habe da mal »What's the trick that makes her click?« gestanden, erklärt McLuhan auch.[403] Die Antwort auf die erste (aktuelle) Frage erfolgt, wie auch schon beim Spruch über Bergsons Umgang mit dem Absoluten oder beim Spruch über Beine an Ideen mithilfe der symmetrischen Verdopplung des *epanodos*: »Thus, one answer to the ad's query: ›What makes a gal a good number?‹ is simply ›looking like a number of other gals‹ [...].«[404]

Die *anaklasis* zählt zu den Figuren des emphatischen Redens. In der Wiederholung oder Variation des Wortlauts erreicht sie eine Steigerung des Ausdrucks. Darin, in der Emphase, soll sie noch von der genauso vorgehenden Paronomasie unterschieden sein.[405] Doch scheint mir der Unterschied eher in der Indikation eines zweiten Sprechers durch Anführungszeichen zu bestehen, der die gewissermaßen übliche Bedeutungsverschiebung in den paronomastischen Konstruktionen, »oft bis zum Gegenteil«,[406] auf sich nimmt und sie absichtlich ins Spiel bringt. Mit der *anaklasis* mischt sich der Trickster deutlich vernehmbar ein.

---

in der ganz und gar »dekonstruierende[n] Logik der Paronomasie« vgl. Groddeck: Reden über Rhetorik, S. 146.
403 Vgl. McLuhan: The Mechanical Bride, S. 93 Sp. 2.
404 McLuhan: The Mechanical Bride, S. 96 Sp. 1.
405 Vgl. Groddeck: Reden über Rhetorik, S. 148.
406 Groddeck: Reden über Rhetorik, S. 148.

Im angeführten Beispiel aus *The Mechanical Bride* wird die grundsätzliche, paronomastische, tricksterhafte Möglichkeit der Verkehrung des Sinns zunächst in der Umkehrung der Wortreihung von ›gal‹ und ›number‹ syntaktisch vorgeführt. Der *epanodos*, der durch die Antwort entsteht, arbeitet der *anaklasis* zu, welche auch als *reflexio*, also Zurückbeugung oder Rückwendung bezeichnet wird. In der *reflexio* nimmt der Gesprächspartner das zuvor Gesagte auf und verdreht es gewissermaßen noch im Mund des anderen, verwendet es also »in einem Sinne, den dieser nicht gemeint hat«.[407] So auch hier. In der Wiederholung und Umkehrung von ›gal‹ und ›number‹ verändert sich zum einen die Flexion des *gal*, so dass aus dem einen Mädchen mehrere andere Mädels, »other gals«, werden. Und zum anderen tritt ›number‹ als Homonym auf, als Wort mit (mindestens) zwei Bedeutungen, das in der Umstellung seine zweite Bedeutung zu erkennen gibt.[408] Für deutschsprachige Leser ist das längst klar, denn die Wendung ist am besten übersetzt, wenn man auf die Wiederholung der ›Nummer‹ verzichtet und sie bei ihrer zweiten Erwähnung als ›Anzahl‹ oder ›Reihe‹ liest – Frage: Was macht aus einem Mädchen eine gute Nummer? Antwort: wie eine Reihe anderer Mädels auszusehen. In der Wiederholung des Worts ›number‹ hat sich der Sinn von Nummer in der ersten Sinneinheit – was macht aus einem Mädchen eine gute Nummer, also eine einzigartige, herausstechende Frau oder Figur? – in sein ganzes Gegenteil verkehrt: in eine Nummer unter vielen – wie eine Reihe anderer auszusehen.

Groddeck bezeichnet die *anaklasis* als »Grundfigur des Missverstehens«. »Alles, was dialogisch strukturiert ist – nicht nur das Drama, sondern auch das Zitieren, das Phänomen der Intertextualität und die Lektüre überhaupt –, ist der Figur der Anaklasis ausgesetzt.«[409] Diese Möglichkeit des Missverstehens im Dialog, aber auch von nochmals vorgenommenen Texten nutzt das Projekt *The Mechanical Bride* für seine Zwecke aus. Am Beginn der Auseinandersetzung mit den Darstellungsweisen der Werbeindustrie steht offenbar die Auffassung, dass man sie radikal missverstehen muss, die Möglichkeiten ihrer Bedeutung bis hin zum Gegenteil durchspielen muss, mithilfe des bereits sehr alten Wissens um die Veränderung und stete Verschiebung von Wortbedeutungen in Wortklängen der rhetorisch versierten Rede. Darin ist der sophistische Rednerwettstreit von *The*

---

[407] Lausberg: Elemente der literarischen Rhetorik, § 292 (S. 95).
[408] Damit bietet das hier untersuchte Zitat ein gutes Beispiel für den Vorschlag Groddecks, auch die Metalepse unter die Wiederholungsfiguren zu zählen. Groddecks Definition der Metalepse lautet: »[E]in verborgenes *Homonym* [wird] im Text durch ein hinzugefügtes *Synonym* aktiviert [...], [das] den ursprünglichen Kontext sprengt und eine der Paronomasie vergleichbare Wirkung hervorbringt.« Groddeck: Reden über Rhetorik, S. 150.
[409] Groddeck: Reden über Rhetorik, S. 150.

Mechanical Bride mit seiner Grundkonstellation der *anaklasis* und seinen paronomastischen Verfahren ein Vertreter des produktiven *misreading* vor der Zeit des produktiven *misreading*, welches die amerikanische Literaturwissenschaft mit Beginn der 1970er Jahre konzeptualisiert und für ihre Analysen angewendet hat.[410] Die Ausnutzung der sophistischen Argumentationsfiguren ist ein typisch tricksterhaftes Vorgehen und es zeigt sich auch hier, wie schon in *The Gutenberg Galaxy*, besonders im intertextuellen Vorgehen. In der antithetischen Rückwendung der *anaklasis* oder in der paronomastischen Sinnverschiebung ist immer schon der Trickster zugange.

In *The Mechanical Bride* wird der Trickster jedoch noch immer wieder aufgefangen, bevor er sich im produktiven Wortspiel, in der Feier der Signifikation verlieren kann. Auf die *anaklasis* zum Nummerngirl folgt die logische Schlussfolgerung im einfachen Aussagemodus nach, als Antwort auf die frühere Frage von *Ivory Flakes*: »Thus, one answer to the ad's query: ›What makes a gal a good number?‹ is simply ›looking like a number of other gals‹; to the query, ›What's the trick that makes her click?‹ the answer is ›being a replaceable part.‹«[411]

Was aussieht wie alle anderen, kann auch leicht ersetzt werden durch alle anderen bzw. alles andere. Das Missverstehen der guten Nummer als eine Nummer unter vielen führt zurück auf die Ersatzteillogik der mechanisierten Welt. Die Verkehrung der wörtlichen Bedeutung in der Verkehrung der Anordnung der Wörter lässt sich als Problem in der Welt formulieren und beobachten, wie der anschließende Paragraph in »Love-Goddess Assembly Line« unter Bezug auf Diskussionen um Massenphänomene ausführt:

> Just as success and personality know-how consist of recipes and formulas for reducing everybody to the same pattern, we seem to demand, in harmony with this principle, that love goddesses be all alike. Perhaps the impulse behind this self-defeating process is the craving for a power thrill that comes from identity with a huge, anonymous crowd. The craving for intense individuality and attention merges with the opposite extreme of security through uniformity.[412]

Tatsächlich zeigt sich in der Waschmittelwerbung ja der zentrale Widerspruch einer Industriegesellschaft, in der die Werbung immer wieder ein erhöhtes Individualitätsstreben anspricht und es sogleich mit einem standardisierten Mas-

---

[410] Hauptvertreter dieses neuen Konzepts sind Paul de Man (1919–1983) und Harold Bloom (*1930). Vgl. u. a. de Man: Literature and Language, S. 184 u. 188, und Bloom: A Map of Misreading (1975). Zur historischen Entwicklung und systematischen Differenzierung des *misreading*-Konzepts bei de Man und Bloom vgl. Leitch: Deconstructive Criticism, insb. S. 267 u. 282–289.
[411] McLuhan: The Mechanical Bride, S. 96 Sp. 1.
[412] McLuhan: The Mechanical Bride, S. 96 Sp. 1.

senprodukt zu befriedigen verspricht. Individualität und Uniformität liegen nah beieinander. Die Gleichartigkeit beider unterstellt nicht nur das *homoioteleuton*, das beide Begriffe bieten, die Gleichartigkeit unterstreicht auch die mechanisierte Produktionswelt.

2.7 Ausstellungsstück 4: Ersetze ›Tod‹ durch ›Leben‹

Die paronomastischen Textverfahren in *The Mechanical Bride*, welche die Mechanisierungsverhältnisse mit ihren ersetzbaren Teilen sprachlich vorführen, bringen zugleich – wie es der Paronomasie eben eigen ist – hervor, dass die *replaceable parts* der sophistischen Argumentation McLuhans gerade nicht den *interchangeable parts* der historischen Verhältnisse nach Giedion gleichwertig sind. Der Unterschied besteht in der Ähnlichkeit bzw. Unterschiedenheit der Teile, die jeweils ersetzbar oder austauschbar sein sollen. Giedions *interchangeable parts* sind die standardisierten Einzelteile von Maschinen oder Produkten, die maschinell hergestellt werden. Ein Teil gleicht hier dem anderen. Es sind standardisierte Ersatzteile gleichen Typs, die an die gleiche Stelle in gleichen Maschinen oder Produkten eingesetzt werden und daher untereinander austauschbar sind. McLuhans *replaceable parts* sind in der sprachlichen wie argumentativen Darlegung durchaus unterschiedliche Teile. Die Paronomasie ›*he in a sense exchanges womb for tomb*‹ tauscht in der Wiederholung des ähnlich Klingenden ein ›w‹ gegen ein ›t‹, während für Chaplins Film der Austausch der Symbole für die gegensätzlichen Phänomene von Leben und Tod festgestellt wird. Gleichermaßen tauscht diese Paronomasie in der Art Wortteile aus, wie sie sich in den untersuchten Werbeanzeigen als Ersatzteilauffassung von Körperteilen ausdrückt. Nach McLuhans Beobachtung der Verfahren der Werbeanzeigen sind Taillen so gut wie Beine und Beine so gut wie Augen in der kulturellen Dynamik der *replaceable parts*. Sie folgen ja auch einem ›poetischen Prinzip‹, wie McLuhan darlegt. In der sprachlichen Bearbeitung ist möglich, was in der historischen Welt der 1940er Jahre unmöglich bleibt: Der Austausch von ungleichen Teilen in einer Anordnung. Erst die Möglichkeit der Ersetzung von ungleichen Einzelteilen – die hier mit ›w‹ und ›t‹ an dieselbe Stelle in der ansonsten gleichen Buchstabenreihung ›-omb‹ gesetzt werden – führt zur Austauschbarkeit ganzer Phänomenbereiche, die mit der Paronomasie ›*womb/tomb*‹ bezeichnet sind. Im Fortgang der entsprechenden Textpassage des Abschnitts »The Mechanical Bride« zeigt sich dann auch die Vielfältigkeit der in den Kreislauf der (sprachlichen) Ersetzung eintretenden Teile: »In *Monsieur Verdoux* he [Chaplin] in a sense exchanges womb for tomb. In order to have material comfort and security, he is ready to kill. But womb, tomb, and comfort have always been interchangeable symbols in his world.«[413] Hier löst sich die Ähnlichkeit der Bestandteile der Paronomasie wie der mechanischen Ersatzteile in die Unähnlichkeit der unterschiedlichen Ersetzungsteile auf. Nicht nur ›womb‹ und ›tomb‹ sind austauschbar, sondern auch ›materieller Trost‹ oder ›Komfort‹ sind in den Filmen Chaplins wie in der Rede austauschbar.

Dieser Austausch und die Anschlussfähigkeit der unterschiedlichen Phänomenbereiche von Frauenkörperteilen, Grabstätten und tröstenden Luxusgütern des Komforts wird in *The Mechanical Bride* auch noch einmal anhand der wohl unglaublichsten Werbeanzeige des gesamten Buchs aufgezeigt. Es ist die Werbung für *Clark Metal Vaults*. Auch zur Erhellung dieses ›Ausstellungsstücks‹ der zeitgenössischen Werbewelt werden die Themen und Thesen Giedions herangezogen. Die spezifische Nutzung im Text McLuhans zeigt aber Abweichungen vom Referenzprojekt und -text, ähnlich wie im Fall der *replaceable parts*. In der Präsentationsweise dieser Anzeige setzt sich abermals der sophistische Zug von *The Mechanical Bride* durch und berät sich darin sogar mit der ehemals gegnerischen Partei im Gerichtsfall zur rechtmäßigen literaturkritischen Methode: mit den Übungs- und Analysetechniken von Richards, wie ich im Folgenden und auch im Anschluss mit einem Exkurs zu Richards' Arbeiten zeigen werde.[414]

In jener Anzeige von *Clark Grave Vaults*, die sich der Artikel »Deep Consolation« in *The Mechanical Bride* vornimmt, wirbt der Hersteller mit metallenen Grabgewölben für die sozusagen ›garantiert trockene Lagerung‹ der verstorbenen Liebsten. Auf der Anzeige ist eine junge Frau zu sehen. Den Blick aus Rehaugen gen Himmel gerichtet, steht sie an einem offenen Fenster und hält ihre Hand in den Regen. (Vgl. Abb. 11.) Darunter steht zu lesen: »There's deep consolation [...] for those who know the casket of a dear one is protected against water in the ground [...].« McLuhans Widerrede pariert dies unter anderem mit der eristischen Vorbemerkung: »I cried until they told me it was watertight.«[415] Auch dieser Artikel zum »Tiefe[n] Trost«[416] der Metallgruftenwerbung bespricht das Verhältnis von Gewalt, Tod, Sex und Mechanisierung. Verglichen mit den blutig-lüsternen Titeln und Bildern der Krimihefte wirkt diese Anzeige jedoch eigenwillig schüchtern auf McLuhan. Gegenüber der Selbstgefälligkeit der an Mord und Gewalt verdienenden Groschenheftindustrie falle die fehlende Selbstsicherheit von Bestattungsunternehmen ins Auge. Und McLuhan erlaubt sich die Frage, warum eigentlich

---
413 McLuhan: The Mechanical Bride, S. 101 Sp. 2.
414 Vgl. Kap. III.3 in diesem Band.
415 So eine Vorbemerkung zum Abschnitt »Deep Consolation« in McLuhan: The Mechanical Bride, S. 14–15, S. 14 Sp. 1.
416 So die deutsche Übersetzung von »Deep Consolation«, vgl. »Tiefer Trost« in McLuhan: Die mechanische Braut, S. 26–28, S. 26 Sp. 2.

Abb. 11: Abbildung zum Abschnitt »Deep Consolation« aus *The Mechanical Bride* (1951), S. 15.

Slogans wie »Cash in on Cremation« oder »If you aren't buried here you haven't lived« in der Beerdigungs-Branche nicht vorkommen.[417]

Wie schon Giedion, so attestiert auch McLuhan hier für sein Untersuchungsmaterial einen Mangel an Einstellung gegenüber dem Tod im alltäglichen Leben. Es gebe kaum eine Haltung zum Tod, die über die Geste des Beiseitewischens

---

417 McLuhan: The Mechanical Bride, S. 14 Sp. 1.

hinauskomme. Stattdessen versammelt McLuhans Text Szenen des Bestattergewerbealltags, die auch die Ausrichtung dieser Branche auf die gängigen Muster des Konsumwettbewerbs zeigt: »Select a coffin as you would a car. Glorify ›the dear one‹ as you would a debutante. [...] People who live with their gaze on commodities of their neighbors must be taught to die in the same way.«[418] Auf diesem Wege werde der Tod in Musik, Ausstattung, Hygiene und Kosmetik neutralisiert. Bestattungskapellen böten mit ihrem Plüsch, ihren Teppichen, den Blumengestaden und der süßlichen Orgelmusik eine »womblike world« des Trosts und des zarten Mitgefühls: »Home was never like this.«[419] Wieder liegen *womb* und *tomb* nicht weit auseinander in dieser Welt der Hochglanzbilder und Massenproduktion.

In seinen historischen Forschungen zur industriellen Tierschlachtung hat Giedion darauf hingewiesen, dass mit jeder Erhöhung des Grads an Mechanisierung eine immer stärkere Verbannung jedweden Kontakts mit dem Tod stattgefunden habe. Der zeitlose Terror des Todes gehe in seiner Reduktion auf das biologische Ende hinter verschlossenen Schlachthoftüren unter.[420] McLuhan führt im Abschnitt »Deep Consolation« Giedions Auseinandersetzung mit der Fleischindustrie aus *Mechanization Takes Command* an. Sie beruhe auf dem Erkennen von Wechselbeziehungen zwischen disparaten Tätigkeiten, welches auch für das Projekt *The Mechanical Bride* unerlässlich sei. Schon in einer Rezension zu *Mechanization Takes Command*, die 1949 unter dem Namen ›McLuhan‹ erschienen ist, wird Giedions Buch insbesondere den Englischstudenten, -lehrern und -kritikern ans Herz gelegt. Mit dieser Studie könnten sie zur Übung der »awareness of civilization« zurückkehren – also zu dem, was Leavis als Aufgabe für den Englischunterricht umrissen hat. Das Literaturstudium würde mit Giedion wieder zur »classical education« werden, vor allem durch dessen ›Erweiterung und Vereinigung der literarischen Kunst mit allen anderen Künsten und mit den Wissenschaften‹ auf der einen Seite und durch die ›wachsame und ausgedehnte Aufmerksamkeit‹ für eine große Bandbreite an Dingen und Aktivitäten auf der anderen Seite.[421] Für McLuhan bietet Giedion jenes enzyklopädische Vorgehen, das er schon der poetischen Arbeit Eliots ablas und das zur Einheit des Empfindungsvermögens beitrage. Es erlaube auch über die Erfolge und Fehler der Mechanisierung der letzten vier Jahrhunderte zu urteilen.[422]

---

418 McLuhan: The Mechanical Bride, S. 14 Sp. 1.
419 McLuhan: The Mechanical Bride, S. 14 Sp. 1.
420 Vgl. Giedion: Mechanization Takes Command, S. 241 f.
421 Vgl. McLuhan: Encyclopedic Unities (Book Review), Zitate S. 599.
422 Vgl. McLuhan: Encyclopedic Unities (Book Review), S. 600. Die Übereinstimmung zwischen

Für *The Mechanical Bride* erklärt McLuhan Giedions Ansatz ebenfalls zum Erkenntnisprinzip, das zudem unbeabsichtigte Konsequenzen der Entwicklungen im Vorhinein zu erkennen und zu beheben gestatte. Darin gleiche Giedions Arbeit der der Kunst und Literatur, wie der Text »Deep Consolation« weiter ausführt.

Der Kunsthistoriker Giedion, der in seinen Arbeiten im Anschluss an Burckhardt die Methoden der Kunstgeschichte auf die Kulturgeschichte ausweitet, greift in *Mechanization Takes Command* immer wieder auf das Wissen der Kunst zurück, um veränderte Verhältnisse anzuzeigen.[423] In der Abhandlung zur Fleischindustrie verweist Giedion auf den Unterschied der bildlichen Darstellung des Todes als Symbol zu einer im Sinne McLuhans symbolistischen Darstellung des Todes. Allein in Letzterer werde der Tod in seiner Krassheit ehrlich ins Bild gesetzt.[424] Giedions Einschätzung über die Wahrheit der symbolischen Darstellungsweise fügt sich geradezu lückenlos in den Diskurs über die (ontologische) Wahrheit der Kunst ein, welche die nordamerikanische Literaturwissenschaft um 1950 in Bezug auf die Kunst der Dichtung noch immer umtreibt. Kein Wunder also, dass Giedions Thesen fast eins zu eins auch in McLuhans Text wieder auftauchen. Die von Giedion beobachtete Neutralität des Tötungsakts in den Schlachthäusern sowie seine stete Frage nach den Auswirkungen neuer Techniken und Organisationsformen auf das Leben findet sich nur unwesentlich umformuliert zum Ende des Abschnitts »Deep Consolation« wieder:

Giedion und Eliot wird von McLuhan eigens hervorgehoben und durch eine persönliche Einlassung in der Rezension belegt, wenn es heißt (S. 600): »Giedion once complained to me about the difficulty of getting his thought into English and I suggested that he would find help in the prose of T. S. Eliot. He read Eliot with delight and instant understanding, seeing him as a writer who had conquered the same new territory as himself. And for anybody who has worked for years with the tools provided by Eliot, Giedion will make readier sense. For his entire work is an exploration of the causes and effects of the split between thought and feeling as it concerns both plastic and engineering arts. What Eliot has done for the revaluation of English letters from this point of view, Giedion has done for the success and failures of the past four centuries in the organization of interior and exterior space.«

423 Vgl. u. a. Giedion: Mechanization Takes Command, S. 44, wo Giedion auf den Bericht eines Traums von Giorgio de Chirico, auf Légers Stadtbilder sowie auf Duchamps Transformationen der (industriellen) Objekte verweist.

424 Vgl. Giedion: Mechanization Takes Command, S. 240–243. Giedion stellt hier zur Beschreibung der Beziehung zwischen Mechanisierung und Tod die Todesdarstellungen auf Holzschnitten des neunzehnten Jahrhunderts Louis Buñuels Film *Le Chien Andalou* (1929) gegenüber. In den Holzschnitten erscheine der Tod als bloße Maske, als unwahres, entwertetes Symbol (für etwas anderes). Dagegen sei Buñuel in der Verbindung banaler Alltagsereignisse und phantastischer Erscheinungen die Symbolisierung des Todes in seiner Krassheit gelungen.

> When we see the scientific techniques of mass killing applied with equal indifference in the abattoirs, in the Nazi death camps, and on the battlefields, we can afford to ask, whether our habit of bringing death within the orbit of our »life« interests and industrial procedures is altogether sound. In fact, this tendency would seem to play a vivid spotlight on much that is radically unsound in our daily patterns of existence.[425]

Für McLuhan bleiben mit Giedion die beobachteten Phänomene eine Frage des Stils und seiner Angemessenheit: *sound/unsound*. Die Aktivitäten und Einstellungen aus einem Lebensbereich in einen anderen zu übertragen, führt laut *The Mechanical Bride* ins Reich der Traumlogik, welche angesichts der angehäuften Mordtechniken im zitierten Abschnitt recht fehl am Platz scheint: »There is a kind of trancelike dream logic in extending the methods and attitudes of one sphere of action to another. But is it consistent with the purposes of conscious or even of continued existence?«[426]

Diese sich anschließende Frage ist heikel, denn sie führt von der Angemessenheit des Stils direkt zur Frage der Methoden und auf das, was *The Mechanical Bride* von Giedions *Mechanization Takes Command* unterscheidet: die Anwendung der beobachteten Mittel der Werbewelt auf die Beobachtung dieser Werbewelt. Die Erweiterung der Methoden und Einstellungen eines Bereichs auf einen anderen Bereich, vor der hier gewarnt wird, ist das Projekt von *The Mechanical Bride* schlechthin. In der Lust an der Zirkularität, an der Wiederaufnahme und Wiederholung der bestehenden Werbetechniken zur sophistischen Auseinandersetzung mit der Werbewelt geht die Frage nach der Angemessenheit der Methodenübertragung von einem Bereich auf einen anderen Bereich, die der Abschnitt »Deep Consolation« stellt, direkt zurück an das Vorgehen von *The Mechanical Bride* selbst. Zwar sollen der Staat, die Gesellschaft, die bunte Werbewelt mit Mitteln des *Criticism* angegangen werden, jedoch unterläuft der sophistische Zug der Darstellungen in *The Mechanical Bride* zugleich die kritisch-wertenden Fragen und Argumente zur Angemessenheit. Beide Ansätze widerstreiten einander in *The Mechanical Bride* und führen solchermaßen eine Beratung über die adäquaten Mittel der Text- und Weltauslegung im Textkorpus ›McLuhan‹.

---

[425] McLuhan: The Mechanical Bride, S. 15 Sp. 1. Vgl. dazu die entsprechende Passage in Giedion: Mechanization Takes Command, S. 246: »How far the question is justified we do not know, nevertheless it may be asked: has this neutrality toward death had any further effect upon us? This broader influence does not have to appear in the land that evolved mechanized killing, or even at the time the methods came about. This neutrality toward death […] [, i]t did not bare itself on a large scale until the War, when whole populations, as defenseless as the animals hooked head downwards on the traveling chain, were obliterated with trained neutrality.«
[426] McLuhan: The Mechanical Bride, S. 15 Sp. 1.

In seiner sophistischen Herangehensweise an die Phänomene der Massenkultur, die der kritischen Angemessenheitsfrage zuwiderläuft, greift der Text schließlich sogar auf das Vorgehen der verurteilten Partei aus der Gerichtsrede zurück, auf Vorgehensweisen von Richards. Dies zeigt sich vor allem an der Stelle im Text »Deep Consolation«, an der die paronomastische Ersetzung von Buchstaben oder Wortteilen, also die klanglich oder sprachlich umgesetzte Ersetzung von Einzelteilen, zu einer offenen Anweisung zur Ersetzung von Wörtern wird. Nach einem Zitat von Giedion über die Nähe von Tod und Maschine in der industriellen Fleischerzeugung:

> [K]illing itself cannot be mechanized. It is upon organization that the burden falls. ... The death cries of the animals are confused with the rumbling of the great drum, the whirring of gears, and the hissing sound of steam. Death cries and mechanical noises are almost impossible to disentangle,[427]

kommentiert McLuhan mit der typischen Eingangswendung von Literaturauslegungen neuer kritischer Tendenz: »In this passage one has only to substitute ›life‹ for ›death‹ to have a description of any of the great scenes of modern business and industry, a fact which current art and literature did not fail to record long before the event, to the dismay of the public.«[428]

In der zitierten Textpassage soll also einfach einmal ›Tod‹ durch ›Leben‹ ersetzt werden. Aus der Buchstabenersetzung der Paronomasie ist hier eine offene und vollständige Wortersetzung geworden, womit auch das klangliche oder graphische Band der rein sprachlichen Ersetzung von Einzelteilen in der Paronomasie gekappt wird. In der freien Wortersetzung tritt die Zufälligkeit oder auch (kategoriale) Bodenlosigkeit der Argumentation deutlich zutage, die in paronomastischen Wendungen durch klangliche oder graphische Ähnlichkeit fürs Erste überspielt wird. Um eine solche allumfassende Austauschbarkeit, die sich in der Austauschbarkeit der Wörter durchsetzt, ist es Giedion in seinem Projekt sicher nicht gegangen. Für Giedion ging es viel eher um die Wechselbeziehung zwischen den verschiedenen Lebensbereichen hinsichtlich der Frage des Todes, nicht weniger und nicht mehr. In *The Mechanical Bride* aber treibt das tricksterhafte Spiel mit der Ersetzung die

---

[427] Giedion: Mechanization Takes Command, (falsch) zit. nach McLuhan: The Mechanical Bride, S. 15 Sp. 1. Bei Giedion heißt es: »Killing itself then cannot be mechanized. It is upon organization that the burden falls. In one of the great packing plants, an average of two animals are killed every second – a daily quota of some 60,000 head. The death cries of the animals whose juglar veins have been opened are confused with the rumbling of the great drum, the whirring of gears, and the shrilling sound of steam. Death cries and mechanical noises are almost impossible to disentangle.« Giedion: Mechanization Takes Command, S. 246.
[428] McLuhan: The Mechanical Bride, S. 15 Sp. 1.

Argumentation über die vergleichbaren bzw. in der Welt tatsächlich ersetzbaren Bereiche hinaus. Es ist dies, was die Argumentationen mit Namen ›McLuhan‹ oft irrwitzig und haltlos erscheinen lässt. Es ist dies aber auch etwas, das konkrete Praxis und Übungstechnik in den Kursen und Büchern der in der Gerichtsrede verurteilten ›rhetorischen Exegese‹ nach Richards war. Um dies aufzuzeigen, schließe ich einen ausführlicheren Exkurs zu Richards' Lehrpraktiken an.[429]

3 Exkurs: I. A. Richards' Lehrpraktiken und das parodistische Verfahren

I. A. Richards zeichnete in seinem Leben gleich für mehrere Bücher verantwortlich, die jeweils einen Stand der Forschung und sogar den Stand ganzer Wissenschaftsdisziplinen hinterfragten. Sei es mit *The Meaning of Meaning*, der gemeinsam mit Ogden verfassten *Study of the Influence of Language upon Thought and of the Science of Symbolism* (1923); sei es mit *Principles of Literary Criticism* (1924) oder mit *Practical Criticism. A Study in Literary Judgment* (1929), Richards hat mit seinen Überlegungen zu den drängenden Fragen der Sprachphilosophie und der Zeichentheorie ebenso wie zu den wissenschaftlichen und methodischen Grundlagen der akademischen Literaturkritik zu Umwälzungsprozessen in diesen Disziplinen beigetragen. Allen drei Publikationen gemein ist das Streben nach wissenschaftlichen Prinzipien für den Umgang mit und die Erforschung von Sprache, Literatur und Dichtung.

In *The Meaning of Meaning* werden die erfolglosen Versuche der Philosophie angeprangert, die Funktionsweise der Sprache und ihrer Prozesse der Signifikation angemessen wissenschaftlich zu untersuchen und vor allem auch in den eigenen Aussagen zu berücksichtigen. Als Gegenmodell dient die empirisch vorgehende Psychologie. Hierbei wird die Bedeutungstheorie an eine Theorie des Zeichens gekoppelt, die das Zeichen als Element in einem psychischen Vorgang erfasst, der wissenschaftlich, das heißt empirisch überprüfbar sein und so eine ganz und gar kausale Erklärung der Signifikation ermöglichen soll.[430] In *Principles of Literary Criticism* votiert Richards gegen die vorherrschende idealistisch-ästhetische Auffassung von Kunst und für eine Erneuerung der Literaturkritik durch wissenschaftlich überprüfbare Kriterien der Urteile über Poesie und ihrer Leistungen für

---

[429] Vgl. Kap. III.3 in diesem Band.
[430] Vgl. Ogden/Richards: The Meaning of Meaning, insb. S. 51–56. Zur Kritik des Ansatzes vgl. Black: Language and Philosophy, S. 189–200, insb. S. 190 u. 192, sowie Wein: Sprachphilosophie der Gegenwart, S. 14–16.

den Menschen. Hintergrund dessen ist eine behaviouristisch, gestalttheoretisch und neurophysiologisch inspirierte Psychologie, die Richards für ein theoretisches Verständnis der Literatur in Anschlag zu bringen versucht.[431] Mit *Practical Criticism* schließlich führt Richards die Unzulänglichkeiten der akademischen Disziplin der Literaturkritik bei der konkreten Analyse von Gedichten praktisch vor. Die Studie liefert eine Mischung aus ethnographischer Feldforschung[432] und experimenteller Psychologie[433] des durchschnittlichen Literaturstudenten sowie den Versuch, aus den gewonnenen Daten der praktischen Literaturkritik Kriterien für eine wissenschaftlich vorgehende Dichtungsanalyse abzuleiten.

Practical Criticism hat die Gelehrtenwelt, in der sich auch McLuhan in den 1930er und 1940er Jahren bewegte, nachhaltig aufgestört. Der McLuhan-Biograph Terrence Gordon spricht von ›Schockwellen‹, die Richards mit der Veröffentlichung seines Experiments durch die englischsprachige Literaturwissenschaft gesandt habe.[434] Das Experiment bestand darin, dass Richards über mehrere Semester Gedichte ohne Titel-, Autor- und Zeitangabe in seinem Kurs *Practical Criticism* an seine Studentinnen und Studenten zum freien Kommentar ausgab. Nach einer Woche sammelte er die ›Protokolle‹, wie er die anonym eingereichten Kommentare nannte, ein und unterzog diese selbst einer kritischen Lektüre. Dabei ging es Richards nicht um den Leistungsnachweis Einzelner, sondern um die Leistungsfähigkeit des Systems der Literaturvermittlung und -kritik an der Universität. »Much astonishment both for the protocol-writers and for the Lecturer ensued from this procedure«, beschreibt Richards die Ergebnisse mit britischem Understatement.[435] Tatsächlich aber waren die literarisch Gelehrten fassungslos über die nun offengelegten ›betrüblichen Unzulänglichkeiten‹ und die ›erschreckende Inkompetenz‹[436] der angehenden Literaturkritiker und einiger Professioneller, die sich ebenfalls in Richards' Auditorium befanden.[437] Das verwendete Vokabular und die Analysewerkzeuge der Studentinnen und Studenten erwiesen sich als haltlos, wenn es darum ging, unabhängig vom Wissen über Literaturepochen und

---

431 Vgl. u.a. die Kap. »A Psychological Theory of Value« und »The Analysis of a Poem« in Richards: Principles of Literary Criticism, S. 44–57 u. 114–133. Vgl. auch Grabes: Close Reading und *The Meaning of Meaning*, S. 330–332; Hartman: The Dream of Communication; Wein: Sprachphilosophie der Gegenwart, S. 14–16.
432 Vgl. Richards: Practical Criticism, S. 6.
433 Vgl. das Kap. »Practical Criticism and Experimental Psychology« in West: I. A. Richards and the Rise of Cognitive Stylistics, S. 111–125.
434 Vgl. Gordon: Marshall McLuhan, S. 48.
435 Richards: Practical Criticism, S. 4.
436 Zu diesen Einschätzungen vgl. zeitgenössisch Ransom: The New Criticism, S. 45, und von heute aus Frye: I. A. Richards, S. 185.
437 Vgl. Bennett: »How It Strikes a Contemporary«, S. 52.

biographische Hintergründe Gedichte adäquat zu analysieren, zu interpretieren und zu bewerten.

Mit diesem Nachweis belegte Richards, was bis dato nur eine Befindlichkeit unter manchen Literaturprofessoren und -kritikern war und was in den 1930er Jahren in der englischsprachigen Literaturkritik immer wieder kritisiert wird: Es fehle an wissenschaftlichen, präzisen und systematischen Literaturstudien. Man arbeite im Fach Literatur *über* Literatur aber man studiere sie nicht. Das kritische Moment habe sich einer historischen Gelehrsamkeit oder moralischen Haltung ergeben.[438] Richards identifiziert zehn Hauptschwierigkeiten bei der Gedichtanalyse in den kritischen Kommentaren, die vom Verständnis des einfachen Sinns *(plain sense)*, über die Überbewertung der poetischen ›Bildlichkeit‹ *(imagery)* und die berühmt gewordenen Standardreaktionen *(stock responses)* bis hin zur Anwendung vorgefertigter theoretischer Ansprüche an die Dichtung reichen, die lediglich auf allgemeinen kritischen Vorurteilen *(general critical preconceptions)* beruhen und nicht auf einer Betrachtung des jeweiligen Gedichts.[439]

Die Sekundärliteratur zum Werk McLuhans, die sich für die literaturwissenschaftlichen Anfangsgründe der späteren *Communications and Media Studies* McLuhans interessiert, bezieht sich in ihren Hinweisen zum Einfluss Richards' immer wieder auf diese geradezu revolutionären Arbeiten. In *The Meaning of Meaning* habe McLuhan ein Sprachkonzept kennengelernt, dass die Bedeutung von Wörtern nicht in den Wörtern, sondern in ihrer Relation untereinander sowie in der konkreten Verwendungssituation, in der Kommunikation, ansiedelt. In *Principles of Literary Criticism* vertrete Richards eine Kommunikationstheorie der Literatur und Dichtung und weise insofern schon auf *Communications and Media Studies* voraus.[440] In *Practical Criticism* schließlich fänden sich zentrale Konzepte und das analytische Werkzeug, deren sich McLuhan für seine eigenen Untersuchungen der modernistischen Dichtung bedient habe und von denen er zu seinen späteren Beobachtungen und Lehren über Muster *(patterns)*, Klischees *(cliché)*, Archetypen *(archetypes)* und Schließung *(closure)* gelangt sei.[441] Eine konkrete

---

[438] Vgl. zu diesen Kritikpunkten Ransom: Criticism, Inc., insb. S. 587–589. Ransom verweist auf einen Artikel des Chicagoer Literaturprofessors Ronald Crane (1886–1967), welcher insb. die historische Gelehrtheit verabschiedet und eine Rückkehr zum kritischen Ansatz gegenüber der Literatur, wie er sich bei Aristoteles finde, anmahnt, vgl. Crane: History Versus Criticism in the Study of Literature.
[439] Vgl. die Teile »Part I: Introductory« und »Part III: Analysis« in Richards: Practical Criticism, S. 1–16, insb. S. 12–15, u. S. 171–287.
[440] Vgl. Marchessault: Marshall McLuhan, S. 19–21.
[441] Vgl. Gordon: McLuhan. A Guide for the Perplexed, S. 20 f., und ders.: Marshall McLuhan, S. 48 f.

Ermittlung und Differenzierung der geteilten Analysewerkzeuge fehlt jedoch in diesen Abrissen zum Zusammenhang der Sprach- und Literaturtheorie Richards' mit der Medientheorie namens ›McLuhan‹.

Die Sekundärliteratur stützt sich für ihre Einflussgeschichte auf biographische Zeugnisse über die Begegnungen McLuhans mit Richards. Des Öfteren wird auf einen persönlichen Brief McLuhans aus dem Jahre 1968 hingewiesen, in dem er seine Bewunderung für Richards und seinen Dank für Anregungen ausspricht.[442] Es wird aber auch immer wieder darauf verwiesen, dass McLuhan an Richards' Kurs »Practical Criticism, Prose« im Frühjahrstrimester 1935 teilnahm. Dessen experimentelles Lehrformat habe er selber als Universitätslehrer angewandt, heißt es.[443] Die Befürworter einer Kontinuitätslinie zwischen ›Richards‹ und ›McLuhan‹ eilen sich daher auch, die kritische Einschätzung des Lehrexperiments und eine geradezu feindselige Haltung gegenüber Richards' philosophischer Position, die der junge McLuhan in einem Brief vom Januar 1935 zu erkennen gibt, mit der unterschiedlichen Weltanschauung beider Wissenschaftler wegzuerklären. Zwar schrieb McLuhan über seine Teilnahme am Kurs, dass er das Experiment für nicht sehr aussagekräftig halte und dass ihm Richards' intellektualistischer Relativismus zuwider sei *(such ghastly nonsense)*.[444] Alles in allem sei McLuhan aber von Richards' Herangehensweisen an die Literatur überzeugt worden und habe die »message« lange vor seiner Auseinandersetzung mit »media« durch alle Arbeiten Richards' hindurch hören können.[445]

Bei der Durchsicht des hier untersuchten Textkorpus mit der Signatur ›McLuhan‹ fällt allerdings der Mangel an Referenz auf und an Reverenz an Richards und dessen Lehre deutlich ins Auge. Auf der thematischen wie programmatischen Ebene der Texte der 1940er Jahre ist Richards' Ansatz, wie gesehen, disqualifi-

---

442 Vgl. Brief an I. A. Richards, 12. Juli 1968, in McLuhan: Letters of Marshall McLuhan, S. 355.
443 Vgl. Marchessault: Marshall McLuhan, S. 25.
444 Vgl. Brief an die Mutter, Elsie McLuhan, 18. Januar [1935]: »Richards is conducting mass experiments in the criticism of prose extracts this term. He hands out sheets with extracts, and gives us 20 minutes. He produced a huge volume by this method using poems, and made the ›great‹ discovery that nobody admired or was repelled from anything for any ›good‹ reason. I have some doubts about the method of giving *one* poem of any person as a test. [...] Richards is a humanist who regards all experience as relative to certain conditions of life. There are no permanent, ultimate, qualities such as Good, Love, Hope etc., and yet he wishes to discover objective, ultimate permanent standards of criticism. He wants to discover those standards (what a hope!) in order to establish intellectualist culture as the only religion worthy (of) a rational being [...]. When I see how people swallow such ghastly atheistic nonsense, I could join a bomb-hurling society.« McLuhan: Letters of Marshall McLuhan, S. 49–51, S. 50.
445 Gordon: Marshall McLuhan, S. 49, vgl. ders.: McLuhan. A Guide for the Perplexed, S. 21. Vgl. auch Marchessault: Marshall McLuhan, S. 19–21 u. 25.

ziert als spekulative Grammatik, welche die Sprache und vor allem die Dichtung auf rhetorische Strategien und das heißt auf Kommunikationssituationen herunterbreche und insofern das unterstellte ›Wesen der Dichtung‹ als auch der Kritik verfehle.[446] In Vokabular und Dichtungsanalysen zeugen die Aufsätze McLuhans auch um 1950 viel eher vom diskursiven Einsatz des amerikanischen *New Criticism*, der Richards' Programm zwar rezipiert und aufgenommen, aber zugleich Distanz zu dessen szientifischen, psychologisierenden und pragmatistischen Anteilen eingenommen hat.[447] Die kritische Position und die Lehre Richards' lassen sich daher nicht ohne Weiteres als Größen in einer Wissensgeschichte des Textkorpus ›McLuhan‹ halten. Meinen Forschungen zufolge verläuft die Verbindung nicht über einen allgemein gehaltenen und Vorläuferschaften konstruierenden ›Einfluss‹, wie er bisher attestiert wurde. Viel eher ist die Verbindung in einer wissensgeschichtlichen Größe zu suchen, die noch die programmatischen Aussagen und Anliegen in den Texten McLuhans selbst unterläuft und erst bei einer Textanalyse, anstelle einer Betrachtung der Konzepte McLuhans, deutlich wird.[448]

Ich beziehe mich in diesem Ansatz auf neuere Forschungen zur Wissenschaftsgeschichte der Philologie und (germanistischen) Literaturwissenschaft, die sich an der Entdeckung des epistemischen Status vor allem experimenteller Praktiken in der Wissenschaftsforschung orientiert und diese auch für die textbasierten Wissenschaften veranschlagt.[449] Eine Disziplin und ihre Wissenschaftsgemeinschaft zeichnen sich demnach wesentlich weniger durch einen gemeinsamen Gegenstandsbereich, durch gemeinsame Problemstellungen und

---

446 Vgl. Kap. II in diesem Band.
447 Zur Ablehnung der szientifischen und psychologischen Erklärungsmodelle Richards' vgl. Ransom: The New Criticism, z. B. S. 5–15. Zur Fassung des Unterschieds zwischen der Literaturtheorie Richards' und der Dichtungstheorie der amerikanischen neuen Kritiker vgl. Pfeiffer: Sprachtheorie, Wissenschaftstheorie und das Problem der Textinterpretation, S. 227–229. Für ›Ausnahmen‹ von der ›Regel‹, nach welcher die Texte McLuhans keinen Bezug auf Richards' Thesen zu Sprache und Literatur enthalten, vgl. die Aufsätze »Aesthetic Pattern in Keats' Odes« (1943) und »The Analogical Mirrors« (1945), die explizit mit Richards' Analysekategorien arbeiten.
448 Vgl. hierzu die methodischen Richtlinien für eine an der Literatur orientierte Wissensgeschichte nach Borgards/Neumeyer: Der Ort der Literatur in einer Geschichte des Wissens. Insofern meine Untersuchungen ebenso Wert auf die »narrativen, argumentativen und rhetorischen Figuren« (S. 212) in der Wissenskonstellation der Texte McLuhans legt, halte ich diese Thesen für relevant.
449 Vgl. Forschungen zur Wissenschaftsgeschichte der Philologie, welche Lorraine Dastons Hervorhebung der Praktiken für die Geschichtswissenschaft ausgehend von den empirischen Disziplinen folgen: Dehrmann/Spoerhase: Die Idee der Universität; Martus/Spoerhase: Praxeologie der Literaturwissenschaft. Vgl. Daston: Die unerschütterliche Praxis. Zu den ›epistemischen Praktiken‹ in den empirischen Wissenschaften und ihren epistemologischen Konsequenzen vgl. Rheinberger: Experiment, Differenz, Schrift, S. 13 f.

Theorien als vielmehr durch ein »geteiltes Repertoire an Praktiken« aus.[450] Die ›epistemischen Praktiken‹ bringen, wie ihr Name schon sagt, neben bestimmten Verfahren und Vorgehensweisen immer auch eine epistemologische Ausrichtung in die sich ihrer bedienende Forschung ein, die den Forschern selbst gar nicht erkennbar sein muss und ihrem Selbstverständnis sowie ihrer Theorie sogar zuwiderlaufen kann. Für den Wissenschaftstheoretiker Hans-Jörg Rheinberger hat sich mit der Betrachtung der experimentellen Praktiken daher auch »der psychologische Raum der Entdeckung [...] transformiert«. Es ist nun »nicht mehr [...] die Kreativität eines Geistes, das freie Spiel eines psychologischen Vermögens«, das die Forschung bestimmt, sondern »ein Geflecht von sich selbst instruierenden epistemischen Praktiken«.[451]

Der wissensgeschichtliche Zusammenhang zwischen ›Richards‹ und ›McLuhan‹ ist meines Erachtens als praktischer Zusammenhang zu erfassen und nicht als einer der Lehrüberzeugungen. Eine solche Fassung der Verbindung zwischen den Theorien und Lehren mit Namen ›Richards‹ und mit Namen ›McLuhan‹ kann die programmatischen Zurückweisungen der Position Richards' in den Texten McLuhans ernst nehmen und zugleich einen gemeinsamen epistemologischen Hintergrund über die gemeinsamen Praktiken der Forschung feststellen. Die Beratung zwischen den Parteien findet auf der Ebene der Praktiken und der Textverfahren statt. Es sind erst noch die »powerful analytical tools« aufzufinden und zu bestimmen, die Richards und McLuhan in unterschiedlichen Gegenstandsbereichen anwenden und die in der Sekundärliteratur zwar angesprochen,[452] aber nirgends explizit dargelegt und differenziert werden. Die gewöhnlichen Verweise auf *sense*, *feeling*, *tone* und *intention*,[453] also jener Untersuchungskategorien, die Richards in *Practical Criticism* – neben sehr vielen anderen – für die Gedichtanalyse (und eigentlich eher für die Schwierigkeiten, die die Gedichtanalyse stellt) vorstellt, jedenfalls können kaum als Analysewerkzeuge im Sinne epistemischer Praktiken gelten. Sind sie doch eher theoretische Kategorien als praktische Werkzeuge zur Untersuchung von Dichtung.[454] Es gibt ganz andere Praktiken der

---

450 Martus/Spoerhase: Praxeologie der Literaturwissenschaft, S. 90.
451 Rheinberger: Experiment, Differenz, Schrift, S. 13.
452 Vgl. Gordon: McLuhan. A Guide for the Perplexed, S. 20; E. McLuhan: Marshall McLuhan's Theory of Communication, S. 38 f.
453 Vgl. Marchessault: Marshall McLuhan, S. 22; Gordon: Marshall McLuhan, S. 48 f., sowie ders.: McLuhan. A Guide for the Perplexed, S. 20.
454 Vgl. z. B. Richards: Practical Criticism, S. 310–312. Bei einer Durchsicht durch *Practical Criticism* fällt auf, wie wenig direkte Anweisungen für ein *close reading* im Unterricht oder für praktische Verbesserungen des Literaturunterrichts tatsächlich erteilt werden. Richards ist hauptsächlich damit beschäftigt, die Problempunkte der Kritik seiner Studentinnen und Studenten erst einmal aufzuzeigen.

Ermittlung von Sinn, Unsinn und Wirkungsweise der Sprache in den Schriften Richards', die als Verfahren zur Begründung einer Medientheorie bei McLuhan wieder auftauchen, und die die ›McLuhan‹-Forschung bisher nicht näher in Augenschein genommen hat.

3.1 Der experimentelle Kurs »Practical Criticism, Prose«

Dass die entscheidenden Verfahren bisher übersehen wurden, hat meines Erachtens einerseits mit dem schillernden Bild eines revolutionären ›I. A. R.‹ der drei ersten großen Monographien zu tun und, wesentlicher noch, andererseits mit einer Fehleinordnung des von McLuhan besuchten Kurses bei Richards in Cambridge in der biographischen Forschung zu McLuhan. Eine Annotation in der Briefedition dürfte hier für Verwirrung gesorgt haben. McLuhans Bericht zu Richards' Kurs: »Richards is conducting mass experiments in the criticism of prose extracts this term«, vom Januar 1935 wird mit folgender Anmerkung erläutert: »I. A. Richards (1893–1979), the Cambridge-educated authority on linguistics and cofounder of *Basic English*. (McLuhan took a course on the Philosophy of Rhetoric from him.)«[455] *The Philosophy of Rhetoric* war aber tatsächlich eine Vorlesungsreihe, die Richards in den USA am Bryn Mawr College im Rahmen der *Mary Flexner Lectures* hielt und aus der 1936 die gleichnamige Publikation hervorging.[456]

In einem ganz anderen und wenig beachteten Buch allerdings verarbeitet Richards die Protokolle aus genau dem Kurs, an dem McLuhan laut Briefzeugnis teilgenommen hat, und stellt Praktiken der Lektüre und der Interpretation vor, die ich für die spezifische Verfasstheit der späteren Medientheorie McLuhans für ausschlaggebend halte. Das Buch *Interpretation in Teaching* (1937) verwertet die Kommentare, die Richards im Kurs »Practical Criticism, Prose« Anfang des Jahres 1935 auf die von ihm ausgegebenen anonymisierten Prosaauszüge ehielt:

> The comments with which I am illustrating this discussion were supplied by the audience at my course of Lectures at Cambridge in 1935. The title of the course was *Practical Criticism, Prose*, and some 200 on an average attended. [...] The lectures occured at 9.0 a. m. in the uncomfortable Lent Term three times a week.[457]

---

[455] McLuhan: Letters of Marshall McLuhan, S. 50, Anm. 2.
[456] Vgl. das »Preface« in Richards: The Philosophy of Rhetoric, S. vii. Dies schließt natürlich nicht aus, dass Richards die Vorlesung nicht auch in Cambridge gehalten hat. In den Briefen McLuhans deutet aber nichts darauf hin.
[457] Richards: Interpretation in Teaching, S. 23.

Interpretation in Teaching ist das Prosa-Pendant zum aufsehenerregenden *Practical Criticism* der Dichtung. Es dokumentiert die Studierendenkommentare zu den ausgegebenen Prosapassagen und bietet eine kritische Auswertung dazu. *Interpretation in Teaching* funktioniert fast genauso wie die Publikation *Practical Criticism* zu den zehn bis fünf Jahre zuvor abgehaltenen Kursen in praktischer Poesiekritik: Auch bei der praktischen Prosakritik 1935 ließ Richards anonyme Textpassagen kommentieren, diesmal allerdings innerhalb der Zeit einer Sitzung. Es ging ihm dabei erneut darum, die vorgebrachten Meinungen, Theorien oder Beispiele seiner Probanden zu hinterfragen, zu deuten und zu bewerten. Auch dieses Mal zeigte nur ein Minimum an Studierendenkommentaren geeignete Ansätze zur adäquaten Prosalektüre und -kritik.

Die *Rockefeller Foundation*, die das Prosa-Projekt initiierte,[458] erwartete sich von *Interpretation in Teaching* einen ähnlich umfassenden und aufrüttelnden Erfolg, wie ihn *Practical Criticism* 1929 beschert hatte. Der Erfolg aber blieb aus. *Interpretation in Teaching* wurde ein ›Flop‹ und verschwand trotz Neuauflage im Jahre 1973 in der Versenkung. Obwohl es zahlreiche Hinweise auf die Schwierigkeiten der Lektüre und der Interpretation vorstellt und auch einige praktikable Übungen aufführt, eignet sich dieses Buch ganz einfach nicht für die praktische Verwertung im Literaturunterricht. Denn in diesem Buch geht es gar nicht um Literatur; nicht einmal die ausgegebenen Textpassagen waren literarische Prosatexte. Richards ließ seine Studentinnen und Studenten stattdessen Texte kommentieren, die selbst schon Kommentare waren, und zwar zu den Problemstellungen der traditionellen Bereiche des Sprachstudiums, zu Rhetorik, Grammatik und Logik.[459] Es geht hier also nicht um eine Auseinandersetzung mit literarischer Prosa, sondern es geht für Richards um das Sprachverstehen selbst, darum, wie sprachliche Formen verstanden und interpretiert werden. Das Verhältnis von Sprache und Denken, von Sprachstudium und Erkenntnis steht dabei auf dem Spiel. Und dieses Spiel führt in ein Feld, in dem nichts mehr gesichert ist, in dem vielmehr Forscher und Testpersonen mit derselben radikalen Ungewissheit umgehen müssen:

> There can be no pretence, of course, that how language works can be fully explained. And there is much to be said for insisting early that in this as in everything else we have to start from as well as work towards the unintelligible. Evidently, we cannot understand our foundations in anything [...].[460]

---

458 Vgl. Richards/Brower: Beginnings and Transitions (Interview), S. 28 f.
459 Vgl. Richards: Interpretation in Teaching, S. 3 f.
460 Richards: Interpretation in Teaching, S. 7.

Richards stellt von Anfang an fest, dass es die vollständige Erklärung dessen, wie Sprache funktioniert, nicht geben kann. Die Sprache gehört zu den uns unerkennbaren Grundlagen unserer selbst. *Interpretation in Teaching* konfrontiert die Forscher, die Studierenden und die Leser mit dem schier Unerkennbaren, auf welches die Frage nach der Sprache immer wieder stößt, und Richards schlägt für den Umgang mit diesem schlechthin Uneinsehbaren vor, zumindest all die unnötigen Arten des Unverständnisses im Studium der Sprache und der Interpretation aufzusuchen und gewissermaßen aufzulösen.[461] Darum lässt er seine Studentinnen und Studenten der praktischen Prosakritik herkömmliche Lehrsätze des Sprachstudiums in den Bereichen Rhetorik, Grammatik und Logik kritisch begutachten. *Interpretation in Teaching* bearbeitet sprachphilosophische Grundlagen und Aporien. Somit liefert es keine Anweisungen zur Verbesserung des Literaturstudiums, wie sie sich noch aus *Practical Criticism* ableiten ließen. Das Buch kreist stattdessen in vielen Bögen und ohne endgültige Lösungen um das Unwissen, dem jede Lektüre aufgrund der sprachlichen Struktur von Texten ausgeliefert ist.[462]

In *Interpretation in Teaching* lassen sich die in der Gerichtsrede McLuhans vorgebrachten Anklagepunkte zur ›rhetorischen Exegese‹ Richards' und seiner Anhänger umstandslos auffinden. Kritikpunkte waren ja, dass bei der rhetorischen Auslegung von Literatur und Dichtung keine Einsicht in den Wert eines poetischen Werks gegeben werde. Die Exegese verharre bei der Analyse von Textstrategien und Überzeugungsmitteln. Die sprachlichen Mittel würden so nur noch auf ihre Zwecke hin und die poetische Textstruktur nur noch auf ihre Grundaussagen hin untersucht.[463]

Ein solcher rhetorischer Ansatz Richards' zeigt sich in der Tat bereits im Aufbau und in der Gewichtung von *Interpretation in Teaching* nach Rhetorik, Grammatik und Logik. Die Rhetorik umfasst die ausführlichste Sektion des Bandes und schon in der Einleitung wird ihr die zentrale Position in der Bildung zugestanden. Als ›Kunst durch welche eine Rede ihrem Zweck angepasst wird‹,

---

[461] Vgl. Richards: Interpretation in Teaching, S. 7 f.: »Thought about language keeps these limits [im Zusammenhang mit der Untersuchung der Sprache] constantly present to us; and there is nothing paralyzing about that kind of unintelligibility. [...] What is paralyzing is the frequent occurrence in our minds of unsuspected pockets of another kind of unintelligibility. Our thought is riddled with unnecessary vacancies where problems, which we could and should have thought through have been encased, unexplored, in a phrase. Thereafter, since argument is very largely, and rightly, an exchanging and substitution of phrases, all kinds of confusion and distortion are made possible, and, as my protocols will show, they do not fail to occur.«
[462] Vgl. Richards' einleitende Worte, die für den Ausgang aus der problematischen Lage der Unerkennbarkeit *(unintelligibility)* »a general readiness« vorschlagen, »to expect words to change their senses with their contexts, together with an aptitude for divining their probable meanings even in unfamiliar fields« (Richards: Interpretation in Teaching, S. 5).
[463] Für eine differenzierte Darlegung der Positionen vgl. Kap. II in diesem Band.

sei sie sehr umfassend *(inclusive)*. Ihre allgemeinste Aufgabe bestehe in der Unterscheidung und der Lehre der verschiedenen Zwecke und Ziele, für die die Sprache in Gebrauch zu nehmen sei.[464] Diese offen ausgestellte utilitaristische Auffassung von der alten Rednerkunst kollidierte mit dem poetischen Projekt des Modernismus zu Beginn des zwanzigsten Jahrhunderts und vor allem mit den Grundannahmen des *New Criticism* in den USA in den 1940er Jahren. Demnach sollte sich Dichtung gerade durch eine »non-discursive immediacy« auszeichnen; sie sollte die Sprache von den logischen Aussagen, den historischen Ideologien und dem Publikumsbezug – welche der rhetorischen Sprachauffassung nachgesagt wurden – befreien.[465]

Bezüglich der spezielleren Probleme der Rhetorik, nämlich jene, die die Redefiguren betreffen, weicht Richards auch schon in seiner Einleitung zu *Interpretation in Teaching* von den gängigen Lehren des *New Criticism* amerikanischer Prägung ab. Er hält sich als Option offen, was durch den ›Bann der Häresie‹ im amerikanischen *New Criticism* unmöglich geworden ist:

> Some figures of speech can be translated into relatively non-figurative language with ease, others only with difficulty and some perhaps not at all. Such translation exercises [...] are an invaluable device for redirecting attention to what is being said and how it is being understood.[466]

Die Aufmerksamkeit auf das ›Was‹ des Gesagten und das ›Wie es zu verstehen ist‹ zu lenken, gilt in den einschlägigen Texten des *New Criticism* auf dem nordamerikanischen Kontinent als Häresie.[467] Die Übersetzung in nichtfigurative Aussageweisen, die Überführung in Paraphrasen, wurde als Mittel zum Verständnis eines poetischen Stücks radikal ausgesondert. Nach der Auffassung von der Dichtung, welche die literaturkritischen Aufsätze mit Namen ›McLuhan‹ der 1940er Jahre und um 1950 ausstellen, kann die Suche danach, was ein Gedicht sagt, dem Gedicht nicht gerecht werden. Jeder Ansatz in diese Richtung muss das Wesen der Dichtung verkennen.

McLuhans Einordnung des Ansatzes von Richards unter eine der Dialektik oder Logik zuarbeitende Rhetorik Ramus' im Aufsatz »Poetic vs. Rhetorical Exe-

---

464 Vgl. Richards: Interpretation in Teaching, S. 12 u. 13.
465 Vgl. Altieri: Rhetoric and Poetics, S. 485, sowie S. 478: »Reduced to a world of functions, the language of rhetoric is condemned to circling around what the arts think they can make present. [...] The arts [...] are given the capacity to explore how the very modes of mediation can be adapted to specific qualities of experience [...].« Vgl. auch Kap. III.1 in diesem Band.
466 Richards: Interpretation in Teaching, S. 15.
467 Vgl. Brooks: The Heresy of Paraphrase.

gesis« erklärt sich vor diesem Hintergrund. Richards' einführende Darlegungen in *Interpretation in Teaching* stärken selbst die Nähe der spezielleren Probleme der Rhetorik zur Logik. Demnach führen die angesprochenen Übersetzungsübungen für Redefiguren »naturally and insensibly into Logic. I might equally say that Logic, for our purposes, is just a more thorough inquiry into these translations.«[468]

Die Verurteilung der Position Richards' in der Gerichtsrede des Textkorpus ›McLuhan‹ übersieht indessen, dass derlei Überlegungen Richards' zum Sprachstudium und zu den drei Sprachkünsten eben nicht das ›Wesen der Dichtung‹ zu ergründen (oder dogmatisch zu erhalten) suchen, sondern eher eine Sprachphilosophie im Dienste einer Interpretationstheorie (und eventuell einer Bildungsphilosophie[469]) bearbeiten. In diesem Sinne stellt Richards den Übergang von den konkreten sprachlichen Problemen zur Verallgemeinerung bzw. zu den allgemeinen Problemen als große Aufgabe für den Unterricht vor; eine Aufgabe, der sich die Literaturkritiker mit einer ontologischen Dichtungstheorie gar nicht stellen müssen, da die Einzelheiten *(particulars)* für sie immer schon auf das Ganze, das Sein oder auch das Universale ausgreifen.[470] Für den Sprachphilosophen Richards aber ist dies das zentrale Problem im Unterricht wie in einer dem Leben und der Welt angemessenen Philosophie.[471]

3.2 Experiment 1: Der Geltungsbereich der Metapher

Unter der Kategorie der Rhetorik gibt Richards im ersten Teil von *Interpretation in Teaching* zwei der Experimente wieder, die er mit seinen Studentinnen und Studenten im Frühjahrstrimester 1935 durchgeführt hat. Beide Experimente stellen wichtige Ansätze Richards' im Umgang mit Text vor. Sie führen zu praktischen Übungen, welche den textuellen Besonderheiten der Schriften McLuhans, wie etwa der Sinn verschiebenden Wortwiederholung und der Wortersetzung in *The Mechanical Bride*, aber auch den im Weiteren noch vorzustellenden Verfahren der Metapher, verblüffend ähnlich sehen.

---

[468] Richards: Interpretation in Teaching, S. 15.
[469] Vgl. Frye: I. A. Richards, S. 181.
[470] Vgl. Kap. III.1 in diesem Band.
[471] Vgl. Richards: Interpretation in Teaching, S. 9: »How to *generalize* [...], how to pass from a momentary triumph over a particular language-problem back to a perception of the problem *in itself* rather than of its answer, and so to achieve the power to recognize and meet (though *not* necessarily to classify) the problem again when it rises in a new instance, that is our problem [...].« Vgl. auch S. 15 f.

Die erste Aufgabe stellt ein Stück ›blumige Schwulst‹ aus dem satirischen Roman *Elmer Gantry* (1927) zusammen mit einem kritischen Kommentar von Ernest Gordon Biaggini (1889–1978) zu dieser Textpassage vor. Entsprechend seiner Auffassung vom Aufgabenbereich der Rhetorik verfolgt Richards mit dieser ersten Übung zwei Ziele: in den studentischen Kommentaren die Behandlung der Frage nach den verschiedenen Zwecken der Rede und der entsprechenden Sprachfunktionen zu untersuchen sowie einige der Vorurteile und Gemeinplätze über die Metapher, also über den spezielleren Bereich der Redefiguren in der Rhetorik, aufzuzeigen.[472]

Anhand unzähliger Auszüge aus den gesammelten Protokollen zeigt Richards, dass vor der Verhandlung über Sprachfunktionen und Redefiguren zunächst einmal eine Fülle anderer Ungenauigkeiten in den Protokollen ins Auge fällt. Das analytische Vokabular besticht nicht gerade durch Eindeutigkeit und bietet daher auch keine Hilfe für die Kommentare. Viele Auffassungen gehen nach Richards in der Art der Verwendung von Begriffen und Kategorien durcheinander. Er verdächtigt für die Ungenauigkeit im Umgang mit den vorgestellten Textpassagen in den meisten Fällen die Übernahme vorgefertigter Ansichten und Lehren.[473]

Als besonders ungünstig erweist sich für Richards das Vokabular zur Diskussion von Metaphern, Analogien und Vergleichen.[474] Wie Biaggini in seinem Kommentar, scheinen auch die meisten Studenten anzunehmen, dass die Metapher nur für das Ansprechen von Gefühlen und Emotionen der Leser angemessen sei.[475] Zudem übernehmen viele Studenten ungefragt Biagginis Ansicht, dass Metaphern etwas gleichsetzten, und zwar eins zu eins (›*is numerically one and the same thing as*‹). Sie ziehen nicht in Erwägung, dass es lediglich in gewisser Hinsicht ähnlich (›*is in some respect like*‹) sein könnte.[476]

Gegen derlei Auffassungen von der Metapher setzt Richards seine eigene, recht neuartige Herangehensweise an das Problem der Metapher. Demnach geht die Metapher aus der Interaktion der von ihr ins Spiel gebrachten Kontexte hervor, bzw. ein solch interaktiver (oder: interaktivierender) Vorgang ist das operative Prinzip der Metapher. Anstelle einer »special, peculiar, mysterious, bonding power of Love, which is at work in the metaphors«, wie sie die studentischen Pro-

---

472 Vgl. Richards: Interpretation in Teaching, S. 28 u. 46.
473 Vgl. Richards: Interpretation in Teaching, S. 30–45, insb. S. 33, 37, 39, 40 u. 43.
474 Vgl. Richards: Interpretation in Teaching, S. 48.
475 Vgl. Richards: Interpretation in Teaching, S. 47. Es herrscht also die sehr alte rhetorische Auffasung vor, nach der man mit Metaphern und metaphorischer Redeweise ein Publikum vor allem bewegen *(movere)* könne, während man zur Wissensvermittlung *(delectare)* den ungekünstelten und klaren Ausdruck zu wählen habe.
476 Vgl. Richards: Interpretation in Teaching, S. 53.

tokolle behaupten, besteht Richards auf alle möglichen Arten von Verbindungen *(linkages)* und alle möglichen Arten von metaphorischen Objekten, »which [...] could easily enough come into action, *with suitable settings*, between motor cars, hollyhocks and the rest«.[477]

Als *setting* bezeichnet Richards die anderen Wörter, die in einer Äußerung ein Wort umgeben und die seine Interpretation regulieren *(govern)*. Das *setting* ist eine spezielle Art des Kontextes eines Worts, aus dem laut Richards jedes Wort oder Zeichen seine Bedeutung bezieht. »We never, in fact, interpret single signs in isolation.«[478] Vielmehr stehen Wörter bzw. Zeichen immer in einem (Wörter-) Kontext. Das aber wiederum heißt für die Metapherndiskussion der ersten Übung, in der die Liebe als Regenbogen, als Morgen- und Abendstern, als Wunder an einer Kinderwiege und als Trost am Grab gefasst wird:

> It is no mere all-pervasiveness of Love that justifies metaphors and makes them intelligible. [...] In metaphor (in the restricted sense) there is a cross-grouping and a resultant tension between the particular similarity employed and more stable habitual classifications [...].[479]

Tatsächlich seien es die speziellen Verknüpfungen *(links)* im konkreten *setting*, die die Interpretation der Metapher kontrollierten und weniger eine allgemeine Verbindung im Hintergrund. Wiederum ist also die genaue Textlektüre gefordert anstelle der Übernahme vermeintlich korrekter Lehrsätze über die Metapher.

Richards meint, man könne sich leicht ausmalen, woher die undurchdachten Einschätzungen in den Protokollen kämen. Ein Problem sei das entmutigende Mysterium, mit dem das Thema der Metapher in gegenwärtigen Debatten behandelt würde:

> If we add the notions that metaphor is not a serious way of thinking, that metaphors are merely decorative, not structural, in thought, that they are fanciful and, unless used by Poets (and perhaps even then), flimsy, frivolous, irresponsible and unreliable: add in too the associations of the word »concrete« (hard, solid, heavy, detailed, business-like, suitable for foundations, brute fact) and those of »abstract« (thin or hot air, remote, empty, invisible, intangible, not to be grasped, sublime, remote [sic]) this common assumption or prejudice is not difficult to understand.[480]

Die Auffassungen seien bedauerlich und desaströs. Sie hinderten ihre Opfer am Erlangen der Kontrolle über einen enormen Teil der wichtigsten Sprachgebräuche

---

477 Richards: Interpretation in Teaching, S. 58.
478 Vgl. die Erläuterungen zum ›spezifischen und technischen Sinn‹, den er dem Wort ›Kontext‹ in seinen Publikationen gibt, im Vorwort zu Richards: Interpretation in Teaching, S. viii f., Zitat S. viii.
479 Richards: Interpretation in Teaching, S. 58.
480 Richards: Interpretation in Teaching, S. 60.

(uses of language) und Denkweisen *(modes of thought)*. Richards zufolge funktioniert nämlich schon das Denken radikal metaphorisch.

Die Annahme der metaphorischen Funktionsweise des Denkens stützt sich auf die allgemeine Kontexttheorie der Bedeutung, die Richards zusammen mit Ogden in *The Meaning of Meaning* formuliert hat.[481] Wörter, Zeichen oder Erfahrungen erhalten demnach immer nur in einem Kontext ihre Bedeutungen: »Words, as every one now knows, ›mean‹ nothing by themselves, although the belief that they did [...] was once equally universal. It is only when a thinker makes use of them that they stand for anything, or, in one sense, have ›meaning‹.«[482] Eine große Neuerung, die Ogden und Richards in den Umgang mit der Sprache und den Zeichen einführen, ist die Betrachtung der Kommunikationssituation. Zeichen und Wörter verlieren dabei ihre festen Bedeutungen an variable Kontexte, die am Kommunikationsprozess beteiligt sind und die beim Umgang mit Sprache und Zeichen immer zu beachten sind.[483] So wird ein Zeichen immer in einer konkreten Situation bedeutend. Wenn dieses Zeichen wieder auftritt, stellt es einen Bezug zu der früheren Situation her und zur aktuellen, und zwar im Denken des Zeicheninterpretators.[484] Das heißt für Richards in *Interpretation in Teaching*, dass das analogische Verbinden *(linkage by analogy)* das grundlegende Gesetz des Denkens *(its constituent law or principle)* sein muss:

> [M]eaning only arises through the causal *contexts* by which a sign stands for (takes the place of) an instance of a sort. To think of anything is to take it as of a sort (as such and such) and that »as« brings in (openly or in disguise) the analogy, the parallel, the metaphorical grapple or ground or grasp or draw by which alone the mind takes hold.[485]

---

[481] Vgl. Ogden/Richards: The Meaning of Meaning, z. B. S. 52–59. In *The Meaning of Meaning* wollen Ogden und Richards eine Wissenschaft der Symbole entwickeln, die für sprachliche und andere Zeichenprozesse gleichermaßen gelten und zur Grundlagenwissenschaft aller anderen Wissenschaften werden soll (vgl. S. 9 f. u. 22 f.; vgl. auch Wein: Sprachphilosophie der Gegenwart, S. 26). Das Buch steht damit zwischen den Disziplinen. Es ist Philosophie, insofern es die Frage nach dem Funktionieren der Sprache stellt. Zugleich ist es Psychologie, insofern es das Funktionieren der sprachlichen Bedeutungsstrukturen auf einen psychologisch erklärbaren Vorgang zurückzuführen versucht. Und es ist linguistisch ausgerichtet, insofern es Fragen nach Arten und Funktionsweisen von sprachlichen Elementen stellt (vgl. Joseph: The Immediate Sources of the ›Sapir-Whorf Hypothesis‹, S. 376).
[482] Ogden/Richards: The Meaning of Meaning, S. 9 f.
[483] Vgl. Ogden/Richards: The Meaning of Meaning, z. B. S. 8 u. 129.
[484] Vgl. Ogden/Richards: The Meaning of Meaning, S. 9–11; vgl. Wein: Sprachphilosophie der Gegenwart, S. 16 f. Wein kritisiert die wenig überzeugende Psychologie nach dem impliziten Reiz-Reaktions-Schema des indirekten Reflexes (wie bei Pawlows Hunden) als Interpretationsgrundlage für die Welt und für Symbole.
[485] Richards: Interpretation in Teaching, S. 48 f. Richards verweist an dieser Stelle von *Interpre-*

Durch diese psychologische Zeichentheorie kommt Richards von den ursächlichen Kontexten der Zeichen direkt zu den Bewegungen des Denkens und damit seinem Anliegen einer Sprach- und Erkenntnistheorie als Theorie der Interpretation näher: »My point is not that language is full of metaphors [...]. My point goes deeper [...]. It is that thought is itself metaphoric – not merely that it expresses itself in linguistic metaphors.« Nichts sei für das Denken ein bloßes ›Es‹; jede Sache sei ein ›Was‹. »Its *what is how we think of it*, and *how we think of it* is not another question, except verbally, from *in (or, as of) which sort do we take it?*«[486] Noch der gewaltige Apparat an Qualitäten, Attributen, Eigenschaften, Relationen, Funktionen, Ordnungen, Typen usw. der Logik sei nur eine andere Sprache für dieselben Operationen der Sortierung, die auch die Metapher vorführe, indem sie ins Verhältnis setze. In dieser Relationierung, im Nehmen eines ›Es‹ als ein ›Was‹ (und damit im ›Wie‹ wir ›Es‹ nehmen), besteht der wesentliche Erkenntnisstatus der Metapher in einer Theorie der Interpretation.

Damit rückt die Metapher aus ihrem angestammten Bereich rhetorischer, aber vor allem auch poetischer Überlegungen heraus. Sie wird zum philosophischen und erkenntnistheoretischen Gegenstand und steht so in Differenz zur Metaphernkonzeption des amerikanischen *New Criticism*, wie sie sich in den Texten John Crowe Ransoms und Cleanth Brooks' und in McLuhans »Mr. Eliot's Historical Decorum« abgezeichnet hat. Die Metapher hatte hier zunächst einmal die Aufgabe eine spezifische Erkenntnis- bzw. Erfahrungsweise abzusichern, die nur der Poesie, nicht aber gewöhnlichen Formen der Rede oder Prosa zukommen sollte. Dabei griffen die amerikanischen Dichter und Kritiker auch auf grundlegende Einsichten Richards' zurück.[487] Die Metapher, wie sie etwa Brooks schon Ende der 1930er Jahre verteidigte und für eine Poetik der modernistischen Dichtung in Anschlag brachte, ist wesentlich eine, die konkrete und auch gegensätzliche Dinge zusammenführt. Sie sei in der Lage, paradoxe Situationen einzubeziehen, was ihre intellektuelle Qualität ausmache. Gegenüber einer veralteten Auffassung von ›rein poetischen‹ Wörtern und Vergleichen setzt diese Metaphernkonzeption auf das Austragen von Spannungen zwischen den eingebrachten Bedeutungsebenen, die sie aber in der Dichtung in eine Einheit der Erfahrung *(unity of experience)*

---

tation in *Teaching* auf die Theorievorarbeit in: Ogden/Richards: The Meaning of Meaning, Kap. 3, sowie Richards: The Philosophy of Rhetoric, Kap. 2.
486 Richards: Interpretation in Teaching, S. 49.
487 Vgl. die Anerkennung der Nützlichkeit der Metaphernkonzeption bei Richards für die neue Kritik in Ransom: The New Criticism, S. 67–69. Vgl. die historischen Erläuterungen für die Entwicklung der Literaturtheorie bei Haverkamp: Einleitung in die *Theorie der Metapher*, S. 1–12. Vgl. auch Grabes: Close Reading und *The Meaning of Meaning*, S. 228–230.

überführt sieht.⁴⁸⁸ Eben diese Überführung von Denken in (sinnliche) Erfahrung und Gefühl *(feeling)* und umgekehrt⁴⁸⁹ macht für die amerikanischen neuen Kritiker die poetische Qualität der Metapher aus. Von dieser Konzeption der poetischen Sprache her darf die Metapher nicht in die Bestandteile ihrer Funktionsweise aufgelöst und noch weniger als Teil des gewöhnlichen Denkens und Redens vorgestellt werden. Alle Unternehmungen in diese Richtungen wirken häretisch.

Auch für diese Ansichten können zunächst durchaus Richards' frühere Arbeiten Pate gestanden haben. In *Principles of Literary Criticism* unterstellt er der Dichtung und der Literatur die emotive Sprachfunktion. Sie antwortet auf prinzipiell andere (psychophysiologisch unterlegte) Bedürfnisse als die symbolische Sprachfunktion der Wissenschaft in der Auseinandersetzung mit Welt. Damit hat Richards auf eine prinzipielle (dann nicht mehr psychophysiologische, sondern ontologische) Unterscheidung von poetischer Rede gegenüber anderen Formen der Rede hingewirkt.⁴⁹⁰ In einem linguistischen Sprachfunktionenmodell ist eine solche Absolutsetzung der Unterscheidung der Sprachfunktionen in bestimmten Formen des Sprachgebrauchs freilich gar nicht angelegt.⁴⁹¹ Und in *Interpretation in Teaching* fällt die eingangs angekündigte Frage nach der Abstimmung der Rede auf ihre Zwecke und der entsprechenden Unterteilung von Sprachfunktionen dann auch fast unmerklich aus der Untersuchung heraus. Nach der Darlegung der Protokolle zum ersten Experiment des Kurses »Practical Criticism, Prose« heißt es: »I continue my documentation with further exemplification and discussion of theories about metaphor.«⁴⁹² Richards präsentiert hier entgegen seinen Ankündigungen keine aktualisierte Persuasionsrhetorik.⁴⁹³ Stattdessen bietet sein

---

488 Vgl. Brooks: Metaphor and the Tradition; ders.: The Language of Paradox; ders.: The Heresy of Paraphrase.
489 Vgl. Eliot: The Metaphysical Poets, S. 63.
490 Vgl. Richards: Principles of Literary Criticism, S. 261–271.
491 Danach sind die verschiedenen Sprachfunktionen immer zugleich, jedoch in graduell unterschiedener Stärke in einem Redeakt angesiedelt. Vgl. Bühler: Sprachtheorie, S. 32, sowie in der Nachfolge Jakobson: Closing Statement: Linguistics and Poetics, S. 353. In den ersten Darlegungen Ogdens und Richards' zu den beiden verschiedenen Gebräuchen der Sprache *(uses of language)* bleibt die Frage der Durchlässigkeit der Grenze zwischen beiden Sprachfunktionen unbestimmt (vgl. Ogden/Richards: The Meaning of Meaning, z. B. S. 124). In der schematischen Darlegung in Richards: Principles of Literary Criticism, S. 261–271, erscheint die Grenze schon eher absolut.
492 Richards: Interpretation in Teaching, S. 66.
493 Vgl. allgemeinere Überlegungen zu Richards' Arbeit mit und an der Rhetorik im Kap. »Richards' ›Rhetoric‹« in Conley: Rhetoric in the European Tradition, S. 262–268; Knape: New Rhetoric und Rhetorik der Dekonstruktion, insb. S. 490 u. 494. Knape bezieht sich auf die These zur restringierten Rhetorik von Gérard Genette, um eine Unterscheidung zum Projekt einer Allgemeinen Rhetorik zu treffen (vgl. Genette: Die restringierte Rhetorik, insb. S. 232 u. 252).

Text Ansätze zu einer Tropologie, einer Auseinandersetzung mit der »erkenntnistheoretischen Stoßkraft der rhetorischen Dimension des Diskurses«.[494] Insofern muss der Rückbezug auf das Denken und die Funktionsweise des Denkens in den Schriften Richards' auch immer weiter zurückgehen. Schon in *The Philosophy of Rhetoric* (1936) gilt die Metapher trotz aller Bezüge aufs Denken als allgegenwärtiges Prinzip der Sprache selbst[495] und in *Interpretation in Teaching* wird im *setting* der sprachliche Kontext anstelle des psychologisch gefassten Kontextes von *The Meaning of Meaning* betont.[496] Die Metapher gerät so zur allgegenwärtigen sprachlichen Subversionskraft referenz-logischer Erkenntnisauffassungen.

3.3 Experiment 2: Metaphern übersetzen *(Basic English)*

Das zweite Experiment aus Richards' Kurs »Practical Criticism, Prose« konfrontiert sodann offen die Überzeugung, welche im literarischen Amerika der 1940er Jahre noch, wie gesehen, hohes Ansehen genießt. Es geht um die »widespread opinion, sometimes expressed with great confidence, [...] that metaphor is *in its own nature*, untranslatable«.[497] Richards gab zur Prüfung dessen in seinem Kurs eine Textpassage aus Herbert Reads (1893–1968) *English Prose Style* (1931) aus. In diesem Beispieltext übersetzt Read selbst – immerhin ein Anhänger und Protagonist des englischen Modernismus – eine metaphorische Beschreibung eines gewissen M. A. Chapman zum anglikanischen *Oxford Movement* in direkte Sprache *(direct language)*. Und Read behauptet darüber, dass »the meaning could be preserved without any loss, and even clarified«.[498] Einige studentische Kommentare stießen sich an dieser Behauptung mit dem Hinweis, dass Metaphern wesentlich unübersetzbar seien. Und Richards identifiziert dies in seiner ausführlichen Durchsicht und Dokumentation der Kommentare als Spuren der Warnungen früherer Lehrer über die Gefahren von Analogien, als unausgesprochene Meinungen und Theorien sowie ängstliche Verdächtigungen der Metapher.[499]

---

[494] De Man: Widerstand gegen die Theorie, S. 98, vgl. auch S. 101.
[495] Richards: The Philosophy of Rhetoric, S. 92.
[496] Auf der wegweisenden Konferenz »Style in Language« 1958 wendet sich Richards mit der Analyse eines selbstgedichteten Gedichts schließlich offen gegen die Annahme, man könne in einem Gedicht auf irgendetwas unabhängig von der sprachlichen Verfasstheit stoßen: »[T]he best, if not the only sort of evidence are fundamentally linguistic – have to do with relations of words and phrases to one another« (Richards: Poetic Process and Literary Analysis, S. 16 f.)
[497] Richards: Interpretation in Teaching, S. 131.
[498] Herbert Read: English Prose Style, zit. nach Richards: Interpretation in Teaching, S. 79.
[499] Vgl. Richards: Interpretation in Teaching, insb. S. 111 u. 130 f.

In der Auffassung von der wesentlich unübersetzbaren Metapher sei einerseits impliziert, dass keine gute Metapher in direkte Sprache übersetzt werden könne, und andererseits, dass es Zeitverschwendung sei, eine Übersetzung auch nur zu versuchen.

Richards empfindet dieses Denken der alltäglichen Erfahrung gegenüber kontraintuitiv und für die Überlegungen zur Interpretation kontraproduktiv. Stattdessen führt er schnell vor, inwiefern schon die Wortverwendung in einem seiner Protokolle (Nr. 2.52) über die Unmöglichkeit, »to express in ›direct language‹ what metaphor expresses«, selbst ungenau ist und daher wenig aussagekräftig für das vorgestellte Problem.[500] Zuerst könnte man annehmen, dass ›express‹ in dieser Aussage ›alles‹ abdecken soll:

> Then, what a metaphor expresses could not be expressed in direct language (or, for that matter, and this is nearer to the point, in other metaphors) unless the other language did *everything* exactly in the same way that the metaphor does – had *all* the effects and not others [...]. Now that transparently will not happen. [...] If 2.52 is taken as stretching ›express‹ so far, his remark becomes almost an idle tautology. So we must put some limitations on ›express,‹ and when we do so, common experience tells us firmly enough that what a metaphor expresses can often be expressed in other language.[501]

Mit verschiedenen Einschränkungen dessen, was ›express‹ hier beschreibt, kommt man zu verschiedenen Arten seiner Bedeutung in dieser Beschreibung, wie Richards im Folgenden angibt: zu bloßem Sinn *(mere sense)*, Sinn und Implikationen *(sense and implications)*, zum Gefühl *(feeling)*, zur Einstellung des Sprechenden *(the speaker's attitude to whatever it is)* usw. Dieses Auflisten verschiedenster Bedeutungen eines Worts oder eines Begriffs war bereits ein Evidenzverfahren in *The Meaning of Meaning*.[502] Wortbedeutungen sind nicht stabil. Sie variieren je nach Kontext oder *setting*. Und eben dies macht sich bei Übersetzungen, wie sie Read im Beispieltext vornimmt, bemerkbar. Manchmal wird nur eine der Bedeutungsebenen des Originals ausgedrückt, manchmal werden auch einige von ihnen mit nur geringfügigen Verlusten und Verzerrungen übertragen, erläutert Richards. »That is, we get different kinds of translations. All are partial; they express part of the meaning, not the unrestricted whole effect of the original metaphor.«[503]

---

500 Vgl. Richards: Interpretation in Teaching, S 135. Das Zitat stammt aus Protokoll 2.52 auf S. 131.
501 Richards: Interpretation in Teaching, S. 135.
502 Vgl. Ogden/Richards: The Meaning of Meaning, S. 142 f. *(Beauty)* u. 186 f. *(Meaning)*.
503 Richards: Interpretation in Teaching, S. 135 f.

Letztlich hängt also auch die überlieferte Auffassung von der Unübersetzbarkeit der Metaphern von einer Theorie der Bedeutung von Wörtern und der entsprechenden Theorie der Metapher ab. Fasst man die Bedeutung eines Worts, eines Begriffs oder eines Zeichens statisch auf, ist Übersetzung nur in ganz wenigen, kongruenten Fällen zwischen Wörtern und zwischen Sprachen möglich. Fasst man die Bedeutung jedoch variabel auf und als von weiteren Faktoren einer Äußerung oder des Verstehens abhängig,[504] ergibt sich immer eine Möglichkeit, zwischen Wörtern zu übersetzen. In den Übersetzungen lässt sich die Vielfalt der Wortbedeutungen und ihre Abhängigkeit vom Kontext einsehen.

Mit diesen Hinweisen zur Frage der Übersetzbarkeit von Metaphern bezieht sich Richards in *Interpretation in Teaching* auf eine spezifische Übersetzungspraxis. In seiner Studie und insbesondere in seinem zweiten Experiment geht es um Formen innersprachlichen Übersetzens, also darum, eine sprachliche Wendung in andere Wendungen der gleichen Sprache zu überführen. Solche innersprachlichen Übersetzungen führt er während seiner Studie immer wieder als Verfahren der Textanalyse und der Erkenntnis vor. Sie ließen sich auch als Paraphrasen, Umschreibungen, fassen, jedoch nutzt Richards hierfür tatsächlich eine zweite Sprache: *Basic English*, und bleibt insofern auf dem Gebiet des Übersetzers.

Basic English ist ein einfacher englischer Grundwortschatz von gerade einmal 850 Wörtern, mit dem »all that we normally desire to say« durch Umschreibungen mit einfachen Wörtern gesagt werden kann.[505] Richards' ehemaliger Ko-Autor Ogden ermittelte den Grundwortschatz ausgehend von Einsichten, die während der sprachphilosophischen Überlegungen zu *The Meaning of Meaning* aufgekommen waren. Den Autoren war aufgefallen, dass ein Großteil der gebräuchlichen englischen Wörter eine Art Kurzschrift *(shorthand)* für Zusammenhänge in der Welt darstellten. Umfassende Zusammenhänge werden in einzelnen Wörtern bzw. gewöhnlichen Wendungen einfach zusammengezogen oder abgekürzt.[506] Diese Abkürzungen im einzelnen Wort lassen sich aber ebenso gut auflösen in eine Reihe mehrerer anderer und vor allem einfacher Wörter, welche die komplexen und daher vagen Wörter der Alltagssprache ersetzen und dabei deren Bedeutungen explizieren.[507]

---

504 So die Bedeutungstheorie von Ogden und Richards in *The Meaning of Meaning*. Vgl. Wein: Sprachphilosophie der Gegenwart, S. 32.
505 Ogden: Editorial: The Universal Language, S. 1. Ogden veröffentlichte seine Vorschläge zur Vereinfachung der englischen Sprache zwischen 1928 und 1930 in der von ihm herausgegebenen Zeitschrift *Psyche*.
506 Vgl. Ogden/Richards: The Meaning of Meaning, S. 12–14.
507 Schon 1928 kündigte Ogden an, dass die Menschen im Dienste der Ausdrücklichkeit daran gewöhnt werden müssten, fünf Wörter zu benutzen, wo gewöhnlich eines genügen mag. Vgl.

1929 legte Ogden eine Liste mit allen notwendigen Wörtern für ein reduziertes, aber klares Englisch vor. Mit dieser kurzen Liste, die sogar auf die Rückseite eines Notizblattes passte,[508] sollte das Erlernen der englischen Sprache erleichtert werden. Ogden sah es geradezu als neue Universalsprache zur Völkerverständigung. Die enorme Vokabelreduktion von ca. 7500 Wörtern des alltäglichen Standardenglisch auf ganze 850 Wörter des Grundwortschatzes[509] verdankt sich unter anderem dem fast vollständigen Verzicht auf Verben. Insbesondere die englischen Verben weisen nach Ogden Kurzschriftqualitäten auf. Sie schieben zumeist eine Handlung und ein Objekt oder eine Richtung ineinander *(telescoping)*: »[I]t can be shown that a verb is primarily a symbolic device for telescoping an operation and an object or a direction (›enter‹ for *go into*). Sometimes an operator, a directive *and* a name are thus telescoped, as in the odd word ›disembark‹ *(get, off, a ship)* [...].«[510]

Ogden behielt nicht mehr als zehn englische Verben als ›Operatoren‹ in seinem vereinfachten Grundwortschatz bei.[511] ›Komische Wörter‹ wie *›disembark‹* konnten ersetzt werden durch eine Kombination einfacher Wörter, die die wesent-

---

Ogden: Editorial: The Future of English, S. 2. Er knüpft damit ebenfalls an Ansätze an, die *The Meaning of Meaning* verfolgte. Darin nämlich teilten Ogden und Richards die kritische Sicht der analytischen Philosophie auf Sprache, nach welcher die Alltagssprache und der gewöhnliche Gebrauch der Sprache in den vagen Ausdrücken den Zugang zu den wahren logischen Strukturen, die der Sprache unterliegen, behindern (vgl. Wein: Sprachphilosophie der Gegenwart, S. 24 u. 26; Apel: Die Entfaltung der ›sprachanalytischen‹ Philosophie und das Problem der ›Geisteswissenschaften‹, insb. S. 242 u. 248; Bertram: Sprachphilosophie zur Einführung, S. 89 f. u. 95). *Basic English* wäre ein Versuch, den Ungenauigkeiten der Sprache entgegenzuwirken. Zugleich vertrat *The Meaning of Meaning* die v. a. ethnolinguistische Ansicht, dass sprachliche Äußerungen nur situationsgebunden und im konkreten Gebrauch verstanden und überprüft werden können (vgl. Wein: Sprachphilosophie der Gegenwart, S. 25–31; Joseph: The Immediate Sources of the ›Sapir-Whorf Hypothesis‹, S. 371 u. 374 f.). Nach Joseph lösen Ogden und Richards die sich ergebende Spannung zwischen einer Behinderung durch Sprache und einer positiven Kraft der Sprache in der Kultur, indem sie das (linguistische) Sprachstudium für eine Behebung der (philosophischen) Behinderung der Sprache veranschlagen.
508 Vgl. Ogden: Editorial: The Universal Language, S. 1. Heft 3 der IX. Nummer der Zeitschrift *Psyche* erschien mit der Liste der 850 Wörter als Frontispiz noch unter dem Titel »Panoptic English«. Die Liste der *Basic*-Wörter wird in den kommenden Jahren, bis zur Veröffentlichung von *Basic English. A General Introduction with Rules and Grammar* (1930), finalisiert. Es bleibt bei den insgesamt 850 Wörtern, einzelne Wörter werden jedoch ausgetauscht.
509 Vgl. Richards: Basic in Teaching, S. 481.
510 Ogden: Editorial: The Universal Language, S. 3, sowie Ogden: Basic English. A General Introduction, S. 7.
511 Vgl. Ogden: Basic English. A General Introduction, S. 53–55. Die zehn Grundoperatoren sind: *come, get, give, go, keep, let, make, put, seem, take*. Ogden orientierte sich dafür an physischen Handlungen des menschlichen Organismus (vgl. Ogden: Editorial: The Universal Language, S. 4)

lichen Aspekte des komplexen Worts wiedergeben. *Basic English* fußt wesentlich auf diesem Ersetzungsprinzip der Sprache: Wörter und Beschreibungen können immer durch andere Wörter bzw. beschreibende Wendungen ersetzt werden,[512] auch wenn dabei manche mögliche Aspekte der Ausgangswörter unberücksichtigt bleiben. Mit den Ersetzungsmöglichkeiten von schwierigen und/oder zumeist vieldeutigen Wörtern der englischen Alltagssprache durch eine Reihe recht einfacher Grundlagen-Wörter glaubte Ogden eine Art ›gereinigte‹ Sprache vorgelegt zu haben, die analytischen Charakter besitzt.[513]

Die von den Protokollanten in Richards' zweitem Experiment aufgeworfene Frage der Unübersetzbarkeit steht bei Übersetzungen ins *Basic English* also immer schon am Anfang.[514] Die Möglichkeiten der Wort-für-Wort-Übersetzung sind im *Basic English* zusammen mit dessen Wörteranzahl auf ein Mindestmaß geschrumpft. Die Vokabular-Beschränkung zwingt dem Übersetzer die massive Ausnutzung des Prinzips der sprachlichen Ersetzung auf. Ogden schätzte, dass für über 90 Prozent der zu übersetzenden Wörter »periphrases of some kind« nötig sind.[515] Der Übersetzer muss das Original und dessen Bedeutungsspektrum analysieren, um mit wenigen Vokabeln die üblichen begrifflichen und stilistischen Kontraktionen in Wendungen mit einfachen Wortfolgen aufzulösen. Übersetzen wird dabei zum Ersetzen. Die eingesetzten beschreibenden Wendungen kommen zudem einer Analyse und Explikation der Vorlage gleich.

Interpretation in Teaching greift ab der Frage der Unübersetzbarkeit immer wieder auf Übersetzungen ins *Basic English* zurück. Richards zeigt nach der Darlegung der vielfältigen Bedeutungen von ›express‹ im Protokoll 2.52, wie ›unübersetzbar‹ im *Basic English* aussieht:

---

und nahm zusätzlich noch einige hilfreiche Vollverben, Hilfsverben und modale Hilfsverben auf (die Liste variiert je nach Publikation): *be, do, have, say, send, may, will*.

512 Der theoretische Hintergrund und die Überlegungen, die zu dieser Erkenntnis führten, finden sich im Kap. »Definition« in Ogden/Richards: The Meaning of Meaning, S. 109–138. Zum daraus resultierenden »panoptischen Eliminator«, der die Erstellung des *Basic*-Wortschatzes ermöglichte vgl. Ogden: Editorial: Debabelization, S. 2, sowie mit Abbildung ders.: Penultimata, S. 9–17.

513 Ogden: Editorial: The Universal Language. Von einem solchen Grundwortschatz ging das Versprechen aus, das Problem der philosophischen Sprachkritik zu beheben, nämlich die Ungenauigkeiten der Alltagssprache einzudämmen, und eine einfache, direkt einsichtige, logische Sprache zu kreieren (vgl. Apel: Die Entfaltung der ›sprachanalytischen‹ Philosophie und das Problem der ›Geisteswissenschaften‹) und somit gar den Traum von einer Universalsprache wahr werden zu lassen.

514 Vgl. den Abschnitt »The Untranslatable« in Ogden: Editorial, S. 21 f.

515 Vgl. den Abschnitt »The Principles of Translation« in: Ogden: Editorial, S. 21. Hier werden auch Möglichkeiten der Vokabular- und stilistischen Erweiterungen für die Übersetzung unterbreitet.

> ›Untranslatable‹, in Basic English, reads, ›not able to be put in other words with the same effect‹. No two things can be the same in all respects; unless they are different also they become not two but one. This [...] gets hidden when we use words like ›express‹, ›translate‹ and ›meaning‹.⁵¹⁶

›Unübersetzbar‹, ein vom Verb ›übersetzen‹ mittels Prä- und Suffixen abgeleitetes und dadurch voraussetzungsreiches Wort, kann über einfachere Grundwörter in entscheidenden Aspekten seiner Bedeutung erkannt werden. ›Unübersetzbar‹ heißt einfach, dass ein Wort nicht mit gleichem Effekt in anderen Worten wiedergegeben werden kann. Damit aber entpuppt sich Richards' Übersetzung ins *Basic English* als Erkenntnisweise. Denn mit der explizierten Aussage des Standardenglisch-Worts ist zugleich grundlegendes philosophisches Wissen ausgesprochen: Keine zwei Dinge können in jeder Hinsicht gleich sein, denn sie wären nur eins, wenn sie nicht unterschiedlich und daher eben zwei wären. Die vorgeführte Übersetzung ist nicht nur eine spezifische, weil auf einen Grundwortschatz zurückgreifende Umschreibung eines komplexen Worts, sie ist zugleich Erkenntnisinstrument. Sie legt offen, dass alle Übersetzungen notwendig Teilübersetzungen sind.

Richards' Übung des Übersetzens vermittelt in der praktischen Tätigkeit selbst ein Wissen von der Sprache. Die Übersetzungspraxis ist eine Erkenntnispraxis. In ihr wird deutlich, dass Übersetzen weniger Bewahren und Übermitteln ist als vielmehr Auflösen (des zu Übermittelnden) und Ersetzen (des zu Bewahrenden). Beim Übersetzen ins *Basic English* tritt somit das grundlegende Prinzip der Sprache in Aktion, während das Kontexttheorem der Bedeutung erkennbar wird, wie sich an anderer Stelle bei Richards nachlesen lässt:

> Substitution is the mode of action of all language, evidently. [...] In explanations one utterance (or sometimes an act, a demonstration) takes the place of another utterance. Through substitution all our words and all our uses of language are knit together by countless filaments [...].⁵¹⁷

3.4 »Inevitably in practice«: Erkenntnis durch Praxis

Die sofortige Erkennbarkeit und Übersichtlichkeit von Wort- und Bedeutungszusammenhängen sowie Anwendungsweisen und Ersetzungsmöglichkeiten spielen im *Basic*-Unterricht für Englisch-Lernende eine große Rolle. Verschiedene Schaubilder sollen zur unmittelbaren Einsicht in die Verwendung zum Beispiel

---

516 Richards: Interpretation in Teaching, S. 136.
517 Richards: Basic in Teaching, S. 454.

der Operatoren und der Richtungsbezeichnungen dienen.[518] Für das Einüben der korrekten Satzbildung im *Basic English* wurde eine mechanische Vorrichtung aus Pappe, das ›Panopticon‹, entwickelt.[519] Das Panopticon besteht aus sieben, im Durchmesser immer kleiner werdenden, konzentrischen Scheiben. Auf dem Rand jeder Scheibe sind Vokabeln einer Wortart abgedruckt. Die Scheiben sind so übereinander angeordnet, dass die Wörter auf ihren Rändern nebeneinander lesbar sind.[520] Beim Drehen der Scheiben um ihre gemeinsame Achse werden ausgewählte Wörter in eine Linie gebracht, wobei diese Linie einer typischen Satzkonstruktion entspricht: »(I) will give simple rules to you now.«[521] Verschiebt man beispielsweise die zweite Scheibe mit den zehn Operatoren, zeigt sich auch sofort, mit welchen Richtungsbezeichnungen (fünfte Scheibe) der jeweilige Operator eine sinnvolle Verbindung eingehen kann: »(I) will take simple rules from you now.« Außerdem zeigt sich, inwiefern der Austausch von nur einem Wort an nur einer Position im Satz schon eine andere Bedeutung hervorbringt. Laut Ogden lässt sich mit dem Panopticon »most satisfactorily (and most dramatically [...])« vorführen, dass die Kombinationen von Operator und Richtungsbezeichnung alle möglichen Handlungsbezeichnungen, also Verben, ersetzen können, während die *Basic*-Satzkonstruktion immer wieder mit eingeübt wird.[522] Vor allem aber setzt das Panopticon das Ersetzungsprinzip der Sprache anschaulich ins Bild.

Nach Ogden kann mit dem einfachen mechanischen Mittel des Panopticons angeblich jeder exegetische Bedarf im Unterricht abgedeckt werden. Und eben hierfür, für Übungen in Exegese ganz unabhängig vom Erlernen der englischen Sprache nutzt Richards den Grundwortschatz und seine Lernhilfsmittel in seinen Kursen und Büchern. Es sind die Einsichten in die Signifikationseffekte und in das Funktionieren der (englischen) Sprache selbst, die die Übersetzungspraktiken des *Basic English* für Richards empfehlen. Er bringt Methode und Vokabular

---

518 Vgl. das *Diagram of Operators* in Ogden: Editorial, S. 12, sowie das *Diagram of Directives* in Ogden: Penultimata, S. 18.
519 Vgl. Ogden: Basic English. General Introduction, S. 77, vgl. den Abschnitt »The Panopticon« in Ogden: Editorial: The Universal Language, S. 6 f. Als ›panoptisch‹ gilt Ogden alles, was auf einen Blick *(at a glance)* Zusammenhänge, Bedeutungen und Mengen einsehbar macht (vgl. Ogden: Editorial: Debabelization, S. 2). Richards' Biograph behauptet, die Bezeichnung sei von Jeremy Benthams Modell-Gefängnis übernommen worden (Vgl. Russo: I. A. Richards, S. 768, Anm. 4). Angesichts der Entwicklungen des *Basic English* u. a. aus sprachlogischen Überlegungen Benthams, die Ogden zeitgleich in *Psyche* erforscht und vorstellt, liegt diese Verbindung nahe, wird aber in keiner der hier zitierten Quellen von Ogden direkt formuliert.
520 Für eine Abbildung des Panopticons siehe http://www.ucl.ac.uk/~ucylw3a/ogden.htm (10. 01. 2001).
521 Ogden: Basic English. General Introduction, S. 77.
522 Vgl. Ogden: Basic English. General Introduction, S. 77 f.

des *Basic English* nachhaltig in seinen Untersuchungen zur Logik[523] und zur Interpretationstheorie der 1930er und 1940er Jahre zur Anwendung.

Basic English ist für Richards *die* neue Technik im wissenschaftlichen Umgang mit der Sprache. Mittels *Basic English* lasse sich das ausgedehnte und vielfältige Wissen über Sprache, das in der Sprache selbst liege, ausnutzen.[524] Die Verbindungen zwischen Wörtern und zwischen Wortgebräuchen *(between uses of words)* seien zu studieren, wodurch das Sprachwissen in der Sprache selbst beobachtet und im Experiment entwickelt werden könne. Das sprachliche Wissen *(linguistic knowledge)*, das, was wir praktisch, in der geschickten *(skilful)* Nutzung der Sprache, immer schon wüssten – nämlich zwischen Bedeutungen zu unterscheiden –, gilt es nach Richards in Wissenschaft zu überführen.[525] »We must translate more of our skill into discussable science«, schreibt er etwa in *The Philosophy of Rhetoric*.[526]

Das analytische Ersetzungsprinzip von *Basic English* macht es für Richards gleichermaßen zur schnell anwendbaren Hilfssprache wie zum Bildungsinstrument in entscheidenden Fragen über die Funktionsweise der (englischen) Sprache. Durch das eingeschränkte Vokabular tendiert nach Richards jede Übersetzung ins *Basic English* zur streng kritischen Untersuchung und Befragung von Bedeutungen. Im *Basic English* müssten Bedeutungen immer beschrieben werden. Tatsächlich werde so jede Übersetzung zu einer Entscheidung darüber, was das Original eigentlich sagt oder sagen könnte. Das Übersetzen sei damit bereits Übung in Interpretation,[527] eine Übung im Untersuchen und Vergleichen von Bedeutungen. »A training in Basic is a training in detecting *implicit* ambiguities and making them into *explicit* distinctions.«[528]

Die höhere Bewusstheit für die Bedeutung des Originals und eben jene Tendenz, explizit zu machen, was gemeinhin in Wörtern und stilistischen Kontraktionen implizit ist, prädestinieren *Basic English* auch für die Anwendung in der praktischen Prosakritik. Nachdem Richards in *Interpretation in Teaching* die »*resolving* power«[529] des *Basic English* schon für die Frage der Unübersetzbarkeit

---

523 Vgl. Richards' *The Basic Rules of Reason* von 1933, eine vollständig in *Basic English* abgefasste Abhandlung über Logik. In der Abhandlung findet sich eine Theorie des Wissens, der Verbindungen und der Instrumente zusammen mit einer Liste von Schlüsselwörtern der philosophischen Diskussion.
524 Vgl. Richards: Basic in Teaching, S. 453 f.
525 Vgl. Richards: Basic in Teaching, S. 454 f.
526 Richards: The Philosophy of Rhetoric, S. 94.
527 Vgl. Richards: Basic in Teaching, S. 484 f. u. 491: »[T]he difficulty of writing Basic versions […] becomes a difficulty in deciding just what the original is, may, or might be saying. The work becomes, that is, very nearly a pure exercise *in interpretation.*«
528 Vgl. Richards: Basic in Teaching, S. 492 f., Zitat S. 493.
529 Richards: Basic in Teaching, S. 491.

von Metaphern im Abschnitt zur Rhetorik vorgeführt hat, stellt er im Abschnitt zur Grammatik das Konzept und die Wirkungsweise des Grundwortschatzes für die Wissenschaft der Interpretation vor.[530] Die Grammatik krankt laut Richards an der Überlagerung recht vieler, sehr unterschiedlicher Ziele und der generellen Unklarheit darüber, wofür sie ihre Erläuterungen zur Sprache eigentlich erklären will.[531] Alle aktuellen grammatischen Studien könnten nicht begründen, dass und warum ein grammatikalisch korrekter Satz mehrere Bedeutungen haben könne. Dabei scheint doch die Grammatik »the very discipline of interpretation we need« zu sein;[532] vor allem dann, wenn man sie wie Richards als »*the study of the co-operation of words with one another in their contexts*« versteht.[533] Genau diese eigenwilligen Formen der Zusammenarbeit von Wörtern ließen sich nun nicht nur theoretisch, sondern »automatically and inevitably in practice« mithilfe des Lehrinstruments *Basic English* erhellen.[534] Es ist demnach vor allem eine Praxis der innersprachlichen Übersetzung, die Richards einzuführen gedenkt und weniger eine konkrete Theorie und Lehre.

Basic English zeigt neben den Zweideutigkeiten einzelner Wörter die gegenseitige Abhängigkeit von Worten im Satz auf, deren Erkennen *(recognition)* wiederum schon Interpretation sei: »In making a Basic version you incessantly find that if you change one word you must change another because its sense has already been altered by what you have done.«[535] Da es so gut wie nie ein sicheres, mechanisch einsetzbares Einzelwortäquivalent oder ein reguläres Satzäquivalent für die üblichsten englischen Klischees *(clichés)* gebe, müsse bei der Arbeit mit *Basic English* die Gesamtintention des Originals immerzu hinterfragt werden. Die entsprechenden Hinweise des Originals auszuwählen und zu klären, sei die Art Interpretation, die am nötigsten gebraucht werde.[536]

Dass Wörter, Sätze oder Metaphern nur eine Bedeutung besitzen sollten, werde im Prozess der *Basic*-Übersetzungen überholt von der Einsicht, dass und wie Wörter oder Sätze durch unterschiedlichste Beziehungen mit unterschiedlichen anderen Einflüssen aus der untersuchten Passage funktionierten. Ogdens

---

530 Vgl. Kap. »Basic English in the Study of Interpretation« in Richards: Interpretation in Teaching, S. 196–211.
531 Richards: Interpretation in Teaching, S. 189 f. Offensichtliche Zwecke der Grammatik sind nach Richards: eine einfache Sprachlehre, eine normative Sprachgebrauchsanleitung, Untersuchungen zur logischen Form von Aussagen, Vergleiche verschiedener Sprachen, Sprachformenuntersuchungen sowie Übung in Interpretation.
532 Richards: Interpretation in Teaching, S. 185.
533 Richards: Interpretation in Teaching, S. 16.
534 Richards: Interpretation in Teaching, S. 203.
535 Richards: Interpretation in Teaching, S. 203.
536 Vgl. Richards: Interpretation in Teaching, S. 203.

und Richards' Kontexttheorem der Bedeutung wird in jeder Übersetzungsübung augenscheinlich, da in der übersetzenden Paraphrase die Interaktion zwischen Einzelwörtern, aber auch mit Sätzen und innerhalb einer ganzen Passage hervortritt. Und dabei würden die Wörter der *Basic*-Liste ebenso sehr in ihrer Vielseitigkeit erscheinen wie die im Vorlagentext.[537] In Richards' Anwendungen des *Basic* tritt somit hervor, dass selbst in der vermeintlich ›gereinigten‹ Sprache des Grundwortschatzes, selbst in den ›reinen‹ Wörtern des *Basic* der stete Bedeutungswechsel am Werk ist, dass *Basic* nur aufgrund der verschiedenen Sinneffekte in verschiedenen Wortverbindungen überhaupt funktionieren kann.

Richards schlägt in *Interpretation in Teaching* einige Übungen für den Interpretationsunterricht vor: unter anderem Versuche mit der Ersetzung von Wörtern zwischen ähnlich lautenden Sätzen, in denen zunächst der Bedeutungsunterschied eines Schlüsselworts noch im selben Satz beobachtet werden soll. Alle Schlüsselwörter entstammen der Liste von 400 »necessary names« der *Basic English*-Liste.[538]

> [S]uch a sentence as:
> *This is one of those amusements from which I get no amusement*
> sets a pattern of fluctuation (from cause to effect) which can be followed, through partly parallel sentences, via *pleasure, comfort, profit, music*:
> *There is no music in this music,*
> [...] to the more important problems that *knowledge*:
> *Such knowledge gives us no knowledge,*
> or *doubt* offer. With *doubt* the shift from the point that may be doubted to the condition of doubting is still partly like that from a cause of amusement (in someone's opinion) to the amusement given:
> *Those doubts are no doubts for me.*
> And *question* may go the same way; but *love* and *desire* make, in most settings, a different step: from the name of the feeling to the name of the thing towards which we have it.[539]

In Richards' Übung geht es um die Sinnverschiebung bei Wortwiederholungen, die ich im vorhergehenden Kapitel schon als genuin rhetorische und konkreter noch als sophistische Argumentationsverfahren in McLuhans *The Mechanical*

---

537 Vgl. Richards: Interpretation in Teaching, S. 202 f.
538 Vgl. Frontispiz der Januar-Ausgabe von *Psyche* aus dem Jahr 1929. Die Sammlung an Wörtern wechselte des Öfteren im Verlauf der Entwicklung des *Basic English*. Schon 1930 etwa fehlte ›amusement‹ auf der Liste (vgl. Frontispiz der Juli-Ausgabe von *Psyche* aus dem Jahr 1930), erschien aber in den Listen der einschlägigen Einführungsliteratur Ogdens wieder, vgl. Ogden: Basic English. General Introduction.
539 Richards: Interpretation in Teaching, S. 203 f.

Bride vorgestellt habe. Richards interessieren hier aber weniger die sophistischen Effekte als vielmehr die unterliegenden logischen Strukturen. Doch ganz abgesehen von den logischen Unterschieden, die in den Bedeutungsunterschieden gleicher Wörter an unterschiedlichen Stellen eines Satzes hier auftreten, lesen sich diese Beispielsätze auch wie das Protokoll einer Übung mit Ogdens Panopticon. Dabei zeigt das Drehen an verschiedenen Scheiben der Satzkonstruktion, dass Bedeutungen von den grammatischen Positionen und dem Zusammenspiel im Satz abhängen. Im immer gleichen Satzbau werden hier wie im Panopticon verschiedene Beispiele einer Wortart im Satzkontext ausgetestet. Und wie im Nebeneinander der Modellsätze lassen sich Bedeutungsänderungen in solchen Übungen auf einen Blick erkennen.[540] Für Richards leisten die Werkzeuge des Spracherwerbs des *Basic English* zugleich die Arbeit von Werkzeugen der Erkenntnis. Der Austausch von Vokabeln und das Nebeneinanderstellen zweier Passagen mehr oder weniger gleichen Inhalts lehren, wie die Prinzipien der Sprache wirken.[541]

3.5 Parodie

Richards' Leseübungen unter Einsatz des *Basic English* sind immer Übungen zur Erkenntnistheorie. Die innersprachliche Übersetzung des *Basic English* dient als epistemische Praxis. Sie bringt nicht einfach eine zweite Version eines Worts oder eines Satzes hervor. Sie liefert vielmehr ein Wissen über die Sprache aus der Sprache selbst heraus. In Form von Paraphrasen bzw. von Ersetzungsübungen kehrt sie, wie gesehen, als Textverfahren und Argumentationsweise auch in McLuhans *The Mechanical Bride* wieder. Und eben dies, die Paraphrase, die schon nicht mehr auf *Basic English* zurückgreift, sondern dem Spiel der freien Wortersetzung Raum gibt, führt auch Richards in einer weiteren Publikation vor.

In *How to Read a Page* aus dem Jahre 1943 stellt Richards abermals die Frage, wie wir eigentlich lesen und verstehen und wie wir unsere Fähigkeiten besser verstehen und kontrollieren lernen können. Hierbei verfolgt Richards einen doppelten Handlungsfaden *(the plot is double)*: Er führt eine Reihe Leseübungen anhand einzelner Textpassagen vor und möchte dabei das Lesen studieren. Zugleich soll eine Lehre der Grundlagen des Lesens aus dem verwendeten Übungsmaterial entwickelt werden, eine Lehre, die sich im Übungsmaterial angeblich bereits größ-

---

[540] Vgl. die Beispielsammlung Ogden: Basic by Examples, z. B. S. 48:
»You now have a general idea of Basic.
There is a very general [...] feeling that he is right.«
[541] Vgl. Richards: Interpretation in Teaching, S. 208.

tenteils geschrieben findet.⁵⁴² Doch Richards' Übungsmaterial sind keine Texte über Lesetechniken, die Geschichte des Lesens oder Medientechniken der Schrift und des Buchdrucks. Richards' Übungstexte stammen von Aristoteles, Collingwood und Whitehead, von Philosophen und Erkenntnistheoretikern also.

Als Erstes dient *Basic English* in *How to Read a Page* der Explizierung einer Aristoteles-Passage. ›Wiederkäuen‹ nennt Richards diese Technik an anderer Stelle.⁵⁴³ Ein Absatz aus der *Zweiten Analytik* des Aristoteles über das ›Lernen durch Erfahrung‹ wird vorgestellt und in der Standardenglisch-Übersetzung wiedergegeben. Ihr ist eine *Basic English*-Version von Richards gegenübergestellt. Anschließend werden die beiden Textpassagen verglichen und einzelne Probleme der sprachlichen Übertragung besprochen.⁵⁴⁴ In *How to Read a Page* werden also nicht nur einzelne Wörter wiederholt und auf ihre Verhaltensweise und Sinneffekte hin beobachtet, sondern nun werden ganze Textpassagen im *Basic English* erneut wiedergegeben. Richards gibt an, dass er die Techniken des *Basic English* oft anwenden wird, da die Begrenzung auf 850 Wörter zur intensiven Aufmerksamkeit für den Ausgangstext zwinge, die ansonsten kaum aufrechtzuerhalten sei.⁵⁴⁵

In der variierten Wiederholung ganzer Textpassagen im *Basic English* grenzt Richards' Vorgehen schon an das Verfahren der Parodie, was ihm selbst nicht entgeht und was er bei einem der nächsten Fälle zur Strategie im Lektüreverfahren wendet. Parodistisch werden die Wiederholungen der Textpassagen nämlich vor allem dann, wenn die Zwangsjacke des *Basic English*-Vokabulars einfach beiseite gelassen wird.⁵⁴⁶ In einer Lektüre von Alfred North Whiteheads *Modes of Thought* gebraucht Richards das Übungsverfahren des *Basic English* ohne dessen zweckdienliche Beschränkungen auf 850 Wörter und wenige grammatische Grundregeln. Was bleibt, ist das freie Spiel der Wortersetzung bzw. eben Parodie: »I can state it by making a sort of parody or transposition«,⁵⁴⁷ postuliert Richards und verfasst tatsächlich eine Nebenrede *(para-ode)*⁵⁴⁸ zu Whiteheads Text. Dabei wiederholt er Whiteheads Originaltext weitgehend. Er nimmt lediglich die Ersetzung

---

542 Vgl. Richards: How to Read a Page, S. 25.
543 Vgl. Richards: Basic English and Its Uses, S. 100. Das ›Wiederkäuen‹ *(rumination)* erscheint als Form der Meditation über Bedeutungen. In *Basic English and Its Uses* gilt *Basic English* daher auch nicht mehr als automatischer Mechanismus für Einsichten in die Sprache, sondern als Möglichkeit zum Überdenken *(rethinking,* S. 107).
544 Vgl. Richards: How to Read a Page, S. 30–38.
545 Vgl. Richards: How to Read a Page, S. 29.
546 Vgl. Richards: How to Read a Page, S. 126.
547 Richards: How to Read a Page, S. 91.
548 Zur Begriffsgeschichte der Parodie vgl. Rotermund: Die Parodie in der Modernen Deutschen Lyrik, S. 9–23; für eine Typologie der Parodie vgl. Wünsch: Die Parodie.

einzelner Wörter vor; dies allerdings sehr systematisch. Alle Whitehead-Worte zur Sinneswahrnehmung werden durch Worte zur Lektüre von Texten ersetzt:

Whitehead:	Richards' Version:
In sense-perception we discern the external world with its various parts characterized by form of quality, and interrelated by forms which express both separation and connection. These forms of quality are the sensa [...]. The world as interpreted by exclusive attention to such forms of sense-perception, I will term ›Nature‹. [...] Sense-perception is the triumph of abstraction in animal experience. [...] These three characters of the higher animal experience – namely approximate accuracy, qualitative assignment, essential omission – together constitute the focus of consciousness, as in human experience.[763]	In reading we discern a meaning for a passage with its various parts (the words) seeming to have forms of sense of their own and interrelated by forms which express both distinction and implication. The forms of sense are what the dictionary professes to list. [...] The meaning as interpreted by exclusive attention in such forms I will term ›Proper Meaning‹. [...] Reading is the triumph of abstraction in educated human experience. [...] These three characters of educated human experience – namely, approximate understanding, a sense of the diversity of word-senses, essential omission – together constitute the focus of consciousness in the reading experience.[764]

Diese Art der Nebenrede oder des Gegengesangs, erinnert an die sophistischen Antwortstrategien, die McLuhans *The Mechanical Bride* aufweist. Eine bestehende Rede wird zum Anlass genommen, ihre Wörter weiterzuverwenden, umzusetzen, umzudrehen oder einfach auszutauschen.[551] Richards nutzt die Strategie von Rede und Gegenrede in *How to Read a Page* allerdings zunächst und hauptsächlich für die Untersuchung von Eindeutigkeit und Stabilität der Wort- und Satzbedeutungen. Er listet insgesamt sechs Vergleichspunkte auf. Fünf davon zeigen im Sinne seiner Bedeutungs- und Interpretationsforschung, inwiefern die Aussage eines Satzes mit jedem Einsetzen eines neuen Schlüsselworts auf dem Spiel steht und wie sehr die ›eigentliche Bedeutung‹ eines Worts mit jedem neuen Satz ganz neue Tendenzen einschlägt. Nur in einem Punkt dient die Nebenrede nicht der Auseinandersetzung mit den Bewegungen in der Sprache. In diesem Punkt leitet Richards entsprechend seiner Ankündigung im Vorwort inhaltliche Aussagen über den Lektüreprozess aus dem Vorlagentext ab, genauer: aus der Parodie des Vorlagentextes. Danach ist die ›eigentliche Bedeutung‹ eines Worts eine Abstraktion von den umliegenden Verweisstrukturen einer Textpassage.[552]

---

549 Alfred North Whitehead: Modes of Thought, zit. nach Richards: How to Read a Page, S. 75 f.
550 Richards: How to Read a Page, S. 91.
551 Vgl. Kap. III.2.6 in diesem Band sowie das Kap. »Parodistische Änderungstechniken« in Wünsch: Die Parodie, S. 159–199.
552 Vgl. Richards: How to Read a Page, S. 92 f.

Die Übersetzungs- und Ersetzungstechniken werden hier nicht mehr dem reinen Textverständnis unterstellt. Mit der Parodie geht Richards zur zweckentfremdeten Aneignung von Whiteheads erkenntnistheoretischen Aussagen über. Dabei offenbart sich die Vieldeutigkeit der Parodie: Sie ist hier ebenso sehr adversative, gewaltsame Rede, wie sie Autorisierung durch die Vorlage erheischt.[553] Der erkenntnistheoretische Text Whiteheads soll die Aussagen über den Lektüreprozess legitimieren, wenn nicht gar verifizieren.

Die Schlussfolgerung Richards' aus diesem Untersuchungsverfahren stellt die Nebenrede als solche schließlich im Text in Klammern aus. Die Verifizierung der Lese- und Verstehenstheorie ist damit letztlich an ein Verfahren gebunden, das sich der Ersetzungseffekte in der Sprache verdankt. Es ist ein Verfahren der Wissensbildung in der Parodie:

> I can put the situation in the terms in which Whitehead a few lines later describes scientific practice. »In order to observe (read) accurately, concentrate on that observation (of sense of words and constructions) dismissing from consciousness all irrelevant modes of experience. But there is no irrelevance. [...]« In brief, never let what the words ›should mean‹ (or ›really mean‹) prevent you from seeing what is being said.[554]

Auch wenn Parodien nicht immer lustig sein müssen, eine komische Wirkung zeitigt diese hier dennoch.

Auf die komische Wirkung solcher parodistischer Verfahren der Ersetzung von Wörtern und Wendungen in vorgängigen Reden setzte, wie im vorherigen Kapitel gesehen, vornehmlich *The Mechanical Bride*, jenes Buch McLuhans, das in den Kontexten von Folklore- und Inlandsethnologie sowie der Kulturkritik von Massenproduktion wirken sollte.[555] McLuhan musste Richards' theoretischen Ansatz und auch Richards' Gegenstandsbereich und Problemstellung nicht teilen, um dennoch dessen sprachphilosophischen Hintergrund weiterzuverfolgen. Er musste nur die Praktiken aus den Lektüreverfahren übernehmen, um immer schon das Wissen, das in der Sprache liegt, anzuzapfen, einzusetzen und auszunutzen. Dass er dabei bis hin zur parodistischen Verballhornung wissenschaftlicher Schreibweisen kommen würde, wie sie im Kapitel IV meiner Untersuchung noch aufgewiesen werden, liegt schon im Repertoire der geteilten Praktiken im Umgang mit Sprache und Text im britischen Cambridge der 1930er Jahre begründet.

---

553 Vgl. Rotermund: Die Parodie in der Modernen Deutschen Lyrik, S. 10, sowie Wünsch: Die Parodie, S. 164.
554 Richards: How to Read a Page, S. 94.
555 Vgl. Kap. III.2 in diesem Band.

4 Übernahmen: Kommunikation, Ethnolinguistik und ›rhetorische Exegese‹ in Aufsätzen von 1952 bis 1957

Die Aufsätze der Jahre 1952 bis 1957 bilden den letzten Teil der von mir veranschlagten Beratungsrede im Textkorpus ›McLuhan‹. In dieser Zeit lassen sich mehrere Übernahmen in den Texten mit Signatur McLuhans beobachten. Zunächst werden Begriff und Gegenstände der Kommunikation in einige Aufsätze übernommen. Der Gegenstandsbereich und die Fragen der zeitgenössischen Kommunikationswissenschaft reichern die für das Textkorpus ›McLuhan‹ zu dieser Zeit typischen Themen und Thesen gewissermaßen um ein neues Vokabular an. In der Zusammenarbeit mit dem Ethnologen Edmund Carpenter und im zu jener Zeit initiierten und durchgeführten Forschungsseminar »Culture and Communications« an der University of Toronto kommt zudem die Übernahme der ethnolinguistischen These über den Zusammenhang von Sprache, Kultur und Weltauffassung nach Edward Sapir und Benjamin Lee Whorf hinzu. Diese These wird für eine Theorie der Kommunikationsmedien übernommen, in der die Kommunikationsmedien die Stelle der Sprachen der ethnolinguistischen Theorie besetzen. Und schließlich ist in der Auseinandersetzung mit den Kommunikationsmedien, die Übernahme einiger Mittel der ›rhetorischen Exegese‹ aus der Gerichtsrede zu verzeichnen. Im Zuge dieser Übernahmen setzt sich die Beratung über die Anwendbarkeit ›poetisch-grammatischer‹ oder ›rhetorischer‹ Exegeseweisen im Textkorpus fort.

Die bestehenden Rekonstruktionen bisheriger Forschung bezüglich der Hinwendung McLuhans zu den Fragen der Kommunikationswissenschaft sowie zu den Funktions- und Wirkungsweisen der Kommunikationstechniken stellen sich aus dieser Perspektive auf die Texte und Theoriebildungsarbeit mit Namen ›McLuhan‹ etwas anders dar. So ist es weniger ein entfachtes Interesse für Techniken aller Art, das McLuhan angetrieben von den Arbeiten Harold A. Innis' und Sigfried Giedions zur Auseinandersetzung mit den Kommunikationsmedien führt,[556] als vielmehr die Frage nach den Methoden der Deutung und Darstellung. Denn in den Texten vom Beginn der 1950er Jahre ist auffällig, dass sie bei den historiographischen Methoden ansetzen, die die Technik- und Kommunikationsgeschichte von Innis und Giedion ausmachen. Nicht nur stellen die Texte McLuhans die Frage nach den Methoden der Untersuchung und Beschreibung (kommunikations-)technischer Neuerungen, auch legen sie im Gegensatz zu kom-

---

[556] Vgl. das Kap. »Die Entdeckung der Medien« in Marchand: Marshall McLuhan, S. 165–196, insb. S. 165–167 u. 169 f.; Marchessault: Marshall McLuhan, S. 77 u. 80–86; Willmott: McLuhan, or Modernism in Reverse, S. 48–59. Willmott führt das Technikinteresse auch auf künstlerische und ästhetische Theorien der Zeit zurück.

munikationstheoretisch argumentierenden Studien der Zeit eine literatur- und stilkritische Betrachtungsweise vor. Diese Blickrichtung, die an den stilkritischen Ansatz von *The Mechanical Bride* anschließt und die sich darüber hinaus an der Rednersituation der klassischen Rhetorik orientiert, lenkt die Aufmerksamkeit auf die Kommunikationssituation im Unterschied zur Konzentration auf die Nachrichten in der Kommunikationsforschung dieser Tage. Sie bildet den Gegenpol zu inhaltistischen, ingenieur- und sozialwissenschaftlichen Kommunikationsstudien, den das Forschungsseminar »Culture and Communications« um McLuhan und Carpenter an der University of Toronto zwischen 1953 und 1955 zu etablieren versucht.

Die theoretische Voraussetzung des interdisziplinären Seminars ist indessen die Übertragung der Sapir-Whorf-Hypothese auf den Gegenstandbereich der Kommunikation, wodurch Kommunikationsmedien wie Sprachen in der Ethnolinguistik aufgefasst werden: als Strukturen, die dem Erfassen der Welt und dem Denken zugrunde liegen. Aus dieser Übertragung geht eine Gleichsetzung von Sprachen und Kommunikationsmedien hervor, die in den Texten mit Signatur McLuhans die Auslegung der neuen Kommunikationsverhältnisse mit Mitteln des Sprach- und Literaturstudiums zur Folge hat. Im Forschungsrahmen von »Culture and Communications«, der, wie ich zeigen werde, über das Torontoer Seminar hinausreicht, führt die Übertragung indessen zu einer Betrachtung je unterschiedlicher Kanäle der Kommunikation, die die zeitgenössische Auffassung eines universalen Kommunikationskonzepts ablöst.[557] Die Texte McLuhans nehmen die Betrachtung der Differenzen in der Kommunikation auf und suchen sie mit den literatur- und stilkritischen Mitteln zu ergründen. Dabei macht sich die Unentschiedenheit über die zu verwendenden Mittel der Auslegung bemerkbar. So lässt sich in den Texten etwa das Verrechnen einander zuwiderlaufender Sprachauffassungen oder das Nebeneinander gegensätzlicher Fassungen der Übersetzung beobachten. Darin zeigt sich der Trickster, der das alte Sprache und Welt umfassende grammatische Auslegungsprojekt in der Nutzung der Mittel der ›rhetorischen Exegese‹ sowie des Metaphern- und Übersetzungskonzepts nach I. A. Richards unterläuft – und zwar insbesondere dann, wenn es um die Beschreibung und Bestimmung der Eigenarten von Kommunikationsmedien geht.

Nach der ausführlichen Darlegung des historischen Kontextes einer florierenden Kommunikationsforschung auf dem nordamerikanischen Kontinent um 1950 sowie des Ansatzes zu ›Kultur und Kommunikation‹ in Toronto als unmittelbarem Kontext der Aufsätze McLuhans aus dieser Zeit, verfolge ich in diesem Kapitel der Beratungsrede dementsprechend genaue Textanalysen, die die sprachlich-

---

[557] Vgl. Schüttpelz: »Get the message through«, S. 69–72.

argumentative Einsetzung der Kommunikationsmedien als Forschungsobjekt untersuchen. Insbesondere die Aufsätze mit Signatur McLuhans für die Zeitschrift *Explorations. Studies in Culture and Communication* der Torontoer Forschungsgruppe sind hierfür von Interesse. In der Textanalyse lässt sich aufzeigen, dass die spezifische Fassung der Kommunikationsmedien als Übersetzungstechniken, die bestehende Verhältnisse in etwas anderes überführen, sowie als Metaphern, die Verschiebungen in den Kommunikationsverhältnissen vornehmen, das Wissen der Partei der ›rhetorischen Exegese‹ aus der Gerichtsrede übernehmen. Dieses Wissen um Differenzen und Verschiebungen, das den Formen und Weisen der sprachlichen Signifikation abgelesen ist, ermöglicht ein Wissen von den Medien, das schließlich die besondere Position der Texte McLuhans dieser Zeit im Rahmen der Kultur- und Kommunikationsforschung an der University of Toronto ausmacht.

4.1 Innis' Kommunikationsgeschichte und Giedions Geschichtsschreibung

Man darf sich fragen, ob der vielbesprochene Einschlag, den Harold A. Innis' Thesen und Schriften auf das Denken McLuhans gehabt haben sollen,[558] ebenso durchschlagend gewesen wäre, wenn Innis in einer anderen als der vorfindlichen, panoramischen und listenartigen Weise geschrieben hätte. Geht man einmal nicht von *The Gutenberg Galaxy* auf Innis zurück, sondern von McLuhans Schriften der 1940er Jahre und des beginnenden Jahrzehnts der 1950er auf Innis' Werk zu, ist es auffällig, über welchen Weg es in das Textkorpus ›McLuhan‹ Einzug hält: über die Frage der Methode der Geschichtsschreibung und die Reflexion der daraus resultierenden Geschichte.

Innis' Arbeiten sind den heutigen Medien- und Kommunikationswissenschaften – nicht zuletzt durch ihre Verarbeitung in den Schriften McLuhans – bekannt für ihre Thesen zur Materialität der Kommunikation. Verschiedene Weltreiche und ihre Herrschaftsformen hingen laut Innis maßgeblich von den verwendeten Kommunikationsmedien und deren materiellen Eigenschaften ab.[559] Zu beachten ist dabei, dass sich verschiedene Kommunikationsmedien besonders in ihren materiellen Eigenheiten der Dauerhaftigkeit und der Reichweite voneinander unterscheiden. Es gibt Medien, die eher die Zeit betonen, und Medien, die den Raum betonen. Tontafeln zum Beispiel erhalten sich durch die Zeit, haben aber keine große Ausbreitung im Raum, wegen der Schwierigkeit ihres (massenwei-

---

[558] Vgl. Marchand: Marshall McLuhan, S. 165–169.
[559] Vgl. Innis: Empire and Communications, S. 31.

sen) Transports. Papier dagegen hält sich nicht unendlich lange, hat aber einen großen Ausbreitungsradius im Raum aufgrund seiner Transportabilität. In diesen Eigenschaften fördern die verschiedenen Kommunikationsmedien durch die Zivilisationsgeschichte hindurch unterschiedliche Verwaltungs- und damit Staatsformen.[560]

Die Arbeiten Innis' zu den Kommunikationsnetzwerken der Weltgeschichte reihen sich in eine bereits seit der Wende zum zwanzigsten Jahrhundert in Nordamerika bestehende Gesellschaftsforschung ein, welche ›Kommunikation‹ als wesentliche Größe der gesellschaftlichen und individuellen Entwicklung hervorhebt.[561] Aus einer gesellschaftswissenschaftlich orientierten Ökonomiegeschichte (etwa eines Thorstein Veblen [1857–1929]) kommend, steht Innis 1950 zudem mit seinen Weltreichstudien unter dem Postulat der allgemeinen zeitgenössischen Kommunikationsforschung, welches die Effizienz der Nachrichten zu untersuchen vorschreibt.[562] Innis versteht daher das politische und geschichtswissenschaftliche Konzept des Imperiums als Frage der Effizienz von Kommunikation, wie er schreibt: »using the concept of empire as an indication of the efficiency of communication. It will reflect to an important extent the efficiency of particular media of communication and its possibilities in creating conditions favourable to creative thought.«[563]

Diesem kommunikationswissenschaftlichen Einsatz gegenüber ist auffällig, dass die erste und wohl einzige ausführliche Auseinandersetzung McLuhans mit den Arbeiten Innis' weniger das Konzept der Gesellschaft als Kommunikation oder der Gestaltungsmacht der Kommunikationsmedien feiert, als vielmehr Innis' Schreibverfahren einer Geschichte der grundsätzlich kommunikativen Gesellschaft und das damit einhergehende Geschichtsprojekt. Die Frage des Textes »The Later Innis« (1953) gilt in erster Linie der Methodik von Darstellung und Auslegung bei Innis und damit einem der grundlegenden Anliegen im Textkorpus ›McLuhan‹ seit der Dissertationsschrift. Die Problematik der unterschiedlichen Wirkungsweisen der Kommunikationsmedien nach Innis gerät im Text McLuhans zu einem Problem der Schreibverfahren und des spezifischen Geschichtsprojekts: Innis nämlich habe für seine wirtschaftsgeschichtlichen Untersuchungen jene Technik *(technique)* angewandt, die in den Künsten und Wissenschaften der (damals) gegenwärtigen Zeit universell geworden sei. Er habe den dramatischen

---

560 Vgl. Innis: Empire and Communications, S. 26 f.
561 Vgl. Peters/Simonson: From Hope to Disillusionment. Mass Communication Theory Coalesces, 1919–1933.
562 Vgl. Schüttpelz: »›Get the message through‹«, S. 69, Anm. 42.
563 Innis: Empire and Communications, S. 29.

Ansatz anstelle des narrativen Typs der Geschichtsschreibung gewählt. Zum ›dramatischen Ansatz‹ zählt die Rekonstruktion des Bilds, das die historischen Akteure selbst von ihrem ökonomisch-industriellen Umfeld gehabt hätten, und die Darstellung der Wechselbeziehungen zwischen den Eigenschaften eines Industriezweigs und allen anderen politischen und sozialen Faktoren:

> [Innis] created a working model of the entire industry *from the inside*. [...] ›[E]xplanation‹ takes the form simply of presentation of the dramatic model. The reader will then experience, like the author, a series of surprises and insights as he watches the model at work. It is not surprising, however, that having committed himself to this kind of dynamic history, Innis found himself led eventually beyond the confines of his own subject matter. The technique of total presentation and reconstruction led swiftly to the vision of the total inter-relatedness of social existence.[564]

An Innis' Arbeiten interessieren also die relationale und vor allem ›dramatische‹ Geschichtsschreibung, die schon im Gerichtsverfahren des Tricksters um die Exegesemethoden der Literaturkritik 1944 als adäquater Zugang zur (Geschichte der) Dichtung galt. »The Later Innis« bescheinigt Innis eine adäquate Präsentation und Rekonstruktion der übergreifenden Wechselbeziehungen der Gesellschaft. Die hier genannten Überraschungen und Einsichten, das Verstehen, das Autor und Leser teilen, entsprechen dabei den wesentlichen Merkmalen, welche die Texte mit Namen ›McLuhan‹ um 1950 der symbolistischen und modernistischen Strömung zuordnen.[565] Dementsprechend verwendet »The Later Innis« nicht wenig Aufwand darauf, die Parallele von Schreibverfahren in der Literatur und in der Geschichtsdarstellung auszuführen:

> [T]he later Innis inevitably adopted a discontinuous style, an aphoristic, mental-camera sort of procedure which was indispensible to his needs. For in his later prose the linear development of paragraph perspectives is abandoned almost entirely in favour of rapid montage and single shots. He juxtaposes one condensed observation with another, mounts one insight or image on another in quick succession to create a sense of multiple relationships in process of undergoing rapid development from the impact of specific technological changes. This prose calls for steady contemplation of what is happening on the page. It is not intended to deliver an idea or a concept in a formula or in a package. It is an ideogrammic prose, a complex mental cinema which he could have managed more expeditiously had he mastered the method of James Joyce in *Finnegan's Wake* [sic].[566]

---

564 McLuhan: The Later Innis, S. 385 f.
565 Vgl. Kap. III.1 in diesem Band.
566 McLuhan: The Later Innis, S. 389.

Der Englischprofessor McLuhan begutachtet 1953 in dieser Art und Weise vor allem die Verfahren der geschichtlichen Darstellung, der Prosa auf den Seiten Innis' *(prose on the page)*. Der konstatierte ›diskontinuierliche Stil‹ sowie die schnelle Abfolge einzelner Einstellungen im einfachen ›Nebeneinander‹ sind Beschreibungen von Darstellungsweisen, die sich ebenso in den Auseinandersetzungen zur Poesie in den Texten McLuhans um 1950 finden.[567] Wären Innis' Schriften in gewöhnlicher, narrativ-argumentierender Prosa gehalten gewesen, hätten sie, wie die meisten anderen Schriften der Kommunikationsforschung jener Tage, wohl kaum Eingang in das Textkorpus ›McLuhan‹ gefunden. Das zentrale Interesse an Innis liegt für McLuhan zu Beginn der 1950er Jahre nicht in der einleuchtenden Auseinandersetzung mit der Materialität der Kommunikation, sondern im Verfahren der Darstellung und in der Auslegung der Geschichte.

Entsprechend verhalten ist 1953 McLuhans Begeisterung für die Akzentverschiebung auf die Materialität der Kommunikation in Innis' Kommunikationsstudien. Innis sei, so McLuhan, auf das durch die Methoden eingegebene Geschichtsprojekt nicht recht vorbereitet gewesen.[568] Er habe die Angelegenheit der Kommunikationsmedien vielmehr im Versuchsstadium *(tentative stage)* belassen, »by expressing a general awareness of the ›bias‹ of various forms of communication«.[569] Innis' Begriff ›Bias‹ für die spezifische Beschränkung, die jedes Kommunikationsmedium aufweist, reicht dem Text »The Later Innis« zufolge nicht aus, um zu verdeutlichen, was die von Innis thematisierte Veränderung der menschlichen Rede in verschiedenen Kommunikationsmedien letztlich ausmacht. Hierfür, so behauptet der Text, bedarf es der Erfassung der Kommunikationsmittel als eigenständige Kunstformen *(autonomous art forms)* und der Werkzeuge einer künstlerischen Analyse.[570]

Mit der Rede von den Kommunikationsmedien als Kunstformen und den künstlerischen Analysemitteln situiert sich der Text über Innis im Kontext der Kunst- und Stilanalysen, wie sie etwa *The Mechanical Bride* von McLuhan vorgenommen hat. So abwegig es auch sein mag, einem Wirtschaftshistoriker wie Innis vorzuhalten, er hätte keine künstlerische Analyse vorgenommen und die Aufmerksamkeit für eigenständige Kunstformen vermissen lassen, so zeigen diese Anschuldigungen doch umso deutlicher den Horizont der Auseinandersetzung mit Kommunikationsmedien im Text McLuhans auf: Es ist das Geschichtspro-

---

567 Vgl. die Aufsätze McLuhan: Tennyson and Picturesque Poetry (1952); ders.: Joyce, Aquinas, and the Poetic Process (1952); ders.: The Aesthetic Moment in Landscape Poetry (1952). Vgl. Kap. III.1 in diesem Band.
568 Vgl. McLuhan: The Later Innis, S. 386.
569 McLuhan: The Later Innis, S. 387.
570 Vgl. McLuhan: The Later Innis, S. 387.

jekt Giedions, das in »The Later Innis« mehrmals angesprochen und mit Innis' Projekt enggeführt wird.[571] Beide Historiker versuchten sich an der Beschreibung des gesamten gesellschaftlichen Prozesses, »which is human communication or participation«.[572] Giedion untersuchte in seiner Studie zur Mechanisierung der westlichen Welt allerdings eine Vielzahl von Artefakten, die die Wechselwirkung von technologischen Veränderungen und Lebenshaltungen in Kunst, Wissenschaft und Alltag kenntlich machen sollen. Er zeigte dabei, wie die Grundprinzipien der Mechanisierung in künstlichen Formen auf die Lebenseinstellungen übergreifen.[573] In diesem Sinne ist hier auch McLuhans Begriff der Kunstform zu verstehen. Er beschreibt Gegenstände des Alltags, die das menschliche Leben neu strukturieren. »In this sense, an art form establishes basic human attitudes and becomes the very mode of experience«, heißt es im Anschluss an Ausführungen zur Schrift als Kunstform, wonach die Alphabetschrift eine radikale Umordnung der Erfahrung *(radical re-ordering of experience)* ist.[574]

Insofern ist Innis' Entdeckung des Bias einzelner Kommunikationsformen in der Geschichte gewissermaßen noch um die Perspektive der Kunstformen zu ›verbessern‹. Konzepte wie ›Handel‹, ›Technologie‹ oder ›Handelswaren‹ *(staples)* können McLuhan 1953 zufolge nicht den Prozess menschlicher Kommunikation und Teilnahme erschließen.[575] Dies vermag vielmehr eine bei den Artefakten ansetzende Analyse, die wie bei Giedion aus der Kunstgeschichte und Stilanalyse kommt und zur Kultur- und Gesellschaftsgeschichtsschreibung wird. An einer solchen, von Giedion inspirierten künstlerischen Analyse der künstlichen Formen hatte sich McLuhan in *The Mechanical Bride* versucht, und er schlägt sie nun auch für die Kommunikationsmedien vor. Eine Ankündigung im Antragsentwurf zur Einwerbung von Forschungsgeldern bei der *Ford Foundation* im selben Jahr der Veröffentlichung von »The Later Innis« bestätigt dies. Bei der Vorstellung seiner Person und seiner Forschungsinteressen formuliert McLuhan, dass er die Hauptmedien der Kommunikation in einem Nachfolger zu *The Mechanical Bride* als Kunstformen besehen wolle *(the major media of communication viewed as art forms)*.[576]

---

571 Vgl. McLuhan: The Later Innis, S. 386 u. 388 f.
572 McLuhan: The Later Innis, S. 386.
573 Vgl. Giedion: Mechanization Takes Command, S. 31–44, insb. S. 43. Vgl. auch Kap. III.2 in diesem Band.
574 Vgl. McLuhan: The Later Innis, S. 387 f., Zitat S. 388.
575 Vgl. McLuhan: The Later Innis S. 386 f.
576 Vgl. Changing Patterns of Man and Society Associated with the New Media of Communication (LAC, McLuhand Fonds, MG 31 DG 156, vol. 204, file 26), S. 6.

McLuhan erkennt in »The Later Innis« mit seinem Interesse für Auslegungs- und Darstellungsweisen die gleichen Schreibverfahren bei Giedion und Innis und das gleiche Denken der Geschichte. Durch das Zusammenführen beider Projekte im Text McLuhans wird einerseits Giedions Kulturgeschichte der Mechanisierung um die Problemstellung der Kommunikationsmedien ergänzt und andererseits Innis' Kommunikationsgeschichte um die stilistische Sichtweise der Kunst- und Kulturanalysen erweitert. Zu Beginn der 1950er Jahre, zu einer Zeit, als die nordamerikanische Wissenschaftslandschaft von Begriff und Theorie der Kommunikation durchzogen und in spezifischer Weise ausgerichtet ist,[577] wissen die Texte McLuhans die umgehende Rede von den Kommunikationsmedien nicht anders zu nutzen als sie der Stilanalyse in Geschichte und Gegenwart zuzuführen, die diese Texte ohnehin gerade vornehmen.

4.2 Mit stilistischem Interesse gegen funktionalistische Kommunikationsauffassungen

Dass der Begriff ›Kommunikation‹ und die Kommunikationsmedien im Textkorpus ›McLuhan‹ überhaupt auftauchen, erscheint von dessen Schriften der 1940er Jahre und den dichtungstheoretischen und -genealogischen Auseinandersetzungen um 1950 her gesehen erst einmal überraschend.[578] Der nordamerikanische literaturkritische Diskurs der 1940er Jahre versuchte ja, wie in Kapitel III.1 ausgeführt, seinen Gegenstand der Literatur und der Dichtung explizit in Absetzung vom Konzept der Kommunikation zu positionieren und zu begreifen. Wenn sich nämlich die Kommunikationstheorie jener Tage auf die Nachrichten kapriziert, so kann sie keinesfalls die sprachlich arrangierte Welt- und Seinserfahrung der Dichtung erfassen, die ihr der amerikanische *New Criticism* unterstellt.[579] Die

---

577 Vgl. Schüttpelz: »›Get the message through‹«.
578 Anders stellt sich dieses Bild dar, wenn man sich von den Texten zur Medientheorie, also aus der späteren Entwicklung heraus, dem Textkorpus zuwendet. Dann erscheint die Arbeit mit und am Begriff der Kommunikation als selbstverständliche Komponente der Texte. Vgl. die einschlägige Sekundärliteratur: Marchand: Marshall McLuhan; Marchessault: Marshall McLuhan; Willmott: McLuhan, or Modernism in Reverse; Darroch: Interdisciplinary Vocabularies at the University of Toronto's *Culture and Communications* Seminar, 1953–1955.
579 Vgl. den Lehrbuchklassiker des *New Criticism* Brooks/Warren: Understanding Poetry (1938), insb. die programmatische Einführung S. 1–25, sowie Brooks: What Does Poetry Communicate?, wo Brooks die Irreduzibilität jedes Gedichts auf eine Aussage oder Nachricht nachzuweisen sucht. Vgl. dazu auch Kap. III.1 in diesem Band.

nordamerikanische Literaturkritik der 1940er Jahre kann insofern der Euphorie der ubiquitären Kommunikationsforschung der Zeit zumindest für ihren eigenen Bereich der Dichtungsanalyse und -theorie nichts abgewinnen.

Jene Euphorie, die andernorts von der Beschäftigung mit Prozessen der Kommunikation ausging, steigerte sich um 1950 noch einmal. In den 1940er Jahren hatte sich die Kommunikationsforschung als kriegswichtige Disziplin erwiesen. Die amerikanischen Propaganda-Analysten und Meinungsforscher, Sozialwissenschaftler und Publizisten wendeten ihre hauptsächlich in den 1930er Jahren erarbeiteten Methoden der Inhaltsanalyse und der Wirkungsforschung der sogenannten ›Massenkommunikation‹ im Zweiten Weltkrieg im Dienste der USA an. Die feindliche Propaganda wurde so wie zu Friedenszeiten die neuesten, nationsweit sendenden Formate und Programme von Presse und Radio untersucht: nun im Hinblick auf Aufklärung, Schutz und Kontrolle der Bevölkerung. Und im Rahmen der Regierungsinstitutionen des *Office of War Information* und des *Office of Strategic Service* planten und bewerteten die Kommunikationsforscher und Inhaltsanalysten die US-eigene Kriegspropaganda.[580]

Parallel dazu beschleunigte und schärfte eine bereits seit 1939 betriebene Initiative der *Rockefeller Foundation* das sozialwissenschaftliche Studium der Massenkommunikation durch monatliche Seminare, die die Schlüsselfiguren des entstehenden Feldes der Kommunikationswissenschaft zusammenbrachten. Unter ihnen waren unter anderem Propaganda-Analysten wie Harold Lasswell (1902–1978), empirische Sozialforscher wie Paul Lazarsfeld (1901–1976), aber auch der Rockefeller-Stipendiat Richards oder der amerikanische Spezialist für Erwachsenenbildung Lyman Bryson (1888–1959).[581] Diese Seminare arbeiteten an der Hervorbringung eines disziplinären Modells für das Studium der Massenkommunikation. Ihr Forschungsprogramm orientierte sich letztlich an den Elementen publizistischer Prozessabläufe, die bereits in der Publizistikforschung als Beschreibungskategorien dienten.[582] Besonders berühmt geworden ist dieses Forschungsprogramm unter dem Namen ›Lasswell-Formel‹, welche schon 1940 in einem Bericht des *Rockefeller*-Kommunikationsseminars auftaucht und 1948 im Beitrag Lasswells zum legendären Band Brysons, *The Communication of Ideas*, publikumswirksam dargeboten wurde:

---

[580] Vgl. Rogers: A History of Communication Study, S. 11–15.
[581] Vgl. Peters/Simonson: The World in Turmoil. Communications Research, 1933–1949, S. 87 f.
[582] Vgl. Peters/Simonson: The World in Turmoil. Communications Research, 1933–1949, S. 88, sowie Prakke: Die Lasswell-Formel und ihre rhetorischen Ahnen.

Who
Says What
In Which Channel
To Whom
With What Effect?[583]

Ab Mitte der 1940er Jahre tritt zu dieser florierenden Erforschung und gesellschaftlichen Anwendung des Wissens über Kommunikation noch das kybernetische Programm Norbert Wieners (1894–1964) und der berühmten *Macy*-Konferenzen hinzu. Von nun an ist mit dem Konzept der Kommunikation das Versprechen verbunden, über die Grenzen einzelner Wissenschaften hinweg einem universalen Operator bzw. Prozess nachgehen zu können. Das menschliche Miteinander, der einzelne (menschliche, tierische, pflanzliche) Organismus, technische Apparaturen sowie Lern- und Entwicklungsprozesse ließen sich als Vorgänge der Kommunikation erfassen und theoretisieren.[584] Die mathematische Theorie der Kommunikation von Claude E. Shannon (1916–2001), in der Kriegsforschung entwickelt und 1948 veröffentlicht, schien eine wissenschaftliche Bearbeitung sämtlicher kommunikativer Prozesse über die Kategoriengrenzen hinweg zu ermöglichen.

Erhard Schüttpelz identifiziert in seinen historischen Untersuchungen zum Kommunikationsbegriff daher eine Theorie der Nachrichten, welche die disziplinenübergreifenden Studien zur Kommunikation um 1950 prägt.[585] Ob nun im Bereich der Propaganda-Analysen, der Meinungsumfragen, der Untersuchung der Massenkommunikationsmittel hinsichtlich ihrer Wirkung auf die Bevölkerung und Gesellschaftsstrukturen oder im avancierten kybernetischen Projekt einer kategorienübergreifenden, Mensch und Maschine zusammenbindenden, Kommunikationsforschung, immer geht es in der Auseinandersetzung mit kommunikativen Prozessen um die Frage der Nachricht. Die Propaganda-Analysten setzen auf Inhaltsanalysen der massenweise vertriebenen Nachrichten, die Meinungs- und Publikumsforscher fragen nach dem Eingang und der Aufnahme spezifischer Nachrichten. Und die Kybernetiker versuchen unterschiedlichste Organismen und Systeme als Nachrichtensysteme zu theoretisieren, zu kontrollieren und zu steuern.

---

583 Lasswell: The Structure and Function of Communication in Society, S. 37. Vgl. Peters/Simonson: The World in Turmoil. Communications Research, 1933–1949, S. 87 f.
584 Vgl. u. a. Hörl/Hagner: Überlegungen zur kybernetischen Transformation des Humanen, insb. S. 11–19.
585 Vgl. Schüttpelz: »Get the message through«, S. 54–65, sowie ders.: Nachrichten von Nirgendwo (1951).

Insbesondere die aussagenanalytische Methodik der sich an den Universitäten institutionalisierenden publizistischen Nachrichten- und Kommunikationsforschung musste in den Augen der nordamerikanischen Literaturkritiker jedoch fehlgehen. Dieser semantische Ansatz reduziert sprachliche Kommunikation auf Aussagen, ermittelt die Inhalte der Nachrichten auf der einen Seite (der Sender) und die Verständlichkeit der Nachrichten auf der anderen (beim Empfänger). Dabei spaltet sie das einheitliche, Welt, Sprache und Sein umfassende Kommunikationsverständnis des *New Criticism* auf isoliert beobachtbare Glieder eines immer gleichen Kommunikationsverlaufs.[586] Alle Bestandteile des kommunikativen Akts können nach der gängigen Kommunikationstheorie eindeutig ermittelt und zugeordnet werden. Das eher utilitaristische Sprachverständnis der Journalistik- und Rhetorik-Ausbildung an den akademischen Instituten, die von jeher über Redezwecke und darüber, wie man Nachrichten möglichst wirksam ›an den Mann‹ bringt, lehrten, ist dieser allgemeinen Kommunikationstheorie zuträglich. Der führende Vertreter, Wilbur Schramm (1907–1987) etwa, etablierte seine Fassung der *Communications Studies* daher auch an Journalistik- oder Rhetorik-Abteilungen der Universitäten des mittleren Westens.[587]

Im dichtungsanalytischen und -theoretischen Diskurs der nordamerikanischen Literaturkritik der 1940er Jahre erschien diese Auffassung sprachlicher Kommunikation als einigermaßen unpassend für den Umgang mit Dichtung. Das »Message-Hunting«, das die Kommunikationsforscher betreiben, war für ein Verstehen der Dichtung disqualifiziert worden.[588] Das sich in diesen Diskurs eingliedernde Textkorpus ›McLuhan‹ zeigt daher von 1944 bis 1951 keinen Bezug auf die zeitgenössische Kommunikationsforschung. Das Medium und die rhetorische Methode wurden ganz und gar im Gerichtsverfahren 1944 als unzureichender Zugang zur Dichtung verabschiedet. Auch um 1950 zeigt sich in McLuhans Texten die Auseinandersetzung mit poetischen Techniken und literaturgeschichtlichen Genealogien immer noch in Absetzung von ›Kommunikation‹, von Persuasionsrhetorik und Redezwecken. Die Dichtung steht hier der einfachen Aussage gegenüber, von der die Kommunikationstheorie dieser Zeit ausgeht. Die poetische Technik des Andeutens im Nebeneinander übertrifft den eindeutigen, rhetorisch

---

[586] Vgl. Prakke: Die Lasswell-Formel und ihre rhetorischen Ahnen, sowie Peters/Simonson: The World in Turmoil. Communications Research, 1933–1949, S. 82 f.
[587] Vgl. Rogers: A History of Communication Study, S. 24–26.
[588] Vgl. den diskursbegründenden Einführungstext in das Verstehen der Dichtung nordamerikanischer Art von 1938: Brooks/Warren: Understanding Poetry, S. 10–14. Vgl. auch meine Ausführungen zur Poetik des *New Criticism* in Kap. III.1 in diesem Band.

ausgefeilten Kommentar.[589] Dichtung ist eine Erfahrung von Welt und Sein, die nicht aufzulösen ist in Bestandteile des Kommunikationsprozesses.

Wenn daher 1952 das Wort ›Kommunikation‹ in Texten mit der Signatur McLuhans auftaucht, so vor allem da, wo es nicht darum geht, Dichtung auszulegen oder eine Poetik vorzulegen, sondern Betrachtungen zur Kulturgeschichte und zur zeitgenössischen nordamerikanischen Alltagskultur vorzunehmen. Zwei aktuelle Bücher, die die Frage der Kommunikation thematisierten, waren hierfür ausschlaggebend: Innis' *Empire and Communications* (1950) sowie das Lehrbuch *Communication. The Social Matrix of Psychiatry* (1951) des Psychiaters Jürgen Ruesch (1910–1995) und des Ethnologen Gregory Bateson (1904–1980). Versatzstücke dieser beiden Bücher erscheinen 1952 in zwei kulturkritischen Texten McLuhans, ohne dass die Autoren namentlich genannt werden. Die Themen und Thesen dieser Kommunikationsstudien werden den kulturgeschichtlichen und -kritischen Aufsätzen McLuhans einfach einverleibt, wobei der spezifische Einsatz der Kommunikationstheorie kaum weiter verfolgt wird.

Im Aufsatz »Technology and Political Change« mit Signatur McLuhans vom Sommer 1952 werden die Gegenstände und Theoreme einer Kommunikationsgeschichte nach Innis an die literatur- und kulturgeschichtliche Forschung der 1940er Jahre angeschlossen. Fast zehn Jahre nach Abschluss der Dissertationsschrift erhält damit der dort beschriebene Kulturkampf der Wissensformen und Exegesemethoden neue Mitspieler. Neben Platonikern und Sophisten kämpfen nun die ältere mündliche und die neue schriftliche Kommunikationsweise um die Vorherrschaft: »[T]he Platonic quarrel with the Sophists [...] may represent the clash of the older oral with the new written mode of communication.«[590] Die Alphabetschrift der Griechen sei eine Visualisierung des Worts, die den Aufstieg von Dialektik und Logik ermöglicht habe. Die geschriebene Form gestatte die (platonische) private Analyse und Kontemplation des Worts, wo die mündliche vor allem auf die (sophistische) öffentliche Beeinflussung gesetzt habe.[591] ›Geschrieben‹ und ›gesprochen‹, ›privat‹ und ›öffentlich‹, das sind die Gegenspieler aus der Dissertationsschrift im Vokabular des Kommunikationsdiskurses und sie erklären nun einen Großteil der intellektuellen und sozialen Geschichte: »The conflicting claims of dialectic and rhetoric or private and public communication account for a good deal of subsequent intellectual and social history.«[592]

---

589 Vgl. u. a. McLuhan: Tennyson and Picturesque Poetry, S. 139, 141 u. 144, oder ders.: The Aesthetic Moment in Landscape Poetry, S. 158 f. u. 163.
590 McLuhan: Technology and Political Change, S. 189.
591 Vgl. McLuhan: Technology and Political Change, S. 189. Zur Visualisierung der Rede in der Schrift vgl. auch Innis: Empire and Communications, S. 64 u. 75.
592 McLuhan: Technology and Political Change, S. 190. Die angesprochene intellektuelle Ge-

Auch 1952 bringt McLuhan Innis' Forschungen schon mit Giedions Ansatz zusammen, ohne beide Autoren zu nennen. So wie Innis den revolutionären Einfluss der Technologie in der Geschichte beobachtet hat,[593] so hat Giedion die technologischen Grundlagen in ihrer Auswirkung auf verschiedene Lebensbereiche des Menschen untersucht. McLuhan verfolgt in seinem Aufsatz nun den Einfluss von mündlicher Redeweise und alphabetischer Schrift über Buchdruck, Tagespresse, Illustrierte, Werbung und Radio auf Kultur und Politik (das Fernsehen erscheint immer nur in Nebensätzen). Es sei instruktiv für den Studenten der Künste wie für den der Politik – also für Giedion und für Innis oder für McLuhan, der mit diesem Artikel beides zugleich zu sein anstrebt –, das Erscheinen derselben Techniken im Bereich der Tagespresse wie im Bereich des populären Science Fiction-Romans zu beobachten.[594] In der ästhetischen Dimension der Zeitungsseite erkennt McLuhan Techniken der symbolistischen Dichtung und Einstellungen, die in einer ›picturesque‹ oder ›landscape poetry‹ entwickelt worden seien, mit deren Genealogie sich McLuhan in den ersten beiden Jahren der 1950er Jahre auseinandergesetzt hat.[595]

McLuhan speist sein Wissen über poetische Techniken und künstlerische Genealogien in die Darstellung der Kulturgeschichte als Kommunikationsgeschichte ein. Von daher kann er den bestehenden Kommunikationsstudien noch etwas hinzufügen.[596] Vor allem aber fügt McLuhan in »Technology and Political Change« die Kommunikationsstudien seinen eigenen Ansätzen hinzu. Noch im selben Jahr der Veröffentlichung dieses Aufsatzes hält McLuhan einen Radiovortrag für die

---

schichte ist mit den Positionen von Senecanern und Ciceronianern unter den Römern und denen der Kirchenväter und der Scholastiker im Mittelalter die Geschichte der Dissertationsschrift. Die soziale Geschichte ist mit dem Nationalismus der Landessprachen und den Demokratisierungstendenzen durch den Buchdruck im selben Aufsatz die Weltreichgeschichte nach Innis.
593 Vgl. Innis: Empire and Communications, S. 31, 87 u. 183.
594 Vgl. McLuhan: Technology and Political Change, S. 191.
595 Zeitungsanalysen bildeten das große Feld der frühen, empirisch orientierten Kommunikationsforschung und Inhaltsanalysen. Von McLuhan wird es durch die stilkritische Betrachtung der Zeitung neu gefasst. Vgl. McLuhan: Technology and Political Change, S. 190 f. McLuhan beschreibt die ›raumbindende‹ Kraft der Tageszeitung in Begriffen, die er zur selben Zeit auch in den Aufsätzen über symbolistische Techniken einsetzt: Im unvermittelten Nebeneinander (*juxtaposed simultaneously*) bringen die Seiten der Tageszeitung den Raum zwischen Ereignissen von Nebenan und Ereignissen in China oder Peru zum Verschwinden. Zur »picturesque poetry« vgl. McLuhan: Tennyson and Picturesque Poetry (1951), S. 139 u. 141, ders.: Aesthetic Moment in Landscape Poetry (1952).
596 So ist z. B. die Raumgebundenheit der Tageszeitung in »Technology and Political Change« nicht derselben Art, wie die Betonung des Raums durch das Kommunikationsmittel der Zeitung nach Innis. Vgl. McLuhan: Technology and Political Change, S. 190, und Innis: Empire and Communications, S. 196.

Canadian Broadcasting Corporation, in dem er den entscheidenden Schritt zur Übernahme des Forschungsthemas der Kommunikation deutlich ausformuliert. Ein Schritt, der sich in *The Mechanical Bride* (1951) schon andeutete, der aber erst nach 1951, nach dem Erscheinen des Buchs *Communication. The Social Matrix of Psychiatry* von Ruesch und Bateson, in dieser Weise möglich war: »Because, today we know that culture consists of the way in which people communicate and co-operate. Culture is a network of communication.«[597] Kultur selbst ist ein Kommunikationsnetzwerk, dessen Funktionsweise als Umgang mit Nachrichten beschrieben und erklärt werden kann.

Ruesch und Bateson haben mit ihrem Buch *Communication. The Social Matrix of Psychiatry* von 1951 genau dieses Verständnis von Kultur vertreten. In ihrem Versuch, eine einheitliche Kommunikationstheorie *(unified theory of communication)* von der einzelnen Zelle bis hin zur kulturellen Organisation zu entwickeln, bedienen sie sich des mathematisch-technischen Zugriffs der Ingenieure und Kybernetiker auf Kommunikationsvorgänge. ›Kommunikation‹ erscheint ihnen als das wissenschaftliche Modell, das es erlaubt, physische, inter- und intrapersonelle sowie kulturelle Aspekte verschiedener Ereignisse in einem System zu erklären. ›Kommunikation‹ bietet demnach – und frei nach dem kybernetischen Imperativ der Epoche – die Möglichkeit, viele unterschiedliche Aspekte des menschlichen Verhaltens einzuordnen und zu verstehen.[598] Eine Person ist für Ruesch und Bateson schon ein organisches Kommunikationssystem. Zwei Personen bilden ein Kommunikationsnetzwerk. Das komplexeste Kommunikationsnetzwerk aber bietet die Kultur selbst: »The most complex communication network is encountered when we consider a cultural network in which many persons communicate with many others.«[599]

Der bereits angesprochene Radiobeitrag McLuhans, »Baseball Is Culture«, übernimmt 1952 diese Definition von Kultur als Kommunikationsnetzwerk. Alle kulturellen Formen, einschließlich der populärkulturellen Formate von Baseball, Comics, Detektivgeschichten oder Bildwerbung, stellen demzufolge Kanäle für die soziale Erfahrung bereit: »Baseball, then, is culture because it provides major channels for the flow of shared experience in a great social network of

---

597 McLuhan: Baseball Is Culture (CBC Times, 19.–25. 10. 1952), S. 2. Der Radiobeitrag vom 24. September 1952 erschien in drei Teilen in drei aufeinanderfolgenden Ausgaben der *CBC Times* zwischen dem 19. Oktober und dem 2. November 1952.
598 Vgl. Ruesch/Bateson: Communication, S. 3–5 u. 14. Zum kybernetischen Imperativ vgl. Schüttpelz: »Get the message through«, und Hörl/Hagner: Überlegungen zur kybernetischen Transformation des Humanen, S. 11–19.
599 Ruesch/Bateson: Communication, S. 39.

communication.«[600] Wie schon *The Mechanical Bride* wirbt auch diese Ansprache für die Auseinandersetzung mit allen Formen der Kultur unter Rückgriff auf die soziologischen und ethnologischen Untersuchungsansätze dieser Zeit. In den fremden Gesellschaften würden nicht nur die künstlerischen Qualitäten von Sprache und Handwerk untersucht, sondern alles, von den Praktiken des Kochens über die Kindererziehung bis hin zum Erwachsenenverhalten.[601] McLuhan wendet sich nun in solcher Weise den Baseballwettkämpfen in der nordamerikanischen Kultur zu und erkennt sie als ein »means of communication«, das etwa in den Wirren des Zweiten Weltkriegs eine Verbindung zu den normalen Rhythmen der Friedenszeit hergestellt habe: Diese Wettkämpfe seien sowohl Ausdruck von als auch Erziehung zu den energischen Leidenschaften einer mächtigen Kultur.[602] Die kulturelle Botschaft des Sports hätten die Kinder längst verstanden, wenn sie sich im Alltag witzelnd männlich geben über einer Extraportion ›Frühstück für Champions‹, »[a]nd it should be the business of thoughtful members of society to decode the message in adult terms«.[603]

Während *The Mechanical Bride* noch nicht mit Begriffen wie ›Kanal‹, ›Kommunikationsnetzwerk‹ oder ›Decodierung‹ hantierte, hat »Baseball Is Culture« dieses nachrichtentechnische und kommunikationstheoretische Vokabular umstandslos in seine kulturanalytischen Ausführungen übernommen. Ruesch und Bateson haben in ihrer Fassung von Kultur als Kommunikation insbesondere die bei McLuhan aufgezählten Praktiken der Kindererziehung sowie sämtliche Traditionen und Zeremonien, die Handelsbräuche, den Umgang mit Gesundheit usw. als spezifische Formen der ›kulturellen Massenkommunikation‹ ausgewiesen. Zur Massenkommunikation zählen außerdem sämtliche Nachrichten von Regierungsorganisationen, die sich an das Volk richten und über die massenmedialen Kanäle gesendet werden. Aber auch materielle menschengemachte Objekte wie Kathedralen und Behausungen, Dämme und Straßen sind zusammen mit verschiedenen Symbolsystemen und mit der Sprache Phänomene der Massenkommunikation.[604] Kurz gesagt, die Gegenstände und Themen aus McLuhans Texten zu Kulturgeschichte und kulturellen Erzeugnissen finden sich bei Ruesch und Bateson schon eingebettet in einen kommunikationstheoretischen Diskurs. Insbesondere ihr Verweis auf die kulturelle Massenkommunikation via (städtebaulicher) Artefakte und (kultureller) Symbolsysteme schließt die Gegenstände und Themen der Kulturgeschichte, die bei Giedion und McLuhan zeitgleich einer

---

600 McLuhan: Baseball Is Culture (CBC Times 26. 10.–1. 11. 1952), S. 3.
601 McLuhan: Baseball Is Culture (CBC Times 19.–25. 10. 1952), S. 2.
602 McLuhan: Baseball Is Culture (CBC Times 26. 10.–1. 11. 1952), S. 3.
603 McLuhan: Baseball Is Culture (CBC Times 26. 10.–1. 11. 1952), S. 3.
604 Vgl. Ruesch/Bateson: Communication, S. 42 f.

Kunst- und Stilanalyse unterzogen werden, mit dem kommunikationstheoretischen und -technischen Einsatz kurz.

Der Radiovortrag »Baseball Is Culture« legt daher 1952 nahe, dass die Thesen Giedions mit den Thesen Rueschs und Batesons zur kulturellen Massenkommunikation vereinbar sind: »[T]he great collective art of modern cities is not produced by private individuals. Press, magazines, movies, sports, and radio represent arts in which those who originate the messages are so numerous as to remain anonymous.«[605] Die Einschätzung nimmt erneut Bezug auf Giedions Konzept der anonymen Geschichte kultureller Errungenschaften. Es wird hier mit dem zentralen Merkmal der kulturellen Massenkommunikation bei Ruesch und Bateson zusammengeführt: der Anonymität der Nachrichten. Die kulturellen Nachrichten von Presse, Rundfunk und Sport lassen sich laut Ruesch und Bateson weder auf ihre Urheber zurückverfolgen noch können sie durch die Empfänger beantwortet werden. Der entscheidende Zug der informationstechnischen und kybernetischen Kommunikationstheorie – die wechselseitige Beobachtung und entsprechende Anpassung und Korrektur der ausgesandten und eintreffenden Nachrichten – ist damit außer Kraft gesetzt.[606] Diese Nachrichten, die Ruesch und Bateson nicht nur über die Kanäle der Massenmedien, sondern auch über die des kulturellen Kommunikationsnetzwerks der kulturellen Bräuche, Artefakte und Symbolsysteme ein- und ausgehen sehen, lassen sich nicht zuordnen und folglich auch nicht in ihrer Wirkung erkennen, geschweige denn steuern. Mit dem mathematisch-technischen Modell der Kommunikationswissenschaft um 1950 lässt sich diese Kommunikationssituation nicht ausreichend beschreiben und nicht funktionalisieren.[607]

Auch die von Giedion untersuchten urbanen, technologischen und kulturellen Entwicklungen lassen sich nicht auf einzelne Urheber zurückführen. Seine anonyme Geschichte erforscht letztlich Manifestationen und Transformationen kultureller Massenkommunikation, deren Nachrichten nicht zuzuordnen sind und in ihrer Bedeutung für die Gesellschaft erst noch bestimmt werden müssen.[608]

---

605 McLuhan: Baseball Is Culture (CBC Times 2.–8. 11. 1952), S. 3.
606 Vgl. Ruesch/Bateson: Communication, S. 41–43. Nachrichtenquelle und Nachrichtenempfänger sind in der Massenkommunikation einander unbekannt; sie bleiben anonym. Und d. h., dass die Nachrichten nicht in ihren Ursachen und nicht in ihren Wirkungen verfolgt, geschweige denn beantwortet oder korrigiert werden können, so wie es das kybernetische Modell mit seinem Regelkreis von ›Kommunikation und Kontrolle‹ vorsieht.
607 Zu dieser Besonderheit der Massenkommunikation unter den ›Kommunikationen‹, die das kybernetische Projekt zu untersuchen und in den technischen wie philosophischen Griff zu bekommen versucht vgl. die genealogische Studie von Schüttpelz: Nachrichten von Nirgendwo (1951).
608 Vgl. jeweils die einführenden Seiten der beiden großen kulturgeschichtlichen Studien:

McLuhans Radiovortrag lässt offen, ob er eine solche Bearbeitung der bei Ruesch und Bateson beschriebenen kulturellen Massenkommunikation in den kulturhistorischen Studien Giedions eingelöst sieht. Die abschließenden Bemerkungen des Textes »Baseball Is Culture« zeigen jedoch zumindest, dass die im Text mit Ruesch und Bateson kommunikationstheoretisch erfasste Kultur letztlich mittels Giedions Ansatz ausgelegt wird und damit eben nicht die kommunikationstheoretischen Aspekte berücksichtigt werden. Die angekündigte ›Decodierung‹ der Nachrichten aus den kulturellen Kanälen der Massenkommunikation bleibt Auslegung im Sinne der auf Alltagsgegenstände angewendeten Stilkritik, denn sie fragt nach den gesellschaftlichen Bedeutungen und nicht nach den kommunikationstechnischen Implikationen einer Kommunikationstheorie der Kultur:

> In short, taking an intelligent interest in everyday things at once enlarges the area of attention and reveals the meaning for us all. [...] [W]e must become [more intelligent] about these new mass media. [...] They have changed the content as well as the form of our rituals. The radio voice that is heard by millions cannot be allowed to utter the words proper to a private audience.[609]

Die ›Decodierung‹ kultureller Botschaften versteht sich in McLuhans Text immer noch als Auslegung einer ›Bedeutung für uns‹. Das erläuternde Beispiel zu den Veränderungen von Inhalt und Form der kulturellen Rituale durch ›diese neuen Massenmedien‹ erkennt zwar in gewissem Sinne ›nachrichtentechnisch‹ die Wandlung abhängig von der Kanalkapazität und -reichweite des Kanals ›Radio‹ an, doch erscheint dies hier viel eher als ein Problem der Angemessenheit oder des Stils, denn als kommunikationstechnisches Problem: Es wäre einfach nicht passend *(proper)* die Radiostimme, die von Millionen gehört wird, die gleichen Worte äußern zu lassen wie in privater Reichweite.

In diesen Texten McLuhans, welche die aktuellen Kommunikationsstudien und ihre Themen aufnehmen, bleibt die Frage des Stils und seiner Angemessenheit leitend für die Untersuchungen zur Alltagskultur und Kulturgeschichte. Im Aufsatz »Technology and Political Change« ist sogar vom »direct stylistic interest« die Rede, mit dem Wert und Relevanz der modernen Kommunikationsmedien aufgeschlüsselt werden sollen.[610] Und insofern der Stil, der ästhetische Modus jeder Kommunikationsform für McLuhan bereits Teil des Gesagten ist, wird schließlich

---

Giedion: Space, Time and Architecture, insb. S. 5–28, und ders.: Mechanization Takes Command, insb. S. 1–11.
609 McLuhan: Baseball Is Culture (CBC Times 2.–8. 11. 1952), S. 3.
610 McLuhan: Technology and Political Change, S. 194.

die entscheidende Umstellung auf eine Betrachtung der Form der Kommunikation und nicht der kommunizierten Inhalte möglich:

> It is perhaps useful to consider that any form of communication written, spoken, or gestured has its own aesthetic mode, and that this mode is part of what is said. Any kind of communication has a great effect on what you decide to say if only because it selects the audience to whom you can say it. The unassisted human voice which can reach at most a few dozen yards, imposes various conditions on a speaker.[611]

McLuhan nimmt in »Technology and Political Change« die Umstellung aufs Medium, auf die Form bzw. Art der Kommunikation anstelle des Kommunizierten, unter Rückgriff auf die klassische Rednersituation der Rhetorik und ihrer Stilgebote vor. Jeder Redner hat zu überlegen, wer sein Publikum ist und wie er angemessen zu diesem sprechen kann, und das heißt auch, was er überhaupt zu diesem sagen kann. Im System der alten Rhetorik umfasste das *decorum* das Wissen darüber, was wann wie zu wem gesagt werden kann. Unter den Bedingungen der neuen Kommunikationsmedien Mitte des zwanzigsten Jahrhunderts aber ist es die Kommunikationsform selbst, die das Publikum vorselektiert und somit darüber bestimmt, was zu sagen ist.

Durch das stilistische Interesse, das McLuhans Texte um 1950 pflegen, wird der Blick auf die Gegenstände der Kommunikationsforschung, auf ihre Form sowie auf ihre spezifische Eingelassenheit in eine Kommunikationssituation hin ausgerichtet. Ein Interesse etwa für die Kanalkapazitäten, Kodierungsweisen oder Sende-Empfangsprobleme der ingenieurwissenschaftlichen Kommunikationstheorie geht den Texten McLuhans ebenso deutlich ab wie für die semantischen und quantitativen Ansätze der Inhaltsanalysten und der sozialwissenschaftlichen Forschung.[612]

---

611 McLuhan: Technology and Political Change, S. 189.
612 Ab 1953 taucht die Frage nach der Kommunikationstheorie – gewissermaßen nach ihrer Einübung in den kulturgeschichtlichen und -kritischen Aufsätzen – auch in den dichtungsbezogenen Aufsätzen und Rezensionen mit der Signatur McLuhans auf. Einige Texte adressieren plötzlich das Problem der ›Kommunikationstheorie‹ von Dichtern und Kritikern. So wird dem Schriftsteller und Maler Wyndham Lewis (1882–1957) eine traditionelle Kunst- und Kommunikationstheorie attestiert (vgl. McLuhan: Wyndham Lewis. His Theory of Art and Communication (1953), S. 87). Kommunikation und Kommunion sind dabei nicht zu unterscheiden. Anstelle von Nachrichten, ihrer effizienten Zustellung und ihres korrekten Empfangs, geht es den Texten McLuhans unter dem Stichwort Kommunikationstheorie um Offenbarungen und Erkenntnis des Seins (vgl. Kap. III.1 in diesem Band; vgl. auch McLuhan: Maritain on Art [1953]). In dieser Anlage einer ›transzendental-direkten Kommunikation‹ (vgl. Pfeiffer: Sprachtheorie, Wissenschaftstheorie und das Problem der Textinterpretation, S. 58 f.) treten die Kunst und v. a. die Dichtung in Gegensatz zur Nachrichtentheorie der Kommunikation jener Zeit (vgl. Kap. III.1 in diesem Band).

4.3 Übertragung 1953: Ethnolinguistik

Zu der Zeit, zu der die Texte McLuhans die Frage der Kommunikation aufnehmen, entwirft McLuhan auch gemeinsam mit vier Kollegen an der University of Toronto einen Forschungsantrag zur Problematik der Kommunikationsmedien. Das skizzierte Forschungsprogramm weist ebenso wenig Interesse für die technisch-funktionalen oder semantischen Zugänge zu den damals neuen Kommunikationsmedien auf wie die betrachteten Texte. Der Forschungsantrag musste jedoch auch den Vorgaben der Förderinstitution der *Ford Foundation* genügen. Der US-amerikanischen Stiftung ging es mit der Ausschreibung ihrer *Behavioral Science Division* 1952/1953 darum, verhaltenswissenschaftliche Erkenntnisse mit dem Wissen der geisteswissenschaftlichen Fächer *(humanistic studies)* zusammenzubringen, um ein integriertes Wissen vom Menschen (seiner Geschichte und seiner Kultur) zu erlangen. Für die Antragstellung war nichts weiter vorgeschrieben, als ein Forschungsprojekt zu skizzieren, das die Zusammenarbeit unterschiedlicher Felder wie Ethnologie bzw. Anthropologie, Psychologie, Soziologie, Recht, Ökonomie und der Geisteswissenschaften fördern sollte, und ein Seminar einzurichten, das sich den spezielleren sowie den allgemeinen Problemen der interdisziplinären Zusammenarbeit widmen sollte.[613]

McLuhan stand zu dieser Zeit im engen Austausch mit dem Ethnologen Carpenter an der University of Toronto.[614] Zusammen gaben sie bereits ein geeignetes Team aus konventioneller Verhaltenswissenschaft und traditioneller, literarischer Geisteswissenschaft für das ausgeschriebene interdisziplinäre Projekt ab. Ergänzt um die Kompetenzen ihrer Kollegin Jacqueline Tyrwhitt aus der Urbanistik und ihrer Kollegen D. Carleton Williams aus der Psychologie sowie Thomas Easterbrook aus der Wirtschaftswissenschaft schlugen sie der *Ford Foundation* eine Untersuchung der Eigenschaften gegenwärtiger Kommunikationsbedingungen vor. Entsprechend der Vorgaben der Ausschreibung stellt der Titel ihres Förderantrags die menschliche Sprache und das menschliche Verhalten an den Anfang, während die Frage der Kommunikationsmedien wie ein nachgeschobener Zusatz zum vordergründig verhaltenswissenschaftlichen Thema erscheint: »Changing Patterns of Language and Behavior and the New Media of Communication«.[615]

---

613 Vgl. The Ford Foundation, Behavioral Sciences Division: Announcement of Interdisciplinary Research and Study Program (LAC, McLuhan Fonds, MG 31 D 156, vol. 204, file 26).
614 Vgl. Marchand: Marshall McLuhan, S. 169–171, sowie Marchessault: Marshall McLuhan, z. B. S. xviii u. 81 f.
615 Vgl. den Titel im Bewilligungsschreiben der *Ford Foundation* an den Präsidenten der University of Toronto vom 19. Mai 1953 (LAC, McLuhan Fonds, MG 31 DG 156, vol. 204, file 26). Ich beziehe mich hier und im Folgenden für die historische Rekonstruktion auf Entwürfe des An-

Den Antragsskizzen lassen sich zwei programmatische Entwürfe aus dem Bereich der Sprach- und Kommunikationsforschung als Basis für die projektierten gemeinsamen Studien entnehmen. Sie unterscheiden das Torontoer Vorhaben von den proliferierenden Propaganda-, Meinungs- und Massenkommunikationsstudien der 1940er Jahre. Neben Innis' Grundriss der Kommunikations- und Gesellschaftsgeschichte werden die ethnolinguistischen Thesen und Spekulationen Edward Sapirs (1884–1939) und Benjamin Lee Whorfs (1897–1941) zur Untersuchung der gegenwärtigen Kommunikationsbedingungen vorgestellt:[616] Innis habe gezeigt, dass jede Änderung der Kommunikations- und künstlerischen Techniken eine Kette beobachtbarer sozialer, politischer und ökonomischer Konsequenzen nach sich ziehe. Seine Vorarbeiten seien es, die die Forschungsgruppe in die Lage versetzten, ihr Projekt auf einem Niveau zu beginnen, das mindestens so fortgeschritten sei wie die anderen Kommunikationsstudien auf dem Kontinent. Das Programm der Ethnolinguistik nach Sapir und Whorf baue indessen die Brücke zwischen den sozialwissenschaftlichen und den geisteswissenschaftlichen *(humanistic)* Interessen aller Teilnehmer des Seminars. Denn mit Whorf könnten die Sprachen als materieller Beweis für menschliche Anpassungen an die Welt von Zeit und Raum *(to the world of time and space)* hergenommen werden und die Sprach- und wissenschaftlichen Disziplinen *(linguistic and scientific disciplines)* vereint werden.

Mit der Ethnolinguistik nach Sapir und Whorf wie auch mit den Kommunikationsstudien nach Innis verweist der Forschungsantrag auf einen Umbruch in der

---

tragstextes, die sich im Nachlass von Marshall McLuhan befinden. Der endgültige Antragstext liegt dort nicht vor. Im Entwurfsstadium trägt der Antrag noch den Titel »Changing Patterns of Man and Society Associated with the New Media of Communication« und liegt in verschiedenen Fassungen (handschriftlich und maschinengeschrieben) vor (vgl. LAC, McLuhan Fonds, MG 31 DG 156, vol. 204, file 26).

616 Da die Ausschreibung der *Ford Foundation* gar keine größere Projektskizze verlangte, erschienen die beiden Grundpfeiler der projektierten Untersuchung im Zusammenhang mit der Vorstellung der beteiligten Forscherin und der beteiligten Forscher. So wird der kommunikationsgeschichtliche Einsatz Innis' bei der Vorstellung des Ökonomiehistorikers Easterbrook eingebracht. Die Forschungsmaximen nach Sapir und Whorf erscheinen im Abschnitt zu Carpenter und dessen Forschungsinteressen. Die Vorstellung der anderen Mitglieder hebt für den Psychologen Williams dessen Interesse für die Veränderung von Persönlichkeits- und Sozialstrukturen, der Wahrnehmung und des Wissenserwerbs durch Kommunikationsmedien hervor. Die Stadtplanerin Tyrwhitt wird als Expertin für interdisziplinäre Studien aufgrund ihrer Zusammenarbeit mit Giedion gehandelt. McLuhan schließlich erklärt, den gesellschaftlichen Wandel durch das Fenster der neuen Kommunikations- und Unterhaltungsmedien zu betrachten, und schlägt vor, den Einfluss der Kommunikationsmedien auf Schrift und Druck sowie auf Wort und Bild zu untersuchen (vgl. Changing Patterns of Man and Society Associated with the New Media of Communication [LAC, McLuhan Fonds, MG 31, DG 156, vol. 204, file 26], Typoskript pag. 1–7, S. 2–6).

nordamerikanischen Kommunikationsforschung, den Schüttpelz herausgearbeitet hat. Der Umbruch besteht in einem Wechsel der Forschungsfrage. Die 1940er Jahre hindurch galt diese Frage noch der Isomorphie und der Kongruenz von Kommunikationsvorgängen. Sie arbeitete auf einen universellen Begriff sowie eine allgemeine Theorie der Kommunikation hin. Um 1950 allerdings setzten neben der an Modellen schriftlicher Nachrichtenübermittlung per Fernschreiber und Telegraph ausgerichteten Kommunikationsforschung innovative Auseinandersetzungen mit Modellen mündlicher Kommunikation und Untersuchungen zur »unbekannte[n] Medialität der Sprache« ein. Sie ziehen eine Betonung der an der Kommunikation beteiligten Medien und deren Differenzen nach sich.[617] Innis hatte mit seiner Betrachtung der materiellen Voraussetzungen der Kommunikation in seinen Studien, die gleichwohl noch der Isomorphiefrage verpflichtet waren, einen Grundstein dafür gelegt. Doch auch die Sprach- und Kulturtheorie von Sapir und Whorf weist angewendet auf Kommunikationssituationen in diese Richtung.

Aufbauend auf bestehende Beobachtungen und Belege der ethnologischen Forschung haben Sapir und – deutlicher noch – Whorf Beweise für die These vorgelegt, dass die verschiedenen Sprachen der Menschen das Denken und damit auch die Weltauffassungen der verschiedenen Kulturen beherrschen. Bereits zu Beginn des zwanzigsten Jahrhunderts war in der Erforschung der verschiedenen Bevölkerungsgruppen und Ureinwohner des amerikanischen Kontinents deutlich hervorgetreten, dass die unterschiedlichen Sprachen schon auf der Ebene ihrer phonetischen Struktur und Kombinationsmöglichkeiten Erfahrungen unterschiedlich wiedergeben und dass eine implizite Klassifizierung von Erfahrungen in der (zum Beispiel: ähnlichen) lexikalischen und grammatischen Behandlung innerhalb einer Sprache stattfindet.[618] Sapir hatte diese Beobachtungen um den Hinweis ergänzt, dass die verschiedenen Sprachen auch verschiedene, formell abgeschlossene, eigenständige Klassifizierungssysteme abgeben. Als Systeme ermöglichen sie die Wiedergabe aller Erfahrungsaspekte in jeweils spezifischen Verweisstrukturen. Demnach sind nicht nur einzelne Elemente von System zu System verschieden, sondern die Sprachsysteme verhalten sich vollständig verschieden zueinander.

Ein solcher Systemcharakter der Sprachen führt letztlich auf das Dilemma der Inkommensurabilität nicht nur der sprachlichen Darstellungen, sondern auch der Erfahrungen selbst: »It would be possible to go on indefinitely with [...] ex-

---

617 Vgl. Schüttpelz: »Get the message through«, S. 69–72, Zitat S. 70.
618 Vgl. das Kap. »Introduction« in Boas (Hg.): Handbook of American Indian Languages (1911), insb. S. 15f., 24–27 u. 48.

amples of incommensurable analyses of experience in different languages.«[619] Whorf griff diese Überlegungen auf und entwarf Möglichkeiten der Untersuchung ganzer Sprachmuster. Im Anschluss an die bestehenden Beweise (auf der Grundlage einzelner sprachlicher Elemente) arbeitete Whorf am Nachweis struktureller Beziehungen zwischen lexikalischen, morphologischen und syntaktischen Tatsachen in der Signifikation. Die semantische Gesamtstruktur einer Sprache ist demnach für die Unterschiede zwischen den Sprachen und den entsprechenden Erfahrungsinterpretationen zwischen Kulturen verantwortlich. Die Unterschiede sind nicht einfach oberflächliche oder auswechselbare Aspekte der Grammatik einer Sprache, vielmehr bildet die grammatische und semantische Sprachstruktur implizite Standpunkte aus, die Whorf in Beziehung zum Denken zu setzen versuchte.[620]

Über die wissenschaftlichen Errungenschaften Whorfs für die kulturanthropologischen Forschungen veröffentlichte Carpenter im April 1953, etwa zeitgleich mit dem Antrag für die *Ford Foundation*, einen kurzen Artikel in *The Canadian Forum. An Independent Journal of Opinion and Arts*. Darin formuliert er auch die Relevanz der ethnolinguistischen Ansichten für das projektierte Forschungsseminar in Toronto. Carpenter rühmt die sprachanalytischen Kompetenzen in Phonologie und Morphologie, die Whorf in seinen vergleichenden phonologischen Studien mittel- und südamerikanischer Sprachen gezeigt habe. Die eigentliche Frage, der Whorf dabei aber nachgegangen sei, ist für Carpenter die nach dem wahren Verhältnis zwischen Sprache, Denken und Realität.[621] Damit habe Whorf ein fast vollkommen vernachlässigtes Thema der Anthropologie berührt: die Untersuchung von Vorstellungen *(the examination of ideas)*. Abweichend von der hauptsächlich deskriptiv und taxonomisch vorgehenden Forschung der amerikanischen Kulturanthropologie ist es Whorf, nach Auffassung Carpenters, um »the whole large order of experience, virtually of the world of nature« gegangen.[622] Whorfs grundlegende Erkenntnis ist es demnach, dass jede Sprache eine einzigartige Metaphysik in sich berge. Aber mehr noch bestünde all das, was gemeinhin als Intuition angesehen werde, eigentlich aus kulturell geprägten Vorstellungen *(cultural ideas)*, die der Sprache aufsitzen. Raum und Zeit seien keineswegs so universelle Begriffe, wie wir meinten: »On the contrary, Newtonian space, time, and matter are no intuitions. They are recepts from culture and language. That

---

619 Sapir: The Grammarian and His Language (1924), S. 159.
620 Vgl. Whorf: Über einige Beziehungen des gewohnheitsmäßigen Denkens und Verhaltens zur Sprache. Beispiele für diese Art der Struktur- und Beziehungsuntersuchung auch bei Lucy: Whorf's View of the Linguistic Mediation of Thought, S. 77 u. 78.
621 Vgl. Carpenter: Shapers of the Modern Outlook: Benjamin Lee Whorf, S. 9.
622 Carpenter: Shapers of the Modern Outlook: Benjamin Lee Whorf, S. 9.

is where Newton got them.«⁶²³ Im Vergleich der Raum- und Zeitkonzepte in den Sprachen verschiedener Kulturen ist Whorfs Ansatz für Carpenter denn auch besonders aufregend *(exciting)*. So würden zum Beispiel die Trobriander gar keine Zeitformen in ihrer Sprache kennen und könnten daher auch keine Ursächlichkeit *(causality)* ausdrücken. Die Eskimo-Sprache hingegen habe Zeitformen, aber diese hätten wiederum nichts mit Zeit zu tun. Und die Hopi-Sprache verfüge weder über Worte, grammatische Konstruktionen oder Ausdrücke, die sich auf das, was wir ›Zeit‹ nennen, bezögen.⁶²⁴

Mit Whorf ließ sich also nicht nur die Wissenschaft vom Menschen und seiner Kultur neu ausrichten, sondern auch noch die abendländische Philosophie aus den Angeln heben. Und genau daran zeigt sich Carpenter zum Abschluss seines Aufsatzes über Whorf stark interessiert:

> Whorf limited himself to language and did no research in other symbolic media such as art and music. To my mind, here is another great area open to empirical investigation once we begin to give serious thought to the relationship between art, perception, and philosophy.⁶²⁵

Der Frage nach dem Verhältnis von Kunst, Wahrnehmung und Philosophie kann Carpenter mit Whorfs These nun auch empirisch, unter Einsatz des Wissens und der Forschungen zu fremden Kulturen, nachgehen. Er kann die Frage nach den Wahrnehmungsdifferenzen bei nichtliteralen Völkern *(non-literate peoples)* bearbeiten:

> What perceptual differences, if any, result from the total absence of certain features we take for granted, like the three dimensional perspective which in Western culture is only about five centuries old? In other words, did the rise of representation of scientific perspective in Western painting as a convention lead to any changes in the manner in which subsequent generations of Europeans have come to perceive the spatial aspects of the world?⁶²⁶

Dies sind die leitenden Forschungsfragen, die Carpenter den Arbeiten Whorfs entnimmt und für das in den Jahren 1953–1955 durch die *Ford Foundation* schließlich geförderte Forschungsseminar »Culture and Communications« einbringt. Die Antworten auf diese Fragen sind aus den späteren explizit medientheoretisch und -geschichtlich argumentierenden Texten McLuhans bereits gut bekannt. Hier lässt sich ersehen, wie die Antworten aufgrund Carpenters Whorf-Aneignung von 1953

---

623 Carpenter: Shapers of the Modern Outlook: Benjamin Lee Whorf, S. 9.
624 Vgl. Carpenter: Shapers of the Modern Outlook: Benjamin Lee Whorf, S. 9 f.
625 Carpenter: Shapers of the Modern Outlook: Benjamin Lee Whorf, S. 10.
626 Carpenter: Shapers of the Modern Outlook: Benjamin Lee Whorf, S. 10.

ausfallen müssen. Die Theorie zur Beantwortung der zur Diskussion gestellten Fragen steht mit dem Zusammenhang von Sprache und Welt nach Whorf ja schon bei der Beantragung des Forschungsprojekts zum Sprach- und Verhaltenswandel in Zeiten neuer Kommunikationsmedien fest. Demnach sind Kulturen verschieden und diese Verschiedenheit ist nicht von ihrer Sprache und (nun auch nicht mehr) von ihren sonstigen Ausdrucks- und Kommunikationsmitteln zu trennen. Und die unterschiedlichen Ausdrucks- und Kommunikationsmittel bilden nach dieser Logik wiederum eigene Kulturen aus.[627]

Carpenters Vorschlag zur Erforschung des menschlichen Verhaltens anhand der veränderten Kommunikationskanäle entspricht einer »direkte[n] Übertragung« der Thesen und der Terminologie zur grundlegenden Sprach- und Kulturdifferenz Whorfs in die Kommunikationsforschung.[628] McLuhans Aufsatz »The Later Innis« vom Herbst 1953 nimmt diesen philosophischen Einsatz der Sprachtheorie Whorfs im Sinne Carpenters auf und führt ihn gewissermaßen zu Ende. Das von Carpenter aus ethnologischer Sicht skizzierte Programm der Untersuchung verschiedener symbolischer Medien und Ausdrucksformen der Künste wird hier auf die Kommunikationsgeschichtsschreibung Innis' angewendet. Innis hatte ja die Variabilität von Zeit und Raumauffassungen in den historischen Kulturen festgestellt, jedoch waren ihm die Zeit- und Raumauffassungen in den Sprachen selbst entgangen, konstatiert McLuhan:

> More than anybody before him, [...] [Innis] concentrated on the changing social attitudes to time and space as they were modified by the material media of communication. (Language itself, however, he failed to observe was at once the greatest mass medium of communication and also the greatest time-binder of cultures and civilizations. The work of Edward Sapir and B. L. Whorf seems to have eluded his attention.)[629]

Innis muss nach dem Vorwurf, die Kommunikationsmedien nicht wie McLuhan mit Giedion als ›Kunstformen‹ zu sehen, auch noch den Vorwurf hinnehmen, nicht wie McLuhan mit Carpenter und Whorf die Sprache als Massenkommunikationsmittel zu begreifen. Allein, die Arbeiten zumindest Sapirs sind Innis' Aufmerksamkeit keineswegs entgangen. Innis hat in *Empire and Communications* Sapirs Schriften sehr wohl zur Kenntnis genommen.[630] Dabei hat sich ihm aber offensichtlich nicht die Möglichkeit einer Übertragung der sprachphiloso-

---

[627] Die im Kulturvergleich konstatierten Differenzen werden in den Folgearbeiten Carpenters und McLuhans in die Zeit projiziert. Vgl. dazu Schüttpelz: Die ältesten in den neuesten Medien.
[628] Schüttpelz: 60 Jahre Medientheorie, S. 141. Vgl. auch Carey: Harold Adams Innis and Marshall McLuhan, S. 285
[629] McLuhan: The Later Innis, S. 390.
[630] Vgl. Innis: Empire and Communications, S. 28.

schen Einsichten auf das Forschungsgebiet der Kommunikation aufgedrängt, was jedoch die Bedingung der Möglichkeit der besonderen Kommunikationsforschung in Toronto (zeitlich) nach Innis stellt.

Wesentlich für die Aufnahme und Verarbeitung der Thesen Whorfs in das Textkorpus ›McLuhan‹ erscheint an dieser Stelle, dass nicht nur die Kommunikationsmedien wie die Sprachen in der Ethnolinguistik aufzufassen sind, sondern dass hier nun auch umgekehrt die von Whorf untersuchten natürlichen Sprachen als Massenkommunikationsmittel beschrieben werden: »Language [...] was at once the greatest mass medium of communication [...].« Das Konzept der Kommunikations- und Massenmedien wird so im Konzept der Sprache nach Sapir und Whorf verankert und die Sprachen selbst treten in ihrer Qualität als Massenkommunikationsmittel ins Blickfeld. Hierdurch werden sowohl die ethnologischen Theorien als auch die Kommunikationsmedien zum Horizont und Gegenstandsbereich der Sprachauslegung und Stilkritik erhoben, die die Texte mit Namen ›McLuhan‹ vornehmen. Zugleich bietet der Theorietransfer aus der Ethnolinguistik und die Austauschbarkeit der Begriffe von Sprache und Massenmedium das zugrundeliegende Programm der angehenden Medienforschung in Toronto nach Carpenter und McLuhan, welche sich zu diesem Zeitpunkt allerdings noch als Kulturforschung versteht.

4.4 Ausrutscher: Etymologie, *pun* und Kommunikationsforschung

Für McLuhan bot das ethnolinguistische Programm von Sapir und Whorf jedoch nicht nur die Möglichkeit, wie von Carpenter vorgeschlagen, Kommunikationsmedien nach Maßgabe der revolutionären These zu untersuchen, dass die menschlichen Ausdrucksmittel die Erfahrungen und die Weltauffassungen vorbestimmen. Vielmehr greifen die Texte McLuhans die Thesen Sapirs und Whorfs ebenso wie die Begrifflichkeiten der Kommunikationsgeschichte und -theorie zunächst für weitere Ausführungen zur Literatur- und Kulturgeschichte auf. Hierbei kommt es zu einer Kollision verschiedener, miteinander nicht vereinbarer Sprachauffassungen. Es zeigt sich einmal mehr die Beratungsqualität im Textkorpus ›McLuhan‹, das immer wieder die Frage nach den geeigneten Mitteln der Auslegung stellt und bezüglich einer Antwort darauf unentschieden bleibt.

Der Aufsatz »James Joyce: Trivial and Quadrivial« vom Frühjahr 1953 ist Ausdruck dieser Unentschiedenheit. Er stellt unter anderem den Versuch dar, mit den Thesen Sapirs und Whorfs den alten Streit der Exegesemethoden aus McLuhans Dissertationsschrift neu zu befeuern. Die Sprachstudien Sapirs und Whorfs gelten McLuhan hier als Beweis für die Aktualität des alten grammatischen Projekts:

> The linguistic studies of Edward Sapir and B. L. Whorf have lately shown that language is not only the storehouse of scientific thought. All actual and potential scientific theories are implicit in the verbal structure of the culture associated with them. [...] [T]hese views of languages were commonplace to Cratylos, Varro, and Philo Judaeus. They were familiar to the Church Fathers, and underlay the major schools of scriptural exegesis.[631]

In der Vereinigung von (Natur-)Wissenschaft und Sprachkunde[632] sowie im Beziehungsgefüge von spezifischer Sprache und spezifischer Kultur Sapirs und Whorfs erkennt McLuhan dieselben Bemühungen um ein Verständnis der Welt und der Menschheit aus der Sprache heraus wieder, die er als Eigenart der antiken Grammatik ausgemacht hat. Für McLuhan ist die zeitgenössische Ethnolinguistik eine moderne Ausformung der antiken Sprachstudien.[633] Wie in der Antike soll die Sprachkunde laut »James Joyce: Trivial and Quadrivial« nicht nur den Zugang zum Wissen verschiedener Kulturen, sondern auch den Zugang zur Geschichte stellen.[634] Die gesamte Menschheitsgeschichte ist dem Aufsatz zufolge in der Sprache gegenwärtig, was sich bei James Joyce zeige. Joyce bediene sich sprachlicher Techniken, um das ganze Sein in der Rede hervorzurufen *(to evoke the fullness of existence in speech)*. McLuhan spricht vor allem die Technik des *pun* an, die es Joyce ermögliche ein der Sprache unterliegendes ›metaphysisches Drama‹ offenzulegen.[635]

Der Aufsatz spannt die strukturale ethnologische Sprachwissenschaft sowie die sprachliche Technik des *pun*, der mit den Anschlussfähigkeiten und Ersetzungsmöglichkeiten von Wörtern, Wortteilen, Buchstaben und Lauten spielt,[636] für das alte grammatische Projekt ein. Um Geschichte durch die Sprache zugänglich zu machen, gilt es McLuhan zufolge »the movements within and between words« – wie sie der *pun* vorführt – zu beobachten. Und die rechten Mittel hierfür stelle die Grammatik bereit: »The modalities of grammar, etymology, and word-

---

631 McLuhan: James Joyce: Trivial and Quadrivial, S. 25. Und nicht nur das, auch die Exegesemethoden des *New Criticism* werden in diesem Text McLuhans mit dieser Art der Sprachstudien in Verbindung gebracht, wenn er (S. 25) fortsetzt: »By 1885 Mallarmé had formulated and utilized in his poetry these concepts about the nature of language uniting science and philology, which nowadays are known as ›metalinguistics.‹« »If ›four-level exegesis‹ is back in favor again as the staple of the ›new criticism‹, it is because the poetic objects which have been made since 1880 frequently require such techniques for their elucidation.«
632 Vgl. Whorf: Naturwissenschaft und Linguistik.
633 Vgl. McLuhan: James Joyce: Trivial and Quadrivial, S. 23–25.
634 Vgl. McLuhan: James Joyce: Trivial and Quadrivial, S. 24. Gewährsmann hierfür aus dem achtzehnten Jahrhundert ist Giambattista Vico.
635 Vgl. McLuhan: James Joyce: Trivial and Quadrivial, S. 37.
636 Vgl. Menke: Pun, insb. S. 168 u. 170.

formation could be made to yield a complete account of the economic, social, and spiritual adventures of mankind.«[637] Hier schweben McLuhan offenbar solch klassischen Kompendien wie Varros *De Lingua latina* vor, die aus den Worten und Wortbildungen die Ordnung der Welt herauslasen.[638] Die Untersuchungen der Etymologie – der ›Wahrheit in den Worten‹[639] – und der Wortbildung boten tatsächlich ganze Abhandlungen über die ökonomischen, sozialen und spirituellen Abenteuer der Menschen, die McLuhan auch in Joyces *Finnegans Wake* verwirklicht sieht.

»James Joyce: Trivial and Quadrivial« legt damit den Versuch vor, drei unterschiedliche Modelle der Sprache unter eines dieser Modelle zu verrechnen. Den Vorrang erhält hier, wie in der Gerichtsrede die antike Grammatik bzw. die ›poetisch-grammatische Exegese‹. Sapir, Whorf und Joyce geben in dieser Konstruktion eine Neuauflage der Grammatiker des alten Schlags im zwanzigsten Jahrhundert ab. Zwar ließe sich für Whorf und Sapir festhalten, dass sie die Weltsicht etwa der Hopi aus deren grammatischen Formen herausgearbeitet und verständlich gemacht haben.[640] Und insbesondere bei Whorf lassen sich Spekulationen über einen Zugang zur Struktur des Universums qua Studium der Sprachstrukturen finden, die Carpenter und McLuhan nachweislich interessiert haben.[641] Jedoch bleibt die ethnolinguistische Arbeit einem Strukturalismus verpflichtet, der einerseits im Gegensatz zur antiken Sprachphilosophie die Arbitrarität des sprachlichen Zeichens behauptet und darin andererseits gerade die Relativität des jeweiligen Zusammenhangs von Sprache und Weltsicht entdecken und theoretisieren kann.[642]

Joyces *puns* teilen indessen mit den Sprach- und Welterklärungen der etymologischen Praxis der alten Grammatiker jene Aufmerksamkeit für die ›Bewegungen in und zwischen Worten‹, die McLuhan für die Kultur- und Geschichtswissenschaft veranschlagt. Jedoch bleibt fraglich, ob die »quirks, ›slips‹, and

---

637 McLuhan: James Joyce: Trivial and Quadrivial, S. 24.
638 McLuhan weist in seinem Text selbst auf Varros Grammatik und ihren enzyklopädischen Anspruch hin (McLuhan: James Joyce: Trivial and Quadrivial, S. 37). Zu den historischen Formen der etymologischen Theorie und Praxis vgl. Willer: Poetik der Etymologie, S. 27–80.
639 Zur Mehrdeutigkeit des Begriffs ›Etymologie‹ vgl. Willer: Poetik der Etymologie, S. 1.
640 Vgl. Whorf: Über einige Beziehungen des gewohnheitsmäßigen Denkens und Verhaltens zur Sprache.
641 Vgl. Whorf: Sprache, Geist und Wirklichkeit, insb. S. 48, 49, 72 f., sowie dazu Carpenter: Shapers of the Modern Outlook: Benjamin Lee Whorf, S. 10.
642 So stellt noch im selben Jahr der Veröffentlichung von »James Joyce: Trivial and Quadrivial« der Philosoph und Anthropologe David Bidney in der von Carpenter und McLuhan herausgegebenen Zeitschrift fest, dass die erneute Proklamation der Vorherrschaft des Worts seit Whorfs Thesen nicht im Sinne christlicher Theologie zu verstehen ist. Bidney: Six Copernican Revolutions, S. 12. Vgl. auch Lehmann: ROT ist nicht »rot« ist nicht [rot], S. 21 u. 23; Koerner: Toward a History of American Linguistics, S. 41.

freaks of ordinary discourse«,⁶⁴³ wie McLuhan Joyces sprachliche Technik näher beschreibt, tatsächlich auf die Geschichte, »the whole human drama past and present« oder die Wahrheit in der Sprache führen, welche die Logos-Theorie der alten Grammatiker behauptet. Letztere erläuterten ihre Wahrheiten in den Wörtern allerdings mittels der vier Änderungskategorien.⁶⁴⁴ Und jenes Hinzufügen, Wegnehmen, Umstellen oder Ersetzen von Buchstaben und Silben eint gewissermaßen die Volksetymologien und den *pun*. Wie der Literaturtheoretiker Jonathan Culler herausgestellt hat, gehen beide Auseinandersetzungen mit der Sprache den Möglichkeiten der Wortbedeutungen vom Wortmaterial, von den Signifikanten her nach.⁶⁴⁵ Jedoch sprengt der *pun* jeden Versuch, eine Wahrheit im Wort oder in der abweichenden Variation festzustellen, da er gerade die ungeregelte Produktion von Bedeutungen und damit auch von ganz und gar unkontrollierbaren Bedeutungen vorführt.⁶⁴⁶ Der *pun* führt direkt in den Bereich des Tricksters. Dorthin, wo die Sprachfehler, die vermeintlichen ›Einfälle‹, ›Ausrutscher‹ und ›Missbildungen‹ der Sprache nicht von den Sprachfiguren und ihren poetischen Leistungen zu unterscheiden sind und wo jede Wahrheit immer auch ein Witz sein kann. Laut Cullers Theorie des *pun* setzt dieser bei der Instabilität sprachlicher Zeichen an. Er führt die Instabilität von Wortbedeutungen vor und hebelt den kodifizierten Sprachgebrauch aus, womit er auch der strukturalistischen Auffassung vom Kode der Sprache widerstreitet:⁶⁴⁷ Sprache ist nicht festzulegen auf feste Verbindungen von Buchstaben, Lauten und Bedeutungen, und darin ist sie sehr produktiv, wie vor allem McLuhans Untersuchungsgegenstand *Finnegans Wake* in romanhafter Länge zeigt.

Joyces *Finnegans Wake* hat sich ganz der Kombinatorik der sprachlichen Zeichen übergeben. Die Handlung entsteht aus den Verstellungen, Verdrehungen, Lücken und Erweiterungen zwischen Buchstaben, Lauten und selbst syntaktischen Bedeutungsstrukturen. Joyce nutzt die »shifty relation between letter and sound«⁶⁴⁸ im *pun* noch über die Grenzen der verschiedenen Sprachen hinweg

---

643 McLuhan: James Joyce: Trivial and Quadrivial, S. 37 f.
644 Vgl. Ax: Quadripertita Ratio, sowie Willer: Poetik der Etymologie, S. 31–33.
645 Vgl. Culler: The Call of the Phoneme, S. 3: »Folk etymologies and puns show speakers intently or playfully working to reveal the structure of language, motivating linguistic signs, allowing signifiers to affect meaning by generating new connections – in short, responding to the call of the phoneme, whose echos tell of the wild realms beyond the code and suggest new configurations of meaning [...].« Vgl. auch Menke: Die Zufälle der Sprache.
646 Vgl. Culler: The Call of the Phoneme, S. 3, sowie Menke: Die Zufälle der Sprache.
647 Vgl. Culler: The Call of the Phoneme, insb. S. 6 u. 14.
648 Culler: The Call of the Phoneme, S. 4.

aus: »Donnaurwatteur! Hunderthunder!«[649] Die buchstäblichen oder klanglichen Formationen widerstreiten dabei jeder lexikalisch kodifizierten Form. Wo buchstäblich kein Sinn zustande kommt, bildet er sich zum Teil klanglich bei der Aussprache der unsinnigen Buchstabenfolgen. Und wenn sich im Englischen dann immer noch keine sinnvolle Rede herstellen mag, dann vielleicht mithilfe der Klangstrukturen von Wörtern und Wendungen aus dem Deutschen, Französischen, Lateinischen oder auch aus dem irischen Dialekt. Dasselbe gilt für die syntaktische Verkettung, die keiner Aussagenlogik folgt: »You is feeling like you was lost in the bush, boy?«[650]

Ein Programm der Geschichtsschreibung, das sich nun dieser vermeintlich antiken grammatischen, vor allem aber sprachlichen und kombinatorischen Techniken bedient, läuft damit immer auch Gefahr, die *quirks*, *slips* und *freaks* nicht sinnvoll einholen zu können. Sie sind durch keinen Kode gedeckt und stören damit auch das strukturalistische Modell der Sprache auf, das die ethnolinguistischen Thesen zugrunde legen. Die ›Einfälle‹, ›Ausrutscher‹ und ›Missbildungen‹ der *puns* lassen sich allenfalls durch Setzungen in Wahrheiten überführen. McLuhan muss insofern das skizzierte Geschichtsprojekt, von den unkontrollierbaren sprachlichen Bewegungen her, in »James Joyce: Trivial and Quadrivial« durch das Projekt der alten Grammatik absichern. Mittels der antiken Sprachauffassung werden die ›Bewegungen in und zwischen Worten‹ immer schon als sinnhafte, gar vom »divine logos«, wie es im Text heißt, eingegebene Schöpfungen ausgewiesen.[651]

Über die Kollision der drei Sprachauffassungen im Text wird mithilfe des Logos hinweggegangen. Die Entscheidung für die Mittel einer Grammatik im alten

---

649 Joyce: Finnegans Wake, Buch 1, Kap. 4, S. 78, http://www.finwake.com/1024chapter4/1024finn4.htm (15. 08. 2014).
650 James Joyce: Finnegans Wake, zit. nach McLuhan: James Joyce: Trivial and Quadrivial, S. 47, wo dieser Satz als Beleg für die Einschätzung angeführt wird, dass *Finnegans Wake*, obwohl getränkt mit jedem Gemüts- und Geisteszustand, eine Welt tosenden Spaßes sei: »No more joyous or funny book was ever conceived or executed.«
651 Vgl. McLuhans Joyce-Auslegung im Sinne einer zugrundeliegenden Logos-Auffassung der Sprache: »›Every letter is a godsend‹, wrote Joyce. And, much more, every word is an avatar, a revelation, an epiphany. [...] In this respect words can be regarded not as signs but as existent things, alive with a physical and mental life which is both individual and collective.« (McLuhan: James Joyce: Trivial and Quadrivial, S. 37.) In diesem Sinne, im Aufstieg zu den Wahrheiten des Seins durch die Spracherkundung gleichen sich die alte Grammatik mit einigen von Whorfs Spekulationen über den Zusammenhang von sprachlicher und natürlicher Ordnung (vgl. Whorf: Sprache, Geist und Wirklichkeit). Sie unterscheiden sich aber zugleich in der Auffassung vom Wort. Whorf denkt den Zusammenhang von Sprache, Denken und Welt nicht vom Wort her, sondern von den strukturellen Bestimmungen des Sprachsystems aus.

Sinne wird über die einzelnen Modelle der Sprache in Ethnolinguistik und *pun* gestülpt. Allerdings startet der Text »James Joyce: Trivial and Quadrivial« mit einigen Erläuterungen, die in ihrer Ausführung den Trickster und damit auch wiederum eine Entscheidung gegen die Setzungen der alten Grammatik ins Spiel bringen. McLuhan kündigt gleich zu Beginn von »James Joyce: Trivial and Quadrivial« die Erhellung einer gefeierten Retourkutsche Joyces an die Kritiker seiner *puns* an. Joyce reagierte auf die Vorwürfe, seine *puns* seien banal, mit: »Yes, some of my puns are trivial and some of them are quadrivial.«[652] Einige seiner *puns* kann man also getrost als trivial bezeichnen und einige als quadrivial. Diese Verteidigung der *puns* führt das Verfahren und die Wirkungsweise der *puns* auch schon vor. In der Fügung von ›trivial‹ mit dem so in keinem Wörterbuch auffindbaren Adjektiv ›quadrivial‹ wird das geläufige Triviale durch das ›Quadrivium‹ in ›quadrivial‹ zum Sprachstudium des Trivium, während das lexikalisch halbseidene ›Quadriviale‹ von diesem Trivialen her seine Bedeutung als Adjektivform von Quadrivium bezieht. Nicht auszumachen ist dabei, wo hier der Witz anfängt und der Ernst endet bzw. an welcher Stelle die Sprache noch ›korrekt‹ oder ›normal‹ gebraucht wird und an welcher Stelle dem Sprachwitz freien Lauf gelassen wird.[653] Letztlich ist die Sprachverwendung hier einfach sehr produktiv.

Joyce spielt damit auf das Wissen und die Praktiken der sieben freien Künste an, und McLuhan, der die Geschichte und den Einsatz dieser Künste über Jahre studiert hat, bescheinigt ihm darin Präzision. Und er erläutert nun unter Einsatz der Terminologie der Kommunikationswissenschaft, wie dieser Ausspruch zu verstehen ist:

> [Joyce] means literally that his puns are crossroads of meaning in his communication network, and that his techniques for managing the flow of messages in his network were taken from the traditional disciplines of grammar, logic, rhetoric, on one hand, and of arithmetic, geometry, music, and astronomy, on the other.[654]

Die *puns* sind trivial und quadrivial, weil sie mithilfe der Techniken der traditionellen Disziplinen der sieben freien Künste den Nachrichtenfluss in Joyces Texten steuern. In der im Zitat gegebenen *pun*-Definition erscheinen *puns* nicht einfach als *quirks*, *slips* und *freaks* der Sprache, sondern sie treten in ihrer Qualität der Überkreuzung von Bedeutungen auf den Plan. Der *pun* ist eine Überkreuzung von Bedeutungen, so wie sie in der Wendung Joyces von den trivial-quadrivialen *puns* stattfindet. Der *pun* bringt nichtkodifizierte sprachliche Verbindungen dazu,

---

652 James Joyce zit. nach McLuhan: James Joyce: Trivial and Quadrivial, S. 23.
653 Zu dieser Eigenart der *puns* vgl. Menke: Pun, insb. S. 168 u. 172.
654 McLuhan: James Joyce: Trivial and Quadrivial, S. 23.

Bedeutung herzustellen – wie in der Zusammenstellung des ›quadrivial‹, das es nicht gibt und das dennoch verständlich ist bzw. wird, mit dem lexikalisch festgeschriebenen ›trivial‹.

Diese Bedeutungskreuzungen holen dann wiederum auch McLuhans Auslegung des Joyce-Ausspruchs ein. Die Rückführung der Spielerei mit den Signifikanten von ›trivial‹ und ›quadrivial‹ auf den Sachbereich von Trivium und Quadrivium im Werk Joyces wird ja im Text McLuhans selbst von einer Spielerei mit Signifikanten begleitet. Dies geschieht zwar nicht auf der Ebene eines einzelnen Worts, aber in der eigentümlichen Zusammenstellung des Vokabulars zum *pun* mit dem Vokabular der Kommunikationswissenschaft jener Tage und der entsprechenden Überkreuzung von Bedeutungen:[655] Die ›Überkreuzung der Bedeutung‹ der *puns* ist im angeführten Zitat ja eine ›Bedeutungskreuzung im Kommunikationsnetzwerk‹, dessen Nachrichtenfluss durch die sieben freien Künste geregelt wird. Die ›Bedeutungskreuzungen‹ der *puns* werden hier mit der Bedeutung von ›Kreuzungen‹ oder Schaltstellen in Kommunikationsnetzwerken gekreuzt. Damit mischt sich der Trickster ein und verwandelt den thematisierten kommunikationswissenschaftlichen Einsatz im Text selbst schon in einen *pun*. Geht man diesem *pun* nach, der selbstverständlich ›nur‹ ein ›Ausrutscher‹ sein könnte – und der weitere Verlauf des Textes legt dies nahe, da nach Seite eins die Kommunikationstechnik (ebenso übrigens wie die Sprachtheorie Sapirs und Whorfs) praktisch keine Rolle mehr spielt –, so lässt sich schlussfolgern, dass Kommunikationsforschung nach McLuhan in zweifacher Weise vom *pun* ausgeht: Sie geht hier selbst aus der ›signifikanten‹ Ver- und Zusammenstellung von Wörtern hervor. Und sie legt den *pun* der Nachrichtenübermittlung als Modell zugrunde. Die Nachrichtenübermittlung überstellt damit eine immer schon mindestens doppelbödige Nachricht, die nicht einfach von einem Punkt an einen anderen geschickt wird, sondern die sich verzweigt, die ausrutscht, die ab- und umbiegt, was übermittelt werden soll.

Die Sprengkraft des *pun* lässt nicht nur alle Wahrheitsbestrebungen der alten Etymologien haltlos werden, sondern eignet sich auch – wie hier –, die einfachen Nachrichtenmodelle der Kommunikationswissenschaft aufzumischen. Die Orientierung am *pun* bzw. an der Figürlichkeit der Sprache wird im Zuge der Beratungen über die geeigneten Mittel der Auslegung, die das Textkorpus ›McLuhan‹ führt, an Einsatz gewinnen. Das Verfolgen und das Ausnutzen der ›Bewegungen in und zwischen Worten‹ werden allmählich eine besondere Position der Texte mit Namen ›McLuhan‹ im Rahmen der Forschung zu ›Kultur und Kommunikation‹ in Nordamerika ausformulieren, der das Forschungsseminar in Toronto 1953–1955

---

[655] Vgl. die Hinweise Cullers auf die »juxtacologists, devotees of juxtapositions achieved by language« in den Ausführungen zum *pun*, Culler: The Call of the Phoneme, S. 8.

folgt. Zum regelrechten Modell für die Betrachtung von Kommunikationsmedien wird der *pun* im Textkorpus ›McLuhan‹ schließlich mit Beginn der 1960er Jahre, wie ich im Kapitel IV meiner Studie zeigen werde. In der ersten Hälfte der 1950er Jahre jedoch ist die Auseinandersetzung mit den ›Ausrutschern‹ der Sprache als Grundlage der Kommunikationsforschung selbst noch ein Ausrutscher. Wie in den anderen Texten namens ›McLuhan‹ zu dieser Zeit werden die Referenzen (Sapir/Whorf) und das Vokabular (Kommunikationsnetzwerk, Nachrichtenfluss) aus den anderen Disziplinen hier gewissermaßen anreichernd den bestehenden Forschungen McLuhans in Literatur- und Kulturgeschichte beigemischt und die Thesen Sapirs und Whorfs sowie das Vokabular der technischen Kommunikationstheorie in ihrer Anwendbarkeit und in ihren Möglichkeiten, Erkenntnisse zu generieren, getestet.

4.5 Der Forschungsrahmen ›Kultur- und Kommunikation‹ und die Zeitschrift *Explorations*

Im Sommer 1953 starten Carpenter und McLuhan mit dem Modell der Sprachen nach Sapir und Whorf als Modell für die Herangehensweise an die neuen Kommunikationsbedingungen in das interdisziplinäre Forschungsseminar »Culture and Communications«. Mit diesem Ansatz und mit diesem Seminartitel stehen sie in der amerikanischen Forschungslandschaft dieser Zeit allerdings nicht einzigartig da. Insbesondere an einigen *Anthropology Departments* arbeitete man bereits an einem Wissen über den Menschen und seine Kultur anhand menschlicher Kommunikationsweisen. Im Rahmen des kybernetischen Projekts versuchte man sich unterdessen an einer Neubeschreibung des menschlichen Verhaltens in Begriffen der Kommunikation. Und in beiden Zusammenhängen orientierte man sich dabei auch an den ethnolinguistischen Thesen Sapirs und Whorfs.

Wenn aus späterer Sicht McLuhans Arbeit für das Seminar in Toronto als Beginn der Medienforschung beschrieben wird,[656] so ist aus der historischen Perspektive festzuhalten, dass es sich damals zunächst einmal vorrangig um Forschungen zu »Anthropology and Communication« bzw. »Culture and Communication« handelte. Die Besonderheit der medientheoretischen Ansätze stellt sich nur rückblickend und von der Warte der sich aus diesen Forschungsarbeiten erst ergebenden Medientheorie ein. Die Schlagworte »Anthropology and Communication« setzten hingegen den Forschungsrahmen für das interdisziplinäre Seminar und auch für eine Zeitschrift, die das Seminar mit dem Titel *Explorations. A Cana-*

---

656 Vgl. Marchand: Marshall McLuhan, S. 169 f.

dian Journal of Anthropology and Communication herausgeben wollte.[657] Ab Dezember 1953 erschien die Zeitschrift *Explorations* schließlich mit dem Untertitel *Studies in Culture and Communication*.[658]

Die Unternehmungen in Toronto rückten mit ihrer Titelgebung ›Kultur und Kommunikation‹ deutlich in die Nähe der bereits stattfindenden Kommunikationsforschung der nordamerikanischen *Anthropology*. So organisierte der Soziologe und Ethnologe Ray L. Birdwhistell (1918–1994) bereits seit 1946 an der Universität von Louisville in Kentucky mit einem »Interdisciplinary Committee on Culture and Communication« jährliche Seminare zur Diskussion der Ansätze zu ›Kultur und Kommunikation‹, die insbesondere Ethnologen und Linguisten zusammenbrachten. Birdwhistell ging in seinen Forschungen Anregungen nach, die er im Austausch mit den bekannten Feldforschern Bateson und Margaret Mead aufgenommen hatte. Hierzu zählte auch die Annahme Sapirs, dass menschliche Verhaltenskonventionen und sogar physiologische Prozesse wie die Sprache unbewussten (kulturellen) Kodes unterliegen, denen man in detaillierten und vergleichenden Analysen habhaft werden konnte.[659] Birdwhistell entwickelte daraufhin die Kinesik, eine Methode zur minutiösen Bewegungsanalyse in menschlichen Interaktionen. Mead und Bateson stellten um 1950 unterdessen auf den berühmten *Macy*-Konferenzen ihre ethnologischen Forschungen und ihre Spracherkundungen in fremden Kulturen für das kybernetische Programm der Beschreibung organischer, sozialer sowie maschineller Vorgänge als Kommunikation vor.[660] Zur selben Zeit entwickelten der Linguist sowie ehemalige Ko-Forscher Whorfs, George L. Trager (1906–1992), und der Ethnologe Edward T. Hall (1914–2009) am *Foreign Service Institute* des amerikanischen *Department of State* ein Kulturanalyseprogramm für den auswärtigen Dienst, das die Erkenntnisse der strukturalen Linguistik für Einsichten in das System fremder Kulturen zur Anwendung brachte. Die theoretische Grundlage hinter dieser Anwendung linguistischer Analysen zur Erforschung weiterer Bereiche menschlichen Verhaltens war Whorfs Erkenntnis über die Strukturierung von Erfahrung in der Kultur durch das

---

657 Vgl. Tentative Outline, undatiert (LAC, McLuhan Fonds, MG 31, D 156, vol. 203 file 30), unpag.
658 Die (v. a. in Europa) über viele Jahre nur in einzelnen Heften zugängliche Zeitschrift wurde im Jahr 2016 dank der Bemühungen von Michael Darroch und Janine Marchessault im Verlag Wipf & Stock neu aufgelegt und kann nun wieder leichter bezogen werden: Carpenter/McLuhan (Hg.): Explorations. Studies in Culture and Communication. 8 Bde.
659 Vgl. Kendon/Sigman: Ray L. Birdwhistell (1918–1994), S. 234–237.
660 Vgl. die Beiträge der beiden Forscher auf den *Macy*-Konferenzen in Pias (Hg.): Cybernetics | Kybernetik. Bd. 1. Insbesondere ist hinzuweisen auf einen Diskussionsbeitrag Meads zur Präsentation von I. A. Richards, der 1951 einen Vortrag über »Communication between Men. The Meaning of Language« hielt. Mead spricht hier gegen eine sich abzeichnende Isolierung der Linguistik von anthropologischen Fragestellungen an (vgl. S. 395).

Sprachsystem der betreffenden Kultur.[661] Wie Carpenter wollten Trager und Hall Whorfs Erkenntnisse auf andere Bereiche menschlichen Verhaltens und damit auf andere symbolische Systeme in der Kultur ausweiten. Tatsächlich hatte Carpenter dieses Programm selbst vom *Foreign Service Institute* empfangen, wie aus seinem Whorf-Artikel in *The Canadian Forum* vom April 1953 hervorgeht. Dort findet sich der Verweis darauf, dass Whorfs Grundlagentexte vom *Foreign Service Institute* kostenfrei zu beziehen sind.[662]

Die bereits stattfindenden Forschungen zu ›Kultur und Kommunikation‹ unter Berücksichtigung der Thesen Sapirs und Whorfs waren den Torontoern nicht unbekannt. Halls und Tragers *The Analysis of Culture* (1953), eine Abhandlung über die Grundkomponenten kultureller Aktivitäten für die ethnologische Forschung, fand sich in der Bibliothek der Forschungsgruppe in Toronto.[663] Die Mitglieder reisten im Oktober 1954 zum Seminar des »Interdisciplinary Committee on Culture and Communication« von Birdwhistell nach Louisville. Und schließlich wurde Heft drei der Torontoer Zeitschrift *Explorations*, vom August 1954, zur Plattform dieser Forschungen, insofern es Artikel von Birdwhistell, Trager und Hall abdruckte.[664]

Die allgemein stattfindende Neubeschreibung von Kultur und menschlichem Verhalten als Kommunikation erfährt unter anderem in den Arbeiten Birdwhistells, Tragers und Halls jene Änderung, die die Kommunikationsforschung in neue Gefilde treibt. Es geht nun nicht mehr darum, wie von Schüttpelz herausgearbeitet, Kommunikation als universelles Modell des Austauschs, der Steuerung und der Kontrolle vorzustellen. Vielmehr werden vor dem Hintergrund der sprachphilosophischen Thesen Whorfs unterschiedliche Kanäle der Kommunikation relevant.[665] Neben der Sprache werden Mimik und Gestik als kulturelle Kommunikationssysteme erkennbar, aber auch solche Verhaltensweisen wie der Umgang mit und die Nutzung von Raum und Zeit werden jetzt als je spezifische

---

661 Vgl. Trager/Hall: Culture and Communication: A Model and an Analysis, S. 148.
662 Carpenter: Shapers of the Modern Outlook: Benjamin Lee Whorf, S. 10.
663 Vgl. Books in Library, as at February 1st, 1955 (LAC, McLuhan Fonds, MG 31 D 156, vol. 203 file 30).
664 Vgl. Explorations 3 (1954): Birdwhistell: Kinesics and Communication; Trager/Hall: Culture and Communication: A Model and an Analysis. Nach dem Besuch in Louisville sollte sich aber auch zeigen, dass die Sprachstudien des ›Kultur- und Kommunikation‹-Ansatzes nicht mit den Erkundungen der Sprache des Torontoer Seminars, also den mit dem Namen ›McLuhan‹ vorgelegten Vorgehensweisen vereinbar war. Die vor allem ab- und eingrenzenden Kategorien der strukturalen Linguistik, die bei den anderen forschungsleitend waren, widersprechen dem Interesse an den ›Bewegungen in und zwischen Worten‹. Ausführlicher dazu: Mangold: Zwischen Sprache/n, S. 159 f.
665 Vgl. Schüttpelz: »Get the message through«, insb. S. 69–71 u. 73.

Kommunikationskanäle, als Sprachen mit eigenen Mustern und Bedingungen erfasst.[666]

Diese Aufspaltung der bis dato vor allem isomorph aufgefassten Kommunikation in unterschiedliche und zu unterscheidende Kommunikationsweisen wurde in Toronto noch ergänzt durch die historischen Forschungen Innis', der jedes Kommunikationsmedium seit der mündlichen Kommunikation in seinen materialen Bedingungen und soziopolitischen Auswirkungen unterscheidet. Das von Innis verkündete »Bias of Communication« stellt jede Kommunikationsform jenseits der *oral tradition* als Verzerrung eines umfassenden Kommunikationsfeldes vor, so zumindest ist die Lesart der Schriften Innis' im Torontoer Forschungsseminar, wie sie sich anhand einer Innis-Sektion ebenfalls im dritten Heft von *Explorations* nachvollziehen lässt.[667] Innis bietet laut der Darlegungen der Torontoer überdies einen kausalen Faktor zur Erklärung soziokultureller Veränderungen. Dies erscheint als der Vorteil der Arbeiten Innis' gegenüber den gängigen rein deskriptiven Darstellungen von kulturellem Wachstum und Niedergang in der nordamerikanischen Ethnologie, die hier durch Alfred L. Kroeber (1876–1960) repräsentiert wird:

> Innis saw in these configurations the operation of an invariant. While Kroeber discovered no »laws« in culture history, »nothing cyclical, regularly repetitive, or necessary«, Innis perceived a causal factor which, though not »natural« or »teleological«, could nevertheless account for both cultural stability and change. This invariant he called the bias or imbalance which developed in the dimensions of the communication channel.[668]

Kommunikationsmedien zu unterscheiden, sie als Sprachen und Kulturen im Sinne Whorfs zu begreifen, heißt, die von diesen Medien jeweils unterschiedlich ausgebildete Wahrnehmung der Welt ins Kalkül zu ziehen und den Blick auf die Voreinstellungen bzw. die Verzerrungen zu richten, die die Medien in einer Kultur, die sich ihrer bedient, implementieren. Das sind die Wegmarken, die die Kommunikationsforschung Carpenters und McLuhans am Beginn des Forschungsprojekts in Toronto ausrichten.

Carpenter zeigt sich von Anfang an daran interessiert, die neuartige Kulturforschung von den verwendeten Kommunikationsmedien aus mit entsprechen-

---

666 Vgl. hierfür z. B. die erst später veröffentlichte Programmschrift Edward T. Halls *The Silent Language* (1959), mit den Kapiteln »Time Talks« und »Space Speaks«.
667 Vgl. Explorations 3 (1954), S. 96–104. Ausführlicher zur dritten Ausgabe der *Explorations* und ihrer wissenschaftshistorischen Einordnung vgl. Mangold: Zwischen Sprache/n.
668 Dailey: Innis and Anthropology, in der Sektion: Innis and Communication, in: Explorations 3 (1954), S. 99. Robert Dailey war ein Forschungsstudent am »Culture and Communications«-Seminar in Toronto.

den Kulturstudien zu unterlegen. Er entwirft, wie er es in seinem Whorf-Artikel bereits angekündigt hatte, eine empirische Untersuchung der Erfahrungsweisen durch verschiedene Kommunikationsmedien in einem Experiment. Zu Beginn des Jahres 1954 ›setzte‹ er vier Studierendengruppen in den Studios der *Canadian Broadcasting Corporation* zeitgleich ein und derselben Vorlesung über verschiedene Kommunikationskanäle ›aus‹. Anschließend schrieben alle vier Gruppen – ob sie die Vorlesung nun direkt im Fernsehstudio, über Radio, über den Fernsehbildschirm oder als Manuskript mitverfolgt hatten – einen Test über das Verstandene. Das Fernsehen und das Radio machten in dieser Überprüfung der Wahrnehmungen das Rennen.

Das dritte Heft von *Explorations* gibt eine vollständige Darstellung und Auswertung des Experiments wieder. Der sozialwissenschaftlichen Auswertung durch den am Forschungsseminar beteiligten Psychologen Williams – jener Artikel »Mass Media and Learning – An Experiment«, der 1960 in einem Bericht mit dem Namen McLuhans unrediegiert und ohne die Signatur Williams' wieder auftaucht[669] – sind einige programmatische Überlegungen Carpenters im Aufsatz »Certain Media Biases« vorangestellt. Carpenter stellt darin ausführlich die Unterschiede dar, die zwischen den verwendeten Medien im Laufe des Experiments und seiner Vorbereitungen hervorgetreten seien. Der Artikel stellt ein Medium und seine Qualitäten nach dem anderen vor: Das Fernsehformat begünstigt demzufolge kurze Darlegungen gegenüber der wandernden und wiederholenden Rede im Vorlesungssaal. Das Fernsehbild überträgt Mimik und Gestik, welche den Radiozuhörern fehlt. Carpenter beobachtet Unterschiede in der Geschwindigkeit der Informationsübertragung, der persönlichen Involviertheit der Empfänger, unterscheidet visuellen und thematischen Realismus und erkennt eine Zeit-Raum-Dualität der westlichen Kultur. Frei nach Birdwhistell, auf dessen Aufsatz im selben Heft von *Explorations* Carpenter verweist, lassen die unterschiedlichen Medien jeweils entscheidende Aspekte der Kommunikation aus und reduzieren sie auf die Übertragung von ›Information‹. Kommunikation sei aber immer mehr als die Weitergabe von Information.[670] Wie Whorf für verschiedene Sprachen, so konstatiert Carpenter für verschiedene Medien, dass ein bestimmter Typ Ideen oder Erkenntnisweisen zu einem bestimmten Medium gehört. Es ist immer nur ein bestimmter Anteil der Realität, den ein Medium kommuniziert.[671] Und darin – das ist der entscheidende Punkt für den Ethnologen – ist es nicht besser oder schlechter als ein anderes Medium; es ist einfach anders. Die öffentlichen Reaktionen auf

---

669 Vgl. Kap. I.1 in diesem Band.
670 Vgl. Carpenter: Certain Media Biases, S. 70.
671 Vgl. Carpenter: Certain Media Biases, S. 73.

den Ausgang des Experiments – »All stressed the high score of television and, by implication, its superiority as an educational medium.« – waren daher in Carpenters Augen

> unfortunate and missed the main point, for the results did not indicate the superiority of one medium over others. They merely directed attention toward differences between them, so great as to be differences of kind rather than degree. Each communication channel codifies reality differently and thus influences, to a surprising degree, the content of the message communicated. It strikes me this approach is more rewarding than [...] most current audience research.[672]

Wie schon in seinem Whorf-Artikel geht es Carpenter hier um die Revision und Relativierung philosophischer Annahmen, die mit Whorfs Zugriff auf Sprachen und Kulturen und nun mit Carpenters Ansatz der Erforschung der Kommunikationsmedien in ihren konkreten Weisen der Realitätsvermittlung vorzunehmen sind. Dieser Untersuchungsansatz führt zu Unterscheidungen der Art und nicht zu lediglich graduellen Unterschieden und lässt alle von der sozialwissenschaftlichen Kommunikationsforschung beobachteten Nachrichten und ihre Inhalte als philosophisch bzw. epistemologisch wesentlich geringeres Problem erscheinen.

4.6 Übersetzung 1953: Einheit und Differenz (*Explorations* 1)

McLuhan geht im Rahmen der Studien zu ›Kultur und Kommunikation‹ im Torontoer Forschungsverbund ebenfalls von dieser grundlegenden, epistemologischen Problematik der Medien aus. Insbesondere die ersten Texte seines Namens für die hauseigene Zeitschrift *Explorations* versammeln historische und systematische Entwürfe zu verschiedenen Kommunikationsmedien und damit verbundenen Medienkulturen. Hierfür wird immer wieder die Austauschbarkeit und wechselseitige Verschränkung der Begriffe ›Sprache‹ und ›Massen- bzw. Kommunikationsmedium‹ vorgestellt, die durch Carpenters Theorieübertragung der Thesen Whorfs – einzelne Sprachen prägten einzelne Kulturen spezifisch aus – auf Kom-

---

[672] Carpenter: Certain Media Biases, S. 74. Carpenter berichtet hier von den Ereignissen nach Veröffentlichung der Ergebnisse: Sogar die *New York Times* schrieb darüber. Der Präsident der örtlichen Marketingorganisation verlas die Pressemitteilung auf einem Bankett der Werbeleute und kommentierte, dass nun endlich der wissenschaftliche Beweis für die Überlegenheit des Fernsehens vorliege. »Within a week about 120 letters were received from advertising agencies and groups concerned with educational television. The former were often written in the superheated jargon of the trade (›Dear Eddie: Your experiment came with providential timing ...‹) and were concerned with one problem: how to sell expensive television time to reluctant advertisers.«

munikationsmedien möglich wurde. In McLuhans Texten kann die Sprache somit als größtes Massenmedium von allen erscheinen: »[L]anguage itself is the greatest of all mass media.«[673] Und die Kommunikationsmedien treten als »different languages of sight and sound spoken by the new media of communication« auf.[674] Aus der Verschränkung von Sprachen und Massen- oder Kommunikationsmedien geht für die Texte McLuhans vor allem hervor, dass also Medien wie Sprachen und Sprachen wie Medien untersucht werden können. Die Mittel und Methoden des Literatur- und Sprachstudiums sind daher schon geeignete Mittel für die Analyse der Kommunikation, ihrer Geschichte und ihrer Medien. Dies zeigen die Texte mit der Signatur McLuhans im Verlauf des Torontoer Zeitschriftenprojekts *Explorations* in immer stärkerem Maße.

Zunächst aber reiht McLuhan in seinem ersten Artikel für *Explorations* eine Ansicht, historische These oder Behauptung nach der anderen aneinander, die bestehenden Schriften aus dem Umfeld der ›Kultur und Kommunikation‹-Forschung entlehnt sind. Er führt Überlegungen von Innis, Ruesch und Bateson neben den spekulativen ethnologischen und kulturhistorischen Ergebnissen der Zivilisationsforschung Robert Redfields (1897 1958) und Lewis Mumfords (1895–1990) auf. Es erscheinen Hinweise auf Giedions Geschichtsschreibung zu Raum, Zeit und Mechanisierung zusammen mit den ästhetischen Theorien von György Kepes (1906–2001) und Béla Balázs (1884–1949) über die neuen Bilder der Malerei, der Werbung und des Kinos.[675] In dieser Zusammenschau leistet der Text »Culture without Literacy« vom Dezember 1953 bereits das, was McLuhan im selben Text als Aufgabe des neuen Kultur- und Kommunikationsforschers angibt: Die Übersetzung verschiedener Medienerfahrungen und verschiedener Kulturen ineinander. »[I]t [...] adds up to the need to discover means of translating the experience of one medium or one culture into another [...].«[676] Diese Übersetzungs-

---

673 McLuhan: Culture without Literacy, S. 124. Auf derselben Seite werden zudem die neuen technischen Medien mit unlesbaren Sprachen identifiziert: »[W]e are unable to read the language of technological forms.«
674 McLuhan: Notes on the Media as Art Forms, S. 11 f.; dort auch wieder der Hinweis zu den natürlichen Sprachen als Massenmedien, S. 6: »All media, especially languages, are mass media [...].«
675 Der Aufsatz mit dem Titel »Culture without Literacy« versucht sich an einer Skizze für eine ›Kultur ohne Literalität‹. Ausgehend von Innis' Thesen wird das Problem der in ihren Sprachen ein- und abgeschlossenen Kulturen behandelt, die keine angemessene Umgangsweise für die durch neue Kommunikationsmedien eingeführte weltweite und instantane Kommunikation böten. Unter Rückgriff auf die ästhetischen Theorien Balázs' und Kepes' stellt McLuhan der Schrift- und Druckkultur des westlichen Menschen die visuelle Kultur der neuen Bilder gegenüber.
676 McLuhan: Culture without Literacy, S. 126.

arbeit soll Kohärenz kenntlich machen, wo im Moment nur chaotisches Rauschen zu vernehmen ist.

> [I]t [...] adds up to the need to discover means of translating the experience of one medium or one culture into another, of translating Confucius into Western terms and Kant into Eastern terms. Of seeing our old literary culture in the new plastic terms in order to enable it to become a constitutive part of the new culture created by the orchestral voices and gestures of new media. Of seeing that modern physics and painting and poetry speak a common language and of acquiring that language at once in order that our world may possess consciously the coherence that it really has in latency, and which for lack of our recognition has created not new orchestral harmonies but mere noise.[677]

McLuhan schließt sich mit dem konstatierten Bedarf an Übersetzung der Hoffnung und dem Projekt der künstlerischen Avantgarden Europas an, welche unter anderem von Giedions Studien zur Alltagskultur auf dem amerikanischen Kontinent propagiert wurden. Giedion behauptet die im Zitat angeführte gemeinsame Sprache der modernen Wissenschaft, Philosophie und Künste hinsichtlich ihrer Methoden und verspricht sich davon einen »universal outlook upon the world«.[678] McLuhan übernimmt diese avantgardistische Hoffnung in das anberaumte Übersetzungsprojekt des neuen Kommunikationsforschers. Die Möglichkeit einer umfassenden Übersetzung wird auch von den Ethnologen sowie von den Kultur- und Kommunikationsforschern am *Foreign Service Institute* verfolgt.[679] Das Problem der einander unbekannten und inkompatiblen Erfahrun-

---

677 McLuhan: Culture without Literacy, S. 126.
678 Vgl. Giedion: Time, Space, and Architecture, S. 3–7, 14–21, Zitat S. 7. Darroch und Marchessault zeigen in ihrer Einführung zur Neuauflage der *Explorations*-Bände, dass die gesamte Anlage des Zeitschriftenprojekts *Explorations* einem »postwar, modernist discourse of universality« verpflichtet war. Sie verweisen auf die Vorläufer- und Referenzzeitschrift *trans/formation: arts communication, environment*, die ebenso Künste und Wissenschaften zu vereinen suchte, indem sie sie als Kontinuum behandelte. Vgl. Darroch/Marchessault: Explorations, 1953–57, S. vii f., Zitat S. vii.
679 Nicht zuletzt war die Behauptung einer allseitigen Übersetzbarkeit auch dem institutionellen Rahmen des »Culture and Communications«-Seminar geschuldet. Die finanzierende *Ford Foundation* wollte die Möglichkeiten interdisziplinärer Zusammenarbeit von Anfang an beobachtet, reflektiert und bewertet wissen. Vom Bemühen um und dem Gelingen der Übersetzungen zwischen den disziplinären Zugängen und Konzepten hing also der Erfolg und die Aussicht auf Weiterförderung des Projekts ab. Nicht zufällig verkünden McLuhans Abschlussbericht und seine Texte daher die Notwendigkeit der Übersetzung, und zwar zwischen verschiedenen Disziplinen ebenso wie zwischen verschiedenen Medienkulturen. Vgl. Report of the Ford Seminar at Toronto University 1953–1955 (LAC, McLuhan Fonds, MG 31 D 156, vol. 203 file 31), MS, pag. 1–27, S. 1 f. Vgl. auch den Rückblick auf die Verhältnisse im Seminar im Aufsatz Carpenter/McLuhan: The New Languages (1956), S. 49.

gen verschiedener Medien und Kulturen – das mit der Übernahme der Sprachphilosophie Whorfs für die Kommunikationsforschung entsteht –, soll durch integrierende Übersetzungen gelöst werden. »Culture without Literacy« schließt daher mit der avantgardistischen Aussicht auf die alles vereinende »language of vision«.[680]

Die ›Sprache des Sehens‹ hat der Designer und Kunsttheoretiker Kepes 1944 in einem gleichnamigen und einflussreichen Band im Zusammenhang mit den neuen Bildern der Kunst und der Technik sowie mit den neuen Wahrnehmungstheorien beschrieben. Darin bezieht er sich ebenso wie McLuhan 1953 auf Giedions Kunst- und Kulturgeschichte sowie auf die neueste Sprachtheorie nach Whorf.[681] Und Kepes behauptet gleich zu Anfang: »Visuelle Kommunikation ist universal und international.«[682] Sie ist genau das, was es in einem Zeitalter voller einander unverständlicher Sprachen braucht. Nach McLuhan lassen sich entsprechend einer solchen »language of visual form« die in ihren Schriftsprachen abgeschlossenen kulturellen Monaden auflösen. Die neue Nachrichtenphotographie, die Pikto- und Ideogramme, aber auch Disney und Chaplin würden die Nationalgrenzen einfach überschreiten und ein allseitiges – wenn nicht gar kosmisches – Verständigen und Verstehen ermöglichen.[683]

Die Möglichkeit der integrierenden Übersetzung sieht McLuhan aber in »Culture without Literacy« auch schon in der Sprache selbst gegeben. An etwas früherer Stelle unterbreitet er die Behauptung, dass jegliche Kunst und jegliche Sprache Techniken seien, um eine Situation durch eine andere zu sehen.[684] Dies lässt sich etwa vor dem Hintergrund der für die Kommunikationsstudien in Anschlag gebrachten Sprachphilosophie Whorfs behaupten. Denn nach Whorf zwingt eine Sprache einer vorfindlichen Situation immer schon eine Interpretation auf, nämlich die ihrer grammatischen Kategorien und Möglichkeiten des Aus-

---

680 McLuhan: Culture without Literacy, S. 127.
681 Vgl. Kepes: Sprache des Sehens. Zwei kurze Vorworte rahmen die Ausrichtung des Bandes: Ein Vorwort stammt von Giedion selbst (»Kunst bedeutet Realität«, S. 7-8), das zweite vom Semantiker Samuel Ichiye Hayakawa (1906–1992) (»Erneuerung des Sehens«, S. 8–10). Hayakawa, der in seinen Semantikstudien den Thesen Korzybskis und Whorfs folgt, stellt hier die aktuellen Thesen der amerikanischen Sprachwissenschaft vorweg, um dann Kepes' Arbeit mit dem Projekt Whorfs gleichzusetzen. Wie in der Whorf'schen Sprachtheorie die Erarbeitung der Grammatik der Sprachen zu einem neuen Verständnis für die Sprache an sich führen soll, so sieht Hayakawa das Projekt Kepes' als Versuch, zu den Grundlagen des Sehens vorzudringen (vgl. S. 9 f.).
682 Kepes: Sprache des Sehens, S. 12.
683 Vgl. McLuhan: Culture without Literacy, S. 127: »These ideograms transcend national barriers as easily as Chaplin or Disney and would seem to have no rivals as the cultural base for cosmic man.«
684 Vgl. McLuhan: Culture without Literacy, S. 121.

drucks. Dass die Sprache das Sehen einer Situation durch eine andere ermögliche, ist aber auch die Definition der Metapher, wie sie im früheren Aufsatz McLuhans, »Mr. Eliot's Historical Decorum« (1949), im Einklang mit der Literatur- und Sprachauffassung des *New Criticism* auf dem nordamerikanischen Kontinent gegeben wurde. Und hierauf spielt der Text in *Explorations* nun auch an, wenn er seine Behauptung im Anschluss an die berühmten ersten Verse aus T. S. Eliots »Prufrock« aufstellt: »Let us go then, you and I / When the evening is stretched out against the sky / Like a patient etherized upon a table«. Diese Verse dienten schon dem tonangebenden neuen Kritiker Cleanth Brooks als Beispiel für die poetische Leistung der Metapher und der kühnen Vergleiche.[685] Die Eigenart von Metapher oder Vergleich besteht, wie bereits an früherer Stelle ausgeführt,[686] für die nordamerikanischen Vertreter des *New Criticism* darin, das logisch Unvereinbare in einer Einheit bzw. in einer einheitlichen Erfahrung zusammenzuführen. McLuhans Resümee verschaltet daher in »Culture without Literacy« die universale Sprache der Bilder mit der Metaphernauffassung der amerikanischen neuen Kritiker und beschwört die ›visuelle Metapher‹ als neue Einheits- und Vereinigungssprache:

> Perhaps we could sum up our problem by saying that technological man must betake himself to visual metaphor in contriving a new unified language for the multiverse of cultures of the entire globe. All language or expression is metaphorical because metaphor is the seeing of one situation through another one.[687]

Die Metapher gilt hier wie in den Poetiken des amerikanischen *New Criticism* als Vereinigungsinstrument, das dazu in der Lage sein soll, unterschiedliche Dinge zusammenzuführen und in eine höhere Einheit der Erfahrung zu überführen. Auf dieser Grundlage wird die Metapher in »Culture without Literacy« zum Kulturverständigungsmodell umgedeutet, das es erlaubt, die durch Sprachen getrennten Kulturen der ethnologischen Betrachtungen und die durch verschiedene zentrale Kommunikationsmittel getrennten historischen Zeiten nach Innis ineinander zu übersetzen und einer Einheit zuzuführen.

Neben dieser angestrebten integrierenden Übersetzung durch die Kultur- und Kommunikationsforscher erscheint im selben Text allerdings auch das Verhältnis unterschiedlicher Medien zueinander als Übersetzungsverhältnis. So heißt es etwa bei der Vorstellung der Thesen Redfields über die Transformationen der ›primitiven Welt‹ – die McLuhan als ausschließlich mündlich kommunizierende vorstellt – dass das Auftreten der Schrift das hörbare Wort in räumliche Dimensi-

---

[685] Vgl. Brooks: Metaphor and the Tradition, S. 3 f.
[686] Vgl. Kap. III.1.3 in diesem Band.
[687] McLuhan: Culture without Literacy, S. 127.

onen übersetze: »Writing is the translation of the audible into the spatial [...].«[688] Außerdem bezieht sich McLuhan auf eine literaturgeschichtliche Studie von Rosemond Tuve (1903–1964) über George Herberts (1593–1633) Dichtung, nach welcher die ausgefallenen Symbole und Metaphern des Klerikers, Rhetorikers und sogenannten ›metaphysischen‹ Dichters Herbert auf eine ikonographische Tradition in den Stundenbüchern, Armenbibeln und Kirchen des Spätmittelalters und der Renaissance zurückgehen. McLuhan fasst dieses Verhältnis der Dichtung zu historischen Bildern als eine Übersetzung zwischen medialen Formen auf: »[T]he characteristic effects of metaphysical wit in the 17th century poetry resulted from the translation of visual effects from medieval manuscript and woodcut into the more abstract form of the printed word.«[689]

In beiden Fällen, dem des Verhältnisses des gesprochenen Worts zum geschriebenen wie dem des mittelalterlichen Manuskripts und Holzschnitts zum gedruckten Wort, erfasst McLuhan den Medienwechsel als einen Vorgang der Übersetzung, der in den angegebenen Referenztexten nirgends als solcher angesprochen oder bezeichnet ist. Redfields Auseinandersetzung mit den Transformationen der Menschheit bezieht sich hauptsächlich auf soziologische und ideologische Veränderungen zwischen »folk societies« und »civilizations«, die er klassisch durch urbane Entwicklungen angetrieben sieht. Die Schrift spielt in dieser Entwicklungsgeschichte zwar eine Rolle, aber keinesfalls die entscheidende.[690] Vor allem aber wird sie nicht als Übersetzung des Hörbaren in räumliche Verhältnisse beschrieben. Tuve befasst sich indessen mit einem ikonographischen Verhältnis zwischen Bildmotiven und poetischen Motiven. Auch hier ist nicht die Rede davon, dass die materiellen Bilder in gedruckte Dichtung übersetzt würden. Das Verhältnis zwischen verschiedenen Medien als Übersetzungsverhältnis zu beschreiben, ist vielmehr ein Zutun McLuhans. Schon in seinem ersten Aufsatz, der 1952 die

---

688 Vgl. McLuhan: Culture without Literacy, S. 119.
689 Vgl. McLuhan: Culture without Literacy, S. 121. McLuhan hat Tuves Studie im selben Jahr auch eine Rezension gewidmet: McLuhan: Symbolist Communication (1953). Dort schreibt McLuhan schon davon, dass die literarische Kunst der Metaphysiker »merely a verbal transcript of popular visual themes« ist (S. 457 f.). Tuves Buch, *A Reading of George Herbert* (1952), verfolgte inmitten all der einflussreichen modernen Literaturkritik über die metaphysischen Dichter des siebzehnten Jahrhunderts seit Eliot ein recht gewagtes Projekt, da es die historische Gelehrtheit zurück in die Waagschale der Literaturkritik warf. Im ersten Teil ihrer Studie legt Tuve sich mit *der* englischsprachigen neuen Kritik zu Herbert schlechthin an: William Empsons Gedichtlektüre zu Herberts »The Sacrifice« als Beispiel des siebten Typs der berühmten *Seven Types of Ambiguity* (1930) sei inadäquat, da sie die Tradition, aus der heraus das Gedicht entstand, nicht berücksichtige.
690 Vgl. Redfield: The Primitive World and Its Transformations (1953), insb. Kap. 1: Human Society before the Urban Revolution; zur (untergeordneten) Rolle der Schrift S. 36–38.

Kommunikationsmedien in kulturhistorische Überlegungen einbezieht, setzt McLuhan die Übersetzung als Form des Übergangs von einem Medium zu einem anderen ein. Das Verhältnis von Stimme und Alphabetschrift, das Innis in seinen Schriften bedenkt und als ein Repräsentationsverhältnis ausweist,[691] wird im Text »Technology and Political Change« kurzerhand zum Übersetzungsverhältnis: »[W]ith the alphabet the voice was translated to a visual medium with the consequent loss of most of its qualities and effects. But its range in time and space was thus given enormous extension.«[692]

Die Übersetzung der Medien selbst führt nicht zu Einheiten, sondern zu Veränderungen, zu Abweichungen von bestehenden Zuständen oder von bestehenden Verhältnissen. Es zeichnet sich in dieser Auffassung ein Wissen von den Medien ab, das auf die Inkommensurabilität der Sprachen und der Weltbilder der Sprachphilosophie Whorfs, aber auch auf das Unübersetzbare der Sprach- und Erkenntnistheorie Richards' zurückgeht. Wenn zwei Sprachen und zwei Kulturen aufgrund der intrikaten Beziehungen von grammatischen und semantischen Strukturen jeder einzelnen Sprache nicht ineinander aufgehen können, so können die Kommunikationsmedien, die nach dieser Prämisse gedacht werden, ebenfalls nicht ineinander überführt werden. Letztlich sind immer nur Verluste und Erweiterungen das Ergebnis der Übersetzung oder mit Richards: Es gibt nur Teilübersetzungen. Dieses Übersetzen führt zu Differenzen statt zur Einheit, und die Differenzen der Medien und ihre Konsequenzen zu erkennen und zu beschreiben wird zur Aufgabe des Medienforschers.

Die differentielle Übersetzung zwischen Medien bzw. Kommunikationsformen liefert die Einsicht in die Mediendifferenz, mit der das Torontoer Forschungsprojekt sowie die weiteren Forschungsprojekte zu ›Kultur und Kommunikation‹ die Fragen der zeitgenössischen Kommunikationsforschung abändern.[693] In »Culture without Literacy« ist es wie auch in anderen Texten mit Namen ›McLuhan‹ zu Beginn der 1950er Jahre die Orientierung an der klassischen Rednersituation der Rhetorik, die diese Differenz ersichtlich werden lässt: »[T]he microphone invites chat, not oratory. It is a new art form which *transforms all the existing relations* between speakers and their audiences and speakers and their material of discourse.«[694] Weil man über das Mikrophon nicht wie auf dem Forum sprechen kann, weil das Mikrophon zum Schwatz verleitet und nicht zur Redner-

---

691 Vgl. Innis: Empire and Communications, S. 64: »Sounds of human speech were analysed into primary elements each *represented* by a separate visual symbol« (Hervorhebung J. M.), oder S. 75: »The alphabet [...] lent itself to an efficient representation of sounds [...].«
692 McLuhan: Technology and Political Change, S. 189.
693 Vgl. Schüttpelz: »Get the message through«, S. 69–72.
694 McLuhan: Culture without Literacy, S. 127 (Hervorhebung J. M.).

kunst, zeigt dieses Beispiel die grundlegende Differenz, die alle Kommunikationsformen untereinander immer schon ausbilden. Es ist eine Differenz, die sich der Text McLuhans anhand der Parameter der klassischen Rednersituation verdeutlicht. Jedes neue Kommunikationsmittel muss notwendig die Relation zwischen Redner, Redegegenstand und Publikum verändern, »if only because it selects the audience to whom you can say it«, wie es nur ein Jahr zuvor schon im Aufsatz »Technology and Political Change« hieß.[695] Für diesen Zusammenhang der veränderten Relationen in der Kommunikationssituation wird in »Culture without Literacy« wiederum der Begriff der Kunstform eingesetzt: »The microphone [...] is a new art form which transforms all the existing relations [...].« Die Kunstform leistet also die Veränderung sämtlicher Verhältnisse in der Redesituation. Die Auffassung der Kommunikationsmedien als Kunstformen lenkt den Blick auf die Beziehungen in der Kommunikationssituation und die Form der Kommunikation wird zum Gegenstand der Betrachtungen des neuen Kommunikationsforschers.

4.7 Die verändernde Magie der Medien (*Explorations* 2)

In der zweiten Ausgabe der *Explorations* wird der Begriff der Kunstform unter der Signatur McLuhans sodann zum Programm der Medienforschung erhoben. Mit dem Aufsatz »Notes on the Media as Art Forms« geht McLuhan gegen »alle[ ] Funktionalismen und Isomorphien der Kommunikationstheorie« sowie gegen das »Unvermögen von Sender-Empfänger-Modellen« vor.[696] Neben dem Verweis, dass schon die Sprachen Massenmedien seien, und neben der Aufzählung verschiedener Kommunikationskanäle ist es wiederum die Fassung der Instanzen des technischen Kommunikationsmodells in Begrifflichkeiten der rhetorischen Rednersituation, die die kritisierte Ignoranz und Blindheit bisheriger Diskussionen hervortreten lassen soll:

> The use of the term ›mass media‹ has been unfortunate. All media, especially languages, are mass media so far at least as their range in space and time is concerned. If by ›mass media‹ is meant a mechanized mode of a previous communication channel, then printing is the first of the mass media. Press, telegraph, wireless, telephone, gramophone, movie, radio, TV, are mutations of the mechanization of writing, speech, gesture. Insofar as mechanization introduces the ›mass‹ dimension, it may refer to a collective effort in the use of the medium, to larger audiences or to instantaneity of reception. Again, all of these factors may create a difficulty of ›feedback‹ or lack of rapport between ›speaker‹ and audience. There has been

---

695 McLuhan: Technology and Political Change, S. 189; vgl. Kap. III.4.2 in diesem Band.
696 Vgl. diese Einschätzung bei Schüttpelz: 60 Jahre Medientheorie, S. 139.

very little discussion of any of these questions, thanks to the gratuitous assumption that communication is a matter of transmission of information, message or idea. This assumption blinds people to the aspect of communication as participation in a common situation. And it leads to ignoring the *form* of communication as the basic art situation which is more significant than the information or idea ›transmitted‹.[697]

Die Kritik hebt in dieser programmatischen Eingangspassage des Aufsatzes auf das nicht beachtete Verhältnis von Redner und Publikum ab. Das, was in der klassischen Rhetorik dem Versand von Nachrichten immer schon vorausgeht, die Betrachtung der Kommunikationssituation und das Verständnis, dass die Rede in einer allen Beteiligten gemeinsamen Situation stattfindet, wird von den zeitgenössischen Diskussionen zur Kommunikation unterboten. Die Bedeutung der Form der Kommunikation gerät dabei außer Acht. Die Fokussierung der klassischen Rhetorik auf die Rednersituation hingegen richtet den Blick immer auch auf die Form der Kommunikation aus, auf die Art und Weise, in der zu präsentieren ist, und auf die Umstände der Präsentation. Darin besteht die Kunst der Rhetorik.

Ausgehend vom rhetorischen Blick auf Kommunikation ließe sich das Versenden von Nachrichten immer schon als Kunstsituation begreifen. »Notes on the Media as Art Forms« formuliert dies jedoch nicht explizit. Dem Text fehlt jede Definition und Rahmung für den Gebrauch der Begriffe ›Kunstform‹ und ›Kunstsituation‹. Im Kontext der Eingangspassage sowie des gesamten Aufsatzes erscheinen sie jedoch als deutliche Kampfbegriffe in der zeitgenössischen Diskussion um Kommunikation und Massenmedien. Neben dem Angriff auf die funktionalistischen Auffassungen von Massenmedien im Dienste der Nachricht richten sich die Begriffe vor allem gegen die Ignoranz der akademischen amerikanischen Literaturkritik gegenüber den vermeintlichen Unterhaltungsformaten der Massenmedien. Der Aufsatz kreist um die überkommene *high/low*-Auffassung von Kultur, welche nur die kritische Auseinandersetzung mit den Medien verhindere.[698] Die Fassung als ›Kunstform‹ erlaubt es demgegenüber, alle Medien und ihre Leistungen in den Blick zu nehmen und diese vor allem auch mit den Mitteln der *(liberal) arts*, also der alteingesessenen geisteswissenschaftlichen Disziplinen an den nordamerikanischen Bildungseinrichtungen, zu untersuchen.

---

697 McLuhan: Notes on the Media as Art Forms, S. 6.
698 Vgl. McLuhan: Notes on the Media as Art Forms, S. 7: »The well-established view of culture which assumes that it filters down from *élites* to popular levels will not stand up for a moment to the facts of linguistic history and formation. Yet language is the great collective work of art transcending all individual works. Today this naive content-view of culture prevents us from directing serious critical attention to the media, old and new, as art forms.« Vgl. auch den Verweis auf Gilbert Seldes (1893–1970) (S. 8), der mit seinem Buch *The Seven Lively Arts* (1924) Unterhaltungsformen von Comic Strips bis Vaudeville einer Betrachtung unterzogen hat.

Wenn McLuhan im Folgenden des Aufsatzes verschiedene neuere Medien der 1950er Jahre durchgeht und sie mit literarischen Formen wie Kurzgeschichte und Roman vergleicht, wird deutlich, dass er den ›Wettstreit der Künste‹ auf die Medienlandschaft überträgt. Die Frage ist: Was bringt ein Medium gegenüber einem anderen hervor? Was macht es erfahrbar? Und eine der Hauptthesen des Aufsatzes ist es, dass die Übersetzung bestehender Verhältnisse in eine neue mediale Form als Kunstform schon die ganze ›Magie der Medien‹ sei. »Notes on the Media as Art Forms« untersucht insbesondere die jeweiligen Relationen, die technische Medien zu ihren Inhalten (man könnte auch sagen: Redegegenständen) und zu ihren Nutzern (man könnte auch sagen: ihrem Publikum) aufweisen. Im Vergleich zum Film etwa verändere der Fernsehbildschirm und das kleinere Fernsehpublikum vollständig das Verhältnis von Bild und äußerer Welt sowie von Bild und Publikum.[699] In den frühen Tagen des Fernsehens hätten Menschenmengen wie gebannt auf einen TV-Bildschirm in einem Schaufenster gestarrt, während das Bild des Fernsehers nichts anderes zeigte als den Verkehr in der Straße, in der diese Menschen selbst standen. Gleichfalls werde in der Presse nichts anderes wiedergegeben als die gewöhnlichen Ereignisse, das Wetter und die Gemeindethemen, an denen sowieso alle teilnehmen. Und doch erscheinen sie verändert »simply by virtue of the medium of print and photography«.[700]

Hinter dieser Perspektive auf die Kommunikationsmedien steht auch in diesem Aufsatz das Projekt Giedions, mit seiner kunstkritischen Betrachtung der alltäglichen und technischen Artefakte sowie der Anpassung sämtlicher Lebensbereiche an technische Neuerungen und ihre Bedingungen. Giedion hatte sich unter anderem über die Veränderung des allgemeinen Geschmacks für Brot durch das minderwertige »ersatz loaf« aus der industriellen Brotherstellung gewundert.[701] McLuhan nimmt darauf in »Notes on the Media as Art Forms« Bezug und erklärt diesen Umstand mit der ›magischen Macht‹ des Künstlichen, wie es letztlich auch die Inhalte und Nutzer der Kommunikationsmedien betrifft:

> Is it not the sheer magical power of the technological environment which leads us to prefer the artificial to the natural? [...] The power of the machine to transform the character of work and living strongly invites us to transform every level of existence by art.[702]

---

699 Vgl. McLuhan: Notes on the Media as Art Forms, S. 8.
700 McLuhan: Notes on the Media as Art Forms, S. 8.
701 Vgl. McLuhan: Notes on the Media as Art Forms, S. 8, sowie das Kap. »Mechanization and Organic Substance: Bread« in Giedion: Mechanization Takes Command, S. 169–208, insb. S. 187–189, 200f. u. 206f.
702 Vgl. McLuhan: Notes on the Media as Art Forms, S. 8.

Die künstl(er)i(s)che oder maschinelle Form verändert Bestandteile der Welt und verlangt nach einer Anpassung der anderen Lebensbereiche an diese künstliche Form. Das ist die »transforming magic« der Medien, welcher der Aufsatz »Notes on the Media as Art Forms« insgesamt nachgeht.[703] Es ist die Veränderung aller bestehenden Verhältnisse durch die neue Kunstform, durch die neue Relation, die jedes Medium zu Inhalt und Publikum ausbildet.

Aufgrund dieser Magie der Medien muss der Kultur- und Kommunikationsforscher Ausschau halten nach den Veränderungen der Verhältnisse von einem Medium zum anderen. Es sind die Verluste und Erweiterungen zu beobachten und zu beschreiben, die bei der Übersetzung von einem Medium in ein anderes auftreten. Bis 1955 wird diese Feststellung der Mediendifferenz in den Texten mit Signatur McLuhans jedoch vom Verständigungspostulat der ›Kultur- und Kommunikations‹-Forschung und der avantgardistischen Hoffnung auf Kohärenz begleitet, die sich als Beiträge zur Überwindung von Sprach- und Kulturgrenzen verstehen. Der differentiellen Übersetzung zwischen Medien gesellt sich daher noch die Vorstellung von einer Übersetzung in ein allumfassendes, allen verständliches Ganzes bei. Im Aufsatz »Notes on the Media as Art Forms« werden sogar ›heilende‹ Übersetzungen angestrebt: »means of healing the wounds caused in our Western culture«, die die Spaltungen durch unterschiedliche Medientechniken in den Kulturen und zwischen den Kulturen aufheben sollen.[704]

Abschließend formuliert der Aufsatz schließlich aus, was die Rede von den Kunstformen als Rede über Kommunikationsmedien schon an anderer Stelle vermuten ließ: Als Kunstformen können die Medien mit den Mitteln der Kunstanalyse, der Stilkritik, der altehrwürdigen *liberal arts* untersucht werden: »The habitual contemplation of the media of communication as art forms necessarily invokes the principle that the instruments of research are also art forms, magically distorting and controlling the objects of investigation.«[705] Und in den folgenden Nummern von *Explorations* zeigen die Aufsätze mit Signatur McLuhans, was unter solch ›kunstförmigen‹ Forschungsinstrumenten für die intensive Betrachtung der Kommunikationsmedien zu verstehen ist. Es ist letztlich die Verwendung bestimmter Sprachfiguren, das Ausnutzen der ›Bewegungen in und zwischen Worten‹ und ihrer Effekte – und damit gar keiner spezifisch der Kunst zuzurechnenden Instrumente –, die ein Wissen von den Medien in den von McLuhan ge-

---

703 McLuhan: Notes on the Media as Art Forms, S. 7.
704 McLuhan: Notes on the Media as Art Forms, S. 10, wo die Mittel zur Heilung des »trauma of cultural translation« mit der wechselseitigen Übersetzung der Wortkultur der Europäer ins Technologische der Amerikaner und umgekehrt, der Technologie der Amerikaner in die Verbalkunst der Europäer, angegeben werden. Vgl. dazu die Ausführungen in Kap. III.4.8 in diesem Band.
705 McLuhan: Notes on the Media as Art Forms, S. 12.

zeichneten Texten etablieren und die besondere Stellung dieser Texte im Rahmen der Kultur- und Kommunikationsforschung der *Explorations* bilden.

4.8 Übersetzung 1955: Metapher und Chiasmus (*Explorations* 4)

Den beiden Übersetzungsweisen – der differentiellen Übersetzung zwischen Medien und der integrierenden, die der Kommunikationsforscher laut der frühen Texte McLuhans zu leisten hat – entsprechen zwei Sprachfiguren bzw. zwei poetische Verfahren. Beide Figuren werden in einer Textpassage aus *Explorations* 4 vom Februar 1955 besonders augenfällig, und beide Figuren weisen die besondere Position aus, die die Texte McLuhans zu dieser Zeit in den bestehenden Forschungen zu ›Kultur und Kommunikation‹ einnehmen. So ist es neben den poetischen Referenzen vor allem das an der Literatur und Dichtung geschulte Wissen von der Sprache und ihren Sprachfiguren, das einen Unterschied zu den anderen Texten in *Explorations* markiert.

Zunächst präsentiert sich die Sonderposition der Texte McLuhans in Form einer harmlosen Nachahmung, wenn unter McLuhans Namen 1955 der Aufsatz mit dem Titel »Space, Time and Poetry« erscheint. Nicht nur mit diesem Titel, sondern auch inhaltlich nimmt der Aufsatz Giedions Studie zum Raum- und Zeitverständnis in der Geschichte der Architektur auf: *Time, Space, and Architecture.* Wie Giedion in der Architekturgeschichte findet McLuhan verschiedene Handhabungen des Raums in der Dichtung der verschiedenen Zeiten vor. Von Dante über Shakespeare zu Wordsworth und schließlich zu den Symbolisten können die Leser verfolgen, inwiefern die räumlich-visuelle Szene nur nach und nach Kontur gewinnt und der poetische Raum erst mit dem Aufkommen der Landschaftsmalerei und der optischen Physik wie in einem Bild geordnet und arrangiert wird.[706]

»Space, Time and Poetry« ist McLuhans erster, eigenhändig signierter Beitrag zur Frage unterschiedlicher Raumkonzepte im Forschungszusammenhang des Seminars »Culture and Communications«, welches sich nach Carpenter ja gerade dem Vergleich unterschiedlicher Raum- und Zeiterfahrungen in verschiedenen (Medien-)Kulturen widmen sollte. Giedions historische Studien zum Umgang mit dem Raum wurden im Seminar diskutiert und unter anderem durch die Stadtplanerin Tyrwhitt, eine Kollegin und Übersetzerin Giedions, für die eigenen Arbeiten genutzt.[707] Im November 1954 bot das Referat des Psychologen Williams zum ›auditiven Raum‹ einen Anknüpfungspunkt für alle Seminarteilnehmer sowie eine

---

[706] Vgl. McLuhan: Space, Time and Poetry, S. 57f.
[707] Vgl. den Aufsatz Tyrwhitts im gleichen Heft von *Explorations*: Tyrwhitt: The Moving Eye.

Art systematischen Nullpunkt, von dem aus weitere Raumauffassungen einzuordnen waren. Heft 4 der *Explorations* erprobt sodann die Einsatzfähigkeit des ›akustischen Raums‹ mit dem gleichnamigen Aufsatz Williams', dessen Autorschaft allerdings umstritten ist,[708] mit McLuhans »Space, Time and Poetry« sowie mit einem Artikel Tyrwhitts über Raum-Sicht-Verhältnisse in der indischen Stadt Fatehpur Sikri.

Das Konzept des akustischen Raums sowie die Prägung durch Giedions Raumgeschichte und Methode sind in der ›McLuhan‹-Forschung längst als eine wesentliche Grundlage für die Medientheorie McLuhans identifiziert worden.[709] Der Stellenwert von »Space, Time and Poetry« in dieser Entwicklung ist dabei bisher jedoch nicht untersucht worden. Für meine Forschungsfrage bezüglich des Verhältnisses der Literatur- und Sprachtheorie zur Medientheorie namens ›McLuhan‹ erscheint der Aufsatz indessen wegweisend. Denn bei allen Anleihen und Ähnlichkeiten zu Giedions Projekt nutzt ja bereits der Titel des Artikels die parodistische Begriffsersetzung, die eine umdeutende und aneignende Geste in die Nachahmung einführt.[710] Mit der Ersetzung der Architektur durch ›Poesie‹ wird nicht nur der Gegenstandsbereich für die Auseinandersetzung mit Raumauffassungen ausgetauscht, sondern auch das Forschungsprogramm selbst wird umgelenkt. Mit der Poesie wird das Projekt letztlich immer wieder auf die ›Bewegungen in und zwischen Worten‹ gelotst, die der Aufsatz »James Joyce: Trivial and Quadrivial« angekündigt hat. Die Verfahren zur Untersuchung der Poesie sind grundlegend sprachbasierte Verfahren und sie bilden McLuhans Handwerkszeug auch in der Kommunikationsforschung.

McLuhan führt in »Space, Time and Poetry« nach der Betrachtung verschiedener Raumauffassungen in der Dichtung vom Mittelalter bis zu den Symbolisten Überlegungen zu einem ›Mechanisierungskreislauf‹ der menschlichen Bildung und Kommunikation aus. Demnach haben Presse und Telegraph im neunzehnten Jahrhundert gesellschaftliche und kommunikative Veränderungen eingeführt, welche konzeptuell noch gar nicht eingeholt seien:

Zum Verhältnis von Giedion und dem Torontoer Forschungsseminar vgl. Darroch: Bridging Urban and Media Studies, sowie ders.: Giedion and Explorations.
708 Vgl. Kap. I.1 in diesem Band.
709 Vgl. Darroch: Interdisciplinary Vocabularies at the University of Toronto's *Culture and Communications* Seminar, 1953–1955, S. 12–16; Marchessault: Marshall McLuhan, S. 86, sowie Cavell: McLuhan in Space, insb. S. 12f.
710 Vgl. Wünsch: Die Parodie, S. 162–169. Vgl. zur Parodie als historischem Erkenntnisverfahren der englischsprachigen Literaturwissenschaft das Kap. III.3.5 in diesem Band.

> Perhaps what has happened, in the past century especially, has been the completion of the cycle of mechanization of human learning and communication. But that cycle began in pre-history. We become aware of it only at the advanced stage when writing occurs. Writing is the translation of the audible into the visible. The translation is literally, metaphor. Recorded history is thus set upon a metaphor. Before the invention of that metaphor men had been shaping not visual but acoustical space.[711]

Der Kreislauf der Mechanisierung begann demzufolge bereits in der Frühgeschichte und wird erst auf der fortgeschrittenen Stufe bewusst, auf der die Schrift erscheint. Die Schrift übersetzt das Hörbare des akustischen Raums in das Sichtbare der Geschichtsschreibung, und in dieser Übersetzungstätigkeit sei die Schrift wörtlich genommen eine Metapher.

McLuhans Beginn einer Mediengeschichtsschreibung macht sich hier die ›Bewegungen in und zwischen Worten‹ zu eigen, und zwar in doppelter Weise. Einerseits ist die Metapher eine sprachliche Figur – ein Tropus, um genau zu sein – die nach traditioneller Auffassung auf der Ersetzung eines Worts an der Stelle eines anderen Worts basiert.[712] Die Bewegung zwischen Wörtern wird dabei zur Bewegung im metaphorischen Wort. Andererseits nutzt McLuhan in dieser Darlegung selber die Bewegung in und zwischen Wörtern für die These von der Schrift als Metapher. Denn die Medientechnik der Schrift als ›Metapher‹ zu bezeichnen, gelingt durch den Verweis auf ihre wörtliche Bedeutung. ›Metapher‹ ist das griechische Wort für ›Übertragung‹ oder auch ›Übersetzung‹. Wenn nun die Schrift eine Übersetzung vom Hörbaren ins Sichtbare sein soll, so lässt sie sich demzufolge auch als ›Metapher‹ bezeichnen. Im Englischen ist diese Übersetzungskette der Begriffe, die zugleich von der Übersetzung handeln, noch eingängiger, da das englische ›translation‹ in sich den lateinischen Begriff für die Übersetzung, *translatio*, bewahrt hat, der zugleich der Fachbegriff für die metaphorische Wortübertragung in den lateinischen Rhetoriklehrbüchern ist. Die prominente Referenzstelle hierfür ist Quintilians *Institutionis Oratoriae*: »translatione dico, quae *metaphora* Graece vocatur«.[713]

Mit dem Einsatz der Metapher in der Beobachtung der ›Bewegungen in und zwischen Worten‹ für die Kommunikationsgeschichte mischt sich wiederum der Trickster in die Ausführungen ein. In ihrer wörtlichen Eigenschaft als ›Übertragung/Übersetzung‹ durchkreuzt die Metapher hier nämlich sogleich auch jegliche Vorstellung einer allumfassenden oder integrierenden Übersetzung als Wieder-

---

711 McLuhan: Space, Time and Poetry, S. 58.
712 Vgl. Ricœur: Die lebendige Metapher, S. 23–25. Kritik an der Auffassung, dass die Metapher ein anderes Wort ersetze, übt Schüttpelz: Figuren der Rede, S. 42–46.
713 Quintilianus: Institutionis Oratoriae. Ausbildung des Redners, Bd. 2, VIII.6.4 (S. 218).

gabe ein und desselben Gegenstands oder Sachverhalts in einer neuen Sprache. Sie übersetzt ja vom medialen Modus des Hörbaren in den medialen Modus des Sichtbaren und hebt insofern die Veränderung des Übersetzten hervor. Diese Metapher besteht auf den Unterschied in der Übersetzung. Der Trickster lässt im Text zudem die Bedeutung der Metapher zwischen zwei Gebrauchsweisen des Begriffs schlingern. Nimmt man die Metapher nämlich nicht in ihrer wörtlichen Bedeutung als ›Übersetzung‹, sondern in ihrer konventionellen Bedeutung als metasprachlichen Begriff für eine Wortübertragung, so sitzt die Geschichtsschreibung in McLuhans Text einfach einer solchen sprachlichen Verschiebung auf: »Recorded history is thus set upon a metaphor.« Für einen kurzen Augenblick spielt der Text oder der Trickster mit den Bedeutungen der Metapher. Die Geschichtsschreibung, die auf der Metapher der das Hörbare ins Sichtbare übersetzenden Schrift aufbaut, baut dabei zugleich auch auf eine Metapher, also auf eine sprachliche Operation, in der die Instabilität der Wortbedeutungen hervortritt (und nutzbar wird). Das Wort ›Metapher‹ speist hier insofern ein Wissen von der Sprache in die Kommunikationsstudien ein, das von den nicht still zu stellenden Schwankungen der Bedeutungen in und zwischen Worten und damit auch in der Nachrichtenübertragung kündet. Eine von den Verschiebungen, den Ausrutschern in der Sprache und in der Kommunikation ausgehende Kommunikationsforschung ist hier zum Greifen nahe. Doch der Text fängt sich sogleich wieder in einer Bestätigung der wörtlichen Bedeutung der Metapher an dieser Stelle: »Before the invention of the metaphor men had been shaping not visual but acoustical space.«

In »Space, Time and Poetry« bildet der akustische Raum den Ausgangspunkt in der Technikgeschichte, von dem aus sich das Rad der Mechanisierung in Bewegung setzt. In ihm herrscht die mündliche Rede mit ihren »pitches«, »magical vocal gestures« und »winged words«.[714] Er funktioniert allein über Rede und Gehör und gehört damit den präliteralen Kulturen und der Frühgeschichte an. Die Schrift hat dann den akustischen Raum der Vorgeschichte, das Hörbare ins Sichtbare übersetzt und dabei einen visuellen Raum ausgebildet, mit den entsprechenden, dem akustischen Raum gegensätzlichen Eigenschaften. Damit hat die Schrift das Rad gewissermaßen um 180 Grad gedreht, denn laut dem Fortgang des Textabschnitts in »Space, Time and Poetry« ist die Mechanisierung von Rede, Bild und Geste inzwischen so weit fortgeschritten, dass sich das Rad einmal ganz gedreht oder der Kreis sich geschlossen habe:

> [T]he mechanization of speech, image and gesture brought the wheel full circle. Today, with all our technology, and because of it, we stand once more in the magical acoustical sphere

---

714 McLuhan: Space, Time and Poetry, S. 58 f.

of pre-literate man. Politics have become musical; music has become politics. Government has become entertainment, and vice versa. Commerce has become incantation and magical gesture. Science and magic have married each other. Technology and the arts meet and mingle.[715]

Während McLuhan in diesem Abriss der Mediengeschichte die Übersetzung zwischen den medialen Modi der Mündlichkeit und der Schriftlichkeit mit dem Konzept der Metapher erfasst, verfährt der Text bei der Beschreibung des historischen Kreislaufs und einer entsprechenden Rückkehr zu den Erfahrungen einer früheren Zeit kreisförmig: »Politics have become musical; music has become politics.« In der sprachlichen Formulierung der Erläuterung zur These, dass ›wir‹ heute inmitten und wegen all ›unserer‹ Technologien wieder in der magischen akustischen Sphäre des präliteralen Menschen stünden, schließen sich die Kreise der Sprachfiguren von *epanodos* und *kyklos*.

Diese Figuren sind nicht unbekannt. In *The Mechanical Bride* dienten sie der Vorführung der Ambiguität von Wortbedeutungen in der Wortwiederholung.[716] In »Space, Time and Poetry« allerdings erscheinen sie viel eher dem Bild des (Mechanisierungs-)Kreises und seiner einschließenden Wirkung verpflichtet. Beim *epanodos* wird wie in der Bemerkung zur musikalischen Politik im Zitat die Reihenfolge bestimmter Wörter von einem Satz zum nächsten oder von einer Sinneinheit zur nächsten umgekehrt, so dass das erste Wort der ersten Reihung als letztes der zweiten Reihung erscheint und umgekehrt das letzte Wort der ersten als erstes Wort der zweiten Reihe auftritt: Musik ist politisch. Der *epanodos*, der wörtlich ›Rückweg‹ bedeutet,[717] ist darin eben nicht nur eine Verkehrung von Wörtern, die auf die Möglichkeit der Verkehrung von Wortbedeutungen vorausweist, sondern er ist auch eine Steigerung der Figur des *kyklos*, des Kreises, bei dem vor allem ein Wort am Anfang und Ende eines Satzes, Verses oder einer Sinneinheit wiederholt wird: »Politics [...] politics«. Mit dieser Figur schließt sich ein Kreis, und da beim *epanodos* ebenso Anfang und Ende der entgegengesetzten Reihungen gleich sind, lässt sich ebenso von einem Kreis (oder zwei oder mehreren ineinandergeschachtelten Kreisen) sprechen.[718]

Als syntaktisches Prinzip ist der *epanodos* auch unter der Bezeichnung ›Chiasmus‹ bekannt.[719] In der Geschichte der Philosophie und der Logik gilt die einhergehende Denkfigur der Vertauschung zweier Begriffe einer Aussage

---

715 McLuhan: Space, Time and Poetry, S. 59.
716 Vgl. Kap. III.2.5 in diesem Band.
717 Vgl. Groddeck: Reden über Rhetorik, S. 125.
718 Vgl. zu diesen Zusammenhängen insgesamt Groddeck: Reden über Rhetorik, S. 124–126.
719 Vgl. Groddeck: Reden über Rhetorik, S. 137.

als Möglichkeit, die Einheit von Gegensätzen zu denken.[720] Diese Funktion der Kreis- und Kreuzungsfigur nutzt McLuhan in seiner Darstellung einer Mediengeschichte aus, die von den ältesten Medien zu den neuesten und wieder zurück führt. Nach Schüttpelz handelt es sich dabei um eine »Figur der virtuellen Wiederkehr« im Konzept der Massenmedien bei Carpenter und McLuhan.[721] In den Texten McLuhans ist diese ›Figur‹ aber vor allem sprachlich, figürlich, in chiastischen Formen angelegt. Wenn Politik musikalisch und Musik Politik ist, wenn die Regierung Unterhaltung und umgekehrt die Unterhaltung Regierung geworden ist; wenn der Handel zur Beschwörung und Magie geworden ist und Wissenschaft und Magie sich vermählt haben, sind ›wir‹ zurück am Beginn des Entwicklungsprozesses (und bei der evolutionistischen Ethnologie eines James George Frazer [1854–1941],[722] deren frühe, magische Phase hier gleichwohl positiv umgewertet und ihrer Historizität enthoben wird): »[R]eturning us to the state of collectivized, emotional consciousness of archaic man.«[723] Der Kreis zwischen den Sphären und der Rückweg zwischen den Zeiten schließt sich, wenn auf der sprachlichen Ebene der Darstellung kreisförmig formuliert wird.

Es ist meiner Ansicht nach kein Zufall, dass sich in einem Text über den ›Kreislauf der Mechanisierung‹ die Kreise des *epanodos* schließen und darüber eine Einheit im kulturell, zeitlich, philosophisch Unterschiedenen ins Bild setzen bzw. in der sprachlichen Darstellung durchsetzen. Die Einheit des Inkompatiblen, das Verständnis der Zusammenhänge ist durch chiastische Konstruktionen der Rückwendung zu erlangen. Und der Chiasmus erweist sich damit auch als Prinzip für die Möglichkeit integrierender Übersetzungen, die der Kommunikationsforscher nach McLuhan vorzunehmen hat. Auch in »Space, Time and Poetry« besteht McLuhan auf die notwendige Übersetzung zwischen den (Medien-)Kulturen. Die Überwindung der Trennung zwischen dem Weltbild der Schriftkultur und der Welt der technologischen Neuerungen wird in einem Chiasmus wiedergegeben, der sich auch in anderen Texten McLuhans in *Explorations* finden lässt:

> A few Europeans like LeCorbusier and Giedion have undertaken to verbalize our technology for us. A few of our artists such as Poe, Henry James, Pound, and Eliot have in reverse order undertaken to technologize the traditional verbal world of the European.[724]

---

720 Vgl. Gasché: Über chiastische Umkehrbarkeit, S. 440.
721 Vgl. Schüttpelz: Die ältesten in den neuesten Medien, S. 36.
722 Vgl. Frazers Mammutwerk *Der goldene Zweig. Das Geheimnis von Glauben und Sitten der Völker* (1922, gek. Ausg.) hat vielfach Aufnahme in der englischsprachigen Literatur gefunden. Frazer entwirft darin ein Drei-Stadien-Modell über die Entwicklung der Menschheit vom magischen über das religiöse Weltverhältnis zum wissenschaftlichen Denken und Erkennen der Welt.
723 McLuhan: Space, Time and Poetry, S. 59 f.
724 McLuhan: Space, Time and Poetry, S. 60. Vgl. McLuhan: Notes on the Media as Art Forms,

Zur Verständigung zwischen den Kulturen ist die Umkehrung der Reihenfolgen notwendig. Wenn also die Europäer die nordamerikanische Technologie verbalisiert haben, so müssen die Amerikaner die europäische Verbalwelt technologisieren. Die geforderte Umkehrung der Reihe *(in reverse order)* für die Kulturverständigung wird hier sogleich in der sprachlichen Darstellung ausgeführt: »verbalize our technology for us [...] in reverse order [...] technologize the traditional verbal world of the European«. Laut »Space, Time and Poetry« gibt es zwischen der traditionellen und der technologischen Welt eine Zwei-Wege-Brücke, die man passieren könne, sobald man sich die Sprache und die Techniken der Dichtung (Poes, Pounds, Eliots usw.) und die Sprache und Techniken der Malerei, der Architektur und der visuellen Welt (LeCorbusiers und Giedions) aneigne.[725] Die den beiden Welten unterliegende Kohärenz, ihre Stütze durch eine Brücke in beide Richtungen ist der Chiasmus der Verbalisierung der Technologie und der Technologisierung der verbalen Welt. Über diese sprachliche Figur lassen sich Übersetzungen in einem Kreislauf bewerkstelligen, der eine Einheit vorstellt.

In »Space, Time and Poetry« werden die beiden Formen der Übersetzung, die McLuhan im Zuge seiner Forschungen zu ›Kultur und Kommunikation‹ in Toronto vorbringt, als sprachliche Operationen lesbar, die das Wissen von den Kommunikationsmedien in diesen Texten strukturieren. Das Übersetzungsverhältnis zwischen verschiedenen Medien, das auf die Veränderungen aller bestehenden Verhältnisse der Kommunikation führt, wird mit dem Konzept der Metapher bezeichnet. Die integrierende Übersetzung des Kultur- und Kommunikationsforschers, der Übereinstimmungen zwischen den Kulturen aufzeigt, wird in chiastischen Satzkonstruktionen hergestellt.

S. 10, wo das »trauma of cultural translation« durch eben diese chiastische Verbindung von nordamerikanischer Dichtung und europäischer Architekturtheorie geheilt werden sollen: »[W]e have seen James, Pound and Eliot revolutionizing the verbal culture of Europe by their technological impact on the old world. And contrariwise, we have had LeCorbusier and Giedion verbalizing our technological culture.« Vgl. auch McLuhan: Culture without Literacy, S. 121, wo der Chiasmus die Gleichartigkeit verschiedener historischer Epochen herstellt: »If the 17th century was receding from a visual, plastic culture towards an abstract literary culture, today we seem to be receding from an abstract book culture towards a highly sensuous, plastic pictorial culture. Recent poets have used simultaneously effects from both extremes to achieve witty results not unlike those of the 17th century.«

725 Vgl. McLuhan: Space, Time and Poetry, S. 60: »There does exist [...] a two-way bridge between the traditional and technological worlds which are at war in Western culture. But it has been officially ignored or condemned. To travel this bridge requires of the traveller an acquantance [sic] with the language and technique of poetry on the one hand, and of the language and technique of painting, architecture, and the visual world on the other.«

4.9 Elektronenröhre und Metapher (*Explorations* 5)

Mit jeder neuen Ausgabe von *Explorations* wird es auffälliger, dass der Einsatz der Sprachfiguren und damit eines Wissens von der Sprache ein Einsatz für die Kommunikationsforschung in Toronto werden soll. Von *Explorations* 4 bis *Explorations* 7 wird in bestimmten Beiträgen mit der ›Bewegungen in und zwischen Worten‹ gearbeitet: Ein unsignierter Beitrag, der den zweiten Vers des Gedichts »The Hand That Signed a Paper« (1936) von Dylan Thomas zum Titel hat (»Five Sovereign Fingers Taxed the Breath« [*Explorations* 4]), experimentiert zwischen Parodie und Manifest mit Erkenntnisweisen, die aus Anspielungen hervor- und mittels Wortersetzungen vonstattengehen.[726] Solchermaßen wird ausprobiert, was sich Gedicht und Torontoer Kommunikationsforschung gegenseitig zuzutragen haben. Und es wird nahegelegt, dass Dichtung und Kommunikationsforschung letztlich dasselbe tun. In ähnlicher Weise erscheint in *Explorations* 6 (Juli 1956) eine Variation auf das Gospel-Lied zur Schlacht bei Jericho: »The Media Fit the Battle of Jerico«. *Explorations* 7 (März 1957) bietet ganz und gar ein – allerdings unsigniertes – Gedicht im freien Vers zum Thema der schon bei Jericho attackierten Wände: »Classroom without Walls«.[727]

In *Explorations* 5 (Juni 1955) deutet indessen ein Aufsatz mit der Signatur McLuhans das Verhältnis von Dichtung und neuesten technischen Kommunikationsmedien mittels des erneuten Rückgriffs auf das Konzept der Metapher weiter aus. Die Metapher wird hier nicht als erklärendes Wort für die Art der Übersetzung zwischen medialen Modi aufgegriffen. Stattdessen wird sie über ihre Funktionsweise mit einer Medientechnik in eins gesetzt. Der Aufsatz »Radio and TV vs. the ABCED-Minded« wendet sich dem Wissen der Dichtung über Kommunikationsmedien anhand einer Untersuchung zu Joyce zu. McLuhan liest bei Joyce ein Bewusstsein für die Unterschiede von Film und Fernsehen heraus: Film sei demnach

---

[726] »The Hand That Signed a Paper« ist eine poetische Auseinandersetzung mit der Willkür und der Tragweite der Entscheidungen von Machthabern. Vgl. Thomas: The Hand That Signed a Paper, S. 56 (zuerst veröffentlicht in *Twenty-Five Poems* [1936]). Der Text »Five Sovereign Fingers Taxed the Breath« handelt von den Veränderungen durch Medientechnik. Die verhandelten Kommunikationsmedien werden dabei nicht direkt als Machtformen bezeichnet. Die sehr lose, lediglich fünf Verse umfassende Verbindung zu Thomas' Gedicht legt dies jedoch nahe. Die übernommenen Verszeilen sind zum Teil durch parodistische Verfahren der Umstellung, Auslassung oder des Austauschs der originalen Wörter und Wendungen verändert: Aus »The hand that signed a paper felled a city« wird etwa »The hand that signed a paper built a city« (vgl. Five Sovereign Fingers Taxed the Breath, S. 32).

[727] Zu den fehlenden oder falschen Wänden bei McLuhan und André Malraux vgl. Hüser: Fünf Freunde und die falsche Wand, insb. S. 54–58 mit Bezug auf die angesprochenen *Explorations*-Texte.

panoramisch und sozial inklusiv, der Kommunikationsmodus des Fernsehens sei intim. Zudem unterschieden sich Aufnahme und Projektion von Filmbild und Fernsehbild, wobei Letzteres unmittelbar oder instantan in Aufnahme, Projektion und Rezeption sei. Insofern bilde das Fernsehen auch die ›grundlegende Modalität des kollektiven menschlichen Dramas‹ in *Finnegans Wake*.[728]

Das Entscheidende an dieser Assoziierung von *Finnegans Wake* mit dem Fernsehen ist, dass damit weder das Fernsehen als Stoff noch das Fernsehen als besondere Form der Bildlichkeit im ›Roman‹ angesprochen ist. Vielmehr gilt das Fernsehen als grundlegendes Verfahren, als sprachliche Technik des Buchs selbst. Schon in einem Artikel für *Explorations* 3 hat McLuhan unter anderem darauf hingewiesen, dass der Dichter einer der eifrigsten Studenten der Medientechniken seiner Zeit sei. Dabei ging es McLuhan nicht um die Darstellung von Kommunikationsmitteln und ihren Wirkungsweisen in der Literatur, sondern vor allem um die Schreibverfahren. In *Explorations* 3 sind es ›Wendeverfahren‹, wie die *puns* Joyces, mit denen in der Dichtung zum Beispiel die aktuellen Bildwelten in Klangwelten überführt würden *(turning images into sound)*.[729] Die Schreibverfahren der Umwendung gelten McLuhan hier noch als Möglichkeiten, integrierende Übersetzungen zwischen den Erfahrungen verschiedener Medientechniken herzustellen.

In »Radio and TV vs. the ABCED-Minded« ist der Anspruch auf eine integrierende Übersetzung gewichen. Tatsächlich lassen sich mit *puns* und Metaphern ja gerade keine Einheiten aufrechterhalten oder konstruieren. Im Gegenteil verweisen derartige sprachliche Wendungen immer wieder auf die Wechselhaftigkeit von Wortbedeutungen und Aussagen, worauf der Text nun auch zu sprechen kommt. McLuhan schlägt hier eine Betrachtung der Elektronenröhre *(electronic tube)* vor, um Joyces Sprachtechnik näherzukommen: »Perhaps the simplest way to get at Joyce's technique in language, as well as to see its relation to TV, is to consider the principle of the electronic tube.«[730] Es folgen drei Absätze zur Einführung in die Elektronik, in der McLuhan die Bestandteile und Wirkungsweisen der Elektronenröhre für seine Untersuchung der spezifischen sprachlichen Technik Joyces vorstellt. Demnach unterbricht dieses elektronische Bauelement den Leiter eines elektrischen Stromkreises durch sich selbst. McLuhan bezeichnet dies als das Paradox der Elektronenröhre. In der Röhre werden die Elektronen des

---

[728] Vgl. McLuhan: Radio and TV vs. the ABCED-Minded, S. 14.
[729] McLuhan stellt dies als Optophon-Prinzip im Werk Joyces vor: »The optophone is an instrument for turning images into sounds« (McLuhan: New Media as Political Forms, S. 120). Daneben werden Verfahren der Umwendung von Stadt in Poesie im Detektivroman oder von Landschaftsmalerei in Wortkunst bei den Romantikern benannt (vgl. S. 121f.).
[730] Vgl. McLuhan: Radio and TV vs. the ABCED-Minded, S. 15.

stromführenden Leiters frei und in dieser neuen Umgebung in eine neue Anordnung überführt: »The tube [...] liberates electrons from the wire but it provides a new context in which they can be repatterned.«[731] Die Elektronen treten aus dem einen Ende des Leiters, an der Kathode der Vakuumröhre aus und werden am anderen Ende der Röhre von der Anode wieder angezogen, wo sie dem unterbrochenen Leiter wieder zugeführt werden. Diese Funktionsweise der Röhre lässt sie als sogenannten Gleichrichter in einem Wechselstromkreis agieren:

> When a tube is connected into an alternating-current circuit, the anode is positive during half of each cycle. During the half cycle when the anode is negative, electrons cannot reach the anode. It is this characteristic of an electronic tube which enables it to act as a rectifier, changing alternating currents into direct current.[732]

In einem Wechselstromkreis alterniert die Richtung des Stromflusses. Die Elektronenröhre erzeugt darin Gleichstrom zum Beispiel für die konstante Stromversorgung eines elektrischen Geräts, indem die Röhre die Elektronen immer nur in eine Richtung überträgt, immer nur von der Kathode zur Anode.

Die Elektronenröhre ermöglicht aber auch die Verstärkung von elektrischen Signalen durch das sogenannte Gitter. Das Gitter befindet sich zwischen Kathode und Anode und fungiert als Auslöser für den Elektronenstrom in der Röhre, wenn es mit einer Signalspannung versehen wird. McLuhan erklärt, wie die Verstärkerwirkung zustande kommt:

> When current is too weak for direct flow, it can, in a vacuum tube, be used as signal voltage on the grid of the tube. Then every variation in the shape of the wave will be faithfully reproduced in the output wave of the tube. Thus a tiny amount of energy can be exactly controlled or stepped up instantly to very high potentials.[733]

Es sind die Verstärkerwirkungen der Röhre, die McLuhan im Besonderen interessieren. Nach der halbseitigen Einführung in die Elektronik kommt er auf die sprachlichen Techniken Joyces und deren Verbindung zur Kommunikationstechnologie zurück, und zwar mit einem eindrücklichen ›Kurzschluss‹:

> Now metaphor has always had the character of the cathode-anode circuit, and the human ear has always been a grid, mesh, or, as Joyce calls it in *Finnegans Wake*, Earwicker. But Joyce was the first artist to make these aspects of language and communication explicit.[734]

---

731 McLuhan: Radio and TV vs. the ABCED-Minded, S. 16.
732 McLuhan: Radio and TV vs. the ABCED-Minded, S. 16.
733 Vgl. McLuhan: Radio and TV vs. the ABCED-Minded, S. 16.
734 McLuhan: Radio and TV vs. the ABCED-Minded, S. 16.

Joyce war also der Erste, der Kathoden-Anoden-Stromqualitäten in Sprache und Kommunikation, insbesondere aber den Stromkreislaufcharakter der Metapher offengelegt hat. Sein Earwicker ist eine Kreuzung aus dem sprichwörtlichen Ohrwurm *(earwig)* und dem Geflecht des Röhrengitters *(wicker)* mit den entsprechenden Verstärkerwirkungen.

Nach McLuhan hat Joyce die Prinzipien der Elektronik auf die gesamte Kulturgeschichte angewandt. Schon der gesamte zyklische oder (strom-)kreisförmige Körper des *Finnegans Wake (cyclic body of* Finnegans Wake) sei zwischen einem Prädikat und einem Subjekt in der Schwebe gehalten *(suspended)*. McLuhan bezieht sich hier auf den Titel des Buchs, der die Entscheidung, ob es sich um eine Totenwache für Finnegan oder um das Erwachen Finnegans selber handelt, aufschiebt. Damit sind die elektronischen Prinzipien der Sprache bei Joyce laut McLuhan zunächst in der syntaktischen Verknüpfung zu finden: »The cathode-anode-aspect of metaphor and language Joyce first extended to syntax.« Und McLuhan erklärt nun, was das für die Literatur Joyces insgesamt heißt: »He took the charge of meaning out of the wire of direct statement into the vacuum tube of the self contained poetic drama of his ›all nights newsery reel‹.«[735] Demnach hat Joyce nichts anderes gemacht, als die ›Bedeutungsladung‹ aus der ›Leitung der direkten Aussage‹ zu nehmen und in das Vakuum der Elektronenröhre des in sich geschlossenen poetischen Dramas seiner ›Ganznachtsabzählreimwochenschau‹ zu stecken. Der Kurzschluss zwischen Elektronenröhre und Metapher wiederholt sich hier im Kurzschluss zwischen Begrifflichkeiten der Elektronik mit Begrifflichkeiten der Literaturtheorie: »charge of meaning«, »wire of direct statement«. McLuhan nutzt das Vokabular der Elektrotechnik für die Beschreibung des literarischen Verfahrens bei Joyce. Wie angekündigt, soll das Prinzip der Elektronenröhre ja die sprachliche Technik Joyces erklären. Die Rückführung auf die Funktionsweise der Elektronenröhre sichert in McLuhans Text also ab, dass Joyces Literatur nicht dem Schreckbild der direkten Aussage in der nordamerikanischen Poetik der 1940er und 1950er Jahre anheimfällt.

Im Fortgang des Textes »Radio and TV vs. the ABCED-Minded« wird dann vor allem deutlich, wie sehr hier das sprachliche Verfahren, dessen Funktionsweise erläutert werden soll, selbst zur Anwendung kommt. McLuhan gibt noch einmal eine Definition der Metapher, diesmal ausgehend von ihrer Beschreibung als Übertragungsfigur: »Metaphor means a carrying across.«[736] Die Metapher ist eine Übertragung, bei der ein Wort aus einem Zusammenhang in einen zweiten,

---

[735] McLuhan: Radio and TV vs. the ABCED-Minded, S. 16.
[736] McLuhan: Radio and TV vs. the ABCED-Minded, S. 16.

ihm nicht eigentlich zukommenden Zusammenhang hinübergetragen wird.[737] McLuhan bemüht sodann eine konventionelle Auffassung von den Leistungen der Metapher, wenn er im Folgenden die Metapher als Externalisierung einer Innerlichkeit beschreibt: »All speech is metaphoric because any oral sound is a gesture towards externalizing an inner gesture of the mind. The auditory situation is a gesture towards externalizing an inner gesture of the mind.«[738] Doch dieses Veräußern eines Inneren, das die Metapher zu einem Hilfskonstrukt für das Erkennen eines inneren Wesens degradiert, wird sogleich wieder wörtlich genommen, wobei die Operation des Übertragens betont wird: »The auditory situation is a carrying across from a silent situation. Writing is metaphor for sound. It translates, or metamorphizes the audible into the visual.«[739]

Wie in »Space, Time and Poetry« dient die Metapher hier nicht als Begriff für eine bestimmte Wortübertragung, sondern die Metapher selbst ist eine Übertragungstechnik, welche ganze Kommunikationssituationen verändert: Die Schrift ist eine Metapher, welche die Zuhörersituation transformiert *(metamorphizes)*. In »Radio and TV vs. the ABCED-Minded« ist diese Übertragung nun durch eine Unterbrechung und einen Übersprung gekennzeichnet: »There is necessarily discontinuity in metaphor. There has to be a leap from one situation to another.«[740] Unterbrechung und Sprung leitet McLuhan offenbar aus der Engführung der metaphorischen Übertragung mit der Elektronenröhre her, welche ja einen Stromkreislauf unterbricht und die Elektronen überspringen lässt. Dass es McLuhan durchaus um eine derart forcierte Parallelisierung geht, zeigt der anschließende Satz: »If I say: ›I'll take a rain-check on that,‹ I am breaking the wire of direct reply: ›Sorry, can't make it,‹ and creating an independent circuit.«[741] Der Text nimmt hier die zuvor kreierte Beschreibungssprache wieder auf: »wire of direct reply«, um nun eine gängige Metapher zu erklären: »I'll take a rain-check on that.« Das ›Aufbrechen einer direkten Antwortleitung‹ bringt hier bereits das Funktionsprinzip der Elektronenröhre in die Erläuterung ein, und die Metapher von der ›Regen-Auszeit‹ *(rain-check)* kann in der Ausführung einen neuen, unabhängigen Kreis-

---

737 Die Referenz schlechthin für dieses Metaphernmodell ist Aristoteles: Poetik, 21 (S. 67): »Eine Metapher ist die Übertragung eines Wortes (das somit in uneigentlicher Bedeutung verwendet wird), und zwar entweder von der Gattung auf die Art oder von der Art auf die Gattung oder von einer Art auf eine andere oder nach den Regeln der Analogie.« Vgl. dazu ausführlich die »Erste Studie« in Ricœur: Die lebendige Metapher, S. 13–55.
738 McLuhan: Radio and TV vs. the ABCED-Minded, S. 16. Zur Kritik dieser Metaphernauffassung vgl. Derrida: Die weiße Mythologie, insb. S. 243.
739 McLuhan: Radio and TV vs. the ABCED-Minded, S. 16.
740 McLuhan: Radio and TV vs. the ABCED-Minded, S. 16.
741 McLuhan: Radio and TV vs. the ABCED-Minded, S. 16.

lauf kreieren. Spätestens an dieser Stelle wird offenkundig, dass der Text sich hier selbst der Prinzipien bedient, die er zu erklären versucht. Er trägt die Begriffe der Elektronik hinüber in die Erläuterung einer Metapher und ihrer Funktionsweise. Das elektronische Prinzip der Metapher ist im Text McLuhans selbst eine Metapher, »a carrying across«. Durch diese metaphorische Operation kann nun jede Metapher einen neuen, unabhängigen Kreislauf installieren, der die direkte Aussage aufhebt, so wie die Röhre den bestehenden Stromkreislauf unterbricht.

Wenn McLuhans Text die *rain-check*-Metapher anschließend haarklein analysiert, so immer mithilfe dieser Metaphorik des unterbrochenen Stromkreislaufs. Dabei gerät das Wort ›rain-check‹ zum Gitter der Röhre, welches mit minimalem Einsatz die Neugestaltung der Situation vornimmt:

> A social situation is carried across to a sporting event which is discontinuous, but proportioned to it. The new circuit sets up a drama which reshapes and controls the initial situation. The social situation of refusal is transformed by the sporting situation of disappointment and deferred pleasure. A great deal of energy plays back and forth between these two poles. With a minimum of signal voltage, ›rain-check‹ creates the mood of informality and spontaneous regret.[742]

In dieser Beschreibung von Signalspannung, Polen und Energieübertragung ist die Metaphorik der Elektronenröhre durchweg präsent. Zugleich zeigt sich in dieser Erläuterung auch, dass nicht die Elektronenröhre das Prinzip der Metapher im Text aufklärt. McLuhan hat ja ganz zu Anfang darauf hingewiesen, dass die Röhre als Gleichrichter in einem Wechselstromkreislauf fungiert. In ihr ist die Elektronenübertragung nur von der Kathode zur Anode möglich. Zwar wird der neu ausgebildete Stromkreislauf nochmals durch das Gitter verstärkt oder unterbrochen, dennoch gehen auch dabei die Elektronen in der Röhre nicht hin und her. Die hin- und hergehende Energie zwischen zwei Polen entspricht deswegen trotz der Elektronik-Metaphorik in dieser Passage weniger den Vorgängen in der Vakuumröhre als den Vorgängen in der Metapher selbst.

Sollte zunächst die Elektronenröhre die Funktionsweise der Metapher erklären, so hat das Funktionsprinzip der Metapher selber an dieser Stelle der Beschreibung ihr Modell metaphorisch übertroffen. Im Gegensatz zur Elektronenübertragung in einer Vakuumröhre nämlich kann die Übertragung in der Metapher zwischen beiden involvierten Situationen hin und her gehen. Dieser Aspekt der Metapher ist ausgerechnet von Richards, dem Vertreter der ›rhetorischen Exegese‹ in der Gerichtsrede, herausgearbeitet worden. In *The Philosophy of Rhetoric* (1936)

---

742 McLuhan: Radio and TV vs. the ABCED-Minded, S. 17.

legte Richards eine Interaktionstheorie der Metapher vor.⁷⁴³ Insbesondere sollte die Metapher darin in der Vielfalt ihrer Spielarten Beachtung finden und in ihrer Qualität des Aufeinandertreffens zweier Gedanken oder zweier Kontexte profiliert werden:

> The traditional theory noticed only a few of the modes of metaphor; and limited its application of the term *metaphor* to a few of them only. And thereby it made metaphor seem to be a verbal matter, a shifting and displacement of words, whereas fundamentally it is a borrowing between and *intercourse* of thoughts, a transaction between contexts.⁷⁴⁴

Anstelle der gängigen Reduktion des Begriffs der Metapher auf einige wenige Formen des Umstellens und Verschiebens von Wörtern dehnt Richards den Begriff der Metapher sehr weit aus. Die Funktionsweise der Metapher ist dann nichts weniger als die Funktionsweise der Sprache selbst bzw. der Signifikation in der Sprache, wie Richards sie zusammen mit Ogden beschrieben hat. Wenn nämlich die Bedeutung von Wörtern in verschiedenen Kontexten entsteht, in denen sie verwendet werden, so können Wörter bei ihrer Wiederkehr diese Kontexte vertreten:⁷⁴⁵

> [A] word is normally a substitute for (or means) not one discrete past impression but a combination of general aspects. Now that is itself a summary account of the principle of metaphor. In the simplest formulation, when we use a metaphor we have two thoughts of different things active together and supported by a single word, or phrase, whose meaning is a resultant of their interaction.⁷⁴⁶

Beim Gebrauch der Metapher sind immer schon zwei Gedanken in Bewegung.⁷⁴⁷ Um die Transaktionen zwischen ihnen besser beobachten und auseinanderhalten zu können, führt Richards zwei neue Fachbegriffe ein: ›Tenor‹ *(tenor)*, »the under-

---

743 Zur Interaktion ›in‹ der Metapher vgl. Richards: The Philosophy of Rhetoric, S. 93. Richards gilt damit als Begründer einer ›neuen Rhetorik‹ (vgl. S. 40); vgl. auch Conley: Rhetoric in the European Tradition, S. 266; Fogarty: Roots for a New Rhetoric; Haverkamp: Einleitung: Die paradoxe Metapher, S. 7 f., sowie Rolf: Interaktionstheorie der Metapher.
744 Richards: The Philosophy of Rhetoric, S. 94.
745 Richards erläutert das »context theorem of meaning« in Richards: The Philosophy of Rhetoric, S. 32–35. Vgl. die Ausführungen in den Kap. III.3 und IV.4.3 in diesem Band.
746 Richards: The Philosophy of Rhetoric, S. 93.
747 Richards entwickelt diese Überlegungen ausgehend von einer Bemerkung Samuel Johnsons (1709–1784): »A metaphorical expression that is a great excellence in style, when it is used with propriety, for it gives you two ideas for one.« Zit. nach Richards: The Philosophy of Rhetoric, S. 93. Vgl. auch das Motto zum Kap. über Tenor und Vehikel in Richards: Interpretation in Teaching, S. 115.

lying idea or principal subject«, und ›Vehikel‹ *(vehicle)*, die konkrete Figur.[748] Erst die Ko-Präsenz von Tenor und Vehikel ergibt die Metapher. Die Bedeutung der Metapher ist insofern strikt von der Bedeutung des Tenor zu unterscheiden und nicht ohne die Interaktion von Tenor und Vehikel zu erlangen. Hinzu kommt in Richards' erneuerter Metapherntheorie, dass es weder korrekt ist zu sagen, dass das Vehikel lediglich eine Verpackung des Tenor (und damit *einer* eigentlichen Bedeutung) ist, noch dass Tenor und Vehikel einander gleichen müssen. Richards bestreitet mit seinem analytischen Vokabular eine grundlegende Ähnlichkeit zwischen Tenor und Vehikel. Stattdessen sind die verschiedenen Relationen zwischen Tenor und Vehikel zu analysieren, zu denen auch die Disparität zählen kann.[749] In verschiedenen Metaphern variieren die Einsätze von Tenor und Vehikel bezüglich der resultierenden Bedeutung der Metapher. Mal tritt der Tenor in den Vordergrund und das Vehikel erscheint fast nur noch wie eine Färbung oder Dekoration, mal rutscht der Tenor so weit in den Hintergrund, dass er nur noch wie eine Ausrede für die Einführung eines Vehikels wirkt und nicht länger als ›grundlegendes Thema‹ gelten kann.[750]

Die Hilfsmittel der Metaphernanalyse und -theorie stellte Richards auch in seinem Kurs »Practical Criticism, Prose« vor, an dem McLuhan als Austauschstudent in Cambridge Anfang des Jahres 1935 teilnahm. In der zugehörigen Publikation *Interpretation in Teaching* schlägt Richards die Begriffe ›Vehikel‹ und ›Tenor‹ als »terms to stand respectively for what is transferred and for what it is transferred to« vor.[751] Dieser Metapherndiskussion geht es um die Übertragung und nicht um irgendwie geartete sprachliche ›Bilder‹ oder Schmuckauffassungen von der figürlichen Sprache, mit denen lange Zeit die Frage der Metapher behandelt wurde.[752]

Nach Richards' Metaphernmodell geht die Übertragung zwischen Tenor und Vehikel in der Metapher jederzeit hin und her, so weit, dass Tenor und Vehikel sogar die Plätze tauschen können.[753] Diese Metapher ermöglicht Übertragungen,

---

748 Vgl. Richards: The Philosophy of Rhetoric, S. 96 u. 97, Zitat S. 97.
749 Vgl. Richards: The Philosophy of Rhetoric, S. 96 u. 107 f.: »Once we begin ›to examine attentively‹ interactions which do not work through resemblances between tenor and vehicle, but depend upon other relations between them including disparities, some of our most prevalent, over-simple, ruling assumptions about metaphors as comparisons are soon exposed.«
750 Vgl. Richards: The Philosophy of Rhetoric, S. 100 f.
751 Richards: Interpretation in Teaching, S. 121.
752 Vgl. Richards: The Philosophy of Rhetoric, S. 98 u. 90.
753 Auf S. 137 von *Interpretation in Teaching* findet sich schließlich ein Diagramm, das die Unterscheidung von Tenor, Vehikel und Metapher ins Bild setzen soll. Es zeigt, inwiefern ›Metapher‹ in der bestehenden Diskussion mal das Vehikel und mal die Interaktion von Tenor und Vehikel bezeichnet – und dabei erinnert das Diagramm sogar entfernt an den Aufbau der Elektronenröhre.

die die Elektronenröhre in McLuhans Beispiel nicht zu leisten vermag. McLuhan nutzt in »Radio and TV vs. the ABCED-Minded« dieses sprachliche Übertragungsmodell zur Erläuterung der verkündeten Röhren-Sprachtechnik Joyces. Die Elektronenröhre als Erklärungsprinzip der metaphorischen Vorgänge in der Sprache wird damit vom Modell der Metapher, und zwar der Metapher einer Rhetorik nach Richards, eingeholt. Richards' Ansatz zu einer Tropologie und seine in der Gerichtsrede als unzulänglich abqualifizierten »devices of rhetoric«[754] werden hier für die Auseinandersetzung mit der Dichtung im Dienste der Kommunikationsforschung übernommen. Somit hat sich während der Beratung um die geeigneten Mittel der Auslegung, die McLuhans Texte meiner Meinung nach in den 1940er und 1950er Jahren führen, die ›rhetorische Exegese‹ in die vorgenommenen Untersuchungen gemischt. McLuhans ›kunstförmige‹ Forschungsinstrumente für die Kommunikationsforschung sind dem Bereich der sprachlichen Figuren entlehnt, mit deren Vielfalt und Reichweite sich insbesondere die ›rhetorischen Exegeten‹ aus der Gerichtsrede auseinandersetzen.

Besonders bemerkenswert erscheint daher auch ein weiterer Artikel mit Signatur McLuhans aus dem Jahr 1955. In diesem Text aus einer pädagogischen Zeitschrift für College-Lehrer kommt erstmalig im Textkorpus ›McLuhan‹ die Auffassung von den Kommunikationsmedien als Ausweitungen der menschlichen Sinne vor. Und diese Auffassung setzt sich als metaphorische Übertragung in Szene:

> It would be possible to develop an elaborate theory of the various media of communication in Darwinian terms of natural selection. The media can be viewed as artificial extensions of our sensory existence – each medium an externalized species, as it were, of the inner genus sensation.[755]

Der Text »A Historical Approach to the Media« schlägt vor, die Kommunikationsmedien in Begrifflichkeiten *(in terms of)* der natürlichen Selektion nach Darwin zu beschreiben. Und diese metaphorische Begriffsübertragung wird sogleich als Entwicklung einer ausgearbeiteten Theorie der verschiedenen Kommunikationsmedien vorgestellt. Der Prozess der Übertragung wird dabei zunächst deutlich angezeigt: Die Medien sind als *(as)* künstliche Extensionen der Sinne zu sehen, quasi als *(as it were)* jeweils externalisierte Arten der inneren Wahrnehmung der Gattung. Im Weiteren kann die Metapher der Darwin'schen Evolutionstheorie (in Richards' Fachbegriffen: das Vehikel) dann für eine Theorie der Kommunikationsmedien (in Richards' Fachbegriffen: der Tenor) eingesetzt werden: »The cultural environment created by the externalization of the modes of sensation now favors

---

[754] McLuhan: Poetic vs. Rhetorical Exegesis, S. 267.
[755] McLuhan: A Historical Approach to the Media, S. 104.

the predominance of one sense or another, and these species struggle through various mutations in a desperate attempt at adaptation and survival.«[756]

Das Vehikel der frühen Evolutionstheorie übernimmt hier die eindrückliche Beschreibung des Verhältnisses von Kommunikationsmedien und wird mit Fortschreiten des Satzes selbst zum Tenor, zum grundlegenden Thema der Darstellung: Weil Kommunikationsmedien als einzelne Spezies der menschlichen Wahrnehmung gelten können, ist – in einer metaphorischen Übertragung – ein Kampf dieser Arten ums Überleben zu verzeichnen.

Die Metapher dient McLuhan hier als schillernder Einstieg in ein Thema, von dem die College-Lehrenden bis dahin wahrscheinlich eher in Begrifflichkeiten von Sender und Empfänger, Nachricht und Nachrichtenempfang gehört haben. Es kann nicht behauptet werden, dass der Rest des Textes eine Ausformulierung dieser Metapher wäre und eine Vorbereitung der Medientheorie als Extensionstheorie des Menschen. Es kann hier aber das Verfahren zur Erlangung einer Extensionstheorie der Sinnesorgane nachvollzogen werden. Die Metapher ist ein Erkenntnisverfahren, das es erlaubt, wie es bei Richards heißt, Erfahrungsbereiche zusammenzubringen, die ansonsten nicht zusammen auftreten:

> Words are the meeting points at which regions of experience which can never combine in sensation or intuition, come together. They are the occasion and the means of that growth which is the mind's endless endeavour to order itself. That is why we have language.[757]

Aus dieser Darlegung Richards' zur Metapher und zu den Wörtern geht hervor, dass etwa die analogischen Verfahren, die die ›McLuhan‹-Forschung an einigen Stellen als besonderes ›Einsichts‹-Verfahren vorstellt, mit denen sich verborgene Zusammenhänge auffinden ließen,[758] von der Sprache, den Möglichkeiten sprachlicher Verfahren her zu denken sind: »[L]anguage, well used, is a *completion* and does what the intuitions of sensation by themselves cannot do.«[759]

Im Text »A Historical Approach to the Media« treten die sprachlichen Verfahren als Erkenntnisverfahren gegenüber anders gearteten Einsichtsweisen (wie etwa solche der Analogie oder der Einweihung)[760] deutlich hervor, wenn McLuhan die archäologischen und ethnologischen Forschungsmethoden als

---

756 McLuhan: A Historical Approach to the Media, S. 104.
757 Richards: The Philosophy of Rhetoric, S. 131.
758 Vgl. E. McLuhan: Introduction, S. xx; Gordon: Marshall McLuhan, S. 107, 145, 305 u. 352. Zur Kritik am analogischen Denken vgl. Tholen: Mit und nach McLuhan, sowie Peters: McLuhans grammatische Theologie.
759 Richards: The Philosophy of Rhetoric, S. 130 f.
760 Vgl. Peters: McLuhans grammatische Theologie; Heißenbüttel: Das Medium ist die Masche, S. 174.

Beobachtungssysteme der Veränderungen in Kulturen und der Ähnlichkeiten zwischen verschiedenen Epochen einführt und sie dem Joyce'schen Sprachspiel gleichsetzt: »Since the turn of the century we have begun systematically to filter one past culture through the screen of others and of our own – a game in which we can play with whole cultures and epochs as easily as we could previously combine phrases from two languages.«[761] Mit Kulturen wie mit Sprachen lässt es sich so gut spielen wie in der Kombinatorik der *puns*.

Die Quelle für McLuhans Evolutionstheorie und Extensionsthese der Medien ist denn auch ein spekulatives Werk der Menschheitsgeschichte, das die Entwicklungen der Massenkommunikation bereits in den Zusammenhang der Evolution stellt. Die Archäologin und Schriftstellerin Jacquetta Hawkes (1910–1996) hat in *Man on Earth* (1954) die biologischen Vorgänge der Evolution schon einmal auf die Entwicklung der Kommunikationsmedien ihrer Zeit übertragen:

> In biological evolution cells multiplied, came together, and were gradually brought into highly organized, co-ordinated and, finally, conscious organisms by means of the central nervous system. Cannot our brain's development of wireless and television and all the related means for extending sights and sounds beyond the individual body to the swarming social body, be a repetition of this on a large scale? At present the difference appears to be considerable: the evolution of the central nervous system made high consciousness possible, while wireless and television appear to be making it impossible.[762]

Auch wenn McLuhan diese pessimistische Sicht auf die neuen Kommunikationsmedien nicht zu teilen gewillt ist,[763] so nimmt das Textkorpus seines Namens doch die Möglichkeit der Ausweitung von Sicht und Klang und den Verweis auf die Evolution des zentralen Nervensystems im Radio und im Fernsehen auf.

Mit der Metapher und der Elektronenröhre bzw. mit der Metapher der Elektronenröhre hält schließlich auch die Elektrizität Einzug in die Texte mit dem Namen ›McLuhan‹. Während 1954 noch die verschiedenen historischen Medientechniken in Anlehnung an Giedions Kulturgeschichte als eine Kette von Mechanisierungen vorgestellt werden,[764] wird in »A Historical Approach to the Media« die Elektrizität als mediengeschichtliches Prinzip selbst thematisch:

---

761 McLuhan: A Historical Approach to the Media, S. 105.
762 Jacquetta Hawkes: Man on Earth, S. 236, zit. nach McLuhan: A Historical Approach to the Media, S. 105.
763 Vgl. McLuhan: A Historical Approach to the Media, S. 105.
764 Vgl. das folgende Zitat im Text mit einer Textstelle aus McLuhan: Sight, Sound and the Fury (1954), S. 494: »[P]rint, the mechanization of writing, was succeeded in the nineteenth century by photography and then by the mechanization of human gesture in the movie. This was followed by the mechanization of speech in the telephone, phonograph and radio. In the talkies, and

> If print was the mechanization of the handicraft of writing, the telephone was the electrification of speech itself, a big step past the telegraph. Gramophone and movie were not just electrification but electronification of the entire range of human personal expressiveness. With electronification the flow is taken out of the wire and into the vacuum tube circuit, which confers freedom and flexibility such as are in metaphor and words themselves.[765]

Hier wird die Mediengeschichte als Mechanisierungsgeschichte nach Giedion aufgelöst durch das Aufgreifen elektrischer und elektronischer Grundlagen neuerer Kommunikationstechniken. Die dabei konstatierte ›Elektronifizierung der menschlichen Ausdruckskraft‹ wird mittels des Prinzips der Elektronenröhre erläutert, welches am Ende wieder auf das Modell der figurativen Rede in der Metapher und noch in jedem Wort zurückkommt.

1955 zeigt sich somit in den Texten mit dem Namen ›McLuhan‹, dass die vielfach diskutierten Auffassungen von Medien als Erweiterungen der Sinne sowie des medientechnischen Paradigmas der Elektrizität auf das Verfahren der Metapher zurückgehen, wie es Richards formuliert hat. Die Metapher ist als Modell für Übertragungen und in konkreten Übertragungen im Text die Voraussetzung für die Thesen von den Sinnesausweitungen und den Wirkungsweisen der Elektrizität.[766] Somit ist die Beobachtung der ›Bewegungen in und zwischen Worten‹ nicht nur Auslegungsmittel, sondern zugleich Methode der Erkenntnis in den Texten McLuhans, die im Rahmen der Kultur- und Kommunikationsforschung entstehen und ab 1955 offen die Nutzung figurativer Beschreibungsformen und deren Effekte für ein Wissen von den Kommunikationsmedien einsetzen. Insofern treten die Mittel der ›rhetorischen Exegese‹ im Verlauf der Beratungsrede im Textkorpus ›McLuhan‹ an der entscheidenden Stelle der Wissensgewinnung über Medien deutlich in Erscheinung. Die Beratungen über die adäquaten Auslegungsmittel führen ab Mitte der 1950er Jahre zur Übernahme der Herangehensweise und Untersuchungsinstrumente, die der Partei der Rhetorik aus der Gerichtsrede 1944 zuzurechnen sind. Sie werden zur Grundlage für das Schreiben einer Theorie der Medien namens ›McLuhan‹.

---

finally with TV, came the mechanization of the totality of human expression, of voice, gesture, and human figure in action.«
765 McLuhan: A Historical Approach to the Media, S. 109 f.
766 Dieser Befund hat Konsequenzen für den Diskussionsstand zur Extensionsthese. Vgl. dazu Kap. IV.2 in diesem Band. Auch die Problematisierung der technischen und philosophischen Voraussetzungen elektrischer und elektronischer Medientechnologie im Gegensatz zu McLuhans Auffassung (vgl. dazu beispielhaft Sprenger: Medien des Immediaten) ist von hier aus erneut zu befragen.

4.10 Übersetzung 1957: Explizitheit der Sprache (*Explorations* 7)

Wie sehr die untersuchten medientechnischen Verhältnisse im Textkorpus ›McLuhan‹ von der Sprache und dem spezifischen literatur- und sprachtheoretischen Wissen seiner Zeit her gedacht werden – einem Wissen, das nach Maßgabe der Gerichtsrede von 1944 der ›rhetorischen Exegese‹ unter dem Namen ›Richards‹ zuzuordnen ist – zeigt schließlich auch einer der späteren Aufsätze dieses Korpus, der in der siebten Ausgabe der *Explorations* erschien. *Explorations* 7 vom März 1957 korreliert die Dichotomie von Mündlichkeit und Schriftlichkeit[767] mit der durch das Konzept des akustischen Raums eingeführten Gegenüberstellung von Ohr und Auge, von auditivem Modus und visuellem Modus. McLuhan wendet sich dieser Unterscheidung und ihren Konsequenzen für eine Theoretisierung verschiedener Kommunikationsmittel und für eine entsprechende Geschichtsschreibung in einem Aufsatz über »The Effect of the Printed Book on Language in the 16th Century« zu.

Heft 7 der *Explorations* exerziert Carpenters Programm der »media biases« anhand der Diskussion der Dichotomie von linearer und nichtlinearer Kodifizierung der Realität durch. Das Lineare entspricht den westlichen, visuell ausgerichteten und schriftlich durchsetzten Kulturen. Das Nichtlineare entspricht einem mündlich-auditiven Modus der Welterfassung. Dorothy Lee, eine Ethnologin aus dem Sapir-Whorf-Umfeld, stellt zwei Beiträge dazu mit den Titeln »Lineal and Nonlineal Codifications of Reality« und »Symbolization and Value« vor. Ihnen folgen jeweils relativierende Kommentare durch den Mythensammler Robert von Ranke-Graves.[768] Dem Heft ist zudem eine eigenartige Neuauflage des Textes »Certain Media Biases« von Carpenter aus dem Jahr 1954 vorangestellt. Die Neuauflage trägt den Titel »The New Languages« und ist darin auch eine Wiederaufnahme und ausführlichere Fassung eines Aufsatzes gleichen Titels, der ein Jahr zuvor unter der Signatur Carpenters und McLuhans in der *Chicago Review* erschienen ist.[769] Darin heißt es unter anderem, dass die Schrift nicht etwa festgehaltene mündliche Sprache sei *(recorded oral language)*, sondern eine gänzlich neue Sprache, die das gesprochene Wort nicht imitiert, sondern die vielmehr vom gesprochenen Wort imitiert werde. Whorfs Modell der Sprache als jeweils eigene

---

[767] Vgl. hierzu die Arbeiten von Schüttpelz: Die Moderne im Spiegel des Primitiven, insb. S. 366–371; ders.: »Get the Message through«; ders.: 60 Jahre Medientheorie.
[768] Vgl. Lee: Lineal and Nonlineal Codifications of Reality; dies.: Symbolization and Value, sowie Graves: Comments on Lineal and Nonlineal Codifications; ders.: Comments on Symbolization and Value (jeweils in *Explorations* 7 [1957]). Zur Einordnung Lees und ihres theoretischen Einsatzes für die *Explorations* vgl. Bender: Dorothy Lee.
[769] Vgl. Carpenter/McLuhan: The New Languages (1956); Carpenter: The New Languages (1957).

Welt und Metaphysik ist hier nach wie vor erkenntnisleitend: »Each [language/ medium] codifies reality differently; each conceals a unique metaphysics.«[770] Die Kodifizierung der Realität durch Sprachen und Medien bzw. durch die Sprachen der Medien wird im selben Heft durch die Beiträge zur Linearität und Nichtlinearität in einer Dichotomie zugespitzt.

McLuhans Text, der durch seine nüchterne Darlegung gegenüber anderen Beiträgen in *Explorations* 4 bis 8 auffällt, greift indessen die Schlussfolgerung aus »The New Languages« auf, dass die gesprochene Sprache nun die Eigenheiten der schriftlichen Kommunikation nachahme, und führt sie mit der Dichotomie von auditivem und visuellem Modus zusammen. Demnach ist die Entwicklung der englischen Sprache durch die Entwicklung der Schriftlichkeit und ihrer Verschärfung im Buchdruck ab dem sechzehnten Jahrhundert geprägt. McLuhan stellt den Rückgang flektierender Sprachstrukturen vor. Die Flexion habe grundsätzlich auditiven Charakter und sei darin sehr flexibel, während in visuell orientierten Formen – also etwa bei der Schrift – weniger flektierende Strukturen festzustellen seien. Für das Auge, in der geschriebenen Form, seien die Flexionen nicht, wie noch in der mündlichen Form, Teil einer simultanen Ordnung sprachlicher Variationen. Das Auge verlange nach *einem* Klang, *einem* Ton und *einer* Bedeutung anstelle der Gleichzeitigkeiten, wie sie *puns* und sonstige Ambiguitäten, »the life of spoken discourse«, einsetzten.[771]

Mit der vermeintlich mündlichen bzw. auditiven Eigenschaft der sprachlichen Figurationen und der flektierenden Sprachstrukturen übernimmt in diesem Aufsatz mit einem Mal die Rhetorik die Zuständigkeit für ambigue Sprachphänomene. Die Grammatik aber erscheint als »visual grammatical practice« am Beispiel der Shakespeare-Ausgaben des neunzehnten Jahrhunderts in der Funktion einer Handlangerin einer vereindeutigenden Sprachauffassung: Sie räume die historischen Texte mittels einer Zeichensetzung auf, die durch die Schrift und ihre Anforderungen vorgegeben sei.[772] Die ursprünglich rhetorische und der auditiven Ordnung angepasste Satzzeichengebung der Shakespeare-Zeit werde dabei übergangen. Rhetorik und Grammatik ergänzen in dieser Darstellung die Gegenüberstellung von Oralität und Schriftlichkeit, von Auditivem und Visuellem. Dabei rutscht die Rhetorik erstmals im Textkorpus ›McLuhan‹ auf die Seite der Sprachfiguren und der flexiblen Auslegung sprachlicher Formen, während die Grammatik in diesem Text die Position der einstmals verurteilten Rhetorik

---

770 Carpenter/McLuhan: The New Languages, S. 46.
771 Vgl. McLuhan: The Effect of the Printed Book on Language in the 16th Century, S. 99 f.
772 Vgl. McLuhan: The Effect of the Printed Book on Language in the 16th Century, S. 100, Zitat S. 100. Diese Einschätzung der Grammatik wird im Aufsatz: McLuhan: The Medium is the Message (1960), wiederholt mit den Worten: »grammar comes from Greek ›writing‹« (S. 20).

einnimmt als Helferin einer Dialektik, welche aus einem grundsätzlich ambiguen Sprachmaterial eindeutige Aussagen herauszupräparieren sucht.[773] Diese Grammatik hat nichts mehr mit den Praktiken und poetischen Vorbildern der antiken Sprachdisziplin zu tun.

Der Text »The Effect of the Printed Book on Language in the 16th Century« legt nahe, dass die flektierten Wortformen noch den grammatisch nicht erfassbaren Sprachphänomenen der *puns* und Ambiguität entsprechen und dass die Flexion folgerichtig mit dem Buchdruck und seiner grammatischen Ordnung verschwinden muss. McLuhan bezieht sich auf Darlegungen der Linguisten Charles C. Fries (1887–1967) und Edward P. Morris (1859–1935) über die Ersetzung der flektierten Wortformen durch die Wortfolge in der grammatikalisch geregelten Syntax und eine ähnliche Tendenz im Bereich der Wortbildung zwischen dem dreizehnten und sechzehnten Jahrhundert. McLuhan unterbreitet den Buchdruck als Katalysator dieser Entwicklung, welche einem Wechsel vom Hörbaren ins Visuelle entspreche: »After printing both tendencies accelerated greatly, and there was a shift from audible to visual means of syntax.«[774]

Ein ausführliches Zitat Morris' erklärt im Text McLuhans, dass in dieser Entwicklung einzelne Wörter zunehmend die Funktion der Flexion ausführen. Demnach würden die logischen Relationen, welche die flektierten Formen nur andeuten könnten, selbst mit einzelnen Wörtern assoziiert. Die Relation zwischen Konzepten werde damit selbst zu einem Konzept. Ein klareres Gefühl für die Beziehung zwischen Konzepten sei die Folge.[775] Zur Gegenüberstellung von auditiv und visuell, von mündlich und schriftlich gesellt sich im Text McLuhans damit die Gegenüberstellung von Angedeutetem, Implizitem und Ausformuliertem, Explizitem: »The inflectional suggests, rather than expresses or spells out, relations. Technology is explicitness. Writing was a huge advance in this respect. It expressed, it made explicit, many relations which were implicit, suggested in inflectional language structures.«[776] Die Schrift ist also eine Explizitheitstechnologie. Sie drückt aus, sie buchstabiert aus, was bisher nur angedeutet war. In dieser Hinsicht war die Schrift ein Fortschritt, aber sie ließ auch verlorengehen, was sich nicht explizit machen ließ, bedauert McLuhan: »Far more than writing, printing was a technological means of explicitness and explication. But those auditory

---

773 Vgl. Kap. II in diesem Band.
774 Vgl. McLuhan: The Effect of the Printed Book on Language in the 16th Century, S. 104, Zitat S. 104.
775 Vgl. Edward P. Morris zit. nach McLuhan: The Effect of the Printed Book on 16th Century Language, S. 105.
776 McLuhan: The Effect of the Printed Book on 16th Century Language, S. 105.

inflections and relations which could not be made visually explicit by print were soon lost to the language [...].«⁷⁷⁷

In dieselbe Richtung einer »explicit technology of written and especially printed codifications of language« weist auch die Tendenz zu einsilbigen Wörtern *(monosyllables)* in der englischen Sprache. Nach McLuhan führt die Wortbildung auf Basis von Silbenwörtern die Schrift- und Drucksprache zur Ersatzteilauffassung der technologisierten Welt: »Everything we know about technology points to its natural bent for the replaceable part [...].« Und zu dieser Ersatzteilmentalität zählt auch die Nutzung der um ihre Flexionen oder Endungen gekürzten Wörter.⁷⁷⁸

In diesem Aufsatz für *Explorations* 7 bringt McLuhan die Dichotomie von Mündlichkeit und Schriftlichkeit mit der Gegenüberstellung von Rhetorik und neuzeitlicher Grammatik zusammen und ordnet sie auf beiden Seiten eines medienhistorischen Wechsels durch den Buchdruck an. Dieser Wechsel wird sogleich mit allgemeinen Eigenschaften der Technologie verknüpft: mit Tendenzen zur Explizierung und der Bevorzugung des vielseitig einsetzbaren Ersatzteils. Schrift und Buchdruck werden als Begründung für die Entwicklungen in der englischen Sprache angegeben und damit als jene Technologien vorgestellt, die die Explizierung und die Ersetzungsmentalität im Sprachgebrauch provoziert haben. Alles scheint hier auf den mancherorts bemängelten Technikdeterminismus McLuhans hinauszulaufen.⁷⁷⁹ Genau besehen ist hier aber weniger eine Zuspitzung der Sprachentwicklung auf technologische Veränderungen am Werk, als vielmehr ein Wissen der Sprache über sich selbst, das schon in der Übersetzungspraxis des *Basic English* eingesetzt wurde, welche McLuhan bekannt war.

Die von McLuhan in »The Effect of the Printed Book on 16th Century Language« versammelten Entwicklungsschritte in der englischen Sprache – weg von der Flexion hin zur grammatischen Wortstellung, hin auch zu Beziehungswörtern, die Zunahme der einsilbigen Wörter und die Ausnutzung einzelner Wörter sowohl als Nomen als auch als Verb – hat Ogden bereits um 1930 bei der Entwicklung seines Grundwortschatzes *Basic English* als Tendenzen zur Vereinfachung, zur Klarheit und Präzision gerühmt, die das Englische als mögliche Weltsprache auszeichneten.⁷⁸⁰ Die Übersetzung ins *Basic English* bedeutet die Auflösung komplexer Wortbedeutungen und Wendungen in eine Folge von einfachen Wörtern,

---

777 McLuhan: The Effect of the Printed Book on 16th Century Language, S. 105.
778 Vgl. McLuhan: The Effect of the Printed Book on 16th Century Language, S. 107, Zitate ebd.
779 Vgl. z. B. Carey: Communication as Culture, S. 114–128; ders.: Harold Adams Innis and Marshall McLuhan, S. 272; Winkler: Die magischen Kanäle, ihre Magie und ihr Magier, insb. S. 161 u. 165.
780 Vgl. Ogden: The Progress of Basic (1929), insb. S. 13–16, sowie ders.: Penultimata (1930).

die die kompakten Formen des idiomatischen Englisch gewissermaßen ausbuchstabieren *(expresses or spells out)*. Und genau das empfahl sie wiederum für die Interpretations- und Erkenntnistheorie Richards'.[781] Bevor Medientechnologien der Schrift und des Buchdrucks nach McLuhan Mittel der Explizitheit und Explikation der Sprache sein konnten, war die Explizierung eine Eigenschaft der (inner-)sprachlichen Übersetzung: »A training in Basic is a training in detecting *implicit* ambiguities and making them into *explicit* distinctions.«[782] Es ist die sprachtheoretische Erkenntnis von Ogden und Richards über die Möglichkeiten der Explizierung in der Ersetzung von Wörtern und Wendungen durch andere Wörter und Wendungen,[783] die McLuhans historischer These zugrunde liegt. Diese Explizierungstendenz in der sprachlichen Übersetzung bzw. in sprachlichen Ersetzungsverfahren wird von McLuhan in *Explorations* 7 zunächst der Schrift und dem Buchdruck und in späteren medientheoretischen Texten allen Medien zugesprochen.[784] Die Sprach- und Erkenntnistheorie der Übersetzung nach Ogden und Richards wird damit zur Grundlage eines Wissens von den Medien.

4.11 Die Sprache der Kommunikationsmedien erforschen

Im Verlauf der 1950er Jahre kommt es in der Beratung, die die Texte namens ›McLuhan‹ über die geeigneten Mittel der Auslegung führen, zur Übernahme der Mittel und mancher Herangehensweise der in der Gerichtsrede abqualifizierten Partei der ›rhetorischen Exegese‹. Dies zeichnet sich zunächst in einer stilistisch orientierten Auseinandersetzung mit dem neuen Thema der Kommunikationsmedien in den kulturgeschichtlich argumentierenden Texten McLuhans ab. Das Themenfeld ›Kommunikation‹ wird entgegen den zeitgenössischen funktionalistischen, semantischen oder technischen Zugängen mit dem literatur- und kunstkritischen Blick für den Stil, für die angemessenen Formen der Präsentation bzw. der Kommunikation bearbeitet. Das ausgewiesene Vorbild für diese Annäherung an die Formen und Formate der Kommunikations- und Unterhaltungswelt ist, wie schon in *The Mechanical Bride*, Giedions Betrachtung der Mechanisierungs- und Kulturgeschichte. Bezeichnenderweise dient die klassische rhetorische Auffassung der Rednersituation als Folie für die Auseinandersetzung mit den Formen der Kommunikation. Es ist somit nicht die Frage der Nachrichten (ihrer korrekten

---

781 Vgl. Kap. III.3.5 in diesem Band.
782 Richards: Basic in Teaching, S. 493. Vgl. hierzu ausführlich Kap. III.3 in diesem Band.
783 Vgl. die Kap. III.3.3 und III.3.4 in diesem Band.
784 Vgl. Kap. »Media as Translators« in McLuhan: Understanding Media, S. 56–61.

Versendung, ihres unbeeinträchtigten Empfangs und ihrer Publikumswirkung) von Interesse, der die Kommunikationsstudien an den nordamerikanischen Journalistik- und Rhetorik-*Departments* nachgehen, sondern wie bei Giedion die Betrachtung einer Gesamtsituation, in der die jeweils neuen technischen Formen und Artefakte unterschiedliche Auswirkungen auf die Lebensumstände haben. Im Feld des Kommunikationsforschers weist dieser Ansatz dazu an, die Auswirkungen der *Formen* der Kommunikation auf Sender (Redner), Empfänger (Publikum) und Nachricht (auf den Inhalt der Rede) in den Blick zu nehmen. McLuhan gilt dies als Betrachtung der künstlichen oder Kunstsituation der Kommunikation und der Kommunikationsmittel als Kunstformen. Sie sollen im Torontoer Forschungsprojekt 1953–1955 mit dem stilistischen Blick untersucht werden.

Das Forschungsseminar »Culture and Communications«, das McLuhan mit vier Kollegen an der University of Toronto einrichtet, übernimmt für die Betrachtung der damals neuen Kommunikationsmedien maßgeblich die Thesen der Ethnolinguisten Sapir und Whorf. Kommunikationsmedien prägen demnach wie die Sprachen unterschiedliche Kulturen aus. Die Texte McLuhans erweitern diese Theorieübertragung, insofern sie nicht nur Kommunikationsmedien wie die Sprachen der Ethnolinguistik auffassen, sondern immer wieder auch darauf hinweisen, dass schon die Sprachen selbst Massenmedien seien. Durch diese wechselseitige Verschränkung von Sprachen und Massenmedien werden die sprachtheoretischen und literatur- bzw. stilkritischen Mittel der Auslegung zu den einschlägigen Mitteln der Untersuchung der Kommunikationsmedien. Jedoch werden diese Herangehensweisen in der ersten Hälfte der 1950er Jahre im Textkorpus ›McLuhan‹ noch für das Projekt der alten Grammatik eingespannt. Die Sprachphilosophie Sapirs und Whorfs, die Ansätze der antiken Grammatik sowie die Nutzung der figurativen Dimension der Sprache in der modernistischen Literatur erscheinen in manchen Texten mit Signatur McLuhans austauschbar. Die Beschäftigung mit den ›Bewegungen in und zwischen Worten‹ ist demnach allen drei Ansätzen gemein. Tatsächlich aber sind die Ansätze nicht in Deckung zu bringen. Der Sprach- und Kulturrelativismus Sapirs und Whorfs widerstreitet der antiken Vorstellung eines einheitlichen Logos ebenso wie die unkontrollierbaren ›Ausrutscher‹ der Sprache, ihre Figuren und *puns*, nicht auf zugrundeliegende Wahrheiten verweisen und noch den strukturalistischen Grund der Ethnolinguistik durchpflügen.

Aufgrund solcher (Fehl-)Zuordnungen der verschiedenen Sprachauffassungen kommt es in den Texten, die McLuhans Signatur in der Torontoer Zeitschrift *Explorations* tragen, auch zu zwei verschiedenen Fassungen des Themas der Übersetzung. Das utopische Anliegen einer integrierenden Übersetzung, die allseitiges Verstehen zwischen Kulturen ermöglichen soll und die die ethnologische Kultur- und Kommunikationsforschung sowie die künstlerischen Avantgarden in der ersten Hälfte des zwanzigsten Jahrhunderts umtreibt, wird von der Übersetzung der Medien selbst unterlaufen. Die als inkommensurable Sprachen verstandenen Massenmedien bringen immer nur ihre Differenz in der Übersetzung hervor und nicht Einheit oder Verstehen. Auf der Ebene der Mittel der Deutung und der Darstellung zeichnet sich daher im Verlauf der 1950er Jahre im Textkorpus ›McLuhan‹ auch ein Umgehen mit und ein Anwenden von Modellen der differentiell zu denkenden Sprachfiguren zur Erläuterung der Funktionsweise der Kommunikationsmedien ab. Die vormals verurteilte ›rhetorische Exegese‹ gewinnt ab 1955 deutlich an Einsatz in den Texten namens ›McLuhan‹. Insbesondere die Metapher dient dann als Beschreibungs- und Erkenntnismittel für die Problematik der Medien, und in der spezifischen Fassung der Metapher sowie in den konkreten Verwendungsweisen des Begriffs der Metapher ist die Übernahme der ›rhetorischen Exegese‹ nicht von der Hand zu weisen.

Im Laufe der 1950er Jahre kommt es daher in der Beratungsrede des Textkorpus ›McLuhan‹ zur Übernahme des Wissens der ›rhetorischen Exegese‹, die der Gerichtsrede noch als nicht hinreichend für die Auslegung der Dichtung galt. Im Kontext der Forschungen zu ›Kultur- und Kommunikation‹ stellt diese Übernahme eine besondere Position zur Behandlung der Frage der Kommunikation und der Massenmedien dar. Die Übertragung der Thesen zur Sprache aus dem ethnolinguistischen Rahmen auf die Kommunikationsmedien veranlasst die Texte McLuhans dazu, die Kommunikationsmittel wirklich wie Sprachen zu untersuchen, und zwar – an den Stellen, an denen ein Wissen von den Medien generiert wird – von den figurativen Dimensionen der Sprache her. Insofern nimmt es denn auch nicht Wunder, dass 1957 die zuvor verurteilte Rhetorik plötzlich zur Protagonistin wird in einem Aufsatz, der sich mit der grundlegenden Mehrdimensionalität der englischen Sprache auseinandersetzt, welche durch die Explizierungen der Schrift und des Buchdrucks (letztlich aber der Sprache selbst) verloren gegangen sei.

Die beobachtete Übernahme der Mittel der ›rhetorischen Exegese‹ im Textkorpus ›McLuhan‹, dies erscheint mir zum Abschluss der Beratungsrede hervorzuheben, setzt sich auf der Ebene der Mittel der Auslegung und der Darstellung selbst durch. Sie erfolgt nicht aufgrund theoretischer Überlegungen, sondern aufgrund methodischer Konsequenzen, die der Fassung von Massenmedien als Sprachen und von Sprachen als Massenmedien[785] auf dem Fuße folgen müssen. Während für Carpenter aus der Gleichsetzung hervorgeht, dass die Kommunikationsmittel die gleichen »differences of kind« aufweisen müssen, wie Sapir und Whorf sie

---

[785] Zu dieser Argumentationsschleife vgl. die ausführliche Darstellung im Kap. IV.3.1 in diesem Band.

für die Sprachen und die sich ihrer bedienenden Kulturen attestiert haben, heißt die Gleichsetzung für McLuhan vor allem, dass die ihm vertrauten Mittel der Literatur- und Sprachanalyse bereits die Mittel der Medienanalyse sind. Daher sind Metaphern zu analysieren und Übersetzungseffekte zu betrachten.

Mit den spezifischen Mitteln der Sprachauslegung, die die Rhetorik mit ihrem Wissen von den Figuren bereithält, erneuert McLuhan in den 1950er Jahren die bestehenden Auseinandersetzungen mit den Kommunikationsmedien. Zur Erläuterung der medialen Vorgänge betreiben die Texte McLuhans ›rhetorische Exegese‹. Sie wird die explizit medientheoretischen Schriften maßgeblich anleiten, wie Kapitel IV zeigen wird.

IV Lobrede

1964 wechselt der Trickster in das Genre der Lobrede. Mit *Understanding Media* ist ein Text unter dem Namen ›McLuhan‹ erschienen, dessen Darstellungsweise zum neuen wissenschaftlichen Gegenstand der Medien nicht mit den üblichen Verfahrensweisen wissenschaftlicher Abhandlungen vergleichbar ist. So sehr das Buch von Anfang an für einzelne Einsichten und für seine Blicköffnung auf das wichtige Feld der Medien geschätzt wurde, so sehr es bis heute auch als Grundlegung einer Theorie der Medien anerkannt ist, so sehr wurde es von Beginn an und bis heute ob seines exzentrischen Charakters in der Thesenbildung und -präsentation als einer Wissenschaft von den Medien nicht genügend abgelehnt. Zu den zeitlosen Beobachtungen über *Understanding Media* zählt, dass es einfachste Regeln des wissenschaftlichen Nachweises und der Argumentation, des Begründens und der schlüssigen Darstellung von Zusammenhängen missachtet. An die Stelle von Belegen, erläuternden Ausführungen und Thesen setzt es äußerst diverse Quellen, Anekdoten und sloganartige Behauptungen. So mancher Kalauer muss für einen echten Beweis herhalten. Zu oft gibt sich der Text mit Metaphern und halbseidenen Analogien zufrieden, anstatt auf Fakten zu verweisen.[1]

Angesichts dieses erdrückenden Befundes gegen den wissenschaftlichen Status des Textes möchte ich *Understanding Media* als einer anderen Textart zugehörig verstehen und untersuchen. Das Buch erscheint als Hinwendung zur dritten der drei klassischen Redegattungen der traditionellen Rhetorik: zur Lobrede. Als Lobrede ist *Understanding Media* ein geschickter Schachzug des Tricksters zur Einsetzung eines neuen wissenschaftlichen Objekts, welcher im Moment der Einsetzung auch schon die nötige Zustimmung des Publikums (der Leserschaft) und den entsprechenden Pomp in der spezifischen Redeweise insinuiert und durchsetzt. Die Lobrede nämlich nimmt sich nach der traditionellen Lehre vor allem der unstrittigen Gegenstände an. Sie muss nicht eine widersprüchliche Indizienlage in einen klaren Fall verwandeln oder eine uneinige Versammlung mittels geschickter Argumentation zu einer einigen Handlung bringen. Vielmehr ergeht sich die Lobrede in den festlichen, schmuckvollen und ausgefeilten Formen der Rede, die das Erörtern, Argumentieren und Nachweisen von vornherein hintan-

---

[1] Vgl. die neuere Zusammenfassung und Auswertung der bestehenden Kritikpunkte bei Grampp: Marshall McLuhan, S. 14f., 18–20 u. 25f. (stärker an konkreten inhaltlichen Mängeln orientiert ist das Kap. »Kritik: McLuhan zerstören«, S. 141–173). Vgl. auch Heilmann: Ein Blick in den Rückspiegel, S. 87–101, worin die deutschsprachige Rezeption bei Erscheinen der deutschen Ausgabe *Die magischen Kanäle* von 1968 zusammengetragen ist.

stellen, da sich der Redner des Einverständnisses der Zuhörer sicher sein kann.² Über den Blickwinkel der Lobrede lassen sich zwei wesentliche Züge des Buchs *Understanding Media* erfassen und in der Diskussion halten: seine mangelnde Orientierung an wissenschaftlichen Argumentationsverfahren und die damit verbundene eigentümliche Art der Begründung einer Diskursivität.

Es ist dieser Charakter einer Lobrede, welcher den Begründungsakt des Buchs von der eigens von ihm hervorgebrachten Diskursivität selbst wie auch von der Begründung eines wissenschaftlichen Fachs unterscheidet. Gerade die textuell-sprachliche Dimension, also die rhetorische Umsetzung des Textes, wird in den Auseinandersetzungen mit den Leistungen des Buchs oft heruntergespielt als nicht ausschlaggebend für die Epistemologisierung oder die Entwicklung des Fachs Medienwissenschaft. Sie wird gewissermaßen als die störende und die richtigen Ansätze verunreinigende Dimension der Begründung gewertet.³ Zweifellos ruft besonders der Lobredecharakter von *Understanding Media* die von Michel Foucault identifizierte Umgangsweise des ›In-den-Griff-Bekommens‹ hervor und lässt die große Arbeit des Befragens, Sortierens und Verwerfens beginnen, die das Buch zu einem Akt der Diskursivitätsbegründung werden lässt.⁴ Die textuell-sprachliche Dimension des Begründungstextes wird indessen so gut wie nie in die Auseinandersetzung um Beginn und Wissen der Medientheorie oder -wissenschaft einbezogen.⁵ Diesen Schritt einer Betrachtung der Schreibverfahren und sprachlichen Realisierung des Begründungsakts der Diskursivität unternimmt meine Studie, indem *Understanding Media* und einige Vorläufertexte im Textkorpus ›McLuhan‹ als Lobrede untersucht werden. Meine Herangehensweise

---

2 Die einschlägige klassische Textstelle dazu bietet Quintilianus: Institutio Oratoriae. Ausbildung des Redners, Bd. 1, III.4.8 u. III.7.3 (S. 297 u. 351); vgl. auch Aristoteles: Rhetorik, I.9, 1368a (S. 48); systematisch bei Lausberg: Handbuch der literarischen Rhetorik, § 59 u. § 61 (3) (S. 53 u. 55). Vgl. Matuschek: Art. Epideiktische Beredsamkeit (HWRh, Bd. 2), Sp. 1258. Zum gleichwohl pragmatischen und zweckorientierten Ansatz in jeder Lobrede vgl. Kopperschmidt: Zwischen Affirmation und Subversion, S. 14 f., sowie Hambsch: Das tadelnswerte Lob.
3 Vgl. u. a. die Beiträge im Band Kerckhove/Leeker/Schmidt (Hg.): McLuhan neu lesen (insb. die beigelegte DVD mit Aussagen von Medienwissenschaftlerinnen und -wissenschaftlern zur Relevanz McLuhans für ihre Arbeiten).
4 Vgl. Foucault: Was ist ein Autor?, S. 24–26.
5 Eine Ausnahme bildet die deutschsprachige Einführung zum Werk von Marshall McLuhan: Grampp: Marshall McLuhan. Grampp stellt die rhetorische Dimension eines Textbeispiels aus *Understanding Media* sogar an den Beginn seiner Darlegungen. Allerdings zieht Grampp aus dieser Betrachtung keine Rückschlüsse auf die epistemologischen Grundlagen der Theoriebildung McLuhans. Die tropologische Dimension der Rhetorik erhält keinen erkenntnistheoretischen Stellenwert. Auf das damit verbundene poetische Wissen im Denken McLuhans hat bisher nur der ehemalige Doktorand und Kollege McLuhans, Donald Theall, hingewiesen: Theall: The Medium is the Rear View Mirror (1971), sowie ders.: The Virtual Marshall McLuhan (2001).

kommt damit einer ›Rückkehr zu‹ gleich, jener zweiten Art der Annäherung an ein Begründungsereignis, wie es Foucault in seinen Thesen zum Diskursivitätsbegründer beschreibt. Ich möchte den Text selbst in den Mittelpunkt der Diskussion stellen, wobei die Differenzen und Lücken im Vergleich zum gegenwärtigen Stand der Diskussion hervortreten und eine Transformation der Diskursivität selbst nicht auszuschließen ist.[6]

Was nämlich mit einer Lobrede für die sich auf ›McLuhan‹ berufende Medientheorie auf dem Spiel steht, ist abermals die Möglichkeit der trennscharfen Unterscheidung von Dargestelltem und Darstellung, von Argument und Ausdruck, mitunter also der Gegenstand der Diskursivitätsbegründung selbst. Denn obwohl die Lobrede sich mit feststehenden Größen und unbestrittenen Redegegenständen befassen mag – mit den Siegern bei sportlichen Wettkämpfen, mit den durch Staatsbegräbnisse geehrten Helden oder der versammelten Festgemeinschaft selbst[7] –, ist sie doch ebenso ein ideales Instrument des Tricksters, der *histoire* und *récit*, referentiellen und rhetorischen Sprachwert ineinander umschlagen und das semiotische Spiel der Signifikanten auf ihre Signifikate ausgreifen lässt.

Schon in der Antike trat das ambivalente Potential der Lobrede in Erscheinung, wenn die Sophisten mittels der Prunkreden weniger einen Gegenstand als ihre eigene Wortkunst priesen. Über den Lobpreis demonstrierten sie die Macht der von ihnen gegen Bezahlung angebotenen und also erlernbaren *technē* der Rede. Und am deutlichsten trat diese Macht hervor, wenn sogar des Lobes unwürdige Gestalten und Gegenstände durch die Rede zu Ansehen geführt wurden, wie etwa Gorgias' (um 485–376 v. Chr.) berühmter *Lobpreis der Helena* paradigmatisch zeigt oder auch Lukians (um 120–180 v. Chr.) *Lob der Fliege* es verdeutlicht.[8] Auch Aristoteles, der doch in seiner philosophischen Ehrenrettung der Rhetorik die erlernbare Redekunst von den Formen ihres Missbrauchs zu befreien sucht, schreibt beherzt von den Verfahren, mit denen in der Lobrede Eigenschaften des zu Lobenden durch das Nächstbessere und damit eben nicht unbedingt der Wahrheit gemäß wiederzugeben seien.[9] Der römische Redelehrer Quintilian sinniert vor dem Hintergrund der griechischen Tradition und bei der Übersetzung der grie-

---

[6] Vgl. Foucault: Was ist ein Autor?, S. 28.
[7] Dies sind die typischen Anlässe für Lobreden in der Anfangszeit der Redegattung im antiken Griechenland, vgl. Zinsmaier: Epideiktik zwischen Affirmation und Artistik, S. 376.
[8] Vgl. Matuschek: Art. Epideiktische Beredsamkeit (HWRh, Bd. 2), Sp. 1259. Vgl. Zinsmaier: Epideiktik zwischen Affirmation und Artistik, S. 377.
[9] Aristoteles: Rhetorik, I.9, 1367a–b (S. 45): »Man muß aber bei Lob und Tadel auch Eigenschaften, die den vorhandenen nahe sind, ins Treffen führen, als wären sie dieselben, z. B. den Vorsichtigen kaltblütig und durchtrieben, den Dummkopf brauchbar oder den Gefühllosen einfühlsam nennen […]. Der Menge wird dies einleuchten, und zugleich ist es […] fernab jeder Logik […].«

chischen Systematik ins Lateinische dementsprechend über Namen und Funktion des überlieferten *genós epideiktikón*, dessen Ausformung die Lobrede ist. Er unterstreicht, dass es bei der Lobrede weniger um die ›Vorführung‹ *(demonstratio)* des Gegenstands, der Person oder sonst irgendeiner lobenswürdigen Sache oder Handlung geht, als um die ›Schaustellung‹ *(ostentatio)* selbst. Das griechische *epideiktikón* bzw. der Begriff der Epideixis benennen demzufolge vor allem das ›sprachliche Zurschaustellen‹ der artifiziellen und artistischen Rede.[10] Quintilian hebt somit insbesondere die Dimension des semiotischen Spiels hervor, welchem bei der Lobrede besondere Aufmerksamkeit zukommt. Wo es nicht darum geht, eine bestimmte Sachlage darzulegen oder zu untermauern, kann sich das Augenmerk des Redners wie des Hörers auf die sprachliche Ebene konzentrieren.

Genau in dieser Verschiebung der Grundlage der Rede aber haben die Philosophen einen Beleg für die Unaufrichtigkeit der Rhetorik im Ganzen und so mancher großer Rhetor einen Grund für die Ausgliederung der Lobrede aus dem ernsthaften Geschäft des Redners gesehen. So lamentiert Sokrates in Platons *Symposion*, dass er

> überhaupt nichts davon verstehe, wie man etwas preisen muß. Ich glaubte in meiner Einfalt, man müsse die Wahrheit sagen über jedes zu Preisende und das sei gegeben, und daraus dann das Schönste auswählen und so schicklich wie möglich aufbauen. Und sehr groß dachte ich davon, wie schön ich reden würde, da ich ja die Wahrheit von dem Dinge, das ich zu loben hatte, wußte. Aber darin besteht, wie es scheint, gar nicht, ein Ding schön zu loben, sondern darin, der Sache so Großes und Schönes wie möglich beizulegen, ob es sich nun so verhält oder nicht – wenn es aber falsch sein sollte, läge nichts daran.[11]

Und Cicero erscheint die Lob- und Festrede lediglich als »Kinderstube des Redners«, die zwar wertvolle Grundsätze der Rede verbreite und verstehen lehre, aber allein »um des Genusses willen« als »Ohrenschmaus« gehalten und gehört werde. Damit fällt sie aus dem Aufgabenbereich des idealen Redners heraus, der »auf dem Forum« für die Geschicke der Gemeinschaft kämpft: Die »Prunkrede«, »das Spezialgebiet der Sophisten«, »passt besser zu festlichem Gepränge als zum Kampf, [ihr Stil] ist für die Gymnasien und die Ringschule bestimmt, doch auf dem Forum wird [dieser Stil] verschmäht und abgelehnt«.[12]

---

10 Quintilianus: Institutio Oratoriae. Ausbildung des Redners, Bd. 1, III.4.12f. (S. 299). Vgl. Matuschek: Art. Epideiktische Beredsamkeit (HWRh, Bd. 2), Sp. 1258 u. 1262.
11 Platon: Das Gastmahl oder Von der Liebe, 20 (S. 68 f.). Weitere Diffamierungen der Lobrede finden sich in Platons Dialog *Menexenos*, vgl. Matuschek: Art. Epideiktische Beredsamkeit (HWRh, Bd. 2), S. 1260.
12 Cicero: Orator. Der Redner, 11.37 u. 13.42 (S. 43 u. 47).

Einerseits im Kontext von Spiel und Wettbewerb angesiedelt, andererseits dem Spielerischen verpflichtet, gilt die Lobrede seit Cicero vornehmlich als Gelegenheit zur (Ein-)Übung. »[A]bsichtlich und nicht im Verborgenen« können hier alle Register der sprachlichen Gestaltung gezogen werden: Es darf mit der »Fülle des Ausdrucks«, mit »Fügung und [...] Rhythmus der Worte« oder mit der »harmonischen Entsprechung von Sätzen« experimentiert werden. Das Spiel mit Gleichmaß und Gleichklang in einzelnen Formulierungen sowie Satzschlüssen kann noch erweitert werden durch die kunstvolle und häufige Verbindung von Widerstreitendem und den Vergleich von Gegensätzlichem.[13] Lange Zeit war daher die Lobrede der rhetorischen Schulung des Redeschmucks in Lehre und Praxis vorbehalten.[14] Und in dieser Praxis gilt es gerade, die Unentscheidbarkeit(en) zwischen dem zur Schau Gestellten und der Schaustellung auszunutzen. Da der Gegenstand der Rede vermeintlich nicht zur Debatte steht,[15] kann die Rede selbst zu Höherem aufsteigen. Die *auxēsis*, die Steigerung, erscheint Aristoteles denn auch als das Stilmittel der vorführenden Reden schlechthin: »Überhaupt ist von den Erscheinungsformen, die allen Reden gemeinsam sind, die Steigerung für Festreden *[tois epideiktikois]* am geeignetsten, denn diese nehmen alle Taten als unbestritten hin, so daß nur noch übrigbleibt, ihnen Größe und Schönheit zu verleihen.«[16]

Quintilian führt die Steigerung (zusammen mit der Abschwächung) als Mittel der Ausschmückung der Rede an. Die Formen der (lat.) *amplificatio* sorgen für mehr »Nachdruck und Handgreiflichkeit« in der Rede durch »Wörter von größerem Umfang«.[17] Die Möglichkeiten der Vergrößerung liegen also in der Rede selbst, sind den Worten selbst eingegeben. Quintilian kreist vier Arten des Vergrößerns ein, deren erste Kategorie auf eine skeptisch beäugte Eigenart des Rhetorischen führt. Denn im Zuwachs *(incrementum)* über Steigerungsstufen und Aneinanderreihungen erscheint »das als groß [...], was sogar weniger bedeutet«.[18] Außer-

---

13 Vgl. Cicero: Orator. Der Redner, 13.40 u. 12 (S. 45 u. 43).
14 Vgl. Matuschek: Art. Epideiktische Beredsamkeit (HWRh, Bd. 2), Sp. 1261 u. Sp. 1259: »Die [epideiktische Beredsamkeit] empfiehlt sich zu Übungszwecken. Denn Übung ist ja genau dadurch gekennzeichnet, daß ein Gegenstand nicht wirklich zur Debatte steht, sondern nur als Anlaß dient, seine Kunstfertigkeit zu beweisen. So ist die [epideiktische Beredsamkeit] zum Hauptfeld der rhetorischen Schulung zur Grundlage für Lehre und Praxis des Redeschmucks [...] geworden. Man kann sie als Feierlichkeit oder als Übung dem ernsten Alltag des Redners gegenüberstellen: hier die lebensentscheidenden Sachfragen vor Gericht oder in der Beratung, dort die als Training oder als Festakt gedachte kunstsinnige Darbietung.«
15 Vgl. Hambsch: Das tadelnswerte Lob.
16 Aristoteles: Rhetorik, I.9, 1368a (S. 47 f.).
17 Quintilianus: Institutio Oratoriae. Ausbildung des Redners, Bd. 2, VIII.4.2 (S. 189).
18 Quintilianus: Institutio Oratoriae. Ausbildung des Redners, Bd. 2, VIII.4.3 (S. 191).

dem bietet die Vergleichung *(comparatio)* ein typisches Verfahren des Steigerns, bei dem das zur Schau zu Stellende über etwas Vergleichbares hinausgehoben wird. Darin zeigt sich schon auch die dritte Art der Steigerung an, die durch eine Schlussfolgerung *(ratiocinatio)* erreicht wird. Die Größe oder Schwere oder Schönheit einer Sache oder Ähnliches wird aus der Ausführung einer anderen Sache oder der Umstände geschlossen. Und schließlich führen Formen der Anhäufung *(congeries)*, des Überbordens durch Vervielfältigung des einzelnen Sachverhalts in immer mehr Wörtern, die untereinander auch gesteigert sein können, zur *amplificatio*.[19] Im Verfahren der Häufung sehen aktuelle Quintilian-Erläuterungen im Übrigen auch die vermehrte Anwendung von Synonymen, Metaphern und rhetorischen Figuren angesiedelt. Hier geht der funktionale Aspekt der Wortvielfalt als Verstärkung der Überzeugungskraft der Rede und damit des Erfolgs des Redners (welche vor allem in den Gerichts- und Beratungsreden eine Rolle spielen) über in das stilistische Laster der Geschwätzigkeit, in der lateinischen Tradition bekannt als *abundantia, tumor, verbositas* oder *loquacitas*.[20]

Derlei Vorwürfe eines ausgeprägten Schwätzertums, des Vorlauten oder des Geschreis ereilten auch McLuhan angesichts seines Versuchs der Grundlegung einer neuen Fachrichtung mit *Understanding Media*.[21] Tatsächlich übt ein Großteil der Kritiker vor allem eine Stilkritik am Buch. So fasst der Literaturwissenschaftler Christopher Ricks seinen Lektüreeindruck folgendermaßen zusammen: »These are all important themes, but they are altogether drowned by the style, the manner of arguing, the attitude to evidence and to authorities, and the shouting.«[22] Die Themen sind also wichtig, aber sie ertrinken im überbordenden und dem den wissenschaftlichen Konventionen zuwiderlaufenden Stil. Daraus folgt in den bestehenden Kritiken und Zusammenfassungen eine Betrachtung am ertränkenden Stil vorbei, beschränkt und beschränkend auf »wahlweise zwei, drei oder vier Slogans«.[23] Man bekommt das Angebot des Textes ›in den Griff‹, jedoch nicht nur aufgrund der notwendigen Komplexitätsreduktion zusammenfassender

---

19 Vgl. Quintilianus: Institutio Oratoriae. Ausbildung des Redners, Bd. 2, VIII.4.9–14 (Vergleichung, S. 193–195), VIII.4.15–26 (Schlussverfahren, S. 195–201) u. VIII.4.26 f. (Anhäufung, S. 201).
20 Vgl. Bauer: Art. Amplificatio (HWRh, Bd. 1), Sp. 447 f.
21 Vgl. eine neuere und eine ältere Einschätzung: Faulstich: Einführung in die Medienwissenschaft (2002), S. 22; Frenzel: Zwischen Spießertum und Pop, S. 130.
22 Ricks: The Style Is a Vicious Fog, through which Loom Stumbling Metaphors, S. 245.
23 Grampp: Marshall McLuhan, S. 19. Grampp belegt seine Aufzählung der abzählbaren Erläuterungen zu McLuhan mit Bezug auf Hartmann: Medienphilosophie, S. 248–250 (zwei Slogans); Leschke: Einführung in die Medientheorie, S. 245–247 (drei Slogans); Spahr: Magische Kanäle (vier Slogans).

Darstellungen,[24] sondern durch die unhinterfragte Anwendung eines im Grunde genommen jahrtausendealten Schemas der Textlektüre, das den Text immer schon auf eine Durchlässigkeit aufs Wesentliche festlegt. Der allgemeine Umgang mit *Understanding Media* ruht damit letztlich auf der alten Unterscheidung von *res* und *verba*, Sachen und Worten auf, die bereits in der antiken Rhetorik, in der abendländischen Philosophie und in vielen Jahrhunderten der Stilkritik einen Richtwert für die Anerkennung oder Ablehnung von Werken oder Positionen bot. Demnach müssen die Worte klar auf die Sachen verweisen und den Sachen selbst angemessen sein.[25] Die ausufernde, unnötige Umwege, Einlassungen und Redundanz produzierende Darstellungsweise hingegen, mit der insbesondere die Mittel der Steigerung im epideiktischen Genre einhergehen,[26] wird als Zusatz aufgefasst, der den Zugriff auf die Sachen erschwert und sich darüber hinaus dem Ökonomiegebot wissenschaftlicher Abhandlungen wie dem Angemessenheitsgebot des literarischen Geschmacks widersetzt.

Der Vorwurf eines alles ertränkenden Stils hebt letztlich die Prunkrede-Eigenschaft von *Understanding Media* hervor. Jene Wirkung des Überladenen *(abundantia)* und des Lärmenden *(verbositas)* wurde über Jahrhunderte hinweg auch mit dem pejorativen *Terminus technicus* der Schwulst *(tumor)* belegt.[27] Schwulst erschien als ein dekadenter Ausläufer des antiken epideiktischen Prunkcharakters der Rede. Sie wurde mit »prächtigen, volltönenden, nur in einer hohen pathetischen Sprache gebräuchlichen Worten« und »großen wohlklingenden Perioden« assoziiert, die jedoch – im Stilbruch – auf »ganz gemeine Dinge« angewendet wurden.[28] *Understanding Media* weist zwar weniger Formulierungen eines pathetischen Gestus auf, wie sie die Stilkritiken des achtzehnten und neunzehnten Jahrhunderts im Sinn hatten,[29] auch fehlen die umständlichen Sätze oder »syntaktischen Girlanden«.[30] Jedoch wartet der Text gewissermaßen mit Rudimenten der prunkenden Gattung und ihres Stils auf, liefert mithin eine neue, dem zwanzigsten Jahrhundert und seinen neuartigen Mitteln des Ausdrucks und

---

24 Vgl. Grampp: Marshall McLuhan, S. 19.
25 Vgl. exemplarisch Quintilianus: Institutio Oratoriae. Ausbildung des Redners, Bd. 1, III.5.1 (S. 301), in der Darlegung von Groddeck: Reden über Rhetorik, S. 97.
26 Vgl. Lausberg: Elemente der literarischen Rhetorik, § 72 (S. 35 f.).
27 Vgl. Zymner: Art. Schwulst (HWRh, Bd. 8), Sp. 706 f.
28 Sulzer: Art. Schwulst (1771). Sulzer erläutert die Schwulst unumwunden als »Fehler der Schreibart«.
29 Johann Georg Krünitz' *Oeconomische Encyclopaedie* (Bd. 151) gibt folgendes Beispiel: »Man wolle z. B. in einer gewöhnlichen Rede sagen, es wird Tag! und man drückt dies durch die Worte aus: Schon hebt Aurora ihr Strahlenantlitz aus den Fluthen des Meeres empor.« Zit. nach Wikipedia, https://de.wikipedia.org/wiki/Schwulststil (12. 02. 2015)
30 Grampp: Marshall McLuhan, S. 25.

der Kommunikation adaptierte Art der Schwulst. So werden etwa einige Figuren des hohen Stils im Text gepflegt, mit denen sich ein Eindruck von Lebendigkeit in der Rede erzeugen lässt und die hier freilich weniger einen pathetischen als einen komischen Eindruck vermitteln.[31] Ungezählt bleiben die »kühnen Analogien«, »der Metaphernreigen«[32] oder die himmelschreienden Vergleiche. Auffällig bleibt auch der »erstaunlich[ ] hohe[ ] Redundanzanteil«,[33] der eine Untersuchung der textuellen Eigenarten des Buchs immer wieder auf die *congeries, incrementa* oder *comparationes* der rhetorischen Steigerung, der zentralen stilistischen Eigenschaft der Epideixis, verweisen muss.

Im Folgenden widme ich mich daher vornehmlich solchen ›schwülstigen‹ Aspekten von *Understanding Media*, also den ›volltönenden Worten‹ anstelle der ›darunter liegenden‹ oder damit bezeichneten Sachen. Es geht mir dabei allerdings nicht darum, die rhetorische Strategie McLuhans offenzulegen oder die rhetorischen Volten des Textes als Überzeugungsstrategie einzuholen,[34] sondern darum, das Wissen auszumachen, das die Mittel der Steigerung und so manche rhetorische Figuren selbst in den Text (und in einige Vorgängertexte) einbringen, um ein Wissen von den Medien zu begründen.

1 Steigern: »The medium is the message«

Gleich das erste Kapitel von *Understanding Media*, »The Medium is the Message«, zeigt, wie epideiktische Schwulst in Zeiten von Pop aussehen kann. Der Anfang des Kapitels ist einem Off-Kommentar zu einem bombastischen Kinotrailer des einundzwanzigsten Jahrhunderts ebenbürtig: »In a culture like ours, long accustomed to splitting and dividing all things as a means of control, it is sometimes a

---

[31] Vgl. etwa das Einflechten kleiner Dialoge, wie beispielsweise im Photographie-Kap. von *Understanding Media*: »Awareness of the transforming power of the photo is often embodied in popular stories like the one about the admiring friend who said, ›My, that's a fine child you have there!‹ Mother: ›Oh that's nothing. You should see his photograph‹« (McLuhan: Understanding Media, S. 188), oder die ebenfalls szenisch wirkende Rede in der Rede im ersten Kap. des Buchs (S. 8): »If it was asked, ›What is the content of speech?‹, it is necessary to say, ›It is an actual process of thought, which is in itself nonverbal.‹« Hier werden *apostrophé* und *prospopopoeia* als besonders anschauliche Redeweisen eingesetzt.
[32] Grampp: Marshall McLuhan, S. 25.
[33] Grampp: Marshall McLuhan, S. 25.
[34] Vgl. Fekete: Massage in the Mass Age, S. 63f.; Marchessault: Marshall McLuhan, S. 169f., sowie die bereits erwähnte Betrachtung der Schreibweise McLuhans bei Grampp: Marshall McLuhan, S. 26.

bit of a shock to be reminded that, in operational and practical fact, the medium is the message.«³⁵

Der erste Satz spricht alle an *(in a culture like ours)*, benennt die eigene Schockwirkung *(a bit of a shock)* und setzt die kontraintuitive Wendung vom Medium, das die Botschaft ist, ein. In dieser berühmten Formel der Medienwissenschaft steckt das Paradoxon, wie es die Rhetorik fasst, als treffliche Aussage, die mit der Erwartung oder der gewöhnlichen Auffassung bricht.³⁶ Die Verblüffungskunst durch Paradoxa wird bevorzugt – wie könnte es anders sein – in der epideiktischen Beredsamkeit ausgenutzt. In der scheinbar selbstwidersprüchlichen Redeweise ist ein bedenkenswerter Kern enthalten, dessen Erfassen meist einen kleinen Augenblick in Anspruch nimmt und zum Überdenken bisheriger Vorstellungen und Begriffe anregt.³⁷

Im vorliegenden Fall macht die Gleichsetzung des bis dato Unterschiedenen, Medium und Botschaft, stutzen. Im abendländischen Denken kommt die Botschaft vor dem Medium, so dass das Medium lediglich zur Botschaft hinzutreten kann, nicht aber die Botschaft selber sein kann.³⁸ Im Ausdruck aus *Understanding Media* steht das Medium nun zuerst und die Botschaft fällt mit ihm in eins. Das führt, wenn man es zu Ende denkt, entweder zu einer Entleerung der Botschaft, da sie nun nichts als ein Medium ist, oder zur Erhöhung des Mediums, da es nun nichts weniger als die Botschaft selbst ist. Die Entscheidung darüber wird in der paradoxalen Wendung jedoch in der Schwebe gehalten.

Was genau gemeint ist, entscheidet der Ausdruck nicht. Das verbindet ihn mit dem »prägnanteste[n] Typ rhetorischer Paradoxie«: dem Oxymoron.³⁹ Im Oxymoron steht der referentiellen, logischen und semantischen Negativität eines Ausdrucks wie ›Eile mit Weile‹ die Positivität der syntaktischen Realisierbarkeit

---

35 McLuhan: Understanding Media, S. 7. Übertroffen wird dieser Einsatz eigentlich nur noch vom Beginn der Einleitung des Buchs (S. 3), die auf eine Anekdote aus der *New York Times* hin ansetzt: »After three thousand years of explosion, by means of fragmentary and mechanical technologies, the Western world is imploding.«
36 Vgl. Celentano u. a.: Art. Paradoxon (HWRh, Bd. 6), Sp. 524–526.
37 Vgl. Neumeyer: Art. Paradoxe, das (HWRh, Bd. 6), Sp. 518 u. 516.
38 Zur allgemeinen Auffassung von Vermittlungsprozessen und dem universitären Rahmen, in den McLuhans Satz einfiel vgl. Hörisch: Eine Geschichte der Medien, S. 70–72.
39 Neumeyer: Art. Paradoxe, das (HWRh, Bd. 6), Sp. 516. Das Oxymoron verbindet gemeinhin ein antithetisches Attribut mit einer konträren Eigenschaftsbestimmung, wie im Ausdruck ›eisernes Holz‹. Es ist aber nicht allein auf zwei Wörter beschränkt, sondern erscheint auch in Sprichwörtern wie ›weniger ist mehr‹, unter Verwendung noch der Paronomasie in ›Eile mit Weile‹ oder in ganzen Sentenzen wie der ciceronischen ›Das Schweigen ist beredt‹. Vgl. Scheuer: Art. Oxymoron (HWRh, Bd. 6), insb. Sp. 469 f.

gegenüber.⁴⁰ Dies lässt sich auch für ›the medium is the message‹ (zumindest zum Zeitpunkt der Einsetzung der Formel) veranschlagen. Die Formulierung eröffnet ein Sowohl-als-auch hinsichtlich der Herabsetzung der Botschaft und der Aufwertung des Mediums in der sprachlichen Realisierung, die zwei gemeinhin komplementär aufgefasste Dinge zusammenfallen lässt. Unterstrichen wird das Sowohl-als-auch noch durch die Alliteration ›me-/me-‹. Die Steigerung, die der oxymorale Ausdruck in der Gleichsetzung des ansonsten wohl Unterschiedenen erreicht, wird hier durch das Gleichklingende der Alliteration verstärkt. Die der Alliteration zugrundeliegende Verdopplung ist zudem ein grundlegender Fall von sprachlicher Steigerung, der eine Verstärkung durch Verbreiterung oder Häufung des Ausdrucks erreicht. Das ›me-/me-‹ überführt das Oxymoron ›the medium is the message‹ in der Dopplung auch in den Grenzbereich des *pun (me-ssage/ me-dium)*, womit der sprachliche Einsatz und die Möglichkeit der Entleerung des Gesagten hervortritt.⁴¹

Da der Trickster um die Schwierigkeit des Verständnisses eines Oxymorons – bei gleichzeitiger hier zum Einsatz gebrachter Steigerung von Ausdruck und Aufmerksamkeit – weiß, bietet er auf die (Kino-)Ansage hin sogleich einen erklärenden Satz an: »This is merely to say that the personal and social consequences of any medium – that is, of any extension of ourselves – result from the new scale that is introduced into our affairs by each extension of ourselves, or by any new technology.«⁴² Der zweite Satz des ersten Kapitels aus *Understanding Media* verspricht, den Bombast des ersten Satzes oder doch wenigstens seiner oxymoralen Sentenz abzuschütteln und nun einfach nur zu erläutern, was das eigentlich heißen soll: »This is merely to say […].« Doch die epideiktische Eigenart des Textes kommt sogleich wieder durch, wenn in der Erklärung eine weitere Erklärung *(that is)* eingeschoben, also noch oben drauf gegeben wird. Diese zusätzliche Erklärung *(any extension of ourselves)* wird darüber hinaus noch im selben Satz arglos aufgenommen als vollkommen selbstverständlicher Begriff für das Behandelte und sogleich abermals erweitert durch ein Äquivalent, eine weitere Sache: »any new technology«. Das, was einfach nur zu sagen ist – was das Oxymoron eigentlich heißen soll –, wird demnach umständlich ausgeführt; es ufert aus in Periphrasen des Erklärenden in der Erklärung, die sich doch selbst als sachliche Periphrase zum schmuckvoll Gesagten des ersten Satzes angekündigt hat.

Die Wahl dieser Mittel und die ausladende Art der Darstellung, die oft genug als Begriffsschwammigkeit oder völlige Laxheit im Umgang mit Begriffen abgetan

---

40 Vgl. Scheuer: Art. Oxymoron (HWRh, Bd. 6), Sp. 469.
41 Vgl. Culler: The Call of the Phoneme, sowie Menke: Pun.
42 McLuhan: Understanding Media, S. 7.

wurde,⁴³ korrespondiert dabei allerdings mit dem Dargestellten. Der Trickster folgt dem im Verlauf dieser Untersuchung bereits mehrmals vorgestellten Grundsatz der Rednerkunst: Die behandelten Sachen und die verwendeten Wörter aufeinander abzustimmen. Hier nun, zu Beginn des ersten Kapitels in *Understanding Media*, sind die Sachen das Medium und seine Wirkungsweise. Die gewählten Wörter und Wendungen bestechen derweil durch Steigerungen des sprachlichen Ausdrucks im Figürlichen und weit Ausholenden, wenn nicht gar weit Hergeholten. Das Steigernde und das Weit-Ausholende aber sind wiederum auch das, was an der Sache des Mediums aufgewiesen werden soll, wie der zweite, ausufernde Erklärungssatz zu Beginn von *Understanding Media* festhält: »[T]he personal and social consequences of any medium [...] result from the new scale that is introduced into our affairs [...].« Diese (Aus-)Maßänderung jedes Mediums findet sich auch noch einmal auf der zweiten Seite des Kapitels »The Medium is the Message« ganz deutlich formuliert und nun sogar unter Verwendung des entscheidenden Oberbegriffs der Gestaltungsmittel der Prunkrede: »What we are considering here, however, are the psychic and social consequences of the designs or patterns as they *amplify* or accelerate existing processes.«⁴⁴ Die Amplifikation des Bestehenden in den Gestaltungen oder Mustern – Beispiele sind an dieser Stelle die abstrakte Kunst und Computerarchitekturen – soll in *Understanding Media* betrachtet werden.

Bewegungen der Verstärkung, Vergrößerung oder Verbreiterung des Vorfindlichen, wie sie der Text McLuhans in seiner Betrachtung des Mediums und der Medien zu beobachten sucht, hat die epideiktische Gattung in der Rhetorik (anhand des Verhältnisses von Sachen und Wörtern) schon immer durchgespielt und ausgenutzt. Wörter von ›größerem Umfang‹, die ›Fülle des Ausdrucks‹ und die ›Verbindung von Widersprüchlichem‹ sind die von den antiken Autoritäten angeführten Mittel der Schaurede ohne Streitgegenstand, und McLuhans Text weist sie schon in seinen Eingangssätzen auf. Die gesamte Tradition der Rhetorik, von der Antike bis zum zwanzigsten Jahrhundert, hat – ob sie die wörtliche Form der Rede nun für wirkungsvoll (Antike) oder lediglich für schmuckvoll (Neuzeit, Aufklärung, neunzehntes Jahrhundert) erachtete – indessen in der Beobachtung der Steigerungsbewegungen in und durch die Sprache immer eine stabile Verbindung zwischen den Wörtern und den Sachen unterstellt. Die beobachtete Fähigkeit der Sprache, noch die zur Rede stehende Sache zu steigern, erschien nicht als bedenkenswerter Einsatz der sprachlichen Mittel selbst, sondern wurde durch

---

43 Vgl. eine Darstellung und Plausibilisierung dieser Kritik bei Grampp: Marshall McLuhan, S. 147–152, sowie für die Wahrnehmung unter den Zeitgenossen: Burke: Medium as ›Message‹, u. a. S. 170.
44 McLuhan: Understanding Media, S. 8 (Hervorhebung J. M.).

die Gedankenordnung des Redners während der *inventio* gesteuert. Die sprachliche Produktivität, die sich gerade in den figurativen Steigerungen abzeichnet, erschien durch die Instanz des Redners und seiner inventiven Arbeit reguliert und regulierbar, und noch das gesteigert Ausgedrückte wurde so als auf seine Sache rückführbar imaginiert.[45] Daher die Ratschläge und Normen, bei der nach der *inventio* stattfindenden sprachlichen Gestaltung, die Nähe oder Ähnlichkeit zwischen den Gegenständen und den Wörtern der Rede sicherzustellen. Dabei zeichnet sich schon in den Ratschlägen Aristoteles' für den geeigneten Ausdruck in der Lobrede ab, dass auch das ›Nahe‹ noch die Sache selbst verändert. Es sollen ja den vorhandenen Eigenschaften »nahe« »ins Treffen führen, *als wären* sie dieselben«.[46] Sie sind aber in den gegebenen Beispielen ganz offensichtlich nicht dieselben, wenn etwa der Draufgänger für die Lobrede ›tapfer‹ und der Prasser ›großzügig‹ zu nennen ist. Dass die so bezeichneten Eigenschaften dieselben *wären*, bleibt Unterstellung. Die Bezeichnung des Waghalsigen als Mutigen oder des Verschwenders als Freigiebigen führt trotz aller Überlegungen in der *inventio* einfach zu etwas anderem als dem zu lobenden Draufgänger oder Prasser.

Die Formen der Steigerung, die nun *Understanding Media* im behandelten Gegenstandsbereich selbst – den Medien – ausmacht, erscheinen allerdings als solche Steigerungen, die von vornherein eine unterstellte Rückführung auf ihren Ausgangspunkt durchstreichen. Nach der ausdrücklichen Bestimmung der Medien-Betrachtungen als einer Betrachtung von Steigerungen existierender Prozesse *(as they amplify or accelerate existing processes)* auf der zweiten Seite des ersten Kapitels, präzisiert McLuhan: »For the ›message‹ of any medium or technology is the change of scale or pace or pattern that it introduces into human affairs.«[47] Inmitten der epideiktischen polysyndetischen Erweiterungen dieser Bemerkung: »medium or technology«, »change of scale or pace or pattern«, erscheint die Botschaft jedes Mediums als die Veränderung des Maßes (oder Tempos oder Musters) der menschlichen Angelegenheiten selbst, welche laut der nachfolgenden Erläuterung zu etwas völlig Andersartigem führt: »The railway did not introduce movement or transportation or wheel or road into human society, but it accelerated and enlarged the scale of previous human functions, creating totally new kinds of cities and new kinds of work and leisure.«[48]

---

45 Vgl. Groddeck: Reden über Rhetorik, S. 97.
46 Aristoteles: Rhetorik, I.9, 1367a (S. 45) (Hervorhebung J. M.). So wird bspw. empfohlen, den Draufgänger als tapfer und den Prasser als großzügig zu bezeichnen. Ein Nähe-Verhältnis zwischen dem Draufgänger und der Tapferkeit oder dem Verschwender und der Großzügigkeit wird hier attestiert.
47 McLuhan: Understanding Media, S. 8.
48 McLuhan: Understanding Media, S. 8.

Beschleunigung und Vergrößerung – die Steigerungsformen der Medien – bringen nicht einfach, wie im hier angesprochenen Fall des Transportmittels Eisenbahn, so etwas wie Bewegung, Transport, Rad oder Straße in die menschliche Gesellschaft, sondern sie verändern das Maß vorheriger menschlicher Funktionen. Die Steigerungen des Mediums rufen dabei völlig neue Arten von Städten, von Arbeit und Freizeit ins Leben. Die zuvor bestehenden Prozesse, die vorherigen menschlichen Zustände sind nicht aus den neuartigen Lebensformen wiederherzustellen, sie sind vielmehr immer noch weiteren Veränderungen ausgesetzt:

> This happened whether the railway functioned in a tropical or a northern environment, and is quite independent of the freight or content of the railway medium. The airplane, on the other hand, by accelerating the rate of the transportation, tends to dissolve the railway form of the city, politics, and association, quite independently of what the airplane is used for.[49]

Die Unterschiede der Art, die die Medien laut *Understanding Media* einsetzen, gehen auf die »differences of kind« zwischen verschiedenen Medien zurück, welche die Medienforschung Edmund Carpenters, McLuhans und der Zeitschrift *Explorations* in den 1950er Jahren gegenüber einem absoluten Begriff von Kommunikation vertreten und zu beschreiben begonnen hatte.[50] In dieser Forschung war die spekulative und spektakuläre These Benjamin Lee Whorfs, dass die Sprachen unsere Wirklichkeit und unsere Kulturen erst herstellen, für alle weiteren Formen des symbolischen Ausdrucks und der Kommunikation zur Anwendung gebracht worden.[51] Ausgehend von diesen ethnolinguistischen Thesen wurde damit die grundlegende Alterität der ethnologischen Erfahrung im Feld, die Fremderfahrung, zum Dreh- und Angelpunkt des beginnenden Nachdenkens über Medien und des Erfassens ihrer Wirkungsweisen.[52]

In den angeführten Passagen aus *Understanding Media* sind jene Verschiedenheiten der Art zwischen den einzelnen Medien, wie sie in den Texten der 1950er Jahre hervortraten, zurückgetreten hinter den Unterschieden, die sie jeweils hervorbringen, hinter der Alterität der Wirklichkeit, welche die Medien selbst strukturieren. Die nun attestierte Verschiedenheit der »environment[s]« kommt im Text von *Understanding Media* über die Steigerungseigenart der Medien zustande. Das Verhältnis der Medien zu den bestehenden Prozessen und zur sie

---

49 McLuhan: Understanding Media, S. 8.
50 Vgl. die *Explorations*-Artikel Carpenters: Certain Media Biases (1954), S. 74, und ders.: The New Languages (1957), S. 21, sowie den gemeinsam mit McLuhan signierten Artikel gleichen Titels: Carpenter/McLuhan: The New Languages (1956), S. 49.
51 Vgl. Kap. III.4.3 und III.4.5 in diesem Band.
52 Vgl. auch Schüttpelz: »Get the message through«, S. 72.

umgebenden Welt, oder vielmehr zu der von ihnen eingegebenen Welt, wird als Steigerungsverhältnis gefasst *(amplify or accelerate)*. Die Steigerung der Medien führt dabei einerseits die ethnologisch grundierte Diskussion der Eigenart und Wirkungsweisen der Medien fort, insofern diese Steigerung nicht lediglich Hinzukommendes, nicht einfache Verstärkung bestehender Eigenschaften ist, sondern vielmehr ein grundlegendes Fremdwerden einsetzt bzw. die Erfahrung einer wesentlichen Fremdheit freisetzt. Andererseits aber führt die Steigerung auch über die Diskussionszusammenhänge der 1950er Jahre hinaus und zurück in das Feld der rhetorischen Diskussion. Gerade in seiner Eigenart, nicht zurückführbar zum ›Ursprünglichen‹ zu sein, nicht nur zum vorgängigen Gedanken oder zur vorgängigen Sache Hinzugezogenes zu sein, bringt das von den Medien eröffnete Steigerungsverhältnis die Problematik der rhetorischen Steigerung zum Vorschein. Es entspricht gerade nicht den Auffassungen der überlieferten und auf den *ornatus* reduzierten Rhetorik, sondern es setzt die Möglichkeit des Fremdwerdens des Bestehenden oder Bekannten in der Steigerung ein. Damit aber schließt diese Diskussion der Medien an die rhetorischen Problemstellungen an, die die Wiederentdeckung der Rhetorik in der angloamerikanischen Literaturkritik aufgreift und in eine transformierte Rhetorik überführt.[53] Es sind gerade die Arbeiten der in der Gerichtsrede des Tricksters verurteilten ›rhetorischen Exegeten‹, die derartige Entfremdungen, Verschiebungen und Veränderungen aus dem Bereich der sprachlichen Gestaltung der alten Rhetorik, aus der *elocutio* heraus, ausmachen und zur Voraussetzung ihrer interpretatorischen und literaturtheoretischen Arbeit erklären.

Während die Abweichungen und Fremdheiten der Barbarismen und Solözismen in der *elocutio* unter den alten Rhetorikern und im antiken Wissensgebäude der Rhetorik zur unablässigen Ermahnung zur Kontrolle des Ausdrucks, zur Anmessung und Angemessenheit des sprachlichen Stils führten, entsteht in der ersten Hälfte des zwanzigsten Jahrhunderts in Philosophie und Literaturwissenschaft ein sprach- und erkenntnistheoretisches Interesse an den figurativen Einsätzen der Rhetorik, am Fremdwerden (in) der Sprache. I. A. Richards vereinte in seiner Person die sprachphilosophischen Überlegungen zur Metaphorizität der Sprache mit den literaturwissenschaftlichen Befunden der Ambiguität des poetischen Ausdrucks, welche vor allem durch William Empson als Vorausset-

---

[53] Anselm Haverkamp spricht von »Dysfunktionalität, Verunsicherung und Durchbrechung« des hermeneutischen Text- und Sprachverständnisses durch das »Milieu der rhetorischen Termini« in der angloamerikanischen »Wiederentdeckung der Rhetorik« (Haverkamp: Einleitung: Die paradoxe Metapher, insb. S. 7 f.).

zung der literaturkritischen Arbeit profiliert wurde.⁵⁴ Der US-amerikanische Rezipient und Popularisierer jener Ansätze der britischen *Cambridge English School*, Kenneth Burke, gab dann bemerkenswerterweise 1951 eine Darstellung der »Rhetoric – Old and New« aus, bei der er unter dem Stichwort »deflection«, also der Abweichung oder Umlenkung, »any slight bias or even unintended error in our vocabulary for describing reality« fasste.⁵⁵ Dieses Fehlgehen sollte ausgehend von Burke später durch Paul de Man zur »rhetorical basis of language« erklärt werden, auf deren Linie die Dekonstruktion entwickelt wurde.⁵⁶ Das *Bias of Communication*, das der Wirtschafts- und Kommunikationshistoriker Harold Innis 1951 mit einer Anthologie zu bedenken gab und hauptsächlich mediengeschichtlich untermauerte,⁵⁷ jenes ›Bias‹, welches sodann eine Umorientierung kommunikationswissenschaftlicher Forschung und Fragestellung im Torontoer Forschungsteam um Carpenter und McLuhan 1953–1955 befeuerte, war also mit Burkes Artikel im selben Jahr auch schon als ›Bias‹ der Worte und des alltäglichen Ausdrucks für den Bereich der *General Education* und ihrer literaturkritischen Sparte benannt worden.⁵⁸

In McLuhans Fassung der Steigerung, die mit den Medien laut *Understanding Media* statthat, zeigt sich daher ein Modell der Argumentation, nach dem die von der alten Rhetorik imaginierte Rückübersetzung des gesteigerten Ausdrucks auf seinen Ausgangspunkt unmöglich wird und das um 1960 wesentlicher Bestandteil des Nachdenkens über Sprache in der literaturkritischen Auseinandersetzung mit Poesie und Prosa geworden ist. Der Text McLuhans situiert sich damit an einem Transformationspunkt der Rhetorik, der mit den Namen Richards' und Empsons ausgewiesen werden kann. Richards' sprachwissenschaftliche Überlegungen zwischen Psychologie und Philosophie der 1920er Jahre sowie seine anschließenden literatur- und bildungstheoretischen Arbeiten der 1930er und

---

54 Vgl. Empson: Seven Types of Ambiguity (1930), und Richards: The Philosophy of Rhetoric (1936), S. 40. Richards fasst zusammen, dass er eine weitreichende und subtile Ambiguität überall erwartet und vorfindet. Während Ambiguität für die alte Rhetorik ein Fehler gewesen sei, sei sie für die neue Rhetorik eine unvermeidbare Konsequenz des Vermögens der Sprache und unabdingbares Mittel der Äußerung. Vgl. auch Haverkamp: Die wiederholte Metapher, S. 117–144.
55 Burke: Rhetoric – Old and New, S. 208.
56 De Man: Semiology and Rhetoric, S. 8. Zu Paul de Mans rhetorischer Grundlage der Dekonstruktion vgl. Stix: Rhetorische Aufmerksamkeit, insb. S. 8–10.
57 Vgl. exemplarisch den Aufsatz »The Bias of Communication« in Innis: The Bias of Communication, S. 33–60.
58 Vgl. Burkes Publikation im *Journal of General Education* mit dem Eingangshinweis: »On the assumption that writing and the criticism of writing have an area in common, this statement is offered in the hopes that, though presented from the standpoint of literary criticism, it may be found relevant to the teaching of communication.« Burke: Rhetoric – Old and New, S. 202.

1940er Jahre erwägen immer wieder das Problem einer Selbstdifferenz im sprachlichen Ausdruck. Sie stellen eine Faszination am Bedeutungswechsel der Wörter aus, am Fremdwerden des vermeintlich Bekannten und Feststehenden, das die identische Gestalt der Wörter doch zunächst eingibt. In *The Philosophy of Rhetoric* (1936) ist die Annahme eines stetigen Bedeutungswechsels der Wörter Voraussetzung für das Wiederbelebungsprojekt der Rhetorik, das in den Dienst einer »study of misunderstanding and its remedies« gestellt werden soll.[59] In *Interpretation in Teaching* (1938) ist eine »general readiness to expect words to change their senses« oberste Aufgabe in der Ausbildung junger Menschen.[60] Richards' Interpretationslehre formuliert noch deutlicher als seine Philosophie der Rhetorik, dass es angesichts einer vorgängigen Ambiguität in der Sprache kein Heilmittel im Sinne eines Ordnungs- und Aufräuminstruments geben kann. Anstelle der Ordnung tritt eine wohlwollende Freundschaft:

> [I]t is a systematic ambiguity in language, so extensive, so multifarious in its appearances and disguises, that very few remarks in this topic escape its snares. The ambiguity protects itself, as such things do, by reappearing in most attempts to distinguish between the different things that the guilty phrases may mean. All other ambiguity of ›meaning‹ and its synonyms are its allies; and with none of them does it do much permanent good to try to clear them up one by one. It is better to make friends with them and charitably study their ways [...].[61]

Während die unauflösbare Ambiguität der Wörter und der Sprache in der Zusammenarbeit mit Charles Kay Ogden in den 1920er Jahren durch psychologische Setzungen und einen situativen Kontext gerahmt wurde, geht das wohlwollende Studium der verschlungenen Wege einer sich selbst schützenden sprachlichen Ambiguität mit *Interpretation in Teaching* auf die innersprachliche Bedeutungskonstruktion über. Bedeutung ist nun weniger vom Denken abhängig als vom Zusammenspiel der Wörter in einem Satz. Der psychologisch-situative Kontext der Bedeutungen wird durch das *setting* der Wörter selbst, durch den wörtlichen Kontext ergänzt und allmählich abgelöst.[62] Richards reagierte damit – nach einer

---

59 Vgl. den Abschnitt »Introductory« in Richards: The Philosophy of Rhetoric, S. 3–20, Zitat S. 3.
60 Richards: Interpretation in Teaching, S. 5.
61 Richards: Interpretation in Teaching, S. 136 f.
62 Vgl. Richards: Interpretation in Teaching, insb. S. viii. Vgl. Kap. III.3 in diesem Band. Besonders augenscheinlich wird dies in Kap. 14 bezgl. der Frage nach einer natürlichen Verbindung zwischen Sinn und Klang. Unter Rückgriff auf strukturalistische Überlegungen Leonard Bloomfields hebt Richards hervor, dass die onomatopoietische Bedeutungsgenerierung weniger aufgrund einer Ähnlichkeit von Klang und Bedeutung als aufgrund anderer den Onomatopoeia in doppelter Weise paralleler Wörter stattfindet. Diese anderen Wörter teilen ein Klangelement und auch ein Bedeutungselement mit dem onomatopoietischen Ausdruck und geben das Gefühl der

These des Literaturtheoretikers Anselm Haverkamp – auf die durch Empson aufgewiesene »Sprachsituation totaler Ambiguität, immer und an jeder Stelle möglicher, in jedem Wortgebrauch lauernder, virtueller Zweideutigkeiten«.[63] In *How to Read a Page* (1943) sind es diese Voraussetzungen der Sprache, die Richards' Einschätzungen und Warnungen bezüglich eines allzu selbstverständlich genommenen Prozesses des Lesens und Verstehens antreiben. Die systematische Ambiguität der wichtigsten Wörter in philosophischen Abhandlungen sind der Grund für eine Theorie und vor allem für eine Praxis des Lesens, die die Funktionsweise der Sprache und ihr stetes Wechseln der Bedeutungen austesten.[64] Ich erinnere hier an das im Exkurs (Kap. III.3) ausgeführte Leseverfahren bezüglich einer Textpassage Alfred North Whiteheads: Um die Schwierigkeit der Wortbedeutungen in philosophischen Abhandlungen vorzuführen und die Abhängigkeit der Bedeutungen im wörtlichen Kontext zu verdeutlichen, tauschte Richards Whiteheads Schlüsselbegriffe von Sinneswahrnehmung und Erkenntnis gegen das Wortfeld der Lektüre aus. Dies gipfelte in Thesen über das Lesen selbst. Aus der Lesepraxis war eine Praxis der Wissensbildung durch Parodie geworden.[65]

Dass im ersten Kapitel von *Understanding Media* diese parodistische Erkenntnistechnik wieder auftaucht, ist vor dem Hintergrund der Entdeckung der sprachlichen Ambiguität im britischen *New Criticism* nicht verwunderlich. Die zentralen Fragen der Abweichung im sprachlichen Ausdruck werden hierbei verhandelt. Und das Verfahren erscheint nun genau an der Stelle in *Understanding Media*, an der erneut die Frage nach der Art der Hinzufügung, die die Medien eigentlich vornehmen, behandelt wird. McLuhan verweist hier auf die Nichtkenntnis *(unawareness)* der psychischen und sozialen Wirkungen der Medien in so ziemlich jeder konventionellen Behauptung *(conventional pronouncement)*. Sogleich gibt er eine Bemerkung von »General« David Sarnoff (1891–1971) wieder, die der langjährige Leiter der *Radio Corporation of America* in seiner Danksagung zur Verleihung der Ehrendoktorwürde durch die University of Notre Dame fallen ließ: »We are too prone to make technological instruments the scapegoats for the sins of those who wield them. The products of modern science are not in themselves good or bad; it is the way they are used that determines their value.«[66]

---

besonderen Expressivität. »Instead of a likeness between sound and sense being the cause of the existence of these groups of words, the existence of the group would be the cause of our feeling of likeness« (S. 242).
63 Haverkamp: Die wiederholte Metapher, S. 133 f., Zitat S. 130.
64 Vgl. Richards: How to Read a Page, u. a. S. 22 f.
65 Vgl. Richards: How to Read a Page, Kap. 5. Vgl. die Ausführungen im Kap. III.3.5 in diesem Band.
66 David Sarnoff zit. nach McLuhan: Understanding Media, S. 11.

McLuhan erklärt dieses Statement zur Stimme eines Schlafwandlers. Zur Erläuterung folgt jedoch keine argumentative Auseinandersetzung mit der Feststellung Sarnoffs, sondern eine Parodie, ganz so wie bei Richards:

> That [Sarnoffs Behauptung] is the voice of the current somnambulism. Suppose we were to say, »Apple pie is in itself neither good nor bad; it is the way it is used that determines its value.« Or, »The smallpox virus is in itself neither good nor bad; it is the way it is used that determines its value.« Again, »Firearms are in themselves neither good nor bad; it is the way they are used that determines their value.«[67]

Deutlicher noch als Richards dreht McLuhan mit dieser Darbietung gewissermaßen an der zuoberst aufliegenden Scheibe des Panopticons von Ogden:[68] An der ersten Stelle einer typischen Satzkonstruktion werden verschiedene Wörter derselben Wortart ausprobiert, indem ein Wort nach dem anderen an ein und derselben Position des Satzes ersetzt wird. Doch anders als Ogden und mehr wie in Richards' Verwendungsweise der mit dem Panopticon vorgeführten Ersetzungsmöglichkeiten in der Sprache ist der zugrunde gelegte Beispielsatz einerseits der Rede eines anderen entnommen und andererseits nicht in seiner grammatikalischen Gestalt von Interesse, sondern in seiner Aussagevielfalt. Und anders wiederum als bei Richards geht es hier – zunächst – nicht darum, aus der parodierten Aussage eine Erkenntnis für die eigene Frage zu gewinnen. Stattdessen ist diese Parodie ganz klar darauf angelegt, die Ausgangsaussage *ad absurdum* zu führen.

In diesem Passus von *Understanding Media* bildet die Reihe der eingesetzten Schlüsselwörter eine ansteigende Reihe: vom Unverfänglichen eines Apfelkuchens, über das Unbeeinflussbare des Pockenvirus, bis zum Feindseligen der Schusswaffen. Dass Apfelkuchen von sich aus weder gut noch schlecht sein soll, ist bereits eine absurde Aussage, so dass die anschließende Behauptung, dass lediglich sein Gebrauch über seinen Wert bestimme, vollkommen aussagelos erscheint. Im zweiten Beispiel könnte der erste Satzteil sogar einen gewissen Sinn ergeben: Insofern das Pockenvirus weder böswillig noch aus sonst irgendeinem Grund den Menschen befällt, ist es in sich selbst weder gut noch böse. Dass es die Gebrauchsweise des Pockenvirus sei, welche seinen Wert ausmacht, ist allerdings einigermaßen absurd, da es einen ›Gebrauch‹ von Viren gar nicht gibt. Schließlich gipfelt die Parodie in der Behauptung, dass Schusswaffen an sich nicht gut oder schlecht seien – und man hört hier unweigerlich die Sprüche der *National Rifle Association* Amerikas durch –, sondern ihr Wert davon abhänge, wie man sie benutzt. Erst diese letzte Parodie bietet eine Aussage vom ›Kaliber‹ des Aus-

---

67 McLuhan: Understanding Media, S. 11.
68 Vgl. die Kap. III.3.3–III.3.5 in diesem Band.

gangssatzes. Der letzte Satzdurchgang könnte so – etwa von einer nationalen ›Gewehr-Vereinigung‹ – durchaus auch in den Tageszeitungen oder in Dankesreden auftauchen. Das heißt, der Satz für sich genommen wirkt ähnlich wie Sarnoffs Ausgangssatz gar nicht so absurd, aber in der Aufeinanderfolge mit der Gut- oder Böswilligkeit von Apfelkuchen und den Gebrauchsweisen des Pockenvirus gerät seine Triftigkeit doch ins Wanken.

In diesem, soeben aufgezeigten Sinne ließe sich eine Analyse gemäß Richards an der kleinen parodistischen Einlage McLuhans vornehmen. Mit Richards würde sich anhand dieser Beispielsätze zeigen lassen, dass die logische Folgerichtigkeit oder Nachvollziehbarkeit der Aussage je nach gewähltem Ersatzwort von einem Satzteil zum nächsten rutscht, ähnlich wie dies in Richards' *Interpretation in Teaching* anhand von Wortwiederholungen im selben Satz und der Fluchtbewegung der jeweiligen Logik mit jedem neuen Schlüsselwort deutlich wurde.[69] Zudem zeigt McLuhans Testreihe zu Sarnoffs Statement, dass das Kontexttheorem der Bedeutung über die Interaktion von Einzelwort und Satz hinaus auch für die Bedeutungskonstitution eines ganzen Passus gilt. Doch derlei sprachphilosophische Konsequenzen bringt der Text McLuhans hier nicht explizit ins Spiel, vielmehr setzt er mittels eigener Auslegungen der vorgelegten Parodie diese einfach fort bzw. ihr noch eins oben drauf: »Again, ›Firearms are in themselves neither good nor bad; it is the way they are used that determines their value.‹ That is, if the slugs reach the right people firearms are good.«[70] McLuhan nutzt hier die Effekte der Parodie, indem er sie wörtlich nimmt und eine, sie beim Wort nehmende Erklärung für die parodierte Sarnoff-Bemerkung anschließt. Wenn der Gebrauch von Waffen über deren moralischen Wert bestimmt, dann werden sie durch die Anwendung aufs richtige Ziel zu guten Dingen. Das erscheint wie eine Übertreibung – ein Merkmal der Schwulst –, nimmt aber nur wörtlich, was der Satz doch impliziert. Die eigentliche Übertreibung im Zusammenhang mit Sarnoffs Argument kommt erst mit der anschließenden Übertragung des zunächst parodistisch eingesetzten Schusswaffenvokabulars zurück auf die von Sarnoff angesprochenen Kommunikationstechnologien zustande: »If the TV tube fires its ammunition at the right people it is good.«[71] Die Fernsehröhre ist eine Schusseinrichtung.

Als guter Lobredner allerdings kommt McLuhan hier sogleich dem Vorwurf der Übertreibung, der von seinen Lesern erhoben werden könnte, entgegen: »I am

---

[69] Vgl. Richards: Interpretation in Teaching, S. 203 f. Vgl. auch die Kap. III.3.4 und III.3.5 in diesem Band.
[70] McLuhan: Understanding Media, S. 11.
[71] McLuhan: Understanding Media, S. 11.

not being perverse.«[72] Dem Redner ist nicht an einer Perversion der Angelegenheiten gelegen, wohl aber an der Entleerung der konventionellen Behauptungen über Medien:

> There is simply nothing in the Sarnoff statement that will bear scrutiny for it ignores the nature of the medium, of any and all media, in the true Narcissus style of one hypnotized by the amputation and extension of his own being in a new technical form.[73]

Absolut nichts in Sarnoffs Behauptung würde einer Untersuchung standhalten. McLuhan nutzt hier wieder ein Mittel der rhetorischen Steigerung. Im Streitfall mit einer zweiten Partei kann der (zur Steigerung zählende) überbietende Vergleich nämlich auch wie hier durch das Herabsetzen der gegnerischen Position oder ihrer Argumente zustandekommen: Sarnoff hat *nichts* zu sagen, denn er ignoriert die Natur des Mediums[74] – und nicht nur das: Er ignoriert das Wesen von *jeglichen und allen* Medien. Die Steigerung nimmt nun sogar deutlich schwülstige Züge an, wenn im Nachfolgenden, mythisch verbrämt, der ›wahre Narziss‹ *(the true Narcissus style)* in die Darstellung aufgenommen wird. Die Amputation und Erweiterung des Narziss in einer neuen technischen Form ist McLuhans Topos der *amplificatio* in *Understanding Media*. Das kleine parodistische – und rein sprachliche – Untersuchungsspiel mit Sarnoffs Behauptung führt so schließlich – ähnlich wie in Richards' Schriften zur Problematik des Lektüre- und Verstehensprozesses – noch zu einer erkenntnistheoretischen Schlussfolgerung für die Frage der Medien: »It has never occured to General Sarnoff that any technology could do anything but add itself on to what we already are.«[75] Die *amplificatio* der Medientechnologie, ähnlich wie die Aspekte der *elocutio* in der Wiederentdeckung der Rhetorik im angloamerikanischen literaturkritischen Diskurs, addiert sich nicht einfach dem hinzu, was wir schon sind, im Gegenteil, sie macht alles andere als sich einem Bestehenden lediglich anzufügen.

---

72 McLuhan: Understanding Media, S. 11.
73 McLuhan: Understanding Media, S. 11.
74 Ähnlich verläuft die Auseinandersetzung mit den empirischen Studien zum Fernsehen von Wilbur Schramm, die nach längerer Darlegung im Nichts endet: »Professor Wilbur Schramm made [...] a tactical move in studying *Television in the Lives of Our Children*. He found areas where TV had not penetrated at all and ran some tests. Since he had made no study of the peculiar nature of the TV image, his tests were of ›content‹ preferences, viewing time, and vocabulary counts. [...] Consequently, he had nothing to report« (McLuhan: Understanding Media, S. 19). Zum herabsetzenden Vergleich s. die Formeln der mittelalterlichen Literatur: *cedat nunc* (nun mag ... zurückweichen) und *taceat* (schweige von ...), vgl. Curtius: Europäische Literatur und lateinisches Mittelalter, S. 171–175.
75 McLuhan: Understanding Media, S. 11.

2 Amplifikationen des Menschen: Die Körperextensionsthese

Der überbietende und zuweilen schwülstige Gestus des Kapitels »The Medium is the Message« und der ihm angemessene Topos der Steigerung der Medien selbst hat auch eine Auswirkung auf die Körperextensionsthese in *Understanding Media* und die daran anschließende Anthropozentrismus-Kritik. Was nämlich die Kritiker mitunter am meisten stört an McLuhans brachialer Übernahme und Anwendung des anthropologischen und vor allem anthropomorphen Technikkonzepts, das spätestens seit dem neunzehnten Jahrhundert ein fester Bestandteil der (Technik-)Philosophie war, ist neben seiner unzulässigen Verallgemeinerung seine schlechte Ausführung.[76] In seiner epideiktischen Beredsamkeit unterstellt der Text, dass einfach alles unter dem Blickwinkel der Ausweitung des menschlichen Körpers in allerlei technischem Gerät, Artefakten oder Kommunikationsmitteln beobachtet werden kann und zu beobachten ist. Dies könne aber, nüchtern betrachtet, gar nicht der Fall sein, meint auch ein Vertreter der aktualisierten Rhetorik in der Literaturkritik, Kenneth Burke 1966:

> I would [...] call it to your attention that although many human inventions conceivably might not be »extensions« of the human body, the whole subject is sufficiently vague to allow for McLuhan's mediumistic genealogy. I mean: Maybe the sight of birds flying is what induced man to try to invent flying machines. Nevertheless, by McLuhan's derivation the airplane would be an »extension« of the human body. A club could be thought of as a kind of »extended« arm and fist; but when McLuhan puts major emphasis upon the notion that the wheel is an extension of the feet, I can't help recalling a newspaper dispatch that observed: »Your body contains virtually every engineering device except the wheel.« [...] But no matter. What is really involved here, as viewed from the standpoint of sheerly terministic resources, is: If, instead of saying that certain media are *analogous* to parts of the body, you say that they are »extensions« of such parts, and if you allow for great latitude in the use of analogy, anything will fit in somewhere.[77]

Burke steigt in der spezifischen Weise seiner Darstellung immerhin auf den popartigen, epideiktischen Charakter von *Understanding Media* selbst ein. Seine Stilmittel sind die Übertreibung, der Exkurs, die belebende Anekdote sowie der Wechsel von überproportional langen Sätzen und kurzen, spaßigen Bemerkun-

---

76 Für eine Zusammenfassung dieser Kritik vgl. Grampp: Marshall McLuhan, S. 153 f. Zur Geschichte und Differenzierung der Körperextensionen als Organprojektionsthese oder als Prothesentheorie vgl. S. 75–77, sowie Scholz: Der Weltgeist in Texas.
77 Burke: Medium as ›Message‹, S. 167 f.

gen: »But no matter.«[78] Nichtsdestotrotz kann er in den ›Extensionen‹ im Text McLuhans nichts anderes erkennen als einen Trick, der die mangelnden Analogien zwischen Körperteilen und Erfindungen überdeckt, deren Eigenarten dann nicht beachtet oder nicht erklärt werden müssen. Die ›Extensionen‹ erscheinen ihm letztlich als Angelegenheit einer »terministic policy«, die die Logik, die Allgemeingültigkeit oder die Folgerichtigkeit der Extensionsthese nicht stützt:

> In fact, since the body is itself an aspect of nature, and thus embodies the same kinds of goings-on that we can observe in other parts of nature, even if an invention did happen to arise from observation of nature rather than by »extension« of the inventor's body, lax rules for application of analogy here would allow you to find some analogical process in the body itself – whereupon, in keeping with the prime resources of the McLuhan nomenclature, you could call such an *analogy with* the body an »extension of« the body, that is to say a *derivation from* the body. The wheel could conceivably have been derived from looking at a disk like the sun or moon [...] or whatever. The main point is that even though the body has no wheel, this major invention in McLuhan's scheme is, by terministic fiat, derived from the »circular« motion of the feet (a derivation made easy by the fact that you treat analogy with latitude enough, the *repetition* of a *reciprocating* motion can be called »circular«, or even more broadly, the regular repetition of anything can be called »circular«). [...] Any analogy, however lax, between an invented medium and some part of the human body can be presented as an »extension« of that part, whether or not it actually is so. We here confront a mere matter of terministic policy.[79]

Burkes treffende Beobachtung, dass es in *Understanding Media* eher um Begriffspolitik als darum geht, ob etwas (da draußen) tatsächlich so ist, führt allerdings – wie bei so vielen anderen auch – zur Ablehnung dieses Versuchs zur Begründung einer Medientheorie: »[...] I would particularly protest if such a truncated scheme is allowed to look as though it really could cover the ground [...].«[80] Dem verzerrten Schema fehlt die korrekte Grundlage und das korrekte Verfahren der Ableitung. Das Problem an McLuhans Analogiebildung in der Verwendung der Körperextensionsthese ist für Burke und einige andere, dass die Analogien ›nicht hinkommen‹, dass sie ihre Ausgangspunkte von Erweiterung zu Erweiterung

---

78 Zu den überbordenden Satzlängen s. insb. auch das im Folgenden von mir angeführte Zitat. Der erste Satz umfasst 6 ½ Zeilen, der dritte 5, der letzte schließlich nicht einmal eine Zeilenlänge. In den hier gegebenen Textausschnitten sind die Übertreibungen und die Ironie Burkes allerdings nur andeutungsweise vorhanden, so dass ich noch einen triftigeren Fall hinzugeben möchte: »The earlier ›explosion‹ becomes an ›implosion,‹ which is somehow something quite different, despite the great expansion of markets for the new electric devices (and I leave it for the reader to decide whether we might compromise on simple ›plosion‹)« (Burke: Medium as ›Message‹, S. 171). Vgl. auch die Anekdote in Anm. 85 in diesem Kap.
79 Burke: Medium as ›Message‹, S. 168.
80 Burke: Medium as ›Message‹, S. 177.

ändern und dass die Körperteilabspaltungen deswegen auch nicht zurückführbar sind auf die einzelnen Teile des menschlichen Körpers (wenn sie denn überhaupt je von dort aus gebildet wurden).[81]

Indem Burke das beobachtbare Problem des Textes *Understanding Media* zu einem Fall von Begriffspolitik erhebt, entgeht ihm, dass es sich in der epideiktischen Praxis des Textes viel weniger um Begriffe als um Wörter dreht. *Understanding Media* und auch die Rhetorik betreiben Wörterpolitik: Welche Wörter lassen sich gewinnbringend oder gerade noch haltbar einsetzen für die behandelte Sache? Der epideiktische Einsatz des Textes wird von Burke wie von so vielen nicht (an)erkannt, zeigt sich seine eigene Kritik auch angesteckt von der neuartigen schwülstigen Taktik des Ausgangstextes. Der Trickster hat wieder ganze Arbeit geleistet und als *histoire* ausgegeben – als Handlungsverlauf, als Sache –, was doch *récit*, Erzählweise und deren Einsatz, war. Was vor dem Hintergrund der erneuerten Rhetorik im literaturwissenschaftlichen Diskurs im zwanzigsten Jahrhundert nämlich der spezifische Einsatz der epideiktischen Redeweise und ihrer Mittel der Steigerung wäre, ist ja genau dasjenige, was in den Kritiken zu *Understanding Media* – und noch in der Kritik eines (zugegeben ziemlich extravaganten) Vertreters dieser Rhetorik – bemängelt wird: die fehlende Rückführbarkeit der Steigerung, die die Medien selbst darstellen, auf den Ausgangspunkt des menschlichen Körpers, wie es die Körperextensionsauffassungen der Technik unterstellen.

Die Vorwürfe der schwammigen Analogien zwischen Körperteilen und technischen Geräten wie die Vorwürfe der eindeutigen Zuordnungen von Körperteilen zu technischen Nachbauten, welche oft auch in einem Atemzug genannt werden, zeugen von der Trickster-Struktur des Textes namens ›McLuhan‹ und seiner Körperextensionsthese. Insofern die ersten Vorwürfe zum Urteil der Vereinfachung und unzulässiger Verallgemeinerung führen und die zweiten zum Dekret eines unzulässigen Anthropozentrismus, übersehen beide, inwiefern der epideiktische Zug des Textes längst gegen diese Einwände vorgebaut hat. Die Analogien lassen sich nicht exakter bestimmen, da die ausgeweiteten Körperorgane in Medien längst ein fremdes Element ergeben, das – angezeigt durch die Erfassung des Mensch-Technikverhältnisses als Steigerungsverhältnis – sich nicht auf die Körperstrukturen des Menschen zurückführen lässt. Und die Anthropozentrismuskritik greift nicht, da sie einerseits von dem Argument der ungültigen Analogien bereits widerlegt wird und andererseits ebenso durch die Steigerung der Medien fehl am Platze ist. McLuhans Körperextensionsthese ist nicht anthropozentrisch, sondern anthropo-zentrifugal. Der Körper und seine Teile sind lediglich Ausgangspunkt und geeignetes Anschauungsobjekt für den Prozess des Sichfremd-

---

[81] Vgl. die Zusammenfassung bei Grampp: Marshall McLuhan, S. 153 f.

werdens in Medien, den *Understanding Media* grundlegend zu beschreiben sucht. In *Understanding Media* wird das genuine Sichfremdwerden in Medien, welches Carpenter aus der ethnologischen Erfahrung für das Nachdenken über Medien via Whorfs ethnolinguistischer Sprach- und Kulturthesen eingebracht hat, vom Einsatz der neuen Rhetorik in den Steigerungen der Medien hervorgebracht und in den Steigerungen des Textes vorgeführt.

Von hier aus lässt sich auch wissensgeschichtlich beschreiben, warum Carpenter und McLuhan sich überhaupt um 1950 über Medien und auf Medien als Forschungsobjekt verständigen konnten. In beider Fassung der Medien tritt die epistemologische Grundkonstellation ihrer Disziplinen in der ersten Hälfte des zwanzigsten Jahrhunderts hervor: Das Leben in einer räumlich entfernten Gemeinschaft zu verstehen, heißt sich dem Unsicherwerden sämtlicher für feststehend erachteter Konstanten des Lebens auf körperlicher, geistiger und pragmatischer Ebene auszusetzen.[82] Die Auseinandersetzung mit dem (literarischen) Text auf sprachlicher Ebene heißt, sich dem Unwissen über die Funktionsweise der Sprache auszusetzen, dem beständigen Wechsel vermeintlich feststehender Bedeutungen, und es heißt, dem ihm eingeschriebenen Prinzip der Selbstdifferenz des Identischen immer wieder in Einzelbeobachtungen nachzugehen.[83]

Der Vorwurf des anthropozentrischen Medienmodells, welches an den wirklich wichtigen epistemologischen Einsätzen der technischen Medien vorbeigehe,[84] greift darüber hinaus auch deshalb nicht, weil die Theorie der Körperextensionen in der Wörterpolitik des Textes *Understanding Media* nur eine Wortform für die Frage der Medien ist. Eine andere Wortform gibt etwa das eingangs betrachtete Oxymoron ›the medium is the message‹ ab. Dieses Theorem kommt ganz ohne Menschen und ganz ohne dessen Körperlichkeit aus. Es ist deswegen nicht weniger kritisiert worden. So trifft diese ›Schlüsselformel‹ des ersten Kapitels und des gesamten Buchs zum Beispiel bei Burke dieselbe Kritik wie schon die Extensionsthese. Dass die wichtigste Sache nicht das sei, was einer in einem gegebenen Medium sagt, sondern das Medium der Übertragung sei eine übermäßige

---

[82] Das ethnologiegeschichtlich einschlägige Beispiel hierfür ist nach wie vor Malinowskis Feldtagebuch, erstellt auf den Trobriand-Inseln zwischen 1914–1915 und 1917–1918. Malinowski: Ein Tagebuch im strikten Sinne des Wortes. Vgl. auch Kohl: Ethnologie, S. 115–119.
[83] Vgl. Richards: Interpretation in Teaching, S. 137, sowie ders.: The Philosophy of Rhetoric, S. 42, wo Richards den Vergleich zum Besuch eines fremden Landes zieht und den erschütternden und verwirrenden Effekt auf Denkkonventionen hervorhebt. Vgl. auch de Man: Semiologie und Rhetorik, S. 51.
[84] Vgl. z. B. Tholen: Mit und nach McLuhan. Bemerkungen zur Theorie der Medien jenseits des anthropologischen und instrumentellen Diskurses; Kittler: Geschichte der Kommunikationsmedien, S. 188; Roesler: Anthropomorphisierung oder Eigendynamik?, insb. S. 436 f.

Vereinfachung *(oversimplification)*, welche letztlich McLuhans eigene Botschaft kennzeichne.[85]

Die erste Implikation dieser Formel soll, so liest es Burke, die Herangehensweise der Inhaltsanalyse an Nachrichten verwerfen. Aus dieser Vereinfachung folge aber im zweiten Schritt eine glanzlose Widersprüchlichkeit: »Though McLuhan's formula serves well as a slogan, any such oversimplification is likely to show up, sooner or later, as a flat contradiction.«[86] Obwohl Burke in seiner Kritik die Sloganhaftigkeit der Formel ›the medium is the message‹ benennt und ihr darin sogar Anerkennung zollt, nimmt er sie genau darin auch wieder nicht ernst. McLuhans Formel ist tatsächlich ein ziemlich guter Slogan, eine gute Wortwahl! Und in dieser Wortwahl folgt der Widerspruch nicht früher oder später auf dem Fuße, sondern er wohnt ihr von Anfang an inne. Es geht dieser Formel, diesem Oxymoron, gerade nicht darum, präzise oder differenziert oder voraussetzungslos zu formulieren.[87] Vielmehr unternimmt die Formel genau das, was Burke der Person McLuhans unterstellt: Sie weicht vom Erwartbaren ab und verwirrt.

> For he [der in Interviews immer wieder dazu befragte McLuhan] uses question periods not as opportunities to make his position more precise, but rather as challenges that he must deflect and confuse to the best of his ability (which along these lines is considerable).[88]

Burke hätte unter Umständen besser als jeder andere wissen können, dass das ständige Ausweichen, die Abweichung *(deflection)*, die an McLuhans Position so ärgerlich erscheint, schon dem sprachlichen Ausdruck ›the medium is the message‹ selbst eigen ist. Mithin geht es ›McLuhan‹ – und das heißt dem textuellen Erzeugnis seines Namens – um diese Deflektion selbst. Das sprachliche Prinzip der Deflektion ist das Erkenntnisprinzip der epideiktischen Begründung

---

85 Vgl. Burke: Medium as ›Message‹, S. 169. Hier muss ein weiteres Beispiel von Burkes eigener epideiktischer Kunst eingefügt werden (S. 170): »The medium is the message. Hence, down with content analysis. We should at least pause en route to note that the formula lends itself readily to caricature. Primus rushes up breathlessly to his friend Secundus, shouting, ›I have a drastic message for you. It's about your worst enemy. He is armed and raging and is –‹ Whereupon Secundus interrupts: ›Please! Let's get down to business. Who cares about the contents of a message? My lad, hasn't McLuhan made it clear to you? The *medium* is the message. So quick, tell me the really crucial point. [...] Did it come by telegraph, telephone, wireless, radio, TV, semaphore signals, or word of mouth?‹«
86 Burke: Medium as ›Message‹, S. 170. Und mit Umberto Eco ließe sich Burkes Beobachtung beipflichten und noch verschärfen, insofern diese platte Widersprüchlichkeit letztlich vor allem McLuhan selbst treffe, vgl. Eco: Vom Cogito interruptus, S. 261.
87 Die drei genannten Formulierungseigenschaften fehlen dem Text und den Aussagen McLuhans laut Burke: Medium as ›Message‹, S. 171 f.
88 Burke: Medium as ›Message‹, S. 171.

der Medientheorie McLuhans schlechthin. Burke erkennt zwar abschließend den rhetorischen Vorteil von »McLuhan's muddled method« (in einer meisterhaft epideiktischen Formulierung) an.[89] Einen erkenntnistheoretischen Vorteil dieser Rhetorik zieht er allerdings in seiner Rezension nicht in Erwägung.[90]

Der erkenntnistheoretische Einsatz in ›the medium is the message‹ besteht in der Verunsicherung der abendländischen Logik, die einerseits die Verkehrung kategorialer Verhältnisse vornimmt durch den kontraintuitiven Vorzug des Mediums vor der Botschaft, womit das Zweite zuerst kommt bzw. die Wirkung der Ursache vorausgeht oder diese selber ist. Diese Kategorienverkehrung wird im Allgemeinen von den heutigen Kritikern der Medientheorie McLuhans anerkannt, ist sie doch die Voraussetzung einer eigenständigen Theorie der Medien.[91] Andererseits aber geht die Erschütterung der abendländischen Logik in diesem Satz noch weiter, bis zum Ausbleiben oder auch zur Auslöschung noch dieser logisch möglichen Verkehrung überhaupt. Denn in der spezifischen sprachlichen Realisierung der kategorialen Verunsicherung, im oxymoralen Ausdruck ›the medium is the message‹, schwingt die Verunsicherung durch die sprachliche Struktur selbst mit, die sich insbesondere in der auch *pun*-haften Qualität des Ausdrucks Bahn bricht.[92] Hier ist das andauernde Oszillieren zwischen Referenz und Zeichenspiel eingetragen, das der Signifikant und seine Möglichkeiten der Kombinatorik in jede Aussage einbringt, im *pun* offen ausstellt und dabei schließlich die philosophische Stellung der Proposition selbst infrage stellt. Letztlich ist es diese Form einer abgrundtiefen Verunsicherung der Logik (und nicht nur ihrer kategorialen Hierarchien) durch die Sprache, durch die rhetorische, epideiktische Realisierung, welche den Abstand ausmacht, der die Begründung der Diskursivität ›Medien‹ unter dem Label ›McLuhan‹ von ihren Nachfolgern und Institutionalisierern trennt.

So philosophisch und wissenschaftstheoretisch beeindruckend viele der Kritiken und Exegesen dieses Begründungsmoments der Medienwissenschaft sind, so wenig würdigen sie doch diesen epistemologischen Einsatz der epideiktischen Struktur des Textes selbst. So hat etwa der Philosoph und Kulturwissenschaftler

---

89 Burke: Medium as ›Message‹, S. 174. Im Gegensatz etwa zu Gotthold Ephraim Lessings Laokoon-Paradigma, das als differenzierter Gegenvorschlag zu McLuhans Auseinandersetzung mit dem Verhältnis von Medium und Botschaft eingeführt wird, habe der Slogan die Aufmerksamkeit erheischt, »in a way that Lessing's kind of treatment can no longer match« (S. 174).
90 Dieser Umstand spricht für die These, dass die Deflektion als grundlegendes rhetorisches Prinzip der Sprache nicht Burkes, sondern v. a. de Mans späterer Verwendung von Burkes Ansätzen zuzuschreiben ist, vgl. Henderson: Dramatism and Deconstruction, S. 152.
91 Vgl. etwa die Einschätzung bei Leschke: Einführung in die Medientheorie, S. 245 f.
92 Vgl. Culler: The Call of the Phoneme.

Leander Scholz stichhaltig nachgewiesen, dass das erste Kapitel von *Understanding Media* auf ein »unvermeidbar tautologisch[es] Argument« hin angelegt ist. Das »konstitutive Beispiel« des elektrischen Lichts für die Formel ›*the medium is the message*‹ berge unverkennbar einen »theologischen Moment der Selbstidentität«, der Beginn und Ende der Mediengeschichte in einer Ganzheit aufgehen lasse und Mediengeschichte als Disziplin retroaktiv von ihrem Ende her über eine analogische Reihe konstruiere,[93] die den deduktiven Kriterien einer Theorie gewissermaßen spottet.[94] Die sprachliche Realisierung des Kapitels dient Scholz lediglich als Einstieg zu seinem Thema. Wenn er schreibt, dass die Wendung ›*the medium is the message*‹ ganze sechs Mal darin erscheint, hat das anscheinend eine Art Kuriositätswert für seine Untersuchung der Aussagenstruktur des Kapitels. Dass das Kuriosum selbst Aussagewert haben könnte – nämlich den der dem epideiktischen Genre angemessenen Wiederholung und Häufung der Formel, welche zur Indoktrination taugen –, steht nicht zur Debatte. Und so kommt es zu einer jener ›trickreichen und zugleich ausgetricksten‹ Lesarten des Textes,[95] bei der die fünfte Wiederholung der Formel McLuhans im Halbsatz »and we can now say, ›The medium is the message‹ quite naturally«[96] von Scholz auf argumentationslogischer Ebene als »*Naturalisierung* des Mediums als Botschaft«[97] ausgelegt wird. Dabei sagt der Trickster in diesem Halbsatz doch ›eigentlich‹ nur, dass man »the medium is the message« jetzt ganz natürlich *sagen* kann.[98]

---

[93] Vgl. Scholz: »why the medium is socially the message«, S. 86 u. 89.
[94] Scholz spricht vom »singulären Allgemeinen«, das die medientheoretischen Ansätze McLuhans bestimme und das er als logische oder geschichtsphilosophische Gefahr noch der aktuellen Medienwissenschaft vorstellt, vgl. Scholz: »why the medium is socially the message«, S. 91-93. An Scholz' eigener Textlogik fällt indessen auf, dass sie wie so viele der philosophisch-logisch kritischen Lektüren von *Understanding Media* nicht am konkreten Text und Kontext interessiert ist. So argumentiert Scholz immer nur anhand kurzer Teilsätze oder einzelner Sätze des ersten Kap. des Buchs. Symptomatisch erscheint mir dabei der Sprung zwischen Kapiteln, der nur in den Fußnoten verfolgbar ist, und dessen es bedarf, um Scholz' Schlussfolgerung zu ermöglichen. Mit einem Mal nämlich wird das konstitutive Beispiel des elektrischen Lichts durch die Ausweitung des zentralen Nervensystems im elektrischen Netz (aus dem Kap. »The Gadget Lover. Narcissus as Narcosis«) ersetzt. Und schließlich ist der Computer »das konstitutive Beispiel eines allgemeinen Mediums, von dem aus die Akkumulation der einzelnen Medien überhaupt erst möglich wird« (S. 92). Hierbei bleibt offen, ob der Computer die Funktion in McLuhans Text übernimmt oder anderswo, in anderen medienwissenschaftlichen Publikationen.
[95] Vgl. die Struktur des Tricksters, ausführlicher dargelegt im Kap. I.2 in diesem Band.
[96] McLuhan: Understanding Media, S. 13.
[97] Scholz: »why the medium is socially the message«, S. 86.
[98] Das ist eine ähnliche Trickster-Wendung, wie jene nur sieben Zeilen zuvor, in der behauptet wird, dass der Kubismus ›*the medium is the message*‹ verkündet habe, wobei es doch der Text selbst gerade erst tut. Vgl. McLuhan: Understanding Media, S. 13.

Der Text spricht bei der fünften Wiederholung des Oxymorons ›the medium is the message‹ von dem, was er tut, und das ist ganz einfach, eine (neue) Art der Rede über Medien einzuüben. Die Wiederkehr der Titelsentenz des Kapitels an verschiedenen Stellen des Textes erprobt ähnlich wie die parodistische Vorgehensweise unterschiedliche Anwendungsweisen einer Phrase.[99] Dabei trägt die

---

[99] In solcher Weise ist dann auch gleich die zweite Wiederaufnahme der Wendung ›the medium is the message‹ als »a medium without a message« zu verstehen. Sie erprobt die Rede vom Medium ›ohne‹ Botschaft, und ist darin eben auch nicht eine eins-zu-eins-Ableitung des Eingangsoxymorons, zu der sie Scholz im Sinne seines Ansatzes stilisiert: »Der für alle Medien geltende Satz ›The medium is the message‹ lautet im Falle des elektrischen Lichts daher zunächst: ›It is a medium without a message [...].‹ Umgekehrt hat das zur Folge, dass alle anderen Medien unreine Medien sind, insofern sie nur deshalb als Medien erkannt werden können, weil sie vermittelt durch das Beispiel eines reinen Mediums an einer Eigenschaft partizipieren, die das elektrische Licht unmittelbar verkörpert« (Scholz: »why the medium is socially the message«, S. 89 f.). Für Scholz ist damit klar, dass es im Text um das geht, was er darin erkennt: »Theologisch ist der Moment des elektrischen Lichts deshalb, weil es der Erscheinung eines reinen Mediums bedarf, um mittels dessen Verallgemeinerung alle anderen Medien in eine allgemeine Beziehung setzen zu können. Nur weil es ein Medium gibt, das alle anderen Medien beinhaltet, können alle anderen Medien so aufeinander verwiesen sein, dass ein Medium jeweils ein anderes zum Inhalt hat« (S. 90). Aus der theologischen Konstellation, die Scholz im Text ausmacht, wird eine Frage der philosophischen Schlussfolgerung. Dass ein Medium immer ein anderes Medium zum Inhalt habe, ist dem Text McLuhans tatsächlich an dieser Stelle zu entnehmen: »It is a medium without a message, as it were, unless it is used to spell out some verbal ad or name. This fact characteristic of all media, means that the ›content‹ of any medium is always another medium. The content of writing is speech, just as the written word is the content of print, and print is the content of the telegraph« (McLuhan: Understanding Media, S. 8). Doch wenn man das elektrische Licht als ›Medium ohne Botschaft‹ nicht von vornherein als Moment theologischer Selbstidentität liest, sondern vielmehr als wörtliche Erprobung einer Redeweise vom Medium und seiner Botschaft oder, genauer noch, wirklich als entleertes Medium, das eben den Horror der abendländischen Philosophie ausmacht, ist damit keinesfalls gesagt, dass ein Medium alle anderen ›beinhaltet‹ (denn das ist eine logische, mengentheoretische Auffassung, die Scholz ja auch deutlich macht), sondern lediglich, dass die Medien aufeinander verweisen, und dass dies als ›Inhalt‹ (in Anführungsstrichen im Text McLuhans!) bezeichnet werden könnte. Es bleibt der Verweis, der Leerlauf der Botschaft in immer neuen Vermittlungsverhältnissen (vgl. Kap. IV.3.5 in diesem Band). Mehr sagt der Text hier nicht, auch wenn Scholz an dieser Stelle einen sich selbst gegenwärtigen Prozess ausmachen will: »Denn auf die selbst gestellte Frage nach dem ersten Medium in dieser historischen Reihe von der Sprache bis zum Telegraphen, nämlich was denn der Inhalt der Sprache sei, antwortet McLuhan: ›an actual process of thought, which is in itself nonverbal‹« (Scholz: »why the medium is socially the message«, S. 90). Die McLuhan zugeschriebene Antwort ist allerdings eine des Tricksters. In McLuhans Text sind genau diese Antwort sowie die (selbst?) gestellte Frage jeweils in Anführungszeichen gesetzt. Es ist eine kleine prosopopoietische Aufführung, die der Leser hier erlebt, ein typisches Merkmal der epideiktischen Gattung. Es ist also keineswegs klar, wer hier spricht und ob das Gesprochene wörtlich zu nehmen ist: »If it is asked, ›What is

Wiederholung einerseits zur (fast schon poetischen) Rhythmisierung der ersten Seiten von *Understanding Media* bei:

> In a culture like ours, long accustomed to splitting and dividing all things as a means of control, it is sometimes a bit of a shock to be reminded that, in operational and practical fact, the medium is the message. This is merely to say that the personal and social consequences of any medium – that is, of any extension of ourselves – result from the new scale that is introduced into our affairs by each extension of ourselves, or by any new technology.[100]
> (erste Nennung im Text)

> For the »message« of any medium or technology is the change of scale or pace or pattern that it introduces into human affairs.[101]
> (zweite Nennung im Text)

> This fact merely underlines the point that »the medium is the message« because it is the medium that shapes and controls the scale and form of human association and action.[102]
> (dritte Nennung usw. ...)

Zum Zweiten trägt diese Vervielfältigung der Titelsentenz nicht unwesentlich zum Eindruck bei, während der Lektüre einer (unlauteren?) Einschärfung dieser Redeweise ausgesetzt zu sein.[103] Nicht mehr und nicht weniger erreicht eine Lobrede: Anstatt über, für oder gegen bestimmte Dinge zu argumentieren, experimentiert sie mit der Redeweise über diese Dinge, wobei ihr frei nach Cicero alle Extravaganzen des rhetorischen Redeschmucks zur Verfügung stehen, von Gleichmaß und Gleichklang, über Verbindung des Widersprüchlichen bis hin zur Strukturierung der Rede durch Wiederholung. – Nur so lässt sich eine Diskursivität begründen: indem ihre Redeweise eingeübt wird.

---

the content of speech?,‹ it is necessary to say ›It is an actual process of thought, which is in itself nonverbal‹« (McLuhan: Understanding Media, S. 8).
100 McLuhan: Understanding Media, S. 7.
101 McLuhan: Understanding Media, S. 8.
102 McLuhan: Understanding Media, S. 9.
103 Grampp beschreibt diese Eigenart des Textes *Understanding Media* als Eindruck, »in einer Endlosschleife gefangen zu sein« (Grampp: Marshall McLuhan, S. 25).

3 Medienkunde: Der *Report on Project in Understanding New Media* (1960)

Die Formel ›the medium is the message‹ vereint mehrere der zum Beispiel bei Cicero aufgeführten stilistischen Eigenarten der Lobrede in sich. Sie nimmt eine kunstvolle Verbindung des Mediums mit der Botschaft vor und damit eine die herkömmliche Auffassung unterlaufende Zusammenführung und Gleichsetzung des zu Unterscheidenden und in mancher Hinsicht einander Widerstreitenden. Dabei sind Fügung und Rhythmus der Worte mittels der Alliteration und der Wortlänge aufeinander abgestimmt. Der Satz hat eine harmonische Erscheinung.[104]

Nach Burke wohnt dieser Harmonie allerdings eine überzogene Vereinfachung inne, und nach Scholz ist im entsprechenden ersten Kapitel von *Understanding Media* ein ›unvermeidbar tautologisches Argument‹ am Werk.[105] Die Vereinfachung und das Tautologische bestehen in der Erklärung des zu Erklärenden durch es selbst. Scholz zitiert McLuhans Satz aus dem ersten Kapitel von *Understanding Media*: »If the formative power in the media are the media themselves, that raises a host of large matters [...].«[106] Auch wenn Scholz in seiner Argumentation das einschränkende ›If‹ und die aus diesem ›Wenn‹ erwachsende ›Menge großer Themen‹ nicht mitzitiert, so ist ihm beizupflichten, dass die Formulierung eine solche selbsterklärende Tautologie enthält. Wenn die Formbildungskraft in den Medien die Medien selbst sind, so ist über Medien gar nichts gesagt, außer ›dasselbe noch einmal gesprochen‹ *(tauto-logia):* dass Medien Medien sind oder dass Medien durch Medieneigenschaften wirken. Der logisch-philosophische Erkenntnisgewinn einer solchen Aussage geht gegen Null. Denn damit wird gerade nichts Genaueres über die Welt bzw. über Medien ausgesagt; weder über die Beschaffenheit von Medien noch über ihre Zugehörigkeit zu einer bestimmten Gattung oder über mögliche Unterarten ist in dieser Aussageform etwas zu erfahren. Was damit im Text McLuhans aber in jedem Falle gesagt ist, ist, dass es bei einem Studium der Medien eben um die Medien selbst gehen muss. Darauf weist Scholz hin, wenn er dies als zentrale Verschiebung des Untersuchungsfeldes fasst, »die das Medium allererst zum Ort seiner selbst macht«.[107] Anders würde aber auch eine Wissenschaft von den Medien nicht zu machen sein. Anders würde nur eine

---

[104] Vgl. Cicero: Orator. Der Redner, 12.38 (S. 43).
[105] Burkes und Scholz' Argumente stehen hier stellvertretend für zahlreiche auf die Logik ausgerichtete Kritiken. Vgl. etwa Carey: Harold Adams Innis and Marshall McLuhan, S. 302; Miller: Marshall McLuhan.
[106] McLuhan: Understanding Media, S. 21.
[107] Scholz: »why the medium is socially the message«, S. 86.

andere Wissenschaft zu machen sein, die sich auch noch (unter anderem) den Gegenstand der Medien vornimmt.[108]

Aber um die zuletzt genannte Möglichkeit geht es in *Understanding Media* nicht. Hier geht es gerade darum, die Andersartigkeit der Medien (verglichen mit allem bisher Bekannten und Geglaubten in den abendländischen Wissenschaften) auch anders als alles Bekannte zu beschreiben und zu theoretisieren; zum Beispiel mittels der harmonischen Klangstrukturen der Sprache, die in sich vereinen und vereinbar halten, was in der tradierten philosophischen Ordnung der Welt disharmoniert. Für Cicero ist das die zutage liegende Eigenart der Lobrede:

> [A]bsichtlich und nicht im Verborgenen, sondern offen und klar legt man es darauf an, dass Formulierungen einander gleichsam in wohlberechnetem Gleichmaß entsprechen, dass häufig Widerstreitendes verbunden und Gegensätzliches verglichen wird, dass Satzschlüsse einander angeglichen werden und im Gleichklang enden.[109]

Im Folgenden möchte ich zeigen, inwiefern die ›Schlüsselformel‹ der Medienwissenschaft aus Formulierungen und Textbewegungen hervorgeht, die Cicero als typisch epideiktisch beschreibt und die bereits einige Jahre vor *Understanding Media* im Textkorpus ›McLuhan‹ auffällig vertreten sind. Die rhetorische Verbindung von Widerstreitendem im Gleichklang wird schließlich sogar zur theoretischen Basis der Erläuterungen des neuen wissenschaftlichen Gegenstands der Medien.

3.1 Zirkel: Sprachen, Medien, Mythen (»Myth and Mass Media«, 1959)

Schon in den 1950er Jahren erfolgt die Theorieübertragung der Ethnolinguistik auf den Bereich der Kommunikationsmedien im Textkorpus ›McLuhan‹ über das Stilmittel des Chiasmus, welches verschiedene Dinge mittels Gleichklang des Ausdrucks in eins zu setzen vermag. So wird der Zusammenhang von Medien und Sprachen, wie er seit 1953 in der Torontoer Forschungsgruppe bearbeitet wurde, in der Eröffnung des von Carpenter und McLuhan gemeinsam unterzeichneten Textes »The New Languages« von 1956 folgendermaßen eingeführt: »English is a mass medium. All languages are mass media. The new mass media – film, radio

---

[108] Vgl. hierzu den Verweis auf die politische Ökonomie Harold Innis', die Scholz der Selbstsetzung des Mediums bei McLuhan gegenüberstellt, Scholz: »why the medium is socially the message«, S. 86 f.
[109] Vgl. Cicero: Orator. Der Redner, 12.38 (S. 43).

television – are new languages, their grammars as yet unknown. Each codifies reality differently; each conceals a unique metaphysics.«[110]

1956 ging es darum, über die Gleichsetzung von Sprachen und Medien zur Mediendifferenz vorzustoßen, die die Voraussetzung einer Theoretisierung der Medien verglichen mit einer Theoretisierung der Kommunikation ist.[111] Entsprechend stellte dieser Aufsatz die Unterschiede der Medien anhand einer Betrachtung der einschlägigen Kommunikationsmedien der 1950er Jahre vor.

1959 taucht die zitierte Eröffnungskonstruktion des Textes »The New Languages« in einem Artikel mit Namen ›McLuhan‹ wieder auf, welcher mit dem Vorschlag endet, dass die Auseinandersetzung mit Medien letztendlich über die Auseinandersetzung mit der Sprache zu führen ist.[112] Auf der ersten Seite dieses Aufsatzes, »Myth and Mass Media«, erscheinen den Eingangsformulierungen des früheren Textes ganz ähnliche Formulierungen. Die Sprache Englisch ist auch hier ein Beispiel für ein Massenmedium: »For example, English is itself a mass medium, as any language employed by any society.«[113] McLuhan nimmt damit zunächst die Grundlegung des Medienverständnisses in Whorfs Sprachparadigma wieder auf. Auch wenn der allgemeine Sprachgebrauch in der Wendung ›Massenmedien‹ vor allem neue Medien wie Telegraphie, Telefon, Film, Radio und Fernsehen bezeichne, sei es dennoch nicht besonders schwierig, auch die Sprachen als ›Massenmedien‹ zu betrachten, heißt es kurz darauf. Viel schwieriger sei hingegen die umgekehrte Sichtweise: »Languages as human artifacts, collective products of human skill and need, can easily be regarded as ›mass media‹, but many find it difficult to consider the newer media deriving from these languages as ›new languages.‹«[114]

In McLuhans Formulierung von 1959 wie in der Eingangsbemerkung von 1956 zeigt sich, dass die Gleichsetzung von Sprachen und Medien durch eine chiastische Umkehr realisiert wird: ›Sprachen‹ und ›Medien‹ werden im soeben zitierten Satz einfach im zweiten Hauptsatz noch einmal in umgekehrter Reihenfolge eingesetzt und die Wendung ›Sprachen als Medien‹ erscheint so in der

---

110 Carpenter/McLuhan: The New Languages, S. 46.
111 Zur Voraussetzung der Theorestisierung der Medien vgl. Schüttpelz: »Get the message through«, S. 70–72. Vgl. auch das Kap.: »Die Carpenter-McLuhan-Hypothese« in Grampp: Marshall McLuhan, S. 123–125.
112 Vgl. McLuhan: Myth and Mass Media, S. 348: »[W]e can [...] find means in the study of media as language and language as myth. For our experience with the grammar and syntax of languages can be made available for the direction and control of media old and new.« McLuhan verwendet die chiastische Konstruktion auch in anderen Texten, z. B. schon 1958: McLuhan: Knowledge, Ideas, Information and Communication, S. 225 u. 230.
113 McLuhan: Myth and Mass Media, S. 339.
114 McLuhan: Myth and Mass Media, S. 339.

spiegelverkehrten Form ›(neue) Medien als (neue) Sprachen‹ wieder. Der gesamte Satz beginnt und endet also mit dem gleichen Wort und schließt sich im gleichen Klang gewissermaßen selbst ab. Innerhalb der geschlossenen Formulierung tauschen *definiens* und *definiendum* die Plätze. Das zunächst näher zu Bestimmende (die Sprachen) wird zum Bestimmenden (die neuen Sprachen) und das anfangs Bestimmende (die Massenmedien) wird zum Bestimmten (oder zum zu Bestimmenden in den neuen Massenmedien). In der chiastischen Wendung werden logische Unterscheidungen gesetzt (in der Verbindung der unterschiedlichen Begriffe präsentiert) und sodann in der Präsentation der entgegengesetzten Verbindung derselben Unterscheidung mehr oder weniger aufgehoben. Der Chiasmus »erlaubt das Auseinanderziehen und Zusammenbringen einander entgegengesetzter Funktionen oder Begriffe und schlingt sie in einer Identität der Bewegungen ineinander«, wodurch das Unterschiedene in »schönste Harmonie miteinander« gerät.[115]

Der zweite Hauptsatz räumt im zuletzt zitierten Beispiel immerhin die Schwierigkeit ein, die angeblich von den Sprachen selbst abgeleiteten neueren Medien auch als neue Sprachen zu sehen. Zwar liefert der Text sogleich eine Erklärung für die unterstellte Ableitung der Medien von den Sprachen,[116] doch ist für heutige Leser klar, dass die Schwierigkeit vor allem in der schon viel früher einsetzenden Ableitung, die Carpenter und McLuhan selbst vornehmen, besteht. Ihre Ableitung nämlich entspricht keiner logischen Schlussfolgerung, sondern sie geht, wie gesehen, auf eine chiastische Verkehrung sprachlicher Elemente zurück. So sehr die Aufeinanderfolge von »English is a mass medium« und »All languages are mass media« im Text von 1956 auch nach den Prämissen oder nach Prämisse und Schlussfolgerung eines Syllogismus aussehen mag, ergibt sie zusammen mit dem dritten Satz »The new mass media [...] are new languages [...]« doch immer nur einen Chiasmus. Sie entspricht weder einem induktiven noch einem deduktiven Argumentationsgang. Als Induktion ließe sich eine Folge von Aussagen beschreiben wie: Englisch ist eine Sprache, Englisch ist ein Massenmedium, also sind Sprachen Massenmedien. Eine Deduktion könnte lauten: Alle Sprachen sind Massenmedien, Englisch ist eine Sprache, also ist Englisch ein Massenmedium. Doch die Folge »English is a mass medium. All languages are mass media. The new mass media [...] are new languages [...]« ist weder das eine noch das andere. Sie ist vielmehr ein Zirkel, jene schon von Aristoteles aus der Reihe der zulässigen

---

115 Gasché: Über chiastische Umkehrbarkeit, S. 440.
116 Vgl. McLuhan: Myth and Mass Media, S. 339: So könne die Schrift in ihren diversen Modi technologisch als Entwicklung von neuen Sprachen angesehen werden, denn die Übersetzung des Hörbaren ins Sichtbare durch phonetische Mittel sei die Einsetzung eines dynamischen Prozesses, der jeden Aspekt des Denkens, der Sprache und der Gesellschaft umforme *(reshapes)*.

Schlüsse ausgesonderte Form der Aussagenherleitung.[117] Denn einerseits ist die Aussage, dass Englisch ein Massenmedium sei, selbst begründungsbedürftig; sie wird aber zur Begründung der nachfolgenden Ableitung vorangestellt. Andererseits ist das, was auf die begründungsbedürftige erste Aussage folgt, selbst ein sprachlicher Kreis bzw. zwei ineinander geschachtelte Kreise *(languages – languages, mass media – mass media)*.[118] Infolge dieser chiastischen Zirkelkonstruktion in den beiden Texten mit Signatur McLuhans dreht sich auch die Erläuterung im Kreis: Wenn alle Sprachen Massenmedien sind, dann sind alle neuen Massenmedien auch neue Sprachen.

Das ist die Art von Vereinfachung und von Tautologie, die Burke und Scholz bei McLuhan bemängeln. Die Formulierung vereinfacht, insofern dieser Chiasmus die Differenzierungen und Gültigkeitsbedingungen für die Gleichsetzung in der Wiedergabe in umgekehrter Reihenfolge gewissermaßen nivelliert. Und sie ist tautologisch in dem Sinne, in dem »durch den Chiasmus [...] Gegenpole zu Parallelen und verkehrten Gegensätzen auf dem Boden einer zugrundeliegenden Einheit miteinander verknüpft [werden], einem *tauto*, das sich durch das ausdrückt, was voneinander getrennt ist«.[119] Mit einem Chiasmus muss die ausgesagte Einheit nicht mehr bewiesen werden, da der Chiasmus sie auf sprachlicher wie auf Aussageebene selbst unter- und herstellt.[120]

Im Text Carpenters und McLuhans von 1956 wird der Sprachen-Medien-Medien-Sprachen-Chiasmus dafür genutzt, den Zusammenhang und eine zugrundeliegende Einheit von Sprachen und Medien für eine Beschreibung der Medien herzustellen. Indem die Medien wie die Sprachen bei Whorf als je verschiedene Kodifizierungen der Realität aufgefasst werden, als Träger und Durchsetzer einer jeweils einzigartigen Metaphysik, ermöglichen sie die Segmentierung und Klassifikation untereinander nicht verrechenbarer Kommunikationsmedien im selben Text.

In »Myth and Mass Media« von 1959 wird im Anschluss an den Sprachen-Medien-Medien-Sprachen-Chiasmus ebenso die Kodifizierungseigenart der Medien

---

117 Vgl. Aristoteles: Lehre vom Schluss oder Erste Analytik (übers. von Eugen Rolfes, S. 106–108); ders.: Analytica Posteriora, I.3,72b17–39 (übers. von Wolfgang Detel, S. 20f.).
118 Zur Auffassung von sprachlich realisierten Kreisen und den entsprechenden rhetorischen Figuren des *kyklos*, *epanodos* und Chiasmus vgl. auch die Kap. III.2.6 und III.4.8 in diesem Band.
119 Gasché: Über chiastische Umkehrbarkeit, S. 440.
120 Von dieser Auffassung weichen neuere, insb. rhetorische Lesarten des Chiasmus ab. Denn schon in der Wiedergabe in umgekehrter Reihenfolge zeigt sich ja eine Differenz ›desselben‹ an. Für die hier angeführten chiastischen Beispiele und ihre erste Auslegung beziehe ich mich allerdings auf Gaschés Ausführungen zum Chiasmus als einer »ursprünglichen Form des Denkens« und als Ordnungsinstrument, als welcher er lange Zeit in der philosophischen Argumentation eingesetzt wurde. Vgl. Gasché: Über chiastische Umkehrbarkeit, S. 437–441.

angesprochen. Doch bleibt der Text dabei nicht stehen. Wie erwähnt, schließt »Myth and Mass Media« mit der Aussicht, den Medien mit Mitteln des Sprachstudiums beizukommen, mittels der bestehenden Erfahrungen mit Grammatik und Syntax der Sprachen.[121] Dieser Text zeigt sich insgesamt sehr an der Frage der Sprache(n) und ihrer Möglichkeiten für die Betrachtung von Mythen und Medien interessiert. Tatsächlich werden Mythos und Medien über ihre (unterstellte) Verbindung zur Sprache bzw. zum Wort miteinander verschaltet. Nach der ersten Nennung des Sprachen-Medien-Medien-Sprachen-Chiasmus erscheint der Mythos als Schnappschuss eines komplexen (historischen) Prozesses schon im einzelnen Wort: »in the case of a single word, myth is present as a single snapshot of a complex process«.[122] Der narrative Mythos erscheint sodann als komplexer Prozess, der ein einziges inklusives Bild erzeugt: »in the case of a narrative myth with its peripety, a complex process is recorded in a single inclusive image«.[123] Er wird damit der vielschichtigen Montage und ihrer Abkürzung logischer Beziehungen, die in der Höhlenmalerei und im Kubismus zu finden seien, vergleichbar.[124]

Nach dieser Zusammenführung von Sprache und Mythos im einzelnen Wort auf der ersten Seite des Textes kommt es zum erneuten Einsatz des Sprachen-Medien-Medien-Sprachen-Chiasmus und zu einer entsprechenden Erweiterung des Verhältnisses um den Mythos:

> If a language contrived and used by many people is a mass medium, any one of our new media is in a sense a new language, a new codification of experience collectively achieved by new work habits and inclusive collective awareness. But when such a new codification has reached the technological stage of communicability and repeatability, has it not like a spoken tongue, also become a macromyth?[125]

Wenn die neue (medientechnische) Art der Kodifizierung von Erfahrung, die letztlich nur der alten Art der Erfahrungskodierung durch Sprache (nach Sapir und Whorf) nachfährt, die technologische Stufe der Kommunizierbarkeit und Wiederholbarkeit erreicht hat, dann ist sie möglicherweise wie die gesprochenen

---

121 Vgl. McLuhan: Myth and Mass Media, S. 348 (zit. in Anm. 112 in diesem Kap.).
122 McLuhan: Myth and Mass Media, S. 339.
123 McLuhan: Myth and Mass Media, S. 339.
124 Ob diese Beziehung aber tatsächlich einem Vergleich gleichkommt, lässt der Trickster offen. Die Darstellung vom Mythos im Wort als Schnappschuss und des narrativen Mythos als inklusives Bild ist als Frage formuliert (»Can we, perhaps, say that [...]?«) und die vielschichtige Montage und Abkürzung logischer Beziehungen folgt ohne Überleitung als einfache Aussage im darauffolgenden Satz: »The multilayered montage or ›transparency‹, with its abridgment of logical relationships, is as familiar in the cave painting as in cubism.« McLuhan: Myth and Mass Media, S. 339.
125 McLuhan: Myth and Mass Media, S. 339 f.

Sprachen auch ein Makromythos geworden. Was ein Makromythos sein soll und warum die gesprochenen Sprachen offenbar Makromythen sind, erwähnt der Text hier mit keiner Zeile. Allerdings ließe sich schließen, dass, nachdem der Mythos bereits im einzelnen Wort steckt, die gesprochenen Sprachen an sich einen Makromythos ergeben müssen und dass dasselbe auch für die neuen Medien gelten muss, die ja über den Chiasmus mit den Sprachen identifiziert wurden.

Im nächsten Absatz des Textes folgt anstelle einer Erklärung einfach die Übernahme der soeben noch in Frageform angedeuteten Beschreibung von Medien als Makromythen bzw. von alten und neuen Sprachen als solchen: »Languages old and new, *as macromyths*, have that relation to words and word-making that characterizes the fullest scope of myth.«[126] Das grenzt schon wieder an eine tautologische Bemerkung: Makromythen haben die Relation zu Worten und Wortmacherei, die (auch(?)) den Geltungsbereich des Mythos kennzeichnet. Mit anderen Worten: Makromythen sind Mythen. Wenn also Sprachen Makromythen sind und Makromythen Mythen, dann sind die neuen Kommunikationsmedien all das auch, denn sie sind ja als Sprachen zu betrachten. Das Argument dreht sich weiterhin oder immer noch im Kreis. Ausgehend von der wechselseitigen, chiastischen Identifizierung von Sprachen und Medien geraten immer mehr Begriffe in einen überwiegend ungeklärten Zusammenhang: Sprachen, Medien, Wörter, Mythen und Makromythen gehören alle irgendwie zusammen. Aber wie genau, das legt der Text in seinen kreisenden Bewegungen kaum fest. Die dem narrativen Mythos nachgesagte Abkürzung logischer Beziehungen in einer vielschichtigen Montage scheint auch der Machart des Textes »Myth and Mass Media« zugrunde zu liegen.

Im Weiteren gibt »Myth and Mass Media« immerhin ein paar Hinweise, die eine Auslegung ermöglichen. Letztlich lässt sich die hier eingesetzte wechselseitige Vertretbarkeit der Sprachen, Medien und Mythen auf die vermengten Sprachauffassungen aus »James Joyce: Trivial and Quadrivial« (1953) zurückverfolgen und auf die dort konstatierte Kontinuität zwischen antiker Grammatik und Weltauslegung und dem Sprach- und Kulturstudium der Ethnolinguisten Sapir und Whorf.[127] Denn jetzt heißt es im Text »Myth and Mass Media«, dass die kollektiven Fähigkeiten und Erfahrungen – die nach Sapir und Whorf im Sprachsystem festgesetzt sind – die gesprochenen ebenso wie die neuen Sprachen konstituierten und dass sie dies zusammen mit den Mythen für eine Betrachtung als Modell des Universums sozusagen prädestiniert. Mehr noch, die gesprochenen und die neuen Sprachen wie die Sprachen im Allgemeinen bildeten dynamische Modelle

---

126 McLuhan: Myth and Mass Media, S. 340, 2. Absatz (Hervorhebung J. M.).
127 Vgl. Kap. III.4.4 in diesem Band.

des Universums in Aktion, die zur Partizipation taugten vielmehr als zur Kontemplation oder Referenz und Klassifikation, die ja den Sprachen gemeinhin nachgesagt werden.[128]

Im Hintergrund des Begriffskreises und -kreislaufs aus »Myth and Mass Media« arbeitet also letztlich wieder die Frage nach dem Wesen der Sprache. Auch der darauffolgende Absatz des Textes macht das deutlich,[129] wenn auf den in der ersten Hälfte des zwanzigsten Jahrhunderts prominent von Ogden und Richards in *The Meaning of Meaning* vertretenen sprachphilosophischen Einspruch angespielt wird, dass die Sprache nicht allein ein Mittel der Bezeichnung oder der Referenz *(means of signifying or of reference)* sei.[130] Diese Einsicht wird zudem mit der sozialen Handlungsweise *(the social action of these forms)* der neuen Medien »or macromyths« sowie der bei Sapir und Whorf nachzulesenden Mächtigkeit des Sprachmusters *(it entirely patterns)* gegenüber individuellen Nutzungsformen der Sprache zusammengebracht.[131] Doch dass es hier um die sprachphilosophische Frage gehen könnte, verdeckt der Text durch die zuvor konstruierte allseitige Anschlussfähigkeit und Ersetzbarkeit der Konzepte von Sprachen, Medien, Mythen. Bemerkenswerterweise wird die sprachphilosophische Problematik nämlich von Beginn des besagten Absatzes an auf die Frage des Mediums bezogen bzw., genauer, auf die Formel, die eine eigene Wissenschaft von den Medien zu begründen imstande ist, auf ›the medium is the message‹, welches an dieser Stelle seinen ersten schriftlichen Auftritt im Textkorpus ›McLuhan‹ erhält:

---

128 Diese Zusammenfassung einer möglichen Aussage des Textes wird wieder vom Trickster durch eine Kombination von Fragen und Aussagen ohne logische Konjunktionen in der Schwebe gehalten. Vgl. McLuhan: Myth and Mass Media, S. 340: »Languages old and new, as macromyths, have that relation to words and word-making that characterizes the fullest scope of myth. The collective skills and experience that constitute both spoken languages and such new languages as movies or radio can also be considered with preliterate myths as static models of the universe. But do they not tend, like languages in general, to be dynamic models of the universe in action? As such, languages old and new would seem to be for participation rather than for contemplation or for reference and classification.«
129 McLuhan: Myth and Mass Media, S. 340, 3. Absatz.
130 In ihrem Buch *The Meaning of Meaning* zeigen Ogden und Richards, dass Wortbedeutungen nicht eindeutig sind u. a. anhand ihres Nachweises von nicht weniger als 23 Bedeutungen allein des Worts ›Bedeutung‹. Neben der symbolischen (d. h. referentiellen) Sprach- bzw. Zeichenfunktion identifizieren sie eine emotive Funktion, die nur mittelbar mit dem Bezeichneten in Verbindung steht. Vgl. Ogden/Richards: The Meaning of Meaning. Vgl. auch Kap. III.3.2 und III.3.3 in diesem Band. Über die nicht rein referentielle Funktion der Sprache suchten auch die amerikanischen *new critics* ihre Poetik zu definieren, vgl. Kap. III.1 in diesem Band.
131 Vgl. Sapir: The Status of Linguistics as a Science, S. 162; ders.: Language, S. 220 u. 231; Whorf: Über einige Beziehungen des gewohnheitsmäßigen Denkens und Verhaltens zur Sprache, S. 98.

Another way of getting at this aspect of *languages as macromyths* is to say that *the medium is the message*. Only incidentally, as it were, is such a medium a *specialized means of signifying or of reference*. And in the long run, for such media or macromyths as the phonetic alphabet, printing, photography, the movie, the telegraph, the telephone, radio, and television, *the social action of these forms* is also, in the fullest sense, their message or meaning. A language is, on the one hand, little affected by the use individuals make of it; but, on the other hand, it almost *entirely patterns* the character of what is thought, felt, or said by those using it.[132]

Dem Aspekt der Sprachen als Makromythen nahezukommen, gelingt demnach auch, indem man *sagt*,[133] dass das Medium die Botschaft ist. Ob nun mit »such a medium« im zweiten Satz des Abschnitts die Sprache, der Mythos, das Medium selbst oder seine Botschaft gemeint sind, klärt der Text nicht. All diese Konzepte könnten nur zufällig referentiell sein oder als Bezeichnungsmittel aufgefasst werden. An dieser Stelle im Text sind Sprachen und Mythen und Medien und sogar die Botschaften längst austauschbar geworden. Das eine kann jeweils für das andere stehen. In welchem hierarchischen, kategorischen oder logischen Verhältnis sie allerdings zueinander stehen, ist nicht auszumachen. Der Text unterläuft insbesondere am Anfang und am Ende[134] immer wieder genau solche Zuordnungen der Begriffe zueinander, die sie als *definiens* oder *definiendum* in eine festgelegte Abhängigkeit voneinander bringen würden. Stattdessen versetzt der Text die verwendeten Konzepte und Begriffe in das zirkulierende Wörterverhältnis der Rhetorik,[135] das in der Figur des Chiasmus augenfällig wird. Wie in der einzelnen chiastischen Konstruktion spielt der Text im Ganzen die wechselnde Abhängigkeit der Begriffe untereinander in verschiedenen Zusammenhängen verschiedentlich durch. Das erklärt auch, warum ein Großteil der Abhandlung zu Sprachen, Mythen und Medien in Frageform gehalten ist.[136] Der Text »Myth

---

132 McLuhan: Myth and Mass Media, S. 340, 3. Absatz (Hervorhebungen J. M.).
133 Vgl. den Schluss des vorhergehenden Kap. IV.2 in diesem Band.
134 Insbesondere zu Beginn und zum Abschluss des Artikels »Myth and Mass Media« wird das Verhältnis von Sprache, Mythen und Medien angesprochen und erprobt. Im Mittelteil werden eher Medienkategorisierungen vorgenommen.
135 Vgl. Steinhauers Beschreibung des Projekts der Rhetorik, wonach Substanzen und Akzidenzien nicht hierarchisch abgeschichtet sind, sondern in ein zirkulierendes und gekoppeltes Verhältnis gesetzt werden. Steinhauer: Die rhetorische Regulierung, S. 170.
136 Vgl. z. B.: »Can we, perhaps, say that in the case of a single word, myth is presented as a single snapshot of a complex process, and that in the case of the narrative myth with its peripety, a complex process is recorded in a single inclusive image?« (McLuhan: Myth and Mass Media, S. 339.) »How much compression of the elements of a process must occur before one can say that they are certainly in mythic form?« (S. 340.) »Is, then, what concerns us as ›myth‹ today a photograph or ›still‹ shot of a macromyth in action?« (S. 340.) »What are the myths by which men have recorded the action of new media on their lives?« (S. 341.) »Perhaps we tend to define myth

and Mass Media« ist ein Testlauf der Begriffe durch verschiedene Weisen ihrer (gemeinsamen) Verwendung, der unterschiedliche Bedeutungen und Zusammenhänge zutage fördert.

So betrachtet müssen alle Selbsterklärungen McLuhans zu seinem eigentümlichen Schreibstil den entscheidenden Punkt verfehlen, denn sie setzen ein geradezu substantialistisches bzw. gar ontologisch grundiertes Verständnis an die Stelle der zu beobachtenden Arbeit mit der Zirkularität der sprachlichen Struktur und ihren Bedeutungseffekten. Die von McLuhan lancierten Erklärungen nehmen das Dargestellte als Begründung für die Darstellung (was letzten Endes immer noch der rhetorischen Regulierung des *decorum* entspricht). So gelten die fehlenden logischen Beziehungen in den Texten, wie von mir bezüglich »Myth and Mass Media« angedeutet, als den Medien der frühesten Zeit (wie Mythos und Höhlenmalerei) und den auf ihre Struktur zurückkommenden neuesten Medien (wie der Kubismus und die Darstellungsverfahren des Fernsehers) äquivalent. McLuhans Texte üben demnach ihre Leser in den Strukturen der Medienkultur seiner Zeit.[137]

Vor dem Hintergrund der beobachteten Zirkularität auf der argumentationslogischen Ebene wie auf der Darstellungsebene des Textes »Myth and Mass Media« ist diese Rechtfertigung aber allenfalls eine nachträgliche Rationalisierung der in den Texten McLuhans immer wieder aufgegriffenen und ausgenutzten Dynamik der Sprache selbst. Dies zeigt sich gerade auch an der Formel ›*the medium is the message*‹, welche der zuvor angeführten Textstelle voransteht und dem Zirkel von Sprachen, Mythen, Medien noch die Botschaften hinzufügt. Der berühmte oxymorale Ausdruck ›*the medium is the message*‹ ist letztlich von der chiastischen Zirkularität des Textes eingegeben. Er erscheint mit Richard Lanham hier als Ergebnis der zirkulären Bewegungen der Sprache im Chiasmus: »Chiasmus seems to set up a natural internal dynamic that draws the parts closer together, as if the second element wanted to flip over and back over the first, condensing the assertion back toward the compression of Oxymoron and Pun.«[138] Im Chiasmus herrscht eine Tendenz zum waghalsigen Überschlag, bei der der zweite Teil des Ausdrucks die Aussage in einer Art ›Rolle rückwärts‹ in die komprimierte Form eines Oxymorons zusammenschnurren lässt.[139]

---

in too literary a way, as something that can be verbalized, narrated, and written down. If we can regard all media as myths and as the prolific source of many subordinate myths, why cannot we spot the mythic aspect of the current hula-hoop activity? Here is a myth we are living.« (S. 344.)
137 Vgl. die Wiederholung der Selbsteinschätzung bei Marchessault: Marshall McLuhan, u.a. S. 159 f.
138 Wortlaut zum Lemma »Chiasmus« in Lanham: A Handlist of Rhetorical Terms, S. 33.
139 Die glückliche Formulierung einer ›Rolle rückwärts‹ in meiner Übersetzung verdanke ich einer Diskussion mit Barbara Filser über Lanhams Wortwahl. Lanham bestätigt mit seiner Chias-

›The medium is the message‹ ist daher auch als ›eingedickte‹ Variante eines chiastischen Zirkels zu sehen, dessen Struktur den Text »Myth and Mass Media« im Ganzen anleitet. Die berühmte Formel der Medienwissenschaft ist eine ›Rolle rückwärts‹ aus den Kreisen des (möglichen) Chiasmus (›the message is the medium – the medium is the message‹) in die paradoxale Wendung des Oxymorons und des pun ›the medium is the message‹. Lanham führt zum Chiasmus weiter aus: »The ABBA form seems to exhaust the possibilities of argument [...].«[140] Insofern setzte die chiastische Ausführung die geschlossenen Kreise einer keine weitere Diskussion zulassenden vereinfacht und tautologisch wirkenden Einheit. Als Oxymoron und *pun* aber öffnet sich das weite Reich eines Wissens, das in der Sprache liegt: Sprachlich lässt sich im Oxymoron behaupten, was in der Realität (und sei es auch die Realität der allgemeinen Meinung) (noch) nicht erkannt ist.[141] Dabei verweist die Behauptung auf ihre sprachliche Verfasstheit und also auf die Unentscheidbarkeit zwischen referentiellem und rhetorischem Sprachwert zurück.

3.2 Projekt und Bericht zur Medienkunde

Im darauffolgenden Jahr, 1960, erscheint die rhetorische Figur des Chiasmus als Konzept im Textkorpus ›McLuhan‹. Nachdem der Chiasmus in verschiedenen sprachlichen Realisierungen schon in einigen Texten des Korpus aufwartete, dient er im *Report on Project in Understanding New Media* der allgemeinen Beschreibung der Medien. Es ist das zweite Mal im Textkorpus mit Namen McLuhans, dass ein Element der Figurenlehre der Rhetorik zur Erläuterung des neuen wissenschaftlichen Gegenstands der Medien Verwendung findet. Das erste Mal erschien 1955 im Textkorpus die Figur bzw. der Tropus der Metapher, um das Verhältnis zwischen Medien zu bestimmen.[142] Nun erhält der Chiasmus seinen Auftritt als Modell für die Verfahrensweisen der Medien.

Der Auftritt ist auf den ersten Blick allerdings nicht sonderlich spektakulär. Er umfasst gerade einmal vier Sätze auf knapp sechs maschinengeschriebenen Zeilen des unverlegt und in einfacher Blattheftung verbliebenen Berichts für

---

mus-Definition, dass die rhetorischen Figurenkategorien keine festgesetzten Systemstellen der Sprache bezeichnen, sondern den sprachlichen Formulierungen stets hinterhereilen, welche die klar abgegrenzten Kategorien immer schon in ihrer Systemhaftigkeit unterlaufen und stattdessen vor allem auf die unermesslichen Möglichkeiten der sprachlichen Anschlüsse selbst zurückverweisen. Vgl. Groddeck: Reden über Rhetorik, S. 85 f., Beispiele S. 146 f.
140 Lemma »Chiasmus« in Lanham: A Handlist of Rhetorical Terms, S. 33.
141 Vgl. Scheuer: Art. Oxymoron (HWRh, Bd. 6), Sp. 469 f.
142 Vgl. dazu die Kap. III.4.8 und III.4.9 in diesem Band.

die *National Association of Educational Broadcasters (NAEB)*, welche 1959–1960 unter der Projektnummer 69 McLuhan ein Jahr zur Entwicklung, Ausarbeitung und Überprüfung seiner Thesen über Medien finanzierte.[143] Es ist gut möglich, dass der Einsatz des Chiasmus in der Theoriebildung McLuhans aufgrund seines bescheidenen Auftretens bisher keine Beachtung fand.[144] Zumal der *Report* gut gefüllt ist mit Ansätzen und ersten Ausformulierungen der bekanntesten Thesen der Medientheorie namens ›McLuhan‹. So findet sich die These von der Sinnesratio, welche durch Medien gewaltig und gewalttätig gestört würde *(violently disturbed)* und die Matrix des Denkens, der Konzepte und der Werte verändern würde.[145] Damit einher geht die Erfassung der Medien als Sinnesextensionen: »A SIMPLE FACT: Any medium whatever is an extension, a projection in space or in time, of our various senses.«[146] Es findet sich die ›Schlüsselformel‹ »the medium is the message«[147] und das gerade entdeckte Theorem, dass der Inhalt eines Mediums ein anderes Medium sei: »Had Project 69 done nothing more than to isolate the fact that the ›content‹ of any medium is another medium, it would have justified the expenses involved many times over.«[148]

Aufgrund der Versammlung dieser Grundlagen einer Medientheorie McLuhans im *Report* und nicht zuletzt wegen der Ähnlichkeit des Titels, ist der Rechenschaftsbericht für die *NAEB* auch als der zentrale Vorläufer von *Understanding Media* aufgefasst worden. Der Bericht gilt mitunter sogar als substantielleres der beiden fast gleichnamigen Konvolute, während der publizierte Klassiker der Medienwissenschaft durch viele *twists* und *put ons* die Leser eher aus der Trägheit aufstoße und zum Mitdenken herausfordern wolle.[149] Als ›substantieller‹ erscheint am *Report* vor allem sein recht systematischer Aufbau, in welchem auf zwei (!) allgemeine Einführungen zwölf Kapitel zu zwölf verschiedenen Kommunikationsmedien folgen. Von der Rede, über Schrift und Buchdruck, über Photo-

---

143 Vgl. H. Marshall McLuhan: Report on Project in Understanding New Media. Prepared and published by the National Association of Educational Broadcasters, pursuant to a contract with the Office of Education, United States Department of Health, Education and Welfare. June 30th, 1960.
144 Der Biograph Terrence Gordon, der sich eingehender mit dem im Folgenden beschriebenen Prinzip der Umkehr in McLuhans Schriften beschäftigt, erwähnt nicht die Erläuterung durch den Chiasmus im *Report*. Vgl. Gordon: Marshall McLuhan, S. 182–184.
145 Vgl. McLuhan: Report on Project in Understanding New Media. Part III: Materials Developed by the Project, S. 9.
146 McLuhan: Report on Project in Understanding New Media. Part III, S. 13.
147 McLuhan: Report on Project in Understanding New Media. Part III, S. 9 u. ö.
148 McLuhan: Report on Project in Understanding New Media. Part III, S. 14.
149 Vgl. Marchessault: Marshall McLuhan, S. 158 f. u. 169 f.; Marchand: Marshall McLuhan, S. 256–258; Gordon: Transforming the Report, S. 540.

graphie, Telegraphie, das Telefon usw. bis zum Fernsehen werden die einzelnen Medien jeweils in einer ein- bis fünfseitigen »Introduction« vorgestellt, gefolgt von Projektvorschlägen und Fragen (»Projects and Questions«), Literaturempfehlungen (»Readings and Suggestions«) sowie einer schematischen Darstellung (»Chart«).[150] Diese sehr didaktische Substanz verdankt der *Report* seinem Entstehungsumfeld im Auftrag des Zusammenschlusses von (öffentlich-rechtlichen) Universitätsradiostationen der *NAEB*, welche die Forschung und Anwendung zu den neueren Kommunikationsmitteln im Bildungskontext förderte. Anstelle der gängigen sozialwissenschaftlichen und empirischen Formate in diesem Zusammenhang, sollte der Literaturwissenschaftler McLuhan als Ergebnis seiner Forschungen einen Lehrplan für den Medienunterricht in der Oberstufe vorlegen.[151]

Der *Report* macht nun in mehreren Hinsichten keinen Hehl daraus, dass er sich für dieses Unterfangen an den einschlägigen Einführungsbüchern der nordamerikanischen Literaturwissenschaft der 1940er und 1950er Jahre orientierte. Seit Ende der 1930er Jahre war der neue Kritiker Cleanth Brooks zusammen mit einigen Kollegen äußerst erfolgreich im Absatz von Lehrbüchern der englischen Literaturwissenschaft mit Titeln wie *Understanding Poetry* (1938), *Understanding Fiction* (1943) oder *Understanding Drama* (1948). Das Besondere an diesen Büchern war, dass sie anstelle der üblichen Fakten-, Daten- und Rezeptionssammlung vor allem die literarischen Texte selbst versammelten, konkrete Textanalysen dazu anboten und Fragen und Übungen für die eigene Auseinandersetzung der Leser mit dem Material bereithielten.[152] McLuhans *Report* greift dieses didaktische Prinzip der Einführungsbücher für den Lehrplanentwurf auf. Sein Titel zeigt dabei den Wechsel des Untersuchungsgegenstands an, während das (pädagogische) Programm des Verstehens aus dem literaturwissenschaftlichen Kontext fortgeführt werden soll in einem *understanding new media*.

---

150 Vgl. McLuhan: Report on Project in Understanding New Media. Part III, S. 29–137.
151 Zu den Hintergründen vgl. Shepperd: Medien miss-verstehen.
152 Vgl. exemplarisch Brooks/Warren: Understanding Poetry. An Anthology for College Students (1938). Vgl. dazu Kulisheck: The New Criticism and the New College Text. Das Revolutionäre dieser Einführungsbücher war, dass ihre didaktische Ausrichtung dabei half, das literaturtheoretische Programm des *New Criticism* nordamerikanischer Prägung an den *English Departments* durchzusetzen. Sie rückten ›den Text selbst‹ in den Mittelpunkt der Aufmerksamkeit und egalisierten dabei die Wissensstandards von Studierenden, Lehrenden und sogar anerkannten Literaturkritikern. Das gelehrte, literaturhistorische, bibliographische und philosophische Wissen zur Erklärung von Literatur wurde abgelöst durch eine Konzentration auf den Text und seine literarischen, sprachlichen Eigenschaften. Damit definierten diese Lehrbücher den Gegenstand des Literaturstudiums neu. Vgl. Lockhart: Teaching with Style, S. 198 f., sowie Jancovich: Understanding Literature. Textbooks and the Distribution of the New Criticism, S. 81 u. 87. Kritik an der dekontextualisierten Herangehensweise an die literarischen Werke übt Graff: Professing Literature, S. 178 f.

Unter den didaktischen Instrumenten des *Report* findet sich neben den, am Vorgehen der *Understanding*-Bücher orientierten, Fragen und Projektvorschlägen noch zusätzliches Anschauungsmaterial. Jedem untersuchten Medium ist eine Art Diagramm *(chart)* beigestellt, das das Neue-Medien-Verstehen noch eingängiger und wohl auch einfacher machen soll. Diese Diagramme werden in der zweiten allgemeinen Einführung des *Report*, in der »General Introduction to Charts« in einen Zusammenhang mit der rhetorischen Figur des Chiasmus gesetzt. Der Chiasmus und die Schaubilder sollen demnach das Prinzip schlechthin, das McLuhan in der Zeit seiner *NAEB*-Förderung über die Medien entdeckt haben will, verdeutlichen. Es heißt, in der rhetorischen Theorie sei das entdeckte Prinzip der Medien als Figur des Chiasmus bekannt und die entsprechende Ausarbeitung der Diagramme erlaube es nun, dieses Prinzip auch für jedermann ersichtlich zu demonstrieren.[153]

Besagtes Prinzip betrifft eine eigentümliche Umkehr oder Verkehrung, die McLuhan unter den Medien beobachtet haben will: »I shall never forget my amazement at discovering a few months ago that any HD medium like radio or movie underwent a kind of reversal of form when experienced.«[154] »HD« ist die Abkürzung für ›High Definition‹, und sie steht im Zusammenhang mit den Thesen zur Sinnesratio und zur Sinnesextension, welche die Medien darstellen und welche bei ausgereifter Kommunikationstechnologie eben zu einer ›hohen Auflösung‹ des einen erweiterten Sinnes führt, der zugleich aus dem Sinneskreis aller Sinne gewalttätig herausgehoben wird.[155] Die ›Art Umkehr der Form‹ des Mediums, »when experienced«, hat mit der Entdeckung zu tun, die McLuhan direkt am Beginn seiner ersten allgemeinen Einführung des *Report*, in der »General Introduction to the Languages and Grammars of the Media« platziert: »Early in 1960 it dawned on me that the sensory impression proffered by a medium like movie or radio, was not the sensory effect obtained.«[156] Die Abweichung zwischen Sinneseindruck und sinnlichem Effekt eines Mediums hat McLuhans Interesse geweckt. Sie dürfte den Grund dafür abgeben, dass sich die Einführungen des *Report* auffällig stark auf wahrnehmungspsychologische Erkenntnisse und eine wahrnehmungsbezogene Kunstwissenschaft bezieht. So gilt eine Bemerkung der *Kunstgeschichtlichen Grundbegriffe* (1915) Heinrich Wölfflins (1864–1945) als Be-

---

153 McLuhan: Report on Project in Understanding New Media. Part III, S. 23.
154 McLuhan: Report on Project in Understanding New Media. Part III, S. 16.
155 McLuhan: Report on Project in Understanding New Media. Part III, S. 9: »We must deal with each medium as it affects all of our senses, not as it makes an impression on one sense. Because any medium which singles out one sense [...] causes an exceptional disturbance among the other senses. [...] It is the ratio among our senses which is violently disturbed by media technology.«
156 McLuhan: Report on Project in Understanding New Media. Part III, S. 1.

stätigung der Entdeckung über Medien: »[T]he effect is the thing that counts, not the sensuous facts.«[157] Es werden Anleihen bei Georg von Békésys (1899–1972) *Experiments in Hearing* (1960) gemacht. Die aufsehenerregenden Räume optischer Illusion des Wahrnehmungstheorie-Autodidakten Adelbert Ames (1880–1955) finden Erwähnung.[158] Und Ernst H. Gombrichs (1909–2001) große, gestalttheoretisch unterlegte Studie bildlicher Repräsentation *Art and Illusion* (1960) dient als Referenzwerk für die einführenden Bemerkungen im *Report*.[159]

Die von den tatsächlichen Sinnesdaten der Medien abweichenden Effekte der Medien sind es auch, die das Neue-Medien-Verstehen im *Report* von den bestehenden Forschungen zur Kommunikation unterscheiden: »In these circumstances Understanding Media must mean the understanding of the effects of media.«[160] Die Konzentration auf die Effekte der Medien anstelle einer Betrachtung von Konstituenten und ›Inhalt‹ der Medien wird als ›neue Taktik‹ vorgestellt. Alle existierenden Medientests schlügen fehl in ihren veralteten Betrachtungen der Medien, die die spezifischen Wirkungen der neuen Medien außer Acht ließen. Die Forschungen im Namen der berühmten Lasswell-Formel werden explizit abgewiesen.[161] Im persönlichen Resümee des *Report*, unter der Überschrift »What I Learned on the Project (1959–60)«, heißt es sogar:

> Correction for Lasswell formula – not who is speaking to whom, but what is speaking to whom. Lasswell ignores the media, except speech; but obviously if a person is speaking into a P. A. system or into a radio microphone, etc., the who and the what are profoundly transformed.[162]

Das ›Wer‹ und das ›Was‹ der Lasswell-Formel (wer sagt was über welchen Kanal zu wem mit welchem Effekt?) werden grundlegend transformiert, vorausgesetzt man ignoriert die Medien im Kommunikationsprozess *nicht*.

---

157 McLuhan: Report on Project in Understanding New Media. Part III, S. 1–10 (Abschnitt: General Introduction to the Languages and Grammars of the Media), Zitat S. 1.
158 Vgl. McLuhan: Report on Project in Understanding New Media. Part II: Itinerary and Summary of Activities of the Consultant, S. 4; Part III, S. 12. Zu den Experimenten und Laboraufbauten von Ames sowie zu seiner umstrittenen Stellung in der zeitgenössischen Wahrnehmunsgpsychologie vgl. Behrens: Adelbert Ames, Fritz Heider and the Chair Demonstration, mit zahlreichen Abbildungen unter: http://www.bobolinkbooks.com/ Ames/ChairDemo.html (14. 03. 2015).
159 Vgl. McLuhan: Report on Project in Understanding New Media. Part III, insb. S. 19–25.
160 McLuhan: Report on Project in Understanding New Media. Part I: Purpose of Project, S. 2.
161 Vgl. McLuhan: Report on Project in Understanding New Media. Part I, S. 1 f.
162 Vgl. McLuhan: Report on Project in Understanding New Media. Part V: What I Learned on the Project (1959–60), S. 1.

Die Transformation dessen, was als Konstituenten und Inhalt der Medien in der Begegnung mit Medien sowie in der Medienevolution und auch in der Medieninteraktion gegeben ist, ist die leitende Annahme der Darstellungen im *Report*. Die Abweichung vom oder die Selbstdifferenz des vermeintlich Feststehenden steht am Beginn des ersten Medienkunde-Projekts für weiterführende Schulen. Damit schließt McLuhan einerseits an die Thesen des Torontoer Forschungsseminars an, welche die Inkommensurabilität der Kommunikationsmedien in den Blick rückten und handfeste Unterschiede der Art im vermeintlich Gleichen (der die Kommunikation herstellenden Kanäle) festhielten. Auf diesen Zusammenhang verweist im *Report* etwa die Referenz auf Edward T. Halls *The Silent Language* (1959), einem späten Ausläufer der unter dem Label ›Kultur und Kommunikation‹ laufenden Forschungsansätze zwischen Ethnologie, Sprachphilosophie und Kommunikationswissenschaft. Andererseits wird dieser Ansatz nun noch ergänzt durch die verblüffenden Ergebnisse gestaltpsychologischer Experimente zu den Abweichungen zwischen (Sinnes-)Daten und Sinneswahrnehmung und – ohne lange Umschweife – durch die Ambiguitätsforschung, welche maßgeblich von den Vertretern der ›rhetorischen Exegese‹ aus der Gerichtsrede betrieben wurde. In der zweiten Einführung des *Report* ergibt das folgende Darstellung:

> In a strange country we are compelled to translate our own culture into the strange one, or the strange one into our own. (See Ed. Hall, The Silent Language, Doubleday, 1959.) Today we live, all of us in many new countries of the mind in which our knowledge of familiar meanings merely serves to blind us to the new situation. We must battle down the familiar classifications if we are to come to grips with the new. [...] Adelbert Ames has built a complex visual lab just for this purpose: to train the student in the ambiguity of the third dimension. William Empson's Seven Types of Ambiguity (1932) had done the same job for those who still clung to the illusion that simple direct, plain English statements had only one meaning.[163]

Dem Bedeutungswechsel, dem die gewohnten Dinge in einem fremden Land unterliegen, sind ›heute‹ ›alle‹ ausgesetzt. Die vertrauten Bedeutungen und gewohnten Klassifikationen müssen bekämpft werden, um mit der neuen Situation zurechtzukommen. Und dieses Niederringen des allzu Vertrauten entspricht der Arbeit an Phänomenen der Ambiguität, wie sie gleichermaßen *(the same job)* auf den Gebieten der Wahrnehmung und der sprachlichen Signifikation schon stattgefunden hat. Ames' Experimente zeigten: »perceptions are not disclosures«;[164] vielmehr sind Wahrnehmungen immer in Vorannahmen verstrickt und eingeübt, legen

---

[163] McLuhan: Report on Project in Understanding New Media. Part III, S. 12.
[164] Dieser Satz wird zweimal zitiert, vgl. McLuhan: Report on Project in Understanding New Media. Part III, S. 12 u. 26. Die Verbindung von gestaltpsychologischen schematischen Testbildern und sprachlicher Ambiguität findet sich schon bei Richards: Interpretation in Teaching, S. 138.

also in diesem Sinne die Realität nicht frei.¹⁶⁵ Empsons Buch stellte indessen die verschiedenen möglichen Bedeutungen eines Textausschnitts heraus und präsentierte unterschiedlichste Interpretationen eines Verses nebeneinander. Die Ambiguität reichte dabei von leichten Abweichungen (in Typ eins der beschriebenen Ambiguitätstypen) bis hin zur Antithese (Typ sieben) im sprachlichen Ausdruck.¹⁶⁶

3.3 Das Sinnbild des Chiasmus im *Report*

Mit dem Interesse an der Ambiguität, welche sich auch in den Effekten der Medien zeigen soll, tritt McLuhan in seinem *Report* gegen die gängigen sozialwissenschaftlichen und empirischen Programme der Kommunikationsforschung an.¹⁶⁷ Und der Chiasmus wird geradezu zum Sinnbild dieses Ansatzes im *Report*, und zwar in den *charts* des Lehrmaterials für den Medienunterricht.

Die Schaubilder werden von McLuhan allerdings zu allererst in den Zusammenhang mit der im *Report* erstmals ausformulierten Sinnesextensionsthese gestellt,¹⁶⁸ die mit der Sinnesreduktions- oder Sinnesabstraktionsthese einhergeht und die auf die Frage des Medieninhalts führt:

> The charts provided for each of the media in the syllabus proceed from A SIMPLE FACT: Any medium whatever is an extension, a projection in space or in time, of various senses. Speech

---

165 Vgl. Behrens: Adelbert Ames, Fritz Heider and the Chair Demonstration.
166 Vgl. Empson: Seven Types of Ambiguity; vgl. auch Rodensky: New Impressions III.
167 Vgl. Shepperd: Medien miss-verstehen, insb. S. 26. Shepperd spricht von einer Paradigmenverschiebung von spekulativen Herangehensweisen zu empirisch-quantitativen Methoden.
168 Die Übernahme der Extensionsthese geht wahrscheinlich auf Halls *The Silent Language* (1959) zurück, dessen entsprechende Textstelle im Prolog von *The Gutenberg Galaxy* prominent zitiert wird (vgl. Hall: The Silent Language, S. 55, sowie McLuhan: The Gutenberg Galaxy, unpag. [S. 4]). Die Fragen der neuen Kommunikationsmittel mit Formen der dinglichen Extension des Menschen in Raum und Zeit zusammenzubringen, war überdies schon in Jürgen Rueschs und Gregory Batesons *Communication. The Social Matrix of Psychology* nachzulesen. (Vgl. Ruesch/Bateson: Communication, S. 35. Für eine Unterscheidung von Thesen zur Organprojektion in der Technikphilosophie und Prothesentheorien der anthropologisch orientierten Abhandlungen im neunzehnten und zu Beginn des zwanzigsten Jahrhunderts vgl. Scholz: Der Weltgeist in Texas.) Die Konzentration auf die Sinne in der Extensionsthese des *Report* anstelle der Körperteile oder Körperfunktionen, wie sie im anthropologisch geprägten Diskurs der ›Kultur- und Kommunikation‹-Forschung vertreten sind, ist vermutlich der Faszination für die gestaltpsychologischen Erkenntnisse über die Sinneswahrnehmungen geschuldet. (Vgl. Stamps' Ausführungen zur Komplementarität von gestalttheoretischen Arbeiten – insb. Ernst H. Gombrichs *Art and Illusion* [1960], welche im *Report* als eine Hauptreferenz fungiert – und thomistischer Epistemologie in McLuhans Schriften, Stamps: Unthinking Modernity, S. 104–107.)

is the only medium that uses all the senses at once. Speech as encoded visually in writing is not speech any longer. It is given a visual bias of great intensity by being reduced to writing. Moreover as written it is abstracted from all the other senses. Speech on radio is similarly reduced to one sense, the auditory-aural. Radio is not speech though it seems, like writing, to »contain« speech. Our illusion of »content« derives from one medium being »within« or simultaneously with another.[169]

Mit der Auffassung, dass ein Medium ein anderes Medium zum ›Inhalt‹ hat, erkennt McLuhan einen weiteren Angriffspunkt an der existierenden Kommunikationsforschung verglichen mit seinem Projekt des Medienverstehens. Nicht nur, dass die Kommunikationswissenschaftler die Medien ignorieren, nein, sie gehen aufgrund ihrer Fixierung auf den Inhalt auch von einem falschen Übertragungsmodell aus:

> Because, until this principle of »content« as an illusion of media-mix is grasped, there is and will continue to be a futile effort to measure the transfer of content as if it were some pellet moving from point to point like Zeno's arrow. The »illusion« of content likewise syphons off all attention from the forms and effects of the media. The fact that radio created Fascism [...] --- this fact could never be discovered by all the testers in the world as long as they paid attention to »what is being said« on the radios of the world.[170]

Der Inhalt eines Mediums ist nicht das, ›was gesagt wird‹. Er ist vielmehr die Illusion eines Medienmixes, den die Aufmerksamkeit für die Formen und Effekte der Medien erst freilegt. Hat man es aber mit einem Medienmix zu tun, ist man besser beraten, Zenons Paradox vom fliegenden Pfeil nicht aufzulösen in fruchtlose Versuche, den Transfer von Inhalten zu messen, als seien sie irgendeine Form von Kügelchen, das sich von Punkt zu Punkt bewegt.[171]

Das Pfeilparadox des Zenon von Elea (ca. 490–ca. 430 v. Chr.) lautet: Der fliegende Pfeil ruht. Der Widerspruch des Paradoxons entsteht bei der Übertragung von mathematischen Raum- und Zeitkonzepten auf die alltägliche Raum- und Zeiterfahrung beim Ereignis eines fliegenden Pfeils. Schon in der antiken Mathematik wird Bewegung als unendliche Folge von Ruhezuständen erfasst und alles Dynamische wird auf statische Punkte reduziert, da der Raum als unendliche Folge von aneinandergrenzenden Punkten und die Zeit in Analogie dazu als unendliche Folge aneinandergefügter Augenblicke aufgefasst werden. Ein fliegender Pfeil besetzt in einem solchen Modell in jedem Augenblick einen definierten

---

[169] McLuhan: Report on Project in Understanding New Media. Part III, S. 13f.
[170] McLuhan: Report on Project in Understanding New Media. Part III, S. 14.
[171] Zu dieser einschlägigen Auslegung des Pfeilparadoxes vgl. Ferber: Zenons Paradoxien der Bewegung und die Struktur von Raum und Zeit, S. 10–14.

Punkt seines Weges. Im Einnehmen dieser Position muss der Pfeil in Ruhe sein, und das Paradox fragt dementsprechend: Wie kann ein solchermaßen beschriebener Pfeil zugleich in Ruhe und in Bewegung sein?

In dieser Art konnte McLuhan das Pfeilparadox Zenons in *Number. The Language of Science. A Critical Survey Written for the Cultured Non-Mathematician* (1930) von Tobias Dantzig nachlesen,[172] das an anderer Stelle im *Report* zur euklidischen Raumauffassung zitiert wird.[173] Dantzig erläutert, dass die mathematische Auseinandersetzung mit dem fliegenden Objekt in eine Zerstörung »of the very property under analysis« mündet.[174] Übertragungsvorgänge in der mathematisch berechenbaren Weise von Zenons Pfeil aufzufassen, heißt für den Zusammenhang des *Report*, dass von dem zu beobachtenden Phänomen selbst nichts übrig bleibt. Es lassen sich dann nur einzelne Punkte bestimmen und nur Aussagen über die Punkte treffen, nicht aber über den Vorgang selbst.[175]

Vor diesem Hintergrund kann die Untersuchungsmaxime für Kommunikationsmedien nicht ›Wer sagt was über welchen Kanal zu wem mit welchem Effekt?‹ lauten, denn sie spaltet den Kommunikationsvorgang auf in einzelne, linear angeordnete Punkte. Stattdessen muss der Kommunikationsvorgang in einer paradoxalen Form wie der von Zenons Pfeil gehalten werden: ›Der fliegende Pfeil ruht.‹ In dieser Formulierung selbst transformiert sich das beschriebene Geschehen. Sie schließt verschiedene, antithetische Zustände nicht aus, sondern fasst sie in der Syntax einer für gewöhnlich als eindeutig aufgefassten Aussage ein. Als paradox gelten normalerweise widersprüchlich oder widersinnig erscheinende Aussagen, Folgerungen oder Begriffe. Wie die Darlegungen zu Zenons Pfeilparadox gezeigt haben, bergen solcherlei selbstwidersprüchliche Aussagen einen wahren Kern, der das Überraschende einer solchen Wendung ausmacht und zum Überdenken gültiger Vorstellungen und Begriffe (ver-)führt.[176] Dies erinnert natürlich auch an den Einsatz der oxymoralen ›Schlüsselformel‹ der Medienwissenschaft ›*the medium is the message*‹. Als sprachliche Realisierung erscheint ›das Paradoxe‹ in

---

172 Meine Ausführungen zum Pfeilparadox folgen den Darlegungen in Dantzig: Number. The Language of Science, S. 120–138, insb. S. 123f u. 126.
173 Das Buch wird unter Verweis auf Einsteins rühmende Worte im *Report* eingeführt – in einer Weise, die die vorgeführte Ernsthaftigkeit zugleich wieder einzieht: »This book which Einstein proclaimed ›the most interesting book on the evolution of mathematics that has ever fallen into my hands‹, fell into my hands at the Washington, D. C. Airport. This is relevant to the present report since I was then in Washington in connection with Project 69.« McLuhan: Report on Project in Understanding New Media. Part III, S. 4, weitere Verweise auf und Zitate von Dantzig auf S. 5 f.
174 Dantzig: Number, S. 135.
175 Vgl. Dantzig: Number, S. 126
176 Vgl. Neumeyer: Art. Paradoxe, das (HWRh, Bd. 6), Sp. 526.

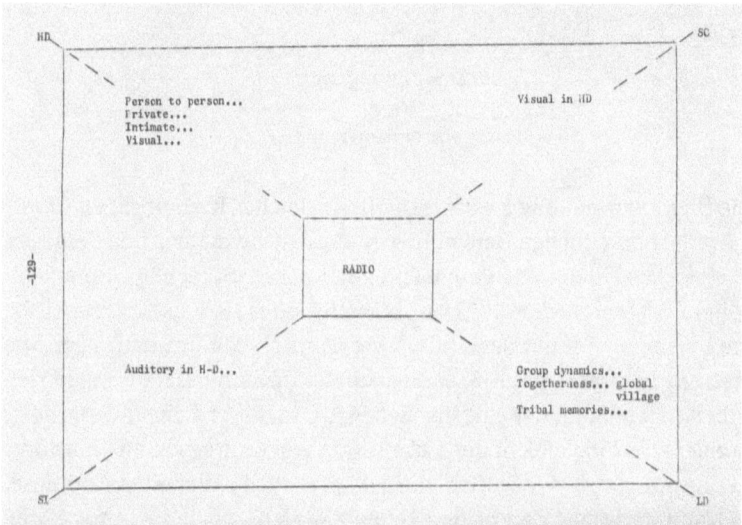

Abb. 12: Schaubild zum Radio aus dem *Report on Understanding New Media*, prepared and published by the National Association of Educational Broadcasters [...], June 30th, 1960, Part III, S. 129.

der Rhetorik deshalb nicht zufällig in verschiedenen rhetorischen Figuren; unter ihnen das Oxymoron, die Paronomasie und der Chiasmus.[177]

Auf die paradoxalen Dimensionen des Chiasmus läuft nun das Neue-Medien-Verstehen McLuhans im *Report* hinaus. Wie weiter oben erwähnt, erscheint der Chiasmus nach dem eher unscheinbaren Auftritt von vier Sätzen in der ›Allgemeinen Einführung zu den Schaubildern‹ vor allem als Sinnbild der verschiedenen Medien, und zwar in den Diagrammen des *Report*. Tatsächlich könnten die Schaubilder den Chiasmus nicht eindeutiger zeigen, als sie es durch ihre Grundstruktur zweier sich kreuzender Diagonalen in einem Rechteck tun. (Vgl. Abb. 12.) Schließlich ist der Chiasmus selbst nach dem ›X‹ benannt, das den griechischen Buchstaben ›Chi‹ symbolisiert. Das X zeigt in seiner buchstäblichen Form die Kreuzung, die sich zwischen zwei (oder vier) Termini in zwei aufeinanderfolgenden Sinneinheiten und insbesondere zwischen zwei Versen einzeichnen lässt, nach dem Schema:

languages are mass media
X
new mass media are new languages

---

[177] Vgl. Neumeyer: Art. Paradoxe, das (HWRh, Bd. 6), Sp. 526.

oder:

> Der Einsatz war groß,
> X
> gering war der Gewinn.[178]

Nicht nur die Überkreuzstellung zweier lexikalisch gleicher Termini gilt als Chiasmus. Diese Art der sprachlichen Darstellung entspricht vielmehr schon dem *epanodos*, mit seinen zwei ineinandergeschachtelten Kreisen (Sprachen – Sprachen, Massenmedien – Massenmedien).[179] Der Chiasmus kann auch ganz generell die syntaktische Inversion von nur semantisch verwandten Wörtern umfassen, wie in der Formel: »Der Einsatz war groß, gering war der Gewinn«. Daraus ergibt sich eine wesentlich freiere Form der chiastischen Figur. In dieser freieren Form zeigt sich insbesondere die Möglichkeit der Vermittlung von Antithesen im Chiasmus. Sie ist eine Zuordnung von vier Größen, die der sprachlich realisierten Antithese, in der Verkehrung zwischen den beiden Teilen der Figur, noch die semantische Antithese innerhalb jedes Teils, quasi zwischen den beiden Enden jeder der beiden Diagonalen des X, zugibt:[180] Wenn der Einsatz groß war und der Gewinn klein, so stehen sich einerseits Einsatz und Gewinn als gegenteilige Ereignisse gegenüber und andererseits ›groß‹ und ›gering‹ als gegenteilige Eigenschaften. Ein ›großer Einsatz‹ und ein ›geringer Gewinn‹ wiederum tragen in sich einen Widerspruch hinsichtlich einer herkömmlichen Auffassung von Einsatz und Gewinn. Sie geben jeweils eine paradoxe Formulierung ab (die sich wie von mir hier als Oxymoron wiedergeben lässt), die einen Widerspruch enthält (zumindest hinsichtlich gewöhnlicher Erwartungen): denn ein Einsatz sollte möglichst

---

[178] Das Beispiel entstammt dem *Duden Grammatik* und wird hier nach Horvei: Der Chiasmus, S. 39, zitiert.

[179] Vgl. Ausführungen dazu im Kap. III.4.8 in diesem Band. Der Chiasmus als kreuzgebaute Figur lexikalisch gleicher Elemente war in der Antike als *antimetabolé, kyklos* oder *epanodos* bekannt und als rhythmisch-klangliche Gliederung besonderer Bestandteil der homerischen Epen. Der Chiasmus als rhetorische Figur ist eine ›Erfindung‹ der Renaissance und bezeichnet vor allem die syntaktische Inversion nur semantisch verwandter Wörter. Vgl. Horvei: Der Chiasmus, S. 58; Fauser: Art. Chiasmus (HWRh, Bd. 2), Sp. 171.

[180] Dazu lässt sich die Analyse eines Chiasmus aus dem »Kommunistischen Manifest« von Josef Kopperschmidt anführen. Das Manifest hält fest: »[D]enn die in ihr arbeiten, erwerben nicht, und die in ihr erwerben, arbeiten nicht [...].« Kopperschmidt resümiert unter Bezug auf die wechselnde syntaktische Funktion der lexikalisch korrespondierenden Glieder: »Der oben zitierte Satz stellt seiner sekundären Strukturierung nach eine syntaktische Parallelisierung antithetisch aufeinander bezogener Satzteile dar, deren bedeutungstragende Elemente selbst wieder chiastisch zueinander geordnet sind.« Kopperschmidt: Rhetorik (1973), zit. nach Horvei: Der Chiasmus, S. 55.

klein sein, insbesondere um einen Gewinn im gewöhnlichen Sinne eines ›Mehr‹ erzielen zu können. Damit ermöglicht der Chiasmus neben der Umkehr auf den imaginären Diagonalen zwischen jeweils zwei der vier Termini noch die potentielle Umkehr zwischen allen vier Termini, welche sich im Abbiegen der Linien im Kreuzungspunkt der Diagonalen ankündigt. In der sprachlichen Figur braucht es jedoch – zumindest nach der systematischen Beschreibung des Chiasmus in der Figurenlehre der Rhetorik – die wenigstens semantische Ähnlichkeit bzw. den Parallelismus (anstelle von Umkehr oder Antithese) zwischen jeweils zwei der vier Termini.[181]

Die Schaubilder des *Report* zeigen nun das Schema des ›X‹ als zentrales Element der Diagramme. Die Diagonalen verlaufen in gestrichelten Linien quer über das Bild, ihr Kreuzungspunkt ist durch ein kleines Rechteck mit der Aufschrift des jeweils behandelten Mediums (zum Beispiel: »RADIO«) überdeckt. Am äußeren Rand der Abbildung schneiden die Linien ein großes, rahmendes Rechteck, an dessen Ecken die Abkürzungen (von links nach rechts und von oben nach unten) »HD« (für »high definition«), »SC« (für »subjective completion«), »SI« (für »structural impact«) und LD (für »low definition«) stehen. In dieser Grundkonstellation gibt das Diagramm eine Art Matrize ab, in die nun entsprechende Eigenschaften und Zusammenhänge zum einzelnen Medium eingetragen werden können. Für den Beispielfall ›Radio‹ etwa erscheint »Person to person... Private... Intimate... Visual...« in der HD-Ecke; »Visual in HD« in der SC-Ecke; »Auditory in H-D...« in der SI-Ecke; »Group dynamics... Togetherness... global village Tribal memories ...« in der LD-Ecke (vgl. Abb. 12).[182]

McLuhan erläutert allgemein zur SI-SC-Diagonale, dass sie das Verhältnis zwischen den Sinneseindrücken *(sensory impressions)*, wie sie auf die Betrachter oder das Publikum treffen *(affect the beholder or audience)*, und der Verarbeitung der Eindrücke durch das Publikum beschreibt. Beispielhaft erläuternd heißt es: »In psychology the SC is referred to as projection. In systems development SI becomes input and SC is output.«[183] Es geht also um ein Verhältnis, das die Verkehrung der Eingabe in der Ausgabe einschließen kann und in dem die Reaktion

---

[181] Im vorliegenden Beispiel und wohl in den meisten Chiasmen als syntaktischer Inversion semantisch verwandter Wörter (nach dem Schema: a–b, b'–a') bleibt es bei den Verkehrungen auf den Diagonalen und auf jeder der zwei sich ergebenden Zeilen. Zwischen ›Einsatz‹ und ›gering‹ oder ›groß‹ und ›Gewinn‹ (also a–b' und b–a') stünde gerade kein Widersinn, sondern die semantische Ähnlichkeit.
[182] Vgl. McLuhan: Report on Project in Understanding New Media. Part III, S. 129.
[183] McLuhan: Report on Project in Understanding New Media. Part III, S. 25–28 (Abschnitt: Structural Impact versus Subjective Completion), S. 25.

von der Realität oder dem Sinnesdatum abgehoben ist wie in der psychoanalytischen Projektion. McLuhan verweist erneut auf Ames' Satz:

> »[P]erceptions are not disclosures.« SI is not SC. The impression is not the experience. The beholder must collaborate in creating the illusions of space, as of time. The receiver of a structured impression, such as any medium offers, must be attuned to that structure.[184]

In Ames' Wahrnehmungsaufbauten optischer Illusionen ging es zum Beispiel darum, inwiefern der Betrachter, in die richtige Perspektive versetzt, sogar eine wilde Anordnung aus Strichen und einem Rechteck als perspektivische Ansicht eines Stuhls wahrnimmt.[185] Die räumliche und gegenständliche Illusion entsteht bei der Betrachtung durch eine entsprechend angeordnete Linse hindurch. In diesem Sinne lässt sich wohl sagen, dass der strukturierte Eindruck, den das Medium anbietet, den Empfänger des Eindrucks auf die Struktur abstimmt oder voreinstellt. Entscheidend ist hier aber für McLuhan die Verkehrung oder Veränderung der Ausgangslage in der Verarbeitungssituation.

Mithilfe eines Beispiels aus Gombrichs Studie zur bildlichen Repräsentation über die ›unvollständige Repräsentation‹ der Impressionisten will McLuhan begreiflich machen, wie SI-SC in HD-LD übergeht *(how SI-SC merge with HD-LD)*. Da die sichtbare Welt unberechenbar reich sei und das Medium des Malers unausweichlich beschränkt und grob, schreibt Gombrich, wird der Maler am Ende immer auf Suggestion setzen müssen zur Repräsentation zum Beispiel des unendlich Kleinen. Für McLuhan ergibt das eine speziell kontrollierbare subjektive Vervollständigung durch eine *low definition*-Repräsentation. Die Pigmentverteilung auf einem impressionistischen Gemälde stehe für das Ganze, das imaginiert werde. »Our SC depends much on previous SI.«[186] Mehr Erläuterung zum Übergang von SI-SC und HD-LD gibt es leider nicht in diesem Abschnitt des *Report*. McLuhan schreibt lediglich: »What I'm trying to do in these charts and in the questions and suggestions that go with them is to discover the dynamic symmetries and contours of the media. There is no point in being apologetic since the entire effort is experimental.«[187]

McLuhan gibt hier zwei wichtige Eigenarten des klassischen Chiasmus für seine experimentelle Erläuterung der Medien an. Durch die zentrale Inversion der Anordnung im Chiasmus bildet sich eine deutliche Symmetrie in der Dar-

---

[184] McLuhan: Report on Project in Understanding New Media. Part III, S. 26.
[185] Behrens: Adelbert Ames, Fritz Heider and the Chair Demonstration, mit Abbildung zum Versuchsaufbau auf: http://www.bobolinkbooks.com/Ames/ChairDemo2.html (14. 03. 2015).
[186] McLuhan: Report on Project in Understanding New Media. Part III, S. 26.
[187] McLuhan: Report on Project in Understanding New Media. Part III, S. 27.

stellungsweise aus, die zugleich eine Kontur, einen Abschluss des Dargestellten bewirkt. Die rhetorische chiastische Konstruktion scheint die Möglichkeiten der Argumentation zu erschöpfen,[188] weil in der kreuzweisen Anordnung der Termini eine Geschlossenheit des Ausdrucks entsteht, die eine Erweiterung um andere Elemente unterbindet. So erzeugt der Chiasmus zumindest das Versprechen einer abgeschlossenen Ganzheit. In den Schaubildern McLuhans zeichnet sich dieses Versprechen im äußeren Rechteck ab, das das symmetrische Linienkonstrukt einrahmt. Es konstruiert das jeweilige Medium als Ganzheit, als abgeschlossenes Ganzes oder als Einheit, welcher es erst einmal bedarf, um das Medium als wissenschaftliches Objekt zu etablieren: »In my charts I show as best I can the message of the medium as medium.«[189]

Diese Einheit birgt indessen die Differenz. Das Medium auf McLuhans *charts* setzt ja gerade das Prinzip grundsätzlicher Verkehrungen auch auf jeder der Diagonalen durch. Im Inneren des durch das rahmende Rechteck als einheitlich aufzufassenden Objekts finden ständige Veränderungen statt. Die Transformationen, die die einseitigen und linearen Betrachtungen des Kommunikationsprozesses bestehender Kommunikationswissenschaft gerade nicht erfassen können, lassen sich mittels des Chiasmus gewissermaßen im Medium ansiedeln. Bei seinen Erläuterungen zum Schaubild für das Medium ›Schrift‹ erklärt McLuhan, wie das entdeckte Prinzip der Umkehr zwischen Sinnesdaten und Sinneswirkung eines Mediums, welches mit einer Umkehr von der geringen Auflösung zur hohen Definition eines Mediums – also in der Medienentwicklung oder -ausdifferenzierung – verschmilzt, in der schematischen Abbildung sofort gesichtet werden kann. Das ist der Vorteil dieser Abbildungen des *Report*: »It is the advantage of these charts that they enable one to spot readily components which enter into the experience of any one medium.« Mittels der Schaubilder lassen sich die veranschlagte Sinnesreduktion der Sinnesextensionsthese, von welcher die Abbildungen ja ausgehen, und die einhergehenden Verkehrungen leicht erkennen:

> One can, then, with equal readiness, spot the omitted senses which remain to be filled in. That is to say in the case of writing all the senses except sight are omitted. This is a major reason why the phonetic reader is very strongly introverted. He has so much to fill in.[190]

Der Vorteil der Diagramme besteht daher schlussendlich in einem Automatismus, dem sich der Forscher getrost überlassen kann:

---

188 Vgl. Lemma »Chiasmus« in Lanham: A Handlist of Rhetorical Terms, S. 33.
189 McLuhan: Report on Project in Understanding New Media. Part III, S. 14.
190 McLuhan: Report on Project in Understanding New Media. Part III, S. 43.

> Once more, the advantage of this chart method of study is that once you know what properly applies to any corner of evidence in the chart, it is possible to fill in a good deal that belongs in the other corners. For example, if you know that early movies were visual in Low Definition (L-D), and that later movies were visual in High Definition (H-D), you would already know a great deal about what characterized early and later movies in S-C (Subjective Completion) and L-D (Low Definition).[191]

Der Chiasmus der Schaubilder bietet ein Evidenzverfahren. Die Ecken der Matrize sind »corners of evidence«, die veranschaulichen und sofort einleuchten *(spot with readiness)* bezüglich dessen, was in die offenen Ecken eingetragen werden muss. Sobald man eine Ecke kennt, weiß man, was gegenüber eingetragen werden muss, da am anderen Ende der Diagonale die Abweichung stehen muss, die dem Chiasmus eigene Umkehr. Das chiastische Beweis- und Erkenntnisverfahren der Schaubilder ist damit allerdings auch immer schon eine chiastische Setzung. Ob Medien oder das spezifische Medium tatsächlich so funktionieren, kann nicht ausgemacht werden, da die chiastische Umkehr die Funktionsweise vorgibt und darin auch schon jegliche weitere Argumentation erschöpft.

3.4 Die Sprengung des Chiasmus im *Report*

Mit dem Chiasmus wäre demnach ein weiterer Fall von Figuration identifiziert, der ein Wissen von den Medien im Textkorpus ›McLuhan‹ erzeugt, insofern die Figur als Struktur der einzelnen Medien veranschlagt wird. Zugleich ließe sich meiner Einschätzung vorwerfen, dass sie eher meinen Analysekriterien als den vorfindlichen Schaubildern und dem unauffälligen Auftritt des Chiasmus als Erklärungskonzept im *Report* entspricht. Tatsächlich nämlich geht das klassische chiastische Prinzip in den *charts* des *Report* nicht auf. Um genauer zu sein, findet sich die beschriebene antithetische chiastische Verkehrung so eindeutig eigentlich nur im Schaubild zum Radio. In vielen der anderen *charts* gehen die Zuordnungen meistens irgendwie durcheinander. Das »SPEECH«-Schaubild bietet keine Umkehr auf der SI-SC-Achse. Das lässt sich allerdings mit dem Quasi-Nullpunkt der Kommunikation plausibilisieren, zu dem die Rede in den Texten McLuhans des Öfteren erklärt wird. In der Rede ist kein Sinn hervorgehoben und keiner ausgespart und insofern sind auf beiden Seiten des Mediums, aufseiten seiner Struktur wie aufseiten des Empfängers alle Sinne zugleich im Einsatz. Doch auch im »WRITING«-Diagramm erscheinen »Visual« und »Speech« auf beiden Seiten der SI-SC-Diagonale. Auch die Kürzel »L-D« und »H-D« finden sich auf einer Seite

---

[191] McLuhan: Report on Project in Understanding New Media. Part III, S. 43.

Medienkunde: Der *Report on Project in Understanding New Media* — 391

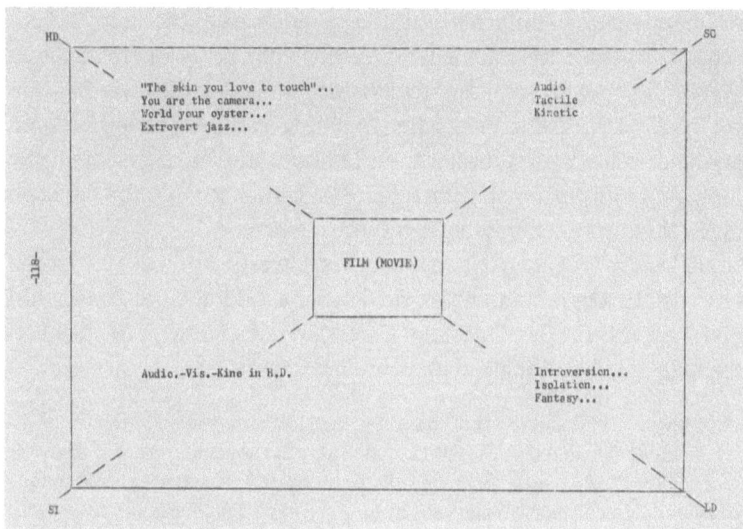

Abb. 13: Schaubild zum Film aus dem *Report on Understanding New Media*, prepared and published by the National Association of Educational Broadcasters […], June 30th, 1960, Part III, S. 118.

der SI-SC-Diagonale wieder, vermutlich ein Beispiel für die Verschmelzung. Auf der »PRINT«-Darstellung schließlich fehlt die Beschreibung in der SC-Ecke völlig. »H-D« erscheint innerhalb der HD-Ecke selbst und auch in der SI-Ecke wieder. Das »FILM (MOVIE)«-Diagramm (vgl. Abb. 13) wartet auf der SI-SC-Diagonalen allein mit einem formellen Unterschied in der Wiedergabe der Eigenarten auf: »Audio.-Vis.-Kine in H.D.« aneinandergereiht in der SI-Ecke, »Audio Tactile Kinetic« untereinandergesetzt in der SC-Ecke. Bei HD finden sich so kryptische Beschreibungen wie »›The skin you love to touch‹... You are the camera... World your oyster... Extrovert jazz...«, denen »Introversion... Isolation... Fantasy...« in der LD-Ecke gegenüberstehen.

Kurz und gut, mir sind die Zuordnungen auch nach vielmaligen Analyse- und Interpretationsversuchen nicht klar, zumindest nicht, wenn man die Prinzipien der klassischen Auffassung des Chiasmus veranschlagt. Es handelt sich hier nicht um klare Symmetrien, nicht um klare Antithesen und eine damit verbundene Einheit der chiastisch vermittelten Gegensätze. Selbst die entsprechende Rahmung des chiastischen X der Schaubilder bietet bei näherem Hinsehen keinen festen Abschluss des Medienmodells, treten doch die chiastischen Diagonalen an ihren Enden über den rahmenden Rand der Abbildung hinaus. Eher noch als ein starres Gebilde aus Symmetrie und Kontur ergeben die Schaubilder nebeneinander betrachtet schillernde Varianten der chiastischen Struktur.

Anstatt einer Überkreuzung ›einfacher‹ Antithesen hat man es hier mit vielfältigen Arten, Schattierungen oder Graden der Umkehr zu tun. Sie erinnern an die zu Beginn des *Report* hervorgehobene Ambiguitätsforschung, wie sie etwa Empson betrieben hat. In seiner Studie zur englischen Dichtung stellte der andernorts von McLuhan als ›rhetorischer Exeget‹ bezeichnete Literaturkritiker unterschiedliche Typen von Ambiguität im einzelnen sprachlichen Ausdruck vor, die von der noch so geringfügigen Nuance bis zur glatten Antithese reichen.[192]

Diese Parallele zum Vorgehen der angewandten Literaturkritik des britischen *New Criticism* in den 1930er Jahren, die sich in den Schaubildern abzeichnet, wird vom unscheinbaren Auftritt des Chiasmus als erklärendes Konzept für das Verkehrungsprinzip der Medien nach McLuhan im *Report* gestützt:

> The principle involved in this reversal of characteristics [...] appears in all my charts as the crossing of the SI-SC diagonal over the HD-LD diagonal. It is known in rhetorical theory as the figure of chiasmus as when we say time wounds all heels. Two statements of opposite intent are made at the same time. »When we were Jung and easily Freudened« as Joyce puts it in Finnegans Wake. Chiasmus is indispensable to understanding media since all information flow by feed-back – that is by its effects – operates simultaneously in opposite modes.[193]

Der Chiasmus ist dem Medienverstehen unabdingbar, angeblich da Prozesse des *information flow* durch Feedback vor sich gehen, also gleichzeitig in gegensätzlichen Weisen wirkten. Über die Legitimität der letzten Aussage lässt sich streiten, erstens weil das Verhältnis von Chiasmus und Informationsfluss/Feedback nicht explizit formuliert wird (ist das eine wie das andere, haben sie dieselbe Funktionsweise, stammen sie voneinander ab oder Ähnliches?) und zweitens weil zunächst nur eine gut und gerne tricksterhafte *pun*-Kreuzung der Beschreibungssprachen unterschiedlicher Wissensgebiete auf sprachlicher Ebene festzustellen ist.[194] In diesem Darstellungsverfahren wiederholt der letzte Satz des zitierten Ausschnitts etwas, das in den Beispielen für chiastische Figuren im Text schon vor sich gegangen ist. Insbesondere im Beispielchiasmus aus *Finnegans Wake* ist eine ähnliche Überkreuzung zweier (und mehr) Sprachsysteme festzustellen: Englisch und Deutsch und ein mit den Namen seiner Erfinder verbundener psychoanalytischer Fachjargon gehen hier eine Mischung ein, die nicht nur zwei gegensätzliche Aussagen über Eigenarten der Jugend und den Gegensatz von Jung und Freud insinuiert, sondern unzählige Bedeutungswechsel zwischen *young*, jung, Jung, Freud, Freude, *fraud* usw. ins Spiel bringt.

---

[192] Vgl. Empson: Seven Types of Ambiguity.
[193] McLuhan: Report on Project in Understanding Media. Part III, S. 23.
[194] Vgl. das ähnlich gelagerte Beispiel und die Erläuterungen zum *pun* in Kap. III.4.4 in diesem Band.

Bemerkenswert an diesen Chiasmus-Beispielen während des unscheinbaren Auftritts des Chiasmus im *Report* ist, dass sie gerade nicht die konventionelle Form des Chiasmus aufweisen, sondern in der komprimierten Form in den *Report* eingehen, die laut Lanham durch eine Rolle rückwärts aus dem Chiasmus entsteht und ein Oxymoron oder einen *pun* hervorbringt. Insbesondere das Beispiel »time wounds all heels« stellt heraus, dass es um die Rolle rückwärts, um die Kompression geht, die den klassischen Chiasmus nur noch andeutet. Statt der üblichen Überkreuzstellung zweier (oder vier) Termini im Nacheinander zweier Sinneinheiten, ist hier die Rolle rückwärts schon vollzogen. Damit bleibt ein sprachlicher Ausdruck übrig, der der vorausgesetzten umgekehrten Anordnung zwar verpflichtet ist – *time heals all wounds* –, der sich aber keinesfalls in der Verkehrung des Prätextes erschöpft. Vielmehr überschlagen sich in »time wounds all heels« die Bedeutungen noch einmal (oder: viele Male) mehr aufgrund der paronomastischen Verschiebung, die sich im Schriftbild zeigt und die die dem *pun* eigene »shifty relation between letter und sound« ausnutzt:[195] Nicht die Zeit heilt hier alle Wunden und auch nicht die Zeit verwundet alles Heilige, sondern die Zeit verwundet alle Fersen, Achilles und – über Freud und Jung – weitere Helden der Mythologie, die menschliche Sterblichkeit, die narzisstische Kränkung und Vieles mehr sind mit diesem zum *pun*-Oxymoron komprimierten Chiasmus aufgerufen.

Der von McLuhans *Report* sowohl in der wissenschaftlichen Erläuterung als auch in den anschaulichen Graphiken aufgerufene Chiasmus ist ein an allen Ecken und Enden platzender Chiasmus, seine Symmetrie ist paronomastisch unterlaufen, seine Kontur gesprengt. Dieser Chiasmus bleibt unabgeschlossen und durchlöchert die möglichen Ränder des starren Grundmodells des Klassifikationsapparats der Figurenlehre. In den konkreten chiastischen Fällen des *Report* begegnen damit schon zentrale Fragen zu Struktur und Kategorisierbarkeit des Chiasmus, die erst in literaturtheoretischen Abhandlungen um 1980 und in neueren sprachphilosophischen Ansätzen thematisiert und analysiert werden.[196]

3.5 Medieninhalte auf der Straße: Die Medieninhaltsthese

Auch die von mir etwas voreilig gewählte Rede vom Inneren des Chiasmus oder vom Inneren der Schaubilder und ihres Objekts der Medien wird durch die Dar-

---

[195] Culler: The Call of the Phoneme, S. 4.
[196] Zu den neueren Überlegungen zum Chiasmus vgl. den zusammenfassenden Aufsatz von Gasché: Über chiastische Umkehrbarkeit. Gasché geht insb. auf die Figur des Chiasmus als endlosen Aufschub bei Paul de Man und den Chiasmus als Struktur des Verweises bei Jacques Derrida ein.

stellung im *Report* unterlaufen. Die konstituierende Grenze eines Innen und eines Außen ist in den Schaubildern durch das Übertreten der Diagonale über den rechteckigen Rand der Abbildung durchlöchert. Ebenso beschreibt ja etwa die LD-HD-Diagonale im Inneren der Rahmung mehr oder weniger äußere Strukturen des darin abgebildeten Mediums. Es geht auf dieser Diagonale um soziale Verhältnisse und historische Entwicklungen.[197] Selbst die SI-SC-Diagonale artikuliert weniger eine innere Struktur des Mediums als das Medium als Vorgang oder als Verhältnis von strukturellen Vorgaben und Verarbeitung oder Abstimmung auf ein (dem Medium äußeres) Gegenüber.

In den Beschreibungen des *Report* ist das herkömmliche Verständnis eines Außen und eines Innen von vornherein zur Disposition gestellt. Schon die Wendung ›*the medium is the message*‹ verkehrt ja die gängigen Auffassungen von inneren Botschaften und äußeren Vermittlungsinstanzen bzw. sie hält beides in einem zirkulären Verhältnis, wie es beim ersten schriftlichen Einsatz des Oxymorons im Text »Myth and Mass Media« ersichtlich wurde. Am Ende der ersten Einführung des *Report* folgt auf die ›Schlüsselformel‹ der Medienwissenschaft denn auch die Auflösung des ›Inhalts‹ in oder zwischen Medien: »[T]he medium is the message or the sum-total of effects. The so-called ›content‹ of any medium is another medium.«[198]

Die Auffassung vom Medieninhalt, die McLuhan auch in der Publikation *Understanding Media* von 1964 beibehalten wird, ist im Report dezidiert dazu abgestellt, mit dem Medium gerade keine neue Innerlichkeit zu erzeugen. Das zeigen auch die zahlreichen Anführungszeichen in Verbindung mit Begriffen wie ›Inhalt‹, ›beinhalten‹, ›innen‹ an, wenn McLuhan das ›einfache Faktum‹ der Schaubilder erläutert.[199] Handgreiflich wird dies auch bei der Ausformulierung des Medieninhaltstheorems, wenn ›within‹ in Anführungsstrichen neben der Gleichzeitigkeit steht: »Our illusion of ›content‹ derives from one medium being ›within‹ or simultaneously with another.«[200] ›Innerhalb‹ ist eigentlich ›gleichzeitig‹ oder ›zusammen mit‹. Auch der anschließende von mir bereits weiter vorne zitierte Angriff auf die fruchtlosen Bemühungen in den kommunikationswissenschaftlichen Vermessungen der Inhaltsübertragung expliziert das »principle of

---

197 Vgl. z. B. die Darlegungen zum »WRITING«-Diagramm in McLuhan: Report on Project in Understanding New Media. Part III, S. 43–45, S. 44, welche auch an die Darlegungen in »Myth and Mass Media« erinnern: »Another way of doing direct research on the impact of the media is to ask yourself what popular myths and legends which occured at the time of the new impact might contain relevant material about the social action of these forms.«
198 McLuhan: Report on Project in Understanding New Media. Part III, S. 9.
199 Vgl. McLuhan: Report on Project in Understanding New Media. Part III, S. 13 f.
200 McLuhan: Report on Project in Understanding New Media. Part III, S. 14.

›content‹ as an illusion of media-mix«.²⁰¹ Es ist eine (Ver-)Mischung der Medien, die die Illusion eines Inhalts erzeugt. Und selbst noch diese Mischung führt nicht ins Innere irgendeiner Substanz, die man ermitteln könnte, indem man die Ingredienzien bestimmt. Vielmehr entspricht diese Mischung den Zusammenhängen und dem Zusammenhängen in der Zirkulation, wie vor allem der Beispielfall in der »General Introduction to Charts« zu verstehen gibt.

Recht überraschend nämlich wird zur Einführung in die Medien-Schaubilder ein Beispiel ausgewählt, das nicht in so unmittelbarer Weise wie die Rede, das Telefon oder das Fernsehen als Kommunikationsmedium gilt. Es ist die Straße. Zunächst behauptet McLuhan im *Report*, dass wichtige Aspekte der Medieneffekte und -entwicklung am Fall der Straße deutlich würden:

> A major aspect of media effects and development appears in the case of the road as a means of transportation. Like writing or radio the ›content‹ of the road is always another medium or other media, whether pedestrians, equestrians, wagons or cars. Depending on the type of vehicle-medium the nature of the road-medium alters greatly. [...] No medium has its meaning alone or in isolation from other media.²⁰²

Die Erklärung dafür, inwiefern die Straße ein Medium ist, bleibt aus. Die Verbindung von Straße und Medium wird vielmehr gesetzt im zusammengesetzten Wort ›road-medium‹ und in der Behauptung, dass Straßen dieselbe Eigenart hinsichtlich ihres Inhalts aufweisen wie die gemeinen Kommunikationsmittel Schrift und Radio. Das ›Straßen-Medium‹ kann daher demonstrieren, dass der Medieninhalt immer ein anderes Medium ist und dass die Übertragung, die es leistet, nicht wie in den kommunikationswissenschaftlichen Untersuchungen die Weitergabe eines Inhalts von einem Punkt zum nächsten ist, sondern von einem anderen Medium so stark beeinflusst wird, dass sich das Wesen der Straße selbst grundlegend verändert. Die Übertragung ist ein Prozess der Transformation.

Die abschließende Bemerkung der zitierten Passage ist aufschlussreich hinsichtlich des diskursiven Zusammenhangs der inzwischen berühmt gewordenen Inhaltsthese der Medien nach McLuhan. »No medium has its meaning alone or in isolation from other media«, lässt unmissverständlich das literaturgeschichtliche und -kritische Konzept T. S. Eliots aus dessen einschlägigem Aufsatz »Tradition and the Individual Talent« durchklingen: »No poet, no artist of any art, has his complete meaning alone. [...] You can not value him alone; you must set him, for contrast and comparison among the dead. I mean this as a principle of aesthetic,

---

201 McLuhan: Report on Project in Understanding New Media. Part III, S. 14.
202 McLuhan: Report on Project in Understanding New Media. Part III, S. 15.

not merely historical, criticism.«[203] Die McLuhan vertraute englischsprachige Literaturkritik der ersten Hälfte des zwanzigsten Jahrhunderts hat die Auffassung einer kontinuierlichen Entwicklung der Literatur in der Geschichte sowohl als historisches als auch als kritisches bzw. ästhetisches Modell eingetauscht gegen eine relationale Verweisstruktur zwischen Dichtern bzw. Werken verschiedenster Zeiten. In dieser Struktur, so habe ich weiter vorne in meiner Untersuchung der Gerichtsrede im Textkorpus ›McLuhan‹ bereits ausgeführt, verändern sich die ermittelten Verhältnisse unablässig aufgrund neu hinzukommender Arbeiten. Nicht nur werden die neuen Stücke im Hinblick auf das Bestehende bewertbar und einordenbar, sondern auch die bestehenden Werke werden sich im Spiegel der neuen immer wieder anders zeigen und anders einordnen lassen. Indem McLuhan an der zitierten Stelle des *Report* die Formulierung Eliots aufnimmt, rückt sein Ansatz für Mediengeschichte oder Medienentwicklung in den Zusammenhang der literaturgeschichtlichen Neuerungen der englischsprachigen Literaturkritik und seine Betonung der Medieneffekte an die Stelle relational ausgerichteter Betrachtungen für ästhetisch-kritische Urteile über die Bedeutung eines untersuchten Gegenstands.

In McLuhans Formulierung von der Bedeutung eines Mediums, die es nicht für sich allein habe, nicht isoliert von anderen Medien, steckt zudem die Veränderlichkeit der Bedeutungen, ganz so, wie sie die Sprach- und Zeichentheorie Richards' an den Beginn allen Verstehens setzt: »We never, in fact, interpret signs in isolation.«[204] Auch die Grundlage der Interpretationstheorie Richards' klingt also in McLuhans Wortwahl im *Report* durch.

Das hat aber Konsequenzen für die von McLuhan vorgebrachte und seither vielfach aufgegriffene These, dass der Inhalt eines Mediums immer ein anderes Medium sei. Denn Eliots und Richards' Literatur- und Sprachtheorie situieren die Bedeutung eines Gedichts, eines Verses oder eines Worts – das, was man normalerweise als ›Inhalt‹ eines Textes, Theaterstücks oder Worts auffasst – gerade nicht in den betrachteten ›Gegenständen‹, sondern außerhalb ihrer selbst, im Zusammenspiel mit weiteren Objekten oder im (sprachlichen oder situativen) Kontext. Genau dies legt das Beispiel der Straße in McLuhans *Report* auch viel deutlicher offen als es etwa ein Verweis auf die Rede als Inhalt der Schrift oder auf das Theater als Inhalt des Films zu verstehen gäbe. Der ›Inhalt‹ einer Straße liegt viel weniger in ihr als auf oder neben ihr, und es ist gerade das, was sich auf oder neben der Straße ereignet, was das Wesen der Straße, ihre Bedeutung, maßgeblich ausmacht. Die Medieninhaltsthese McLuhans ist deswegen auch nicht ›mengentheoretisch‹ zu verstehen. Es geht dabei schließlich nicht um ein Teil/

---

[203] Eliot: Tradition and the Individual Talent, S. 15; vgl. Kap. II.1.2 in diesem Band.
[204] Richards: Interpretation in Teaching, S. viii.

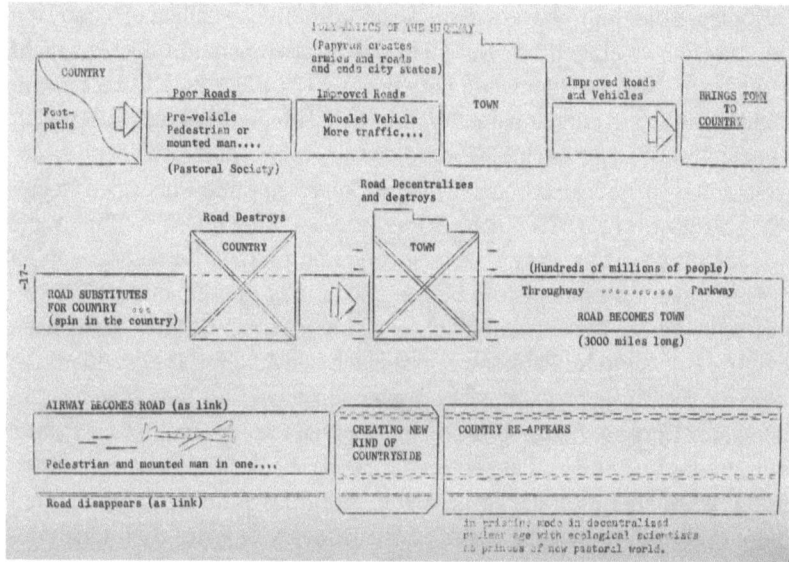

Abb. 14: Schaubild zur Autobahn aus dem *Report on Understanding New Media*, prepared and published by the National Association of Educational Broadcasters [...], June 30th, 1960, Part III, S. 17.

Menge-Verhältnis, sondern um ein relationales Modell, bei dem es nur Teile gibt, die aufeinander verwiesen sind und die verschiedene Anschlüsse untereinander herstellen können.[205]

Das beweist auch »a page of observations which is accompanied by a chart« auf den nächsten zweieinhalb Seiten des *Report*.[206] Unter dem Titel »Poly-Antics of the Highway« folgt eine Beschreibung von der Länge ca. einer Seite zu zahlreichen ›Eskapaden der Autobahn‹ in der Geschichte und ein Schaubild (vgl. Abb. 14), das diese ›Eskapaden‹ zum Gegenstand hat. Die Graphik zum Straßenbeispiel ist die einzige, die in der »General Introduction to Charts« vorkommt. In diesem Kontext übernimmt sie eine Art Grundlagenfunktion für alle nachfolgenden *charts* des

---

[205] Beispielsweise hat Scholz die Medieninhaltsthese im ersten Kap. von *Understanding Media* mengenheoretisch aufgefasst. Scholz weist über seine philosophisch-logische Auseinandersetzung mit *Understanding Media* nach, dass Medientheorie und Mediengeschichte McLuhans letztlich auf ein Modell eines sich selbst identischen Mediums zurückgeht, das in sich selbst die Reihe der aufgeführten Medien *enthalte*. Vgl. Scholz: »why the medium is socially the message«, S. 86 u. 92. Diese Auffassung muss von den an das Kontexttheorem des sprach- und zeichentheoretischen Wissens der Zeit angelehnten Darlegungen zur Medieninhaltsthese im *Report* her infrage gestellt werden. Vgl. Anm. 99 in diesem Kap.

[206] McLuhan: Report on Project in Understanding New Media. Part III, S. 15.

Report. Mit dieser Darstellung werden die Leser in sämtliche schematischen Darstellungen des *Report* eingeführt. Nur sieht das Straßen-Schaubild so gar nicht aus, wie die restlichen Diagramme im Bericht für die *NAEB*. Anstelle der chiastischen Anordnung ist ein eher linearer Verlauf wie auf einem Zeitstrahl abgebildet. Vom Chiasmus sämtlicher nachfolgender Schaubilder zu den zwölf untersuchten Einzelmedien ist höchstens noch in den gekreuzten Linien über den Rechtecken »COUNTRY« und »TOWN« in der Mitte der Abbildung etwas zu finden, die allerdings als Auskreuzung, als Zerstörung von Land und Stadt gesehen werden müssen. Statt eines Chiasmus ist im Straßen-Schaubild deutlicher eine Verwiesenheit verschiedener Elemente aufeinander zu beobachten. Die Straße wechselt beständig ihre Form und im Formenwechsel macht sie anderen Dingen Platz. An ihrer Stelle erscheint die Stadt, das Land oder sogar ein Flugzeug (das als einziges Objekt der Graphik figürlich wiedergegeben ist). Manchmal ist die Straße neben der Stadt und dem Land angeordnet (obere Zeile des Straßenschaubilds), manchmal scheint sie durch die Formen von Land und Stadt noch durch, geht durch diese hindurch (zweite Zeile des Straßenschaubilds). Auf und neben der Straße finden verschiedene Formen des Verkehrs statt, Englisch auch ›circulation‹ genannt. Und die Straße ist weder die unbeteiligte Bühne des Verkehrs noch bleibt sie in dieser Anordnung unverändert. Sie ist Teil der Zirkulation. Sie tritt in die Zirkulation mit ein.

Das zirkuläre Grundmodell der Darstellung wird vor allem von der Beschreibung zum Schaubild unterstellt. In den Darlegungen der »Poly-Antics of the Highway«, welche formal in einer Art Versform erscheinen, erfahren die Leser, dass es sich in der Abbildung um die Wiedergabe eines *return* handelt. Wie bereits in einigen Artikeln mit Namen McLuhans für die Zeitschrift *Explorations* in den 1950er Jahren werden Formen der Wiederkehr in der vorgeführten historischen Entwicklung entdeckt oder behauptet. Im *Report* ist es das Wiedererscheinen der Landschaft bei einsetzendem Flugverkehr, nachdem die Weg-lose Weidelandschaft einer Vehikel-losen Zeit durch die Straße, erst ohne dann mit Vehikeln, zur Stadt, zur Schnellstraße des Ballungsraums, zur Durchgangsstraße mit Lebens- und Wohnqualität geworden ist. Die Landschaft rechts und links einer solchen Autobahnstadt kann wieder zur Spuren-losen Einöde werden, auch weil der Reiseverkehr nun in die Luft verlegt wird. Schließlich sind Jugendgangs in Metropolregionen sogar die soziale Entsprechung einer physischen Rückkehr zur Weg-losen Wüste der ländlichen Umgebung der Autobahnstadt *(the physical return to the tractless waste of the rural environment of the highway city, in the airway age).*[207]

---

207 Vgl. die Schilderungen »Poly-Antics of the Highway (Explanation of chart, p. 17)« in: McLuhan: Report on Project in Understanding New Media. Part III, S. 15 f.

Wie in den Artikeln für *Explorations*, die die Rückkehr zum magischen Dasein des archaischen Menschen im elektrischen Zeitalter unterstellten, scheint es hier wieder um das Schließen eines Kreises zwischen einem Ausgangs- und einem (vorläufigen) Endpunkt zu gehen. In den *Explorations*-Texten wurde diese Bewegung durch die Kreise des *epanodos* artikuliert, letztlich also über eine chiastische Überkreuzstellung.[208] Auch in der linearen Darstellung des Straßen-Schaubilds, die vermutlich den Möglichkeiten der graphischen Darstellung mittels Schreibmaschinentechnologie geschuldet ist, soll es um einen solchen Kreislauf gehen. Doch im Unterschied zu den Beschreibungsweisen in *Explorations* geht es hierbei nicht um die Herstellung eines geschlossenen Kreises und dessen Einheitsversprechen. Vielmehr wird hier wieder die Abweichung im Verlauf betont, wie sie etwa auch der komprimierte Chiasmus im pun ›*time wounds all heels*‹ akzentuiert.

Die Rückkehr zur Landschaft ist im Schaubild keine einfache Rückkehr an den Anfang der historischen Entwicklung. Es ist die Herstellung einer neuen Landschaft *(CREATING A NEW KIND OF COUNTRYSIDE)*. Das Wieder-Erscheinen des Landes *(COUNTRY RE-APPEARS)* erfolgt in veränderter Form, sowohl im sprachlichen Ausdruck als auch im bildlichen Schema auf dem Schaubild.[209] Damit bildet der lineare Zeitstrahl der einführenden Graphik zu den Graphiken des *Report* letztlich doch auch das Chiastische der anderen Schaubilder ab, und zwar im Zirkel, den er einsetzt. Der Chiasmus lässt sich in seiner Eigenschaft als Wiederholungsfigur ja auch als *kyklos*, als Kreis auffassen.[210] Und im Chiasmus tritt die rhetorische Eigenart von Wiederkünften und Wiederholungen hervor: Es ist das Klaffen eines Kreises, der nicht auf seinen Anfang zurückkommt, sondern auf etwas von diesem Anfang Verschiedenes. Bei der Wiederkehr der Worte (oder der Bedeutungen bei nur semantisch gleichen Wörtern) im chiastischen Ausdruck werden diese Worte (oder die Bedeutungen) nicht dieselben sein. McLuhans von mir weiter vorn bereits für die Setzung einer Einheit des Mediums zitierte Behauptung: »In my charts I show as best I can the message of the medium as medium«, ist daher zugleich auch eine Behauptung des Aufschubs dieser Einheit in der Verweisungsstruktur, welche die Frage nach dem Inhalt des Mediums eröffnet. Gerade im Kontext der Medieninhaltsthese des *Report*, in dem diese Behauptung erscheint (sie steht genau zwischen der Formulierung der These und dem Straßenbeispiel), heißt, das Medium als Medium zu erkennen, nicht, das Medium als

---

208 Vgl. Groddeck: Reden über Rhetorik, S. 137, sowie das Kap. III.4.8 in diesem Band.
209 Zur Dopplung von Wiederholung und Widerruf in der Vorsilbe ›Re-‹ vgl. Hanstein/Höppner/Mangold: Einleitung, S. 12–14.
210 Groddeck: Reden über Rhetorik, S. 137.

es selbst zu erkennen, sondern das andere Medium, das weniger in als gleichzeitig mit dem (ersten?) Medium ist, zu bestimmen, in einer zirkulierenden Anordnung.

3.6 Kategoriensprung

Im Straßen-Schaubild liegt das Innen des Mediums im Außen. Das vermeintliche Innen der nachfolgenden Schaubilder erweist sich als Außen. Der Chiasmus und der klaffende Kreis problematisieren tradierte Auffassungen von Rändern, Begrenzungen, Kreisen und Einheiten. Wenn man die Frage der Medien von den sprachlichen Figuren der Rhetorik her denkt, ist der Inhalt, ein Inneres, gar nicht mehr von dem Äußeren der Vermittlung zu unterscheiden.[211] Damit weist die im *Report* vorrangig gegebene Einzelmedienanalyse auch noch in die Richtung einer Bearbeitung der Frage nach dem Medialen schlechthin. Das Medium bildet bei einer solchen Fragestellung jene Kategorie, die die bestehenden Kategorien auf der Kreisbahn eines klaffenden Kreises auf eine andere Ebene überführt. Auf dieser neuen Ebene des Medialen sind die Kategorien austauschbar, nicht mehr an die Grundfesten der abendländischen Weltauffassung und -klassifizierung gebunden und in ein vielfältiges Spiel der Verbindungen eingetreten, wie es die Wörter, Klänge und Bedeutungen in der Sprache stets schon durchspielen.

McLuhans Chiasmus-Bemerkung erscheint im *Report* schließlich auch nach einer zweimaligen Übernahme von Fällen der Kategorienersetzung. Zuerst zitiert er »the fine paper of Richard L. Meier on ›Information, Resource Use, and Economic Growth‹ ([...] 1960)«.[212] Meier spekuliert über wirtschaftliches Wachstum unter Berücksichtigung von Informationstheorie und -technologie. Überlegungen zur optimalen Ressourcenerschließung und -nutzung treten dabei hinter dem Wissen und der Zirkulation eines Wissens von der Ressourcennutzung zurück. Informationsflüsse und -systeme werden somit zu zentralen Größen für Theorie und Prognose ökonomischen Wachstums.[213] Bei Meier finden sich entsprechende

---

211 Vgl. Jacques Derrida: Überleben, zit. nach Gasché: Über chiastische Umkehrbarkeit, S. 444 f.; sowie de Man: Rhetorik der Tropen (Nietzsche), insb. S. 150–152 u. 156.
212 McLuhan: Report on Project in Understandiang New Media. Part III, S. 18.
213 Vgl. Meier: Information, Resource Use, and Economic Growth, S. 99 f. Nach McLuhan ist die entsprechende Betrachtung der Kommunikationsmedien als Haupterzeugnisse *(staples)* oder natürliche Ressourcen eine wichtige Pointierung Meiers. Sie erinnert an die Art von Kommunikationsforschung, die der Wirtschaftswissenschaftler Harold A. Innis ausgehend von seinem Ansatz der *staples*-Ökonomie (im Unterschied zur neoklassischen Ökonomie) betrieben hat. Diesen Ansatz verfolgte insb. Tom Easterbrook aus der Torontoer Forschungsgruppe in den 1950er Jahren für die Wirtschaftsgeschichte weiter als »media approach« (vgl. Easterbrook: Communication: A Side-Issue for Economists?). Sehr wahrscheinlich kam die Bekanntschaft McLuhans mit dem

Überlegungen zu einer neuen, flexiblen und autonomen Ökonomie, die mit dem Fortschreiten der Elektrotechnik, zusammen mit chemischem Wissen und den kürzlich erreichten Möglichkeiten nuklearer Energiegewinnung entstanden sei. Sie zeichnet sich durch die freie Ersetzung *(free substitution)* einer Reihe von Rohstoffen oder Handelswaren durch eine andere Reihe aus und dadurch, dass keine Ressource mehr für eine ökonomische Vorreiterstellung entscheidend sei.[214] Nach McLuhan hat Meier somit dieselbe Verkehrung der Formen beobachtet, wie er selbst im Straßenbeispiel: »That is, as information moves into very high level phases there occurs the same reversal and substitution of forms that we noted in the poly-antics of the highway.«[215]

Auch Gombrichs wahrnehmungstheoretischer Ansatz für eine Geschichte der bildlichen Repräsentation führt McLuhan zunächst zur Kategorienverflüssigung und schließlich zur Ersetzbarkeit der Kategorien. Gombrich erwähnt das Entzücken und Erstaunen des kubistischen Malers Georges Braque (1882–1963) über die »*fluidity of categories*, the ease with which a file can become a shoehorn, a bucket, a bracier«.[216] In der Kunst der Avantgarden geraten die Kategorien ins Fließen. McLuhan nutzt auch diesen Hinweis im *Report* als Illustration für sein als ›absolut‹ bezeichnetes Prinzip (das er sich zuvor durch Meiers Aufsatz bestätigen ließ), dass jede Situation, die durch einen hohen Informationsfluss in ›HD‹ versetzt werde, an einem Punkt drastischen Wandels und der Manifestation entgegengesetzter Eigenschaften stehe. In Trickstermanier[217] behauptet McLuhan

---

wirtschaftswissenschaftlichen Aufsatz Meiers über Easterbrook zustande, vgl. etwa Easterbrooks Fassung des *staples-media*-Ansatzes im Jahr der Niederschrift des *Report*: Easterbrook: Problems in the Relationship of Communication and Economic History, S. 563: »[T]he staple, like the medium, may be viewed as a tool of analysis which enables study of total situations in terms of resources, technology and markets, and the institutions, economic, political and social, in which these are embedded. Similarly, the medium, like the staple, may be viewed as a resource with penetrative powers of its own.«

214 Vgl. Meier: Information, Resource Use, and Economic Growth, S. 103f.

215 McLuhan: Report on Project in Understanding New Media. Part III, S. 19. Das ist natürlich eine tricksterhafte Bemächtigung von Meiers Beobachtungen: Während Meier zunehmende Informationsbewegungen anstelle von Transporten in der Wirtschaftswelt beschreibt, die im *Report* erwähnt werden, und auch die freie Substituierbarkeit von Rohstoffen, Handelswaren und Energieressourcen betrachtet, ist McLuhans Schlussfolgerung über dieselbe Verkehrung und Ersetzung der Formen in ihren beiden Studien vor allem einer Vereinnahmung der von Meier – ausschließlich – identifizierten Möglichkeiten der Substitution bei gleichzeitiger Unterstellung der Verkehrung der Formen, die bei Meier an keiner Stelle verzeichnet ist.

216 Vgl. Gombrich: Art and Illusion, S. 313, zit. bei McLuhan: Report on Project in Understanding New Media. Part III, S. 23 (Hervorhebung J. M.).

217 Der Bezug auf Gombrich und die gestalttheoretischen Erkenntnisse erscheint im Allgemeinen wie ein tricksterhafter Vorwand, wird Gombrichs gestaltpsychologischer Einsatz doch un-

sogleich: »Bracque [sic] merely anticipated Information Theory and computers by seventy years, in making this discovery of the *substitutability of categories* at high information levels«, was zu einer direkten Rückkehr zum Primitiven *(the primitive)* im Kubismus und der nichtgegenständlichen Kunst geführt habe.[218]

Damit laufen die Erläuterungen zu den Schaubildern in der zweiten Einführung des *Report* auf die allseitige Ersetzbarkeit der Kategorien, auf ein Prinzip des stetigen Kategoriensprungs hinaus. Die nachfolgende Erläuterung im *Report* gibt diesem Prinzip den Namen des Chiasmus:

> The principle involved in this reversal of characteristics which accompanies all HD situations, I illustrated in »The Poly-Antics of the Highway«. It appears in all my charts as the crossing of the SI-SC diagonal over the HD-LD diagonal. It is known in rhetorical theory as the figure of chiasmus as when we say time wounds all heels ...[219]

4 Zur Theorie des Medialen: *Understanding Media* (1964)

In der Forschungsliteratur gilt der *Report on Project in Understanding New Media* von 1960 als Vorgängertext der Publikation von 1964. *Understanding Media* zählt entsprechend als Nachfolger, als erweiterter und überarbeiteter Text des Berichts für die *NAEB*. Hinsichtlich der Unterbreitung zentraler medientheoretischer Thesen wie jene von den Medien als Sinnesextensionen oder vom Medieninhalt, der jeweils durch ein anderes Medium bestimmt wird, liegt diese Auffassung nahe.

---

umwunden vor allem in seiner tröstenden Funktion für den Wissenschaftler angesprochen: »His ample use of current perception study will give comfort to the scientifically-minded.« (McLuhan: Report on Project in Understanding New Media. Part III, S. 19.) Auch im Folgenden dienen zahlreiche und ausgedehnte Zitate aus *Art and Illusion* vor allem der Vereinnahmung für die dichotomen Aufstellungen McLuhans: visuell vs. taktil, Konsum vs. Partizipation, Imitation vs. Konstruktion (vgl. S. 20–22). Wenn Gombrich darauf hinweist, dass aus gestaltpsychologischer Perspektive die schematisch-symbolhafte Konstruktion nicht als Typus kindlicher oder primitiver Darstellungsweisen von einem Typus irgendwie fortgeschrittenerer naturalistischerer Bilder zu unterscheiden sei (»the distinction is unreal«), nimmt McLuhan die Unterscheidung dennoch dankend auf. (Vgl. S. 21; diese Art des *misreading* setzt sich fort bei der affirmativen Übernahme eines Zitats Bernard Berensons, dem Gombrich selbst skeptisch gegenübersteht [vgl. S. 21 mit Gombrich: Art and Illusion, S. 16 f.], und welches McLuhan auch prominent in *The Gutenberg Galaxy* – bekannt für seine Trickster-Glossentechnik – für seine Zwecke nutzt [vgl. McLuhan: The Gutenberg Galaxy, S. 81 f.]). Der gesamte Rückgriff auf *Art and Illusion* erscheint schlussendlich als Vorwand, um Braques Kategorienverflüssigung für die Kategorienersetzung der Medien im *Report* ausnutzen zu können.

218 McLuhan: Report on Project in Understanding New Media. Part III, S. 23 (Hervorhebung J. M.).
219 McLuhan: Report on Project in Understanding New Media. Part III, S. 23.

Hinsichtlich der konkreten textuellen Realisierung allerdings kann diese Vorläufer-/Nachfolgeauffassung nicht beibehalten werden. Insbesondere im Vergleich mit dem literaturwissenschaftlichen Klassiker *Understanding Poetry* von Brooks und Robert Penn Warren (1905–1989) kommen die beträchtlichen Unterschiede zwischen den fast gleichnamigen Schriften mit Signatur McLuhans zum Vorschein.

In *Understanding Media* ist der didaktische und systematische Charakter des der zeitgenössischen Literaturwissenschaft entstammenden Einführungsbuchs und des *Report* gewichen. Diese Eigenarten waren im *Report* – nach allem, was man über das Forschungsprojekt für die *NAEB* und die Spannungen zwischen Projekterwartung und Projektdurchführung weiß[220] – wohl den Ansprüchen der Projektsponsoren geschuldet. Die Lehrbuch-Vorlage der Literaturwissenschaft ist vermutlich die an eine Systematisierung am nächsten herankommende Aufbereitung eines Lehrgebiets gewesen, die McLuhan bekannt war. Den historischen Akteuren muss die akademische Vorlage der nordamerikanischen Literaturwissenschaft für den Lehrplan im neu zu begründenden Fach Medienkunde deutlicher vor Augen gestanden haben, als es für heutige Leser und im europäischen Kontext noch der Fall sein kann.

Understanding Media hingegen war mit diesem Titel schon 1964 ein Schachzug des Tricksters mit entsprechendem wohlwollenden Einverständnis des Verlagshauses *McGraw-Hill*, bei dem das Buch nach ca. dreijähriger Vorbereitungsphase erschien.[221] Schließlich konnte der Titel suggerieren, dass es sich hier um ein ebenso grundlegendes Einführungswerk wie bei dem am Markt und in den Akademien längst einschlägigen *Understanding Poetry* handelte. Carpenter war, als beflissener Korrekturleser und Lieferant von Referenzstellen,[222] von Anfang an gegen den Titel, der für den *Report* vielleicht noch korrekt war, für die Publikation aber längst nicht mehr hinkam: »BY ALL MEANS CALL BOOK ›EXTENSIONS OF MAN‹ – Understanding Media title classifies it with all the old & current crap.«[223] Zwar waren bei diesem Ausruf wohl vor allem Carpenters eigene Interessen im Spiel, wenn er den anthropologischen Ansatz in der Kommunikations-

---

220 Vgl. Shepperd: Medien miss-verstehen.
221 Zu einigen historischen Dokumenten und zum Entstehungsprozess von *Understanding Media* vgl. Mangold/Sprenger: Einleitung, insb. S. 12f.
222 Der Einsatz Carpenters beim Verfassen von *Understanding Media* ist bisher nicht abschätzbar. Es liegen dazu hauptsächlich seine eigene Beurteilung der Zuarbeit vor und einige, kurze Bemerkungen der Biographen, denen allerdings das Material auf Carpenters Seite nicht zugänglich war. Vgl. Carpenter: That Not-so-silent sea, S. 253.
223 So steht es mit rotem Farbband getippt auf dem Kopf eines undatierten Korrekturblattes Carpenters an McLuhan. Vgl. Brief von Edmund Carpenter an Marshall McLuhan (undatiert) (LAC, McLuhan Fonds, MG 31 D 156, vol. 77, file 6), Typoskript, unpag.

und Medienforschung zu forcieren versucht. Doch weist seine Ermahnung auch darauf hin, dass ›Understanding Media‹ kein adäquater Titel für das Buch von 1964 ist.

Während das ›Understanding‹-Projekt im *Report* für die *NAEB* einmal für die (neuen) Medien durchexerziert wurde und die entsprechende Begriffsersetzung der ›Medien‹ im Titel anstelle von ›Dichtung‹ in der Vorlage dieses Vorgehen anzeigt, spielt das ›*Understanding*‹ in *Understanding Media* eigentlich keine Rolle mehr. So sehr es auch durch den Titel und im Text betont wird, so sehr sind doch alle derartigen Einsätze, wie die Beispieltexte, die Fragen, die Anleitung zum Selbststudium, darin verschüttgegangen. Der didaktische und systematische Charakter ist allenfalls noch im vordergründigen System des Inhaltsverzeichnisses von *Understanding Media* enthalten;[224] der Text jedoch löst das Systemhafte nicht ein. Weder die Projektvorschläge noch die Fragen oder die Lektüreempfehlungen für angehende Adepten des Medienstudiums sind in die spätere Publikation hinübergerettet worden. An ihrer Statt erscheinen vielmehr die Wiederholungen, Häufungen, Steigerungen und figurativen Wendungen der Lobrede im Text. Gerade im Vergleich mit dem vier Jahre zuvor für den Zweck des Schulunterrichts verfassten *Report* tritt der epideiktische Charakter von *Understanding Media* unverkennbar ins Blickfeld.

Es heißt, es sei die Epideixis, »von wo aus die Rhetorik auf die Dichtkunst ausgreift«.[225] Bei der Wahl des Titels *Understanding Media* für das Buch von 1964 setzte der Trickster neben den Verkaufsargumenten und der Andeutung einer Abstammung von einem literaturwissenschaftlichen Erfolgsprojekt wohl vor allem auch auf die Anspielung auf den dritten einschlägigen Terminus in diesem Ersetzungsspiel der Titel, Themen und Absichten: auf ›*Poetry*‹. Mit der epideiktischen Machart des Textes ist die Unterscheidung systematisch-argumentativer Zugänge (in Anlehnung an das ›*Understanding*‹) von figurativer, ausufernder, die Leser mitunter austricksender Sprachkunst (die man in diesem Zusammenhang mit ›*Poetry*‹ bezeichnen könnte)[226] aufs Spiel gesetzt.

---

[224] Vgl. Hoffmann: Wiedergelesen. Marshall McLuhan: *Understanding Media*. Hoffmann zeigt sich beeindruckt von der »Prägnanz und Transparenz« (S. 119), die die Gliederung des Buchs verspricht.
[225] Matuschek: Art. Epideiktische Beredsamkeit (HWRh, Bd. 2), Sp 1259. Zum literarischen Charakter schon der epideiktischen Reden der Antike vgl. Zinsmaier: Epideiktik zwischen Affirmation und Artistik, S. 377f.
[226] So die Lesart des Ansatzes McLuhans bei Theall: The Medium is Rear View Mirror (1971); ders.: The Virtual Marshall McLuhan (2001). An anderen Stellen ist ein poetischer Einsatz zwar festgestellt, aber nicht in seiner wissensbildenden Funktion ernst genommen worden, vgl. z. B. Carey: Harold Adams Innis and Marshall McLuhan, S. 303: »McLuhan is a poet of technology.«

4.1 Parallelismus

Understanding Media bringt auf seine ganz eigene Weise zentrale Begriffe zur Beobachtung und Beschreibung der Medien ein, die schon im *Report* vorgestellt wurden. Die Sinnesausweitung, *high* und *low definition*, die Teilnahme oder Komplettierung an den strukturellen Vorgaben durch das Medium sind beispielsweise Anliegen des zweiten Kapitels: »Media Hot and Cold«. Insbesondere kehrt in diesem Kapitel die Vermittlung von Antithesen, die im *Report* noch die Figur des Chiasmus für die Betrachtung der Medien leistet, als syntaktischer Parallelismus mit semantischer Opposition wieder. Die gewissermaßen um die chiastische Verkehrung beraubte Antithese erscheint mit den Schlagworten ›hot‹ und ›cool‹ in der syntaktischen und rhythmischen Qualität des Parallelismus, welcher an die Einübungs-, Wiederholungs- und Einschärfungspraxis des ersten Kapitels des Buchs anknüpft: »There is a basic principle that distinguishes a hot medium like radio from a cool one like the telephone, or a hot medium like the movie from a cool one like TV«, lautet der Beginn des zweiten Absatzes in diesem Kapitel.[227] ›Hot‹ und ›cool‹ werden hier in zwei aufeinanderfolgenden Satzteilen wiederholt, die zudem die syntaktische Einbettung der Schlagworte »a hot medium like radio/movie«, »a cool one like telephone/TV« beibehalten. Schon Cicero beschreibt solcherlei Abstimmung von Satzteilen und Wörtern aufeinander als wesentliche Möglichkeit der Lobrede: »daß Wörter anderen Wörtern gewissermaßen abgezirkelt und genau entsprechend antworten [...], daß die Sätze in gleicher Form enden und auf denselben Laut kadenzieren«.[228]

›Hot‹ und ›cool‹ werden so im zitierten Satz zunächst eingeübt als Beschreibungsvokabular für bestimmte Kommunikationsmedien. Es folgen im gesamten zweiten Absatz sodann Erklärungen, die ›hot‹ und ›cool‹ für den Gebrauch in der Rede von Kommunikationsmedien definieren, und zwar im doppelten Sinne: einerseits über die ganz wörtliche, hohe oder niedrige Definition der Medien selbst, andererseits über synonyme Formulierungen, also die Wiederholung derselben Aussage in variierenden Worten:

> A hot medium is one that extends one single sense in »high definition«. High definition is the state of being well filled with data. A photograph is visually »high definition«. A cartoon is »low definition«, simply because very little information is provided. Telephone is a cool medium, or one of low definition, because the ear is given a meager amount of information.[229]

---

[227] McLuhan: Understanding Media, S. 22.
[228] So die bereits mehrmals von mir zitierte Stelle in Cicero: Orator. Der Redner, 12.38 nach der Übers. von Philipp Ostrowicz in: ders.: Art. Parallelismus (HWRh, Bd. 6), Sp. 549.
[229] McLuhan: Understanding Media, S. 22f.

Im Zentrum dieser Anordnung ließe sich durchaus eine chiastische Konstruktion zwischen »well filled with data/high definition« (zweiter und dritter Satz) und »low definition/little information« (vierter Satz) ausmachen. Doch herrscht in der Passage insgesamt der Parallelismus in der synonymischen Häufung vor. Das heißt, es gibt viele, leicht variierte Wiederholungen sowohl in der Satzstruktur als auch in der Wortwahl. Die überkreuzte Entgegensetzung des Chiasmus, die sich insbesondere bei seiner Wiedergabe über zwei Zeilen laufend zeigt,[230] ist hierbei gewissermaßen auf eine Ebene abgesunken, auf eine Antithese, die im Nacheinander der Satzfolge ausgebreitet wird. Was über das heiße Medium und seine hohe Auflösung gesagt wird, wird sodann über das kalte Medium und seine niedrige Auflösung, also über das Gegenteil des zuerst Gesagten, noch einmal gesagt. Der antithetische Parallelismus des gesamten zweiten Abschnitts des zweiten Kapitels aus *Understanding Media* gipfelt in der antithetischen Wendung »so little is given and so much has to be filled in« auf engem Raum fast in der Mitte des Absatzes. Der Textabschnitt läuft schließlich nach der Andeutung einer ganz anderen Sichtweise: »On the other hand«, auf weitere Parallelführungen der Aussage in der sprachlichen Wiedergabe hinaus: »hot media do not leave so much to be filled in or completed by the audience. Hot media are, therefore, low in participation and cool media are high in participation or completion by the audience«, und endet schließlich mit einem Echo des ersten Satzes des Abschnitts: »[A] hot medium like radio has very different effects on the user from a cool medium like the telephone.«[231]

Der sprachliche Parallelismus wurde im neunzehnten Jahrhundert vom Dichter Gerard Manley Hopkins (1844–1889) als das künstlerische Prinzip der Dichtung schlechthin entdeckt bzw. ausgegeben: »The structure of poetry is that of continuous parallelism [...].«[232] Das Entscheidende daran ist die Einsicht, dass der syntaktische, morphologische und quantitative Parallelismus in Rhythmus, Metrik, Alliterationen, Assonanzen usw. auch eine semantische Parallele erzeugt: »Now the force of this recurrence [in Rhythmus, Metrik, Alliteration usw.] is to beget a recurrence or parallelism answering to it in the words or thought [...].«[233] Die Wirkung des Parallelismus könne dabei ebenso gut in der Hervorbringung von Ähnlichkeit oder Gleichheit wie auch in der von Unähnlichkeit oder Gegensätzlichkeit bestehen.[234]

---

[230] Vgl. die Beispiele auf S. 385 f. in diesem Band.
[231] McLuhan: Understanding Media, S. 23.
[232] Hopkins: Poetic Diction, S. 84.
[233] Hopkins: Poetic Diction, S. 84.
[234] Hopkins: Poetic Diction, S. 85.

Hiervon ließ sich der Linguist Roman Jakobson (1896–1982) Mitte des zwanzigsten Jahrhunderts bei der Definition und Erläuterung seiner notorischen poetischen Sprachfunktion leiten. Die poetische Sprachfunktion ist dadurch bestimmt, dass sie sich auf die Nachricht an sich bezieht im Sinne einer Greifbarkeit der Zeichen.[235] Die Nachricht wird in ihrer Zeichenhaftigkeit greifbar, wenn Phänomene der Gleichartigkeit, aber auch des Gegensatzes, in der sprachlichen Struktur auf durchaus verschiedenen Ebenen (wie Syntax, Morphologie, Phonetik usw.) auftreten. Jakobson übernimmt das Parallelismus-Prinzip Hopkins' für den von ihm selbst festgesetzten Vorrang der Äquivalenz in der poetischen Sprache. Dabei geht Jakobson davon aus, dass in der Poesie die beiden grundlegenden Anordnungsweisen beim Sprechen *(modes of arrangement in verbal behavior)* auf spezifische Weise ineinander übergehen. Im gewöhnlichen Sprachgebrauch müssen die Sprecher die Operationen von Selektion und Kombination ausführen, die auf zwei, einer vertikalen und einer horizontalen Achse verlaufend vorgestellt werden.

Bei jeder Äußerung findet an jeder horizontalen Stelle der Äußerung vertikal eine Auswahl zwischen den möglichen Sprachelementen statt.[236] Diese in der Vertikale zu treffende Entscheidung wird auch als paradigmatische Wahl bezeichnet und die zur Wahl stehenden Elemente sind als Einheiten eines Paradigmas zu verstehen. Die horizontale Achse wird auch als Syntagma bezeichnet. Im Syntagma werden die einzelnen ausgewählten Elemente aneinandergefügt.[237] Nach diesem Achsen-Modell geht eine Äußerung an jeder einzelnen Stelle auf eine Auswahl zurück, die einerseits von den Ansprüchen der Kombination angeleitet wird, andererseits aber durch eine Entscheidung zwischen Äquivalenten gewährleistet wird. Die Äquivalenz umfasst hierbei laut Jakobson sowohl Ähnlichkeiten

---

235 Vgl. Jakobson: Closing Statement: Linguistics and Poetics, S. 356.
236 Vgl. Jakobson: Closing Statement: Linguistics and Poetics, S. 358, und für eine genauere, von der Phonetik und ihren linguistischen Einsichten ausgehende Darlegung ders.: Der Doppelcharakter der Sprache und die Polarität zwischen Metaphorik und Metonymie, insb. S. 163–167.
237 Bei Jakobson: Closing Statement: Linguistics and Poetics, S. 358, wird der gesamte Vorgang folgendermaßen beschrieben: »[R]ecall the two basic modes of arrangement used in verbal behavior, selection and combination. If ›child‹ is the topic of the message, the speaker selects one among the extant, more or less similar nouns like child, kid, youngster, tot, all of them equivalent in a certain respect, and then, to comment on this topic, he may select one of the semantically cognate verbs – sleeps, dozes, nods, naps. Both spoken words combine in the speech chain. The selection is produced on the base of equivalence, similarity and dissimilarity, synonymity and antonymity, while the combination, the build up of the sequence, is based on contiguity.« Zum Unterschied in der Benennung und Beschreibung der Achsen je nach linguistischem Problem (und damit auch der theoretischen Ausrichtung) in den Texten Jakobsons vgl. Happ: ›paradigmatisch‹ – ›syntagmatisch‹, S. 61–93.

als auch Unähnlichkeiten, Synonymisches wie Antonymisches.[238] In der Poesie beobachtet Jakobson nun, dass das Äquivalenzprinzip der Auswahl des einzelnen sprachlichen Elements auf die gesamte, kombinierte Reihe der sprachlichen Äußerung projiziert werde:

> Equivalence is promoted to the constitutive device of the sequence. In poetry one syllable is equalized with any other syllable of the same sequence; word stress is assumed to equal word stress, as unstress equals unstress [...]; syntactic pause equals syntactic pause, no pause equals no pause.[239]

Die parallelen Satzstrukturen bei der Erläuterung von verschiedenen Funktions- und Zustandsarten der Kommunikationsmedien im Text McLuhans (zum Beispiel das involvierende Funktionieren der kühlen Medien) sind demnach durchaus einem poetischen Vorgehen vergleichbar. Doch reicht die Problematik des eingesetzten Parallelismus noch weiter. Hier wird nicht einfach mittels bestimmter sprachlicher Mittel über Medien gedichtet, hier ist die Frage der Erkenntnisbildung durch sprachliche Darstellung und deren Ununterschiedenheit von poetischen Darbietungen betroffen. Denn der Parallelismus der Satzstrukturen wird, wie von Hopkins für die Dichtung allgemein bemerkt, im zitierten Abschnitt von »Media Hot and Cold« durch eine Parallelisierung ›in den Worten oder Gedanken‹ begleitet. Die gleichlautenden Sätze McLuhans zielen sogar ausdrücklich auf eine Gleichsetzung des Gesagten, denn die parallelen Sätze bilden jeweils Gleichungen aus: »A hot medium *is* one that extends one single sense in ›high definition‹. High definition *is* the state of being well filled [...].«

Von Jakobson sind derlei Äquivalenzbildungen auf der semantischen Ebene der Nachricht als metasprachliche Art des Sprechens identifiziert worden. In der Metasprache werden synonymische Ausdrücke in einem Gleichungssatz *(equational sentence)* kombiniert *(A = A)*. Und als solche sind sie nach Jakobson – und nach der der modernen Logik abgeschauten Definition von Metasprache – von der poetischen Sprachfunktion zu unterscheiden: »Poetry and metalanguage [...] are in diametrical opposition to each other: in metalanguage the sequence is used to build an equation, whereas in poetry the equation is used to build a

---

238 Die Elemente werden nicht einfach als gleich oder ähnlich begriffen, sondern als äquivalent gilt auch, was in einer Hinsicht gleich und in einer anderen Hinsicht verschieden ist. Vgl. hierzu die Auslegungen und Weiterentwicklungen der linguistischen Begriffe und Modelle von Paradigma und Syntagma bei Happ: ›paradigmatisch‹ – ›syntagmatisch‹, S. 73 u. 97.

239 Jakobson: Closing Statement: Linguistics and Poetics, S. 358, dort auch die berühmte Formel: »*The poetic function projects the principle of equivalence from the axis of selection into the axis of combination.*«

sequence.«²⁴⁰ Erhard Schüttpelz hat auf die Zirkularität der Argumentation Jakobsons hingewiesen,²⁴¹ und sie lässt sich hier auch direkt der chiastischen Formulierung Jakobsons ablesen. Wie McLuhans Texte gezeigt haben, dient der Chiasmus weniger der Definition als der zirkulären Kopplung von Begriffen. Logische oder kategoriale Hierarchien lassen sich chiastisch jedenfalls nicht durchsetzen.²⁴²

Bei der ›Definition‹ von heißen und kalten Medien im zweiten Kapitel von *Understanding Media* sind also die metasprachlichen Bemühungen nicht eindeutig von den (poetischen) Parallelismen der sprachlichen Darstellung zu unterscheiden – wie letztlich in jeder auf den Sprachkode zurückgreifenden Definition. Dabei ist das chiastische Prinzip der Verkehrung aus dem *Report* zu einem antithetischen Parallelismus geworden. Nach der Unterscheidung von heißen und kalten Medien (die im Folgenden des Kapitels auf vielfältige Weise allerdings in ein relatives Verhältnis eintreten) mittels der vormaligen Eckpunkte des Chiasmus in parallelen Konstruktionen folgt in *Understanding Media* dennoch ein eigenes Kapitel zur Behandlung des Prinzips der Umkehr: »Reversal of the Overheated Medium«. Doch auch in diesem Kapitel ist von der chiastischen Vermittlung von vier Termini nicht mehr die Rede sowie in der Darstellung kaum mehr etwas zu ›spüren‹. Das Prinzip der Umkehr wird hier als alte Lehre *(ancient doctrine)* angekündigt, wonach »during the stages of their development all things appear under forms opposite to those that they finally present«.²⁴³ Diese Auffassung ist bereits aus dem *Report* bekannt und wird nun unter anderem anhand der Zentrum-Peripherie-Verteilung des mechanischen Zeitalters gegenüber einer Allgegenwärtigkeit des Zentrums im elektrischen Netz dargestellt:

> Obsession with the older patterns of mechanical, one-way expansion from centers to margins is no longer relevant to our electric world. Electricity does not centralize, but decentralizes. It is like the difference between a railway system and an electric grid system: the one requires rail-heads and big urban centers. Electric power, equally available in the farmhouse and the Executive Suite, permits any place to be a center, and does not require large aggregations.²⁴⁴

---

240 Jakobson: Closing Statement: Linguistics and Poetics, S. 358.
241 Schüttpelz geht es vor allem um die grammatischen Setzungen, die Jakobsons Behauptungen unreflektiert vorausgehen. Vgl. Schüttpelz: Figuren der Rede, S. 312–315.
242 An späterer Stelle im Text Jakobsons gilt die ›Definition‹ der Metasprache plötzlich für die Dichtung: »In poetry not only the phonological sequence but in the same way any sequence of semantic units strives to build an equation.« Jakobson: Closing Statement: Linguistics and Poetics, S. 370, vgl. Schüttpelz: Figuren der Rede, S. 315.
243 McLuhan: Understanding Media, S. 34.
244 McLuhan: Understanding Media, S. 36.

Der Textabschnitt funktioniert über die Fortsetzung der Antithese von mechanischen Mustern und elektrischer Welt in Zentralisierung und Dezentralisierung, Eisenbahnnetz und elektrischem Netz, Stadt und bäuerlicher Behausung. Er führt daher in der Periode, der sprachlichen Reihe, bereits vor, was als Prinzip, als alte Doktrin, erläutert werden soll: die Umkehrung der bestehenden Formen im Laufe der Zeit. Dieses Prinzip übertrifft laut McLuhan selbst noch andere große Prinzipien, wie das der klassischen Physik und Ökonomie und der Politikwissenschaft, das sämtliche Prozesse für teilbar hält. Nach McLuhan aber unterliegt noch dieses klassische Prinzip dem Prinzip der Umkehr, insofern es sich in seiner völligen Ausweitung *(sheer extension)* selbst verkehre in die ganzheitliche Feldtheorie der Automation: »The electric tape succeeds the assembly line.«[245]

Das Prinzip der Umkehr wird mit der angesprochenen Sukzession deutlich zeitlich und historisch gedacht. Unterstrichen wird dies durch die Referenz auf Arnold Toynbees (1852–1883) *A Study of History* (1934–1961), die angeblich sehr viele Umkehrungen der Form und der Dynamik versammele.[246] Letztlich aber wird die angekündigte ›alte Lehre‹ nirgends benannt. Es bleibt unklar, auf welche Philosophie, welchen Autor, welche Theorie oder welches Axiom McLuhan hier hinaus will. Es wird stattdessen auf die damals sehr aktuelle Theoretisierung einer Art universellen ›Sollbruchstelle‹ *(break boundary)* des Ökonomen und Philosophen Kenneth Boulding (1910–1993) verwiesen: ein »break boundary at which the system suddenly changes into another or passes some point of no return in its dynamic process«.[247] Und es kehrt das Beispiel der Straße aus dem *Report* hier als eine solche Systemverkehrung jenseits des Grenzdurchbruchs wieder:

> Today the road beyond its break boundary turns cities into highways, and the highway proper takes on a continuous urban character. Another characteristic reversal after passing a road break boundary is that the country ceases to be the center of all work, and the city ceases to be the center of leisure. In fact, improved roads and transport have reversed the ancient pattern and made cities the centers of work and the country the place of leisure and recreation.[248]

Wie im *Report* heißt es, dass die Stadt zur Autobahn wird und die Autobahn sodann (chiastisch) den urbanen Charakter annimmt. In der parallelen Anordnung von ›Land‹ und ›Arbeit‹ und ›Stadt‹ und ›Freizeit‹ tauscht McLuhan bei der Wiederholung der Anordnung ›Land‹ gegen ›Stadt‹ und ›Stadt‹ gegen ›Land‹. In

---

[245] McLuhan: Understanding Media, S. 36.
[246] McLuhan: Understanding Media, S. 37.
[247] Kenneth Boulding, zit. nach McLuhan: Understanding Media, S. 38.
[248] McLuhan: Understanding Media, S. 38.

der Wiederholung der viergliedrigen Anordnung werden zwei der vier Glieder vertauscht. Der Chiasmus scheint hier durch die Parallelisierung der beiden letzten Sätze noch hindurch – mithin lässt sich die Figur ja auch als invertierter Parallelismus beschreiben.[249] Insofern führt der Text hier eine kleine, epideiktische Variation auf den Parallelismus aus.

Schließlich kommt das dritte Kapitel von *Understanding Media* wenn schon nicht auf eine alte Lehre, so doch auf das antike Konzept der Hybris zu sprechen. Das schöpferische Denken und Handeln geht demnach immer mit einer eigenen Art der Blindheit einher, wie die griechischen Dramatiker gezeigt hätten. Und Toynbee habe dies in seine Geschichtsdarstellung aufgenommen als »Nemesis of Creativity« und »Reversal of Roles«.[250] Der Fall des Ödipus, der nach der (kreativen) Lösung des Rätsels der Sphinx geblendet wird und erblindet, dient im Text McLuhans als wörtlich genommener Beleg dieser Auslegung der Hybris. Derlei Peripetie der antiken Tragödien findet McLuhan zudem in einer Sammlung der Lehren Laotses (sechstes Jahrhundert v. Chr.) wieder:

> He who stands on tiptoe does not stand firm
> He who takes the longest strides does not walk the fastest ...
> He who boasts of what he will do succeeds in nothing;
> He who is proud of his work achieves nothing that endures.[251]

Die Sentenzen Laotses warnen vor der Hybris, welche letztlich immer das Gegenteil des Angenommenen hervorbringt. Viel deutlicher als eine alte Doktrin vom Prinzip der Verkehrung findet sich in diesen Worten jedoch vor allem ein altes philosophisches Schreibverfahren und es ähnelt aufs Verblüffendste den Darstellungsweisen McLuhans zu den heißen und kalten Medien sowie den Verkehrungen zwischen mechanischen und elektrischen Zeiten oder denen der Straße. In den parallelen Satzkonstruktionen Laotses finden sich jeweils Zustandsschilderungen, auf die ihr Gegenteil folgt. In der Wiederholung des ›He who ...‹ wiederholt sich die Ambiguität einer Handlung oder eines Zustands, welche sich jeweils in ihr Gegenteil verkehren. Das erinnert auch an die Paradoxa des Zenon, die ähnlich alt sind wie Laotses Weisheiten. Die alte Lehre von der Umkehr, auf die McLuhan in »Reversal of the Overheated Medium« hinaus will, ist einfach eine alte Schreibweise, eine traditionelle Angabe der Widersprüchlichkeit der Welt

---

249 Gasché: Über chiastische Umkehrbarkeit, S. 438.
250 Vgl. McLuhan: Understanding Media, S. 38 f.
251 Laotse: The Way and Its Power (übers. von Arthur Waley), zit. nach McLuhan: Understanding Media, S. 39.

in parallelen Antithesen.²⁵² McLuhans Umkehrprinzip bezieht sich auf antithetische Aussagen in parallelen Satzkonstruktionen. Es erscheint im Text als ein sprachliches Verfahren und weniger als ein logisches oder historisches Prinzip. Die behauptete Geschichtlichkeit bzw. geschichtlich belegte Gültigkeit des Prinzips – die *histoire* – tritt insofern in die Unwägbarkeiten der Sprache, in die Verkehrungen, Umstellungen und Entleerungen des Gesagten im *récit* ein.

Ungeniert weist auf diese Auflösung der geschichtlichen Referenz eines Prinzips der Umkehr in vor allem sprachlichen Formen der Verkehrung und Umstellung der Abschluss des Kapitels »Reversal of the Overheated Medium« hin. Plötzlich schwenkt der Text von der historischen Argumentation auf die Zeitlosigkeit des englischen *Nonsense* um: Geht es zunächst um die Aufheizung der mechanischen und dissoziativen Prozeduren im neunzehnten Jahrhundert und Karl Marx' (fehlgeleitete, da den Wandel nicht erkennende) Reaktionen darauf, heißt es sodann: »Most bizarre of all the reversals in the great Victorian age of mechanization and high moral tone is the counter-strategy of Lewis Carroll and Edward Lear, whose nonsense has proved exceedingly durable.«²⁵³ Lewis Carroll (1832–1898) hat mit dem Wunderland der Alice eine verkehrte Welt geschaffen. Edward Lear (1812–1888) hat mit dem *Book of Nonsense* (1846) und den *Nonsense Songs, Stories, Botany and Alphabets* (1871) darüber hinaus damals wie heute tatsächlich einfach keinen Sinn stiften wollen: »W was once a whale, whaly, scaly, shaly, whaly, tumbly-taily, mighty whale!«²⁵⁴ Die Lust am Sinnlosen wird durch das Spiel mit buchstäblichen und klanglichen Ähnlichkeiten und Unterschieden in der Wiederholung geschürt. Unglaublich klangvolle Wortkompositionen müssen nicht auch gehaltvoll sein. Ihr Sinn bleibt auf rein sprachliche Parallelen beschränkt, selbst wenn sie grammatikalisch und phonetisch korrekt – sinnvoll – erscheinen.

Mit dem Verweis auf Lears *Nonsense* macht sich der Trickster am Ende des dritten Kapitels von *Understanding Media* bemerkbar. Die attestierte außerordentliche Dauerhaftigkeit des ›Unsinns‹ schlägt im abschließenden Satz noch auf das Dargestellte in *Understanding Media* durch: »While the Lord Cardigans were taking their blood baths in the Valley of Death, Gilbert and Sullivan were announcing that the boundary break had been passed.«²⁵⁵ Die Blutbäder der Geschichte werden von der komischen Oper eingeholt. Die historisch einschneidenden Ereignisse werden durch das Handlungswirrwarr (der *topsy-turvys*) Gilberts

---

252 Vgl. Villwock: Art. Antithese (HWRh, Bd. 1), Sp. 725 f.
253 McLuhan: Understanding Media, S. 40.
254 Lear: The Complete Nonsense of Edward Lear, S. 143.
255 McLuhan: Understanding Media, S. 40.

und Sullivans (Sir William Schwenck Gilbert [1836–1911] und Sir Arthur Sullivan [1842–1900]) im Text überholt und in der *Nonsense*-Logik der britischen Farcen eingezogen. Der Grenzdurchbruch, der hier passiert wurde, ist letztlich der, den der Text selbst im Durcheinander von historischer Referenz und sprachlicher Darbietung aufweicht.

4.2 Parallelitäten des Verkehrs

Im Gegensatz zum *Report on Project in Understanding New Media* geht *Understanding Media* über die begrenzte Reichweite der Betrachtung von Kommunikationsmedien hinaus. Das Buch behandelt unter dem Titel ›Media‹ neben einschlägigen Kommunikationstechnologien von der Schrift bis zum Fernsehen auch Gegenstände wie Kleidung, Uhren, Geld, Waffen oder die Straße in jeweils eigenen Kapiteln. Anhand des eher abseitigen und digredierenden Beispiels der Straße hatte sich schon im *Report* abgezeichnet, dass die Unterscheidung und Analyse einzelner Medientechnologien auf die philosophische Frage nach dem Medialen an sich führt. Im eigens der Straße gewidmeten Kapitel »Roads and Paper Routes« von *Understanding Media* wird dementsprechend auch die Frage des Medialen verhandelt. In dieser Auseinandersetzung erweist sich das Changieren zwischen historisch-referentiellen Angaben und der Vorführung sprachlicher Operationen und Effekte als ausschlaggebend für die Betrachtung der Medien.

Das Kapitel über Straßen und Papierwege beginnt sogleich mit einer Verschränkung historischer und sprachlicher Äquivalente. McLuhan möchte die Ablösung materieller Übertragungsvorgänge durch Informationsübertragung im elektrischen Zeitalter in Augenschein nehmen. Der Begriff der ›Kommunikation‹ – in den 1960er Jahren und heute gemeinhin mit Informationsaustausch assoziiert – führt ihn dabei auf den Themenbereich des Transport- und Verkehrswesens:

> The term »communication« has had an extensive use in connection with roads and bridges, sea routes, rivers, and canals, even before it became transformed into »information movement« in the electric age. Perhaps there is no more suitable way of defining the character of the electric age than by first studying the rise of the idea of transportation as communication, and then the transition of the idea from transport to information by means of electricity.[256]

Es lässt sich also ein historischer Wechsel vom materiellen Transportwesen zur immateriellen Informationsbewegung unter dem Begriff der ›Kommunikation‹

---

[256] McLuhan: Understanding Media, S. 89.

feststellen. Beide Transportarten sind in der Geschichte als ›communication‹ bezeichnet worden, so dass es möglich erscheint, Aussagen über die neueren Kommunikationsformen und den entsprechenden Charakter eines elektrischen Zeitalters vom älteren Transportwesen abzuleiten.

Soweit die Aussage dieses Abschnitts. Sprachlich weist die Textstelle einen Parallelismus auf – diesmal von semantisch parallelen Wörtern – und die Aussage nutzt überdies eine Verschränkung metasprachlicher und poetischer Aspekte nach Jakobson, und zwar in der eindrücklichen Reihe epideiktischer Häufung im ersten Satz der zitierten Passage. »[R]oads and bridges, sea routes, rivers, and canals« sind alles Transportwege für den Güter- und Personenverkehr, der hier hinsichtlich seiner Kommunikationsqualitäten in Anspruch genommen wird. Diese Form des Parallelismus bzw. der epideiktischen Häufung lässt sich mit Jakobson auch als Entfaltung paradigmatischer Elemente auf der syntagmatischen Achse der Äußerung fassen. ›Straßen und Brücken, Seewege, Flüsse und Kanäle‹ gehören alle zum Paradigma des Transports, das in dieser spezifischen Äußerungsform in der syntagmatischen Reihe geradewegs vor den Augen der Leser zur Aufführung gebracht wird. Hier übernimmt also in gewisser Weise das Syntagma die Funktion des Paradigmas anstelle seiner üblichen Funktion der prädikativ-erläuternden Verbindung bereits ausgewählter paradigmatischer Elemente.[257] Das entspricht einer spezifischen Variante der poetischen Projektion der paradigmatischen Achse (bzw. ihrer Äquivalente) auf die Kombinationsreihe des Syntagmas. Während sich die poetische Funktion nach Jakobson auf unterschiedliche Stellen und Textelemente des Syntagmas bezieht, die klangliche, syntaktische oder semantische Äquivalente abbilden, handelt es sich bei der Textstelle McLuhans um eine Aneinanderreihung von Elementen mit ein und derselben Satzgliedrolle, welche untereinander vor allem semantische Ähnlichkeiten als Verkehrsmittel aufweisen. Insofern findet hier eine buchstäbliche Umsetzung der Projektion der Selektionsachse auf die Kombinationsachse statt.

Mit dieser Aufführung des Paradigmas im Syntagma geht eine weitere Besonderheit der Textstelle einher. Nach Jakobson umfasst die paradigmatische Sprachoperation nämlich zugleich Selektion und Substitution: Mit der Auswahl eines Elements werden auch schon alle anderen möglichen Äquivalente an dieser Stelle durch das ausgewählte ersetzt.[258] Diese »zwei Erscheinungsformen derselben Operation«[259] sind im vorliegenden Textstück auseinandergerissen: Die Se-

---

257 Vgl. Jakobson: Der Doppelcharakter der Sprache, S. 168 f.
258 Vgl. die Darlegung dieses Vorgangs auf Lexemebene bei Jakobson: Closing Statement: Linguistics and Poetics, S. 358 (vgl. Anm. 237 in diesem Kap.).
259 Jakobson: Der Doppelcharakter der Sprache, S. 166.

lektion der paradigmatischen Elemente erfolgt ohne Substitution und endet in der Aneinanderreihung im Syntagma. Das Syntagma wird dabei seiner prädikativ-narrativen Funktion enthoben. Was stattdessen nach der Selektion bleibt, ist im hier betrachteten Zitat die Operation des Hinzufügens: »›communication‹ has had an extensive use *in connection with* roads and bridges, sea routes, rivers, and canals«.[260]

Durch das Hinzufügen der ›Kommunikation‹ zur Kombinationsreihe, die die verschiedenen Transportwege im Nacheinander aufreiht, wird der Begriff meiner Ansicht nach in das aufgeführte Paradigma des Transportwesens aufgenommen. In gewisser Weise wird in dieser Äußerung also die Kombinationsachse auf die Achse der Selektion übertragen, die im Syntagma sozusagen ›ausbuchstabiert‹ vorliegt. Dies grenzt an die metasprachliche Operation nach Jakobson. McLuhan behandelt die Begriffe seines Textes in der rhetorischen Häufung und sprachlichen Aufführung von (semantischer) Äquivalenz bzw. Parallelität durch die Operation des Hinzufügens also auch metasprachlich; er definiert Begriffe. Nur besteht die Definition, die Ausbildung einer Gleichung in der das eine das andere heißt, hier in der Ausbildung der paradigmatischen Kette selbst: Die syntagmatische Verknüpfung lautet ›*in connection with*‹ und nicht etwa ›ist‹ oder ›heißt‹.

Mit einem solchen durch die Linguistik geschulten Blick auf die beiden eingangs zitierten Sätze McLuhans, lassen sich Zweifel angesichts des historischen Zusammenhangs, den sie wiedergeben sollen, anmelden. Anstelle eines geschichtlichen Belegs lässt sich vor allem die Herstellung einer Kommutierbarkeit der Begriffe beobachten, die die Elemente jedes linguistischen Paradigmas auszeichnet.[261] ›Kommunikation‹, verschiedene Transportmittel und ›Informationsbewegung‹ geraten über die sprachliche Aufreihung im wiedergegebenen Zitat in ein Austauschverhältnis, das weder historisch noch ursächlich begründet sein muss, sondern lediglich einer sprachlichen Operation geschuldet ist.

Andererseits muss eine solche Rückführung der theoretischen Arbeit McLuhans allein auf die sprachlichen Operationen in Anbetracht der im Kapitel »Roads and Paper Routes« wiedergegebenen Geschichte der Verkehrsverhältnisse voreilig wirken. Denn die Begriffsgeschichte von ›Kommunikation‹, die McLuhan in den Eingangssätzen etwas krude andeutet, führt tatsächlich zurück zum Thema des Verkehrs und zu dessen integrierendem Ansatz der Vermittlung von Waren, Personen und Informationen in der Zirkulation.[262] Und auch die angesprochene

---

260 McLuhan: Understanding Media, S. 89.
261 Vgl. Happ: ›paradigmatisch‹ – ›syntagmatisch‹, S. 63.
262 McLuhans Anleihen beim noch näher zu bestimmenden ›Transportdiskurs‹ im Kapitel »Roads and Paper Routes« fördern eine Genealogie des Übertragungswissens aus Betrachtungen des Verkehrs und den Anfängen einer Verkehrswissenschaft zutage. Die aktuelle Medienwissen-

Austauschbarkeit von Begriffen und Themen zwischen Transportwesen und Informationsübertragung ist in einem spezifischen Diskurs zur Geschichte der Zivilisation bereits Gang und Gäbe, auf den McLuhans Text nun immer wieder Bezug nimmt.

Im Großen und Ganzen beschäftigt sich das Kapitel »Roads and Paper Routes« mit verschiedenen Konstellationen von Transportmitteln und Kommunikationsmedien in der Geschichte insbesondere in ihren Auswirkungen auf die Organisation von Gemeinschaft. Dabei nimmt es immer wieder Einsichten und Annahmen von Kultur-, Wirtschafts- und Stadtplanungshistorikern auf, für die der Verbund von Transport, Medientechniken und sozialer Formbildung eine gängige diskursive Formation ist. Und in dieser Formation erscheinen ›Transport‹ und ›Kommunikation‹ bereits als austauschbar. So nivelliert die mittelalterliche Straße in den Schriften Lewis Mumfords (1895–1990), einer der Hauptreferenzen dieses Kapitels, diesen Unterschied: »In early medieval city, the street was a line of communication rather than a means of transportation: the unpaved streets were more like the countryard of a farm.«[263] Und auch bei McLuhans wichtigem Stichwortgeber Sigfried Giedion wird ein etwaiger Unterschied zwischen Transportwegen und Kommunikationslinien zum Beispiel in der Betrachtung der Pariser Boulevards des neunzehnten Jahrhunderts eingeebnet:

> In taking the city as a technical problem, Haussmann came to view it primarily as a problem in traffic and transportation [...]. His contemporaries [...] could not understand Haussmann's passion for new lines of communication through the center of the city [...].[264]

In diesem Diskurs zur Geschichte der Zivilisation ist die Straße durch den Begriff ›line of communication‹ ersetzbar. Mumfords und Giedions Begriffswahl ruft überdies die stadtplanerische Reflexion zur Linie ins Gedächtnis, die der avantgardistische Stadtplanungshistoriker Patrick Geddes (1854–1932) in seiner Evolutionstheorie der Städte vorgelegt hat:

> Instead of the old lines of division we have new lines of union: the very word ›lines‹ nowadays most readily suggesting the railways, which are the throbbing arteries, the roaring

---

schaft greift wieder das intrikate Verhältnis von Verkehr und Medien als Grundlage für ihre Überlegungen zu Medien auf, vgl. insb. die historisch-genealogisch ausgerichteten Forschungen von Schabacher: Raum-Zeit-Regime; dies.: Fußverkehr und Weltverkehr; dies.: Medien und Verkehr; den Sammelband dies./Neubert (Hg.): Verkehrsgeschichte und Kulturwissenschaft. Vgl. auch den auf eine transatlantische medienwissenschaftliche Tagung zurückgehenden Tagungsband: Näser-Lather/Neubert (Hg.): Traffic.
263 Mumford: The Culture of Cities, S. 56.
264 Giedion: Time, Space and Architecture, S. 497.

pulses of the intensely living whole; or again, suggesting the telegraph wires running beside them, so many nerves each carrying impulses of ideas and action either way.²⁶⁵

Über das Wort ›Linie‹ werden in Geddes' Darstellung materieller und Informationsverkehr in eins gesetzt.

»Roads and Paper Routes« zitiert mehrfach aus Mumfords *The City in History* (1961) für die Darstellung der historischen Transportverhältnisse. Geddes' *Cities in Evolution* (1949) ist unterdessen über das Wörtlichnehmen des ›Staatskörpers‹ *(body politic)* in das Kapitel eingegangen, wonach Städte biologische Krankheitsstadien bei der Entwicklung ihres ›Körpers‹ durchlaufen.²⁶⁶ Die Transport- und Kommunikationswege der Stadt erscheinen in Geddes' Darstellung wie die Arterien und Nerven des menschlichen Körpers. Die Stadt kann darin auch als Verlängerung des menschlichen Körpers und seiner organischen Funktionen wie Aktivitäten gedacht werden. Geddes' Stadtauffassung fügt sich also in die Extensionsthese von *Understanding Media* ein, ebenso wie Mumfords spekulative Kulturgeschichte der Stadt.²⁶⁷

Die Straße, das titelgebende Objekt zum Kapitel »Roads and Paper Routes«, erscheint überdies in den Texten Geddes', Mumfords und Giedions als ›aktiver Agent‹ in der Geschichte und in der Gemeinschaft.²⁶⁸ So setzt die Straße Entfal-

---

265 Geddes: Cities in Evolution, S. 10.
266 McLuhan nennt Geddes in *Understanding Media* nicht explizit. Geddes' *Cities in Evolution* muss ihm insb. durch die Zusammenarbeit mit Jaqueline Tyrwhitt im Forschungsseminar »Culture and Communications« bekannt gewesen sein. Tyrwhitt hatte 1949 den vergriffenen Text zusammen mit Material aus Geddes' Ausstellungen wiederaufgelegt. (Vgl. Geddes: Cities in Evolution, hg. von Jaqueline Tyrwhitt [1949]. Zur Zusammenarbeit Tyrwhitts und McLuhans vgl. auch Kap. III.4.3 in diesem Band sowie die Aufsätze Darrochs, z. B.: Darroch: Bridging Urban and Media Studies.) Der studierte Biologe Geddes betrachtet in *Cities in Evolution* die Stadt als lebendigen Organismus. Den ›Staatskörper‹ *(body politic)* der Stadt nahm er wörtlich, wenn er einfache Regeln der Gesunderhaltung in die Stadtplanung einführen wollte, durch die Berücksichtigung geographischer, historischer, ökonomischer, anthropologischer, demographischer und eugenischer Daten. (Vgl. Geddes: Cities in Evolution, S. 10–12 [zur *body politic*] u. S. 85 [zur entsprechenden interdisziplinären Arbeitsweise].) Zur Auseinandersetzung McLuhans in *Understanding Media* mit Geddes' Arbeit vgl. Geddes: Cities in Evolution, S. 11: »[W]e are inclined to think that many ganglia may be needed to maintain the health of so vast and multi-radiate a body politic«, mit McLuhan: Understanding Media, S. 107: »The city, as a form of the body politic, responds to new pressures and irritations by resourceful new extensions – always in the effort to exert staying power, constancy, equilibrium, and *homeostasis*.«
267 Vgl. McLuhan: Understanding Media, S. 93, 97 f. u. 100.
268 Nach Mumford lässt sich die Straße als aktives Element der Zivilisationsgeschichte begreifen, das nicht einfach Dinge transportiert. Durch die Erweiterung menschlicher Möglichkeiten in der Straße werden neue Lebensweisen hervorgebracht. Die Straße macht die urbane Revolution

tung und Erhaltung ganzer Reiche durch. Wo sie nicht mehr wirkt, ist der Kollaps des Reichs zu verzeichnen:

> [T]he roads and communications of the Roman empire ranged with unbroken completeness [...] throughout the whole empire, from Tyne to Euphrates, and beyond; not only with legions on the march, and postmen at the gallop, but with long trains of commerce as well. [...] But the barbarian broke up the roads; never again to be in good order until Macadam's day, even Napoleon's.[269]

Geddes' von Barbaren zerstörte Straße taucht in »Roads and Paper Routes« als verlassene Straße wieder auf, welche McLuhan mit Innis' großer Geschichte der Geopolitik und ihrer Transport- und Kommunikationsmittel durch das Ende der Papyruslieferungen aus Ägypten aufgegeben sieht.[270] Das Reich, welches nach Ansicht McLuhans durch die Verwendung homogener, einheitlicher Buchstaben auf massenweise transportierbarem Papyrus sowie durch eine uniform(iert)e Armee bis in die Peripherien hinein homogenisiert worden war, kollabiert.[271] Die daran anschließende mittelalterliche Welt erscheint in »Roads and Paper Routes« wie bei Mumford als eine ohne befestigte Straßen: »The introduction of wheeled vehicles was resisted, precisely as that of the railroad was resisted three centuries later. Plainly the streets of the medieval city were not adapted either in size or in articulation to such traffic.«[272] McLuhan schließt sich fast im Wortlaut Mumfords Feststellung an und erweitert diese Überlegungen um den Vergleich des Umgangs mit dem Auto in seiner eigenen Zeit: »as we, today, fight the automobile.«[273]

Die geschichtlichen Abhandlungen dieser Urbanistik-, Ökonomie- und Zivilisationstheoretiker bieten eine diskursive Formation, in der Fragen des Transports Fragen der Kommunikation sind. Die Straße erscheint dabei als Transportmittel,

---

möglich: »What transforms the passive agricultural regime of the village into the active institutions of the city? [...] [T]he active agent is any factor that extends the area of local intercourse, that engenders the need for combination and co-operation, communication and communion; and that so creates a common underlying pattern of conduct, and a common set of physical structures, for the different family and occupational groups that constitute the city.« Mumford: The Culture of Cities, S. 6.

269 Geddes: Cities in Evolution, S. 59 f.
270 Vgl. McLuhan: Understanding Media, S. 100 f.
271 Vgl. McLuhan: Understanding Media, S. 107 f., S. 110 f. Allerdings ist Papyrus nach Innis zu fragil für den massenweisen Landtransport. Pergament hingegen ist das robuste Produkt, das über weit verstreute dezentralisierte Bereiche hin und her transportiert werden kann. Vgl. Innis: Empire and Communications, S. 138.
272 Mumford: The Culture of Cities, S. 94.
273 McLuhan: Understanding Media, S. 100.

auf dem Transport und Kommunikation stetig ineinander umschlagen.²⁷⁴ Der Diskurs zur Geschichte der Zivilisation umfasst zudem ein Wissen von vielfältigen Auswirkungen der unterschiedlichen Transportmittel auf die Lebenswelt. Das macht ihn für McLuhans Theoriebildung jenseits der zeitgenössischen Kommunikationswissenschaft interessant. Der Transport oder die Kommunikation werden in den Texten der Zivilisationstheoretiker nicht einfach linear gedacht. In dieser Geschichte wirkt das Übertragungsmittel in viele verschiedene Richtungen, prägt seine Umgebung – wie es ja auch im *Report* anhand des Straßenbeispiels behauptet wurde –, und es wirkt in der Verschränkung von menschlichem Körper und Transportwegen auch zirkulär zurück auf den Teil, der es eingesetzt hat.²⁷⁵

Aus diesem Grund können zu Beginn des Kapitels »Roads and Paper Routes« Verkehrswege mit einem Mal Auswirkungen auf Sender, Empfänger und Nachricht des linearen Kommunikationsmodells haben: »Each form of transport not only carries, but translates and transforms the sender, the receiver, and the message.«²⁷⁶ Dieser Satz verschränkt tricksterhaft die Beschreibungssprache des Transportwesens mit der Beschreibungssprache der Kommunikationstheorie der ersten Hälfte des zwanzigsten Jahrhunderts. In diesem *pun* kreuzen sich ein spezifisches Wissen vom Transport und ein Wissen vom Kommunikationsprozess, wobei das lineare Kommunikationsmodell von Sender-Botschaft-Empfänger von vornherein durchkreuzt und umgeordnet ist.

---

274 In dieser Hinsicht unterscheiden sich die Arbeiten Innis' deutlich vom ›Transportdiskurs‹ bei Geddes, Mumford und Giedion. Die frühen Schriften von Innis nehmen aufs Genaueste den Einfluss der Transport- und Verkehrswege auf die Entwicklung der kanadischen Wirtschaft auseinander. Diese Routen werden aber nicht mit Kommunikation in Verbindung gebracht (vgl. Innis: Transportation as a Factor in Canadian Economic History). Innis' spätere Schriften über die Rolle der Kommunikationsmedien in der Zivilisationsgeschichte stellen die Kommunikationsmittel wiederum nicht als austauschbar mit Transportmitteln vor. Für Innis sind die Charakteristiken der Kommunikationsmittel wie Ton, Papyrus oder das Alphabet zentral für die Entwicklung von Weltreichen, da deren Kommunikation von den materiellen Bedingungen dieser Medien abhängt. Straßen, Pferde oder der Pferdewagen spielen in dieser Geschichte aber kaum eine Rolle (vgl. Innis: Empire and Communicatons, z. B. S. 21 u. 23). Für ähnliche Beobachtungen in den Studien Innis' vgl. auch Hahn: Waterways.
275 Diese Bewegung findet sich als historischer Prozess in Mumfords Darstellung der Transportmittel als aktive Agenten, zunächst durch den Menschen zur Ausweitung seines Radius eingesetzt, verändern diese alsbald den Menschen. Systematisch ist die zirkuläre Rückwirkung in Geddes' Gleichsetzung der Verkehrswege mit Blut- und Nervenbahnen angelegt.
276 McLuhan: Understanding Media, S. 90.

4.3 Der Transport der Metapher

Mit der Umordnung von Sender-Botschaft-Empfänger zu Sender-Empfänger-Botschaft unterbricht McLuhan in der sprachlichen Anordnung den linearen Kommunikationsverlauf. Es geht ihm nicht um die Linie von Sender-Botschaft-Empfänger, sondern um die Frage des Übertragungsvorgangs selbst. Der Satz: »Each form of transport not only carries, but translates and transforms the sender, the receiver, and the message«, ist die Formulierung einer Theorie des Medialen. Doch bevor McLuhan diesen Satz formulieren kann, ist noch ein weiterer Schritt notwendig – ein Schritt, der seine Überlegungen zu Transport und Kommunikation von den kulturhistorischen Schriften zum Transport- und Verkehrswesen absetzt. Und dieser Schritt ist meines Erachtens der entscheidende, um von der Verkehrsgeschichte nicht einfach nur zu einer Mediengeschichte zu gelangen, wie es etwa für die listenartigen Darstellungen Innis' gilt,[277] sondern um zu einer Medientheorie im Sinne einer Theorie des Medialen zu gelangen. Und selbstverständlich unternimmt diesen Schritt der Trickster.

Für die angekündigte Betrachtung der Medien und des elektrischen Zeitalters mittels der historischen Transportformen nämlich reichen die begriffsgeschichtliche Verschränkung im Terminus ›Kommunikation‹ sowie die historischen Konstellationen im Diskurs der Zivilisationsgeschichte für McLuhan offenbar nicht hin. Vielmehr wird der etymologische Bezugsrahmen von Verkehr und Medien noch vor dem Satz zur Formulierung einer Theorie des Medialen auf das Wort ›Metapher‹ ausgeweitet. Auf die Bemerkung über eine angestrebte Untersuchung des Aufkommens der Idee von Transport als Kommunikation und des Übergangs dieser Idee auf die Information durch die Elektrizität folgt direkt die Aussage: »The word ›metaphor‹ is from Greek *meta* plus *pherein*, to carry across or transport.«[278]

---

[277] Insb. beim einschlägigen Referenztext »The Bias of Communication« fällt auf – wenn man ihn einmal nicht aus der Perspektive einer durch McLuhan mitbegründeten Medienwissenschaft und deren Vereinnahmung des Projekts Innis' liest (zur vereinnahmenden Lesart vgl. z. B. die deutschsprachige Herausgabe und Einleitung einiger Aufsätze Innis' in den 1990er Jahren von Barck: Harold Adams Innis. Archäologe der Medienwissenschaft) –, dass Medien aufs engste mit der Geschichte verknüpft sind und in erster Linie als Mitspieler in dieser Geschichte, in historischen Machtstrukturen und ökonomischen Ordnungen ins Spiel kommen. Innis geht es um eine historische politische Ökonomie, in der Medien vor allem in Ketten, im Nacheinander und in Konkurrenz zueinander auftreten. Tatsächlich erhalten sie in Innis' Weltgeschichte regelrecht theatralische Auf- und Abtritte. Innis' Medientheorie bleibt eher implizit. Zu Beginn des Aufsatzes deutet er die Theoretisierung von Medienspezifik und -differenz im Bias an. Dies wird jedoch nicht weiter verfolgt. Vgl. Innis: The Bias of Communication.
[278] McLuhan: Understanding Media, S. 89.

Die Verwendung des Konzepts der Metapher im Zusammenhang mit einer Betrachtung der Medien ist aus den Texten der 1950er Jahre mit Signatur McLuhans schon bekannt.[279] Und hier, in *Understanding Media*, ist die Metapher wieder in ganz ähnlicher Weise eingesetzt. Denn es kommt auf ihre wörtliche Bedeutung an. ›Das Wort ›Metapher‹‹ ist ganz einfach das griechische Wort für das zentrale Thema des Kapitels: die Übertragung. Indem McLuhan sich auf diese wörtliche Definition der Metapher bezieht, zeigt der Text erneut seine epistemologische Voraussetzung an, die im sprach- und literaturtheoretischen Wissen liegt, welches Richards formuliert hat. Erst mit Richards' *Philosophy of Rhetoric* wird die Metapher in ihrer Eigenart als Übertragungsvorgang ernst genommen, anstelle der bis dato üblichen Reduktion der Metapher auf uneigentliche Wörter oder auf bildlich-imaginative Qualitäten in den Rhetoriken des achtzehnten und neunzehnten Jahrhunderts.[280] Und nicht zuletzt steht die Metapher bei Richards von Anfang an im Zusammenhang mit Verkehr und Transaktionen: »[F]undamentally it [die Metapher] is a borrowing between and *intercourse* of thoughts, a *transaction* between contexts.«[281]

An der betrachteten Stelle in McLuhans Text kommt es jedoch – zunächst – weniger auf das Übertragungsmodell der Metapher an, als auf das wörtlich verstandene Übertragen. Die wörtliche Bedeutung von ›Metapher‹ bietet erst einmal einen plausiblen Grund dafür, dass die Metapher in einem Kapitel über Straßen und das Transportwesen überhaupt aufkreuzt. Doch dann mischt sich der Trickster ein, wenn auf den Satz: »The word ›metaphor‹ is from Greek *meta* plus *pherein*, to carry across or transport«, der Satz: »In this book we are concerned with all

---

279 Vgl. die Kap. III.4.8 und III.4.9 in diesem Band.
280 Vgl. Haverkamp: Einleitung in die *Theorie der Metapher*, S. 1 f. Laut Eggs: Art. Metapher (HWRh, Bd. 5), Sp. 1100, ist die Metapher allerdings schon in der Antike »durchgängig als Übertragung […] verstanden« worden und als solche im zwanzigsten Jahrhundert wieder aufgegriffen worden.
281 Richards: The Philosophy of Rhetoric, S. 94 (Hervorhebung abweichend vom Original, J. M.). Während es in *The Philosophy of Rhetoric* im Anschluss an dieses Verkehrs- und Transaktionsmodell der Gedanken noch heißt, dass das Denken metaphorisch sei und die Metaphern der Sprache sich davon ableiteten, geht, wie bereits im Exkurs zu Richards erwähnt, der Rückbezug auf ein der Sprache vorgängiges Denken in Richards' Arbeiten immer stärker zurück. In *Interpretation in Teaching* zeigt sich dies an der Betonung des *setting* in der Behandlung des Kontexttheorems der Bedeutung als rein sprachlicher Kontext sowie in der begrifflichen Fassung der Metapher als Effekt von Transfers: »[…] terms to stand respectively for what is transferred and for what it is transferred to […]« (Richards: Interpretation in Teaching, S. 121). Bei einer Analyse zu einem selbstgedichteten Gedicht auf der Konferenz »Style in Language« 1958 ist für Richards nur die sprachliche Verfasstheit ausschlaggebend: »[T]he best, if not the only sort of evidence are fundamentally linguistic – have to do with relations of words and phrases to one another […].« (Richards: Poetic Process and Literary Analysis, S. 16 f.)

forms of transport, both as metaphor and exchange«, folgt.[282] Zwischen den beiden Sätzen wechselt das Wort ›Metapher‹ seine Bedeutung. Neben den wörtlichen ›Transportformen‹ und dem wörtlichen ›Austausch‹ erscheint die Metapher im zweiten Satz gar nicht mehr so wörtlich. ›Metapher‹ ist hier nicht einfach ein anderes Wort für den Transport, vielmehr erscheint das Wort in seiner ›metaphorischen‹ – weil übertragenen – Bedeutung als metasprachlicher Begriff der Rhetorik.

In den beiden Sätzen führt der Trickster das Verfahren der Metapher selbst vor und zeigt dabei auch noch, inwiefern die der Logik entstammende Auffassung von Metasprache in der alltäglichen Verwendung der Begriffe nicht von der Objektsprache abgelöst werden kann – ja, dass es nicht einmal eine Objekt- und eine Metasprache gibt, sondern lediglich die Sprache und ihre Möglichkeiten der Verschiebung:[283] Das Wort ›Metapher‹ wird hier sowohl als Objektsprache für Transportprozesse als auch in seiner metasprachlichen Funktion für Übertragungsprozesse der Sprache ausgenutzt. Das Wort ist auf keine der beiden Bedeutungen festgelegt – vielmehr umspannt es beide Bedeutungen gleichermaßen – und zeigt hier, dass Objektsprache immer auch metasprachlich eingesetzt werden kann und Metasprache auf objektsprachliche Bedeutungen zurückgreift (indem die Bezeichnung für den Transport zur Bezeichnung für ein sprachliches Phänomen wird und umgekehrt). Ausgehend von der wörtlichen Bedeutung im ersten Satz zur Metapher im Kapitel »Roads and Paper Routes«, die eine Übersetzung ist,[284] wird der metasprachliche Einsatz des Worts ›Metapher‹ im zweiten Satz in seiner eigenen übertragenen, also metaphorischen Bedeutung kenntlich. In dieser zweiten Verwendungsweise der Metapher als rhetorischer Terminus für einen Tropus, ist ›Metapher‹ indessen zugleich gebräuchlicher und erscheint insofern ebenso wörtlich.[285]

Hier zeigt sich, ein und dasselbe Wort ist in einer Hinsicht wörtlich zu verstehen und in einer anderen Hinsicht metaphorisch.[286] Die ›Hinsicht‹ aber wird

---

282 McLuhan: Understanding Media, S. 89 f.
283 Schüttpelz: Objekt- und Metasprache, z. B. S. 187.
284 Und damit verfügt sie eben über keine Bedeutung im Sinne einer Definition, vgl. de Man: Epistemologie der Metapher, insb. S. 419 f. Die Übersetzung des Worts ›Metapher‹ ergibt nur eine vermeintlich wörtliche Bedeutung.
285 Oder figürlich. Denn die Unterscheidung von wörtlicher und figürlicher Bedeutung ist ebenso ›haltlos‹ wie die von Objekt- und Metasprache: »Hat die Reflexion auf die Figürlichkeit der Sprache einmal eingesetzt, gibt es weder Halt noch Ziel. Aber es gibt auch kein Mittel, die Frage nach ihr nicht zu stellen, wenn anders es so etwas wie Verstehen und Verstand geben soll.« De Man: Epistemologie der Metapher, S. 424. Vgl. auch Richards: The Philosophy of Rhetoric, S. 118 f.
286 Vgl. Richards: The Philosophy of Rhetoric, S. 118f: »[T]he boundary between literal and me-

in der konkreten Wortverwendung vom sprachlichen Kontext bestimmt. In den beiden betrachteten Sätzen hat damit die Metaphernauffassung Richards' eine gelungene Darbietung gefunden: Sie wird mittels der übersetzten wörtlichen Bedeutung der Metapher angekündigt und mittels der nachfolgenden metaphorischen Verschiebung dieser Bedeutung (aufgrund der Transaktion mit dem Kontext des zweiten Satzes) einmal vorgeführt. Und sie wird dabei zum Dreh- und Angelpunkt der medientheoretischen Argumentation. Denn nachdem ›Metapher‹ im zweiten Satz in der metaphorischen Dimension (der metasprachlichen Gebrauchsweise) aufscheint, ist der Satz mit der Formulierung einer Theorie des Medialen möglich:

> The word ›metaphor‹ is from Greek *meta* plus *pherein*, to carry across or transport. In this book we are concerned with all forms of transport, both as metaphor and exchange. Each form of transport not only carries, but translates and transforms the sender, the receiver, and the message.

Das heißt, ›Metapher‹ ist nicht einfach ein anderes Wort für den Transport. Vielmehr beschreibt ›Metapher‹ die Übertragung in spezifischer Weise: eben in metaphorischer. Es wird nicht einfach etwas getragen *(not only carries)*, sondern es wird übersetzt und transformiert *(but translates and transforms)*. Effekt dieser Darbietung der Übertragung in einer metaphorischen Verschiebung ist, dass die Metapher aufgrund ihrer Verwicklung mit dem Transport räumliche Veränderungen zu bedenken gibt, vor allem aber der Transport nicht mehr ohne die mit ihm einhergehende Metapher, ohne metaphorische Verschiebung zu haben ist, wie es sich in der nachfolgenden Darstellung des Textes zeigt. Die Ankündigung, dass ab jetzt, ›in diesem Buch‹, in *Understanding Media*, alle Formen des Transports als Metaphern zu betrachten sind, ist daher durchaus als Forschungsprogramm ernst zu nehmen. Es ist das Forschungsprogramm für eine Theorie des Medialen.

Entsprechend dieser Ankündigung ändert sich im Kapitel »Roads and Paper Routes« zwangsläufig auch der Zugriff auf den bestehenden Diskurs der Transport- und Zivilisationsgeschichte:

> [T]ransport without wheels had played a big role before the wheel, some of which was by sledge, over both snow and bogs. Much of it was by pack animal – woman being the first pack animal. Most wheel-less transport in the past, however, was by river and by sea, a fact that is today as richly expressed as ever in the location and form of the great cities of the world.[287]

---

taphoric uses is not quite fixed or constant. [...] [I]t is both. It is literal in one set of respects, metaphoric in another. A word may be simultaneously both literal and metaphoric, just as it may simultaneously support many different metaphors [...].«
287 McLuhan: Understanding Media, S. 93.

Zwar sind Form und Lage der großen Städte der Welt zentrale Orientierungspunkte für das stadtplanerische Verständnis Geddes' und die spekulative Zivilisationsgeschichte Mumfords. In beider Schriften sind Luftbildaufnahmen oder gezeichnete Aufsichten wesentlicher Bestandteil der Argumentation.[288] Doch McLuhans Text verfolgt diesen Ansatz hier nicht weiter und nimmt stattdessen die Bemerkung wieder auf, die heutige Leser wohl am meisten stutzen lässt:

> Some writers have observed that man's oldest beast of burden was woman, because the male had to be free to run interference for the woman, as ball-carrier, as it were. But that phase belonged to the prewheel stage of transport, when there was only the tractless waste of man the hunter and food-gatherer.[289]

Soweit also zur grauen Vorzeit des Transportwesens ohne Rad, als die Frau noch ›der Menschheit ältestes Lastvieh‹ war und sich durch die unwegsamen Weiten der Welt des Jäger- und Sammler-Menschen schleppte. Die Frau bei ihrer ersten Nennung in diesem historischen Abriss als ›Packesel‹ zu bezeichnen, sollte offenbar nicht einfach nur ein (schlechtes) Witzchen sein. Der Verweis auf ›einige‹ – und daher etwas fadenscheinig wirkende – ›Autoren‹, die beobachtet hätten, dass die Frau des Menschen ältestes Lastvieh gewesen sei, stützt diese Einordnung nochmals ab. Zu beobachten ist hier vor allem die Anwendung des zuvor formulierten Forschungsprogramms. Transportformen werden als Metaphern betrachtet: Das wörtliche oder historische Transportmittel ›Packesel‹ wird in diesem Textabschnitt zur Metapher für die Frau in derselben Geschichte. Und das nachfolgende ›Lastvieh‹ zum Synonym für die Metapher des ›Packesels‹ bzw. zu einer weiteren Metapher für die historische Frau.

Diese Art der Darstellung ist schon aus zuvor betrachteten Textstellen bekannt. Die Frau wird mittels metasprachlich anmutender Gleichungen: »woman being the first pack animal«, »man's oldest beast of burden was woman«, in das themenbestimmende Paradigma dieses Abschnitts, den ›Transport ohne Rad‹, aufgenommen. Wieder ist dabei – wie schon in den beiden Sätzen zur Metapher am Beginn des Kapitels »Roads and Paper Routes« – die metasprachliche Operation nicht von einer metaphorischen Verschiebung zu unterscheiden. Die Frau wird in der syntagmatischen Reihe vor den Augen der Leser zum Packesel und das älteste

---

288 Vgl. das Kap. »The Population Map and Conurbations« in Geddes: Cities in Evolution, S. 9–21. Für Geddes ist die Flugzeug- oder Vogelperspektive eine grundlegende Errungenschaft für die Erkenntnis und die Gesunderhaltungsmaßnahmen der Stadtplanung (S. 17). Vgl. auch Mumford: The City in History, z. B. Kap. 3 (Ancestral Forms and Patterns), S. 55–93 mit der ersten »graphic section« der Abhandlung.
289 McLuhan: Understanding Media, S. 93.

Lastvieh wird zur Frau. Dabei fällt die Unterscheidung, was hier eigentlich die Metapher und was die historische Referenz ist, zunehmend schwerer. Und zwar einerseits weil Frauen in historischen Darstellungen von Transportformen tatsächlich als erste Lasttiere ausgewiesen sind, und das Lastvieh ›Frau‹ eine durchaus anerkannte Beschreibung einer historischen Transportsituation abgibt.[290] Andererseits weil die Darstellung in McLuhans Text sogleich von der nächsten metaphorischen Verschiebung eingeholt wird: Denn die historische Frau, die auch ›der Menschheit ältestes Lastvieh‹ ist, wird in McLuhans Darstellung auch schon von einem ›Männchen‹ *(the male)* ohne Gepäck – das in der zoologischen Bezeichnung auf die Tierwelt, in seinen Handlungen und seiner Gegenüberstellung mit der Frau aber auf gesellschaftliche Zusammenhänge verweist – durch seine unbeschwerten und verteidigungsartigen Bewegungen zu einem ›Spieler in Ballbesitz‹ *(as ball-carrier)* gemacht. Offensichtlich entstehen bei der Betrachtung von Transportformen als Metaphern vor allem weitere Metaphern: Packesel werden zu Frauen, Frauen werden zu Lasttieren, die wiederum von sie freilaufenden Männchen zu Spielern in einem Mannschaftsballsport gemacht werden, während sich im Hintergrund eine unwegsame Landschaft in ein Football-Feld verwandelt.

Nun ließe sich einwenden, dass es sich in diesem Textbeispiel aber spätestens beim ›Männchen‹ viel eher um eine Metonymie als um eine Metapher handelt, denn das Männchen steht letztlich in Nachbarschaft bzw. über Berührung in Beziehung zur als Lasttier beschriebenen Frau.[291] Doch auch die Unterscheidung von Metaphern und Metonymien ist längst nicht so klar zu fällen, wie es die klassischen Systematisierungen der rhetorischen Figuren- und Tropenlehre

---

290 Und zwar in der ethnozentristischen ethnographischen Literatur des neunzehnten Jahrhunderts. Vgl. eine entsprechende Darstellung bei Mason: The Human Beast of Burden, z. B. S. 237: »At the lower end of this line of inventions and experiences, neglecting all the mental burdens which often weigh heavier on us than our packs as we pass downward ignoring wagon trains, mule trains, caravans, couriers, pack-horses, dog travois and sleds, reindeer sledges, donkeys, llamas, and other beasts of burden, we come at last to the primitive common carrier, the packman himself, and also the pack-woman, for men and women were the first beasts of burden. Innumerable examples of women as burden-bearers may be cited.« Vgl. dazu die postkoloniale Neubewertung bei Berger: »Beasts of Burden« Revisited.

291 Mit Jacques Lacans Reflexion auf das Verhältnis von Signifikant und Signifikat sind sämtliche Metaphern auf metonymische Relationen zurückzuführen (Lacan: Das Drängen des Buchstabens im Unbewussten oder die Vernunft seit Freud, S. 189–191). Darauf beruft sich etwa auch Heilmann in seinen Betrachtungen zur Metapher bei Georg Christoph Tholen und McLuhan: Heilmann: Medien als Metaphern – oder Metonymien?, insb. S. 137–142. Heilmann schließt sich mit seiner Darlegung den Auffassungen der Metaphern in den Texten McLuhans als analogische und/oder instrumentelle nach Georg Christoph Tholen und John Durham Peters an. Dies sind jedoch verallgemeinernde Lesarten der Metaphern in den Texten McLuhans, denen die Lektüre konkreter Textstellen zur Metapher, so wie im Text oben vorgeführt, gegenüberzustellen sind.

verheißen. Und sie ist vor allem dann nicht zu halten oder sogar irrelevant, wenn man Richards' Theorie der Metapher für den Textabschnitt aus »Roads and Paper Routes« in Betracht zieht.

In Richards' Theorie nämlich ist die Metapher eine Art Zuspitzung dessen, was in der Sprache permanent vor sich geht. Sie ist ein anschauliches Beispiel dafür, »how words work«.[292] Als omnipräsentes Phänomen der Sprache ist die Metapher theoretisch auch in jedem Wort am Werk. Dies hängt mit Richards' Ansichten darüber zusammen, »how words mean«.[293] Demnach kommt den Wörtern ihre Bedeutung nicht per se zu. Wörter erhalten ihre Bedeutung vielmehr durch einen Kontext. Nach Richards sind Kontexte Anhäufungen von Erscheinungen *(events)*, die einschließlich ihrer Bedingungen, Ursachen und Wirkungen wiederkehren können, und das sogenannte Kontexttheorem *(context theorem of meaning)* erfasst den Zusammenhang von Kontexten, Ereignissen, Wörtern und Bedeutungen. Demzufolge übt in solchen Kontexten ein Element – gewöhnlich ein Wort – eine delegierte Wirksamkeit *(delegated efficacy)* aus. Das heißt, ein Wort übernimmt die Aufgaben *(duties)* anderer Teile des Kontextes, so dass diese anderen Teile bei der nächsten Wiederkehr weggelassen werden können. Das Wort vertritt bei der nächsten Gelegenheit seinen Kontext: »There is thus an abridgement of the context [...]. When this abridgement happens, what the sign or word [...] means is the missing parts of the context.«[294] Ein Wort bedeutet damit das, wofür es eine Abkürzung ist und von woher es seine delegierte Wirksamkeit bezieht.

Gewissermaßen durch diese Delegierung vollzieht sich nach Richards auch eine Verallgemeinerung und Abstraktion vom konkreten situativen Kontext, so dass ein und dasselbe Wort die Abkürzung und Vertretung verschiedener Kontexte übernehmen kann. Aufgrund dieser Eigenart von Zeichen und Wörtern ist jede Rede überdeterminiert und mit einer Bedeutungsvielfalt ausgestattet.[295] Und hier trifft sich die Funktions- und Bedeutungsweise von Wörtern mit der Definition der Metapher:

> [A] word is normally a substitute for (or means) not one discrete past impression but a combination of general aspects. Now that is itself a summary account of the principle of metaphor. In the simplest formulation, when we use a metaphor we have two thoughts of

---

292 Richards: The Philosophy of Rhetoric, S. 23.
293 Richards: The Philosophy of Rhetoric, S. 23.
294 Vgl. Richards: The Philosophy of Rhetoric, S. 32–35, Zitat S. 34. Richards greift für seine Wiederbelebung der Rhetorik also auf das zusammen mit Ogden erarbeitete Wissen über die Funktionsweise der Sprache und ihrer Bedeutung zurück. Vgl. dazu Kap. III.3 in diesem Band.
295 Vgl. Richards: The Philosophy of Rhetoric, S. 38 f.

different things active together and supported by a single word, or phrase, whose meaning is a resultant of their interaction.²⁹⁶

In der einfachsten Formulierung ist eine Metapher (wie jedes Wort) ein Zusammentreffen von Kontexten. In der Metapher finden jener Verkehr und jene Transaktionen immer schon statt,²⁹⁷ von denen McLuhans Kapitel »Roads and Paper Routes« einen historischen Abriss zu geben versucht.

Vor dem Hintergrund dieser Metapherntheorie erweist sich McLuhans Passage zum Rad-losen Transport der Vorzeit letztlich als Umsetzung und Vorführung des Transportvorgangs der Metapher selbst, wie er sich in Richards' Rhetorik beschrieben findet.²⁹⁸ Der Textabschnitt breitet mit Schlitten, Packesel, Frau, Fluss- und Seetransport, Lastvieh, Frau und dem Menschen als Jäger und Sammler wieder ein Paradigma – das des ›Transports ohne Rad‹ – vor den Augen seiner Leser aus; dieses Mal allerdings nicht in einem Satz, sondern im erweiterten Syntagma der gesamten Passage. Dabei führt der Text das Paradigma und die Funktionsweise der Sprache selbst auf. Mit jedem neuen Satz tritt ein Element des Paradigmas an die Stelle des ›Transports (ohne Rad)‹ im ersten Satz und vermittelt so unterschiedliche Facetten dieses Transportwesens. Zugleich wechselt mit jedem neuen paradigmatischen Element der im Wort abgekürzte Kontext und die dabei einsetzende Interaktion von Kontexten (an der grammatisch-logisch gleichen Stelle von Satz zu Satz sowie zwischen den verschiedenen grammatisch-logischen Elementen eines Satzes) trägt daraufhin den Text (und vielleicht auch, mit Richards, das Denken) von einem (referentiellen) Bereich zum nächsten. Aus diesem Grund kann man in der spurenlosen Steppe der Vorzeit zwischen bepacktem Getier und frei herumlaufenden Männchen auf ein Ballspiel stoßen. Und die Frau kann in einem Satz zugleich ein ›Lastenvieh‹ sein, denn sie teilt mit diesem den Kontext des Transports ohne Rad, und ein ›Balltreiber‹, denn der um sie laufende Mann bringt den Kontext des Mannschaftsballsports ein.

Das linguistische Paradigma nach Jakobson und die Metapher nach Richards teilen die Eigenart, zugleich ähnliche und unähnliche bzw. zugleich gleichartige und ungleichartige Elemente zu umfassen.²⁹⁹ Sie führen die Differenz immer

---

296 Richards: The Philosophy of Rhetoric, S. 93.
297 Vgl. die bereits weiter vorne zitierte Formulierung Richards': »The traditional theory [...] made metaphor seem to be a verbal matter, a shifting and displacement of words, whereas fundamentally it is a borrowing between and intercourse of *thoughts*, a transaction between contexts.« Richards: The Philosophy of Rhetoric, S. 94.
298 Vgl. Haverkamp: Einleitung in die *Theorie der Metapher*, S. 1f.
299 Vgl. Jakobson: Closing Statement: Linguistics and Poetics, S. 358; Richards: The Philosophy of Rhetoric, S. 107.

schon mit, und genau das macht sie wiederum für die epideiktische Beredsamkeit so wertvoll. Denn über die Verwendung der verschiedenen möglichen Wörter eines Paradigmas und über die Ausnutzung der Übertragungen der Metapher wird eine Rede abwechslungsreich und ›volltönend‹. (Der Lobredner wird das besser klingende Wort dem präziseren des Paradigmas vorziehen.) Anstelle der immer gleichen Bezeichnung erscheinen von Satz zu Satz Synonyme, Para- und Periphrasen, die der epideiktischen Steigerung in der Rede zuarbeiten. Die Steigerung besteht dabei sowohl in einer (quantitativen) Häufung als auch in einer (qualitativen) Verstärkung oder Abweichung. Das Textverfahren der anhäufenden Umschreibung durch Synonyme, Para- oder Periphrasen ist (Quintilians klassischen Unterscheidungsbemühungen zum Trotz)[300] nicht von den figurativen Wendungen der Wörter und Phrasen abzukoppeln. Der Trickster treibt darin sein Unwesen und lässt die Unterscheidungen brüchig werden. Und Richards' Metapherntheorie erklärt warum: Noch in jedem Synonym sind nur teilweise gleichartige Aspekte eines Kontextes (oder mehrerer Kontexte) abgekürzt. Tatsächlich ist mit Synonymen daher selten wirklich *das Gleiche* gesagt. Das Synonym sagt ja das *Gleiche* noch einmal *anders*. Das ist die Aufgabe des Synonyms in der Rhetorik und genau darum eignet es sich besonders für die Schaureden des epideiktischen Genres, dessen anhäufende Umschreibungen immer ›noch eins draufsetzen‹, deren Synonyme immer schon ihre steigernden Fähigkeiten ausspielen.

In McLuhans Text lässt sich das gut im Satz vom ältesten Lastentier der Menschheit nachvollziehen. Hier wird aus einer historischen Darstellung plötzlich der Trubel eines Ballspiels, weil das Synonym ›Frau‹ als Kontext ein männliches Wesen hat, das ohne Gepäck frei rumlaufen kann, also frei um die Frau herumlaufen und sie dabei genauso gut auch gleich freilaufen kann, wie auf dem Football-Feld. In der Betrachtung der historischen Transportformen als Metaphern, in einer Ausbreitung des sprachlichen Paradigmas, die auch eine anhäufende Umschreibung ist, geht McLuhans Darstellungspraxis vom Diskurs des Verkehrs- und Kulturhistorikers über zur verbosen und exzessiven Lobrede, die

---

300 Vgl. Quintilians (mühsame) Unterscheidung von epideiktischer Häufung *(congeries)* und Figur der Anhäufung in Quintilianus: Institutio Oratoriae. Ausbildung des Redners, VIII.4.26 f. (S. 200/201). Demnach häuft die *congeries* der Epideixis Worte und Gedanken an, die das Gleiche bedeuten, während die Figur der Anhäufung mehrere Dinge beschreibt. Dass eine solche Unterscheidung von quantitativer und qualitativer Steigerung kaum möglich ist, zeigt Lausbergs Definition der *amplificatio*: »Die Hauptfunktion der Amplifikation ist die (vertikale) Steigerung. Die Ausführung dieser (vertikalen) Steigerung kann eine (horizontale) Verbreiterung des Ausdrucks ergeben. Vertikal gesteigert wird also der Redegegenstand oder ein seiner Behandlung dienender Gedanke, was häufig eine Verbreiterung der sprachlichen Formulierung zur Folge hat.« Lausberg: Elemente der literarischen Rhetorik, § 72 (S. 35 f.).

viel eher den Möglichkeiten der Rede selbst huldigt, als dass sie ihren Redegegenstand preist.

Das epideiktische Verfahren der Anhäufung, der synonymischen Umschreibung von Satz zu Satz, ist mit Richards ein Verfahren der Metapher und mittels dieses Verfahrens treten in *Understanding Media* einmal mehr die historischen Beschreibungen zurück und die Übertragungen der Metapher in den Vordergrund. Das heißt, dass die sprachliche Umsetzung der Entwicklungen der Transportgeschichte im Kapitel »Roads and Paper Routes« von einem Transportmittel zum nächsten – ganz der anfänglichen Gleichsetzung gemäß – vor allem der Metapher folgt. Dabei ist dieses Vorgehen dazu prädestiniert, über die Veränderung des Kontextes oder der Gesamtsituation Auskunft zu geben, wie auch die weitere Darlegung des historischen Verlaufs nach der Erfindung des Rades demonstriert:

> Great improvements in roads brought the city more and more to the country. The road became a substitute for the country by the time people began to talk about »taking a spin in the country«. [...] Then came the stage of the highway as city, a city stretching continuously across the continent, dissolving all earlier cities into the sprawling aggregates that desolate their populations today.[301]

In diesen Sätzen wechseln sich die historischen Transportmittel wieder mit den Metaphern ab. So kommen Straße, Stadt und Land in einer Redewendung zusammen. Die Rede von der ›Spritztour aufs Land‹ *(taking a spin in the country)* zeigt, dass das neue Landleben letzlich nur das städtische Leben selbst über verbesserte Straßen aufs Land bringt, spricht sie doch vom ›Land‹, wo im Grunde genommen ›auf der Straße‹ gemeint ist. Die nächste Stufe ist dann eine (Kompositum-)Metapher: »highway as city«, die sich mit einer historischen Diagnose des Stadtplaners Geddes trifft. Bei Geddes waren die ausgedehnten Stadtkonglomerate noch »conurbations«,[302] in der Transportgeschichte McLuhans sind sie eher ›Autobahnstädte‹.

In diesem Textauszug transportiert das Transportmittel Straße dabei nicht einfach etwas. Das Transportmittel Straße geht vielmehr wie die Metapher (und gar das Wort an sich) vor, indem es sich selbst für einen Kontext ersetzt. Zumindest formuliert dies der Text so: »The road became a *substitute* for the country [...].«[303] Die Straße, die sich in dieser Entwicklungsgeschichte an die Stelle der Landschaft setzt, ersetzt ihren eigenen Kontext, etwa von hin- und herfahrenden Fahrzeugen, für den älteren Kontext des Landlebens. Demenstprechend führt der Text

---

301 McLuhan: Understanding Media, S. 94.
302 Geddes: Cities in Evolution, S. 14 f.
303 McLuhan: Understanding Media, S. 94 (Hervorhebung J. M.).

McLuhans weiter aus: »With super-highways the road became a wall between man and the country.«[304] Das Landleben ist verdrängt, durch eine Mauer vom Menschen abgeschirmt, zu der die Straße durch den sprachlich-metaphorischen Transport (im Sinne Richards') geworden ist. Damit aber – durch die Interaktion der eingebrachten Kontexte – wird das Transportmittel Straße selbst verändert: Sie ist zu einer mit Mauern assoziierten Autobahn geworden, zur Autobahnstadt.

War das Verfahren der anhäufenden Beschreibung im Textbeispiel zur Vorzeit des beräderten Verkehrs noch ein Mittel der Vervielfältigung und der Steigerung, wie es einer Lobrede angemessen ist, so erfasst dasselbe Verfahren hier die Geschichtsdarstellung selbst. In diesem Textabschnitt wird das metaphorische Transportverfahren der synonymischen anhäufenden Umschreibung klar formuliert: *substitute*. Indem immer neue Wörter ersetzt werden, verändern sich die Kontexte und damit die Bedeutungen. Die sprachliche Darstellung in diesem geschichtlichen Bericht aus *Understanding Media* zeichnet daher nicht einfach die historischen Entwicklungen des Transportwesens nach, sondern die Transportgeschichte selbst wird in der Weise begriffen, in der der Text vorgeht: als Substitutionsvorgang.

Metapher und Transport sind im geschichtlichen Überblick von *Understanding Media* weder ›reine‹ sprachliche Metapher noch ›reiner‹ geschichtlicher Transport. Sie wirken zusammen metaphorisch, das heißt ihre Effekte sind Verschiebungen. Einöde, Stadt und Straße sind ständigen Veränderungen unterworfen, weil in, auf und zwischen ihnen ständig etwas in Bewegung ist: die Metapher oder der Transport. Die Metapher ist, wie McLuhans Einleitung zu »Roads and Paper Routes« von Anfang an klarstellt, keine schmückende Umschreibung, sie ist vielmehr das Prinzip des Übertragungsprozesses schlechthin. Die Metapher erfasst nach ihrer grundlegenden Neufassung durch Richards in sich, was zwischen Kontexten vor sich geht. Sie erfasst Differenzen. Will man also Prozesse des Transports in geschichtlichen Kontexten untersuchen, so bietet die Metapher das Erkenntnismittel dazu.

Die Erkenntnisleistung der Metapher nach Richards ermöglicht damit die (spezifische) Erkenntnis des ›Mediums‹ in McLuhans Grundlegung einer neuen Wissenschaft. Dies führt ein letzter Blick auf den Satz zur Formulierung einer Theorie des Medialen und seine Einbettung in die Eingangspassage von »Roads and Paper Routes« noch einmal vor Augen:

> The word »metaphor« is from Greek *meta* plus *pherein*, to carry across or transport. In this book we are concerned with all forms of transport, both as metaphor and exchange. Each form of transport not only carries, but translates and transforms the sender, the receiver,

---

[304] McLuhan: Understanding Media, S. 94.

and the message. The use of any kind of medium or extension of man alters the patterns of interdependence among people, as it alters the ratios among our senses.[305]

Nach dem Verweis auf die wörtliche Bedeutung der Metapher als Transport und die anschließende Verunsicherung dieser behaupteten Wörtlichkeit durch den metaphorischen Einsatz der Metapher neben dem wörtlichen Transport, erfolgt die Formulierung einer Theorie des Medialen in der die Reihenfolge des klassischen Kommunikationsmodells demonstrativ aufgehoben ist: »Each form of transport not only carries, but translates and transforms the sender, the receiver, and the message.« Nicht nur Sender und Empfänger des einfachen Kommunikationsmodells unterliegen in einer Theorie des Medialen der Veränderung, sondern die Nachricht selbst weicht hier immer schon ab und unterscheidet sich damit grundlegend von den Auffassungen einer Nachricht der zeitgenössischen Kommunikationsforschung. Die Nachricht ist eine Metapher, denn ihre Transportmittel funktionieren metaphorisch. Oder anders: Die Nachricht ist in einer Betrachtung der Medien, die auf eine historisch spezifische Betrachtung literarischer Darstellungsweisen zurückgreift, natürlich die erste Metapher, nach der sich alle anderen Bestandteile des Kommunikationsmodells ausrichten.

Dieses Medienverständnis ist möglich, weil McLuhan mit seinen Eingangsbemerkungen zu »Roads and Paper Routes« den Diskurs des Transports in *pun*-hafter Weise mit dem Diskurs der Kommunikation der ersten Hälfte des zwanzigsten Jahrhunderts zusammenführt, beides den Gesetzen der Metapher unterwirft und das dann ›Medium‹ nennt. So zumindest führt es der letzte Satz der oben vollständig wiedergegebenen Textpassage aus: »The use of any kind of medium or extension of man alters the patterns of interdependence among people, as it alters the ratios among our senses.« Mit einem Mal, oder besser: durch die Methode der synonymischen Umschreibung, nimmt das Medium – ganz wörtlich – die Stelle des Transports in McLuhans Text ein. ›*Any kind of medium (or extension of man)*‹ im letzten Satz des Absatzes besetzt die (grammatisch-logische) Stelle des ›*Each form of transport*‹ des Vorgängersatzes, welches bereits eine Paraphrase des ›*forms of transport ([...] as metaphor)*‹ war und auf die Ununterscheidbarkeit von ›Metapher‹ und ›Transport‹ des ersten Satzes im Textauszug zurückgeht.

Das epideiktische Verfahren der synonymischen Umschreibung von Satz zu Satz, das mit Richards ein Verfahren der Metapher ist, ist die Bedingung einer Theorie des Medialen. Als das Neue dieser Medientheorie erweist sich damit weder die angesprochene Diskussion der Abhängigkeit der Sozialformen vom Transportwesen – das haben schon die Historiker der Zivilisation beschrieben –

---

305 McLuhan: Understanding Media, S. 89 f.

noch die Auffassung der Medien als Erweiterung des Menschen – das haben schon die Technikphilosophen und Kulturanthropologen formuliert. Das Neue an McLuhans Medientheorie ist, dass das ›medium‹ durch die anhäufende Umschreibung der Textpassage als Synonym der Transportform zu lesen ist und die Transportform wiederum die Metapher zum Synonym oder zur Metapher hat. Daher tragen ›Medien‹ ganz allgemein nicht einfach Dinge von einem Ort zum anderen, sondern sie übersetzen und verändern die transportierten Dinge, genau wie die Metapher. Da der Transport eine Metapher ist und ›*Any kind of medium*‹ auch ›*Each form of transport*‹ ist, ist das Medium in dieser Theorie des Medialen eine Metapher. In »Roads and Paper Routes« vollzieht sich das Medienverstehen damit in und durch die Transportmetapher. Und in *Understanding Media* erweisen sich ›Medien‹ als Metaphern, die im Transport oder ihren sonstigen Funktions- und Wirkungsweisen alles verändern.

All media are active metaphors
Schlusswort

Abschließend möchte ich herausstellen, dass es die Eigenarten der *quirky language* in *Understanding Media* sind, die auf den Gegenstand von *Understanding Media* übergehen. Das, was – etwa nach Aussage von William Lindley – den Lesern und noch dem Autor des Buchs in die Quere gekommen sein soll,[1] ist zentral für die Konstitution des Gegenstands der ›Medien‹ und für die Theoriebildung unter dem Namen ›McLuhan‹. Die *quirky language*, also das sprachliche Wissen konturiert ›Medien‹ in einer spezifischen Weise, die zum Schluss noch einmal vorgeführt und befragt werden soll.

Wohl kaum eine Stelle in *Understanding Media* macht die Problematik des konstatierten Übergangs der Eigenschaften der Rede McLuhans auf Eigenschaften des Gegenstands deutlicher als die These, dass alle Medien Metaphern seien. Die von mir anhand des Kapitels über Transport- und Übertragungsmittel herausgearbeitete Gleichartigkeit von Medium und Metapher wird im ersten Teil von *Understanding Media* klar formuliert und damit unter den allgemeinen Aspekten der Medien vorgestellt:[2] »All media are active metaphors [...]«, heißt es im Kapitel sechs, »Media as Translators«.[3] Der Text möchte auch an dieser Stelle mit dem Einsatz der Metapher nicht auf eine irgendwie geartete übertragene Bedeutung der Medien hinaus, sondern auf die konkrete Leistung der Metaphern, die auch die Leistung der Medien sei: »All media are active metaphors in their power to translate experience into new forms.«[4]

Mit Bezug auf diese Textstelle in *Understanding Media* haben sich neuere Auseinandersetzungen mit Theorie und Konzept der Medien bei ›McLuhan‹ auch dem eigentümlichen Status der Metapher für diese Theorie zugewandt. In deutlicher Abkehr von den vormaligen vehementen Zweifeln an der Tragfähigkeit der Metapher(n) in den Texten McLuhans[5] hat zum Beispiel Sven Grampp auf die Darlegung der Strukturmerkmale der Metapher als Strukturmerkmale der Medien in *Understanding Media* hingewiesen: Medien sind insofern wirksame Metaphern, als sie wie Metaphern Erfahrungen in neue Formen übersetzen. Grampp stützt sich

---
1 Vgl. die Einleitung zu diesem Band.
2 Vgl. die Bemerkungen im »Preface« in McLuhan: Understanding Media, S. 6: »Examination of the origin and development of the individual extensions of man should be preceded by a look at some general aspects of the media, or extensions of man [...].«
3 McLuhan: Understanding Media, S. 57.
4 McLuhan: Understanding Media, S. 57.
5 Vgl. etwa die Einschätzungen von Zeitgenossen McLuhans in Stearn (Hg.): McLuhan Hot & Cool (1967).

dafür auf eine weitere Formulierung aus der deutschen Übersetzung des Kapitels »Media as Translators«: »Denn genauso wie eine Metapher Erfahrungen umformt und überträgt, tun das auch die Medien.«[6] In ähnlicher Weise stellt Yoni Van Den Eede im Text über Medien als aktive Metaphern eine neue Herangehensweise an die Frage der Technik und der Technologie fest. Van Den Eede bezieht sich auf das Moment der transformierenden Übersetzung der Metapher nach McLuhan. Dieses Moment ermögliche es, die Veränderungen des Menschen in seinen Ausweitungen, die Umordnungen im Sinneshaushalt sowie die kulturellen Differenzen ganzer Kollektive zu erklären.[7] In gewisser Weise verstehen Grampp und Van Den Eede den Einsatz der ›Metapher‹ also wörtlich. Hinsichtlich ihrer Eigenart, Erfahrungen in neue Formen zu übersetzen, sind Medien Metaphern. Medien und Metaphern teilen die Eigenschaft, etwas in eine andere Form zu übersetzen. Deswegen können Medien auch als Metaphern bezeichnet werden. Sie allerdings ›als Metaphern‹ zu bezeichnen, ließe sich einem allgemeinen Sprachgebrauch nach auch als metaphorische Beschreibung der Medien klassifizieren. Und diesen Schluss nehmen Grampp und Van Den Eede schließlich auch vor. Ihnen gilt die Metapher in McLuhans Schriften als Metapher unter Metaphern. Sie sei, so wie die Metaphern von den Prothesen des Körpers, vom verblendeten Narziss oder vom *global village*, einfach eine weitere Form der Beschreibung von Medien.[8]

Das Erfassen der ›Metapher‹ lediglich als Beschreibungsmittel in *Understanding Media* übergeht jedoch, dass die Beschreibung in der Schreibweise McLuhans immer schon Auswirkungen auf das Beschriebene hat. Es übersieht, dass das, was für die Rede McLuhans gilt, auch für den Gegenstand der Rede geltend gemacht werden kann. Mit anderen Worten, mit dem Erfassen der ›Metapher‹ als reines Beschreibungsmittel geht das Aktive der Metaphern verloren. Doch der Text hebt gerade dies hervor: »media are *active* metaphors«. Und darüber hinaus hält der Text dabei fest: »media *are* active metaphors«. Medien sind demnach nicht einfach *als* Metaphern beschreibbar oder hinsichtlich spezifischer Eigenschaften *wie* Metaphern. Medien sind vielmehr radikal metaphorisch. ›Metaphorisch‹ ist dabei nicht im Sinne des allgemeinen Sprachgebrauchs zu verstehen, sondern im

---

6 McLuhan: Die magischen Kanäle, zit. nach Grampp: Marshall McLuhan, S. 136.

7 Vgl. Van Den Eede: Exceeding Our Grasp, insb. S. 51 f.

8 Vgl. Grampp: Marshall McLuhan, S. 136: »Zur Beschreibung von Medien wählt McLuhan viele Metaphern. Sie sind Prothesen des Körpers, Massagen, Milieus, Gestalten (im Gegensatz zu Formen), magische Kanäle. Darüber hinaus wählt er auch die Metapher als Metapher für Medien: ›Alle Medien sind mit ihrem Vermögen, Erfahrungen in neue Formen zu übertragen, wirksame Metaphern.‹« Van Den Eede: Exceeding Our Grasp, S. 51: »McLuhan employs an arsenal of metaphors in constructing his theory of media: Narcissus, visual versus auditory-tactile, the global village, and so on. To that list we must add the metaphor of metaphor itself.«

Sinne der sich an den sprachlichen Figurationen abarbeitenden Sprach- und Literaturtheorie, die – wie ich in meiner Arbeit zeigen konnte – McLuhans Schreiben der Medien maßgeblich informiert hat. Aus diesem Grund ist ›Metapher‹ in *Understanding Media* nicht als eine Metapher neben solchen etwa der Körper- oder Sinnesextensionen anzusehen, sondern die Metapher der Menschenausweitung ist selbst noch von der Metapher aus zu denken.

Was heißt das, die Extensionen des Menschen, die Medien nach ›McLuhan‹, radikal metaphorisch, von der Metapher aus zu denken? Zur Erläuterung dessen lohnt sich ein letzter Blick auf die entsprechende Textstelle im Kapitel »Media as Translators« in *Understanding Media*. Der Text gibt selbst schon entsprechende Hinweise auf das metaphorische Schreiben und Denken der Medien. Der Satz »All media are active metaphors in their power to translate experience into new forms«, taucht nämlich relativ unvermittelt nach einer kleinen Einlage aus der Dichtung auf, die wiederum an eine Darlegung dessen anschließt, dass alle Technologien Übersetzungsweisen seien.[9] Dass nämlich alle Technologien

---

9 Tatsächlich schließt das Kap. in *Understanding Media* auch fast im gleichen Wortlaut an Überlegungen zur Übersetzung der Medien an, die ich in Kap. III.4.10 in diesem Band für die einsetzenden Betrachtungen der Kommunikationsmedien in Texten McLuhans der 1950er Jahre vorgestellt habe. So wird die 1957 für die Technologien der Schrift und des Buchdrucks behauptete Explizitheit in der Übersetzung hier wieder aufgenommen und – unter Angabe einer Referenz – für alle Medien konstatiert: »That technologies are ways of translating one kind of knowledge into another mode has been expressed by Lyman Bryson in the phrase ›technology is explicitness‹. Translation is thus a ›spelling-out‹ of forms of knowing. What we call ›mechanization‹ is a translation of nature, and of our own natures, into amplified and specialized forms.« (McLuhan: Understanding Media, S. 56.) Man sollte dem Trickster hier nicht auf den Leim gehen, denn Lyman Bryson, Bildungs- und Kommunikationsexperte der 1950er Jahre, hat mit keiner Silbe Technologien als Übersetzer bezeichnet, ihm geht es im Gegensatz zum Trickster nicht um das Verhältnis von Übersetzung, Technologie und Explizitheit. Vielmehr geht es Bryson fast marxistisch um die Objektivierung und Explizierung der menschlichen Fähigkeiten in der Maschine und deren Entzug aus dem Verfügungsbereich des Arbeiters. (Vgl. Bryson: The Next America, S. 17.) Auch der Anklang von Themen der Mechanisierungsgeschichte Sigfried Giedions oder von Behauptungen Lewis Mumfords über Technik *(technics)* als Übersetzung theoretischer Wahrheiten in praktische Formen (vgl. Giedion: Mechanization Takes Command; Mumford: Technics and Civilization, S. 52) lenkt doch nur ab von dem Wissen, das diese Aussagen ermöglicht. Denn hier, wie im Artikel von 1957, geht die Auffassung von der medientechnischen Übersetzung auf sprachliche Übersetzungstechniken des B*asic English* nach C. K. Ogden und I. A. Richards zurück. Fingerzeig dessen ist das ›Ausbuchstabieren‹ *(›spelling out‹)* in der Übersetzung. Für die Übersetzungssprache *Basic English* ist von ihren Entwicklern festgehalten worden, dass die Übersetzungen zu über 90 Prozent auf »periphrases of some kind« (vgl. Ogden: Editorial, S. 21) angewiesen sind und die Periphrase besteht immer aus mehreren einfachen Wörtern des reduzierten Grundvokabulars, die das Ausgangsmaterial wörtlich ›ausbuchstabieren‹. Hierbei wird deutlich, dass die Übersetzung das Original ersetzt und in der Ersetzung immer nur einzelne Aspekte der Vorlage ›aus-

Übersetzungen sind, die die Natur und noch ›unsere eigene‹ Natur in gesteigerte und spezialisierte Formen übersetzen,[10] soll in einer beliebten Variation auf Robert Browning enthalten sein: »It is all capsulated in the popular variant on Robert Browning [1812–1889]: ›A man's reach must exceed his grasp or what's a metaphor.‹«[11] Die beliebte Variation ist natürlich eine Parodie des Tricksters. Der Trickster hat im Ausruf einer der *dramatis personae* Brownings kurzerhand »or what's a metaphor« für den originalen Abschluss »or what's a heaven for?« eingesetzt. Dass nun schlichtweg ›alles‹ in dieser Variation enthalten sein soll, ließe sich im Anschluss an den Untertitel von *Understanding Media: The Extensions of Man*, so verstehen, dass Brownings Verse bereits eine poetische Reflexion zum Thema des Buchs selbst vorlegen. Die Original-Zeilen: »Ah, but a man's reach should exceed his grasp, / Or what's a heaven for?«,[12] reflektieren die Sehnsucht oder Anmaßung des Menschen *(a man's reach)*, über das lediglich Handgreifliche *(grasp)* hinauszugelangen, in einem Buch, das von ganz realen technischen Vorrichtungen und Technologien als Erweiterungen des Körpers handelt.

Brownings Verse sind aber auch eine poetische Reflexion einer spezifischen Metaphernauffassung. In Philosophie und Ästhetik des achtzehnten und neunzehnten Jahrhunderts galt die Metapher nämlich als Übertragung von Wörtern »für etwas ganz Sinnliches« auf »Geistiges« und »auf das Wissen«.[13] Mittels dieser Metaphernkonzeption und ihrer Unterscheidungen öffnet sich, wie Jacques Derrida gezeigt hat, der »Raum der Möglichkeit von Metaphysik« selbst.[14] Paradebeispiel für dieses Metaphernverständnis ist das Verb ›begreifen‹, Englisch: ›to grasp‹, das angeblich zunächst allein im Zusammenhang sinnlich ausführbarer Tätigkeiten gestanden hat, dann aber für das geistige Verstehen eingesetzt

---

buchstabieren‹ kann. Nach McLuhan bringen die Mechanisierungstechniken deshalb verstärkte und spezialisierte Formen hervor. Vgl. hierzu auch Kap. III.3.3, III.4.10, IV.1, IV.2 in diesem Band.

10 In McLuhans Text schlägt an dieser Stelle (vgl. Zitat in Anm. 9 des Schlussworts) neben dem sprachlichen Übersetzungswissen auch das Wissen der Lobreden in der Rhetorik durch, das ja die Steigerungen und Verstärkungen in der Buchstäblichkeit der Wörter erkundet und ausnutzt. In der Verquickung von ausbuchstabierenden Übersetzungen und Steigerungsformen mit technischer Explizitheit wird ein sprachtheoretisches und rhetorisches Wissen, das in der ersten Hälfte des zwanzigsten Jahrhunderts mit dem Namen Richards' verknüpft ist, zur Grundlage des Wissens über Medientechnologien.

11 Robert Browning zit. nach McLuhan: Understanding Media, S. 57.

12 Die Originalverse aus Robert Brownings »Andrea del Sarto« (1855) sind abrufbar unter: http://www.poetryfoundation.org/poem/173001 (16. 05. 2015).

13 Georg Wilhelm Friedrich Hegel: Ästhetik, Bd. 1, Abschnitt 1, § 3a, zit. nach Derrida: Die weiße Mythologie, S. 245.

14 Derrida: Die weiße Mythologie, S. 246.

wurde und so zur philosophischen Begriffsbildung beigetragen hat.[15] Browning thematisiert nun in seinen Versen eine solche Bewegung vom Sinnlichen *(grasp)* zu den geistigen Anstrengungen des Menschen *(a man's reach)* und führt sie einmal vor, indem er das menschliche Streben über das Handgreifliche hinaus in die Frage übergehen lässt, wofür ein Himmel ansonsten da sei. Diese Frage nach dem Himmel bildet eine gekonnte Metapher für die Bewegung vom Sinnlichen zum Geistigen. Wenn der Trickster daher »Or what's a heaven for?« mit »or what's a metaphor« tauscht, macht er im Grunde genommen nichts anderes, als Brownings Verfahren offenzulegen – mit der entsprechenden metasprachlichen Bezeichnung zu versehen – und auf die ältere Metaphernauffassung in diesen Versen hinzuweisen. Dieser Hinweis stellt zugleich auch die Rückfrage, ob die Sache der Metapher wirklich so einfach zu entscheiden ist. Tatsächlich bleibt in Brownings Versen ja offen, ob ›reach‹ wirklich als ›geistiges Streben‹ oder doch eher als ›handgreifliches Auslangen‹ zu lesen ist. Auch ›grasp‹ könnte hier genauso gut im Sinne eines ›geistigen Verstehens‹ aufgefasst werden. Sowohl das ›Streben‹ als auch das ›Auslangen‹ könnten einen ›Griff‹ ebenso wie das ›geistige Begreifen‹ überschreiten, insbesondere wenn es um den Himmel geht – oder um die Metapher.

Von dieser Stelle oder von dieser Verwirrung aus erweist sich denn auch die gesamte Eingangspassage des Kapitels »Media as Translators« mit einem Mal als eine Auseinandersetzung mit der Frage nach ›sinnlicher‹ oder ›geistiger‹ Lesart von ›grasp‹ bzw., wesentlich weitgreifender noch, als Auseinandersetzung mit dem Problem von wörtlichen gegenüber übertragenen, mithin ›metaphorischen‹ Lektüren oder Auslegungen. Denn das Kapitel spielt von Beginn an mit Situationen wörtlichen Ergreifens und Loslassens und den Transformationen der Eindeutigkeit der beschreibenden Worte. Das setzt mit dem Verlust oder dem Wegfall von Beeinträchtigungen des Menschen durch Mediennutzung bzw. durch einen Technologiewechsel ein: »[...] neurotic children [...] lose neurotic traits when telephoning [...]. Some stutterers lose their stutter when they switch to a foreign language«,[16] und wird verfolgt über die These von den Übersetzungseigenschaften der Technologie und ihrer Verstärkung und Spezialisierung des zu Übersetzenden *(translation into amplified and specialized forms)*[17] bis zum Vermögen der Technologie, zu ergreifen und loszulassen, was eher übertragen zu verstehen ist. Da es aber in einen Zusammenhang mit auf Bäumen lebenden Affen gebracht

---

15 Vgl. Hegel zit. nach Derrida: Die weiße Mythologie, S. 245.
16 McLuhan: Understanding Media, S. 56.
17 Vgl. Anm. 9 des Schlussworts sowie die Darlegungen in Kap. IV in diesem Band zur Steigerungseigenschaft der Lobreden, die zugleich eine Eigenschaft der Medien im Text McLuhans ist. So auch an dieser Stelle von *Understanding Media*.

wird, wird es sofort in den wörtlichen bzw. referentiellen Bereich zurückgeholt. Allerdings nur, um es direkt wieder mit Elias Canetti ins Jenseits dieser ›Sinnlichkeit‹ zu befördern, mittels der notorischen Assoziation Canettis, das alternierende Greifen und Loslassen der Affen in den Strategien von Börsenmaklern wiederzuerkennen.[18] Die daran anschließende Variation auf Browning, die ja ›alles‹ – all das – enthalten soll, trägt insofern vor allem die Unentscheidbarkeit der Lesart von ›grasp‹ aus.

Die Auseinandersetzung mit wörtlichen und anderen Lesarten von Wörtern und Situationen thematisiert in dieser recht langen Eingangspassage von »Media as Translators« zudem ein weiterer literarischer Einschub. Eine Witzelei aus *Finnegans Wake* wird als strikt wörtliche Beobachtung *(strictly literal observation)* zum Lauf der Technologie präsentiert: »What bird has done yesterday man may do next year.«[19] Diese wörtliche Witzelei weist dabei auf die poetische Einlage voraus, die von Browning kommt, und die sich in der wiedergegebenen ›beliebten Variation‹ ja vor allem auch als recht alberner Witz zu erkennen gibt. Denn die vorgelegte Trickster-Parodie ist in erster Linie eine Paronomasie, ein Spiel mit Lauten und Silben. Es bedarf nur zweier Silbenverschiebungen, um den Wechsel vom Himmel zur Metapher *(heaven for – metaphor)* durchzusetzen. Die Witzelei des Tricksters verweist damit einmal mehr auf den Überschuss, der in der Sprache selbst liegt. Hier treten die Möglichkeiten der Sprache zutage, auch noch in der Verschiebung, in den *quirks* zu bedeuten, Bedeutungen hervor- oder auch durcheinanderzubringen, die die Logik suspendieren und die »schwindelerregende[n] Möglichkeiten referentieller Verirrungen« nicht nur vorführen,[20] sondern auch ausnutzen für das Schreiben einer Theorie der Medien. Mit diesem paronomastischen Trick nämlich wird die Aussage, Medien seien aktive Metaphern, im Text ermöglicht: »It is all capsulated in the popular variant on Robert Browning: ›A man's reach must exceed his grasp or what's a metaphor.‹ All media are active metaphors in their power to translate experience into new forms.«[21] Hier ist nicht auszumachen, ob die Aussage einem Argument und einer gewissen Logik folgt oder einfach dem Wortspiel geschuldet ist. Der inhaltliche Anschluss der Textpassage an das Streben des Menschen über sich selbst hinaus in technisch-apparativen Überformungen des menschlichen Körpers durch Medien ist nicht gesichert. Und auch die Möglichkeit, Medien wörtlich als Metaphern zu nehmen, weil sie

---

18 Vgl. McLuhan: Understanding Media, S. 56f.
19 James Joyce: Finnegans Wake, zit. nach McLuhan: Understanding Media, S. 56.
20 De Man: Semiologie und Rhetorik, S. 40.
21 McLuhan: Understanding Media, S. 57.

hinsichtlich bestimmter Eigenschaften gleich sind, ist nicht gesichert. Sie wird vielmehr von der Aktivität der Metaphern unterlaufen.

Die Aktivität der Metaphern besteht darin, dass ihre oder irgendeine wörtliche Lesart nicht gesichert ist.[22] Die Figurationen des Textes geben immer auch einer anderen Auffassung Raum, die über das Wörtliche hinausweist und es »unterminiert oder dekonstruiert« und umgekehrt.[23] Von den sprachlichen Gegebenheiten her können keine Kriterien isoliert werden, mittels derer eine der Leseweisen als bevorzugte identifiziert werden könnte.[24] Folglich fehlt es auch an sprachtheoretischen Kriterien, die überhaupt festzustellen vermögen, ob es sich an einer bestimmten Stelle um eine Figur handelt oder nicht.[25] In der Aktivität der Metaphern begegnet die sprachphilosophische Problematik, dass es weder eine umfassende Theorie der Figuration noch eine umfassende Theorie der Sprache gibt und dass es sie vielleicht auch nicht geben kann. Nach I. A. Richards zählen das Wesen und die Funktionsweise der Sprache zu den uns unerkennbaren Grundlagen unserer selbst.[26] Anstelle einer umfassenden Theorie gibt es lediglich verschiedene Ansätze und Herangehensweisen an die Sprache, zu denen die Künste der Grammatik und Rhetorik gehören.[27] Laut Paul de Man, der die Überlegungen von Richards, William Empson und Kenneth Burke, also der Partei der ›rhetorischen Exegese‹ der Gerichtsrede des Tricksters, für die Literaturtheorie weitergeführt hat, ist es die Spannung zwischen grammatischen und rhetorischen Leseweisen von Literatur, die letztlich in einen »Zustand fortwährender Unwissenheit« führen.[28]

Im Anschluss an meine Untersuchungen lässt sich nun ›McLuhan‹ – sozusagen neben de Man – als Erbe der Problematisierung sprachlicher Signifikation und der entsprechenden sprach- und erkenntnistheoretischen Aporien ausweisen. Das Textkorpus ›McLuhan‹ präsentiert sich als fortgesetzte Auseinandersetzung mit dem Verhältnis von Grammatik und Rhetorik in der Frage nach dem

---

22 Vgl. Derrida: Der Entzug der Metapher.
23 De Man: Semiologie und Rhetorik, S. 41, hier auch eine Darlegung des angesprochenen Problems der Lektüre(n) am Beispiel.
24 Für de Man führt dieser Umstand in permanente Irrtümer und nicht einfach zum Befund einer Mehrdeutigkeit. Die verschiedenen Lektüren widerstreiten einander, »müssen sich in direkter Konfrontation aufeinander beziehen, denn die eine ist genau der Irrtum, der von der anderen denunziert wird«. De Man: Semiologie und Rhetorik, S. 42.
25 Vgl. den Nachweis dessen in Schüttpelz: Figuren der Rede.
26 Richards: Interpretation in Teaching, S. 7; vgl. auch das Kap. III.3.1 in diesem Band.
27 Vgl. Schüttpelz' Nachweis zur These, dass es keine Theorie der Figuren gibt, über die grammatische Auffassung der Figur als sekundäres Sprachphänomen und die als rhetorisch bezeichenbare Auffassung von einer primären Figur: Schüttpelz: Figuren der Rede.
28 Vgl. de Man: Semiologie und Rhetorik, S. 41 u. 51, Zitat S. 51.

Umgang mit sprachlichen und gegenständlichen Artefakten: Mit welchen Mitteln ist der Literatur, der Geschichte und schließlich – in den Texten zur Frage der Medien – auch der Welt beizukommen? Die dabei vorgeführten Spannungen von Grammatik und Rhetorik in den Texten McLuhans sind zwar anders gelagert als etwa bei de Man, der sich explizit auf die erkenntnistheoretischen Zusammenhänge und die entsprechende Einordnung der Disziplinen im zwanzigsten Jahrhundert bezieht. Doch sind die Voraussetzungen für die konstatierten Spannungen dieselben. Ob man nun wie ›McLuhan‹ der 1940er Jahre der Grammatik, vor allem in ihrer ›alten‹ Ausprägung als Dichtererläuterung und etymologisches Wissen von der Welt, eher als der Rhetorik, vor allem in ihrer durch Richards aktualisierten Form mit tropologischem Erkenntnisinteresse, wie es schließlich auch die Texte McLuhans ab Mitte der 1950er Jahre vorführen, eine Klärung oder umfassendere Einsicht der Figurationen zutraut,[29] ändert nichts an der Tatsache der Bearbeitung und des Sich-Abarbeitens an einer letztlich sprachphilosophischen Aporie der Erkenntnis.

Ausgehend von der Wissensgeschichte einer sprachphilosophisch informierten Literaturwissenschaft, die sich im Textkorpus ›McLuhan‹ abbildet, und angesichts der konkreten, radikal metaphorischen Schreibweisen einer Theorie der Medien mit Namen ›McLuhan‹ ist daher festzuhalten, dass ›Medien‹ die sprachphilosophische Problematik an einen neuen Ort versetzen. ›Medien‹ bearbeiten in der Theoretisierung durch ›McLuhan‹ die Aktivität der Metaphern. Hieran hat der Trickster entscheidenden Anteil. Mit dem Auftreten des Tricksters – in intertextuellen Verfahren wie in figurativen Wendungen – werden eindeutige Leseweisen noch des Terminus oder Gegenstands ›Medien‹ unsicher und brechen mitunter zusammen. Es ist am Text dann nicht zu entscheiden, ob man es mit einem Faktum, mit einer Interpretation oder – wie im Fall der hier vorgestellten ›Metapher‹ – mit einem Sprachspiel, im Sinne einer auf das Zeichenmaterial und die Möglichkeiten seiner Kombinierbarkeit zurückgehenden Sinnproduktion, zu tun hat.[30] Anstelle von Entscheidungen lässt sich am Text dann nur immer wieder beobachten, dass die Wiedergabe von Fakten in das Sprachspiel der Figu-

---

29 Vgl. meine Ausarbeitung zu McLuhans Grammatik in Kap. II und Kap. III.4.4 in diesem Band. Vgl. Richards: Interpretation in Teaching, S. 275 f., wo folgende Überlegungen zur Hereinnahme grammatischer Wortauslegungen und Leseweisen in den Bereich der Rhetorik (und Logik) zu finden sind: »Such procedures overlook all the most important distinctions in the subject – whether a fact is being stated or a value proposed, for example; or whether a multiplicity of different specializations or generality comprising a varied extension, is the source of a possible misinterpretation. The last is a topic for the Logic Section – where *general* and *specific* need thorough discussion. The other should be a main branch of rhetoric [...].«
30 Vgl. Doueihi: Trickster. Vgl. auch Kap. I.2 in diesem Band.

ration umklappt und die Sprachspielerei, die figürliche Eigenart von Wortkombinationen und syntaktischen Verbindungen, zu einer Aussage mit referentiellem Wert werden kann.[31] Eine solche, auf den Trickster Acht gebende Lesart habe ich in meiner Untersuchung der Texte mit der Signatur ›McLuhan‹ konsequent verfolgt. Sie reagiert auf die allgemein in der ›McLuhan‹-Forschung beobachtete, aber nicht weiter verfolgte und ausgewertete, Eigenart der Texte und noch der theoretisch gelagerten Aussagen von ›McLuhan‹ immer wieder ins Witzelnde, Lächerliche oder Stichelnde umzuschlagen.[32]

Im letzten, hier angeführten Beispiel tritt, wie gezeigt, die Frage der Erweiterungen der Menschen durch Medien ein in dieses Zeichenspiel des Tricksters, in dem laut Anne Doueihi vor allem der Unterschied und die Unentscheidbarkeit zwischen referentiellem und rhetorischem Sprachwert verhandelt wird,[33] in dem also auch jene ›Aktivität der Metapher‹ jede Lektüre, das Verstehen und auch die Konstitution des Gegenstands entsichert. Die Tricksterrede konfrontiert immer schon mit den sprachphilosophischen Aporien der Erkenntnis. In solchen Bemerkungen wie: »all media are active metaphors«, gehen die Eigenarten der Tricksterrede, die Eigenarten der Darstellung über auf das Dargestellte. ›Medien‹ siedeln dann die Unsicherheiten und die Ungesichertheit der sprachlichen Darstellung in der Welt an – wenn man ›Medien‹ denn gegenständlich liest. Damit erhalten die sprachphilosophischen Aporien einen adressierbaren Ort in der Welt und stellen als ›Medien‹ Rückfragen an die Sicherheiten der Philosophie, der Kulturgeschichte und ihrer Weltauffassungen.

---

31 Vgl. für eine exemplarische Lesart Kap. IV.4.3 in diesem Band. Zum allgemeinen literaturtheoretischen Hintergrund vgl. auch de Man: The Return to Philology, S. 23f., und ders.: Reading and History, S. 55f.
32 Als Beispiel sei hier Carey zitiert: »McLuhan is beyond criticism [...] also because his work does not lend itself to critical commentary. It is a mixture of whimsy, pun and innuendo. These things are alright in themselves, but unfortunately one cannot tell what he is serious about and what is mere whimsy. [...] One may resist his probes or yield to their delights, but to quarrel with them is rather beside the point.« Carey: Harold Adams Innis and Marshall McLuhan, S. 291f. Weitere Einschätzungen zu dieser Problematik am Beginn des Kap. IV in diesem Band.
33 Vgl. Doueihi: Trickster, S. 308: »If Trickster stories tell us about anything, it is about the difference between, and the undecidability of, discourse and story, referential and rhetorical values, signifier and signified.« Vgl. auch Kap. I.2 in diesem Band.

Literaturverzeichnis

1 Literatur von Herbert Marshall McLuhan

McLuhan, Herbert Marshall: Henley's »Invictus«. In: The Explicator 3 (1944), S. 22.
McLuhan, Herbert Marshall: Edgar Poe's Tradition. In: Sewanee Review 52 (1944), H. 1, S. 24–33.
McLuhan, Herbert Marshall: Poetic vs. Rhetorical Exegesis. The Case for Leavis against Richards and Empson. In: Sewanee Review 52 (1944), H. 2, S. 266–276.
McLuhan, Herbert Marshall: The New York Wits. In: The Kenyon Review 7 (1945), H. 1, S. 12–28.
McLuhan, Herbert Marshall: American Advertising. In: Eric McLuhan/Frank Zingrone (Hg.): Essential McLuhan (1995). London 1997, S. 13–20 (zuerst in: Horizon 93 [1947], H. 4, S. 132–141).
McLuhan, Herbert Marshall: The Southern Quality. In: Sewanee Review 55 (1947), H. 3, S. 357–383.
McLuhan, Herbert Marshall: Inside Blake and Hollywood. In: Sewanee Review 55 (1947), H. 4, S. 710–715.
McLuhan, Herbert Marshall: Introduction. In: Hugh Kenner: Paradox in Chesterton. London 1948, S. xi–xxii.
McLuhan, Herbert Marshall: Mr. Eliot's Historical Decorum. In: Renascence 2 (1949), H. 1, S. 9–15.
McLuhan, Herbert Marshall: Encyclopedic Unities (Book Review). In: The Hudson Review 1 (1949), H. 4, S. 599–602.
McLuhan, Herbert Marshall: Book Review *(T. S. Eliot)*. In: Renascence 3 (1950), H. 1, S. 43–48.
McLuhan, Herbert Marshall: Book Review *(Poetry and Opinion, Examination of Ezra Pound* and *Letters of Pound)*. In: Renascence 3 (1951), H. 2, S. 200–202.
McLuhan, Herbert Marshall: The Mechanical Bride. Folklore of Industrial Man. New York 1951.
McLuhan, H. Marshall: Joyce, Aquinas, and the Poetic Process. In: Renascence 4 (1951), H. 1, S. 3–11.
McLuhan, H. M.: Technology and Political Change. In: International Journal 7 (1952), H. 3, S. 189–195.
McLuhan, H. Marshall: Maritain on Art. In: Renascence 6 (1953), H. 1, S. 40–44.
McLuhan, Marshall: Baseball Is Culture. In: CBC Times 19.–25. 10. 1952, S. 2.
McLuhan, Marshall: Baseball Is Culture. In: CBC Times 26. 10.–1. 11. 1952, S. 3.
McLuhan, Marshall: Baseball Is Culture. In: CBC Times 2.–8. 11. 1952, S. 2–3.
McLuhan, Marshall: The Later Innis. In: Queen's Quarterly LX (1953), H. 3, S. 385–394.
McLuhan, Marshall: Symbolist Communication. In: Thought (Autumn 1953), S. 456–458.
McLuhan, H. M.: Culture without Literacy. In: Explorations. Studies in Culture and Communication 1 (1953), S. 117–127.
McLuhan, Marshall: Notes on the Media as Art Forms. In: Explorations. Studies in Culture and Communication 2 (1954), S. 6–13.
McLuhan, Marshall: New Media as Political Forms. In: Explorations. Studies in Culture and Communication 3 (1954) S. 120–126.
McLuhan, Marshall: Space, Time and Poetry. In: Explorations. Studies in Culture and Communication 4 (1955), S. 56–62.

McLuhan, Marshall: Radio and TV vs. the ABCED-Minded. In: Explorations. Studies in Culture and Communication 5 (1955), S. 12–18.

McLuhan, Marshall: A Historical Approach to the Media. In: Teacher's College Record 57 (1955), H. 2, S. 104–110.

McLuhan, Marshall: The Effect of the Printed Book on Language in the 16th Century. In: Explorations. Studies in Culture and Communication 7 (1957), S. 99–108.

McLuhan, Marshall: Knowledge, Ideas, Information and Communication. In: The Year Book of Education 1958. London/New York 1958, S. 225–232.

McLuhan, Marshall: Myth and Mass Media. In: Daedalus 88 (1959), H. 2, S. 339–348.

McLuhan, H. Marshall: Report on Project in Understanding New Media, prepared and published by the National Association of Educational Broadcasters, pursuant to a contract with the Office of Education, United States Department of Health, Education and Welfare, June 30th, 1960.

McLuhan, Marshall: The Medium is the Message. In: ders.: Unbound. Bd. 17, Essays ausgewählt von Eric McLuhan, eingel. von W. Terrence Gordon (zuerst in: Forum [Spring 1960], S. 19–24).

McLuhan, Marshall: The Gutenberg Galaxy. The Making of Typographic Man. Toronto 1962.

McLuhan, Marshall: The Gutenberg Galaxy. The Making of Typographic Man (1962). Toronto 1968.

McLuhan, Marshall: Die Gutenberg-Galaxis. Das Ende des Buchzeitalters, übers. von Max Nänny. Düsseldorf/Wien 1968.

McLuhan, Herbert Marshall: Aesthetic Pattern in Keats' Odes. In: ders.: The Interior Landscape. The Literary Criticism of Marshall McLuhan, hg. von Eugene McNamara. New York/Toronto 1969, S. 99–113 (zuerst in: The University of Toronto Quarterly [1943]).

McLuhan, Herbert Marshall: The Analogical Mirrors. In: ders.: The Interior Landscape. The Literary Criticism of Marshall McLuhan, hg. von Eugene McNamara. New York/Toronto 1969, S. 63–73 (zuerst in: Gerard Manley Hopkins. Kenyon Critics Edition. Norfolk CT 1944).

McLuhan, Herbert Marshall: An Ancient Quarrel in Modern America. In: ders.: The Interior Landscape. The Literary Criticism of Marshall McLuhan, hg. von Eugene McNamara. New York/Toronto 1969, S. 223–234 (zuerst in: The Classical Journal 41 [1946], H. 4, S. 156–162).

McLuhan, Marshall: Pound's Critical Prose. In: ders.: The Interior Landscape. The Literary Criticism of Marshall McLuhan, hg. von Eugene McNamara. New York/Toronto 1969, S. 75–81 (zuerst in: Peter Russel [Hg.]: Examination of Ezra Pound. A Collection of Essays. Norfolk CT 1950).

McLuhan, Marshall: John Dos Passos: Technique vs. Sensibility. In: ders.: The Interior Landscape. The Literary Criticism of Marshall McLuhan, hg. von Eugene McNamara. New York/Toronto 1969, S. 49–62 (zuerst in: Charles Gardiner [Hg.]: Fifty Years of the American Novel. A Christian Appraisal. New York 1951).

McLuhan, Herbert Marshall: Tennyson and Picturesque Poetry. In: ders.: The Interior Landscape. The Literary Criticism of Marshall McLuhan, hg. von Eugene McNamara. New York/Toronto 1969, S. 135–155 (zuerst in: Essays in Criticism 1 [1951], H. 3, S. 262–282).

McLuhan, Marshall: The Aesthetic Moment in Landscape Poetry. In: ders.: The Interior Landscape. The Literary Criticism of Marshall McLuhan, hg. von Eugene McNamara. New York/Toronto 1969, S. 157–167 (zuerst in: Alan Downe [Hg.]: English Institute Essays: 1951. New York 1952).

McLuhan, Marshall: James Joyce: Trivial and Quadrivial. In: ders.: The Interior Landscape. The Literary Criticism of Marshall McLuhan, hg. von Eugene McNamara. New York/Toronto 1969, S. 23–47 (zuerst in: Thought [Spring 1953]).
McLuhan, Marshall: Wyndham Lewis. His Theory of Art and Communication. In: ders.: The Interior Landscape. The Literary Criticism of Marshall McLuhan, hg. von Eugene McNamara. New York/Toronto 1969, S. 83–94 (zuerst in: Shenandoah [1953], S. 77–88).
McLuhan, Marshall: Die innere Landschaft. Literarische Essays, ausgewählt und hg. von Eugene McNamara, übers. von Donata Gräfin Finckenstein. Düsseldorf 1974.
McLuhan, Marshall: Letters of Marshall McLuhan, hg. von Matie Molinario u. a., Toronto/Oxford/New York 1987.
McLuhan, Marshall: Die mechanische Braut. Volkskultur des industriellen Menschen, übers. von Rainer Höltschl, Jürgen Reuß, Fritz Böhler und Martin Baltes. Amsterdam 1996.
McLuhan, Marshall: Understanding Media. The Extensions of Man (1964). Cambridge MA 1998.
McLuhan, Marshall: The Classical Trivium. The Place of Thomas Nashe in the Learning of his Time, hg. von W. Terrence Gordon. Corte Madera 2006.

2 Archivquellen aus *Library and Archives Canada*, McLuhan Fonds, MG 31 D 156

Bewilligungsschreiben der *Ford Foundation* an den Präsidenten der University of Toronto vom 19. Mai 1953. In: LAC MG 31 DG 156, vol. 204, file 26.
Books in Library, as at February 1st, 1955. In: LAC MG 31 D 156, vol. 203, file 30.
Brief von Edmund Carpenter an Marshall McLuhan (undatiert). In: LAC MG 31 D 156, vol. 77, file 6, Typoskript, unpag.
Changing Patterns of Man and Society Associated with the New Media of Communication. In: LAC MG 31 DG 156, vol. 204, file 26, Typoskript, pag. 1–7.
Report of the Ford Seminar at Toronto University 1953–1955. In: LAC MG 31 D 156, vol. 203, file 31, MS, pag. 1–27.
Tentative Outline (undatiert). In: LAC MG 31, D 156, vol. 203, file 30, unpag.
The Ford Foundation, Behavioral Sciences Division: Announcement of Interdisciplinary Research and Study Program. In: LAC MG 31 D 156, vol. 204, file 26.

3 Sonstige zitierte Literatur

Allitt, Patrick: Catholic Converts. British and American Intellectuals turn to Rome. Ithaca NY 1997.
Altieri, Charles: Rhetoric and Poetics. How to Use the Inevitable Return of the Repressed. In: Walter Jost/Wendy Olmsted (Hg.): A Companion to Rhetoric and Rhetorical Criticism. Malden MA/Oxford/Carlton 2006, S. 473–493.
Alvarez, A.: The Effect Is of a Lively, Ingenious, but Infinitely Perverse *Summa* by Some Medieval Logician (1962: Evils of Literacy). In: Gerald E. Stearn (Hg.): McLuhan Hot & Cool. A Primer for the Understanding of and a Critical Symposium with Responses by McLuhan. Harmondsworth/Ringwood 1968 (1967), S. 210–212.
Apel, Karl-Otto: Die Entfaltung der ›sprachanalytischen‹ Philosophie und das Problem der ›Geisteswissenschaften‹. In: Philosophisches Jahrbuch 72 (1964), S. 239–289.

Aristoteles: Analytica Posteriora. Erster Halbband, übers. von Wolfgang Detel. Berlin 1993.
Aristoteles: Lehre vom Schluss oder Erste Analytik, übers. von Eugen Rolfes. Nachdr. von 1921. Hamburg 1975.
Aristoteles: Poetik. Griechisch/Deutsch, übers. und hg. von Manfred Fuhrmann (1982). Stuttgart 2008.
Aristoteles: Rhetorik, übers. und hg. von Gernot Krapinger (1999). Stuttgart 2007.
Aristoteles: Sophistische Widerlegungen, übers. von Eugen Rolfes. Nachdr. von 1922. Hamburg 1968.
Assmann, Aleida: Exorcizing the Demon of Chronology. T. S. Eliot's Reinvention of Tradition. In: Giovanni Cianci/Jason Harding (Hg.): T. S. Eliot and the Concept of Tradition. Cambridge/New York u. a. 2007, S. 13–25.
Atherton, James S.: The Books at the Wake. A Study of Literary Allusions in James Joyce's *Finnegans Wake*. New York 1960.
Auerbach, Erich: Die Welt in Pantagruels Mund. In: ders.: Mimesis. Dargestellte Wirklichkeit in der abendländischen Literatur (1946). Tübingen/Basel 1994, S. 250–270.
Auerbach, Erich: Sermo Humilis. In: ders.: Literatursprache und Publikum in der lateinischen Spätantike und im Mittelalter. Bern 1958, S. 25–63.
Ax, Wolfram: Quadripertita Ratio. Bemerkungen zur Geschichte eines Kategoriensystems (Adiectio, Detractio, Transmutatio, Immutatio). In: Historiographia Linguistica 13 (1986), S. 191–214.
Balke, Friedrich: Possessive Mimesis. Eine Skizze und ein Beispiel. In: Gertrud Koch/Martin Vöhler/Christiane Voss (Hg.): Die Mimesis und ihre Künste. München 2010, S. 111–126.
Barck, Karlheinz: Harold Adams Innis. Archäologe der Medienwissenschaft. In: Harold A. Innis: Kreuzwege der Kommunikation. Ausgewählte Texte, hg. von Karlheinz Barck. Wien/New York 1997, S. 3–13.
Barthes, Roland: Die alte Rhetorik (1970). In: ders.: Das semiologische Abenteuer (1985). Frankfurt a. M. 1988, S. 15–101.
Bauer, Barbara: Art. Amplificatio. In: Historisches Wörterbuch der Rhetorik. Bd. 1: A–Bib, hg. von Gert Ueding u. a. Tübingen 1992, Sp. 445–471.
Bayard, Pierre: Le Plagiat par anticipation. Paris 2009.
Behrens, Roger: Galaxy Quest. Ein Versuch zur kritischen Theorie der Netzwelt. In: testcard 15 (2006), S. 6–13.
Behrens, Roy R.: Adelbert Ames, Fritz Heider and the Chair Demonstration. In: Gestalt Theory. Journal of the Society for Gestalt Theory and Its Applications 21 (1999), H. 3, http://www.bobolinkbooks.com/Ames/ChairDemo.html (14. 03. 2015).
Bell, Michael: F. R. Leavis. In: The Cambridge History of Literary Criticism. Bd. 7: Modernism and the New Criticism, hg. von A. Walton Litz u. a. Cambridge 2000, S. 389–422.
Bender, Cora: Dorothy Lee. Lineare und nicht-lineare Kodifizierungen der Realität. Auf Spurensuche nach einer Vordenkerin der Medientheorie. In: Zeitschrift für Medienwissenschaft 11 (2014), S. 166–176.
Bennett, Joan: »How It Strikes a Contemporary«. The Impact of I. A. Richards' Literary Criticism in Cambridge, England. In: Reuben Brower/Helen Vendler/John Hollander (Hg.): I. A. Richards. Essays in His Honor. New York/Oxford 1973, S. 45–59.
Bertram, Georg W.: Sprachphilosophie zur Einführung. Hamburg 2011.
Berger, Iris: ›Beasts of Burden‹ Revisited. Interpretations of Women and Gender in Southern African Societies. In: Robert W. Harms u. a. (Hg.): Paths Toward the Past. Atlanta 1994, S. 123–141.

Bidney, David: Six Copernican Revolutions. In: Explorations. Studies in Culture and Communication 1 (1953), S. 6–14.
Birdwhistell, Ray L.: Kinesics and Communication. In: Explorations. Studies in Culture and Communication 3 (1954), S. 31–41.
Black, Max: Language and Philosophy. Studies in Method (1949). Ithaca u. a. 1970.
Bloom, Harold: A Map of Misreading. New York/Oxford 1975.
Boas, Franz (Hg.): Handbook of American Indian Languages. Bd. 1. Washington 1911.
Boas, Franz: Race, Language and Culture. New York 1940.
Borgards, Roland/Harald Neumeyer: Der Ort der Literatur in einer Geschichte des Wissens. Plädoyer für eine entgrenzte Philologie. In: Walter Erhart (Hg.): Grenzen der Germanistik. Rephilologisierung oder Erweiterung? DFG-Symposion 2003. Stuttgart/Weimar 2004, S. 210–222.
Borsche, Tilman: Sprachphilosophische Überlegungen zu einer Geschichte der Sprachphilosophie. In: ders.: Klassiker der Sprachphilosophie. Von Platon bis Noam Chomsky. München 1996, S. 7–13.
Brooks, Cleanth: Metaphor and the Tradition. In: ders.: Modern Poetry and the Tradition. Chapel Hill 1939, S. 1–17.
Brooks, Cleanth: The Language of Paradox (1942). In: ders.: The Well Wrought Urn (1947). London 1949, S. 3–20.
Brooks, Cleanth: The Heresy of Paraphrase. In: ders.: The Well Wrought Urn (1947). London 1949, S. 176–196.
Brooks, Cleanth: What Does Poetry Communicate? In: ders.: The Well Wrought Urn (1947). London 1949, S. 62–73.
Brooks, Cleanth/Robert Penn Warren: Understanding Poetry. An Anthology for College Students. New York 1938.
Browning, Robert: Andrea del Sarto (1855), http://www.poetryfoundation.org/poem/173001 (16. 05. 2015).
Bryson, Lyman: The Next America. Prophecy and Faith. New York 1952.
Buchheim, Thomas: Zur Eigenart des sophistischen Logos. In: ders.: Die Sophistik als Avantgarde normalen Lebens. Hamburg 1986, S. 1–46.
Budgen, Frank: James Joyce and the Making of Ulysses (1933). Bloomington IN 1960.
Bühler, Karl: Sprachtheorie. Die Darstellungsfunktion der Sprache (1934). Stuttgart 1982.
Burke, Kenneth: The Philosophy of Literary Form. Studies in Symbolic Action. Louisiana 1941.
Burke, Kenneth: Rhetoric – Old and New. In: Journal of General Education 5 (1951), H. 3, S. 202–209.
Burke, Kenneth: Medium as ›Message‹. Some Thoughts on Marshall McLuhan's *Understanding Media: The Extensions of Man* (and, Secondarily, on *The Gutenberg Galaxy*) (1966). In: Raymond Rosenthal (Hg.): McLuhan: Pro & Con. New York 1968, S. 165–177.
Burckhardt, Jacob: Die Kultur der Renaissance in Italien (1860). Berlin 1928.
Burckhardt, Jacob: The Civilization of the Renaissance (1860), übers. von S. G. C. Middlemore (1878). London/New York 1944.
Carey, James W.: Harold Adams Innis and Marshall McLuhan (1967). In: Raymond Rosenthal (Hg.): McLuhan: Pro & Con. New York 1968, S. 270–308.
Carey, James W.: Communication as Culture. Essays on Media and Society (1989). New York 1992.
Carothers, J. C.: Culture, Psychiatry, and the Written Word. In: Psychiatry. Journal for the Study of Interpersonal Processes 22 (1959), H. 4, S. 307–320.

Carpenter, Edmund: Shapers of the Modern Outlook: Benjamin Lee Whorf. In: The Canadian Forum (April 1953), S. 9–10.
Carpenter, Edmund: Certain Media Biases. In: Explorations. Studies in Culture and Communication 3 (1954), S. 65–74.
Carpenter, Edmund: The New Languages. In: Explorations. Studies in Culture and Communication 7 (1957), S. 4–21.
Carpenter, Edmund: That Not-So-Silent Sea. In: Donald F. Theall: The Virtual Marshall McLuhan. Montreal/Kingston/London/Ithaca 2001, Appendix B, S. 236–261.
Carpenter, Edmund/Marshall McLuhan: The New Languages. In: Chicago Review 10 (1956), H. 1, S. 46–51.
Carpenter, Edmund/Marshall McLuhan: Acoustic Space. In: dies. (Hg.): Explorations in Communication. An Anthology. Boston 1960, S. 65–70.
Carpenter, Edmund/Marshall McLuhan (Hg.): Explorations. Studies in Culture and Communication. 8 Bde. Eugene OR 2016.
Cavell, Richard: McLuhan in Space. A Cultural Geography (2002). Toronto/Buffalo/London 2003.
Cavell, Richard: Vorwort. In: Marshall McLuhan: Die Gutenberg Galaxis. Die Entstehung des typographischen Menschen. Hamburg 2011, S. vii–xi.
Celentano, Maria u. a.: Art. Paradoxon. In: Historisches Wörterbuch der Rhetorik. Bd. 6: Must–Pop, hg. von Gert Ueding u. a. Tübingen 2003, Sp. 524–526.
Christes, Johannes: Art. Artes liberales. In: Der Neue Pauly. Enzyklopädie der Antike. Bd. 2, hg. von Hubert Cancik u. a. Stuttgart/Weimar 1997, Sp. 62–64.
Marcus Tullius Cicero: Orator/Der Redner. Lateinisch/Deutsch, übers. von Harald Merklin (2004). Stuttgart 2008.
Clark, Katerina/Michael Holquist: Mikhail Bakhtin. Cambridge 1984.
Coenen, Hans Georg: Art. Maxime. In: Historisches Wörterbuch der Rhetorik. Bd. 5: L–Musi, hg. von Gert Ueding u. a. Darmstadt 2001, Sp. 996–1003.
Conley, Thomas M.: Rhetoric in the European Tradition (1990). Chicago/London 1994.
Copeland, Rita: Rhetoric, Hermeneutics and Translation in the Middle Ages. Academic Traditions and Vernacular Texts. Cambridge/Melbourne 1995.
Crane, Ronald: History Versus Criticism in the Study of Literature. In: English Journal 24 (1935), S. 645–667.
Cristofolini, Paolo: Vico et l'histoire. Paris 1995.
Cruttwell, Patrick: The Shakespearean Moment and Its Place in the Poetry of the 17th Century. London 1954.
Culler, Jonathan: The Pursuit of Signs. Semiotics, Literature, Deconstruction (1981). London u. a. 1983.
Culler, Jonathan: The Call of the Phoneme. Introduction. In: ders. (Hg.): On Puns. The Foundation of Letters. New York 1988, S. 1–16.
Curtius, Ernst Robert: Europäische Literatur und lateinisches Mittelalter (1948). München 1967.
Dahlmann, Hellfried: Varro und die hellenistische Sprachtheorie (1932). Berlin/Zürich 1964.
Dailey, Robert C.: Innis and Anthropology. In: Explorations. Studies in Culture and Communication 3 (1954), S. 99.
Dantzig, Tobias: Number. The Language of Science (1930). New York u. a. 1954.
Darroch, Michael: Bridging Urban and Media Studies. Jaqueline Tyrwhitt and the Explorations Group, 1951–1957. In: Canadian Journal of Communication 33 (2008), S. 147–169.

Darroch, Michael: Interdisciplinary Vocabularies at the University of Toronto's *Culture and Communications* Seminar, 1953–1955. Vortrag am MIT, April 2009. http://web.mit.edu/comm-forum/mit6/papers/Darroch.pdf (13. 04. 2014).

Darroch, Michael: Giedion and Explorations. Confluences of Space and Media in Toronto School Theorization. In: Richard Cavell/Norm Friesen (Hg.): Media Transatlantic. Developments in Media and Communication Studies between North American and German-speaking Europe. Basel 2016, S. 63–87.

Darroch, Michael/Janine Marchessault: Explorations, 1953–57. Introduction to the Eight-Volume Series of the 2016 Edition. In: Edmund Carpenter/Marshall McLuhan (Hg.): Explorations. Studies in Culture and Communication. Bd. 1. Eugene OR 2016, S. v–xxv.

Daston, Lorraine: Die unerschütterliche Praxis. In: Rainer Maria Kiesow/Dieter Simon (Hg.): Auf der Suche nach der verlorenen Wahrheit. Zum Grundlagenstreit in der Geschichtswissenschaft. Frankfurt a. M./New York 2000, S. 13–25.

Decorte, Jos: Eine kurze Geschichte der mittelalterlichen Philosophie (1992). Paderborn u. a. 2006.

Dehrmann, Mark-Georg/Carlos Spoerhase: Die Idee der Universität. Friedrich August Wolf und die Praxis des Seminars. In: Zeitschrift für Ideengeschichte 5 (2011), H. 1, S. 105–117.

Derrida, Jacques: Der Entzug der Metapher. In: Volker Bohn (Hg.): Romantik, Literatur und Philosophie. Frankfurt a. M. 1987, S. 317–354.

Derrida, Jacques: Die weiße Mythologie. In: ders.: Randgänge der Philosophie. Wien 1988, S. 229–290.

Deutsches Fremdwörterbuch. Bd. 5, hg. von Hans Schulz und Otto Basler. Berlin/New York 2004.

Disselkamp, Martin: Parameter der Antiqui-Moderni-Thematik in der Frühen Neuzeit. In: Herbert Jaumann (Hg.): Diskurse der Gelehrtenkultur in der Frühen Neuzeit. Ein Handbuch. Berlin/New York 2011, S. 157–177.

Dockhorn, Klaus: Wordsworth und die rhetorische Tradition in England. In: ders.: Macht und Wirkung der Rhetorik. Vier Aufsätze zur Ideengeschichte der Vormoderne. Bad Homburg/Berlin/Zürich 1968, S. 9–45.

Dorrell, Adam: Dial M for Measurement. In: Customer Gauge News (18. 03. 2008). http://customergauge.com/2008/03/dial-m-for-measurement/ (08. 09. 2012).

Dotzler, Bernhard: »Cambridge Was a Shock«. Comparing Media from a Literary Critic's Point of View. In: Carmen Birkle/Angela Krewani/Martin Kuester (Hg.): McLuhans Global Village Today. Transatlantic Perspectives. London 2014, S. 85–92.

Doueihi, Anne: Trickster. On Inhabiting the Space Between Discourse and Story. In: Soundings. An Interdisciplinary Journal 3 (1984), S. 283–311.

Easterbrook, Tom: Communication: A Side-Issue for Economists? In: Explorations. Studies in Culture and Communication 5 (1955), S. 113–117.

Easterbrook, W. T.: Problems in the Relationship of Communication and Economic History. In: Journal of Economic History 20 (1960), S. 559–565.

Eckard Rolf: Interaktionstheorie der Metapher. I. A. Richards, Max Black. In: ders.: Metapherntheorien. Typologie. Darstellung. Bibliographie. Berlin/New York 2005, S. 35–47.

Eco, Umberto: Vom Cogito interruptus. In: ders.: Über Gott und die Welt. Essays und Glossen. München 1987, S. 245–265.

Eggs, Ekkehard: Art. Metapher. In: Historisches Wörterbuch der Rhetorik. Bd. 5: L–Musi, hg. von Gert Ueding u. a. Tübingen 2001, Sp. 1099–1183.

Eliot, T. S.: Tradition and the Individual Talent (1919). In: ders.: Selected Essays. London 1951, S. 13–22.
Eliot, T. S.: Hamlet and His Problems. In: ders.: The Sacred Wood (1920). London/New York 1960, S. 95–102.
Eliot, T. S.: The Metaphysical Poets (1921). In: ders.: Selected Prose of T. S. Eliot, hg. von Frank Kermode. London 1975, S. 59–67.
Eliot, T. S.: The Function of Criticism (1923). In: ders.: Selected Essays. London 1951, S. 23–34.
Eliot, T. S.: Ulysses, Order, and Myth (1923). In: ders.: Selected Prose of T. S. Eliot, hg. von Frank Kermode. London 1975, S. 175–178.
Empson, William: Seven Types of Ambiguity (1930). London 1953.
Empson, William: The Hammer's Ring. In: Reuben Brower/Helen Vendler/John Hollander (Hg.): I. A. Richards. Essays in His Honor. New York/Oxford 1973, S. 73–83.
Faulstich, Werner: Einführung in die Medienwissenschaft. München 2002.
Fauser, Markus: Art. Chiasmus. In: Historisches Wörterbuch der Rhetorik. Bd. 2: Bie–Eul, hg. von Gert Ueding u. a. Tübingen 1994, Sp. 171–172.
Fekete, John: Massage in the Mass Age. Remembering the McLuhan Matrix. In: Canadian Journal of Political and Social Theory 6 (1982), H. 3, S. 50–67.
Ferber, Rafael: Zenons Paradoxien der Bewegung und die Struktur von Raum und Zeit (1981). Stuttgart 1995.
Five Sovereign Fingers Taxed the Breath. In: Explorations. Studies in Culture and Communication 4 (1955), S. 31–33.
Foertsch, Jacqueline: American Culture in the 1940s. Edinburgh 2008.
Fogarty, Daniel: Roots for a New Rhetoric. New York 1959.
Fohrmann, Jürgen: Der Kommentar als diskursive Einheit der Wissenschaft. In: ders./Harro Müller (Hg.): Diskurstheorien und Literaturwissenschaft. Frankfurt a. M. 1988, S. 244–257.
Foucault, Michel: Was ist ein Autor? Vortrag vor der Französischen Gesellschaft für Philosophie, 22. Februar 1969. In: ders.: Schriften zur Literatur, übers. von Karin von Hofer und Anneliese Botond. Frankfurt a. M. 1988, S. 7–31.
Foucault, Michel: Die Ordnung des Diskurses (1972). Frankfurt a. M. 2010.
Frazer, James George: Der goldene Zweig. Das Geheimnis von Glauben und Sitten der Völker (1922, gek. Ausg.). Reinbek b. Hamburg 2004.
Frenzel, Ivo: Zwischen Spießertum und Pop. In: Fernsehen und Bildung 2 (1968), H. 3–4, S. 129–134.
Frye, Paul H.: I. A. Richards. In: The Cambridge History of Literary Criticism. Bd. 7: Modernism and the New Criticism, hg. von A. Walton Litz u. a. Cambridge 2000, S. 181–199.
Ganz, Peter: Jacob Burckhardts *Kultur der Renaissance in Italien*. Handwerk und Methode. In: Hans R. Guggisberg (Hg.): Umgang mit Jacob Burckhardt. Zwölf Studien. Basel/München 1994, S. 37–78.
Garry, Jane u. a. (Hg.): Archetypes and Motifs in Folklore and Literature. A Handbook. New York 2005.
Gasché, Rodolphe: Über chiastische Umkehrbarkeit. In: Anselm Haverkamp (Hg.): Die paradoxe Metapher. Frankfurt a. M. 1998, S. 437–455.
Geddes, Patrick: Cities in Evolution (1915), hg. von Jaqueline Tyrwhitt. London 1949.
Geider, Thomas: Art. Trickster. In: Enzyklopädie des Märchens. Handwörterbuch zur historischen und vergleichenden Erzählforschung. Bd. 13, hg. von Kurt Ranke u. a. Berlin 2010, Sp. 913–924.

Genette, Gérard: Die restringierte Rhetorik (1970). In: Anselm Haverkamp (Hg.): Theorie der Metapher. Darmstadt 1983, S. 229–252.
Giedion, Sigfried: Space, Time, and Architecture. The Growth of a New Tradition. Cambridge MA u. a. 1941.
Giedion, Sigfried: Mechanization Takes Command. A Contribution to Anonymous History (1948). New York/London 1969.
Goez, Werner: Translatio Imperii. Ein Beitrag zur Geschichte des Geschichtsdenkens und der politischen Theorien im Mittelalter und in der frühen Neuzeit. Tübingen 1958.
Gombrich, Ernst H.: Art and Illusion. A Study in the Psychology of Pictorial Representation (1960). New York 1961.
Gordon, W. Terrence: Marshall McLuhan. Escape into Understanding. A Biography. Toronto 1997.
Gordon, W. Terrence: Transforming the Report. In: Marshall McLuhan: Understanding Media. The Extensions of Man. Critical Edition, hg. von W. Terrence Gordon. Corte Madera 2003, S. 539–543.
Gordon, W. Terrence: McLuhan. A Guide for the Perplexed. New York/London 2010.
Gossman, Lionel: Jacob Burckhardt. In: ders.: Basel in der Zeit Jacob Burckhardts. Eine Stadt und vier unzeitgemässe Denker (2000). Basel 2005, S. 265–528.
Grabes, Herbert: Close Reading und *The Meaning of Meaning*. In: Anglia. Zeitschrift für englische Philologie 86 (1968), H. 3, S. 321–338.
Graff, Gerald: Literature against Itself. Literary Ideas in Modern Society (1979). Chicago 1995.
Graff, Gerald: Professing Literature. An Institutional History. Chicago 1989.
Grafton, Anthony: Die tragischen Ursprünge der deutschen Fußnote. Berlin 1995.
Grampp, Sven: Hundert Jahre McLuhan. In: Zeitschrift für Medienwissenschaft 4 (2011), S. 183–187.
Grampp, Sven: Marshall McLuhan. Eine Einführung. Konstanz 2011.
Graves, Robert: Comments on Lineal and Nonlineal Codifications. In: Explorations. Studies in Culture and Communication 7 (1957), S. 46–51.
Graves, Robert: Comments on Symbolization and Value. In: Explorations. Studies in Culture and Communication 7 (1957), S. 67–73.
Groddeck, Wolfram: Reden über Rhetorik. Zu einer Stilistik des Lesens (1995). Frankfurt a. M./Basel 2008.
Günther, Horst: »Der Geist ist ein Wühler«. Über Jacob Burckhardt. Frankfurt a. M. 1997.
Hahn, Torsten: Waterways. H. A. Innis' Kanufahrt zum Ursprung des Dominion. In: Gabriele Schabacher/Christoph Neubert (Hg.): Verkehrsgeschichte und Kulturwissenschaft. Analysen an der Schnittstelle von Technik, Kultur und Medien. Bielefeld 2013, S. 143–163.
Hall, Edward T.: The Silent Language (1959). New York 1990.
Hambsch, Björn: Das tadelnswerte Lob. Bemerkungen zur historischen Pragmatik lobender Rede im Fest. In: Josef Kopperschmidt/Helmut Schanze (Hg.): Fest und Festrhetorik. Zu Theorie, Geschichte und Praxis der Epideixis. München 1999, S. 119–140.
Hambsch, Björn: Art. Virtutes-/Vitia-Lehre. In: Historisches Wörterbuch der Rhetorik. Bd. 9: St–Z, hg. von Gert Ueding u. a. Tübingen 2009, Sp. 1143–1164.
Hanstein, Ulrike/Anika Höppner/Jana Mangold: Einleitung. In: dies. (Hg.): Re-Animationen. Szenen des Auf- und Ablebens in Kunst, Literatur und Geschichtsschreibung. Wien/Köln/Weimar 2012, S. 7–25.
Happ, Heinz: ›paradigmatisch‹ – ›syntagmatisch‹. Zur Bestimmung und Klärung zweier Grundbegriffe der Sprachwissenschaft. Heidelberg 1985.

Hartman, Geoffrey: The Dream of Communication. In: Reuben Brower/Helen Vendler/John Hollander (Hg.): I. A. Richards. Essays in His Honor. New York/Oxford 1973, S. 155–178.
Hartmann, Frank: Medienphilosophie. Wien 2000.
Haverkamp, Anselm: Einleitung in die *Theorie der Metapher*. In: ders. (Hg.): Theorie der Metapher. Darmstadt 1983, S. 1–27.
Haverkamp, Anselm: Einleitung: Die paradoxe Metapher. In: ders. (Hg.): Die paradoxe Metapher. Frankfurt a. M. 1998, S. 7–25.
Haverkamp, Anselm: Die wiederholte Metapher. Ambiguität, Sprachsituation. In: ders.: Metapher. Die Ästhetik in der Rhetorik. München 2007, S. 117–144.
Hawkes, Jacquetta: Man on Earth. London 1954.
Heesen, Anke te: Der Zeitungsausschnitt. Ein Papierobjekt der Moderne. Frankfurt a. M. 2006.
Heilmann, Till A.: Medien als Metaphern – oder Metonymien? In: Frank Haase/ders. (Hg.): Interventionen. Festschrift für Georg Christoph Tholen. Marburg 2013, S. 123–142.
Heilmann, Till A.: Ein Blick in den Rückspiegel. Zur Vergangenheit und Gegenwärtigkeit von *Understanding Media*. In: Navigationen 14 (2014), H. 2, S. 87–101.
Heißenbüttel, Helmut: Das Medium ist die Masche. Anmerkungen zu Marshall McLuhan (1968). In: ders.: Zur Tradition der Moderne. Aufsätze und Anmerkungen 1964–1971. Neuwied u. a. 1972, S. 161–185.
Henderson, Greig: Dramatism and Deconstruction. Burke, de Man and the Rhetorical Motive. In: Bernard L. Brock (Hg.): Burke and the 21st Century. Albany NY 1999, S. 151–166.
Henderson, John: The Medieval World of Isidore of Seville. Truth from Words. Cambridge 2007.
Höltschl, Rainer/Jürgen Reuß/Fritz Böhler/Martin Baltes: Anmerkungen zu den Texten. In: Marshall McLuhan: Die mechanische Braut. Volkskultur des industriellen Menschen, übers. von Rainer Höltschl, Jürgen Reuß, Fritz Böhler und Martin Baltes. Amsterdam 1996, S. 206–232.
Hörisch, Jochen: Die Wut des Verstehens. Zur Kritik der Hermeneutik. Frankfurt a. M. 1998 (erweiterte Nachauflage).
Hörisch, Jochen: Eine Geschichte der Medien. Vom Urknall zum Internet. Frankfurt a. M. 2004.
Hörl, Erich: Die heiligen Kanäle. Über die archaische Illusion der Kommunikation. Zürich/Berlin 2005.
Hörl, Erich/Michael Hagner: Überlegungen zur kybernetischen Transformation des Humanen. In: dies. (Hg.): Die Transformation des Humanen. Beiträge zur Kulturgeschichte der Kybernetik. Frankfurt a. M. 2008, S. 7–37.
Hoffmann, Stefan: Wiedergelesen. Marshall McLuhan: *Understanding Media*. In: MEDIENwissenschaft 1 (2002), S. 118–121.
Hopkins, Gerard Manley: Poetic Diction. In: ders.: The Journals and Papers of Gerard Manley Hopkins (1959), hg. von Humphry House und Graham Storey. London 1966, S. 84–85.
Horvei, Harald: Der Chiasmus. Ein Beitrag zur Figurenlehre mit spezieller Berücksichtigung einiger Werke der deutschen Klassik. Bergen 1981.
Huff, Peter A.: Allen Tate and the Catholic Revival. Trace of the Fugitive Gods. New York u. a. 1996.
Hüser, Rembert: Fünf Freunde und die falsche Wand. In: Navigationen 14 (2014), H. 2, S. 51–64.
Ickstadt, Heinz: Die amerikanische Moderne. In: Hubert Zapf (Hg.): Amerikanische Literaturgeschichte. Stuttgart/Weimar 2010, S. 217–281.
Illich, Ivan: Im Weinberg des Textes. Als das Schriftbild der Moderne entstand (1990). Frankfurt a. M. 1991.

Innis, Harold Adams: Transportation as a Factor in Canadian Economic History (1931/1933). In: ders.: Staples, Markets, and Cultural Change. Selected Essays, hg. von Daniel Drache. Montreal 1995, S. 123–138.
Innis, Harold Adams: The Press. A Neglected Factor in the Economic History of the Twentieth Century. Stamp Memorial Lecture. London 1949.
Innis, Harold Adams: Empire and Communications (1950). Lanham u. a. 2007.
Innis, Harold Adams: The Bias of Communication. In: ders.: The Bias of Communication (1951). Toronto/Buffalo/London 2006, S. 33–60.
Introduction: A Statement of Principles. In: I'll Take My Stand. The South and the Agrarian Tradition. By Twelve Southerners (1930). New York 1962, S. xix–xxix.
Jakobson, Roman: Der Doppelcharakter der Sprache und die Polarität zwischen Metaphorik und Metonymie (1956). In: Anselm Haverkamp (Hg.): Theorie der Metapher. Darmstadt 1983, S. 163–174.
Jakobson, Roman: Closing Statement: Linguistics and Poetics. In: Thomas A. Sebeok (Hg.): Style in Language (1960). Cambridge MA 1964, S. 350–377.
Jancovich, Mark: Understanding Literature. Textbooks and the Distribution of the New Criticism. In: ders.: The Cultural Politics and the New Criticism. Cambridge u. a. 1993, S. 81–89.
Jaumann, Herbert: Critica. Untersuchungen zur Geschichte der Literaturkritik zwischen Quintilian und Thomasius. Leiden/New York/Köln 1995.
Jeauneau, Edouard: Translatio studii. The Transmission of Learning. A Gilsonian Theme. Toronto 1995.
Jeffrey, Liss: The Heat and the Light. Towards a Reassessment of the Contribution of H. Marshall McLuhan. In: Canadian Journal of Communication 14 (1989), H. 4–5, S. 1–29.
Joosen, J. C./J. H. Waszink: Art. Allegorese. In: Reallexikon für Antike und Christentum. Bd. 1, hg. von Theodor Klauser u. a. Stuttgart 1950, Sp. 283–292.
Joseph, John E.: The Immediate Sources of the ›Sapir-Whorf Hypothesis‹. In: Historiographica Linguistica 23 (1996), H. 3, S. 365–404.
Joyce, James: Finnegans Wake, http://www.finwake.com (15. 08. 2014).
Karanikas, Alexander: Tillers of a Myth. Southern Argrarians as Social and Literary Critics (1966). Madison WI 1969.
Kendon, Adam/Stuart J. Sigman: Ray L. Birdwhistell (1918–1994). In: Semiotica 112 (1996), H. 1–2, S. 231–261.
Kepes, György: Sprache des Sehens (1944). Mainz u. a. 1970.
Kerckhove, Derrick de: Exkurs: Marshall McLuhans Glaube an die Kirche. In: ders.: Schriftgeburten. Vom Alphabet zum Computer (1990). München 1995, S. 105–120.
Kerckhove, Derrick de/Martina Leeker/Kerstin Schmidt (Hg.): McLuhan neu lesen. Kritische Analysen zu Medien und Kultur im 21. Jahrhundert. Bielefeld 2008.
Kindermann, Udo: Isidor von Sevilla (560–636 n. Chr.). Sachen, Wörter und eine Denkform fürs Mittelalter. In: Wolfram Ax (Hg.): Lateinische Lehrer Europas. Fünfzehn Portraits von Varro bis Erasmus von Rotterdam. Köln/Weimar/Wien 2005, S. 273–290.
Kipf, Johannes Klaus: »Pluto ist als vil als Lucifer«. Zur ältesten Verwendung gedruckter Marginalnoten in deutschen literarischen Texten (bis 1520). In: Bernhard Metz/Thorsten Bothe/Sabine Zubarik (Hg.): Am Rande bemerkt. Anmerkungspraktiken in literarischen Texten. Berlin 2008, S. 33–58.
Kittler, Friedrich A.: Geschichte der Kommunikationsmedien. In: Jörg Huber/Alois Martin Müller (Hg.): Raum und Verfahren. Basel/Frankfurt a. M. 1993, S. 169–188.
Klarer, Mario: Literaturgeschichte der USA. München 2013.

Klein, Wolf Peter/Marthe Grund: Die Geschichte der Auslassungspunkte. Zu Entstehung, Form und Funktion der deutschen Interpunktion. In: Zeitschrift für germanistische Linguistik 25 (1997), S. 24–44.

Knape, Joachim: New Rhetoric und Rhetorik der Dekonstruktion. Von Kenneth Burke zu Paul de Man. In: Sabine Doering u. a. (Hg.): Resonanzen. Würzburg 2000, S. 483–497.

Knape, Joachim: Petrus Ramus Anti-Quintilian (1549). Der frühneuzeitliche epistemologische und rhetoriksystematische Bruch. In: ders.: Allgemeine Rhetorik. Stationen der Theoriegeschichte. Stuttgart 2000, S. 237–259.

Kobusch, Theo: Grammatica Speculativa (12.–14. Jahrhundert). In: Tilman Borsche (Hg.): Klassiker der Sprachphilosophie. Von Platon bis Noam Chomsky. München 1996, S. 77–93.

Koepping, Klaus-Peter: Trickster, Schelm, Pikaro. Sozialanthropologische Ansätze zur Problematik der Zweideutigkeit von Symbolsystemen. In: Kölner Zeitschrift für Soziologie und Sozialpsychologie, Sonderheft 26 (1984), S. 195–215.

Koerner, Ernst Frideryk Konrad: Toward a History of American Linguistics. Abingdon 2002.

Kohl, Karl-Heinz: Ethnologie. Die Wissenschaft vom kulturell Fremden. Eine Einführung. München 2000.

Kopperschmidt, Josef: Rhetorik als Medium der politischen Deliberation: z. B. Aristoteles. In: ders. (Hg.): Politik und Rhetorik. Funktionsmodelle politischer Rede. Opladen 1995, S. 74–101.

Kopperschmidt, Josef: Zwischen Affirmation und Subversion. Einleitende Bemerkungen zur Theorie und Rhetorik des Festes. In: ders./Helmut Schanze (Hg.): Fest und Festrhetorik. Zu Theorie, Geschichte und Praxis der Epideixis. München 1999, S. 9–21.

Korzybski, Alfred: Science and Sanity. Non-Aristotelian Systems and General Semantics (1933). Lakeville CT 1950.

Krajewski, Markus: Restlosigkeit. Weltprojekte um 1900. Frankfurt a. M. 2006.

Krajewski, Markus/Cornelia Vismann: Kommentar, Code und Kodifikation. In: Zeitschrift für Ideengeschichte 3 (2009), H. 1, S. 5–16.

Krämer, Ulrike: Translatio Imperii Et Studii. Zum Geschichts- und Kulturverständnis in der französischen Literatur des Mittelalters und der frühen Neuzeit. Bonn 1996.

Kristeva, Julia: Zu einer Semiologie der Paragramme (1966). In: Helga Gallas (Hg.): Strukturalismus als interpretatives Verfahren. Darmstadt/Neuwied 1972, S. 163–200.

Kristeva, Julia: Bachtin, das Wort, der Dialog und der Roman (1967). In: Jens Ihwe (Hg.): Literaturwissenschaft und Linguistik. Ergebnisse und Perspektiven. Bd. 3: Zur linguistischen Basis der Literaturwissenschaft II. Frankfurt a. M. 1972, S. 345–375.

Kroker, Arthur: Technology and the Canadian Mind. Innis/McLuhan/Grant (1984). New York 1985.

Kuchenbuch, Ludolf/Uta Kleine (Hg.): ›Textus im Mittelalter‹. Komponenten und Situationen des Wortgebrauchs im schriftsemantischen Feld. Göttingen 2006.

Kulisheck, Clarence L.: The New Criticism and the New College Text. In: Journal of Higher Education 25 (1954), H. 4, S. 173–178 u. 227–228.

Lacan, Jacques: Das Drängen des Buchstabens im Unbewussten oder die Vernunft seit Freud (1957). In: Anselm Haverkamp (Hg.): Theorie der Metapher. Darmstadt 1983, S. 175–215.

Lachmann, Renate: Rhetorik und kultureller Kontext. In: Heinrich F. Plett (Hg.): Rhetorik. Kritische Positionen zum Stand der Forschung. München 1977, S. 167–186.

Lachmann, Renate: Rhetorik. Alte und neue Disziplin. In: Berichte zur Wissenschaftsgeschichte 4 (1981), S. 21–29.

Lachmann, Renate: Einleitung: Die Rhetorik und ihre Konzeptualisierung. In: dies.: Die Zerstörung der schönen Rede. Rhetorische Tradition und Konzepte des Poetischen. München 1994, S. 1–20.
Lanham, Richard: A Handlist of Rhetorical Terms. Berkeley 1991.
Lasswell, Harold: The Structure and Function of Communication in Society. In: Lyman Bryson (Hg.): The Communication of Ideas. A Series of Addresses (1948). New York 1964, S. 37–51.
Lausberg, Heinrich: Elemente der literarischen Rhetorik. München 1967.
Lausberg, Heinrich: Handbuch der literarischen Rhetorik. Eine Grundlegung der Literaturwissenschaft. Stuttgart 1990.
Lear, Edward: The Complete Nonsense of Edward Lear, hg. von Holbrook Jackson. London 1947.
Leavis, Frank Raymond/Denys Thompson: Culture and Environment. The Training of Critical Awareness (1933). London 1964.
Leavis, Frank Raymond: Dr. Richards, Bentham and Coleridge. In: Scrutiny 3 (1935), H. 4, S. 382–402.
Leavis, Frank Raymond: Revaluation. Tradition and Development in English Poetry (1936). London 1953.
Leavis, Frank Raymond: Literary Studies. In: ders.: Education and the University. A Sketch for an ›English School‹. London 1943, S. 66–86.
Leavis, Queenie Dorothy: Fiction and the Reading Public (1932). Hamondsworth/New York u. a. 1979.
Lee, Dorothy: Lineal and Nonlineal Codifications of Reality. In: Explorations. Studies in Culture and Communication 7 (1957), S. 30–45.
Lee, Dorothy: Symbolization and Value. In: Explorations. Studies in Culture and Communication 7 (1957), S. 52–55.
Lehmann, Beat: ROT ist nicht »rot« ist nicht [rot]. Eine Bilanz und Neuinterpretation der linguistischen Relativitätstheorie. Tübingen 1998.
Leitch, Vincent B.: Deconstructive Criticism. In: ders.: American Literary Criticism from the Thirties to the Eighties. New York 1988, S. 267–306.
Lepenies, Wolf: Verborgene Soziologie. Themen der englischen Literaturkritik im 19. und 20. Jahrhundert. In: ders.: Die drei Kulturen. Soziologie zwischen Literatur und Wissenschaft (1985). Frankfurt a. M. 2002, S. 185–236.
Leschke, Rainer: Einführung in die Medientheorie. München 2003.
Levi-Strauss, Claude: Vier Winnebago-Mythen. In: ders.: Strukturale Anthropologie. Bd. 2. Frankfurt a. M. 1975, S. 225–239.
Lewis, Wyndham: The Art of Being Ruled. London 1926.
Lindley, William R.: Understanding Media. Toward an Anniversary. In: Canadian Journal of Communication 13 (1988), H. 3–4, S. 99–101.
Lockhart, Tara: Teaching with Style. Brooks' and Warren's Literary Pedagogy. In: Miranda B. Hickman/John D. McIntyre (Hg.): Rereading the New Criticism. Columbus OH 2012, S. 195–217.
Lord, Albert B.: Der Sänger erzählt. Wie ein Epos entsteht (1960). München 1965.
Lucy, John A.: Whorf's View of the Linguistic Mediation of Thought. In: Elizabeth Mertz/Richard J. Parmentier (Hg.): Semiotic Mediation. Sociocultural and Psychological Perspectives. Orlando u. a. 1985, S. 73–97.
Ludwig, Hans Werner: Tradition und Innovation in der Literaturtheorie des Modernismus. Pound, Eliot und die Imagisten. In: Englische und amerikanische Literaturtheorie. Studien zu ihrer historischen Entwicklung. Bd. 2, hg. von Rüdiger Ahrens und Erwin Wolff. Heidelberg 1979, S. 312–341.

Lutter, Christina/Markus Reisenleitner: Cultural Studies. Eine Einführung (1998). Wien 2001.
Lynd, Robert S. und Helen Merrell: Middletown. A Study in American Culture. New York 1929.
Lyotard, Jean-François: Der Widerstreit (1983). Frankfurt a. M. 1989.
Malinowski, Bronislaw: The Problem of Meaning in Primitive Language. In: Charles Kay Ogden/ Ivor Armstrong Richards: The Meaning of Meaning. A Study of the Influence of Language upon Thought and of the Science of Symbolism (1923). New York 1946, Supplement I, S. 296–336.
Malinowski, Bronislaw: Ein Tagebuch im strikten Sinne des Wortes. Neuguinea 1914–1918 (1967). Frankfurt a. M. 1986.
Man, Paul de: Literature and Language. A Commentary. In: New Literary History 4 (1972), H. 1, S. 181–192.
Man, Paul de: The Concept of Irony (1977). In: ders.: Aesthetic Ideology (1996). Minneapolis MN 1997, S. 163–184.
Man, Paul de: Epistemologie der Metapher (1978). In: Anselm Haverkamp (Hg.): Theorie der Metapher. Darmstadt 1983, S. 414–437.
Man, Paul de: Rhetorik der Tropen (Nietzsche). In: ders.: Allegorien des Lesens (1979), übers. von Werner Hamacher. Frankfurt a. M. 1988, S. 146–163.
Man, Paul de: Semiologie und Rhetorik. In: ders.: Allegorien des Lesens (1979), übers. von Werner Hamacher. Frankfurt a. M. 1988, S. 30–51.
Man, Paul de: Semiology and Rhetoric. In: ders.: Allegories of Reading. Figural Language in Rousseau, Nietzsche, Rilke and Proust. New Haven/London 1979, S. 3–19.
Man, Paul de: Reading and History (1982). In: ders.: The Resistance to Theory (1986). Minneapolis/London 1997, S. 54–72.
Man, Paul de: The Return to Philology (1982). In: ders.: The Resistance to Theory (1986). Minneapolis/London 1997, S. 21–26.
Man, Paul de: Der Widerstand gegen die Theorie. In: Volker Bohn (Hg.): Romantik, Literatur und Philosophie. Frankfurt a. M. 1987, S. 80–106.
Mangold, Jana: Zwischen Sprache/n. Explorationen der Medien zwischen Kultur und Kommunikation 1954. In: Zeitschrift für Medienwissenschaft 11 (2014), S. 155–165.
Mangold, Jana/Florian Sprenger: Einleitung. In: Navigationen 14 (2014), H. 2, S. 7–15.
Marchand, Philip: Marshall McLuhan. Botschafter der Medien. Biographie (1989). Stuttgart 1999.
Marchessault, Janine: Marshall McLuhan. Cosmic Media. London u. a. 2005.
Marchessault, Janine: Media Studies as Interdisciplinary Exploration. In: Journal of Visual Culture 13 (2014), H. 1, S. 82–84.
Marrou, Henri-Irénée: Augustinus und das Ende der antiken Bildung (1938). Paderborn u. a. 1958.
Martus, Steffen/Carlos Spoerhase: Praxeologie der Literaturwissenschaft. In: Geschichte der Germanistik 35/36 (2009), S. 89–96.
Mason, Otis T.: The Human Beast of Burden. From the Report of the National Museum 1886–87. Washington 1887, S. 236–295.
Matuschek, Stefan: Art. Epideiktische Beredsamkeit. In: Historisches Wörterbuch der Rhetorik. Bd. 2: Bie–Eul, hg. von Gert Ueding u. a. Tübingen 1994, Sp. 1258–1267.
McDonald, Gail: Eliot and the New Critics. In: David E. Chinitz (Hg.): A Companion to T. S. Eliot. Malden MA u. a. 2009, S. 411–422.
McKeon, Richard: Renaissance and Method in Philosophy. In: Studies in the History of Ideas 3 (1935), S. 37–114.

McKeon, Richard: Rhetoric in the Middle Ages. In: Speculum. A Journal of Medieval Studies 17 (1942), H. 1, S. 1–32.
McKeon, Richard: The Battle of the Books (1967). In: ders.: Selected Writings of Richard McKeon, hg. von Zahava McKeon und William G. Swenson. Chicago 2005, S. 217–234.
McLuhan, Eric: Introduction. In: Marshall McLuhan: The Medium and the Light. Reflections on Religion, hg. von Eric McLuhan und Jacek Szklarek. Toronto 1999, S. ix–xxvii.
McLuhan, Eric: Marshall McLuhan's Theory of Communication: The Yegg. In: Global Media Journal (Canadian Edition) 1 (2008), H. 1, S. 25–43.
Mead, Margaret: Male and Female. A Study of the Sexes in a Changing World. New York 1949.
Meier, Richard L.: Information, Resource Use, and Economic Growth. In: Natural Resources and Economic Growth. Papers presented at a conference held at Ann Arbor, Michigan, April 7–9, 1960, hg. von Joseph J. Spengler. Washington D. C. 1961, S. 98–119.
Menke, Bettine: Zitierfähigkeit. Zitieren als Exzitation. In: Andrea Gutenberg/Ralph J. Poole (Hg.): Zitier-Fähigkeit. Findungen und Erfindungen des Anderen. Berlin 2001, S. 153–171.
Menke, Bettine: Zitation/performativ. In: Jürgen Fohrmann (Hg.): Rhetorik. Figuration und Performanz. DFG-Symposion 2002. Stuttgart u. a. 2004, S. 582–602.
Menke, Bettine: Ein-Fälle aus ›Exzerpten‹. Die inventio des Jean Paul. In: Renate Lachmann/Riccardo Nicolosi/Susanne Strätling (Hg.): Rhetorik als kulturelle Praxis. München 2008, S. 291–307.
Menke, Bettine: Pun. In: Eva Horn/Michèle Lowrie (Hg.): Denkfiguren. Für Anselm Haverkamp. Figures of Thought. For Anselm Haverkamp. Berlin 2013, S. 167–172.
Menke, Bettine: Die Zufälle der Sprache. Der Witz der Worte und die Unentscheidbarkeit von Spiel oder Ernst (anhand von Gracián und Jean Paul). In: Dirk Kretzschmar/Christine Lubkoll/Dirk Niefanger/Stefan Schukowski (Hg.): Spiel und Ernst. Formen – Poetiken – Zuschreibungen. Zum Gedenken an Erika Greber. Würzburg 2014, S. 37–51.
Menke, Bettine: Text-Oberfläche. Figur und Grund, der Text und seine Ränder, Glossen, Kommentare. In: Christina Lechtermann/Stefan Rieger (Hg.): Das Wissen der Oberfläche. Epistemologie des Horizontalen und Strategien der Benachbarung. Zürich/Berlin 2015, S. 125–148.
Mersch, Dieter: Marshall McLuhan. In: ders.: Medientheorien zur Einführung. Hamburg 2006, S. 105–127.
Miller, Jonathan: Marshall McLuhan (1971). München 1972.
Miller, Perry: The New England Mind. Bd. 1: The Seventeenth Century. New York 1939.
Moebius, Stephan: Cultural Studies. In: ders. (Hg.): Kultur. Von den Cultural Studies bis zu den Visual Studies. Eine Einführung. Bielefeld 2012, S. 13–33.
Moser, Christian: Buchgestützte Subjektivität. Literarische Formen der Selbstsorge und der Selbsthermeneutik von Platon bis Montaigne. Tübingen 2006.
Most, Glenn W.: Preface. In: ders.: Commentaries – Kommentare. Göttingen 1999, S. vii–xiv.
Mühlmann, Heiner: Ästhetische Theorie der Renaissance. Leon Battista Alberti. Bonn 1981.
Mühlmann, Heiner: Die Natur der Kulturen. Entwurf einer kulturgenetischen Theorie. Wien/New York 1996.
Mühlmann, Heiner: Vorwort. In: Stephan Trüby: Exit-Architekturen. Design zwischen Krieg und Frieden. Wien/New York 2008, S. 1–11.
Mühlmann, Wilhelm Emil: Umrisse und Probleme einer Kulturanthropologie. In: ders./Ernst W. Müller (Hg.): Kulturanthropologie. Köln/Berlin 1966, S. 15–49.
Müller, Jan Dietrich: Decorum. Konzepte von Angemessenheit in der Theorie der Rhetorik. Von den Sophisten bis zur Renaissance. Berlin/Boston 2011.

Mumford, Lewis: Technics and Civilization (1934). New York/Burlingame 1963.
Mumford, Lewis: The Culture of Cities. New York 1938.
Mumford, Lewis: The City in History. Its Origins, Its Transformations, and Its Prospects (1961). San Diego/New York/London 1989.
Näser-Lather, Marion/Christoph Neubert (Hg.): Traffic. Media as Infrastructures and Cultural Practices. Leiden 2015.
Neilson, Brett: At the Frontiers of Metaphysics. Time and History in T. S. Eliot and Walter Benjamin. In: Giovanni Cianci/Jason Harding (Hg.): T. S. Eliot and the Concept of Tradition. Cambridge/New York 2007, S. 201–214.
Neumeyer, Martina: Art. Paradoxe, das. In: Historisches Wörterbuch der Rhetorik. Bd. 6: Must–Pop, hg. von Gert Ueding u. a. Tübingen 2003, Sp. 516–524.
Ogden, Charles Kay: Editorial: The Future of English. In: Psyche VIII (1928), H. 3, S. 1–2.
Ogden, Charles Kay: Editorial: Debabelization. In: Psyche IX (1928), H. 1, S. 1–3.
Ogden, Charles Kay: Editorial. In: Psyche X (1929), H. 1, S. 1–30.
Ogden, Charles Kay: Editorial: The Universal Language. In: Psyche IX (1929), H. 3, S. 1–9.
Ogden, Charles Kay: Penultimata. In: Psyche X (1930), H. 3, S. 1–28.
Ogden, Charles Kay: Basic English. A General Introduction with Rules and Grammar. London 1930.
Ogden, Charles Kay: Basic by Examples. London 1933.
Ogden, Charles Kay/Ivor Armstrong Richards: The Meaning of Meaning. A Study of the Influence of Language upon Thought and of the Science of Symbolism (1923). New York 1946.
Ostrowicz, Philipp: Art. Parallelismus. In: Historisches Wörterbuch der Rhetorik. Bd. 6: Must–Pop, hg. von Gert Ueding u. a. Tübingen 2003, Sp. 546–552.
Paetow, Louis John (Hg.): The Battle of the Seven Arts. A French Poem by Henry D'Andeli, Trouvère of the Thirteenth Century. Berkeley 1914.
Peters, John Durham/Peter Simonson: From Hope to Disillusionment. Mass Communication Theory Coalesces, 1919–1933. In: dies. (Hg.): Mass Communication and American Social Thought. Key Texts, 1919–1968. Lanham u. a. 2004, S. 13–20.
Peters, John Durham/Peter Simonson: The World in Turmoil. Communications Research, 1933–1949. In: dies. (Hg.): Mass Communication and American Social Thought. Key Texts, 1919–1968. Lanham u. a. 2004, S. 79–90.
Peters, John Durham: McLuhans grammatische Theologie. In: Derrick de Kerckhove/Martina Leeker/Kerstin Schmidt (Hg.): McLuhan neu lesen. Kritische Analysen zu Medien und Kultur im 21. Jahrhundert. Bielefeld 2008, S. 61–75.
Pfeiffer, Karl Ludwig: Sprachtheorie, Wissenschaftstheorie und das Problem der Textinterpretation. Untersuchungen am Beispiel des ›new criticism‹ und Paul Valérys. Amsterdam 1974.
Pias, Claus (Hg.): Cybernetics | Kybernetik. The Macy-Conferences 1946–1953. Bd. 1. Zürich/Berlin 2003.
Pinkernell, Gert: Namen, Titel und Daten der französischen Literatur. Ein chronologisches Repertorium wichtiger Autoren und Werke. Teil I: 842 bis ca. 1800, http://www.gert-pinkernell.de/romanistikstudium/Internet1.htm (09. 07. 2013)
Platon: Das Gastmahl oder Von der Liebe, übers. von Kurt Hildebrandt (1949). Stuttgart 1999.
Prakke, Henk: Die Lasswell-Formel und ihre rhetorischen Ahnen. In: Publizistik 10 (1965), H. 3, S. 285–291.
Marcus Fabius Quintilianus: Institutionis Oratoriae Libri XII. Ausbildung des Redners. Zwölf Bücher. 2 Bde., hg. und übers. von Helmut Rahn. Darmstadt 1988.

Rabelais, François: Erstes Buch. Das höchst erstaunliche Leben des großen Gargantua, Vater des Pantagruel weiland verfaßt von Meister Alcofribas, Abstraktor der Quintessenz. Ein Buch voller Pantagruelismus. In: ders.: Gargantua und Pantagruel. Bd. 1, übers. von Walter Widmer. München 1968, S. 5–300.

Rabelais, François: Zweites Buch. Pantagruel. König der Dipsoden, wieder in seine ursprüngliche Gestalt gebracht, mitsamt seinen Taten und erschrecklichen Heldenstücken, verfaßt von weiland Meister Alcofribas, Abstraktor der Quintessenz. In: ders.: Gargantua und Pantagruel. Bd. 1, übers. von Walter Widmer. München 1968, S. 301–519.

Rabelais, François: Drittes Buch. Das dritte Buch der heldenhaften Taten und Reden des guten Pantagruel, verfaßt von Meister Fran. Rabelais, Doktor der Heilkunst, bearbeitet und verbessert vom Autor aufgrund der einstigen Zensur. In: ders.: Gargantua und Pantagruel. Bd. 1, übers. von Walter Widmer. München 1968, S. 521–784.

Randow, Gero von: Die meta-orale Weltgemeinde. In: Die ZEIT 45 (3. November 1995), S. 10.

Ransom, John Crowe: Criticism, Inc. In: Virginia Quarterly Review 13 (1937), H. 4, S. 586–602.

Ransom, John Crowe: The New Criticism. Norfolk CT 1941, Faksimile-Nachdruck Ann Arbor MI 1971.

Redfield, Robert: The Primitive World and Its Transformations. Ithaca NY 1953.

Rheinberger, Hans-Jörg: Experiment, Differenz, Schrift. Zur Geschichte epistemischer Dinge. Marburg 1992.

Richards, Ivor Armstrong: Principles of Literary Criticism (1924). London u. a. 1938.

Richards, Ivor Armstrong: Practical Criticism. A Study of Literary Judgment (1929). New Brunswick/London 2004.

Richards, Ivor Armstrong: The Basic Rules of Reason. Cambridge 1933.

Richards, Ivor Armstrong: Basic in Teaching. East and West (1935). In: ders.: Collected Shorter Writings 1919–1938, hg. von John Constable. London/New York 2001, S. 441–509.

Richards, Ivor Armstrong: The Philosophy of Rhetoric. New York/London 1936.

Richards, Ivor Armstrong: Interpretation in Teaching. London [ca. 1937].

Richards, Ivor Armstrong: Basic English and Its Uses. London 1943.

Richards, Ivor Armstrong: How to Read a Page. A Course in Effective Reading with an Introduction to a Hundred Great Words (1943). London 1961.

Richards, Ivor Armstrong: Poetic Process and Literary Analysis. In: Thomas A. Sebeok (Hg.): Style in Language (1960). Cambridge MA 1971, S. 9–23.

Richards, Ivor Armstrong/Reuben Brower: Beginnings and Transitions (Interview). In: Reuben Brower/Helen Vendler/John Hollander (Hg.): I. A. Richards. Essays in His Honor. New York/Oxford 1973, S. 17–41.

Ricks, Christopher: The Style Is a Vicious Fog, through which Loom Stumbling Metaphors (1964: Electronic Man). In: Gerald Emanuel Stearn (Hg.): McLuhan Hot & Cool. A Primer for the Understanding of and a Critical Symposium with Responses by McLuhan (1967). Harmondsworth/Ringwood 1968, S. 244–250.

Ricœur, Paul: Die lebendige Metapher (1975). München 1986.

Robert, Jörg: Die Ciceronianismus-Debatte. In: Herbert Jaumann (Hg.): Diskurse der Gelehrtenkultur in der Frühen Neuzeit. Ein Handbuch. Berlin/New York 2011, S. 1–54.

Robertson, P. J. M.: The Leavises on Fiction. An Historic Partnership. New York 1981.

Robertson, Ritchie: The State as a Work of Art. Vortrag zum Symposium Burckhardt's ›Renaissance‹, 150 years later, http://mediumaevum.modhist.ox.ac.uk/burckhardt150_1.shtml, PDF (10. 01. 2014).

Rodensky, Lisa: New Impressions III. Empson's Seven Types of Ambiguity. In: Essays in Criticism 53 (2003), H. 1, S. 54–67.
Roesler, Alexander: Anthropomorphisierung oder Eigendynamik? Probleme der Medientheorie am Beispiel von McLuhan und Flusser. In: Martina Leeker (Hg.): Maschinen, Medien, Performances. Theater an der Schnittstelle zu digitalen Welten. Berlin 2001, S. 435–450.
Rogers, Everett M.: A History of Communication Study. A Biographical Approach. New York u. a. 1994.
Rohmer, Ernst: Art. Glosse. In: Historisches Wörterbuch der Rhetorik. Bd. 3: Eup–Hör, hg. von Gert Ueding u. a. Tübingen 1996, Sp. 1009–1014.
Roloff, Hans-Gert: Zur Geschichte des editorischen Kommentars. In: editio 7 (1993), S. 1–17.
Rorty, Richard: Introduction. Metaphilosophical Difficulties of Linguistic Philosophy.
    In: ders. (Hg.): The Linguistic Turn. Essays in Philosophical Method (1967). Chicago 1997, S. 1–39.
Rotermund, Erwin: Die Parodie in der Modernen Deutschen Lyrik. München 1963.
Röthlin, Niklaus: Burckhardts Stellung in der Kulturgeschichtsschreibung des 19. Jahrhunderts. In: Hans R. Guggisberg (Hg.): Umgang mit Jacob Burckhardt. Zwölf Studien. Basel/München 1994, S. 117–133.
Rötzer, Hans Gert: Traditionalität und Modernität in der europäischen Literatur. Darmstadt 1979.
Ruesch, Jurgen/Gregory Bateson: Communication. The Social Matrix of Psychiatry. New York 1951.
Russo, John Paul: I. A. Richards. His Life and Work. Baltimore 1989.
Rutherford, Ian/Ursula Mildner: Art. Decorum. In: Historisches Wörterbuch der Rhetorik. Bd. 2: Bie–Eul, hg. von Gerd Ueding u. a. Tübingen 1994, Sp. 423–451.
Sapir, Edward: Language. An Introduction to the Study of Speech. New York 1921.
Sapir, Edward: The Grammarian and His Language (1924). In: ders.: Selected Writings of Edward Sapir in Language, Culture and Personality, hg. von David G. Mandelbaum. Berkeley/Los Angeles CA 1949, S. 150–159.
Sapir, Edward: The Status of Linguistics as a Science (1929). In: ders.: Selected Writings in Language, Culture, and Personality, hg. von David G. Mandelbaum. Berkeley/Los Angeles 1949, S. 160–166.
Schabacher, Gabriele: Raum-Zeit-Regime. Logistikgeschichte als Wissenszirkulation zwischen Medien, Verkehr und Ökonomie. In: Archiv für Mediengeschichte 8 (2008), S. 135–148.
Schabacher, Gabriele: Fußverkehr und Weltverkehr. Techniken der Fortbewegung als mediales Rauminterface. In: Anika Richterich/dies. (Hg.): Raum als Interface. Siegen 2011, S. 23–42.
Schabacher, Gabriele: Medien und Verkehr. Zur Genealogie des Übertragungswissens zwischen Personen, Gütern und Nachrichten. In: Tumult 39 (2013), S. 39–55.
Schabacher, Gabriele/Christoph Neubert (Hg.): Verkehrsgeschichte und Kulturwissenschaft. Analysen an der Schnittstelle von Technik, Kultur und Medien. Bielefeld 2013.
Schenkeveld, Dirk M.: Figures and Tropes. A Border-Case between Grammar and Rhetoric. In: Gert Ueding (Hg.): Rhetorik zwischen den Wissenschaften. Geschichte, System, Praxis als Probleme des *Historischen Wörterbuchs der Rhetorik*. Tübingen 1991, S. 149–157.
Scheuer, Hans Jürgen: Art. Oxymoron. In: Historisches Wörterbuch der Rhetorik. Bd. 6: Must–Pop, hg. von Gert Ueding u. a. Tübingen 2003, Sp. 469–475.
Schlaeger, Jürgen: Einleitung. In: Ivor Armstrong Richards: Prinzipien der Literaturkritik (1924), übers. von Jürgen Schlaeger. Frankfurt a. M. 1972, S. 7–36.

Scholz, Leander: »why the medium is socially the message«. Marshall McLuhan und die Theologie des Mediums. In: Daniel Müller/Annemone Ligensa/Peter Gendolla (Hg.): Leitmedien. Konzepte – Relevanz – Geschichte. Bd. 2. Bielefeld 2009, S. 85–94.
Scholz, Leander: Der Weltgeist in Texas. Kultur und Technik bei Ernst Kapp. In: Zeitschrift für Medien- und Kulturforschung 4 (2013), H. 1, S. 171–190.
Schopenhauer, Arthur: Eristische Dialektik oder Die Kunst, Recht zu behalten in achtunddreißig Kunstgriffen dargestellt (um 1830). Zürich 2006.
Schulte-Middelich, Bernd: Der New Criticism. Theorie und Wertung. In: Bernd Lenz/ders. (Hg.): Beschreiben, Interpretieren, Werten. Das Wertungsproblem in der Literatur aus der Sicht unterschiedlicher Methoden. München 1982, S. 19–52.
Schüttpelz, Erhard: Objekt- und Metasprache. In: Jürgen Fohrmann/Harro Müller (Hg.): Literaturwissenschaft. München 1995, S. 179–216.
Schüttpelz, Erhard: Figuren der Rede. Zur Theorie der rhetorischen Figur. Berlin 1996.
Schüttpelz, Erhard: Eine Ikonographie der Störung. Shannons Flußdiagramm der Kommunikation in ihrem kybernetischen Verlauf. In: Ludwig Jäger/Georg Stanitzek (Hg.): Transkribieren. Medien/Lektüre. München 2002, S. 233–280.
Schüttpelz, Erhard: »Get the message through«. Von der Kanaltheorie der Kommunikation zur Botschaft des Mediums. Ein Telegramm aus der nordatlantischen Nachkriegszeit. In: Irmela Schneider/Peter M. Spangenberg (Hg.): Medienkultur der 50er Jahre. Diskursgeschichte der Medien nach 1945. Bd. 1. Wiesbaden 2002, S. 51–76.
Schüttpelz, Erhard: Nachrichten von Nirgendwo (1951). Ein alternatives Kommunikations- und Medienmodell nach Norbert Wiener bei Gregory Bateson und Jürgen Ruesch. In: Archiv für Mediengeschichte 4 (2004), S. 145–154.
Schüttpelz, Erhard: Die Moderne im Spiegel des Primitiven. Weltliteratur und Ethnologie (1870–1960). München 2005.
Schüttpelz, Erhard: Die ältesten in den neuesten Medien. Folklore und Massenkommunikation um 1950. In: Navigationen 6 (2006), H. 1, S. 33–46.
Schüttpelz, Erhard: Der Trickster. In: Eva Eßlinger u. a. (Hg.): Die Figur des Dritten. Ein kulturwissenschaftliches Paradigma. Berlin 2010, S. 208–224.
Schüttpelz, Erhard: Mediumismus und moderne Medien. Die Prüfung des europäischen Medienbegriffs. In: DVjs 86 (2012), H. 1, S. 121–144.
Schüttpelz, Erhard: 60 Jahre Medientheorie. Die Black Box der *Explorations* wird geöffnet. In: Zeitschrift für Medienwissenschaft 11 (2014), S. 139–142.
Schwartz, Sanford: Eliot's Ghosts. Tradition and Its Transformations. In: David E. Chinitz (Hg.): A Companion to T.S. Eliot. Malden MA u. a. 2009, S. 15–26.
Art. Schwulststil. In: Wikipedia. Die freie Enzyklopädie, https://de.wikipedia.org/wiki/Schwulststil (12. 02. 2015).
Sebeok, Thomas A. (Hg.): Style in Language (1960). Cambridge MA 1971.
Serres, Michel: Der platonische Dialog und die intersubjektive Genese der Abstraktion (1966). In: ders.: Hermes I. Kommunikation (1968). Berlin 1991, S. 47–56.
Serres, Michel: Der Parasit (1980). Frankfurt a. M. 1987.
Serres, Michel: Hermes (1968–1980). 5 Bde. Berlin 1991–1994.
Serres, Michel: Die fünf Sinne. Eine Philosophie der Gemenge und Gemische. Frankfurt a. M. 1993.
Shepperd, Josh: Medien miss-verstehen. Marshall McLuhan und die National Association of Educational Broadcasters, 1958–1960. In: Zeitschrift für Medienwissenschaft 5 (2011), S. 25–43.

Siegert, Bernhard: Die Geburt der Literatur aus dem Rauschen der Kanäle. Zur Poetik der phatischen Funktion. In: Michael Franz/Wolfgang Schäffner/ders./Robert Stockhammer (Hg.): Electric Laokoon. Zeichen und Medien, von der Lochkarte zur Grammatologie. Berlin 2007, S. 5–41.
Sloane, Thomas O.: Rhetorical Education and Two-Sided Argument. In: Heinrich F. Plett (Hg.): Renaissance-Rhetorik. Renaissance Rhetoric. Berlin/New York 1993, S. 163–178.
Smith, Gregory G. (Hg.): Elizabethan Critical Essays (1904). 2 Bde. Oxford 1964.
Spahr, Angela: Magische Kanäle. Marshall McLuhan. In: Daniela Kloock/dies.: Medientheorien. Eine Einführung. München 1997, S. 39–76.
Sprenger, Florian: Medien des Immediaten. Elektrizität, Telegraphie, McLuhan. Berlin 2012.
Staines, David: Herbert Marshall McLuhan. Before *The Mechanical Bride*. In: Carmen Birkle/Angela Krewani/Martin Kuester (Hg.): McLuhan's Global Village Today. Transatlantic Perspectives. London 2014, S. 75–84.
Stamps, Judith: Unthinking Modernity. Innis, McLuhan, and the Frankfurt School. Montreal/Kingston u. a. 1995.
Stearn, Gerald Emanuel (Hg.): McLuhan Hot & Cool. A Primer for the Understanding of and a Critical Symposium with Responses by McLuhan (1967). Harmondsworth 1968,
Steinhauer, Fabian: Das rhetorische Ensemble. In: Rechtsgeschichte 9 (2006), S. 125–137.
Steinhauer, Fabian: Die rhetorische Regulierung. In: ders.: Bildregeln. Studien zum juristischen Bilderstreit. München 2009, S. 163–238.
Stix, Bettina: Rhetorische Aufmerksamkeit. Formalistische und strukturalistische Vorgaben in Paul de Mans Methode der Literaturwissenschaft. München 1997.
Stockhammer, Robert: Grammatik. Wissen und Macht in der Geschichte einer sprachlichen Institution. Berlin 2014.
Stroh, Wilfried: Der Ursprung des Humanitätsdenkens in der römischen Antike. Vortragsskript 15. 03. 1989, http://epub.ub.uni-muenchen.de/1273/1/senior_stud_2006_11_01.pdf (18. 09. 2013), S. 1–18.
Sulzer, Johann Georg: Art. Schwulst. In: ders.: Allgemeine Theorie der Schönen Künste (1771), http://www.textlog.de/2964.html (10. 02. 2015).
Swift, Jonathan: A Full and True Account of the Battle Fought Last Friday Between the Ancient and the Modern Books in Saint James's Library. In: ders.: A Tale of a Tub and Other Satires. London/Toronto/New York 1928, S. 143–168.
Szondi, Peter: Theorie des modernen Dramas (1880–1950) (1963). Frankfurt a. M. 1965.
Takács, Terenc: T. S. Eliot and the Language of Poetry. Budapest 1989.
Tate, Allen: Tension in Poetry. In: The Southern Review 4 (1938), H. 1, S. 101–115.
Taureck, Bernhard H. F.: Die Sophisten zur Einführung. Hamburg 1995.
Theall, Donald F.: The Medium is the Rear View Mirror. Understanding McLuhan. Montreal/London 1971.
Theall, Donald F.: The Virtual Marshall McLuhan. Montreal/Kingston u. a. 2001.
The Editors: Scrutiny: A Manifesto. In: Scrutiny. A Quarterly Review 1 (1932), H. 1, S. 2–7.
Tholen, Georg Christoph: Mit und nach McLuhan. Bemerkungen zur Theorie der Medien jenseits des anthropologischen und instrumentellen Diskurses. In: Derrick de Kerckhove/Martina Leeker/Kerstin Schmidt (Hg.): McLuhan neu lesen. Kritische Analysen zu Medien und Kultur im 21. Jahrhundert. Bielefeld 2008, S. 127–139.
Thomas, Dylan: The Hand That Signed a Paper (1936). In: ders.: Collected Poems 1934–1952. London/New York 1966, S. 56.
Thompson, Denys (Hg.): The Leavises. Recollections and Impressions. Cambridge 1984.

Till, Dietmar: Tranformationen der Rhetorik. Untersuchungen zum Wandel der Rhetoriktheorie im 17. und 18. Jahrhundert. Tübingen 2004.
Trager, George L./Edward T. Hall: Culture and Communication: A Model and an Analysis. In: Explorations. Studies in Culture and Communication 3 (1954), S. 137–149.
Traninger, Anita: Techniken des Agon. Zu Inszenierung, Funktion und Folgen der Konkurrenz von Rhetorik und Dialektik in der Frühen Neuzeit. In: Herbert Jaumann (Hg.): Diskurse der Gelehrtenkultur in der Frühen Neuzeit. Ein Handbuch. Berlin/New York 2011, S. 629–665.
Tuve, Rosemond: A Reading of George Herbert (1952). Chicago u. a. 1965.
Tylor, Edward B.: Die Anfänge der Cultur. Bd. 1, übers. von J. W. Spengel und Fr. Poske, Nachdr. der Ausg. Leipzig 1873. Hildesheim 2005.
Tyrwhitt, Jaqueline: The Moving Eye. In: Explorations. Studies in Culture and Communication 4 (1955), S. 115–119.
Valéry, Paul: Einführung in die Methode des Leonardo da Vinci (1894). In: ders.: Leonardo da Vinci. Frankfurt a. M. 1998, S. 7–61.
Van Den Eede, Yoni: Exceeding Our Grasp. McLuhan's All-Metaphorical Outlook. In: Jaqueline McLeod Rogers/Tracy Whalen/Catherine G. Taylor (Hg.): Finding McLuhan. The Mind. The Man. The Message. Regina 2015, S. 43–61.
Villwock, Jörg: Art. Antithese. In: Historisches Wörterbuch der Rhetorik. Bd. 1: A–Bib, hg. von Gert Ueding u. a. Tübingen 1992, Sp. 722–750.
Vismann, Cornelia: Benjamin als Kommentator. In: Eva Horn/Bettine Menke/Christoph Menke (Hg.): Literatur als Philosophie. Philosophie als Literatur. München 2006, S. 347–362.
Vismann, Cornelia: Medien der Rechtsprechung. Frankfurt a. M. 2011.
Walde, Christine: Art. Allegorese. In: Der Neue Pauly. Enzyklopädie der Antike. Bd. 1, hg. von Hubert Cancik. Stuttgart u. a. 1996, Sp. 518–523.
Weber, Samuel: Freud-Legende. Vier Studien zum psychoanalytischen Denken (1977). Wien 1989.
Weimann, Robert: ›New Criticism‹ und die Entwicklung bürgerlicher Literaturwissenschaft. Geschichte und Kritik autonomer Interpretationsmethoden (1962). München 1974.
Wein, Herrmann: Sprachphilosophie der Gegenwart. Eine Einführung in die europäische und amerikanische Sprachphilosophie des 20. Jahrhunderts. Den Haag 1963.
Wellek, René: Geschichte der Literaturkritik 1750–1950. Bd. 4.1: Das 20. Jahrhundert. Die englische und die amerikanische Literaturkritik 1900–1950. Berlin/New York 1990.
West, David: I. A. Richards and the Rise of Cognitive Stylistics. London 2013.
Whorf, Benjamin Lee: Naturwissenschaft und Linguistik. In: ders.: Sprache – Denken – Wirklichkeit. Beiträge zur Metalinguistik und Sprachphilosophie (1963), hg. und übers. von Peter Krausser. Reinbek b. Hamburg 1999, S. 7–18.
Whorf, Benjamin Lee: Sprache, Geist und Wirklichkeit. In: ders.: Sprache – Denken – Wirklichkeit. Beiträge zur Metalinguistik und Sprachphilosophie (1963), hg. und übers. von Peter Krausser. Reinbek b. Hamburg 1999, S. 46–73.
Whorf, Benjamin Lee: Über einige Beziehungen des gewohnheitsmäßigen Denkens und Verhaltens zur Sprache. In: ders.: Sprache – Denken – Wirklichkeit. Beiträge zur Metalinguistik und Sprachphilosophie (1963), hg. und übers. von Peter Krausser. Reinbek b. Hamburg 1999, S. 74–101.
Wicht, Wolfgang: Art. Ash Wednesday. In: Kindlers Literaturlexikon. Bd. 5. Stuttgart/Weimar 2009, S. 182–183.
Willer, Stefan: Poetik der Etymologie. Texturen sprachlichen Wissens in der Romantik. Berlin 2003.

Willey, Basil: Cambridge English, 1919–1964. In: ders.: Cambridge and Other Memories 1920–1953. London 1968, S. 12–36.
Williams, D. Carleton: Experiment in Communication. In: Explorations. Studies in Culture and Communication 3 (1954), S. 75–82.
Williams, D. C.: Acoustic Space. In: Explorations. Studies in Culture and Communication 4 (1955), S. 15–20.
Williams, Raymond: Culture and Society. Coleridge to Orwell (1958). London 1993.
Williams, Raymond: Paradoxically, if the Book Works It to Some Extent Annihilates Itself. In: Gerald Emanuel Stearn (Hg.): McLuhan Hot & Cool. A Primer for the Understanding of and a Critical Symposium with Responses by McLuhan (1967). Harmondsworth 1968, S. 216–219.
Williamson, George: A Reader's Guide to T. S. Eliot. A Poem-by-Poem Analysis (1953). Syracuse NY 2009.
Willmott, Glenn: McLuhan, or Modernism in Reverse. Toronto u. a. 1996.
Wimsatt, William K.: The Verbal Icon. Studies in the Meaning of Poetry (1954). Lexington 1989.
Wimsatt, William K./Monroe C. Beardsley: The Intentional Fallacy (1946). In: William K. Wimsatt: The Verbal Icon. Studies in the Meaning of Poetry (1954). Lexington 1989, S. 3–18.
Wissler, Clark: Foreword. In: Robert S. und Helen Merrell Lynd: Middletown. A Study in American Culture. New York 1929, S. v–vii.
Wünsch, Frank: Die Parodie. Zu Definition und Typologie. Hamburg 1999.
Zinsmaier, Thomas: Epideiktik zwischen Affirmation und Artistik. Die antike Theorie der feiernden Rede im historischen Aufriß. In: Josef Kopperschmidt/Helmut Schanze (Hg.): Fest und Festrhetorik. Zu Theorie, Geschichte und Praxis der Epideixis. München 1999, S. 375–398.
Zymner, Rüdiger: Art. Schwulst. In: Historisches Wörterbuch der Rhetorik. Bd. 8: Rhet–St, hg. von Gert Ueding u. a. Tübingen 2007, Sp. 706–718.

Abbildungsverzeichnis

Abb. 1–5: Marshall McLuhan: The Gutenberg Galaxy. The Making of Typographic Man. Toronto 1962. © Canada, 1962, University of Toronto Press, Abdruck mit freundlicher Genehmigung des Verlags.

Abb. 6–11: Herbert Marshall McLuhan: The Mechanical Bride. Folklore of Industrial Man. New York 1951. © 1951, Herbert Marshall McLuhan, Abdruck mit freundlicher Genehmigung von Gingko Press.

Abb. 12–14: H. Marshall McLuhan: Report on Project in Understanding New Media, prepared and published by the National Association of Educational Broadcasters, pursuant to a contract with the Office of Education, United States Department of Health, Education and Welfare, June 30th, 1960. Library and Archives Canada, McLuhan Fonds, MG 31 D 156, vol. 72, file 10. © The Estate of Corinne and Marshall McLuhan, Abdruck mit freundlicher Genehmigung der Nachlassverwaltung.

Sachregister

Abschweifung 50, 101
Affektenlehre 192–193
Agon 65, 74–75, 82, 96, 107, 109
agonale Konstellation 65, 74–75, 77, 87, 103, 109–110, 180
Allegorese 38, 77–78
Ambiguität 8, 20, 34, 112, 164, 217, 313, 329–330, 350, 352–353, 381–382, 392, 411
amplificatio s. Steigerung
anaklasis 222–224
Anakoluth 51
Analogie 84, 122–123, 134–135, 137–140, 150, 154, 156, 176–178, 243, 248, 320, 325, 337, 344, 358–359, 383
analogische Methode 134, 137–138, 146–147, 156, 245, 325
Andersreden 56, 62
Anhäufung s. Häufung
Annotation 33–34, 36
Anthropozentrismus 357, 359–360
Antithese 382, 386, 392, 405–406, 410, 412
Aphorismus 30–31, 41
Asterisk 31–33
Auslegung s. Exegese
Auslegungspraxis 62–63, 77, 103, 108, 111
Ausweitung s. Extension
Autorfunktion 14, 16–17
Autorkonzept 36
Autorschaft 16, 34, 310

Beratungsrede 9, 115, 118–119, 127, 157, 165, 179, 182, 262–263, 327, 334, 342
Bedeutungstheorie 105, 232, 245, 250
Beschreibungssprache 320, 392, 419
Bias 59–60, 267–268, 296, 351, 420

Chiasmus 309, 313–314, 367, 369–372, 374–377, 379, 382, 385–386, 388–393, 398–400, 402, 405–406, 409, 411
Cultural Studies 166, 174, 179

Darstellung, sprachliche 9, 51, 118, 141, 215, 219, 282, 314–315, 386, 408–409, 430, 440

Darstellungspraktiken 167, 179, 190, 428
Darstellungsweise 3, 8, 24, 49–52, 165, 189, 217, 223, 229, 267, 269, 337, 343, 375, 388–389, 392, 402, 411, 431
decorum 44, 95, 146–153, 155, 157, 187–189, 194, 196, 198–199, 201–202, 205, 279, 375
Dialektik 76, 79–82, 84–85, 89–90, 93, 96, 100, 102, 126–127, 129, 217, 241, 273, 330
Diskursivitätsbegründer 3, 5, 339
drei Stillagen 187

Elektrizität 162, 326–327, 420, 462
Elektronik 317–319, 321
Elektrotechnik 319, 401
Ellipse 154
epanodos 218–219, 222–223, 313–314, 370, 386, 399
epistemische Praktiken 236–237, 258
Erkenntnispraxis 182, 250, 253, 310, 325, 327, 353, 390
erkenntnistheoretisch 7, 24, 110, 113, 158, 206, 246, 261, 350, 356, 362, 439–440
Erkenntnistheorie 246, 258, 304, 332
ersetzen 208, 212, 214, 216, 224–225, 231, 250–254, 289, 310, 330, 354, 401, 414, 429–430, 435
Ersetzungsmöglichkeiten 252–253, 287, 354, 404
Ersetzungsprinzip 252, 254–255
Ersetzungsverfahren 261, 332
Ersetzung von Buchstaben 216–217, 231
Ersetzung von Wörtern 216, 231, 242, 257–261, 311, 316, 332
Erweiterung 38, 50, 60, 70, 73, 100, 102, 109, 228, 230, 289, 304, 308, 327, 348, 356, 358, 371, 389, 417, 432, 436, 441
Ethnolinguistik 262–263, 280–281, 286–287, 291, 333, 367
Ethnologie 12, 104, 169, 171–172, 280, 296, 314, 360, 381
Etymologie 36, 77, 111, 199, 286, 288–289, 440

etymologisches Verfahren 34, 50, 54, 78, 98, 288
Exegese 5, 7, 30, 40, 42, 44, 46–47, 63, 66–67, 69, 78, 107–110, 113, 118, 121, 127–128, 166–167, 205, 213, 232, 240, 254, 263–265, 267, 278, 286, 290, 292, 321, 324, 329, 333, 362, 370, 372, 381, 383, 411, 439
Exegese, allegorische 38, 77, 98
Exegese, grammatische 62, 77, 88, 91, 98, 112, 121, 127, 132, 165, 190, 262–263, 288
Exegesemethoden 83–84, 96–97, 118, 127, 129, 266, 273, 286–287
Exegese, poetische 63, 65, 69–70, 103, 107–109, 121, 156, 165, 190, 262, 288
Exegese, rhetorische 63, 66–67, 81, 100, 103, 109–110, 118, 165, 232, 240, 262–264, 321, 324, 327–328, 332, 334–335, 381, 439
Extension 97, 99, 101, 304, 324, 326, 346, 356–358, 360, 363, 365, 377, 382, 403, 410, 417, 419, 431, 433, 435
Extensionstheorie 325
Extensionsthese 326–327, 357–360, 379, 382, 389, 402, 417
Exzerpt 2, 22, 35–36, 43, 48, 52

figura etymologica 218
Figur, rhetorische 6–7, 8, 37, 62, 78, 83, 95, 100, 111, 112, 124, 133, 134, 136, 137, 139, 140, 142, 146, 147, 154, 155, 159, 164, 165, 187, 188, 200, 202, 203, 204, 214, 215, 216, 217, 220, 222, 223, 236, 241, 242, 243, 289, 308, 309, 311, 313, 314, 315, 316, 323, 324, 329, 333, 334, 335, 342, 344, 370, 374, 376, 379, 385, 387, 390, 392, 399, 400, 402, 405, 411, 428, 435, 439
figurativ 31, 112, 119, 133, 200, 219, 220, 221, 241, 327, 333, 334, 348, 350, 404, 428, 440
Figurenlehre 111, 203, 216, 376, 387, 393, 425
figürlich 81, 112, 137, 203, 216, 217, 292, 314, 323, 347, 398, 422, 441

forensisch 119, 125–127, 129–130, 132, 133, 148, 179, 195–197, 205
Fremdwerden 350, 352, 360
Fußnote 23, 25, 32–33, 35, 58, 60, 81, 86, 90, 94, 99, 102, 104, 106, 363

Geschichtsschreibung 3, 22, 34, 85–86, 89–93, 96,184, 186, 188, 103, 262, 264, 266, 268, 285, 290, 299, 311–312, 328
Glosse 22–23, 25, 29, 33–34, 36–39, 42–43, 49–50, 52, 54, 57, 61–62, 402
Grammatica speculativa s. Grammatik, spekulative
Grammatik 8, 62–63, 76, 79–80, 82, 84–85, 89–90, 93, 96–97, 99–100, 109–112, 116, 126, 132, 203–204, 239–240, 256, 283, 287, 301, 329–332, 371, 439–440
Grammatik, antike 6, 77–78, 86, 98–100, 102, 112, 131, 138, 156, 161, 197, 204–205, 287–291, 333, 372, 440
Grammatik, spekulative 81, 99–100, 102, 236

Häufung 55–56, 342, 346, 363, 404, 406, 414–415, 426, 428–429

Inhaltsverzeichnis 24–27, 35, 50, 108, 404
Intertextualität 36, 223–224, 440

Kodifizierung der Realität 328–329, 370–371
Kommentar 29, 32–34, 38–44, 47–48, 53–54, 56, 61, 71, 181, 193, 217, 222, 233–234, 238–239, 243, 248, 273, 328, 344
Kommunikation 22–23, 43, 105, 139, 150, 155, 158, 160–161, 163–164, 167, 189, 234, 262–265, 267–273, 275–277, 279–280, 282, 286, 292–299, 301, 304, 306, 309–310, 312, 315, 319, 329, 332, 334, 344, 349, 368, 380–382, 390, 413, 415–416, 418, 420, 431, 435
Kommunikationsforschung 1, 117, 165, 263–265, 267, 270–272, 274, 279, 281–282, 285–286, 292–296, 298–299, 301, 304, 308–310, 312, 315–316, 324, 327, 333–334, 381–383, 400, 431

Kommunikationsmedien 9, 23, 58, 119, 160,
    262–265, 267–269, 278–281, 285–286,
    293, 296, 298–299, 304–305, 307–308,
    315–316, 324–327, 332–335, 360,
    367–368, 370, 372, 377, 381, 384, 395,
    400, 405, 408, 413, 416, 419, 435
Kommunikationsmittel 1, 23, 37, 58, 267,
    274, 285, 292, 302, 305, 318, 327–328,
    333–334, 382, 395, 418–419
Kommunikationswissenschaft 9, 58,
    118–119, 165, 262, 270, 265, 277,
    291–292, 351, 381, 389, 394–395, 419
Kontexttheorem der Bedeutung 245, 253,
    257, 355, 397, 421, 426
Körperextensionen 360
Kulturanthropologie 167, 170, 172, 174, 177,
    184, 283
kyklos 313, 370, 386, 399

Lehrpraktiken 108, 232, 237, 257
Literaturgeschichte 15, 39, 59, 63, 70–74,
    76, 85, 91, 94, 96–97, 99, 103, 109, 121,
    123, 144
Literaturkritik 38, 63–68, 70, 73–74, 81, 96,
    99–100, 103, 106, 110, 115–121, 125, 128,
    133, 141, 162–163, 166–167, 169–170,
    172, 174, 184–186, 189–190, 230, 232,
    234, 266, 270, 272, 303, 306, 350, 357,
    392, 396, 453, 455, 460, 463
Literaturtheorie 7, 69, 104, 106, 117, 161, 168,
    235–236, 246, 319, 435, 439, 455
Literaturwissenschaft 6–7, 9, 12, 59, 70,
    78, 110, 117, 119, 150, 161, 169, 224,
    229, 233, 236, 310, 350, 378, 403, 440
literaturwissenschaftlicher Diskurs 7, 9, 359
literaturwissenschaftliches Wissen 4, 64
Lobrede 9, 118, 337–341, 348, 365–367,
    404–405, 428, 430
Logik 57, 80, 82, 84, 88, 90, 100, 111, 127,
    131, 164, 199, 222, 239–241, 246, 255,
    273, 285, 313, 339, 355, 358, 362, 366,
    408, 413, 422, 438, 440

Massenkommunikation 166–167, 170, 173,
    270, 276–277, 326
Massenmedien 1, 277–278, 286, 299,
    305–306, 314, 333–334, 368–370, 386

Materialität 6, 264, 267
Maxime 191, 193–194, 198, 200
Mechanisierung 45, 49, 206, 210–211, 216,
    221, 226, 228–229, 268–269, 299,
    311–312, 314
Medienbegriff 8, 22
Mediendifferenz 6, 58, 282, 304, 308, 368,
    420
Mediengeschichte 57, 59, 284, 313–314, 327,
    363, 396–397, 420
Mediengeschichtsschreibung 311
Medieninhalt 380–381, 394–395, 402
Medienspezifik 41, 160, 420
Medientheorie 3, 5–6, 8, 17, 23, 59, 64, 85,
    106, 113, 115, 160–161, 164, 166, 235,
    238, 269, 284–285, 293, 305, 310, 325,
    328, 338–339, 342, 358, 362, 377, 397,
    402, 420, 423, 431
Medientheorie, Begründung der 3, 5, 64,
    165, 238, 358, 362
Medientheoriegeschichte 23, 60, 159–160
Medienwissenschaft 1–3, 5, 8, 18, 58, 106,
    160–161, 166, 338, 342, 345, 362, 367,
    376–377, 384, 394, 416, 420
medium is message s. Medium ist Botschaft
Medium ist Botschaft 3, 5, 115, 118, 345, 374,
    344–348, 357–367, 373–377, 384, 389,
    394, 399
Metapher 4, 51, 68, 84, 132, 134–137,
    139–140, 154–155, 210, 214, 242–244,
    246, 248, 250, 256, 264, 302–303, 309,
    311, 313, 315–317, 319–327, 334–335,
    337, 342, 350–351, 353, 376, 420–427,
    429–434, 433–436, 438–441
Metapher, Theorie der 250, 322–323,
    426–428
Metaphysik 129, 283, 329, 370, 436
metaphysische Dichtung 136, 142, 156,
    303
Metasprache 408–409, 414–415, 422, 424
Mittel, rhetorische 4, 83, 99–100, 102, 165,
    200, 262–263, 327, 334, 342, 356
Modernismus 119–120, 135–137, 142,
    152–154, 156, 213, 234, 241, 246, 248,
    266, 333

Nachrichtenübermittlung 282, 292, 312
Nebeneinander 134, 136–137, 214–215, 219, 258, 263, 267, 272, 274, 292
neue Kritiker s. *new critics*
neue Kritik s. *New Criticism*
New Criticism 63–64, 69–70, 101, 104, 115, 120, 123, 125–126, 133–135, 139, 141–142, 144–145, 153–155, 157–159, 162–163, 165, 168, 186, 214, 220, 233, 236, 241, 246, 269, 272, 287, 302, 353, 378, 392
new critics 63, 124–126, 133, 135–137, 139, 142–143, 145, 147, 150, 152–153, 155–159, 161–164, 183, 236, 247, 302, 373, 378

Objektsprache 422
ontologische Dichtung 141, 144, 154–155, 159, 164, 242
Oxymoron 345–346, 360–362, 364, 375–376, 384–386, 393–394

Paradigma 127, 175, 362, 408, 414–415, 424, 427
Paradoxon 115, 137, 345, 383
Paraphrase 33, 101, 138, 142–143, 153–154, 158–159, 163, 241, 247, 250, 257–258, 431
Parodie 45–46, 48, 258–261, 310, 316, 353–355, 436, 438
Paronomasie 37, 95, 215–217, 221–226, 231, 345, 385, 393, 438
patristische Theologie 78, 84, 130
Plagiat 11, 15–17, 34, 219
Plagiatserzahlung 12
Practical Criticism 116, 167, 173, 232–235, 237–240, 247–248, 323
Praktiken 34, 36–37, 59, 161, 236–238, 261, 276, 291, 330
Praxis 31, 33, 35, 39, 63, 78, 93, 117, 120, 157, 182, 232, 236, 253, 256, 258, 288, 341, 353, 359
pun 286–287, 289, 291–292, 346, 362, 376, 392–393, 399, 419, 431, 441

Redefiguren s. Figur, rhetorische
Redeschmuck 133, 138, 147–148, 187–188, 201
Rednerwettstreit 75, 165, 179, 181, 200, 223
relational 72–73, 266, 396–397
Rhetorik 7–8, 62–63, 68, 76, 78–82, 85, 89–90, 93, 96–97, 100, 102, 104, 109–113, 116–119, 126–127, 131–133, 135, 137–139, 145–148, 151, 155, 179, 182, 187–189, 192–195, 197, 199–206, 215–216, 218–219, 222–223, 239–243, 247, 256, 263, 272, 279, 304, 306, 311, 313, 322, 324, 327, 329, 331, 333–335, 337–341, 343, 345, 347, 350–351, 356–357, 359–360, 362, 374, 376, 385–386, 399–400, 404, 422, 426–428, 436, 438–439
Rhetorik, neue 7, 112, 351–352, 356–357, 359–360, 440

Scholastik 31, 80–81, 101–102
Scholastiker 87–88, 90, 103, 274
Schreibverfahren 265–266, 269, 317, 338, 411
Schreibweise 37, 57, 173, 261, 344, 411, 434, 440
Schwulst 75, 243, 343–344, 355
Selbstbezug 32, 150
Selbstdifferenz 219, 352, 360, 381
Sentenz 29–30, 34–35, 53, 345–346, 364–365, 411
Sichfremdwerden 30, 359–360
Signatur 9, 12, 14–15, 18, 115, 117, 130, 160, 165, 174, 178, 186, 235, 262–264, 273, 279, 297, 299, 305, 308, 316, 324, 328, 333, 370, 403, 421, 441
Signierung 14, 35
Sinnesausweitung s. Sinnesextension
Sinneserweiterung s. Sinnesextension
Sinnesextension 327, 377, 379, 327, 402, 435
Sprache als Medium der Theoriebildung 4
Sprache, gewitzte 6, 18, 174, 200, 219, 220, 289, 291, 438
Sprache, Wissen der 77, 111–112, 261, 331, 376, 433
Sprache, Wissen von/über 8, 105, 206, 253, 255, 258, 309, 312, 316, 426

Sachregister — **471**

Sprachfunktionen 104, 105, 150, 243, 247, 373, 407–408, 414, 422
Sprachtheorie 6, 9, 78, 99, 126, 157–159, 179, 187, 236, 247, 279, 285, 292, 301, 310, 328, 332, 396, 436, 439
Steigerung 44, 222, 313, 341–342, 343–344, 346, 348, 350–351, 356–357, 359, 428, 430
Stil 52, 79, 84, 129, 147–148, 150, 175, 187–189, 196–197, 230, 267, 278, 332, 340, 342–344, 350
Stromkreislauf 318, 320–321, 327
Symbolismus 132, 134, 137, 140, 144–145, 148, 157, 214, 266, 274
Synonym 33, 40, 223, 342, 352, 405, 407, 424, 428–429, 431–432

Technikdeterminismus 331
Techniken 52, 54, 75, 82, 97, 100, 102, 104, 150, 155–157, 161, 174, 186, 212, 229, 259, 262, 272, 274, 281, 287, 290–291, 301, 315, 318, 460, 463
Techniken, sprachliche 157, 287, 289–290, 317–319,
Technikphilosophie 8, 357, 382
Technologie 43, 45, 48, 131, 211–212, 268, 274, 277, 308, 314–315, 331, 434–435, 437–438
Tenor 322–325
Textstrategie 22, 103–104, 240
Texttheorie 35, 57
Textverfahren 7, 17, 22, 61, 179, 206, 225, 237, 258, 428
Textwissenschaft 33–34
Transport 160, 265, 348–349, 395, 401, 410, 413–414, 416–424, 427, 430–433
Trickster 8–9, 17–22, 24, 27, 31–32, 36–38, 41, 44, 51, 53, 55–58, 60–63, 65–66, 74, 85, 91, 93–94, 96–99, 101, 103, 108–110, 112–113, 118–119, 219, 224, 263, 266, 289, 291–292, 311, 337, 339, 346–347, 350, 359, 363–364, 371, 373, 402–404, 412, 420–422, 428, 435–441
tricksterhaft 50, 113, 117, 223–224, 231, 392, 401, 419

Tricksterrede 8, 11, 17, 22, 38, 215, 441
Tropen s. Tropus
Tropus 127, 133, 311, 376, 400, 422

Übersetzung 33, 39–40, 49, 55, 87, 89, 115, 184, 186, 189, 193, 197, 226, 241, 249–250, 252–253, 255–256, 258–259, 263, 298–304, 307–309, 311, 313–317, 328, 331, 333, 339, 369, 375, 422, 434–436
Übersetzungspraxis 93, 250, 253–254, 331
Übertragung 1, 47, 49, 160, 169, 259, 263, 280, 285, 297, 311, 319–321, 323–325, 327, 334, 355, 360, 383, 395, 421, 423, 428–429, 436

Vehikel 123, 163, 322–325, 398
Vergleich 2, 22, 37, 50, 135–136, 139, 147, 154–156, 172, 243, 246, 284, 302, 307, 309, 339, 341, 356, 360, 371, 403–404, 418
Vielstimmigkeit 13, 22, 36, 38, 44
virtutes-/vitia-Lehre 201–204

Wiederholungsfiguren 215–217, 220, 223, 399
Wissensgeschichte 3, 6–7, 58, 105–106, 164, 236, 440
Witz 49, 218–221, 289, 291, 438
wörtlich 26, 47–50, 194, 213, 215, 220, 222, 224, 311–313, 320, 347, 352–353, 355, 364, 405, 411, 417, 421–424, 431, 434–435, 437–439

Zeichentheorie 232, 246, 396
zirkulär 419
Zirkularität 177–179, 230, 375, 409
Zirkulation 395, 398, 400, 415
Zitat 1, 2, 29–30, 34–36, 39, 41–45, 48–49, 53, 94, 98, 120, 146, 148, 170, 193, 207, 220, 231, 291–292, 300, 313, 330, 402, 415
Zitation 35, 37, 44, 48–49
Zungen 36, 43–45, 52–53, 55
Zungentechnik 36, 44, 47, 52, 58

Dank

Das vorliegende Buch ist eine leicht überarbeitete Fassung meiner Dissertation, die ich unter dem Titel »Medien – Verhandlungen zu Grammatik und Rhetorik. Eine Archäologie der Medientheorie Marshall McLuhans« 2015 an der Philosophischen Fakultät der Universität Erfurt eingereicht habe. Die Arbeit wurde maßgeblich gefördert durch ein Stipendium der Graduiertenschule »Religion in Modernisierungsprozessen« der Universität Erfurt sowie durch ein Stipendium des DFG-Graduiertenkollegs »Mediale Historiographien« der Universitäten Erfurt, Jena und Weimar. Das Forschungszentrum Historische Geisteswissenschaften der Goethe-Universität Frankfurt am Main hat die Publikation durch einen beträchtlichen Druckkostenzuschuss gefördert.

Für die umfassende Betreuung der Arbeit danke ich Bettine Menke, die – immer ansprechbar, immer konstruktiv und mit Leidenschaft – alle Stadien der Arbeit bis hin zur Publikation unterstützte. Erhard Schüttpelz danke ich für seine Begeisterung, für ausdauernde Diskussionen der Materie und tiefergehende Erläuterungen des historischen Hintergrunds sowie für sein beherztes Einschreiten in den Arbeitsprozess.

Mit ins Rollen brachten diese Arbeit insbesondere Bernhard Siegert, Anne von der Heiden und Friedrich Balke. Allen dreien sei für ihre geistreiche Beteiligung, ihre freundliche Beratung sowie für ihre Ermutigung zu einem solchen Projekt sehr herzlich gedankt.

Ganz besonders möchte ich mich bei Ulrike Hanstein und Anika Höppner bedanken. Ihre Gegenwart, ihre unermüdliche Begleitung aller Arbeitsphasen bis in jede Fußnote hinein, ihre stete Diskussionsbereitschaft sowie ihre intellektuelle und freundschaftliche Großzügigkeit waren ganz wesentlich für den glücklichen Fort- und Ausgang meiner Arbeit. Die intensive Zusammenarbeit mit beiden Wissenschaftlerinnen im Forschungsteam »Übertragungen: Medien und Religion« und darüber hinaus hat dieses Buch in jeder Hinsicht bereichert.

Judith Penning und Thomas Glaser danke ich für Ihre große Startschuss-Hilfe in Sachen Rhetorik. Ihre Geduld, Ideen und Zeit bei den ersten Analysen der Texte McLuhans sind von unschätzbarem Wert für den Verlauf der ganzen Arbeit gewesen. Ebenso danke ich ganz herzlich Kalani Michell, Verena Mund und Rembert Hüser für Rat, Tat und einen Punkt.

Für Gespräche und Testläufe mancher Thesen danke ich Christopher Bracken, Michael Darroch, Ulisse Dogà, Barbara Filser, Thomas Hauschild, Sabine Schimma, Manfred Schneider, Leander Scholz, David Sittler, Florian Sprenger, Fabian Steinhauer, Jochen Strobel, Friederike Thielmann und Andreas Ziemann. Für Hilfen besonderer Art, die wache und aufmunternde Begleitung des Arbeitsprozesses danke ich Anne Müller und Michaela Stumberger sowie Yvonne Andrä,

Anja Sattelmacher und Shervin Farridnejad. Für große Hilfe bei der Erstellung des druckbereiten Manuskripts danke ich neben den eben Genannten vor allem auch Kevin Helms, Dana Horch, Gudrun Kopf, Kerstin Petermann und (doppelt) Max Walther.

Brigitte Weingart und Jürgen Fohrmann danke ich für die freundliche Aufnahme des Buchs in die Reihe Communicatio. Anja-Simone Michalski und Stella Diedrich für die gute Betreuung im Verlag de Gruyter. Für die freundliche Gewährung der Druckrechte der Abbildungen im Buch gilt mein Dank Michael McLuhan (The Estate of Corinne and Marshall McLuhan), Lisa Jemison (University of Toronto Press) und Christl Hansman (Gingko Press).

Ohne die jahrelange Unterstützung und Motivation durch Renate, Manfred und Franziska Mangold wäre dieses Buch nicht zustande gekommen. Herzlichen Dank!

Und schließlich wäre ohne Stefan Petermann sowieso alles nichts. Danke für alles!

www.ingramcontent.com/pod-product-compliance
Lightning Source LLC
Chambersburg PA
CBHW031409230426
43668CB00007B/249